Max Weber und die deutsche Politik 1890—1920

马克斯·韦伯与德国政治 1890—1920

〔德〕沃尔夫冈·J.蒙森 著
Wolfgang J. Mommsen
阎克文 译

南京大学出版社

MAX WEBER UND DIE DEUTSCHE POLITIK 1890-1920
by Wolfgang J. Mommsen
Copyright ©1959, 1974, 2004 by Wolfgang J. Mommsen
Originally published by Mohr Siebeck GmbH & Co. KG Tübingen
Simplified Chinese edition copyright © 2016, 2023 Shanghai Sanhui Culture and Press Ltd.
Published by Nanjing University Press
ALL RIGHTS RESERVED
版权登记号：图字10-2022-354号

图书在版编目（CIP）数据

马克斯·韦伯与德国政治：1890—1920 /（德）沃尔夫冈·J.蒙森著；阎克文译. -- 南京：南京大学出版社, 2023.1
ISBN 978-7-305-25867-1

Ⅰ.①马… Ⅱ.①沃… ②阎… Ⅲ.①韦伯(Weber, Max 1864-1920)—政治思想—研究 ②政治—研究—德国 Ⅳ.①B516.59②D751.6

中国版本图书馆CIP数据核字(2022)第105167号

出版发行 南京大学出版社
社　　址 南京市汉口路22号　邮　编 210093
出 版 人 金鑫荣

书　　名 马克斯·韦伯与德国政治：1890—1920
著　　者 ［德］沃尔夫冈·J.蒙森
译　　者 阎克文
策 划 人 严搏非
责任编辑 陈蕴敏
特约编辑 谢小谢

印　　刷 山东临沂新华印刷物流集团有限责任公司
开　　本 880×1240 1/32　印张 20.625　字数 493千
版　　次 2023年1月第1版　2023年1月第1次印刷
ISBN 978-7-305-25867-1
定　　价 98.00元

网　　址 http://www.njupco.com
官方微博 http://weibo.com/njupco
官方微信 njupress
销售热线 （025）83594756

版权所有，侵权必究
凡购买南大版图书，如有印装质量问题，请与所购图书销售部门联系调换

目录

导读　韦伯:"大国崛起"的思想家 / 001
译序　韦伯的政治使命与宿命 / 001

英文版前言 / 001
德文第二版前言 / 001
德文第一版前言 / 001

第一章　青年韦伯的政治发展 / 001
第二章　家长制、资本主义和民族国家 / 026
第三章　韦伯的政治理想:强大的民族国家 / 042
　　　　第一节　弗莱堡就职演说:以民族作为经济政策的最高价值 / 042
　　　　第二节　权力斗争的冷酷无情,权力的恶魔性质 / 049
　　　　第三节　韦伯民族观的性质与演变 / 059
　　　　第四节　民族、权力与文化:韦伯政治价值系统的复杂性 / 074
第四章　德国政治的未来任务:民族帝国主义 / 083
　　　　第一节　以世界政策作为捍卫德国国际地位的手段 / 083
　　　　第二节　德国的世界政策与民族的政治成熟 / 103
第五章　第一次世界大战之前的韦伯与德国国内政治演变 / 110
　　　　第一节　至关重要的抉择:产业主义,还是封建制? / 110
　　　　第二节　德意志民族的社会统一 / 122
　　　　第三节　一个民族的资产阶级自由党的召唤 / 148

第六章　对外政策与国内宪制 / 165
　　第一节　俾斯麦、威廉二世与德国帝国主义的败绩 / 165
　　第二节　俾斯麦垮台后的政治领袖缺席和官僚统治 / 196
　　第三节　化解帝国领导权危机的手段：议会化 / 206

第七章　第一次世界大战：德意志帝国有无大国资格的实验场 / 229
　　第一节　战争目标与德国的未来国际地位 / 229
　　第二节　波兰与中欧：尝试政治行动 / 254
　　第三节　"潜艇宣传战"与贝特曼·霍尔韦格政府 / 272
　　第四节　巩固后方必须实行宪制改革 / 292
　　第五节　从布列斯特-立陶夫斯克到大灾变 / 318

第八章　崩溃与新开端 / 336
　　第一节　战败与革命：韦伯效力于德国民主党 / 336
　　第二节　《凡尔赛条约》与德国的未来 / 369

第九章　韦伯与魏玛制宪 / 392
　　第一节　1918年11月韦伯论德国未来宪制的系列文章 / 392
　　第二节　共和宪法的难题与德国的公众舆论 / 408
　　第三节　1918年12月9—12日帝国内政部的宪法审议
　　　　　　与胡戈·普罗伊斯的宪法草案 / 418
　　第四节　韦伯的宪法提案在随后立法过程中的命运 / 435
　　第五节　韦伯视帝国总统为政治领袖的理论之影响 / 447

第十章　从自由主义宪政国家到直选领袖的民主制 / 456

后记：马克斯·韦伯新解 / 485
题外话：马克斯·韦伯看支配的形式合法性
　　　　与理性正当性之间的关系问题 / 525

参考文献 / 532
人名索引 / 560
主题索引 / 578

导读 韦伯:"大国崛起"的思想家

钱永祥

一、政治人韦伯

马克斯·韦伯的学术著作经过翻译进入中国已经超过三十年,多数人对他的学术与思想并不陌生:新教伦理与资本主义"精神"的亲近、统治合法性(正当性)的三种类型、学术的价值中立、现代性所包含的(工具)理性化与(各种领域)官僚化的趋势,乃至于目的理性(即工具理性)与价值理性之分、责任伦理与心志伦理之分,在在都是人文与社会科学学者受惠于韦伯的基本议题。确实,韦伯关于现代资本主义社会与政治的论述,以及对西方社会科学与社会思想的贡献,只有亚当·斯密与马克思可以相提并论。他所开展的问题意识与概念工具为大家耳熟能详,是很自然的事。

不过韦伯并不是一位固守书斋的学者。相反,他的学术工作内外均洋溢着强烈的现实关怀,他不仅以"西方文明之子"[甚至是"不肖子"(epigone)]的沉重心情探讨西方文明的命运,而且焦急地参与当时德国的内政与外交争论,忧虑德国在当代世界"权力政治"中的前途。韦伯本人主张学术与政治分离,认为学术无法为实践层面的问题提供客观的答案,他也厌恶学者凭借知识权威指点他人如何抉择价值立场。但是我们不可因此就低估了现实关怀在他生命中的庞大能量。他的现实关怀,既构成了他的学术思想背后的动力,指引他学术工作的独特走向,也驱使他去正视政治的魔性支配力量,寄望在政治的考验中提炼出人性的英雄质量。身为"资产阶级的马克思",韦伯介入现实斗争的程度并不逊于无产阶级的革命前辈。

韦伯本人的主要政治评论作品,早在 2009 年即以《韦伯政治著作选》为书名出过中译选本。该书挑选了韦伯最重要的八篇政论文章,由阎克文先生译成中文,让中文读者可以亲炙韦伯时而激昂时而冷峻、时而刻薄时而悲愤的政治论辩风格。如今,阎克文先生又将沃尔夫冈·蒙森这本《马克斯·韦伯与德国政治》翻译成中文,为读者提供了一册全盘认识韦伯政治思考的权威著作。在浩瀚的韦伯二手文献中,认真研究"政治人"韦伯并因而具有里程碑意义者,首推蒙森这本经典。[1] 如作者所言,以往的类似研究多是参照韦伯的理论著作去解读韦伯的政治思想,本书则反其道而行,沿着韦伯对于现实日常政治

---

[1] Wolfgang J. Mommsen, *Max Weber und die deutsche Politik, 1890-1920*, 1959/1974;英译本,*Max Weber and German Politics, 1890-1920*, 1984。沃尔夫冈·蒙森(1930—2004)是联邦德国"二战"后第一代历史学家。他出身于德国最显赫的史学世家,凭罗马史研究获得诺贝尔文学奖的特奥多尔·蒙森(Theodor Mommsen, 1817—1903)是他的曾祖父,他的父亲与孪生兄弟都是知名的史学家。在"二战"后的德国史学界,他站在社会民主主义/左派自由主义的立场上,与各类右派以及修正主义史学进行长期的激烈论战。他对韦伯的遗作以及文献档案高度熟悉,自 20 世纪 70 年代后期开始,作为编委会的成员之一,他参与主持了 47 卷本的《马克斯·韦伯全集》(*Max Weber-Gesamtausgabe*,全书以下简称为《韦伯全集》)的编辑工作。

问题的立场,去追踪他作为"政治人"的发展轨迹,分析各阶段具有核心意义的政治主张与政治活动。换言之,这本书把韦伯当成一个政治介入者来看,阐释他的政治思想,而不是从他的理论去解释他的政治观点。

在本书中,蒙森巨细靡遗地大量引述、分析韦伯公开发表的著作,以及无数散布在档案中的草稿、书信、演讲、会议发言、报纸报道等,描绘出了韦伯从青年时代开始近三十年的政治思考轨迹。仅就引述材料的丰富而言,本书已经难有伦比。但全书在整理与陈述韦伯的观点之余自有一条追问的主轴,那就是系统地说明韦伯为什么持有那些特定的观点。本书提醒我们,韦伯的观点预设了一套关于"普遍历史"——也就是人类历史出于偶然却非人力所能左右的走向——的假定,聚焦于自由主义在晚期资本主义时代的困境。韦伯认识到,随着理性化、官僚化的历史趋势,随着资本主义所带来的社会变化,以及在国际上造成的经济竞争与实力对抗,欧洲自由主义传统所信奉的基本价值——自然法传统所预设的独立、自主的个人与自由的市场——已经陷入危机。他的政治思考用心所在,就是为个人的基本价值寻找新的精神资源,也寻找制度上的存身机会。正是因为他意识到了自由主义的历史背景与社会环境发生了大转移,他所提出来的因应之道,往往与传统自由主义大相径庭。蒙森这本书,系统而全面地呈现了韦伯政治思想的这个核心议题。从这个议题出发,韦伯政治思想的整体面貌会变得更清晰、完整。

二、韦伯政治思想的德国脉络

不过政治思想必定呼应着现实政治的困局。韦伯的"普遍历史"

观点迫使他放弃了早期自由主义的自然法形而上基础，但他身处的特定历史情境——后进德国在帝国主义时代的崛起——则对他的自由主义信念构成了新的挑战。身在德国自由主义传统中，如何回应德国的崛起大势？德国的崛起有没有可能与自由主义的价值并存？这个现实的课题，对韦伯的政治立场具有决定性影响。

韦伯的政治观点纠结繁杂，从其成年到去世的三十年间也有变化发展，但从蒙森的叙述中可以见到，他在两个关键议题上的立场相当一贯，在今天也特别令人不安。一方面，韦伯自许为自由主义者，但他同时也是激进的德国民族主义者，坚定支持德国的强权政策与帝国主义扩张。另一方面，韦伯虽然支持议会民主体制，但他并不相信人民当家做主的可能，也不认为议会本身具有主动、正面的政治功能。相反，民主制度对他而言是一种工具：民主有利于发展民族国家的实力与声望，更能够培养卡里斯玛型的领袖，让他们利用民主过程取得民意支持，实现"民意认可的领袖民主制"。前一个主张，似乎与德国在先后两次大战中的行径若合符节，验证了世人关于德国军国主义、扩张主义的印象；后一个主张则将民主制度工具化、民粹化，"人民认可的领袖民主"一词更让人联想到纳粹的"领袖原则"。身为自由主义者的韦伯，为什么会发展出如此非自由主义的政治观点？难道韦伯竟然是帝国主义的辩护者兼纳粹独裁者的理论先驱？

这个问题当然高度敏感。本书的第一版1959年在德国出版时引起了轩然大波，其间的争论，蒙森在本书1974年的第二版前言中颇有感叹，并附加了一篇《后记：马克斯·韦伯新解》，做了大略的回顾。我们知道，第二次世界大战结束之后，新一代的德国学者因为纳粹浩劫痛定思痛，急切需要回到战前，寻找遭纳粹中断的德国民主传统，自然会把世纪初最重要的自由主义者韦伯视为先行者。但是蒙森这本书"把韦伯一以贯之的——虽然也是现实主义的——民族主义和帝国主义立场称为他的基本政治立场,必定会产生令人恼怒的影响,而证明马克斯·韦伯支持议会民主秩序是为了服务于德意志民族国家的权力,这尤其会令人激愤"。一如雷蒙·阿隆(Raymond Aron)所言,这类说法使"新生的德国民主失去一位'创始人'、一位显赫的鼻祖和一位天才的代言人"。

韦伯究竟是德意志民族主义者还是自由主义者,对纳粹废墟中幸存的德国知识人而言,这涉及如何叙述德国的民主系谱,关系自然重大。不过民族主义与自由主义两类政治价值之间的紧张,以及求取调和的必要,本来即是十分棘手的议题,到今天依然如此。纳粹之后几个世代的德国人如哈贝马斯(Jürgen Habermas)、扬－维尔纳·米勒(Jan-Werner Müller)等人发展"宪政爱国主义",仍在试图回应这个问题,即可知问题并未消失。在这个方面,由于韦伯认为国族的发达与个人的自由这两项价值不可偏废,他在两者之间追求整合的努力也就特别具有启发性,促使读者深思。蒙森批评韦伯终究没有维系住自由主义价值的独立与优先,偏向了民族主义,称他为"灰心的自由主义者",固然是爱深责切,但近年的诠释者如比瑟姆(David Beetham)与贝拉米(Richard Bellamy)则认为自由主义仍是韦伯思想的核心价值,只是由于他对晚期资本主义社会的悲观论断切断了退路,迫使他必须从强权国家与精英主义的"现实"角度思考个人与制度的自由可能性,笔者相信这应是比较持平也比较积极的诠释。无论如何,对本书的读者来说,这个棘手的议题将是极大的挑战。

话说回来,韦伯并不是在真空中衡量民族主义与自由主义的轻重短长。无论民族主义或者自由主义,都只是他回应德国崛起问题时的参考坐标。当前中国也正处在"大国崛起"的历史时刻,韦伯当年如何看待德国的"大国崛起",对中文读者而言,应该更能带出切身的问题意识。毕竟，英、法、美几个"先进国"相对成功的崛起，以及德国、日本等"后进国"的毁灭性崛起，都是鲜活的历史教训，借鉴这些先例的成败经验当然是必要的。也因此，了解并检讨韦伯的政治观点，无疑有其切合时局的价值。韦伯时代的德国，国力快速成长，经济向外扩张，国际冲突频仍，构成了典型的"崛起"态势。他所关注的问题，一方面是思考"崛起"所需要的社会与政治条件，在保守力量（"容克"地主阶级）与革命力量（新兴的工人阶级）之外，寻找一种真正能够领导、能够推动德国崛起——并且能够带来进步意义——的社会力量；另一方面则是思考"崛起"的伦理-价值内涵，要求德国的崛起能够实现某种高于军力与财富的"伦理"理想。这两方面的问题，今天中国的知识分子同样必须面对。蒙森强调，韦伯之所以鼓吹德国成为"权力国家"，积极参与欧洲强国之间的角逐，而又鼓吹国内的议会化与民主化，最终都是为了让德国担负起身为"大国"的责任。我们在读蒙森这本书的时候，也应该特别关注韦伯如何理解"大国"的历史角色，以及这种角色所提出的伦理要求。

三、大国崛起的"文化"意义

在民族国家的时代，"大国"竞逐军事与经济的优势，几乎是历史的必然，因此一个大国追求崛起，挑战既有的国际秩序，并不意外。这种发展，几乎像是物种之间的竞争，用达尔文主义的语言来描述、解释与评价并不为过。毕竟"国际"一向被视为霍布斯的自然状态，到今天依然如此，韦伯所处的19世纪末叶自然更适用丛林法则。读韦伯的时候，我们不要忽视了韦伯所处时代的这种高度推崇竞争与冲突的特色。

但是如蒙森在书中所示,韦伯的大国崛起论述包含着好几个面向。他追求德国的强国地位,当然是基于政治现实,出于他的民族主义立场,也是因为他深知富强实力在国际竞争中的决定性功能。不过蒙森再三说明,韦伯的民族主义并不单纯以民族的壮大这件事为终极目标。韦伯除了抨击"绝对空洞无物的纯动物学民族主义"(他指的是种族主义式的民族主义)之外,也鄙视权力崇拜症,尤其警惕"纯粹权力没有目标的现实政治"。换言之,他并不认同纯粹的权力,更讨厌只知炫耀权力、耀武扬威的强人领袖或强权国家。他严词抨击德皇威廉"政治半吊子"的"个人统治",抨击当时德国的政治人物与学者,都是因为他们虽然向往德国的强大,但是没有认清德国的强大要如何为德国的国家利益服务。显然,富国强兵对于国家是不是有利,取决于富国强兵之后所要达成的目标是不是符合国家利益。这就涉及韦伯如此强烈地关注民族、追求民族的发达所设定的"目标"是什么。

在韦伯眼中,民族的重大意义在于它的"文化任务",而权力乃是从事此项任务的必要工具。民族是一套特定文化——也就是面对世界的特定价值态度——的寄身之所;不同的文化更蕴含了不同的"人格类型"或者说人性理想。这种从文化角度设想国家/民族的观点,今天的读者或许会觉得扞格。不过这种文化国家观正是19世纪德国历史学派的基本思路之一,韦伯出身于历史学派,赓续这种观点不足为异。其实,这种用文化与国史意识界定国家与民族的思考方式("文化立国"),在中国也是一种源远流长的国族意识,至今强大不衰,"文明国家""天下体系"等观点的流行可为佐证。有意思的是,韦伯一向被誉为德国学术传统从历史主义转向社会科学的转折性人物,他从社会学的角度用"合法暴力的垄断"界定现代国家已经是政治学的常识,可是当他要界定国家的伦理意义时,他却继续发挥德国历史学派文化政治的基本思路。韦伯思想的复杂于此可见一斑。但是这中间的严肃问题，特别是国家的暴力本质与它的文化使命如何兼容，如何维持两者的平衡与互补，而不是坐视暴力吞噬了文化，用文化美化暴力，韦伯显然没有容许我们乐观的答案。若进一步追问，历史主义的文化国家观是不是注定了德国的崛起会带有强烈的"文化特殊主义"倾向，一路对抗西欧的"文明普遍主义"，一如日本崛起时用"超克现代性"奋力对抗西方世界的普遍主义现代性一样，就更需要我们的审慎思考了。

话说回来，从文化国家论出发，民族主义首先旨在维系本民族的独特人格理想。因此，在一个大国实力角逐而竞争激烈的世界上，德国民族主义追求大国地位，其起码的消极意义在于维系德国独特的文化、独特的理想人格。

但是这种目标，并不蕴含本民族的文化沙文主义，韦伯对于德国文化的不满与批判其实异常尖刻。他对于大国的文化任务尚有更积极的理解，这可以分两方面说。首先，他的价值多神论当然包括了文化价值的多元。在他生命后期一篇题为《两种法则之间》的小文章中，韦伯强调弱小民族正是因为无须承担强权之恶，反而别具文化价值，特别是只有小民族才能发展"资产阶级的公民美德"，发展强权大国所无缘的"真正民主"，"还有更为细腻却永恒的各种价值，包括艺文领域的价值"。但是德国这样的强权大国得对历史负起"受诅咒的"责任与义务，不允许整个世界被（当时）英俄两大强权吞噬，因为全球强权"归根究底就意味着决定未来文化之性格的权力，如果这种权力不经过斗争就在俄国官僚的重重法规和英语'上流社会'的繁文缛节之间——可能还穿插一点拉丁民族的'理智'——被瓜分，未来的世代，特别是我们的下一代，不会归咎于丹麦人、瑞士人、荷兰人或挪威人。他们会认为我们得负责任"。在另一处他也说到，到了那一天，由于失去了德国的屏障，许多中欧小国的文化也将被消灭。换言之，德国成为大国，加入列强冲突，可以阻止世界归于少数霸权的垄断，也给小民族留下存身的余地。

在另一方面，韦伯认为德国如果积极投入国际竞争，追求大国地位，对于德国本身的文化"质量"也有积极的意义。从早年开始，韦伯就盼望德国能够摆脱容克地主阶级的政治支配；他认为这个经济上的没落阶级盘踞在德国的领导阶层中，其实造成了德国文化的保守、怠惰与内向的性格，德国因此注定无法成为一个"主宰者民族"（Herrenvolk），一种由自由人在自由制度之下组成的活泼民族，在世界竞争上取得优势。相对于此，德国积极介入大国的竞逐，对外发动经济、商业与军事的扩展，有利于德国资产阶级在政治与文化上变得成熟，取得领导地位，也帮助正在茁壮成长的工人阶级培养出国家意识，对于德国社会内部的整合、革新与振作都有积极的贡献。

实际上，韦伯对于德国资产阶级既有期待，又无比失望。资产阶级的崛起本来应该带出一种创业家的人格类型，奋发外向，按照理性步骤自行克服阻碍，创造条件，从一己的"事业"中寻找生命意义。这种人格类型，韦伯在研究新教伦理的"志业人"时推崇备至，也为了这种人格类型随着资本主义的发展已经丧失其原始的"精神"而警惕不已。可是他对于这种人格类型的向往始终不衰，甚至视之为针砭现代文化病症的关键药方。在理想中，德国崛起之后积极介入世界强权政治的角逐，可望提供机会，刺激德国资产阶级发展此种人格类型。但是实际上，经过俾斯麦恩威并济的强人统治，加上工人阶级进逼所引发的恐惧感，德国资产阶级已经软化、矮化，一心依附于威权体制的恩庇护佑。他们缺乏政治经验、政治能力与政治企图，无心取代保守旧势力，把自身的阶级利益提升为德国的国家利益，被韦伯痛斥为

"政治上不成熟",令他非常失望,这也是韦伯后来愈发剑走偏锋,寄望于卡里斯玛型领袖的原因之一。

韦伯对于文化的"质量"、文化所塑造出的人格类型的关注,在其一生中不曾稍歇。他在1895年的弗莱堡大学就职演说中就直率地宣称,政治经济学所关心的并不是人类的幸福或分配的正义,而是未来的人成为"什么样的人","培养我们认为构成了人性之伟大与高贵的那些素质"。到了一生最后一篇长文《德国的议会与政府》,结尾处他仍然在关心"他(指理想的政治家)的民族会变成什么样的民族"。在他眼中,德国的崛起与势力的扩张,甚至于欧洲战争的爆发,主要的意义并不在于国家本身获得的政治与经济上的利与害,而在于国际形势的转变会促成什么样的文明得势,什么样的人格与文化会取得支配地位。换言之,"大国"的意义,在于它对人性的塑造与引导,在于强权能够决定未来的世界"文化"将具有什么样的面貌。

在今天,韦伯这套说法不再有说服力。蒙森在书中数次严词批评韦伯,指责他的民族主义,指责他轻忽了"权力的魔鬼血统",指责他的帝国主义思维是"时代的囚徒",甚至于直接引用纳粹的血腥经验诘问韦伯。在笔者看来,蒙森的批评当然成立,不过韦伯所提的问题——大国的崛起在武力之外、在富与强之外,尚需要反思价值与规范的问题,需要交代自身对于世界秩序、对于其他国家的责任,需要思考这个大国对于人类文明将带来什么积极、进步的理想——都是非常真实而且迫切的问题。韦伯所提供的答案不足,不过他所提出的问题却不可轻忽,在今天尤其如此。

无论如何,虽然韦伯用具有自由主义色调的"文化"价值舒缓大国崛起的风险,但是一种追求文化价值的大国崛起,与只关注扩张势力范围和争夺市场及资源的大国崛起,其间的分野往往十分模糊。在更多的情况里,"文化"(今天已经变质为所谓的"软实力")被转化成坚船利炮的装饰品。关键所在是,韦伯能赋予他的文化理想什么内容,足以驯服、转化以国家富强为尚的民族主义"权力国家"?

四、韦伯的人格理想

韦伯究竟希望文明与人性取得怎样的面貌?他不相信学术工作能够回答这种涉及终极意义与价值的问题,可是他对基督新教伦理的研究,对社会科学价值中立的探讨,以及关于价值多神论、世界的"祛魅"等等的观点,无不是从不同的角度遥遥指向他所向往的理想人格,一种表现人性高贵成分的新人。在他看来,一如清教徒在与神的隔绝之下具有"空前的孤独感",现代人已经无法寄望于外在的权威或秩序来提供生命的安顿;生命的目标需要个人发自信念去自行塑造经营。也如同清教徒需要在此世全人投身于"天职"作为"救恩的确证",现代个人需要投身于生命深处"志业"的召唤,以"禁欲"的心态克服人性欲望与世间事务的干扰诱惑,实现信奉不渝的终极价值,从而证实一己生命的意义。综合而言,韦伯所推崇的人格类型,具有独立自主的个性、强烈的价值信念,勇于追求理想,又能积极承担后果与责任。韦伯的自由主义信念的价值核心,正是这样一种个人主义,而他的社会、政治分析,也集中在这种个人所需要的社会环境条件、制度条件上。

但是这种个人观是不是陈义过高?在研究基督新教时,韦伯已经形容清教教义"如此悲壮的不近人情",造成个人孤独、悲观、毫无幻想。这种个人主义,"与后世启蒙运动据以观察人生的另一种态度成一显著的对照"。什么样的对照?显然,启蒙运动的个人主义相信人类的平等、理性、善良,以及由此导出的和谐、进步远景。但在韦伯看来这是一种近乎童骏的乐观,也缺乏对于现世条件业已改变的戒心。韦伯深知清教对个人的要求十分严峻,也深知这种伦理的宗教根基已经消失。可是即使离开清教,从康德和尼采,他一样可以导出类似(当然也有重大的差异)的英雄伦理。康德的道德主体,在小说家兼哲学家艾丽丝·默多克(Iris Murdoch)的笔下,"自由、独立、孤独、强大、理性、负责任、勇敢,在许多小说与道德哲学著作里描写的英雄",岂不正是韦伯心目中的理想个人吗?哲学家莱特(Brian Leiter)在研究尼采道德哲学的专书中则指出,尼采所设想的"人上人"(超人)具有这些特质:孤独,全心投入一己的使命,不理会外力、外人的影响,拥有绝对的自信,也绝对欣赏自己。这些特质多少也回响在韦伯的理想人格中。进一步言,这种人格理想,并非德国思想传统所独有。如英国学者贝拉米所言,这种个人观,很接近英国J. S. 密尔以及19世纪其他泛自由主义者所强调的拥有"品格"(character)的个人。不难看出,韦伯关于个人的设想,与密尔的思路一样,反映着19世纪工业化生产关系加上大众民主化的潮流形成"削平"趋势时,一种自然而普遍存在的精英论。他们都认为,个人自主、独特的发展具有最高的价值,自由主义之所以珍惜自由,正是因为自由乃是允许个人这种发展的必要条件。

这种个人观的独特意义,需要我们审慎地面对。大家常说自由主义的终极理想是个人,尊重个人的尽性发展与自我实现,以便活出"人"的最高境界,而自由制度的价值,正在于自由乃是达成这个终极目标的必要条件。这两点,是整个自由主义传统的共识。不过这里需要做一点分辨。尊重个人,一个意思是说尊重个人自身("人格"),把每个人看作具有同等分量的道德单位;至于个别个体的生命具有什么潜在的可能,能够实现什么价值、取得什么成就、达到什么贡献或境界，当然都有其崇高的意义，不过这些属于道德之外的评价角度，并不影响到人格的尊严与不可侵犯。这种个人观，所追求的是个人从各种身份、角色和社会制约中获得解放。另一个意思则是把个人设想为以成长、追求为关键特色的物种（如亚里士多德所言，神与动物都不具有这项特色），是故生命的意义在于达成某种目标或者表现某种价值，这中间所需要的各项能力、德性乃至追求的毅力、决心，便构成了个人的价值所在。这种个人观，所追求的是个人尽其"性"的发展。这两种对于个人价值的理解各有长短得失，在自由主义的传统中各有其贡献，也一直有人在发展更周全的个人观以便结合两者，在此无法析论。不过前面一种理解方式，由于其抽离性，通常能为个人的价值保留一种自成一格的地位：这种个人价值并不依赖任何人性论、文化因素，或者实质性价值观的支撑；后一种理解方式，则必须诉诸某些关于世界或者人性的理想，其通常寓身于特定的文化理念之中，也因此缺乏普遍性，并且容易遭到价值多元论的挑战。

通过这两种想象个人价值的方式，会得出两种在制度上如何尊重个人的思路。从抽象的个人着眼，所构想的制度会"价值中立"，强调普遍适用，有意识地摆脱特定文化或者价值观的牵制。从实现某种特定价值的奋斗、追求角度着眼，所构想的制度则会与特定的价值观、特定的文化传统结合，表现为具有特定评价蕴含的特殊主义和精英主义，同时也容易将个人价值与其他的价值理想混同、结合。用这两种对于个人价值的理解方式之间的差异来对比，我们就知道，韦伯的个人理想与文化关怀所采取的是第二种思路。他会采取这条思路，背后是不是有着更深一层的价值倾向呢？

五、韦伯的根本局限

美国学者史华慈（Benjamin I. Schwartz）在《寻求富强：严复与西方》（Search of Wealth and Power: Yen Fu and the West）一书中曾指出，严复所接触到的西方文明包含着"浮士德-普罗米修斯精神"与"社会-政治理想主义"两个面向，前者鼓舞个人与社会尽量发展自身的能量，达成韦伯意义下的社会-经济的"理性化"，后者则追求自由、平等等涉及人际关系的道德理想。前者促成了严复的富强观念，后者则构成了严复的自由主义。接着史华慈提出一个深刻的问题：追求富强与追求道德意义上的理想社会，两者之间究竟是什么关系？严复受到斯宾塞（Herbert Spencer）的影响，把自由主义视作追求富强的手段，史华慈认为正好忽视了自由主义的核心价值——个人自身即目的。这种用浮士德精神涵盖"社会-政治理想主义"的思路，对之后的中国知识分子产生了重大的影响。不过史华慈相信，"富强"与理想的社会制度之间的关系究竟如何，对中国知识分子、对今天的西方，乃至一般而言对各种思潮（包括自由主义与社会主义），都是仍然没有解决的难题。

在韦伯政治思想的脉络里重提史华慈的严复研究，并不是想在严复与韦伯之间擅做比附，而是想要借史华慈的"普罗米修斯-浮士德精神"观念，凸显韦伯的深层价值取向。对正在阅读韦伯的读者来说，史华慈的笔下的严复，包括严复将自由主义从属于富强目标，是不是似曾相识呢？普罗米修斯象征以人为名义向神挑战的人文精神；"浮士德精神"一词来自斯宾格勒（Oswald Spengler），原意即指一种不惜一切（包括与魔鬼交易）追求"力量"的精神；两者泛指西方近代文明的代表性格。细读之下，史华慈笔下形容浮士德精神的关键价值字眼——"活泼、积极追求目标、能量、自信,以及实现一切潜能"——不正是韦伯寄望于个人乃至民族文化所能够达成的最高特质吗?换言之,韦伯的深层价值观,并非局限在韦伯本人或者德国一国的思想传统,而是当时由韦伯〔(1864—1920)与严复(1854—1921)恰好是同一个时代的人〕弥漫广远的一种思路。史华慈所谓的"普罗米修斯-浮士德精神",大体上对韦伯也适用:他的民族主义、帝国主义,他的社会达尔文主义,他对于现代国家富强机制——官僚、制度、武力,以及经济与产业各方面的"理性化"——的肯定固然如此,但他所向往的高贵个人,也十分接近"浮士德精神"的基本特色。在这种精神取向的引导之下,韦伯会致力于追求强国伦理与个人层面上的强者伦理,似乎并不意外。这两种伦理在价值观上的亲近甚至同源,注定了韦伯的自由主义在面对德国民族主义的富强诉求时,无法构成有意义的对抗,反而让他相信德国的富强与扩张,有利于德国资产阶级发展自由主义所向往的人格。韦伯(以及严复)对于个人的自主价值有着深刻的信念,但是韦伯对个人价值施加精英主义的解读,结果他始终无法信任稳定的社会与政治制度,以便在民族的富强要求,与个人作为一种独立、内在的价值之间,维持稳定平衡的关系。我们在理解韦伯政治思想的时候,必须掌握他的这个根本局限。

话说回来,在今天,中国的崛起已经是势之所归,有其必然,也有其必要。不过我们必须清醒地承认,中国崛起所代表的意义,崛起后的中国准备扮演什么样的世界角色,还是相当模糊的。今天的中国还可能沿着严复一代人的思路,以单纯的"富强"界定崛起吗?显然不行。那么在追求集体富强之外,中国的思想者对于必须独立于富强目标而另行建设的价值观、进步史观,是不是能够摆脱前几代人"救亡"的悲情,开拓更温润、沉静、善意的思考呢?如上面所言,当年韦伯对于德国的崛起提出了关键的诘问,却未能摆脱浮士德精神的禁锢,用权力意志之外的道德资源去发展具有平等、进步意义的答案。不过韦伯的政治思考仍然包含着深刻的反思:例如他认为"权力"虽然在道德上中立,但是"使用权力"必须受到道德的制约;例如他憚于权力的伦理暧昧性,所以强调强权国家的领导人格外需要现实感和踏实的责任意识,强国国民也特别需要"政治成熟",能够判断自己国家的真正利益何在。提出这些问题,说明他并不是狂热短视的国家主义者、帝国主义者,而是能够用踏实、理性的态度去分析国家所面临的利与害。不幸的是,德国从俾斯麦时代开始的崛起,最后竟然终结于一场人类浩劫,德意志民族几乎灭亡,世世代代背负着历史罪孽的烙印。没有人能说韦伯需要为其身后德国的历史惨剧负直接的因果责任,不过他受制于自己对普世性的理性文明的悲观,以及相应的英雄崇拜,没有积极召唤德国国民身为一个大国主人(Herrenvolk)的责任感,更没有培养他们掌握国家命运的信心与能力,也就是不曾在国民身上结合国家主人应有的责任伦理与爱国情操。结果一旦具有魔性力量的民粹领袖出现,人民激情跟从,国家利益与个人自由双双变成集体痴狂的祭品,民族主义与自由主义也双双付诸一炬。我们重温韦伯的政治思想,不能不引以为戒。

译序　韦伯的政治使命与宿命

阎克文

简而言之，本书可以看作在理论和实践两个领域对马克斯·韦伯一生的政治述评。

评述一个名人的结果，是产生了一部名著，这种情况似乎并不常见，本书之所以实至名归，应该说与作者的背景不无关系。沃尔夫冈·蒙森出身于一个显赫的史学世家，他的曾祖父特奥多尔·蒙森（Theodor Mommsen，1817—1903）是五卷本《罗马史》的作者，也是韦伯的博士学位答辩委员会导师。同样可观的是，他和他的父亲威廉·蒙森（Wilhelm Mommsen，1892—1966）及孪生兄弟汉斯·蒙森（Hans Mommsen，1930—2015）也都是各自时代德国史学界的扛鼎人物。他本人专注的领域主要是19、20世纪的英国与德国史，同时他还广泛涉足外交史、社会史、思想史和经济史的研究。从以往的韦伯研究史来说，本书出自沃尔夫冈·蒙森的手笔，或许就不能算偶然事件。

大概是因为文本信息量的解读局限，实际上，英语世界的学术研究，迟至 20 世纪 70 年代初，才开始注意并重视韦伯的政治理论和政治作为，例如 1972 年出版的《马克斯·韦伯与现代政治理论》(David Beetham, *Max Weber and the Theory of Modern Politics*, 1972)、《马克斯·韦伯方法论中的学术、价值与政治》(H. H. Brunn, *Science, Value and Politics in Max Weber's Methodology*, 1972) 等，就是早期比较有代表性的作品，此时距本书初版发表已经过去了二十多年，再往后就层出不穷了。由此观之，中文读者对这个论域至今还普遍比较陌生，恐怕就更不足为奇了。

蒙森一落笔就设定了全书的主题——"马克斯·韦伯一出生就被抛进了政治"（原书第 1 页。以下凡出自本书的引语，均只标示德文版页码）。事后来看，韦伯的出身似乎就预兆了他这一生将承担一份无可回避的政治使命，也预兆了一种他最终无可逃避的政治宿命。

事实上，韦伯终生都在经历着学术与政治的高度紧张关系。他从四五岁开始，就不得不待在好客的政治家父亲身边，旁听常年不息的学术与政治精英们的高谈阔论；这刺激他在这两个领域都表现出罕见的早慧天赋，直接影响了他在成年后的志业方向。结果是，他几乎始终都在"以学术为业"和"以政治为业"之间游移不定，或者说，苦心兼营，直到生前的最后几个月，才彻底放弃了政治参与的一切努力。

无疑，作为一个经验理论大师，韦伯的学术建树，为他的政治思考和政治行动提供了远比个人出身更为深刻与持久的内在动力。

韦伯是经受马克思学说，尤其是马克思主义思潮冲击的第一代德国知识分子中的一员。不过，大约在完成博士论文前后，也就是第二国际登台亮相之时，他便萌生了一个非常新颖的历史现实观察视角，而且最终把它推向了极致。首先,韦伯对那些一元化取向的决定论观念都抱有严重怀疑态度,甚至产生了毫不妥协的道德敌意,认为技术决定论、经济决定论、文化决定论、历史决定论等,无论在宏观还是微观层面上,都难以作为有效的理论手段胜任实证性的经验分析;更重要的是,他在大规模比较研究的基础上,逐步构建了一个社会科学方法论工具包——理想类型(ideal type)框架中的多元因果论。从事实上看,这个革命性的方法论工具包,也许可以说是韦伯著述体系中最有学术与政治指南价值的思想遗产。

毋庸赘言,《经济与社会》可以让我们在付出艰辛的阅读理解努力之后,比较完整地了解这个方法论工具包的精致和复杂程度。韦伯从经济社会学、支配社会学、法律社会学、宗教社会学、城市社会学等多个维度,重新考察了普遍历史意义上的因果动力,试图对历史现实做出尽可能客观的因果解释。其中特别引人注目的是,韦伯无可争辩地指出:在经济资源并不匮乏的时代和地方,仅靠天然的或人为的经济所有权,并不可能占有,更不可能垄断政治权力;如果没有政治权力的在场,建立和维持共同体秩序,哪怕是最低限度的共同体秩序,也是根本不可想象的。在他看来,对财产的占有仅仅构成了获取、组织和运用政治权力的可能性基础之一,即便废除了私有财产,也不可能消除人对人的政治统治关系,尤其是支配关系,尽管它所需的基础条件将会有所变化。更严谨的问题描述和更审慎的逻辑论证,使韦伯继续得出这样的结论:在由经济活动、法律活动、宗教(文化)活动和政治活动构成的多元因果框架中,政治操作机制具有特别强大的功能性作用力,这在任何社会形态和发展阶段都不例外。无疑,这样的理论洞察,直接涉及政治的普遍性质、权力的结构及其冲突模式、政府与政治活动的可能形态、国家与社会的关系,尤其是,现代性条件下国家意志与个人自由的张力问题，从而构成了有效解释和预见经验事实的一般性假设，更重要的是，这对他的政治著述和政治参与都产生了深刻持久的影响。

俾斯麦的历史性业绩，则是另一个重要的影响力来源。尽管韦伯在大学读书期间就清醒地拒绝随波逐流，与正在盛行的俾斯麦崇拜保持了距离，并对他的个人政治品质产生了警惕，后来更是对其权力政治遗产带来的某些虚妄社会后果发出了毫不留情的道德批判，但是，作为一个"由现代欧洲文明塑造出来"但又念念不忘德意志民族历史使命的思想者，韦伯对俾斯麦的政治成就可谓推崇备至。俾斯麦缔造了一个强大的现代民族国家，这首先得益于他本人的超越性政治境界，同时也离不开他那种强烈的权力本能和非凡谋略，这使德意志民族的政治统一第一次成为可能。非常不幸的是，一个特殊历史人物在一个特殊历史时期确立的特殊统治地位，却直接导致了一个特殊的政治后果，那就是德意志民族习惯了接受一个伟人的照料，同时这个伟人也始终在有意排斥和压制具有独立意志的竞争性政治杰人与政治力量，对哪怕是可能的政治盟友也毫不留情，以致在他黯然退出政治舞台之后，在这个民族需要立刻承担起自己照料自己的政治责任之时，从上到下各个阶层的政治成熟程度，看上去却恍如倒退了几十年，通向大灾变的政治混乱与衰败随即开始了。韦伯亲身经历了这一切，他不可能袖手旁观。

1895年韦伯就任弗莱堡大学教职时，德国已经进入了后俾斯麦时代，他在此时发表的著名演说《民族国家与经济政策》，既是他正式委身于学术之业的突出标志，同时也可以看作他开始参与政治的一项个人宣言。实际上，这个演说最引人瞩目的地方，主要并不是陈述韦伯的学术抱负，而是宣示了一种"理性"的民族主义立场和强烈情感，尤其是面对德国的现状及其预兆不祥的未来所必须采取的秩序重构与政治行动设想。尽管这里的某些观点还显得比较粗糙，但后来不断系统化的理论思考和许多重大政治方略大致都可以追溯至此。简言之，这个"演说基本上是在阐发他的政治规划"（第38页），他敏锐地意识到，德国如何走向未来，已经没有太多可供选择的余地，也没有太多可供悬而不决的时间了。他在演说中反复强调，他这一代人的任务绝不是卖弄庸俗政治经济学的幸福主义小市民理想，而是如何在现代性条件下正视国家意志与个人自由的张力问题，因为它直接决定着每一个德国人能否活得像个人样，从而凝聚成一个配得上伟大民族称号的共同体，承担起"在历史面前的责任"。毋庸赘言，这意味着必须从政治上寻找出路，不唯理论上如此，现实的经验世界更是如此。

按照韦伯的定义，从根本上看，政治就在于追求权力或者谋求对权力的影响力。不谋求权力的政治，仅仅存在于乌托邦那里或者无政府主义者的幻觉中，不足为训；而权力的经营，无论是古希腊政治学意义上的道德化经营还是现代性政治条件下的技术化经营，对于实现预期的价值目标都具有决定性意义。总起来说，韦伯认为权力的特殊性质及其不间断在场使政治成了一个高度独立的领域，亦即操作逻辑、经验系统和伦理规范的高度独立性，而现代政治更其如此。"在韦伯看来，为权力而斗争，不仅是人类政治组织的基本要素，也是全部文化生活中的基本要素。"（第43页）这样的政治观，最终在《以政治为业》这个著名演讲中导出了一个事实陈述性质的结论，即现代政治需要职业政治家，理性化的制度安排必须满足一个核心要求——不断训练和筛选出这样的政治家并有利于他们脱颖而出、登上政治舞台以承担责任。这不光是一个泛泛的理论设想，更是德国现实的迫切需要。

应当指出，韦伯不仅是个"欧洲文明之子"，他还是威廉时代的德国知识精英，因此，他一直抱有君主立宪的政治理想也许就不足为怪，甚至到了君主制被废除之后，他还力主宪制改革能够为德国总统提供立宪君主的地位和权力。用今天的眼光来看，我们当然可以轻飘飘地判定这种观念反映了时代的局限性，但正如蒙森所说："他的观点并非保皇主义情感的反映，他对君主制的支持乃是出于选择最佳治国技术的功能考虑，根本不意味着情感上的忠诚。他相信，一个'强大的议会君主制'在技术上最有适应能力，从这个意义上说，归根结底它是最强大的政体。它优越于所有共和政制之处就在于，它是奠定在一个重要的形式优越性基础上的——'国家的最高职位已被永久占据'，因而对抱有个人野心的政治家的权力欲构成了健康有益的限制。这也是唯一能够抑制军队从军事领域向政治领域扩张权力这种一贯欲望的制度形态。"（第311页）但是，德国时运不济，碰上了威廉二世这样一位"半吊子"君主，使得俾斯麦的去职立刻导致了一种权力真空，君主不像君主，议会也不像议会。所有台面上的政党和政客、所有的阶层和阶级、所有的既得利益集团，没有谁能够承担得起维护现存秩序以便重构秩序规则的政治责任，而且给理应恪守工具性本分的官僚系统提供了攫取政治统治权的可乘之机。这种政治困局，很早就促使韦伯得出了一个论断：只有习惯于通过当选代表为自身政治命运共同负责，才是德意志民族有可能在政治眼光方面得到训练以寻求政治出路的唯一途径。无疑，这个问题不能纸上谈兵，而必须进行实际操作。就此而论，韦伯的基本信念，在一段历史性对话中表现得可谓言简意赅，十分生动。

德国"一战"战败后，韦伯在启程赴凡尔赛参加和谈之前曾致信鲁登道夫，要求鲁登道夫、蒂尔皮茨、卡佩勒、贝特曼等人自愿提着自己的头交给协约国，以挽回德国的名誉并为德国的光荣重建献祭。

韦伯返回柏林后，双方坐在一起谈了几个小时，彼此都钦佩对方的爱国主义精神，却无法达成任何政治共识。韦伯指责鲁登道夫作为军事统帅犯下了政治错误，鲁登道夫则痛斥韦伯要为革命和新政权的罪恶承担自己那份责任，然后，鲁登道夫就提起了韦伯那个要求："你为什么会想到这个主意？为什么希望我这样做？"

韦："只有你自首，才能保住国家的荣誉。"

鲁："国家正在跳进深渊！这种主意简直是忘恩负义！"

韦："你必须这样做，这是你最后一次效命于国家。"

鲁："我希望能为国家做出更重要的贡献。"

韦："我们在讨论严肃问题，你这样说毫无意义。顺便说一句，这不仅关乎德国人民，也关乎军官团和军队能否恢复名誉。"

鲁："你为什么不去看看兴登堡？毕竟他才是德国陆军元帅。"

韦："兴登堡已经70岁了，而且连小孩子都知道，你才是德国的头号人物。"

鲁："敬谢谬奖。你可是为民主唱赞歌的，你和《法兰克福报》应该受到谴责！你看看，现在都成什么样了？！"

韦："你觉得我会把现在这种丑恶的动荡叫作民主吗？"

鲁："那么你的民主是什么样？"

韦："人民选择他们信任的领袖，然后被选出来的人说，现在你们都闭上嘴，一切听我指挥，谁都不许随便干预领袖决策。"

鲁："我倒喜欢这样的民主！"

韦："但人民会坐下来看热闹，如果领袖犯下罪错，就把他送到绞刑架上去！"（参见玛丽安妮·韦伯著，《马克斯·韦伯传》，商务印书馆，2010年，第801—802页）

撇开这个特定对话场合的特定情绪因素不论，实际上，这其中隐含着韦伯的一个完整逻辑——政治家从人民那里获取权力对人民进行正当统治，人民从这种统治中获得个体自由的合法保障，同时以这种自由激励政治家的创造性并迫使他们承担责任。我们可以看到，构成这个逻辑的并不是韦伯的一套教条化理念，而是一直在他头脑中酝酿并日臻成熟的一个复杂的技术操作系统，也就是他所坚持的德国宪政新秩序。

按照古典自由主义呆板的权力平衡原则，被统治者应当有机会求助于竞争性的统治权力以表达自己的意志，但由什么角色以及如何在这种平衡机制中充当创造性力量，这个原则并没有更多的说明。因此，在政治思想史上，是韦伯首先提炼出了一个创造性观念，即现代政治作为一项承担特殊责任的职业，需要以此为志业的一个特殊群体，那就是职业政治家。更重要的是，从上面的对话中不难推想，解决这个问题涉及一系列复杂的政治关系，没有一个调整这些关系的制度基础是根本无法想象的。韦伯坚决认为，非如此，自由主义就不可能确立一种与政治权力的建设性关系，这对于现代国家的理由和目的都至关重要，尤为关键的是，前程未卜的德国应该怎么办，这才是激励韦伯呕心沥血的主要动力。按照他一以贯之的方法论立场，在这个不可逆转的价值多元时代，他无法在科学实验的意义上证明任何价值目标是否正确，他能说的只是，如果要抵达预期的目标，就必须或可能使用什么样的手段，这些手段将必定或可能导致什么样的结局，最后，任何结局都必须有人承担责任后果。

蒙森非常精准地把握住了韦伯的政治思考脉络。在韦伯看来，俾斯麦帝国日趋混乱，"一战"及随后的德国革命，终于导致了帝国的垮台及其宪制的毁灭，实际上这个过程使民主力量也颇感意外，它们对于从头开始立即建立一个新的宪政秩序这一任务，除了花里胡哨的教条和狭隘的自利打算，绝对没有任何切实的准备，而如果没有这样的新秩序，德国就很可能再次四分五裂。按照韦伯在"一战"前后反复推演的经验论证，德国从威权体制向新秩序的过渡，除了强权支配下的和平有序变革，别的途径都没有逻辑和事实上的可行性，而且未知成本的不确定性令人不寒而栗。同时，后俾斯麦时代统治阶层的日趋无能也给德国知识界提供了大显身手的良机，只不过，保守派知识分子的政治反动和自由派知识分子的政治智障，却令德国的大众动员目标越来越分裂与混乱，这成了本书设定的时间段中德国最醒目的政治景观，韦伯对他们的厌恶和绝望，至今听上去还是那么振聋发聩。因此，他曾针对时局表达了一个强烈期盼："我们缺少的是一个政治家对国家的领导，这并不意味着需要一个政治天才（那只能指望出现在少数国家），甚至不是一个显赫的政治干才，而只是一个不管在什么程度上都可以叫作政治家的人！"（马克斯·韦伯著，《政治著作选》，第162页）最后，到1919年初，韦伯在莱比锡发表了那个独具匠心的演讲——《以政治为业》，也许可以说，即便在源远流长的西方政治学说史上，它也算是一份无与伦比的重要文献，若是按照传统的政治与政治学眼光来看，最出人意料的地方就在于，它彻底过滤掉了一切意识形态成分，根据政治伦理、政治规则、政治逻辑本身的高度独立性，第一次使用富有解释力的经验理论方法，还原了政治和政治人的本相，揭示了这种本相与政治理想之间难以消解的内在张力。毫无疑问，这一切都必须根据政治操作的因果可能性进行实证评估。

在韦伯还是一个年轻的大学教师之时，有些熟悉他的同好就认为，他是个天然的政治家，应当责无旁贷地投入政治实务。韦伯本人也曾以此自许，并在多个重大历史节点上尽力争取相应的权力地位，以期在实务操作中贯彻自己的政治蓝图。从弗莱堡就职演说到魏玛制宪方案及其一系列备忘录，在蒙森的笔下，这个蓝图构成了一个高度完备的政治框架，其中当然也包括实现不同阶段战略性目标所需的复杂手段，对当时的德国政界、学界和公众舆论都产生了广泛的冲击性影响。但是，从这三十年间德国的政治演变来看，韦伯从事实际政治不得不背负的一个外部沉淀成本，殊可谓骇人听闻。他在就职演说中曾痛苦地指斥道，这个民族的政治教育已经耽误了一百年，因此，按照蒙森的说法："韦伯的个人悲剧就在于，他作为一个'地道的实干家'，不得不用整个一生与'智力瘫痪的行动'进行斗争。"（第33页）这场实力悬殊的斗争，在旷日持久的宪制改革博弈中达到了巅峰。蒙森的细致描述可以让我们看到，韦伯始终需要面对的主要是两个死敌，一个是僵硬的教条癖势力，另一个是冥顽偏执的各种既得利益集团。虽然这在实际政治中很常见，但德国当时的既定条件使韦伯这种人的处境变得尤其困难。当然，还有一个令人尴尬的事实也无法回避，也就是，如果把韦伯看作一个眼光深远、头脑冷峻的战略操作大师的话，他在日常的战术操作层面却完全是个手足无措的外行。他深知现代政党组织的功能主义价值是多么不可或缺，但在那种极度撕裂的政党政治格局中，他对组织的经营与整合却一筹莫展，甚至不屑一顾；他作为一个恪守知识诚实原则的学者，在个人基本价值信念问题上从不妥协，但在价值操作的技术手段问题上也很少妥协；他在现实政治调适与极为缜密的伦理严苛主义之间把握动态平衡的冷酷意志，令人不寒而栗且难以捉摸，这使所有固守党见立场的政治家都不堪忍受，无论他们来自民族自由党、天主教中央党、社会民主党，还是来自他本人参与创建的德国民主党。结果是，韦伯看上去就像一个伟大的军事统帅，但身旁却没有一兵一卒。正因为如此，也正如他曾自述的那样，毕其一生，他都注定了是个politischer Einspanner（即政治单身汉，见第332页）若是从后来的历史进行客观的因果追溯，也许应该说，这已经远不是韦伯的个人悲剧了，以致后来人甚至可以提出一个已经无法假设的历史假设：如果当时的韦伯——或者韦伯理想中的政治家——有机会登上古罗马意义上的独裁官地位，局面将会如何？

蒙森的这幅韦伯政治肖像，无疑会令观者见仁见智，但也有助于对韦伯的政治业绩形成一些基本的客观判断：韦伯对他的国家和德意志民族一往情深，把政治局势所需要的高声呐喊视为一项天职；他毕生都在经验着德国与世界，对政治了如指掌且目光如炬，这使他的政治思考达到了极大的强度；他亲历了欧洲旧秩序的衰落与崩溃，面对那个时代命运攸关的各种政治事件，虽然他的政治观点在一定程度上受限于自己的时代，他的日常政治经营技能也并不足以支持他的战略推进，但他对现代政治的远见卓识仍在表明，他的头脑至今还是最强大的政治头脑之一。

英文版前言

本书德文原版面世差不多25年了，当初可谓深受欢迎。20世纪40年代末到50年代，民主政治在德意志联邦共和国的重建大获成功，那时马克斯·韦伯已被普遍认为是德国民主政治（尽管为数不多）的先驱之一，然而，本书陈述韦伯观点的方式，使这种看法受到了某种程度的质疑。毕竟，本书是在一种相当特殊的政治气氛中完成的，主导这种气氛的就是整整一代德国人追求民主政治的决心。50年代开始从事学术工作的那些历史学家，特别倾心于西欧和美国的榜样，这给他们许多人留下了"再教育"的思想印记。这一代历史学家中的不少人熟知魏玛德国的灾难性崩溃，认为这种崩溃在一定程度上是因为德国民主力量疏于抵制极右势力的挑战，特别是因为当时魏玛民主政治的那种所谓价值中立。这些历史学家大都接受了一种基督教原教旨主义的民主观，强调民主应以不可让渡的自然法权利为基础。他们开始按照这种观点批判性评估晚近的德国历史,并以自由主义民主笔法重新书写,很有助于民主观念在联邦共和国的正本清源以至根深蒂固。本书的写作就受到了这个趋势的强烈影响。20世纪50年代出现在德意志联邦共和国的知识分子群落,殊可谓独一无二,这使本书无疑受惠于其长,但也可能受困于其短。

写作本书的初衷,产生于作者解读了韦伯对威廉德国,尤其是对那位皇帝"个人统治"发出的令人印象极为深刻的谴责之后。然而,对韦伯政治著述的进一步分析表明,马克斯·韦伯不仅是个坚定的自由主义者,同时也是个坚定的德国民族主义者,此外,至少在早年,韦伯还坚定支持德国的绝大多数帝国主义政策,这在最初曾使作者深受刺激。1958年,弗里茨·费舍尔(Fritz Fischer)的里程碑式研究《争雄世界》(Germany's Drive to World Power)尚未问世,考虑到俾斯麦与威廉二世时代那种对德国历史的传统主义解释背景,韦伯的某些观点确实会让人觉得具有极端主义性质。韦伯主张的"公民表决的领袖民主制",以及他为卡里斯玛领袖统治的辩护,至少就某些地方而言,似乎在危险地接近人们至今仍然记忆犹新的法西斯主义领袖观。由此看来,非常有必要把韦伯的政治观点放在他那个时代的历史事件背景中重新加以审视。

本书从某些方面批评了韦伯的政治观点,同时也批评了他对民主政治统治的看法(他最终把这种统治定义为"反威权主义版本的卡里斯玛统治"),大体上公正评价了他在当时德国政治中的角色及其政治思想。本书的一个基础工作,就是彻底检视所有可得的原始资料,尤其是那些因为特殊的环境条件仅仅以片段形式留存且分散在大量档案和私人收藏中的通信。多亏有报刊的报道,韦伯的公开演讲也第一次得到了系统收集,否则它们就不可能保存下来。本书写作期间又发现了若干以往未知的文本,其中一部分现在已被收入1978年初版以来的《政治著作选》(*Gesammelte politische Schriften*)各个增订版中。本书第二版发表于1974年,做了全面修订并吸收了一些新的素材。记述韦伯政治活动历史背景的内容几乎原封未动,尽管彼时早已出现了翔实的新研究成果,亦即弗里茨·费舍尔关于"一战"期间德国政治的杰出研究。不过,由于本书初版发表之后引起了相当可观的争论(这场争论在纪念马克斯·韦伯的1964年海德堡国际社会学大会上达到顶点),1974年版就增加了一篇后记,既是为了回应本书的批评者,也是为了检视一番截至1973年发表的有关韦伯政治思想的所有文献。

考虑到迄今为止的研究状况,已经不可能为呈现在这里的英文版更新这篇后记了,由于过去十年间兴起了关注马克斯·韦伯的高潮,这很可能会成为一个过于繁重的任务。不过,我还是希望它能对读者有所裨益,因为它在过去20年间至少影响了韦伯研究的发展。注释和文献目录也同样如此。如果面面俱到地囊括所有与这个主题有关的新文献,本书可能就不得不推倒重来。但是,为英语读者着想,文献目录还是增添了现有韦伯著作选的书目译文。

总起来看,本书还算相当不错地经受住了时间的检验。关于韦伯在当时德国政治中的角色,这里铺陈的绝大多数事实细节都是毋庸置疑的,对事实的解释本身也被1974年以来新发现的素材所证成而不是证伪。当然,如何评价韦伯政治思想中的自由主义、民族主义和精英主义成分及其相对重要性,仍将继续是个见仁见智的问题。但从时代背景来看,韦伯的眼光几乎始终比他的同时代人更敏感,更理性,更一以贯之——尤其是——更诚实。然而,他的观点毕竟是激进主义的,如果谈不上极端主义的话。

这个英文版译自1974年的德文第二版,订正了若干事实错误,吸收了一些重要的新发现。在所有实际问题的层面，本书可信地展示了韦伯对政治生活的经营。不过，引用的档案资料，特别是各类私人文件，反映的都是1974年的状况，仅仅在某些情况下，由于已经公之于众并且影响到这里给出的解释，才参考了新的档案资料和其他发现。不可能有更好的做法了，因为任何更新既定学术结构的尝试总会遭遇无法克服的困难。需要处理原始资料的学者会发现，某些情况下材料被移到了别处，有时，占有韦伯资料的机构会改名换姓，比如德意志民主共和国（GDR）的官方档案馆就不再叫德国中央档案馆（Deutsches Zentralarchiv），而是改名为德意志民主共和国中央档案馆（Zentralarchiv der Deutschen Demokratischen Republik）。除此之外，1977年开始由巴伐利亚科学院赞助的新版韦伯著作全编，至今仍未完工；事实上，在搜集幸存的韦伯资料并按照严格的文献学原则加以编辑方面，本书发挥了重要的推动作用。《马克斯·韦伯全集》最早完稿的，就是沃尔夫冈·蒙森与甘戈尔夫·许宾格合编的第15卷，《世界大战中的政治：1914—1918年的著述与演讲》（*Zur Politik im Weltkrieg: Schriften und Reden 1914-1918*），收录了第一次世界大战期间韦伯就政治话题发表的作品和演讲。1985年将再有两卷即第16和第9卷出版：前者由沃尔夫冈·蒙森与沃尔夫冈·施文特克合编，即《新秩序下的德国：1918—1920年的著述与演讲》（*Zur Neuordnung Deutschlands: Schriften und Reden 1918-1920*）；后者由沃尔夫冈·蒙森与迪特玛尔·达曼合编，即《1905年以来的俄国革命：1905—1909年的著述》（*Zur Russischen Revolution von 1905: Schriften 1905-1909*），收录了韦伯关于俄国事态的文论。凡此种种，将会提供可观的原始证据，可以补充而不是反对本书讲述的故事。在1974年版的附录中，有不少新近发现的韦伯文本是第一次公之于众，但并未收入这个英文版本，部分原因在于，韦伯著作的全编已经期期在望，而且说到底，英美读者对它们可能仅有不大的兴趣。

另外，韦伯的通信全编，也正在由沃尔夫冈·蒙森、赖纳·莱普修斯和曼弗雷德·舍恩合作筹备中，读者将会在适当时候看到幸存下来的全部韦伯书信。25年前开始搜集韦伯的书信是为了本书的写作，目前已经收集到大量书信；不过，眼下在准备这个英文版本时，还不可能直接使用这些资料，尽管我们借此机会纠正了一些明显的错误。几年之后，有意根据这些原始通信资料更深入研究马克斯·韦伯的学者们，即可相对容易地做到这一步；当然，这里按照1974年时的档案条件援引的书信内容，对于所有希望更多地了解马克斯·韦伯在学术、政治和私交诸方面人脉网络的读者来说，依然是一些可靠的指南。

韦伯文本的翻译面临一些几乎难以克服的困难，像本书这样直接引用韦伯的大量原话，翻译就是一个很棘手的任务。事实上，借助目前唾手可得的英译本根本就无济于事，它们用英文表达的韦伯那些极为艰涩的用语，与他的原话出入实在太大了。因此，这里的引语全部都是基于德文原作，尽管许多地方也参考了相应的英译本。除非另有说明，二手资料也是按照德文版本引用的，而不是照搬现有的英译本。依我之见，这些译文显然也是需要推敲的，为了弥补这种不足，英文版附上了所有相关的韦伯著作目录。有些特定德文术语，比如 Verein für Sozialpolitik（社会政策协会），一般就不再译出，因为不少情况下，翻译反而会导致模糊与怪异。适当的做法是用圆括号加注英文。

在此，我理应向译出本书的迈克尔·施坦贝格（Michael Steinberg）表达忱，同时也感谢格尔德·施罗德（Gerd Schroder），由于他的帮助和建议，这个英译本才成为可能。我还应当感谢爱德华·希尔斯（Edward Shils）教授，是他鼓励出版商和作者本人达成了一致意见。今天，我们正在目睹一场世界范围的马克斯·韦伯热。尽管这个英译本姗姗来迟，但还是有望活跃一下关于韦伯作为一个洞察力非凡的政治思想者和一个杰出学者究竟成就何在的争论。不管他曾多么努力要保持政治与学术的分立，但毕竟，他的社会学事业还是受到了他深为关注的当代政治的强烈激励。他还是一个抱有鲜明是非感的"公民"，对他的国家一往情深，把"政治局势需要时高声呐喊"视为一项职责，尽管他终其一生都是实际政治的旁观者。他毕生都在经验着德国与世界，对政治了如指掌，且目光如炬，这使他的政治思考达到了极大的强度。他亲历了欧洲资产阶级旧秩序的衰落与崩溃，虽然他的政治观点在一定程度上也受限于自己的时代，但他的远见卓识至今仍会令人感佩不已。面对那个时代种种命运攸关的政治事件，他的知识诚实无疑堪称一代又一代后来人的楷模，无论他们的观点可能与他多么不同。

沃尔夫冈·蒙森
1984年4月伦敦

德文第二版前言

本书初版迄今已接近十五年了。当时促动了这项工作的环境,特别是政治气候,如今已经发生了根本变化。最初动笔的时候,我们需要的是批判性审视最近那段悲惨的德国历史进程,尤其是纳粹体制的兴起及其统治,以期为一种强大而稳定的德国民主政治构建精神与道德框架。这两个问题的重要性依然不减当年,但已经不再支配当代的政治意识了。在德意志联邦共和国,民主政治看来已是安然无恙,我们对纳粹体制的问题也越来越淡漠——不论这是不是理所当然。尽管如此,民主秩序的合法性基础问题,却比以往更为紧迫,这恰恰就是马克斯·韦伯政治著述的核心关切。因此,本书早就应该完成的这个新版本,今天倒是显得恰逢其时。

初版面世几年后,我错失了一个出品第二版的机会。原因之一在于,本书受到了激烈抨击,导致作者和出版商一时兴趣大减,因此,如果不做出根本修订，更重要的是，如果没有吸收新发现的素材，做个新版本似乎就不太可行。此外，笔者还有许多其他的职业重负，包括实际上是新建一个人文学科大学，这也持续阻碍了修订工作的尽早完成。由于和马克斯·韦伯有关的文献已经不可胜数，加之我承担了若干重要的专题研究，需要把握的资料不断增多，以至恍如山积。结果证明，这个文本本身不可能细致参考那些最新的文献，因为它看上去并无紧迫性。然而，读者也会注意到，在所有因为近期出版的成果而必须做出改动的地方，都有了适当的修订或增订。

作者根本无意缓和本书的基本论点。本书第一次出版之后，这个论点就遭到了激烈批评，甚至还有情绪化的人身攻击。但它也博得了广泛认可。我看不出有什么理由在任何实质问题上修改自己的论点。关于同一主题的一些新作，笔者提出了一些不同的解释，但没有任何人认为笔者的解释严重曲解了韦伯的政治原则。举凡他们谈及韦伯的政治理论之处，所使用的本书初版以来公之于众的材料和文本，无不完全支持了我的解释。对于从理性价值观基础上的抽象民主制视角去解释和批判韦伯的作品是否有意义，笔者将在后记中表达对这个问题的立场，那里会论及新近的学术动态。毋庸赘言，在这个问题上，笔者并没有墨守成见。

这个版本依据大量新发现的原始资料，试图更确切地描绘韦伯这位政治人的肖像。初版以来陆续发表的新文献，包括对本书的批评意见，笔者都给予了谨慎的重视，并在适当与可能的地方加以采纳利用。最后，读者也许能直接体会到，为最新版的韦伯文选提供注释，的确是个单调乏味的任务。应当格外感谢约翰内斯·温克尔曼（Johannes Winckelmann）的不倦努力，他在韦伯《政治著作选》（*Gesammelte politische Schriften*）中收入了一系列迄今还不为人知的文本。我希望，即使那些并不打算同意我的观点的读者，也能从我根据那个时代背景对韦伯政治思想和行动所做出的叙述中有所获益。我的努力主要就是为了达到这个目的。我相信，尤其在确切厘清并描绘出他在那个时代的事件背景中扮演的实际角色后，就有可能刻画一幅可靠的韦伯肖像。从玛丽安妮·韦伯（Marianne Weber）的《马克斯·韦伯传》（*Max Weber: Ein Lebensbild*）到卡尔·勒温施坦因（Karl Loewenstein）的《马克斯·韦伯的国家政治观》（*Max Webers staatspolitische Auffassungen*）一书，这些在解释方面错误百出的文献，使得冷静地批判性描述马克斯·韦伯的政治思想和行动，依然像过去那样必不可少。

尽管我的作品遭到了激烈批评，特别是，尽管正统的韦伯信众遭到了激烈批评，本书还是完全经受住了时间的检验。毕竟，它成书于广泛激发了威廉德国史研究灵感的弗里茨·费舍尔的《争雄世界》之前。这项新的学术成果提供了一个更准确的视角，以供我们观察那个时代，以及马克斯·韦伯政治思想和行动的政治背景。可以不无得意地说，本书很少有因为这项新的研究而必须做出改正的地方。然而，我在若干地方也补充了新的资料信息并做了澄清说明。此外，在不时感到单调乏味的几年搜求（而且经常与其他项目有关）之后，我在发掘一整套新的档案文件中可谓大有收获，它们使马克斯·韦伯这位政治人的肖像更加饱满，并在许多地方使本书与众不同。特别是在弗里德里希·瑙曼（Friedrich Naumann）和康拉德·豪斯曼（Conrad Haussmann）的文件中发现的书信及其他文档，使我得以在某些方面描述韦伯的政治立场，会比以前可能做到的更加准确。1908年的《帝国宪法改革草案》和引进"议会质询权"的一份提案，都是众所周知的文件，后者在1914年之后获得了广泛的支持，不过直到本书初版出版，韦伯的原作者身份也并未最终得到档案证明。同样，就连1916年潜艇战备忘录与外交部的函件往来也已找到，这就有可能最终确定该备忘录的日期，尤其是可以证明它的实际目的——反对国内的政治煽动。

另外，新的证据能比以往远更清晰地表明，马克斯·韦伯作为一个信念坚定的——尽管是现实主义的——民族主义者，曾在战时竭尽全力稳步推动以期实现"体面的和平"。韦伯支持帝国首相贝特曼·霍尔韦格（Bethmann Hollweg）的政策，实质上是出于"国家理由"的考虑，这似乎是阻止国内崩溃并以有利条件结束战争的唯一手段。从这个意义上说，韦伯公开支持差不多相当于帝国政府的"德国全国委员会"（Deutschen National-Ausschuß），就显得尤其引人注目。1918年1月16日韦伯在柏林发表的演讲，大概意义更为重要，它比以往更着重强调了议会制是德国摆脱内外交困处境的唯一途径。但马克斯·韦伯何以未能入选国民议会（Nationalversammlung），至今也同样无法得到更确凿的说明。

再次，鲍姆加滕（Baumgarten）教授善解人意地把马克斯·韦伯与米娜·托布勒（Mina Tobler）的通信送给了笔者，这使笔者有条件研究那些具有重要政治意义的细节，因而在许多方面有可能比第一版更确切地描述韦伯在战争与革命期间的政治立场。与一位瑞士妇女的这些私人交流清楚地表明，马克斯·韦伯在战争期间曾抱有一种相当乐观的态度，认为有望通过谈判实现能够保障德意志帝国在中欧优势地位的和平，并为此进行了辩护。无论私下里还是公开场合，他始终强调"坚持到底"（durchzuhalten）的重要性。他虽然尽力和泛日耳曼主义者及"祖国党"的大言空论保持距离，但毫不犹豫地使用最强烈措辞抨击协约国，或者使用玫瑰色语言形容德国的政策，以图增强公众的决心。他相信，不仅德国的大国地位，而且德国未来的贸易和产业，从而也就是每一个德国人的生活，都与争取有利条件、结束战争息息相关。因此，他把致力于实现这个目标看作一项理所当然的义务。另一方面，新发现的档案也比以往更清楚地表明，马克斯·韦伯认为，在德国实现议会民主具有绝对的必要性。拒绝改革，德国不仅会输掉战争，而且会输掉随后的和平。

我尽力按照年代顺序比较突出地梳理了马克斯·韦伯宪政观的发展过程，同时也参考了新近某些对韦伯作品的学术解释。例如他在1917年提出的直选－卡里斯玛领袖概念。最初，它是与韦伯的议会宪制概念密切相关，他的首要着眼点是如何激励伟大政治领袖的脱颖而出。只是到了1919年，由于革命后议会政治的失败，他才完全按照"直选领袖民主制"概念，发展了这个理论的反议会政治一面。

我并没有大幅度改写韦伯在魏玛宪政发展史上扮演的角色，因为这个角色已被其他学者仅仅根据一些次要品质所公认和接受。不过，我还是修订了第一版中过于突出韦伯的联邦主义立场的那些非常态细节，主要是为了表明与老派的韦伯学者［比如佩茨克（Petzke）、迈耶（Mayer）］那种片面单一的解释有所不同，这种解释方法在卡尔·勒温施坦因那里更是有过之无不及。最后一章"从自由主义宪政国家到直选领袖的民主制"，则分析了韦伯的全部立场，仅做了一些次要改动，尽管——实际上是因为——这一章招致了来自诸多源头的严重反对。我将在后记中就这个问题以及其他学术动态表明立场。

这里不可能提到所有在我经常毫无成果且往往无以回报的研究中向我提供了有益资料的人士和学术机构，篇幅所限，仅能提及波茨坦的德意志中央档案馆、科布伦茨的联邦档案局、波恩的外交部政治档案馆、多特蒙德的新闻档案馆、慕尼黑的马克斯·韦伯档案馆，以及爱德华·鲍姆加滕教授的档案室。特别感谢瓦尔特·佩勒先生帮助修订编辑了文献目录并制作完成了人名与主题索引。

沃尔夫冈·蒙森
1973年9月23日

德文第一版前言

这项关于威廉时期以及魏玛共和国初期韦伯与德国政治的研究，与以往的作品不同，它们一般都是参照韦伯的理论著述去解读韦伯的政治理想与思想。我力求反其道而行之，通过详细评估韦伯对于日常政治问题的立场，去追踪他作为一个政治人的发展轨迹。我的目的在于为分析马克斯·韦伯政治理论的基本原则奠定牢固基础，并厘清其主要政治理想的历史背景。同时，本书还有一个意图，就是提供一部1890—1920年的德国政治史。

由于这个任务的特殊性质，我使用了专题和传记两种写作方法。除了介绍性的第一章之外，我尽量交织叙述马克斯·韦伯各个不同的政治发展阶段，以分析这些阶段中具有核心意义的政治理想与事业。虽然基本方法是编年体加传记体，但叙事也采取了论题和问题导向的组织结构。这样一来，有时就需要提前或推后谈及某些事件，看上去这不甚合乎编年体的严格要求。因此,重复叙事就很难完全避免。不过我希望,马克斯·韦伯政治观点的顺序发展过程会变得足够清晰。

这项研究利用了韦伯遗稿(Nachlasses Weber)、公开资料,以及部分散见于各处的其他档案。开始我还曾期待能发现丰富的原始资料,搜寻的结果却令人有些失望。那些特别重要的文件,例如能够证明 1917 年 5 月韦伯向康拉德·豪斯曼递交了《宪法改革草案》的备忘录,以及 1918 年 2 月 4 日关于和平问题的第二份备忘录,均遍寻无着。[1] 不过,我们可以看到大量通信,而玛丽安妮·韦伯在她写的传记中仅仅利用了其中一部分。但是,抱着怀疑态度去研究玛丽安妮·韦伯引用的那些第一手书信资料,看来是非常必要的,因为在那部传记的许多地方,有些信件要么标错了日期,要么就是经过了可疑的编辑。很不幸,并不是总有进行这种核实的可能,因为她交付印刷的一部分重要书信原件,并不在韦伯遗稿中。笔者非常感谢玛丽安妮·韦伯所做的努力,她把广泛分散在各处的通信汇集到了一起。许多已被损毁或者不再可得的书信原件,由于韦伯夫人的拷贝而保存了下来。不过,今后的所有韦伯研究者都会遇到一个不利的事实,即这些书信的原始背景已经完全不得而知,更有甚者,韦伯本人的亲笔书信无一幸存。[2]

---

1 递交给豪斯曼的备忘录并不见于豪斯曼的遗稿,参阅本书第 174 页注释 91(脚注中提及的本书页码均为本书德文版页码,即本书中文版页边码。——编者注)。韦伯也交给了安许茨(Anschütz)一份,在安许茨的文集寻找复印件却无果而终。同时,在耶鲁大学图书馆馆藏的霍尔本(Holborn)遗稿中却发现了这些备忘录的复印件。关于和平备忘录,见本书第 299 页注释 328。

2 这里有必要简单说说韦伯遗稿。它的主要部分保存于前普鲁士国家机要档案馆,即现在的梅泽堡德意志第二中央档案馆,修复件,92 号。有若干项几乎均为书信,为曼海姆的鲍姆加滕教授持有。其余的重要部分似乎都已亡佚。这些文件包括:

一、附有若干书信散件的传记手稿大部。

二、韦伯的家书,以及主要与《社会科学文献》编辑工作有关的通信,后者大多是给经济学家们的。总的来说,这部分内容极少具有信息价值(例如致 Curtius、Gottl、Hellpach、Herkner、(转下页)

笔者也参与其中的搜求韦伯书信的工作，会迎面碰到许多障碍。增补韦伯遗稿中的通信汇编是个很困难的任务，由于"二战"和继承权不清之故，许多档案要么被毁，要么就不知所终。当然，事实证明，重新收集一系列韦伯的重要书信还是有可能的。[3]

对于更准确分析马克斯·韦伯的政治目标来说，现有的原始资料并不充足。应当记住，相比当时的其他政治论说者，韦伯的政治作品在数量上并不起眼。他在《法兰克福报》发表的文章，以高度凝练和浓缩的形式提出了他的政治倡议和理想，但许多具体的细节，我们却不知其详，特别是"一战"期间的档案资料，几乎难得一见。由于本书主要就是集中关注这个时期，所以就不得不更多地通过研究他的通信并利用谨慎的比较解释，重新加以组合。作为补充，我还利用了报纸上对马克斯·韦伯演讲的报道。为了力求减少使用这些二手资料可能产生的错谬，只要出现过不止一次的报道，我就都会加以利用。如果没有这些素材，就不可能完成本书的写作。

如能有效厘清塑造了马克斯·韦伯政治著述和政治原则的整个背景，我也就实现了至关重要的目标。我并不是仅限于研究韦伯那个时代对他政治发展的直接影响，我还试图确定他的政治理想和主张所产

（接上页）Kantorowicz、Lederer、Lotz、Rickert、Wilbrandt、Lukács 等人的信）。

三、根据马克斯·韦伯某些书信副本汇集的打字稿，数量很大，似乎是玛丽安妮·韦伯准备编辑韦伯书信之用，但很可惜，里面有些可疑的删节，乃至错误的日期。这部分文件包括韦伯写给妻子的信（很多已在传记中被详细引用）以及单独致 Oncken、Brentano、Eulenburg 和 Michels 等人的信。与妻书的原件（手稿也中断于1918年中）由鲍姆加滕教授持有一部分，但我大都未能得见。

四、少数未佚失的片段和个别篇什，下文将会引用一部分。

五、与鲁登道夫的会谈记录，但内容并不比传记中已有的内容多出太多。

六、若干19世纪90年代的讲义手稿，其中扼要地记满了当时授课时讲述的信息和做出的判断，因而几乎难以解读。这部分内容涉及劳工问题、人口政策、商业政策、工业政策、农业政策和国民经济问题。

3　笔者希望继续搜寻马克斯·韦伯书信的工作，并在今后适当时候报告结果。

生的影响。在许多基本政治问题上，韦伯属于威廉时代的人，深受那个居高临下的俾斯麦形象的影响。然而，本书完全不是以简单化的相对主义视角解释他的政治观念。韦伯的政治与理论观点可以被认为是针对威廉德国的政治与社会秩序做出的反应，但我也确信，他的思想在许多事关重大的方面，并不能用他那个时代的历史与政治条件加以说明，而是我们这里的中心话题之外的那些哲学观念和道德信念发挥了关键作用。所有"正统"的韦伯解释者，都是在没有批判性地解读韦伯思想的情况下就力图将韦伯式分析方法应用于当代形势[4]，相比之

4　这一点涉及 J. F. 温克尔曼论马克斯·韦伯政治社会学的许多作品，不妨现在就多说几句。温克尔曼假定，马克斯·韦伯的政治社会学可被认为是永不过时的法律书，由于韦伯本人并没有完成这项工作，因此，他显然是在这种看法的刺激下，从韦伯的其他著述集成了一幅镶嵌画。为了完成这项任务，他想当然地认为，唯一需要做的就是忽略所有论辩作品，以装配出据说被公认为"价值无涉"的支配社会学。[见《经济与社会》(*Wirtschaft und Gesellschaft*) 第四版 (Tübingen, 1956)，第 9 节，第 823 页。] 另参阅温克尔曼对第四版所受到的批评做出的回应 [见《马克斯·韦伯的社会学杰作》，载于《法律与社会哲学文献》(*Archiv für Rechts-und Sozialphilosophie*)，43 (1957)，第 117—124 页]。当然，我们不可能确切了解到这种做法应被公正地看作学术努力还是单纯的"教学"手段。从教学手段的观点来看，这种显然是被"价值判断"净化过的编辑方法并非善举，因为完全忽略了韦伯政治理论那些有争议的方面。他提供给读者的《德国重建后的议会与政府》和《以政治为业》的节选，是个令人不满的混合物，它无视的一个事实在于，马克斯·韦伯政治观点的发展，特别是他对议会的评价，在这两个文本之间迈出了重要一步。尤其是，温克尔曼在尽力传递一个错误印象，即韦伯的统治社会学——假如韦伯能够完成这项工作的话——在一心一意地采取这种形式，因为他相当清楚地表示，韦伯本人已经完成的统治社会学，在更大程度上塑造了一种民主制议会政治的"意识形态"，并且更强有力地突出了直选的要素。我们无法理解，给一个在内容和结构上都已经很成问题的《经济与社会》版本添加一个更成问题的第九节，对于严肃的韦伯研究到底有什么可能的益处。温克尔曼已经不是第一次制造这些问题了。我们来看看《经济与社会》第四版本身的问题。和前几版相比，它有了相当可观的改进，因此可供本书广泛利用。但是，它也因为我们在第九节所遭遇的那种至善伦理倾向而减色不少，对这种与韦伯研究有关的倾向，还是待之以谨慎的保留态度为宜。的确，韦伯的著述风格未必值得叫好，但令人生疑的是，对他的这种风格进行大量难以控制的修改，有时书生气甚至误读曲解已经到了不可容忍的程度，对于作品的可读性究竟有没有必要（请比较索引中的文本修改处，这始终很重要），比如在第 733 页插入了一个 nicht，意思就个糊不清了。温克尔曼付出大量努力，改进了具体段落的安排，但同时，整体的安排依然是个问题，而且，他明明知道玛丽安妮·韦伯已经在第一版中做出了哪些变动！温克尔曼对具体段落进行了许多改进，但他力求同质性的尝试以失败告终。那些写作于不同时期且往往是为了不同目的的部分，（转下页）

下，我认为，只有考虑到韦伯的政治与支配社会学观点形成时的历史环境，以及这些观点的适用限度，才有可能理解韦伯的观点。把韦伯的观点误用到绝对化的程度，只能贬低韦伯对于当代政治理论的极端重要性。

笔者由衷感谢对完成这项工作提供了慷慨帮助的人士。首先我要感谢特奥多尔·席德尔教授，是他最早鼓励了这个项目，并竭尽所能提供了建议和支持。还要感谢爱德华·鲍姆加滕教授，允许我利用他保存的那些重要的韦伯遗稿；感谢罗伯特·豪斯曼允许我利用康拉德·豪斯曼遗稿。我从德意志中央档案馆梅泽堡与波茨坦两个分馆以及科布伦茨联邦档案馆那里得到了许多帮助和及时的支持，这些机构的图书馆为我提供了本来都是相互隔离并且难以到手的报刊资料。我也应当感谢我的弟弟，蒂宾根的汉斯·蒙森，他承担了手稿的绝大部分打字工作，并帮助我搜集了无数参考资料。我还理应感谢汉斯·考夫曼教授，他作为科隆大学校长，尽其所能为我提供了差旅补助，这才使我有可能由于韦伯几乎无法辨识的笔迹而经常超出最初计划的日程，以处理必不可少的档案工作。北莱茵－威斯特法伦州给予的同意，使本书的出版成为可能。西贝克先生则慷慨承担了本书付印的全部工作与风险。最后，我要由衷感谢不列颠博物馆和（伦敦政治经济学院）英国政治经济图书馆在手稿完成阶

（接上页）并不是彼此直接相关的内容。如果在一个评论版的框架中，通过厘清具体段落之间的区别，甚至牺牲外在的统一性，或许还比较值得拓展温克尔曼的努力。自这个前言初稿问世以来，《法律社会学》已被重新发现，并由温克尔曼值得称道地分别发表（见温克尔曼编并作序的 Max Weber, *Rechtssoziologie*, Soziologische Texte 2, Neuwied, 1967）。另外，京特·罗特编的《经济与社会》英文版，包括了许多改进之处（也请比较 W. J. Mommsen, "Neue Max-Weber-Literatur," *Historische Zeitschrift*, 211: 616—630）。我们也许可以期待，预告出版的《经济与社会》第五版，至少就文本来说会出现若干重大改进。

段提供的慷慨支持。

沃尔夫冈·蒙森

1959年2月7日,利兹

第一章 青年韦伯的政治发展

马克斯·韦伯深为他那个时代的政治问题所吸引。他的许多同时代人都希望他能成为一个实际的政治家，他本人也曾有此期待。他的全部学术工作，尤其是他为知识诚实与学术客观性而从事的无休止斗争，在某种意义上说，可以视为一种日益强大的努力——与当代政治事件保持距离并获得内在自由。这样来看，政治，不唯眼前的实际政治，还有更大意义上的政治，在他的生活以及毕生的工作中，都是处于核心地位的。事实上，即便在他人生的最初几个阶段，也同样如此。可以说，马克斯·韦伯一出生就被抛进了政治。政治是他父亲的职业。这位为人父者是柏林地方政府的一名高级官员，也是该市民族自由党的一个重要成员。城市政治是他的直接利害关系所在，但他的政治活动则远远超出了那个范围。老马克斯·韦伯还曾经是德国国会的议员。19世纪80年代，他甚至进入了民族自由党的中央委员会。

当然，更为重要的是他作为普鲁士下议院民族自由党代表团成员的活动。老韦伯固然并不属于该党领导层的核心圈子，但他是一个极有影响的党务组织者与协调人。他与民族自由党的大佬们关系密切，本尼西森（Bennigsen）、米克尔（Miquel）、卡普（Kapp）、前普鲁士财政大臣霍布里希特（Hobrecht）、艾吉迪（Aegidi），以及冯·西贝尔（von Sybel）、冯·特赖奇克（von Treitschke）、狄尔泰（Dilthey）、蒙森（Mommsen）等著名学者，都是他那好客的大宅子里的常客。孩童时期的韦伯，就不得不在父亲那里旁听频繁的政治讨论，同时，他还通过个人观察，开始了解德国自由主义的概貌。[1] 韦伯居然会好奇地倾听父亲唠叨日常的政治工作。成年后的韦伯对德国自由主义历史那种令人惊讶的熟悉程度，与这些年的耳濡目染应该密切相关。

不足为奇，韦伯一开始接受的就是从他父母那里听来的政治观点。他最初的政治发展也局限于他父亲代表的温和民族自由主义倾向。稍后，马克斯·韦伯便自视为首先是民族自由党人的后裔。[2] 关于他父亲的政治观点，我们所知不多。年轻时候，老马克斯·韦伯曾与自由主义保守派集团走得很近，一度还编过《普鲁士周刊》（Preußisches Wochenblatt），莫里茨·奥古斯特·冯·贝特曼·霍尔韦格（Moritz August von Bethmann Hollweg）所谓周刊党（Wochenblatt Partei）的机

---

[1] 此处及以下，请参阅玛丽安妮·韦伯：《马克斯·韦伯传》（Marianne Weber, *Max Weber: Ein Lebensbild*, Tübingen, 1926），尤其是第42页；另请参阅爱德华·鲍姆加滕：《马克斯·韦伯：其作其人》（Eduard Baumgarten, *Max Weber, Werk und Person*, Tübingen, 1964），以及阿图尔·米茨曼：《铁笼：马克斯·韦伯的历史解释》（Arthur Mitzman, *The Iron Cage: A Historical Interpretation of Max Weber*, New York, 1970），第41页及以下。特别重要的是马克斯·韦伯：《青年书简》（Max Weber, *Jugendbriefe*, Tübingen o.J., 1936），各处。

[2] 例见1917年6月16日致埃德蒙·莱塞的信，载《政治著作选》（*Gesammelte Politische Schriften*），第一版，第473页及以下。一般情况下将引用第三版（Tübingen, 1971）。

关报。³即使这个集团对威廉一世"新纪元"的期望破灭之后,老韦伯依然忠于他的自由主义保守派观点。他的第一个政治职位,是1862年3月17日组建的所谓"立宪党"(Konstitutionellen Partei)的中央选举委员会主席。作为宪法冲突期间自由派和俾斯麦积怨的结果,老韦伯多少有些往左转了。他与政治同道、历史学家赫尔曼·鲍姆加滕(Hermann Baumgarten)结下的毕生友谊,就是从那个时期开始的。那位德皇⁴登基之后,老韦伯加入了民族自由党阵营,这是以实用主义态度接受妥协的一步,完全合乎他早先的立场。他交往了大批自由派政治家,后者与俾斯麦的合作期完结之后,便放弃了帝国宪法向自由主义演进的希望,而是致力于维护已有的成果。他成了本尼西森的支持者,并因此批评和抵制了里克特(Rickert)周围那个反俾斯麦集团的脱离行动,倾向于留下来的少数派左翼。⁵尽管他对俾斯麦厌恶民族自由党的态度深为遗憾,但他还是支持了最为重要的那些俾斯麦政策路线。他坚决反对自由派左翼的消极政治。但他也像许多自由派朋友那样,为"俾斯麦企图摧毁周围所有能干的独立力量"⁶而痛惜不已,这也是他儿子所持的观点。和民族自由党的大多数人一样,他与普选权

---

3 请参阅鲁道夫·帕里修斯:《德国政党与俾斯麦内阁》(Ludolf Parisius, *Deutschlands politische Parteien und das Ministerium Bismarck*, Berlin, 1978),第56页。

4 指威廉一世(William Ⅰ,1797—1888),普鲁士国王(1861—1888)、德意志帝国皇帝(1871—1888)。——译者注

5 见1885年7月14日马克斯·韦伯致鲍姆加滕的信,《青年书简》,第170页;另见托马斯·尼佩代的《1918年之前的德国政党组织》(Thomas Nipperdey, *Die Organisation der deutschen Parteien vor 1918*, Dusseldorf, 1961),第35页,其中说道,因为柏林选区的脱离行动,老马克斯·韦伯成为德国国会候选人,以阻止任命一个比较右翼的候选人,这是民族自由党很不情愿同意的一个策略。这些事件表明,老马克斯·韦伯绝不会倒向民族自由党的右翼。

6 1884年2月23日致父亲的信,见《青年书简》,第103页:"和您经常表达的观点一样,尽管这位作者只是有点更幽暗地表明了俾斯麦企图摧毁周围所有能干的独立力量的那种方式。"关于更全面的看法,见弗里德里希·泽尔的《德国自由主义的悲剧》(Friedrich Sell, *Die Tragödie des deutschen Liberalismus*, Stuttgart, 1953),第227页。

的主张绝对格格不入。

尽管如此,老韦伯的气质决定了他并不是个天生的政治家。和他儿子后来表现的一样,他也不是个本能的斗士。他的政治行为有一种自鸣得意的特征,而且还很容易知足。按照玛丽安妮·韦伯的描述,他属于"典型的资产阶级,自得其乐地立身处世"[7]。马克斯·韦伯很年轻的时候就反感这种生活方式,多年以后,这种反感导致了他与父亲的激烈争吵。政治上的高明见识并不足以支撑韦伯父亲的政治活动,因为,作为一个政治家,他的主要经验领域是财政和行政管理,更专注于日常的实际问题,而不是长远的重大政治问题。他在普鲁士下议院预算委员会扮演了许多年的重要角色。后来,1894年,在德国国会预算委员会民族自由党代表的职位上,老马克斯·韦伯卷入了一场与主管普鲁士大学事务的普鲁士文化部高级官员阿尔特霍夫(Althoff)的冲突,终因人事政策上的战术性政治手段而声名狼藉。阿尔特霍夫因为试图在柏林大学新设一个政治经济学教授职位而争取民族自由党的支持。老韦伯为了已在柏林大学担任讲师的儿子马克斯的学术未来,也参与了冲突,但他很快就发现自己受到了排挤,也许是在儿子的力促之下,他辞去了委员会秘书的职务。[8]

---

[7] 《马克斯·韦伯传》,第67页。
[8] 这个事件显然刺激了韦伯后来的反"阿尔特霍夫体制"活动。在1911年10月12到13日的第四次德国高等院校教师大会上,韦伯激烈抨击了阿尔特霍夫,他从"对待人事问题"的前提开始谴责阿尔特霍夫,称"有关的任何人都是卑鄙的,起码也是庸劣的机会主义者"。他就此提到了上述那个导致他父亲从预算委员会辞职的事件。参阅《大会管理委员会的报告》("Deutschen Hochschullehrertages", Leipzig, 1912),第71、73页。争论中涉及"阿尔特霍夫体制"的话题,见《法兰克福报》10月24日晨报版第三版,10月27日晚报版,10月31日晨报版第一版,11月2日晨报版第一版。1911年10月22日在致《每日评论》(*Tägliche Rundschau*, 497)的一封信中,韦伯纠正了报告的有关内容并指出,他父亲只是否认了插手有关报告,但并没有离开委员会。参阅米茨曼前引书,第109页及以下,阿诺尔德·萨克斯的《阿尔特霍夫及其事业》(Arnold Sachse, *Althoff und sein Werk*, Berlin, 1928)也有引用。米茨曼混淆了老马克斯·韦伯的预算委员会成员和市(转下页)

第一章　青年韦伯的政治发展

1882年初，马克斯·韦伯刚好18岁，他第一次离家长期在外。韦伯被海德堡大学录取，学习法律、国民经济学、历史与哲学。尽管由此摆脱了弥漫在柏林家中的政治空气的直接影响，但他继续分享着父亲的政治观点。当然，政治还只是个附带的兴趣。这时的马克斯·韦伯，兴趣主要集中在各个学术领域，他喜欢听克尼斯（Knies）这位经济学历史学派主要代言人的课，听贝克尔（Bekker）的罗马法，以及其他几门法学课程，包括库诺·费舍尔（Kuno Fischer）的课。他对埃德曼施道夫（Erdmannsdörffer）的研究生班历史课程也非常着迷，曾在那里专心致志于16、17世纪的问题。[9] 韦伯在海德堡的第一学期，与同在那里就读的大表哥奥托·鲍姆加滕（Otto Baumgarten）的讨论，唤起了他对神学问题的严肃兴趣。除此以外，韦伯还阅读了兰克（Ranke）的《日耳曼-拉丁民族史》（*Geschichte der germanisch-romanischen Völker*）和《现代史学家批判》（*Kritik neueren Geschichtsschreiber*）。[10] 另外，他还读了萨维尼（Savigny）、耶林（Jhering）[11] 和施莫勒（Schmoller），他认为施莫勒并不像以前自己相信的那样是个坚定的国家社会主义者。[12] 海德堡大学阿勒曼尼亚人兄弟互助会的酒会对他也没有产生太大影响。韦伯是在第二学期加入兄弟会的，这让他后来后悔不已。[13]

和他父亲的政治老搭档、历史学家赫尔曼·鲍姆加滕（Hermann Baumgarten）的交往，对于韦伯的政治发展更加重要。韦伯与鲍姆加滕

（接上页）政官员这两个身份，并基于这个讹误构建了一个鲁莽的论点，即韦伯对事实的虚假陈述可能是出于他对父亲那种复杂的负疚感。并不存在"1893年半退休"这回事。

9　尤见1882年11月13日韦伯致母亲的信，《青年书简》，第62页及以下。
10　同上注。
11　1882年12月15日的信，同上书，第65页。
12　1883年9月3日致父亲的信，同上书，第75页。
13　见下文第100、336页及以下。

一家是姻亲，韦伯的父亲就是在鲍姆加滕家里初遇自己妻子的。1882年圣灵降临节的假期，奥托·鲍姆加滕第一次把他的表弟带到了斯特拉斯堡。这次逗留标志着密切的个人联系的开端，这对于韦伯来说非常重要。转过年来，他就常去斯特拉斯堡了。他在那里完成了一年期志愿兵的军事义务，其间他频繁出入那位历史学家的宅邸。韦伯成了年迈而孤独的历史学家的政治知己。老鲍姆加滕特别喜欢推心置腹地与这个外甥谈论整体的德国政治进程和具体问题。[14] 马克斯·韦伯确实是个出色的谈伴，他对日常政治事态的见识令人惊讶。他从斯特拉斯堡写给父母的信中，一再生动地谈到了和姨父的政治辩论。1884年秋天转学到柏林之后，他依然和斯特拉斯堡的这位历史学家保持着密切的联系。即便后来在柏林任教的那些年，马克斯·韦伯还是经常和他联系，尽管不是那么频繁了。19世纪80年代末期，他从柏林的观察角度继续向鲍姆加滕报告他对重大政治事件的看法。

鲍姆加滕是个对1848年革命怀有满腔热情的男人，由于那场革命的失败，以及屡屡和官方的检查员发生冲突，他放弃了记者职业，成为一个历史学家，但他继续深切关注政治。尽管直到1866年他还是俾斯麦政策的坚定反对派，此后却成了俾斯麦的支持者；不过，与俾斯麦时期的多数民族自由党人不同，他从没放弃自由主义的宪政信念。在对德国自由主义的著名"自我批判"中，他力促自由派摆脱60年来的教条主义，而不是完全放弃理想主义政治。[15] 他坚信，创建一个德意志民族国家是极为重要的德国政治目标，"国家统一、国家权力、国家独

---

14 参阅韦伯1883年11月21日致父亲的信，《青年书简》，第84页及以下。"不时谈论一些根本问题……对于姨父来说是一大快事。"另见1884年5月30日致父亲的信，同前书，第115页及以下。

15 《普鲁士年鉴》（*Preußische Jahrbücher*, 18, 1866），第455页及以下、第575页及以下。参阅艾利希·马克斯（Erich Marcks）为鲍姆加滕的《历史与政治文论集》（*Historische und politische Aufsätze und Redenä*, Straßburg, 1894）所作的传记性绪论。

立"是"至高无上的政治目标,是全部现世繁荣的基础和开端"。然而,他和那个时代的许多自由派不同,并不准备满足于1870—1871年所实现的目标,他为这个民族感到骄傲的是,它受到了一种信念的支配,即统一必须遵循道德自律和民族净化的要求。[16] 尽管他在1871年曾热情支持俾斯麦,但是,当他看到德国自由主义在一系列决定性的国内问题上遭到失败后,却敏锐地成了那位首相的反对派。像特奥多尔·蒙森(Theodor Mommsen)一样,他对19世纪70年代结束后的德国政治进程越来越感到疑虑和痛苦。[17]

鲍姆加滕批评了那个伟大首相的"恺撒式煽动行径",批评他害苦了中间力量并迫使社会民主党和教皇党走向激进。[18] 在他看来,俾斯麦的恺撒统治导致他在1866年引进了普选权。俾斯麦本人后来承认,他把普选权"扔进坩埚"是个战术动作,以对抗奥地利"最强大的民主计谋"。[19] 鲍姆加滕担心,这个做法会带来破坏性的后果,受普选权威胁的"不仅是国家",还有"我们的整个文化",它将使"大众在所有问题上都陷入原始的权力本能"。[20] 鲍姆加滕还激烈批评了俾斯麦在文化斗争中使用的手段。他无法接受这样的事实,即俾斯麦的行动是出

---

16 《历史与政治文论集》,第 lxix 页。引自1870年鲍姆加滕的一次"战争布道"。

17 马克斯提到,这位年迈的历史学家陷入了阴郁的悲观情绪(第 cvii 页)。我们可能会比马克斯更加赞同鲍姆加滕对80年代政治发展的尖锐批判,因为马克斯生活在一个俾斯麦创建帝国的传统仍然栩栩如生的时代。我们也不会像马克斯那样把鲍姆加滕的态度大都归之于个人因素,不然他这个传记性作品本来可以写得更出色。鲍姆加滕那种与特奥多尔·蒙森有关的悲观主义具有重大得多的意义。

18 《历史与政治文论集》,第 cxi 页,注释1。

19 俾斯麦:《回忆与思考》(Bismarck, *Erinnerung und Gedanke*),见《全集》(*Gesammelte Werke*),第15卷,第287页。

20 《历史与政治文论集》,第 cxviii 页。这符合自由派的广泛看法。关于总体的观点,见瓦尔特·贾格尔:《自由主义政党史上的普选权,1848—1918》(Walter Gagel, *Die Wahlrechtsfrage in der Geschichte der liberalen Parteien, 1848—1918*, Düsseldorf, 1958)。

于政治上的权宜之计,完全不顾虔诚的新教徒情感。因此,文化斗争的方式具有欺骗性,势必无果而终。[21] 根据在阿尔萨斯-洛林边界地区的直接观察,他对政府的政治路线发出了越来越尖锐的反对声音。[22] 他为国内弥漫的盲目顺从气氛,特别是它在年青一代中间的影响而忧心忡忡。伴随这种气氛的是政治判断力的危险衰败。鲍姆加滕在19世纪60年代就痛苦地指出了德国人民的政治不成熟,此时谈论得更尖锐、更频繁了。[23]

鲍姆加滕本人虽然与普鲁士意气相投,但并没有片面看重普鲁士在德国编年史上的分量,他还尽力不去忽视南德的传统。在对特赖奇克的《德国史》(该书第二卷出版于1883年)进行的猛烈抨击中,鲍姆加滕摆明了自己对政治局势的批判态度。[24] 作为一个历史学家和政治家的特赖奇克,把政治倾向拟人化,使得鲍姆加滕极为惊惧。[25] 他相信,特赖奇克的著作表现出一种头脑狭隘的普鲁士沙文主义性质,醉心于帝国的现状,放弃了一切更深远的宪政理想。鲍姆加滕认为,特赖奇克毫无谦恭之心,肆无忌惮地以傲慢与偏执的民族情感伤害其他民族。[26] 在与特赖奇克的争吵中,鲍姆加滕少见的苛刻姿态,导致他疏

---

21 《历史与政治文论集》,第 cxi 页。正如他在那里所说:"普鲁士的新教在它能与罗马进行成功的斗争之前,必须再次首先成为新教。"

22 马克斯·韦伯后来也直接响应鲍姆加滕,他批评了普鲁士在阿尔萨斯-洛林边界地区的政策。

23 例如,他曾在1861年写道:"我们在政治上是个极为愚蠢的民族,严格说来是个劣等民族。这一点在任何地方都不如我们这里展示得更清晰了,你可以看到,我们是那么富有教养,那么多才多艺,那么道德高尚,但政治上,我们却不幸地那么无知,那么喜欢庸俗地大吹大擂,那么缺乏经验而愚不可及,那么怯懦地毫无个性。……弗里德里希·威廉四世的二十年统治造成了骇人听闻的破坏性后果。"见《历史与政治文论集》,第 xlvii 页。韦伯后来对俾斯麦、威廉二世的评论,以及对这个民族政治不成熟的看法,就其指向、气质和批判焦点而言,显然有着惊人的一致性。

24 鲍姆加滕的批判作品出版时,名为《论特赖奇克的德国史》(*Treitschkes Deutsche Geschichte*, Straßburg, 1883)。

25 参阅《历史与政治文论集》,第 cxiii 页及以下。

26 参阅《论特赖奇克的德国史》,第41页及以下:"每一个经历了多年政治虚弱,突(转下页)

远了他的所有朋友,最终还包括他的老伙伴——海因里希·冯·西贝尔(Heinrich von Sybel)。[27]

鲍姆加滕强有力地影响了青年韦伯的政治观点。当然,他那些夸大其词的看法,韦伯并不打算引为己见。他在与鲍姆加滕阴沉而悲观的见解的不断对质中发展出了自己的观点。不过,鲍姆加滕确实帮助他摆脱了得自他父母的褊狭的民族自由党观念,让他看清了俾斯麦体制的内在弱点。尽管韦伯从未赞同过鲍姆加滕对那个伟大首相个人及其政策的尖锐批评,却接受了这位老人在许多重要问题上的判断。尤其显见的是,对于俾斯麦政策的恺撒式煽动主义性质,他与鲍姆加滕的看法是一致的。例如,韦伯当时就谴责了"俾斯麦式君主政治的危险礼物——普选权,这是所有人在这个词的最真实意义上的最纯粹的平等死亡",尽管他并不同意老人的悲观主义看法,即实行普选权可能毁灭的不仅是国家,还有这个民族的文化生活。[28] 对于韦伯后来的政治发展特别重要的是,鲍姆加滕向他指出了俾斯麦的统治对这个民族政治判断力造成的后果。鲍姆加滕预言说"此人身后将留下巨大的麻烦",实际上,这在韦伯看来似乎过于悲观了。[29] 正如他在1888年致鲍姆加滕的一封信中所说,他并不相信从长远来看"行政机器和我们政治信仰的灵魂会土崩瓦解",即便"君主统治不可避免将在最近的未来受到

(接上页)然在世上获得了权力和声望的民族,都免不了这样几种毛病,其中最大的毛病就是民族自大狂,倾向于迷恋本土的一切而贬低外来的一切。……现在,在迄今为止对我们来说完全陌生的思想生活的一个重要领域,我们就已经目睹了一个观点再度流行的样子。我们开始在学术工作上自吹自擂,炫耀民族自豪感,以党派的门户之见影响学术研究。"

27 参阅《历史杂志》(*Historische Zeitschrift*)上的声明,第50期,1883年,第556页。

28 见1884年11月8日致鲍姆加滕的信,《青年书简》,第145页。这种看法无疑是受到了1884年自由派竞选失败的影响。

29 见《历史与政治文论集》,第cxi页,注释1。

冲击"。[30] 不过，鲍姆加滕对韦伯尖刻评论年青一代那种不加思考的盲从，使韦伯敏感地意识到，他这一代人确实谈不上政治成熟。他本人倒是能够避免柏林的同学们那种天真的俾斯麦崇拜，但他同样尊重这位天才大政治家。[31] 他曾提出疑问说，为什么俾斯麦总是忘记恰恰是"他本人激励了党派精神，从而毁掉了'国民的好感之源'"[32]，但他悲哀地发现，这使他遭到了迷恋俾斯麦的同学们的一致责难。

韦伯深为他这一代人对政治问题缺乏兴趣而忧虑："我这一代人真是令人称奇，他们所关心的事情无非就是，要么与反犹主义沉瀣一气……要么就是达到更高的水平，认为模仿'原原本本的俾斯麦'意义重大。"[33] 他看到，那些政治不成熟的同学在"特赖奇克讲课时只要语带反犹味道就会爆发出……一通狂欢"，其实是在释放一种紧张情绪。他确信俾斯麦崇拜、反犹主义和天真幼稚密切相关。他这一代人"最最不可思议的"特征，就是对"本世纪历史那种奇特的无知"。[34]

特赖奇克对一部分受过教育的德国中产阶级的有害影响，导致韦伯步鲍姆加滕后尘，疏远了那位大历史学家。他并不倾向于附和鲍姆加滕那种全盘否定的裁决[35]，而是认为，特赖奇克仅仅是没有足够充分地遵循学术客观性标准。[36] 当然，韦伯不可能忽视特赖奇克给听众留下的强大印象，那种从他火山一般的天性中喷发出来的魔力。他认识

---

30 1888年11月30日，《青年书简》，第300页。

31 1885年3月15日，他在给父亲的信中极有个性地写道："俾斯麦说话极有力量。"同上书，第153页。

32 同上注。

33 1885年7月14日致鲍姆加滕的信，《青年书简》，第173页；参阅1885年3月29日的信，《青年书简》，第154页及以下。

34 同上书，第174页。

35 1883年5月5日的信，同上书，第74页；另见1883年2月12日和1883年3月7日的信，分别为第68、73页。

36 1885年7月14日致鲍姆加滕的信，同上书，第174页。

到特赖奇克的片面性背后有着名副其实的热诚,以及伟大人格的严肃性。他曾读过特赖奇克的诗作并把它们寄给了赫尔曼·鲍姆加滕,因为他发现,"里面那种诚挚的理想主义,是这个在许多方面不幸的人哪怕犯下最不堪的错误也不会遗失的。……如果说他在讲坛上声名狼藉的影响是一种不幸的话",他给鲍姆加滕写道,"那首先也是听众的(错)……"

> 俾斯麦同样是这种情况:国民知道在他最需要的时候如何对待他,如何坚定地利用他,他们给了他信任,这是他应得的——他们从一开始就应该明白这一点,可是现在太晚了——他那些常常具有破坏性的个人政策,影响所及已经超出了他们所能把握的范围。我的同时代人竟然如此崇尚军国主义以及类似的所谓"现实主义"文化这种怪物,竟然蔑视一切不求助于人的邪恶品质——特别是粗野残忍——而达到目标的努力,然后是大量且往往非常刺耳的偏执看法,与别人的观点进行斗争的亢奋,由深入人心的成就感引起的对今日所谓"现实政治"的偏爱,凡此种种,就不是他们从特赖奇克的教程中得到的仅有的东西了。[37]

韦伯特别抵制特赖奇克把政治与学术融为一体的做法。就是在那个时候,他开始有了激烈反对学者们进行任何煽动和预言的意识。当然,他也承认,人们可能会看出,特赖奇克"就是在这些过度的党派激情和偏见中……从事一种伟大而热情的理想架构的追求",但

---

[37] 1887年4月25日的信,《青年书简》,第231页及以下。

这实际上意味着,"他忽视了不计后果、只求真理所需的真诚严肃的努力"。[38]

然而,特赖奇克对韦伯政治观点的影响不应被低估。韦伯在柏林时,可能至少听过特赖奇克的两次课程,其中一次讲授的是"国家与教会",这是一次谈论政治的著名演说。[39] 被特赖奇克论述国家的性质时置于核心地位的大国理想,把民族国家提升到政治标准的高度,以及藐视小国寡民的生活,全都重现在韦伯自己后来的政治思想中,一定程度上甚至有过之无不及。[40] 可以认为,特赖奇克积极支持雄心勃勃的帝国主义海外扩张政策,给韦伯留下的印象特别强烈。[41] 韦伯在弗莱堡就职演说中要求德国采取自己的世界政策,就很可能与特赖奇克的影响直接有关。[42] 然而,就我们目前所知,韦伯并没有全盘接受特赖奇克的帝国主义目标,也从未怀有特赖奇克式帝国主义那种典型的反英

---

[38]《青年书简》,第 233 页。此外,韦伯也没有采取特赖奇克的方式叙述历史。参阅 1887 年 9 月 30 日致鲍姆加滕的信,同上书,第 273 页,其中谈到了他与特赖奇克的学生之间的争论。

[39] 见 1884 年 11 月 8 日致鲍姆加滕的信,同上书,第 145 页。附在学位论文后的自传材料中,韦伯并没有提到他的学术导师中有特赖奇克。这部论文现已由约翰内斯·温克尔曼重印["Max Webers Dissertation(1889)"],载《忆马克斯·韦伯》(*Max Weber zum Gedächtnis*),尤见《科隆社会学与社会心理学杂志》(*Kölner Zeitschrift für Soziologie und Sozialpsychologie*),1963 年第 7 期,第 12 页。

[40] 见特赖奇克的《政治学教程》,马克斯·科尔尼塞留斯编(Treitschke, *Politik Vorlesungen*, ed. Max Cornicelius, Leipzig, 1897),第 2 卷,尤见第 1 卷,第 32、43 页及以下。另见 W. 布斯曼的《政治家特赖奇克》一文,载《历史杂志》(W.Bussmann, "Treitschke als Politiker," *Historische Zeitschrift*),第 174 期,1954 年,第 249 页。

[41] 例见特赖奇克:《政治学教程》,第 1 卷,第 42 页:"德国始终被排斥在欧洲列强分割非欧洲世界的过程之外。但是,成为一个海外强国,事关我们作为一个大国的生存问题。若非如此,我们就会面临一个令人恐惧的前景,即世界将被俄国人和英国人分享。如果世界由于'俄国皮鞭或者英国钱袋'而变得更野蛮、更可怕,那实在是不可接受的。"这两个看法在韦伯的著作中都有再现:英俄分割世界与"俄国皮鞭"。

[42] 布斯曼:《政治家特赖奇克》,第 273 页及以下。

第一章 青年韦伯的政治发展

偏见。[43]

我们无法确定马克斯·韦伯在柏林就读期间还有多少教师影响了他的政治发展。韦伯自己提到了格奈斯特（Gneist）、艾吉迪（Aegidi）和阿道夫·瓦格纳（Adolf Wagner）。[44] 但他们的影响可能并不大。韦伯对所有把学术政治化的倾向都感到不安，这使他不会接受这样的影响。另外，到柏林之后，韦伯很快就开始逃课，他宁愿待在家里大量读书。当时他极为沉迷于自己的专业兴趣，因而远离政治，师从戈德施密特（Goldschmidt）学习商法，他的学位论文就是围绕中世纪商业行会的历史下功夫的。他跟从迈岑（Meitzen）所做的农业史研究，同样属于完全非政治的领域。除了布鲁纳（Brunner）和贝泽勒（Beseler）的课程之外，马克斯·韦伯还修习了祁克（Gierke）的课程，不过，祁克对他后来政治观点的影响，与对胡戈·普罗伊斯（Hugo Preuss）的影响相比，可以说几乎没有产生任何重要作用。马克斯·韦伯反对一切"有机的"法律和社会理论，哪怕它们表现为最温和的形式；他也反对祁克与它

---

43 很难更准确地评估特赖奇克对青年韦伯的影响了，因为我们没有那个时期韦伯在外交政策问题上的立场的信息资料。后来，所有那些影响都融入了韦伯的著作中，很难再指出直接相关的证据。具体问题上与特赖奇克类似之处很多，但已不可能准确证实。例如，特赖奇克对瑞士的评价，包括"中立化"实在是"一个国家的自残"这样的评论（参阅《政治学教程》，第 1 卷，第 293 页及以下），后来在韦伯那里也能看到。同样，特赖奇克还谈论过美国的预选制（caucus system）和"分肥"方式，可能给韦伯带来了某些冲击（参阅《政治学教程》，第 2 卷，第 274 页及以下）。试图在这个问题上把特赖奇克与韦伯等量齐观，那就似是而非了，例如克诺尔的《自由主义和民主是如何选择领袖的》（J. H. Knoll, *Führungsauslese in Liberalismus und Demokratie*, Stuttgart, 1957），第 107 页及以下。查考特赖奇克可知，他的用法只有非常一般的性质，与韦伯比较德国政党关系和盎格鲁-撒克逊考克斯制时的意图大相径庭，尽管特赖奇克也曾试图进行同样的比较。特赖奇克本质上比较保守。但他对"从国家那里而不是在国家之中寻求自由这种虚伪的自由概念"的批评（《政治学教程》，第 1 卷，第 157 页），也会使人联想到韦伯。米茨曼认为，韦伯把特赖奇克与他父亲视为同路人，因而激烈批评前者就是与后者进行斗争（见《铁笼》，第 36 页及以下），米茨曼没看清楚，那时的韦伯，与他父亲的政治立场相去并不太远。

44 参阅本书第 10 页注释 39。

们扯在一起的理论,尽管他承认祁克的理论作为法律史上的一项非凡成就意义重大。⁴⁵

在那段时间的韦伯书信中,只有一处着重提到了鲁道夫·冯·格奈斯特。韦伯赞美过格奈斯特的德国宪法与普鲁士行政法教程,称其在内容和形式上都是"真正的杰作",并且(不无保留地)记述说,这位法学学者偶尔也会评论当代的政治问题,偏爱"严格的自由派观点"。⁴⁶ 他作为自由主义国家法的律师,还抱有狂热的文化斗争信念,这对马克斯·韦伯可能也产生了强烈影响。格奈斯特肯定还使韦伯注意到了普鲁士东部各省那种引人注目的家长制自治体(patriarchalischen Selbstverwaltingsorgane)特性,这与德国西部各省普遍比较都市化的环境条件大不相同。⁴⁷ 另外,格奈斯特的比较法学方法论,某种程度上说,对韦伯后来的法律社会学研究可谓意义重大。但是,韦伯极不赞同格奈斯特那种自治制优于议会制的主张,而且后来明确采取了与之相反的立场。韦伯认为,单纯的地方性或全国性行政,与追求权力事业的政治,两者的高下犹如霄壤。仅靠良好的行政,绝无可能实现这个伟大民族的全球性政治目标。⁴⁸

因此,我们可以认定,唯一对学生时代的韦伯产生了意味深长且经久不衰的影响的人,只有赫尔曼·鲍姆加滕。但是,鲍姆加滕并未

---

45 参阅《罗舍尔与克尼斯:历史经济学派的逻辑问题》,载《学术论文集》("Roscher und Knies und die logischen Probleme der historischen Nationalökonomie," *Gesammelte Aufsäze zur Wissenschaftslehre*),第1—145页,特别是第35页注释1,那里专门提到了祁克;另见《经济与社会》,第446页及以下。

46 1884年11月8日致鲍姆加滕的信,《青年书简》,第145页。

47 另见格奈斯特的《普鲁士的行政改革与行政法》(Gneist, *Zur Verwaltungsreform und Verwaltungsrechtspflege in Preußen*, Leipzig, 1880),第58页及以下。

48 参阅《政治著作选》,第289页及以下。关于格奈斯特,见黑夫特尔:《19世纪的德国自治》(Heffter, *Die deutsche Selbstverwaltungslehre im 19. Jahrhundert*, Stuttgart, 1950),尤其是第372页及以下。

第一章　青年韦伯的政治发展

深度影响到韦伯在具体政治事态上的立场。在这个领域，马克斯·韦伯往往明显地与这位满腹悲观情绪的忘年之交观点相左。鲍姆加滕以同样方式教导韦伯观察政治事件，并且同样刻板地认为这是自己的独门秘诀。尤其显而易见的是，对于政治领袖的成长和国民政治判断力的熏陶，他们两人抱有共同的看法，都认为这是一切政治现象的根本问题。他们都在研究政治制度的性质与被统治者政治成熟程度之间的相互作用。例如，在那个著名的"自我批判"中，鲍姆加滕把德国自由主义在1862—1866年间宪法冲突中的失败，连同自由派不切实际的教条主义政策，都归因于缺乏政治熏陶，以及德国资产阶级各阶层产生不出有天赋的政治家。他强调了这种局面的历史原因。与特奥多尔·蒙森一样，他也呼吁要造就"毕生为政治工作"的人，而且要在贵族阶层中寻找这种人，如果说这些阶层实际上还空空如也，那就是因为"真正的政治生涯并不是资产阶级秩序的特性"。[49] 我们将会看到，马克斯·韦伯也一再论及德国社会结构中绝大多数群体的政治不成熟问题，并将其归因于俾斯麦统治的影响。[50] 他极为关注政治领袖的问题，反对传统自由主义的功绩原则，而是强调职业政治家作为现代大规模民主政治中的政治权力载体的重要性。

与鲍姆加滕就俾斯麦和德国自由主义的未来进行的热烈辩论，以

---

[49] 蒙森1865年在国民联合会（Nationalverein）的周刊上说，普鲁士自由派必须放眼环视以寻找其他领导人，"他们不是兼职的医生、律师或者地区法官，而是心无旁骛地专事更高级的职业，即献身于党的事务和国家事务"。引自霍伊斯的《特奥多尔·蒙森》（A.Heuss, *Theodor Monnsen*, 1956），第174页及以下。

鲍姆加滕认为："政治是一种类似于法学和医学的职业，实际上，它是一个人所能从事的最高级也最艰难的职业。"（出处同上，第173页）"相信每个能干的学者、律师、商人或官员，只要关心公共事务并勤奋阅读报纸就可以投入实际政治，这是人所能犯下的最致命的错误之一。这种想法是我们完全非政治化的天性以及缺乏任何重大政治经验的产物。"（第472页）

[50] 见下文第91页及以下。

及和柏林的同学们之间多方面的政治讨论,有助于韦伯以批判的眼光看待他父母家中的民族自由党传统,并在一些重大政治问题上形成了独立的立场。当然,即便在早期阶段,他独立做出的政治判断也不同凡响,他在《反社会党人法》问题上的立场大概就是最清晰的证明。他父亲和鲍姆加滕都认为,这是一个必要的恶,但韦伯早在1884年就对这项措施产生了怀疑:"我有时喜欢相信,人人平等的权利高于其他一切,因此,把某些人投入牢房,还不如封住每个人的嘴更可取。"[51]《反社会党人法》显然侵犯了法律面前人人平等的自由主义原则,这激起了韦伯的正义感。当时他还坚称,他观察到了社会民主党的立场和领导层都在发生彻底变化。[52] 尽管这在那时并不是准确的观察,但毕竟体现了一种对社会民主党的温和评价,摆脱了资产阶级的焦虑感,这成为后来韦伯特有的一种态度。

换句话说,韦伯也不赞同违背或放弃理想原则以迎合实际的现实政治。他在文化斗争期间毫不犹豫地坚持了自由主义立场,但与鲍姆加滕一样,他也支持为自身利益进行斗争,而不是把它作为达到其他目的的手段。1887年俾斯麦再次给文化斗争的法律打折扣时,马克斯·韦伯断言,某些民族自由党人现在接受了这个事实——唯一的"政治"目标就是让反天主教的行动成为必需,尽管它的客观条件已经不复存在:"这种不声不响的'和平'真是令人悲哀,无论如何,这是承认了一种不义,一种严重的不义,尽管人们如今都说,这场斗争只有出自我们一方的'政治'原因。如果它在我们看来确实不是个良心问题而只是个权宜之计,那么我们就真的是由于表面的原因而亵渎了天主教人民

---

51 1884年11月8日致鲍姆加滕的信,《青年书简》,第143页。
52 同上书。他在第145页提到,他父亲对民族自由党(在决胜选举中)与社会民主党一起投票不太高兴,马克斯·韦伯显然并不同意!

的良心——正如天主教徒所断言。……因此,我们的行为并无良心,我们,是道德上的输家。这是失败带来的最严重的问题,因为它阻碍着我们,再也不可能继续进行这种要想获胜就必须进行的斗争。"[53]

马克斯·韦伯通常也会遵循父亲的左翼自由主义立场。他不满进步党对待所有财政与军事改革的消极态度。1887年他曾议论说,要是进步党能软化反对所有财政改革的绝对顽固态度,"那真是难以置信的明智"[54]。他也不赞同进步党与80年代那种非常温和的殖民政策的对立态度。[55]他希望,讨论一切与帝国的国际地位有关的问题,都应排除党派偏见。因此,他强烈反对把预算案和欧根·里希特领导下的进步党反复就国内政治挑起的争吵搅和在一起,并深为一再出现的斗争结果感到痛心。这些斗争给俾斯麦以国家主义的花言巧语解散德国国会提供了借口。后来,他比任何人都更严厉地谴责俾斯麦把预算案问题推到了国内政争的风口浪尖上。俾斯麦的政策"利用军事问题作为武器对付令人不快的反对党",实际上导致这些问题变了形,"把简单易懂、直截了当的预算问题推到了一轮又一轮国内权力斗争的风口浪尖上,严重损害了军队的利益,不过对俾斯麦倒是大有好处"。[56]

马克斯·韦伯认为,进步党的政策纯粹是教条主义的。他断定进步党没有能力发挥建设性作用。[57]因此,他看不出进步党未来能有什么

53　1887年4月25日致鲍姆加滕的信,《青年书简》,第234页。

54　"一个党,多年来都在反对帝国提出的每一项支出要求,理由是财力一直不足;现在有了财力,却又声称无必要批准这样做而加以反对——真是儿戏!对于这样一个党,还有什么好说的呢?" 1887年6月29日致鲍姆加滕的信,《青年书简》,第249页。

55　1884年11月8日致鲍姆加滕的信,同上书,第142页。

56　《汇报》(Allgemeine Zeitung)特刊号,第46期,第4页及以下。

57　见1885年7月14日的信,《青年书简》,第171页。后来,韦伯也谴责了意识形态僵化的自由主义,认为由此产生的最恶劣后果就是政治呆滞:"不仅一切激进政党,还包括一切意识形态取向的政策,其先天的愚蠢就在于有本事'错失良机'。"马克斯·韦伯在自由主义的历史中也发现了这样的经典范例,一个是温克(Vincke)曾拒绝与普鲁士"新纪元"的内阁进行谈判,另(转下页)

成就。自由派普遍都抱着一个希望，即弗里德里希王储的政府会把国内政策导入自由主义轨道，鲍姆加滕和韦伯的父亲同样抱有这种希望，但韦伯相信，这是无稽之谈。德国的政党政治现状绝无可能为又一个"自由主义时代"提供框架。自由主义分崩离析的恶劣情形，事实上已经完全排除了这种可能性。[58] 韦伯鄙视进步党在这位王位继承人面前的"奴性"投机。[59] 他给赫尔曼·鲍姆加滕写信说，必须"完全否定这些人还能有任何建设性的政治行动，不然将造成自由主义的永久分裂，而且，自由主义将会同时遭到满脑子成见的狂热煽动家和盲目的俾斯麦信徒的损害。然而，我们又不得不期待着以往的团结因素及时从左翼那里产生出来并重返建设性的合作"。[60]

我们已经知道，韦伯并不看重民族自由党人。最初他还曾在鲍姆加滕——后者在80年代越来越靠拢进步党——那里为他们进行辩护[61]，但他逐渐认识到，民族自由党正在变得日益迟钝，特别是在70年代先是本尼西森，继而许多其他出色的民族自由党领导人退出政坛之后。他不满他们越来越背离自由主义传统，那种自满自足的状态使他们转而成为单纯的国内政治现状辩护士。1887年，第二次法案通过、文化斗争结束时，他谴责民族自由党人"尽可能顺从地享受……'我们拥有'的东西"，批评他们不肯思考不确定的未来问题以免自寻烦恼。[62] 早在

（接上页）一个是1893年姗姗来迟地同意军队预算案。这两个事例都成了自由主义事业的致命转折点。见《俄国的资产阶级民主形势》，载《社会科学与社会政策文献》（"Zur Lage der bürgerlichen Demokratie in Russland," *Archiv für Sozialwißenschaft und Sozialpolitik*），1906年，第22期（以下引用时标注为《形势》）。部分内容收入了《政治著作选》，第33页及以下。

58　1888年4月30日致鲍姆加滕的信，《青年书简》，第293页。
59　1887年6月29日致鲍姆加滕的信，同上书，第249页。
60　1888年4月30日致鲍姆加滕的信，同上书，第297页。
61　例见1885年3月15日致父亲的信，同上书，第151页及以下。
62　1887年4月25日致鲍姆加滕的信，同上书，第234页。

1885年他就注意到,"这个党能不能再次赢得普遍信任是大可怀疑的。人的记性并不可靠,没有人还会记得这个党干出过什么业绩"[63]。韦伯也不相信民族自由党如果不与进步党合作,未来还有什么生气,因此,进步党走下坡路也会损害到民族自由党。到80年代末期,韦伯对德国自由主义的未来已经极为悲观。他对德国政党政治的"总体颓废"哀叹不已,担心最后会是左右两翼的激进政党交替与中央党结盟支配德国的政治舞台[64],事实证明,这个预言是准确的。

不足为奇,韦伯最后选择了远离自由派政党的立场,因为起码就可预见的未来而言,它们在政治上势将日趋无能,如果说不至于完全瓦解的话。到1887年,我们第一次看到,韦伯加入了一个青年政治经济学者的圈子,他们的共同纽带主要是"曼彻斯特自由主义"。[65] 通过这个群体,他与"讲坛社会主义者"(Kathedersozialisten)有了密切联系,这些人和自由派冷漠对待社会问题不同,试图反其道而行之。与自由派相比,讲坛社会主义者倾向于支持国家干预经济生活,特别是在劳工领域。由国家公平管理的援助,可能是缩小中产阶级与无产阶级之间危险而广泛的阶级分化的有效手段。

马克斯·韦伯被讲坛社会主义者所吸引,标志着他今后发展的一个转折点。这种交往对他未来的学术工作和他的政治活动都产生了重要影响,也使他超越了他一直以来信奉的传统自由主义原则。韦伯充分意识到了这一点,他在写给鲍姆加滕的一封信中详细陈述了这种转变的正当理由。他的同代人中有许多"令人讨厌的家伙,一些装腔作势、此外就空无一物的反犹主义者,还有许多理想主义者因为特赖奇

63　1885年7月14日致鲍姆加滕的信,《青年书简》,第170页。
64　1888年4月30日致鲍姆加滕的信,同上书,第297页。
65　1887年9月30日致鲍姆加滕的信,同上书,第273页;《马克斯·韦伯传》,第131页及以下。

克而终于成为不可思议的国家主义狂热分子,另有些人则喜欢冒充贵族并热衷于最时髦学派的所谓现实主义"。但是这代人当中也有些其他的成分,他确信:"少数人还是脚踏实地的,他们真诚地抱有满腔热情,他们会占据未来的主导(!)地位……他们摆脱了反犹主义以及类似的流行时尚,明确抛弃了70年代的民族自由主义立场。但是,和那一代民族自由党人一样,他们既没有谋求身份地位的欲望,也没有高教会派的倾向,而且,完全不会令人怀疑有什么野心或者既得利益。简言之,在我看来,他们的思想自由是显而易见的。他们也是用一种与众不同的眼光看待1867到1877年这一时期。他们大多数是些政治经济学者和社会福利政策的支持者。毫不足怪,就现状而言,他们认为国家对所谓社会问题的干预,比在其他任何领域都更加重要。"[66]

诚然,韦伯从一开始就对讲坛社会主义者"粗壮的官僚制血管"[67]感到不快,正因为如此,他后来才成了古斯塔夫·施莫勒(Gustav Schmoller)——普鲁士官僚制的代言人和历史学家——以及施莫勒周围那个社会政策协会官僚群体的直率对头。不过他也认识到,协会是有政治远见的,而且承担了值得称道的社会科学工作,这使他毫不犹豫地加入了协会并很快成为最活跃的成员之一。[68] 韦伯加入协会,标志着他迈出了摆脱旧日自由主义,因而就是摆脱鲍姆加滕和父亲所持观点的决定性一步。鉴于德国的经济与社会发展已经使它成为欧洲的主要工业化国家之一,韦伯看出了自由主义在社会与经济政策领域的疏漏,而且不满它对社会立法的消极立场,他把这种表现归咎于过时的经济学教条。

---

66 1888年4月30日的信,《青年书简》,第298页。
67 同上书,第299页。
68 参阅《马克斯·韦伯传》,第135页。

散见于各处的证据表明,韦伯当时是秉持一种保守态度加入讲坛社会主义圈子的。他在柏林时,和一个大都是思想保守的同代人组成的圈子交往密切。1888年他曾写道,他的观点"始终与他们形同陌路"[69]。但在随后几年间,他似乎与保守派阵营靠得更近了。一位比韦伯年长且当时与之交情甚笃的朋友洛茨(Lotz)说,韦伯那时"绝对具有保守派倾向"[70]。有人曾看到他定时参加"讨论当代爱国主义问题和经济问题"的每周聚会,这肯定是指他与鲍姆加滕谈到过的"政治科学学会"。[71] 韦伯的知交马克斯·泽林(Max Sering)也谈到过这样的倾向,后者是位保守派政治经济学家和农民党人,后来在土地政策问题上成了韦伯的对头。[72] 马克斯·韦伯说,他第一次参加投票就投了保守党的赞成票,这大概是1890年的事情。[73] 后来他还一再并且着重提到了这次投票。[74] 不过,对这个记述不必看得太重,因为那次选举没有民族自由党的候选人,尽管韦伯宣称他投了保守党的票而他父亲投了民族

---

[69] 1888年4月30日致鲍姆加滕的信,《青年书简》,第296页。

[70] 海德堡的阿尔弗雷德·韦伯(Alfred Weber)口头确认了这一点。

[71] 参阅洛茨1924年12月12日致玛丽安妮·韦伯的信,抄自韦伯遗稿;洛茨提到的参与者有F. 鲍姆加滕(F. Baumgarten)和艾韦特博士(Dr. Ewert)。另见韦伯1891年1月3日致鲍姆加滕的信(《青年书简》,第327页)和1889年12月14日致艾米·鲍姆加滕的信(同前书,第320页)。我们不可能找到更多关于韦伯这个时期保守派立场的原始资料。玛丽安妮·韦伯除了提到韦伯曾为自由保守党投了赞成票之外,并没有提供更多信息。

[72] 1896年韦伯曾给母亲写过一封很有深意的信:"我竭力以友好的态度与泽林进行了严肃的争论,他最近在我这里。看来是时候反对'保守派的花言巧语'了,现在它已经取代了迄今为止非常有害的自由派花言巧语,而且攻击性有过之无不及。"引自韦伯遗稿,1896年5月2日致海伦妮·韦伯的信。显然,韦伯觉察到了80年代末期"自由派花言巧语"的那种"攻击性"。韦伯在1894年就开始激烈反对泽林了,见《普鲁士农业会议纪要》("Die Verhandlungen der preußischen Agrarkonferenz," *Sozialpolitisches Zentralblatt*, 1894)第533页。

[73] 1888年4月21日,韦伯可能为普鲁士州议会投了赞成票,一年后又为德国国会投了赞成票,这里姑且不谈社区选举。

[74] 《政治著作选》,第157页和309页;参阅《马克斯·韦伯传》,第132页。

自由党的票。[75]《德国重建后的议会与政府》("Parlament und Regierung im neugeordneten Deutschland") 一文发表时删掉了一个很显眼的句子,即"就个人而言,我作为一个年轻人并不喜欢这些不干不净的伪君子(保守党人)",这证明了韦伯只是临时赞同保守党的观点。[76] 至少,他宁要保守党也不愿要进步党,在他看来,后者无法理解一个强大的民族国家之利益所在,而且还墨守过时的经济学原则。如果说韦伯1890年给保守党投了赞成票是(我们猜测)因为他希望右翼能够代表帝国的权力事业而不受制于既得利益集团,并提出富有活力的社会政策,那他肯定失望了。早在1891年初,他就给鲍姆加滕写信谈到"官僚政治熏陶出来的保守主义",说"我的同代人十有八九对此一无所知,满脑子是支持农业大地产所有者既得利益的想法"。[77] 韦伯认识到,他相信帝国扩张所必需的经济与社会政策,在保守党那里却引起了比在民族自由党那里更自私的反弹。就为了这个原因,韦伯的保守主义也只能是个纯粹的小插曲。由于他那种不折不扣的资产阶级精神,他不大可能长期不懈地坚持右翼立场,而是更可能倾向于社会民主主义。[78] 然而,现有的资产阶级政党,却没有一个合他的意。民族自由党对他并没有吸引力,他是因为血统关系,因为他们支持建立民族国家的坦率

---

75 韦伯的记述也许指的是社区选举,但可能性不大,如果我们忽略这种可能性不计,那么他大概就是指1890年2月20日的德国国会选举。在韦伯所在的选区,柏林市第一选区,1890年2月20日的主选中,仅有保守党、进步党和社会民主党的候选人。1890年3月1日的决选中,进步党候选人击败了保守党〔据《柏林统计年鉴》(*Nach Statistisches Jahrbuch der Stadt Berlin*), Jg.1, XVI/Ⅶ, 1889/90, S.648〕。因此,并无可能为民族自由党或自由保守党投票。玛丽安妮·韦伯所述韦伯投了自由保守党赞成票,可能是记忆有误。

76 《法兰克福报》1917年5月27日:"整个令人悲哀的机器……都被斥之为'套话'。"《政治著作选》,第300页。

77 1891年1月3日致鲍姆加滕的信,《青年书简》,第328页及以下。

78 1894年他在《基督教世界》(*Christliche Welt*) 发表的一篇文章中谈到在野的璐曼时用了"我们资产阶级"的说法,参阅下文第136页。

立场才与他们有了联系的；进步党照样对他没有吸引力，他不过是和它抱有共同的自由主义宪政理想而已。他也并不谋求结党，因为在那种政治现状下，他不会高估自由派的机会。

这位年轻的政治经济学家认识到，德国经济的高速发展以及相伴的社会结构变革，已经产生了传统自由主义方法不可能解决的大量问题。在他看来，自由派固守狭隘的意识形态立场，让这种情形实际上更加显而易见。他认为这是他们特有的弱点。他在1891年给鲍姆加滕写信说："只要……经济与社会问题仍然是首要的政治焦点问题而利益集团仍然占据支配地位，特别是，只要自由主义本身被明争暗斗的利益集团弄得四分五裂，自由主义的效力就是有限的。"[79] 由于韦伯此时计划从法学专业转向政治经济学与政治社会学，这使他更多地关注经济与社会问题，自由主义却偏偏退出了这些领域。青年韦伯希望修补自由主义的这个缺陷。

韦伯新近激起的对社会政策问题的关切，促使他接触了基督教社会运动，这个运动当时正在赢得受过教育的新教徒的广泛支持。韦伯当然不会为施特克尔（Stoecker）[80] 的拙劣煽动所吸引。情况恰恰相反。韦伯的通信中极少提到施特克尔，那些年留存下来的内容表明，他断然否弃了施特克尔的社会保守主义，尤其是它蛊惑人心的一面。应当特别指出，韦伯绝无可能赞同他的反犹主义。[81] 不过，韦伯自己的个人背景却促使他支持基督教社会运动的努力。马克斯·韦伯的母亲出于基督徒的良心和强烈的社会责任感而参与了这个运动。另外，奥托·鲍

79　1891年1月3日，《青年书简》，第329页。

80　阿道夫·施特克尔（1835—1909），德国教士、保守派政治家，创建了德国基督教社会党并推进了政治上的反犹主义，先后两次任德国国会议员长达13年。——译者注

81　1888年4月30日致鲍姆加滕的信，《青年书简》，第294页，另见第298页，尤见第300页："政治上抱有负责任态度的圈子里，对施特克尔的厌恶可谓与日俱增。"

姆加滕，韦伯的海德堡大学校友和表哥，也激励了他的关切。因此，韦伯参加了施特克尔组织的第一次福音派社会代表大会（Evangelisch-sozialer Kongress）。大会得到了年轻的新教神学家们以及受过教育的新教徒群体的热烈支持。这次大会把阿道夫·瓦格纳这样老派的基督教社会运动成员、以阿道夫·冯·哈纳克（Adolf von Harnack）为首的自由派神学家以及弗里德里希·瑙曼领导的青年基督教社会运动左倾反对派共同汇集在了一起，而瑙曼已摆脱了施特克尔的保守主义。大会的目的是在基督教世界观的框架中讨论社会政策。

韦伯在大会上结识了一些意气相投的同道，他将与他们进入多年的政治合作。韦伯与弗里德里希·瑙曼的深交就是从这里开始的，这对他们两人都同样重要。当时，韦伯与保罗·格雷（Paul Göhre）的交情超过他与瑙曼的关系。格雷由于刚刚写出一本《三个月务工记》(Drei Monate als Fabrikarbeiter) 而名声大噪，是他促使韦伯更坚定地致力于社会政策领域的工作。韦伯成了格雷的《基督教世界》杂志的合作者，该杂志当时有个颇具特色的副标题："供所有阶层受教育之用的福音派－路德宗共同体报纸"。1892 年，在路德教会领导层抛弃社会政策律令时代、进入萨尔州巨头卡尔·斐迪南·冯·施图姆哈尔贝格（Karl Ferdinand von Stumm-Halberg）支配时期以后，教会统治集团激烈抨击了格雷。韦伯在《基督教世界》上有力支持了他的朋友，撰文《为格雷声辩》（"Zur Rechtfertigung Göhres"），抨击教会领导人的反动立场，称他们愚昧地"迷信在劳工阶级中使用那些黑暗隐蔽的权力"[82]。

韦伯还参与了《福音社会时报》(Evangelisch-soziale Zeitfragen) 的编辑工作，该报是由他的表哥奥托·鲍姆加滕创办，以熟悉社会问

---

82 《基督教世界》，1892 年，第 1104 页及以下。

题的路德宗神学家为对象,以获得他们对基督教社会运动的支持。韦伯把这个运动的努力视为对施特克尔的一种平衡。他在1891年初写道:"毫无疑问,面对迫在眉睫的社会问题,这个时代要求富有活力的理想主义年轻教士们除了传教和布道之外能有更多的作为。如果施特克尔他们仍是准备投身这个领域的唯一力量,那么它确实就会获得胜利,即便在教条范围内也是如此。如果其他人在那些可能合作的领域不与它联合行动,它无疑将会独占鳌头,此时此刻就是这种合作的唯一机会。"[83]

在随后的几年间,韦伯保持着与格雷和瑙曼的合作,而且非常有力地影响了这两位朋友的发展。当然,我们也不应忘记,韦伯并非抱有与瑙曼他们完全相同的动机,因为他不是个宗教徒,他也并不赞同瑙曼那个圈子的基督教社会行动主义的基本信念:基督徒的博爱精神。然而,格雷能够唤起韦伯这方面的意识。但是,社会意识绝不是韦伯的首要动机,社会变革的政治需求与他对现代工业社会正在发生的结构变化的分析密切相关,伦理思考是次要的。强大的民族国家这个理想,始终是韦伯的核心关切。

---

[83] 1891年1月3日致鲍姆加滕的信,《青年书简》,第325页。

第二章　家长制、资本主义和民族国家

1888年夏季,马克斯·韦伯第二次军训期间,他成了波森地方长官诺劳(Nollau)家中的常客。诺劳使韦伯对普鲁士拓殖委员会的工作产生了兴趣,这个委员会正在贯彻1866年的东部边区规划,"以稳定增加德国人口应对波兰化事态"。诺劳邀请韦伯一起巡视了一些庄园,"它们正在尝试利用国家基金购买贵族庄园以建立德国农民村社"[1]。

这时,韦伯了解到了19世纪70年代以来波兰人大量涌入德国东部地区的情况以及普鲁士拓殖政策的结果。这个政策满足了民族自由党人的要求,也是俾斯麦宣泄对波兰贵族与教会的猜疑心的一个途径,这在文化斗争期间非常显而易见。[2] 韦伯并没有立刻转向德国东部地区

---

[1] 1888年8月23日致母亲的信,《青年书简》,第306、308页。

[2] 参阅汉斯·罗特费尔斯:《俾斯麦与东部地区》(Hans Rothfels, *Bismarck und der Osten*, Leipzig, 1934),第51页及以下,另见马丁·劳贝特:《1772—1914年普鲁士的波兰政策》(转下页)

第二章 家长制、资本主义和民族国家

农业问题的研究,当时他正在专心致志于即将完成的中世纪贸易公司史的博士论文。在迈岑指导下完成的就职演说是他第一次涉足农业史领域。这项研究从国家法与私法角度考察了罗马的农业问题,导致韦伯与德高望重的特奥多尔·蒙森展开了一系列辩论,他确信,蒙森的《罗马国家法》(*Römisches Staatsrecht*)缺少对罗马法农业根源的社会学分析。

韦伯不仅把罗马帝国大地产(Latifundium)看作破坏了共和国社会基础的杠杆,而且认为它是古代文化衰落的主要原因。他在这个问题上的兴趣,想必使他那多思的头脑想到了易北河以东的类似问题,担心那可能是个前车之鉴。在一篇发表于1896年的论古代文化败落的短文[《古代文化衰亡的社会原因》("Untergangs der antiken Kultur")]中,韦伯用一个与易北河以东有关的插入语,生动描述了古代文化现象:"来自古代的普林尼之声警告我们:'是大地产毁了意大利!'因此,一方面,也许可以说,毁了罗马的就是容克,但另一方面,也不妨说,之所以如此,只是因为它们毁于外国谷物的进口:如果它们采纳了卡尼茨(Kanitz)的建议,皇帝们可能至今还坐在他们的王座上。"[3] 韦伯感到,德国东部人地产要想继续存在下去,面临的最大威胁就是农业劳工的短缺,这可能大大影响了他的这一看法:缺少奴隶劳动力瓦解了古代的大地产。

毫无疑问,他对罗马农业史的研究推动了他对德国东部农业问题

(接上页)(Martin Laubert, *Die preussische Polenpolitik von 1772—1914*, Berlin, 1944),第三版,第144页及以下,以及汉斯-乌尔里希·韦勒的《1871—1918年德意志帝国的波兰政策》一文,载《政治意识形态与民族国家秩序:特奥多尔·席德尔纪念文集》(Hans-Ulrich Wehler, "Die Folespolitik im Deutschen Kaiserreich 1871—1918," in *Politische Ideologien und nationalstmtliche Ordnung: Festschrift für Theodor Schieder*, Kurt Kluxen und Wolfgang J. Mommsen, München, 1968),第303页及以下。

3 《社会与经济史文集》(*Gesammelte Aufsätze zur Sozial-und Wirtschaftsgeschichte*),第290页。

的关切。1890年初,出现了一个重要刺激,他受社会政策协会委派,参与了正在进行中的对农业工人状况的广泛调查。不足为奇,韦伯参与调查的是一个极具政治意义也极有争议性的领域:如何对待德国易北河以东地区。[4]

韦伯积极投入了这个新任务,并迅速梳理清楚了混乱复杂的调查统计资料。此外,他也精准把握住了原始数据的思想意义和重大政治意义。他的调查评估随即就确立了他在政治经济学领域的声誉。在1893年的社会政策协会会议上,克纳普(Knapp)[5]伤感地起身承认:"我们的专门知识已经过时,我们必须重新开始学习。"[6] 尽管韦伯以客观的学术方法看待大地产上的劳工状况,但革命的暗示已经不容忽视。他始终很谨慎地阐发这些暗示,并且每到需要提出政治措施的节骨眼便戛然而止,不过,他的研究使他变成了保守派富豪们的坚定对头。

对易北河以东地区的艰辛考察,使韦伯看到了一个深刻广泛的转型过程。他的结论是,东部地区的大庄园仍然保留着明确的家长制经济秩序遗迹,对此他进行了仔细的重构。他认为它的本质就体现在固定工人(*Instmann*)那里。这种固定工人拥有一小块土地,以供畜牧和耕种之用,同时也与家人和自己雇来的散工一起耕作庄园的土地,他从庄园一定土地的出产中获取报酬,这要取决于每年作物轮种的变化。另外,他在冬季还能分得一个相当可观的打谷场。因此,这种工人也像地主一样关心庄园的收益,双方一定都能从谷物价格上涨中获利。

---

4 《德国易北河以东地区农业工人状况》,载《社会政策协会文集》("Die Verhältnisse der Landarbeiter im ostelbischen Deutschland," *Schriften des Vereins für Sozialpolitik*, 55, Leipizg, 1892)。以下引用时标注为《农业工人状况》。

5 格奥尔格·弗里德里希·克纳普(1842—1926),莱比锡和斯特拉斯堡大学教授。——译者注

6 《1893年社会政策协会会议纪要》("Protokoll der Verhandlungen des Vereins für Sozialpolitik 1893"),载《社会政策协会文集》,58:7。

第二章　家长制、资本主义和民族国家

虽然缺少完全的自治，但固定工人也有相对的独立性和经济保障。这就是地主和他的农民之间结为典型的利益共同体的基础。

韦伯发现，这种家长制耕作方式的纯粹形态，仅仅保留在梅克伦堡的少数地方。他精确描述了资本主义这种瓦解了一切传统社会结构的革命性力量就是导致它衰亡的最终原因。资本主义取向的经济进程迫使易北河以东的地主们不得不以资本主义方法经营他们的庄园。随着国际竞争渗透国内市场，这些压力也与日俱增，而谷物进口的高关税只能部分缓解这些压力。地主们不断膨胀的物质需求，以及迫切需要他们的庄园产生更大的货币收益，也促使他们把劳动条件商业化。工人的打谷场被部分或完全取消，原先分享的收获物及畜牧权，如今变成了固定津贴或者现金薪水。地主及其工人之间那种悠久的利益共同体，就以这种方式被消解了，农业工人阶级变身为无产阶级。这一事实经常显得很模糊，因为农业工人往往变成了雇工和小土地承租人。但是韦伯指出，这些小承租人都要被迫寻找更恶劣条件下的有薪工作，生活状况远比无地劳工贫苦得多，后者的流动自由并不受制于和那点微不足道的土地的联系。

韦伯观察到，农业工人同样渴望以资本主义关系取代家长制关系，工人们宁要一份稳定的、无风险的津贴或现金薪水，尽管这会使他们的经济状况更加恶化。他们的情绪不妨一言以蔽之："不惜一切代价摆脱家长制经济共同体"[7]。这里的决定性因素不是经济动机，而是"强有力的纯心理动力：'自由'"。从工人的观点来看，核心问题在于，东部的传统经济结构不能给他们提供争取独立生存的可能性。[8]

韦伯认为，这就是越来越多的农业工人——特别是如果他们境况

---

[7] 《农业工人状况》，第797页。
[8] 同上书，第797页及以下。

还不错的话——往西部工业化地区乃至海外移民的主要原因。他们的位置则被越来越多的所谓"萨克森行路人"(Sachsengänger),即波兰流动工人所取代。对于地主们来说,这些波兰当然是更便宜的劳动力。他们只是在夏季才能挣到钱,现在冬季已经差不多无工可做,因为制糖所用甜菜的栽培技术已经很先进了,尤其是打谷场如今已经用上了机器。此外,也因为波兰人极为低下的生活标准,菲薄的工资和很简陋的居住条件就能使他们心满意足。因此,他们可以和最便宜的德国工人竞争,降低了整个本土工人阶级的工资水平。后来韦伯把他的结论概括为一个普遍法则:"在农村地区,生产并不决定薪水,相反,薪水决定于工人按照传统生活标准而言的最低需求。"[9] 后果则是易北河以东农业工人的营养水平日趋萎缩。

韦伯断言,东部的经济现状有个突出表现,就是资本主义庄园的利益和民族国家原则之间的冲突。易北河以东大庄园的家长制结构被津贴和现金薪水扭曲,使德国农业工人丧失了与故土的牢固联系。由于廉价劳动力法则的作用,波兰的流动工人很快就取代了德国的农业工人阶级。这项发展当然有助于增进卷入了国际农业竞争的大地主们的经济利益。"从国家利益的立场来看"[10],韦伯深为德国东部地区的波兰化趋势而痛惜。

暂时,韦伯还来不及明确说出隐含在调查结果中的根本性政治结论。学术客观性的要求制约了他的政治表达。"这里不回答将要发生什么,乃至应当发生什么的问题。"[11] 但是,结果已经足够清楚了:"家长制庄园保证了农业工人阶级的营养水平,保存了它的军事适应力,

---

9 《社会与经济史文集》,第487页。
10 《农业工人状况》,第799页。
11 同上书,第796页。

资本主义庄园却损害了东部地区德国人的营养水平、民族性和军事潜力。"[12] 经济转型摧毁了地主们与其小农之间的利益共同体，使前者从独立的庄园主变成了农业商人，由此也瓦解了大地产所有者在德国政治生活中的传统权力。[13]

韦伯仅仅提示了一下他的政治结论。"农业劳工问题"构成了"一系列意义深远的变革，这些变革势必导致帝国的王朝与政府两者权力的普遍转移"[14]。韦伯显然在避而不谈国内的殖民化有没有可能提供一个摆脱两难困境的出路，尽管他谨慎表示易北河以东贵族的政治权力已经来日无多。不过，他也附带谈到了一个明确的证据，试图公平对待"遭到大量毁谤"的普鲁士容克及其以往的政治角色。[15]《十字架报》（Kreuzzeitung）却以惊人的短浅目光引用了他的说法，并宣称韦伯是个保守派分子。韦伯则指斥《十字架报》"无礼"。[16]

对于韦伯来说，记录他对普鲁士贵族的敬意，那是他的典型表现，不完全是"为了客观性"考虑。他高度赞赏他们的政治精英角色，尤

---

12 《农业工人状况》，第 795 页。

13 同上书，第 795 页及以下。

14 同上书，第 799 页。

15 同上书，第 796 页："大地产庄园被认为是'君主制的支柱'，这是言之成理的，尽管必须明说对这种看法要有所保留。允许遭到大量诋毁的'容克'坚守残存的庄园权利，既是可能的，也是可以接受的，因为值得赞扬的是，容克不屑于成为一个消耗税收的富豪阶级，相反，他们的作为都表现出他们是负责任的雇主，而且敢于投入商业生活那种艰苦的利益斗争。劳工结构的形成方式也表明，从某种程度上说，地主实际上是其人民的利益之天然代表。"

16 参阅 1893 年 2 月 20 日致卢卓·布伦塔诺（Lujo Brentano）的信，《青年书简》，第 365 页，据科布伦茨联邦档案馆布伦塔诺遗稿中的原件修订如下："我不想把东部地区容克们的个人优点仅仅归为环境条件的产物，即这些优点仅仅与社会组织的性质有关。如果大地主拥有了更大的资本力量，农民们无疑就会彻底贫困化。也许我先前走得太远了。那是因为我为了保持客观性，必须克制我对东部地区地主们那种天然的自由主义反感。按照常规，我应该竭尽全力打消关于我（对容克的价值）的认识所引起的怀疑，以避免任何有利于土地利益集团的解释，就像《十字架报》那种无礼的解释一样。"

其是他们培育了一种"权力本能"和"权力意志",他认为这正是当代德国资产阶级所缺少的东西:"德国东部地区的悲剧命运就在于,它为国家做出了惊人成就,却给它唯一的社会组织挖掘了坟墓。国家所成就的伟大政治,东部地区应该说居功甚伟。促使那些杰出的普鲁士人乃至他们的主要代表,为反对被并入更大范围的帝国统一而斗争的,是先知般的远见,不是鼠目寸光。"[17] 这种追溯性判断,使韦伯的临时性保守派立场变得可以理解了。我们应当记住韦伯这里所描绘的"保守派"画面。韦伯给出的"政治精英"肖像,富有权力本能、自知之明和政治领袖的品质,这都是韦伯日后的法律和政治理论的重大要素。这里还必须加上自由主义和民主主义观念,他给后者赋予了一种特有的色泽。在卡里斯玛职业政治家作为国家政治意志唯一载体这个范例中,在韦伯去世一年前的《以政治为业》("Politics as a Vocation")中,一再以不同方式出现过这种特色描述。

经济变革摧毁了东部地区容克统治的社会基础,资本主义则是这种变革的动力源。韦伯显然是受到了马克思思想的影响,后者认为资本主义把农业劳动力从传统的束缚中解放了出来,并动员他们投入了"阶级斗争"。此时,资本主义问题成了这位年轻学者的一个主要困惑。在这之后,资本主义经济系统的起源以及它对社会结构和政治组织的冲击,就在他的社会学研究和政治思考中占据了核心地位。

韦伯认为家长制注定会消亡,他立刻就看出了这个判断的政治意义。普鲁士与俾斯麦帝国的荣耀和军事伟力,就是在家长制基础上建立起来的。现在的根本性结构转变,需要新的政治精英选择模式以取代旧有的基础。韦伯在那项农业政策研究的总结中说道:"帝国之舵掌

---

17 《农业工人状况》,第 803 页。

握在一代强有力的土地所有者手中……并非偶然。(俾斯麦)远离了养育他的土地,这种典型特征是难以理解的。他的人格汇集了在世代相传的对土地与农民的统治术中得以成熟的所有杰出品质,但也拖着晦暗的影子。千百万德国工人和许多中产阶级厌恶这个人,尽管这种发自内心的敌意被新闻界漫画化了,但对他一言一行中都能表现出的对人类的轻蔑,做出这种反应是真实并且正当的。而他的这种轻蔑同样是在家长制土壤中生长起来的,是他那个阶级最突出的特点。……但是现在,国民正是对这一点变得愈加敏感,近些年来,我们已经再三目睹了针对纯粹是家长制品质的皮毛而掀起的激烈抗议。在大众心目中,家长制已经没有未来。"[18] 韦伯的政治结论——中产阶级当权,帝国议会化,废除支撑着普鲁士贵族政治权力的普鲁士三级选举权——这时尚有待阐明。

韦伯感奋于这些结论的重大意义,决意补充社会政策协会的调查。在朋友保罗·格雷的帮助下,他成功说服了福音派社会代表大会着手进行一项更深层的研究。韦伯希望,一种更客观的调查手段会丰富他的原始资料,并进一步支持他的理论。社会政策协会的调查问卷仅仅散发给了雇主们,这极大限制了证词的价值。韦伯与格雷制作的新调查问卷则是针对农村堂区牧师[19],韦伯期待他们能够在有关各方之间的阶级冲突中采取独立立场,他们的地位也有助于更准确地描述农业工人状况,因为他们两者之间联系密切。当然,15000 名牧师中只有很少数人不嫌麻烦地做了谨慎回复,但韦伯对这个结果很满意。[20] 他在

---

18 《农业工人状况》,第 804 页。

19 重新发表于《马克斯·韦伯其人其作》,见第 376 页及以下。

20 可比较一下韦伯在《基督教世界》上的报告,第 535 页及以下;这份报告的质量被普遍认为超过预期;多数人不受地主们的影响。第二次调查的结果大概发表于 1899 年,题为《德国北部新教地区的农业工人》("Die Landarbeiter in den evang," *Gebieten Norddeutschlands*, Tübingen)。

1893年社会政策协会的一次重要演讲中提到了他们。

在这个场合,韦伯一改自我强加的政治谨慎,"完全从国家理由的角度"考虑农业工人问题,而且,他无意谈论农业工人的困境及其改善,也不关心大地主如何另外获取劳动力。[21] 他强调了民族国家的理想,把这个理想置于一切社会与经济考虑之上。由此,他确立了今后将长期体现其政治思想之特色的立场。

韦伯把德国东部地区的逐步"波兰化"视为社会变革过程的本质表现。长期稳定的家长制经济关系,推动了本土农业工人阶级的不断外流。取而代之的波兰移民不仅危及那个地区德国民族性的存续,而且危及东部的文化水平:"那里农村居民的民族性最终会是什么样子",所取决于的归根结底不可能是有产者阶层的民族忠诚感,"而是农村无产者的民族性"。[22] 为了阻止波兰人的涌入,他赞成立即对波兰流动工人关闭东部边境。他还放弃了先前那种对保守派的宽容态度。国家曾经依赖过东部庄园主们的支持,但是,如今已经没有理由给予他们更多的"特殊恩惠作为奖赏"[23]。今天,"东部的农业利益集团已是我们民族性的最危险的敌人",是"使我们波兰化的元凶"。[24] 为了解决这个问题,韦伯要求实行一项广泛的政府殖民政策,它要比现在的拓殖委员会先前的作为走得更远。推动政府采取行动是有可能的,尽管这必须克服土地利益集团的反对,以及"自由贸易辩护士利益集团的本能冲动"[25]。建立众多没有外国劳动力也可以生存的自给自足的农庄,能够解决农业劳动力供给这个严重问题,并阻止"去民族性趋势"。韦伯认为,

---

21 《1893年社会政策协会纪要》,第74页。

22 同上书,第71页。

23 同上书,第74页及以下,另见1893年2月20日致布伦塔诺的信,《青年书简》,第365页。

24 《1893年社会政策协会纪要》,第72页。

25 同上书,第85页。

限制农业工人流动的土地建议毫无价值,尽管他也准备"接受把它作为最后手段"[26]。他在稍后的一个场合写道:"父辈的罪孽今天就要让土地大王们自己得到报应了。必须通过殖民以重建消失的农民村庄。"[27]

他表述了自己的规划,带着无奈而不是饱含自信的政治热情。[28] 这一事实对于理解他的政治人格至关重要。韦伯并不认为他提出的通过国家主导的殖民化以建立自由农庄的方案是个理想的解决办法,毋宁说,这只是针对东部地主们那些经济上站不住脚的行动所采取的实用性替代方案。他的规划最有可能结束已被资本主义全面挺进所瓦解的旧秩序对国家的伤害。尽管他出于人口政策与军事必要性的考虑而首选小农庄,但他很清楚它们的经济缺陷。韦伯不相信小农庄能够有效适应国内市场。

"从工商业的立场来看,东部地区的农业经营正在日渐衰落,已经无力应付竞争,如果开创一种局面……使那里的小农庄比市场取向的大公司更容易生存,这恰恰是竞争能力的衰落。"[29] 向德国东部殖民"既是必要的也是有利的,因为从生产收益的观点来看,我们的国际地位已经使德国东部的土地在世界市场上变得毫无价值"[30]。一切都要取决于一个决定性问题——农业的未来可能会如何展开,韦伯后来写道,这个问题要看"东部的未来是否像冯·格尔茨辩称的那样在于集中为市

---

26 他会适当考虑"接受……把侵犯人身自由这个所谓普遍人权……作为最后手段",《1893年社会政策协会纪要》,第77页。

27 《社会政策协会关于工人境况的调查》,载《土地》("Die Erhebung des Vereins für Sozialpolitik über die Lage der Arbeiter," *Das Land*)1: 29。

28 韦伯自称,他是在"某种令人无奈的"压力下发言的,他提出的"那些建议如果说毕竟还有些积极性质,……同样也是这种无奈的产物"。见《1893年社会政策协会纪要》,第84页。

29 《1893年社会政策协会纪要》,第81页;参阅《社会科学与社会政策文献》,第23期,第122页,注释185。韦伯在这里指出了大规模农场相较于小农庄的技术与经济优越性。

30 《1894年福音派社会代表大会文集》(*Verhandlungen des evangelisch-sozialen Kongresses 1894*),第79页。

场而耕作,……或者东部的绝大多数人是否抱有对立的观点"。如果是后者,"殖民活动就必须强调农民单独的殖民化"[31]。

以农民拓殖代替市场取向的大庄园还有其他好处。为当地的有限市场从事农业生产,相对来说并不怎么受世界市场商业周期的影响。不过,韦伯所看重的,并非国内农业生产力,而是保存和强化德国东部地区的民族性。韦伯从政治经济学观点提议建立一个静态的、主要是自给自足的农民生产体系,由此摆脱经济危机和商业周期,主要是受到了这种看法的影响,即国外谷物生产支配德国与国际市场的趋势显然已不可逆转。[32]

韦伯认为英国是德国东部地区过剩谷物的"天然"市场。[33] 如果失去这个市场,那是因为英国的谷物关税,以及海外竞争者更低廉的价格。德国东部只有小型的地方市场,西部地区则宁愿通过便利的水上运输渠道从国外进口谷物。韦伯相信,东部的谷物产品将日益遭到市场排挤。[34] 他很可能是对当时德国农业不断遭遇的危机反应过度了,因此,他把易北河以东地区的经济状况看作了常态性灾难,认为恢复它

---

31 格尔茨的评论文章《农业工人阶级与普鲁士国家》,载《国民经济学与统计学年鉴》("Die ländliche Arbeiterklasse und der preußische Staat," *Jahrbücher für Nationalökonomie und Statistik*, 6, 1893)。

32 韦伯后来甚至更有力地强调了这个观点。参阅《1897年福音派社会代表大会文集》(*Verhandlungen des evangelisch-sozialen Kongresses 1897*),第111页及以下,另见马克斯·韦伯的《关于采用归民住宅法问题的意见》("Gutachten zur Frage der Einführung eines Heimstättenrechts," *Verhandlungen des 24. Deutschen Juristentages 1897*),第2卷,第18、31页,他在文中断言,借助土地所有权的法律义务不可能阻止人口外流。他强调说,这样来看,"牢不可破的"小型耕作单元就比大型单元更具优势:"人口的稳定性会随着农业单元平均规模的缩减而提高。大型农业单元的不确定性增大则会影响经济形势。大农业受制于世界市场商业周期的运动,而且生来就受制于季节性经营。"

33 参阅《经济与社会》,第522页。

34 另见韦伯1896年3月13日在自由德国主教教堂议事会(Freien Deutschen Hochstift)的演讲《农业保护与建设性农业政策》("Agrarschutz und positive Agrarpolitik"),据1896年3月14日《法兰克福国民信使报》与3月15日《法兰克福报》晨报第三版报道。

们经济健全程度的所有努力都是白费功夫。

他还反对以高额关税排斥来自国外的竞争以减缓易北河以东庄园经济的衰落速度，认为这完全是徒劳的努力。尽管他愿意支持适度的谷物关税[35]，但他断然抨击了高度贸易保护主义的农业政策，认为那是拿着国民利益供养大地产所有者；易北河以东贵族的社会优势地位，无论如何都是注定要消亡的。[36] 若干年之后，他又准备容忍谷物关税了，认为如果它能持久证明它对满足德国自身的谷物需求是必要的也是可能的，那么它就是一项"积极举措"。他只是蔑视卡尼茨那种反工业化的"掉书袋建议"，坚决反对用这种办法"保存封建制度"。[37]

韦伯还有其他理由把小型农业单元的过渡视为一种必要的恶。在德国西部地区占据优势的那种小农，缺乏符合韦伯心目中的民族利益的经济动机。[38] 按照韦伯的看法，他们并不具备"对待劳动的责任感"或者"典型的普鲁士人那种'该死的责任和义务'观念"。韦伯不可能指责东部地主与工人的这种缺陷。商业化的庄园充当了农业现代化的先锋，而且还是现代动态经济智能——韦伯把它视为国家福祉的基础——的向导。因此，他并不认为东部大庄园的彻底毁灭是政治上的理想状态。[39]

---

[35] 1893年他就疏远了布伦塔诺在农业领域的激进自由贸易观念："从国家政策的角度来看，可以预言农业生产在可预见的未来会过度陷入'世界经济的纠缠'吗？反正我是不信。我甚至认为，只要生产的自然条件不再适宜，那就必定是一种文化威胁。"1893年2月20日的信，《青年书简》，第364页及以下［但"世界经济"（Weltwirtschaft）被误为"城市经济"（Stadtwirtschaft）］，此处据布伦塔诺遗稿中的原件订正。

[36] 《1894年福音派社会代表大会文集》，第77、92页。

[37] 在自由德国主教教堂议事会的演讲（见本书第32页注释34）。

[38] 我们这就来到那个特殊的职业观了，以伦理动机为基础的理性化和条理化的经济活动，韦伯后来把它归因于新教精神［参阅《宗教社会学文集》（*esammelte Aufsätze zur Religionssoziologie*）第1卷］，在韦伯看来，这是一种典型的终极价值！

[39] 《1893年社会政策协会纪要》，第65页。他的一个典型判断是，德国那些以建立在小农财产基础上的农业结构为特征的地区，很难说"在政治组织和形成政治意识方面的表现有助于帝国的统一"。

韦伯提出的动议可谓令人百感交集，它们只是为了调适不可抗拒的趋势，而不是一种积极的国家政策。他坦率承认自己对这一事态的深切关注："我不知道我这一代人是否都能像我此刻一样对此有所觉察。这个国家从普通民众到最高层圈子，都背负着沉重的堕落诅咒。我们不可能复活激励着前辈人的那种气魄与能量了。……他们给我们建起了牢固的家园，而我们只是受邀住进了这个家园并享受着它的恩惠。我们面临着不同的任务。我们已不可能诉诸共同的民族情感，一如国家统一和自由宪法已成定局的时候那样。我们已是不同的人类。我们摆脱了无数的幻想，就是这些幻想塑造了我们父辈的激情。巨大的幻想曾为创建德意志帝国所必需，它们随着德国统一的蜜月而烟消云散，我们已不可能用人工方法或者从理论上使之再现。"[40] 韦伯的个人悲剧就在于，他作为一个"地道的实干家"，不得不用整个一生与"智力瘫痪的行动"进行斗争。[41]

在 1894 年福音派社会代表大会法兰克福会议上讨论农业工人状况调查时，决定了他的态度的，是同样的矛盾和无奈立场。首先发表演讲的格雷，直截了当地概括了韦伯的分析结果，进而提出了一项广泛的拓殖政策动议，远远超出了以往的立法成果。格雷特有的那种伦理和社会激情溢于言表，与韦伯的理性化悲观主义形成了鲜明对照。格雷相信，无论在什么情况下，"只要尽力把庄园土地变为农民土地，把采邑变为农庄，都将大获成功"。而达到这一目的的"唯一手段"，就是"国家主动创设租赁农场，由地方按照总体规划贯彻实施。大庄园必须被完全取代。在尽可能短时间内，向东部地区移入几十万德国农

---

40 《1893 年社会政策协会纪要》，第 84 页及以下。

41 参阅艾利希·弗格林：《马克斯·韦伯》，载《科隆社会学季刊》（Erich Voegelin, "Max Weber," *Kölner Vierteljahreshefte für Soziologie* 9, 1930—1931: 10）。

民。……这意味着东部地区大庄园的终结,以及成千上万的德国人将提升到更高的经济、知识与道德水平"[42]。

相比之下,韦伯的演讲则表现出一种典型的"英雄式悲观主义"[43]。诚然,他并不怀疑易北河以东地主们的好时光已经来日无多。"保存容克作为一个具有传统社会与政治特点的身份群体,……即使动用我们的全部经济手段也不再可能了。这个国家还能继续建立在一个其本身尚需国家支撑的身份群体基础上吗?"[44]但在同时,他也就拓殖问题与格雷的乐观主义明确划清了界限,尽管格雷完全接受韦伯本人的结论。只要触及当下的政治争议,韦伯就仍会避免从他自己的调查中直接得出政治结论。

参加福音派社会代表大会——施特克尔五年前创立的组织——这次会议的知名绅士们,被韦伯与格雷"偷偷带进"他们窝里的这枚"革命性"鸡蛋惊得惶恐不安。他们焦急地要阻止代表大会"与反对地产巨子的骑士为伍"[45]。阿道夫·瓦格纳用这样的论点回应了韦伯:"以普鲁士容克的美德保存一个身份群体",这关系到每个人的利益。[46]保守派激烈指责代表大会"背着地主"进行农业调查。大会上对农业问题的辩论,给施特克尔与年青一代基督教社会运动成员的关系带来了严重后果。舒尔策-加弗尔尼茨(Schulze-Gävernitz)从韦伯的分析出发提出了激进要求:"把土地交给大众。"施特克尔答辩说:"在我看来,大小土地所有者的身份都是最高尚和最可敬的。"[47]终于,保守派使瑙曼

---

42 《1894年福音派社会代表大会文集》,第57页及以下。

43 维尔纳·康策(Werner Conze)在《弗里德里希·瑙曼》("Friedrich Naumann," *Schicksalswege deutscher Vergangenheit*, Düsseldorf, 1952)一文中的用语,见第358页。

44 《1894年福音派社会代表大会文集》,第92页。

45 同上书,第84页。

46 同上书,第89页。

47 参阅瓦尔特·弗兰克:《施特克尔》(Walter Frank, *Stoecker*, Hamburg, 1935),第248页。

一再阻挡的这种分裂成了定局。不过，瑙曼在《援助》(Die Hilfe)上充满自信地写道："你们纵有更多权力，但我们拥有更多真理。"[48]

格雷与韦伯反农民党人的行动，最终导致施特克尔次年从福音派社会代表大会辞职。大会上的激烈辩论一度还威胁到大会本身的存在。[49] 几年后，当代表大会准备开除瑙曼时，他给拉德（Rade）写信说："一个代表大会何必如此满怀恐惧？让它见鬼去吧！它已经不再是自由的路德教大会了。"[50]

韦伯立刻放弃了自己的保留态度，并揭穿了保守派的亢奋背后隐藏的特殊利益。担心失去自身社会地位和政治影响的保守派，是在捍卫他们的地位赖以存在的经济利益。"这个阶级的经济利益和政治权力的利益是不兼容的，更不要说国家的社会与政治利益了。"[51] 韦伯在《普鲁士年鉴》和《社会立法文献》发表文章谈到易北河以东农业工人状况的发展趋势时，特别指出了易北河以东大庄园作为"地方政治权力中心"的角色。"按照普鲁士的传统，大庄园理应为一个阶层的人口提供物质支持，国家通常会委托这个阶层进行政治支配，并授予它军事与政治权力。"[52] 随着蓬勃兴起的中产阶级日趋富足，这些庄园已不再能够支撑贵族阶层必需的生活方式了。结果，贵族们"在政治与社会阶

---

48 《施特克尔》，第 264 页。

49 参阅马丁·温克：《1895—1903 年民族社会党史》(Martin Wenck, *Die Geschichte der Nationalsozialen von 1895—1903*, Berlin, 1905)，第 20 页。

50 引自特奥多尔·霍伊斯：《弗里德里希·瑙曼》(Theodor Heuses, *Friedeich Naumann*, Stuttgart/Tübingen, 1949)，第 155 页。

51 《基督教世界》，1894 年，第 670 页。韦伯当时给妻子写信谈到了他的"粗鲁文章"："我很想知道那些猪猡会在这里找到什么新鲜东西呼噜呼噜拱一番。"1894 年 7 月 26 日致玛丽安妮·韦伯的信，抄自韦伯遗稿。

52 《普鲁士年鉴》77（1894），第 437 页及以下，现已收入《社会与经济史文集》，此处的引文在第 471 页。较早的版本仅稍有不同，见《社会立法与统计学文献》(*Archiv für soziale Gesetzgebung und Statistik* 7, 1894)，第 1 页及以下。

梯上"便每况愈下。[53] 易北河以东的土地所有者，即便没有新生力量的注入，也必须转变为社会性质几乎完全不同于商业阶级的农业经营者阶级。这种社会状况使得大土地所有者已经没有理由继续占据社会与政治的支配地位了。

韦伯采取另一个方针批评了1894年5月28日到7月2日在柏林召开的普鲁士土地会议，因为它无视德国的土地所有权仍然与一种"国家与社会生活中的特殊社会与政治地位"有关联这一事实。这是土地价格过高以及易北河以东庄园被大量抵押的主要原因。典型的易北河以东庄园已不再能够支撑所有者的传统政治地位。毋庸赘言，必须重新分配庄园土地，而普鲁士土地会议未能就如何一笔勾销债务问题拿定主意。韦伯提议由国家对那些大单元实施广泛的殖民化措施，不再保留只是出租拓殖地以建立一些小农庄的政策。拓殖委员会不应再细分已被收购的庄园，而应当在拓殖者驻入之前把土壤变得肥沃起来。[54]

一年后，马克斯·韦伯在弗莱堡大学发表就职演说，着重谈到了他的土地建议，由此赋予他的观念一种新的重要性。他把重建东部的农业政策规划置于对德国政治生活进行广泛分析的背景中，由于这个建议的锐不可当和它包含的激进性质，而名声大噪。但是，对于这位年轻的政治经济学家来说，土地政策问题乃是一个起点，他要思考的是科学真理的相对性问题。

---

53 《普鲁士年鉴》77（1894），第472页及以下。
54 《普鲁士土地会议纪要》（"Die Verhandlungen der preußtschen Agrarkonferenz," *Sozialpolitisches Zentralblatt* 1894）第533页及以下。另见韦伯在自由德国主教教堂议事会的演讲（本书第32页注释34）。

第三章　韦伯的政治理想：强大的民族国家

第一节　弗莱堡就职演说：以民族作为经济政策的最高价值

韦伯以很大的保留态度开始了他的学者生活。通过了最初的法学考试之后，他曾考虑接受不莱梅大学的一个法学教职。在谋求柏林大学的商法执教资格时，他还是非常矛盾。1892年他在给幼时玩伴埃米·鲍姆加滕的一封信中写道，"我根本就不是个……真正的知识分子"，他比较看重的是学术生涯的教学工作一面。[1] 他的柏林朋友们也期待他能以某种方式投身政治事业，"因为他那种活力充沛的个性不大可能永远被限制在学术活动中"[2]，特别是米克尔开始注意到这位年轻的

1　1892年2月18日的信，《青年书简》，第339页。比较1889年12月31日致赫尔曼·鲍姆加滕的信，同上书，第323页。

2　赫尔曼·舒马赫（Hermann Schumacher）谈韦伯的文章，载《德国生物地理学年鉴》（转下页）

第三章　韦伯的政治理想：强大的民族国家

政治经济学家之后。在这段时期，马克斯·韦伯无疑抱着要参与政治活动的考虑，即便在 1893 年他不同寻常地担任了商法与日耳曼法的教授职位之后也仍然如此。如果说他终究没有努力争取一个可靠的政治职位，原因也主要在他个人。尽管火山一样的天性在推动他参与实际政治，但他对日常政治的战术操作感觉并不自在。他对政治现象的批判分析能力过于强大，很难专注于狭窄的直接可操作领域，而这对一个能动的政治家来说却必不可少。尤其重要的是，实干的政治家不会始终墨守同一个立场，而是会把它相对化，正如他会把对手的立场相对化一样。我们已经知道，韦伯深为创立帝国的那一代人特有的"天真激情"的消逝而痛惜。每当目标只能是比较有限的目标时，他就缺少必需的幻想以投入热情和精力为特定政治理想而斗争。他也不是个能让某一目标排斥所有其他目标的斗士，他的真正志业是成为政治的旁观者和叙述者，而不是一个必须把迫在眉睫的问题看作最重要问题的能动的政治家。

无疑，韦伯那时尚未沿着这些路线思考。他还立足未稳，他被自由派的堕落折磨得心灰意冷，甚至在易北河以东农业工人问题上与保守派的斗争，在他看来也只有次要的政治意义。因此，他感觉政治的大门还是半开半闭，他需要等待。暂时，他也愿意局限于社会政策协会和福音派社会代表大会框架中的准政治活动，它们都可以为他提供有影响力的论坛。1895 年，由于他在易北河以东农业工人问题上的杰出分析，弗莱堡大学为他提供了一个教席，他欣然接受了。与后来的

（接上页）(*Deutsches Biographisches Jahrbuch*, Jena, 1917—1920)；另见韦伯后来的记述：《冯·米克尔先生与社会政策协会农业工人调查》("Herr von Miquel und die Landarbeiterenquête des Vereins für Sozialpolitik," *Sozialpolitisches Zentralblatt* 8, 1898/99)。

任命不同,在弗莱堡大学就职并不意味着告别政治³,相反,他相信,一个政治经济学教席是能够让他发挥有效影响的,尽管暂时没有党派论坛可供他利用。他在1895年5月的就职演说中坦承:"政治经济学是一门政治的科学。它是政治的仆人,而这里所说的政治并不是某些人、某些阶级碰巧在某一时期进行统治的日常政治,而是整个民族的永久性权力政治的利益。"⁴这个就职演说绝非试图展示学术资质,韦伯的演说基本上是在阐发他的政治规划,因此,应当被视为"一战"之前我们所能看到的马克斯·韦伯政治哲学最重要的文献。阿诺尔德·贝格施特雷策(Arnold Bergstraesser)公正地认为,这个演说就是对这位伟大社会学家的政治与学术工作进行批判分析的起点。⁵

随着无与伦比的精确性和一以贯之的冷峻论证,韦伯勾勒出他在研究易北河以东农业工人问题时得以发展的政治观念的概貌,并把它们置于对德意志帝国历史状况的总体分析背景之中,这是伟大"舵手"俾斯麦去职五年以后的事情了。他的政治信念不可能完全局限于一篇学术演讲的范围内。他给惊讶不已并且多少有些震惊的听众们提供了更多的东西:一次充满了非正统观点和激进命题的政治自白,根本不体谅种种先入之见和人云亦云的看法。他给弟弟阿尔弗雷德写信说,"我就职演说中的观点之粗野引起了普遍的惊恐。天主教徒倒是都对它十分满意,因为我结结实实踢了'道德文化'一脚。"⁶事实上,若问这

---

3 韦伯也联系了海德堡大学和维也纳大学的教职,意在脱离实际政治生活。见下文第136、304页。

4 《政治著作选》,第14页。

5 阿诺尔德·贝格施特雷策:《从现代史视角看马克斯·韦伯的就职演说》,载《现代史季刊》(Arnold Bergstraesser, "Max Weber Antrittsvorlesung in zeitgeschichtlicher Perspektive," *Vierteljahrshefte für Zeitgeschte* 5, 1957),第209页及以下。

6 1895年5月17日,原件存于韦伯遗稿中。

种政治斗士的气质会不会把学者角色推到有点太远的不引人注目之处，也不是没有道理的。

如果考虑到韦伯对特赖奇克的歧议恰恰在于那位历史学家在讲台上的政治效力，以及后来韦伯也极力倡导不得在课堂上进行政治判断，这就尤其令人惊讶。后来他写道，"在所有各类先知中"，他认为"教授先知是唯一根本不可接受的角色"。[7]这看上去好像是个悖论，尽管非常符合韦伯的个性——他的就职演说充满了政治与价值判断，却奠定了后来他为之热情辩护的客观性理论与纯学术的基础。他论证了科学不可能为评估它的研究目标而发展出终极价值标准。从经验上说，这些标准不可能达成，何况还有完全异质的价值观领域。马克斯·韦伯敏锐地强调了价值观与科学的彼此独立，同时否定了存在任何普适性的客观价值，这尤其应当归因于尼采的影响。韦伯的思考在这里第一次引人注目地表现出，并将继续表现出尼采的印记。[8]

韦伯引用易北河以东的农业状况指出，"生产力"概念在用于评判国民经济问题时不可能是个价值无涉的客观性原则。生产力的论点力主保存东部地区的大型农业单元，但是，德国的生存目标需要一个自给自足、不为市场进行生产的经济体系。对生产力的关切在这里直接与国家利益相冲突。同时，韦伯还反对把那些不知不觉地部分被幸福论、部分被道德感弄模糊的价值标准应用于政治经济学。他认为应该

---

[7] 马克斯·韦伯:《学术论文集》（Max Weber, *Gesammelte Aufsätze zur Wissensckaftslehre*, Tübingen, 1922; 下文引用时标注为 *Wissertschafislehre*），第492页。

[8] 参阅罗伯特·艾登（Rorbert Eden）的哈佛演讲（我得到了演讲的手稿）《政治领袖与哲学问题：韦伯与尼采研究》。关于韦伯与尼采的一般关系，见笔者的文章《世界史与马克斯·韦伯的政治思考》，载《历史杂志》（"Universalgeschixhtlicher und politischer Denken bei Max Weber," *Historische Zeitschrift* 201, 1965），第571页及以下，以及欧仁·弗莱舍曼:《韦伯与尼采》，载《欧洲社会学文献》（Eugène Fleischmann, "De Weber à Nietzsche", *Archives Européennes de Sociologie* 5, 1964）。

把幸福论理想彻底剔除出经济学。人类历史的陌生未来，将在我们追求和平与人类幸福的梦想时必须穿过的那个入口处写道：lasciate ogni speranza（放弃一切希望）！[9] 韦伯还拒绝了老派讲坛社会主义者的伦理态度，他们在黑格尔国家哲学的影响下，认为正义乃是一切社会政策的最高指导原则。韦伯希望用民族概念取而代之，作为超越一切诸如此类理想价值观的唯一有效的终极原则。"作为一门说明性和分析性的科学，政治经济学是跨国界的，然而，一旦它要做出价值判断，就会受到每个民族特有的人类（Menschentum）表达方式的约束。……因此，一个德意志国家的经济政策，就只能是德国的政策；同样，一个德国经济学家使用的价值标准，也只能是德国的标准。"[10]

特奥多尔·霍伊斯（Theodor Heuses）相信，韦伯是个"本能的民族主义者"，至少，弗莱堡就职演说的调门可以支持这个评价。[11] 韦伯在演说中刻意把自己打造成一个经济民族主义者，并坚决反对这种看法，即"民族主义"的评价标准会连同经济政策的"民族利己主义"一起被扔进历史的垃圾堆。[12] 即便他对弗莱堡就职演说的结论表达疑问之后，他也继续毫无保留地坚持了这些观点。[13] 15年后，他给一些弗莱堡的教授写信说："尽管我的弗莱堡就职演讲在许多方面还不成熟，但我已经支持了民族理想在所有实际政治领域，包括所谓社会政策领域的至尊地位，……当时我这个领域的绝大多数同行正在进入所谓社

---

9 《政治著作选》，第12页。这里也体现了尼采的精神，兼有悲观主义和出于幻想的绝对自由特征。

10 同上书，第13页。

11 特奥多尔·霍伊斯：《德国的形成》（Theodor Heuss, *Deutsche Gestalten*, Stuttgart, 1947），第382页。

12 《政治著作选》，第13页。

13 后来，韦伯曾把他的就职演说描述为年轻人的不成熟表现，参阅《马克斯·韦伯：其作其人》，第349页，但这里并未找到参考资料。

会王国的骗局。但即便在当时,我也谨慎地强调了政治不是也从来不可能是一门以道德为基础的职业。"[14]

韦伯强硬支持"民族利己主义"并把它作为一切经济政策的焦点,其直接的借口是波兰人问题。他希望看到民族国家采取积极措施以阻止波兰人涌入德国东部地区,不管这将带来什么样的经济后果。他再次提议将针对波兰移民关闭东部边境作为必要措施。他提到了俾斯麦,这并非偶然:"大地主是从外来劳工潮中唯一受益的人,但一位具有'阶级意识'、身为普鲁士政府首脑的大地主,为了保护我们的民族性要驱逐这些波兰人,而那位可憎的农民党对手[15]却为了大地主的利益对波兰人敞开了门户。"[16]他再次要求在东部地区实行大规模系统性的国内殖民化政策。韦伯期望系统性的拓殖政策能对德国民族性产生巨大影响,并支持一项在德国移民驻入之前对所有已收购土地进行土壤改良的政策。"由十几个德国农场组成的若干村庄,每一个最终都会把大片土地德国化(*Germanize*)。"[17]

对于韦伯来说,易北河以东农业工人问题主要是用作全面讨论国际政治局势的一个出发点。他把亲眼看见的发生在东部地区的非民族化过程,看作德意志民族争取生存空间和自立自主这种永恒斗争的一个特别生动的范例。他认为这是他那个时代根本的社会政治法则之一。特别是,德国易北河以东地区的事件可以告诉人们,伴随着旧时静态的社会结构逐步毁灭,资本主义的挺进势必会加剧各民族之间的紧张

---

14 《马克斯·韦伯传》,第 416 页。

15 指俾斯麦的继任者冯·卡普里维(Leo Count von Caprivi, 1831—1899),1890—1894 年任帝国首相,1890—1892 年兼任普鲁士宰相。——译者注

16 《政治著作选》,第 10 页。

17 同上书,第 11 页注释 1。请比较德尔布吕克(Delbrück)就波兰人问题反对韦伯立场的辩论文章,载《普鲁士年鉴》,81(1895)。

关系，一如它加剧了阶级冲突。资本主义的经济结构使每个人和每个民族都摆脱了遗传性的束缚，并唤起他们投入新的斗争，特别是在形式上自由的经济竞争领域。这样，各民族间的斗争便超越了政治与文化范畴，延伸到整个经济生活领域。民族自保和经济增长是一块硬币的两面，民族经济共同体只是旧时民族竞争的另一种形式。

在韦伯看来，这种局面由于以下事实而更趋尖锐：与早先的经济体制相比，资本主义经济秩序未必有利于体力和智力占优势的民族。波兰流动工人恰恰就是因为低下的生活标准，才能把德国农业工人赶出自己的故乡，这就是资本主义经济条件导致的后果。韦伯强调指出，事实上，在对立力量之间的自由竞争中，自然选择并不总是有利于更高发展水平或者土生土长的民族。[18] 正是这种局面，赋予了经济政策决策者们一种应当深谋远虑的责任。政策绝不能仅以所谓客观的纯经济原则为取向，而是必须把保存并升华民族性作为最高原则。决策者们必须拿出适当措施，即便在不利的经济条件下也能保卫自己的民族。表面上纯科学的价值体系，无论以什么形式出现，都会始终为这种自觉的国民经济政策设置障碍。因此，韦伯会尽力驳斥这种科学上有效的规范性东西的存在。从一开始，他的规划就是为了价值无涉的科学，这在很大程度上依赖于努力建立民族国家的理想，以此作为唯一不容置疑的标准，因而与一种基于幸福论概念或者公正原则的框架格格不入。他担心，他所预计的各民族之间为经济和政治自保而进行的斗争可能会出现的爆炸性局面，将使这种理想主义科学不仅沦为乌托邦，而且具有危害性。"即便在为生存进行的经济斗争中，也同样永无和平可言。只有那些被和平的外表所迷惑的人才会相信，我们的子孙后代

---

[18] 《政治著作选》，第9、17页。

在未来将享有和平的幸福生活。"[19]

第二节 权力斗争的冷酷无情，权力的恶魔性质

如果说弗莱堡就职演说已经"震惊"了听众，那么，当韦伯直言不讳且不加克制地描绘出政治领域就是冷酷无情的权力斗争时，情况就更是如此。他毫不含糊地说道："我们不可能带领我们的子孙后代走向和平与人类幸福，而只能进入无止境的斗争以保护并扩张我们的文化与人口。"[20] 就是这种对权力要素的强调，第一次使韦伯对民族情感发出的强烈呼吁产生了利刃般的效果。所有熟悉他的人都为他的权力概念那种非凡的尖锐以及对妥协的蔑视所痴迷和折服。[21] 韦伯着重把权力意志和权力本能视为政治家的基本品质。在韦伯看来，为权力而斗争，不仅是人类政治组织的基本要素，而且是全部文化生活中的基本要素。"你可以改变手段，改变环境，甚至改变基本的行动方向以及对那个方向负责的人，但你不可能把斗争本身撇到一边。……用'和平'手段代替斗争形式，代替对敌作战，代替作战环境，最终代替选择机会，那将一无所有。"[22] 如果斗争从实质上说是一切人类联合体的基本要素，那么——特别是——资本主义就意味着在形式上自由竞争的原则下的一场冷酷无情的经济战争。资本主义甚至使得国家范围内以及国际关系中的斗争更加无可逃避，更加势在必然。

韦伯毫不犹豫地使用了"生存斗争""适者生存"之类的达尔文主

---

19 《政治著作选》，第12页。
20 同上书，第14页。
21 笔者与埃尔泽·雅菲、阿尔弗雷德·韦伯、爱德华·鲍姆加滕的交谈中总是一再回到这一点。
22 《学术论文集》，第517页。

义术语,以形容为了"行动自由"而进行的"人与人的斗争"那种不可阻挡的性质,尽管他后来坚决反对社会科学领域中的一切生物学理论和概念,认为那都是不科学的。[23] 1896 年,韦伯曾指责"愁苦主义"(Miserabilismus)的民族社会主义者,说他们践行社会同情的政治没有任何权力意识,也不需要社会选择;他还尖锐抨击瑙曼的《时代报》(Die Zeit)在波兰问题上太温和。"政治是个苦差事,那些对祖国政治发展的车轮制动权负有责任的人,必须具有强大的神经,对实际的世俗政治不应多愁善感。至关重要的是,希望投身世俗政治的人必须抛弃一切幻想……认识到一个基本现实——所有人反对所有人乃是一场无可逃避的永恒战争。"[24]

马克斯·韦伯的权力观甚至在他的名著《经济与社会》中也有反映,尽管他小心谨慎地力求保持学术客观性。[25] 在这部著作中,韦伯发展出了一种特殊的"权力声望"类型学,这种权力声望独立于一切具体的文化、民族以及理想或物质取向的政治目标,实质上完全是为自身追求和行使权力并臻于一种特殊的权力气质,一种被"权力的荣耀"所美化的气质。[26] 下面将会一再展示这种"权力声望"对韦伯自身生平的影响。因此毫不奇怪,韦伯是根据行使有效权力的潜能来正式定义一切政治制度的,并认为现代国家的基本面就在于垄断权力的合法行使。[27]

---

23 《政治著作选》,第 9 页注释 1;另见马克思·韦伯:《社会学与社会政策文集》(Max Weber, Gesammelte Aufsätze zur Soziologie und Sozialpolitik, Tübingen, 1924),第 456 页及以下,第 488 页及以下,以及《经济与社会》,第 236 页及以下。

24 民族社会主义者全体代表大会会议记录,爱尔福特,1896,第 45 页。另见《政治著作选》,第 28 页及以下。

25 另见"斗争"与"选择"概念的决疑分析,《经济与社会》,第 20 页及以下。

26 同上书,第 520 页。

27 同上书,第 519 页;请比较《政治著作选》,第 505 页及以下。另见 W. 亨尼斯的评论,载《现代史季刊》(W. Hennis, Vierteljahrshefte für Zeitgeschichte 7, 1959),第 20 页及以下,克里斯蒂安·冯·费贝尔:《政治权力》(Christian von Ferber, Die Gewalt in der Politik, Stuttgart, 1970),尤见第 54 页及以下。

第三章　韦伯的政治理想：强大的民族国家

马克斯·韦伯对权力概念的专注，自然应当归因于德国自由主义思想的历史发展。1848年时，自由派还不可能抵达他们的理想主义政治目标，因为他们缺少实现目标的物理权力。后来他们目睹了俾斯麦如何不惮与奥地利的血腥厮杀，以普鲁士的军国力量完成了自由主义运动最重要的目标：一个德意志的民族国家。结果，在俾斯麦大获全胜的权力政治冲击下，德国中产阶级意味深长地改变了对待权力的态度。现实政治取代理想主义梦幻，成为整个德国资产阶级政治思想新纪元的支配性理想。实际上，俾斯麦的治国术经验也大大影响了马克斯·韦伯对权力概念的所有讨论。正是普鲁士容克阶级的政治权力本能，使韦伯不得不——多半是违心地——对他们发出了赞誉，特别是对他们的首要代表，那位帝国缔造者。[28] 当韦伯再三对资产阶级宣讲"权力意志"时，当他为新兴工人阶级缺乏"伟大民族的权力本能"这个一切成功的民族国家的政治前提而痛惜时，他往往会想到过去——某种程度上说更大的问题是现在——传统自由派与权力的消极关系的经验。[29] 然而，这并不意味着应当像J. P.迈耶试图做过的那样把韦伯的权力概念直接追溯到俾斯麦政治的"铁血模式"。[30] 韦伯对俾斯麦的政策从未抱有这种失衡的褊狭看法。青年韦伯已经认识到了天真的俾斯麦崇拜还有不祥的一面：不加批判地赞美纯粹权力和没有目标的现实政治。他也看出了伟大而成功的权力政治可能对大众意识造成的消极影响，尽管人民不是以责任人的身份参与这些政治的。他悲叹德国的文人墨客对俾斯麦的崇拜"并不是因为他的霸主头脑之伟大，而仅仅是他作为

28　甚至在就职演说中也有所表达，见《政治著作选》，第19页及以下。
29　《1894年福音派社会代表大会文集》，第81页。
30　《德国政治中的马克斯·韦伯》（J. P. Mayer, *Max Weber in German Politics*, London, 1956），第119页。

一个政治家的手腕之横暴与狡诈：表面上或实际上的残酷无情"[31]。他几乎不屑于和这些文人墨客讨论问题。

因此，如果我们把韦伯视为一个消极意义上的现实政治论者，将政治行动唯国家的理由是瞻，以追求成功为要旨，那就大谬不然了。他的政治理论最终还是牢固建立在伦理和文化的价值判断基础上。[32]韦伯的确使用了现实政治的概念。他相信，建设性的政策需要权力政治，而不是基于意识形态原则的政治。但是，他始终都在力避他在同代人当中看到的对权力概念的浅薄用法。

韦伯总是很小心地不去强调"成功"，并与所有这类实用主义论调保持距离。[33]他指出："人们固执地适应那些允诺成功或临时性成功的东西，不仅在他们指望着实现最终理想的手段或方法上如此，甚至放弃那些理想也在所不惜。这种倾向实际上很容易理解。但在德国，人们会竭力用一个口号修饰这种行为，那便是'现实政治'。"[34]在韦伯的严苛理论中，作为一种人生准则的"适应"，其内涵是完全消极的，因

31　《政治著作选》，第311页。

32　迈耶完全说清楚了这一点："韦伯已经十分熟悉德国的'现实政治'"，他指出，韦伯强烈反对把现实政治天真地等同于毫无良心的马基雅维利主义，见《德国政治中的马克斯·韦伯》，第33页。

33　其中有一些典型的例证：1887年4月25日致鲍姆加滕的信，1909年5月9日致滕尼斯的信，见下文第138页注释157引文。韦伯非常反感那种"'志得意满类型'的德国人，他们胸腔里灌满了现实政治的念头，只要能'计日程功'，他们就不可能不闻风响应。"见 *Archiv für Sozialwissenschaft und Sozialpolitik* 22，附录，第108页。1906年，他疏远了那些已经养成了"系统性'思考现实政治'习惯"的德国人，见 *Archiv für Sozialwissenschaft und Sozialpolitik* 23，第235页。另见《政治著作选》，第169页："文化任务？所谓现代德国的'现实政治'对此是不屑一顾的。唯一的问题在于，其他国家在推进现实政治而不是喋喋不休地饶舌。德国人必定会把现实政治变成一个口号，然后以妇道人家的全部热情去拥抱它（我不得不这样说）。"同上书第282页提到了"心胸狭窄的'现实政治'庸俗鼓吹者"。韦伯对现实政治的定义，以及他希望合用的概念，见 *Wissertschafislehre*，第515页；与"既定形势下适用的最后手段"形成鲜明对照的，是"对各种可能的最终局面做出选择、根据临时效力或者实现其中一个目标的明显机会而适用的手段（这种'现实政治'在过去20年间已经使我们的政策获得了许多引人注目的成就）。"（1913年）

34　《学术论文集》，第513页。

为他总是会说"事实就是如此"[35],而不考虑一时的策略目的。

尽管如此,韦伯还是把冷静评估权力政治在实现政治价值观时的必要作用看作一种相对而言的道德义务。不关心具体的成效和因果关系,就不足以保障即时的道德理想。他以责任伦理和信念伦理的二分法,表明了对实际政治和理想政治的传统自由主义取舍态度。[36]他的政治权力理论这种冷峻的现实主义性质,必须和评估成功机会时的责任伦理联系在一起。在他看来,这才明确称得上政治家伦理。

韦伯坚持认为,一个政治家理应对自身行动成败的具体后果承担全部责任。他也理应对自身行动进行理性计算。只有这样,他才可能按照明确的信念斟酌自己的责任,并根据情势适当地优先考虑终极伦理价值。[37]对真实的具体情势的关切,会迫使价值观领域出现不断的妥协。政治家不可能仅仅以知道如何忠于"正确"目标并绝对一以贯之地坚持原则去安慰自己的信念,无论他是成是败。因为他要对别人的命运和生存承担责任,就无法避免由于坚持伦理标准优先而导致的"不可调和的冲突"。他无法指望一种比较舒心的策略,亦即把这个任务留给教条甚或某种"天启"宗教去解决,尽管这可能符合他的信念。[38]

---

35 1909年7月15日致格瑙克-屈内夫人(Frau Gnauck-Kühne)的信:"我的决定性内心需求在于'知识诚实':我要说的是,'就事论事'。"抄自韦伯遗稿。

36 见特奥多尔·席德尔:《政治与社会状况的关系以及资产阶级自由主义的危机》,载《历史杂志》(Theodor Schieder, "Das Verhältnis von politischer und gesellschaftlicher Verfassung und die Krise des bürgerlichen Liberalismus," *Historische Zeitschrift* 177, 1954),第55页。

37 参阅韦伯致布伦塔诺的声明:"最终的政策决定无不是产生于高度个人化且彼此冲突的价值观,而不是产生于'逻辑'。后者导致的逻辑取向始终是疲弱无力的。"1912年9月16日致布伦塔诺的信。见布伦塔诺遗稿。

38 韦伯曾给罗伯特·威尔布兰特(Robert Wilbrandt)写信说:"我相信,悬而不决的冲突使不断的妥协成为必需,这种情形在价值领域是支配性的。没有人知道应当如何达成妥协,除非有某种'天启'宗教强行决断。"1913年4月2日的信,抄自韦伯遗稿。

韦伯的知识诚实使他不可能隐瞒两种要求之间的紧张关系，一种是牢牢以权力概念为轴心的政治伦理的要求，一种是来自规范性义务伦理，特别是基督教伦理的要求。他毫不犹豫地正式指出了这一点："伦理观大概并非世间唯一具有（规范性）'效力'的东西。还有其他并存的价值领域，那里的价值观也只有承担伦理'责任'的人才能理解。政治行动领域的情况尤其如此。依我之见，求助于肤浅的通用'世界观'以否定政治领域和伦理观的紧张关系，这是懦夫的表现。"[39] 对于韦伯来说，基本价值体系之间的非理性冲突，犹如"上帝"与"魔鬼"的对立一样是不可调和的。[40] 他在《以政治为业》中写道："凡是投身于政治的人，无不以权力和暴力为手段，都与恶魔的势力定了契约"。在政治这个行当里面，真实的情况并不是"唯善有善果，唯恶有恶果"[41]。

韦伯并不相信，在政治价值体系不可避免的冲突中，任何规范都有能力提供道德上可靠的方向。"陷于冲突之中的价值观从来就不可能圆满兑现，它们的相对重要性"无法决定于形式规则。"为了实现超伦理的价值而需要打破伦理规范时，形式伦理几乎无法提供判断基础。"[42] 韦伯深信，采取负责任行动的政治家，必定会在政治价值观与伦理价值观的冲突中寻求妥协，这时就不得不指望他自身的非理性人格了。他以政治为业的观念中那个卡里斯玛非理性之核，在这里可以看

---

[39] 出自《价值无涉在国民经济学中的意义》（"Der Sinn der Wertfreiheit in den nationalökonomischen Wissenschaften," 1917），载《学术论文集》，第 504 页。原稿中的对应处是社会政策协会关于价值判断问题的评估（1913），这里的引文见《马克斯·韦伯：其作其人》，第 117 页。

[40] 《学术论文集》，第 507 页，请比较第 469 页及以下。

[41] 《政治著作选》，第 554 页。

[42] 论规范性伦理的可能性之片段，大约写于 1912 年。抄自韦伯遗稿。最近收入《马克斯·韦伯：其作其人》，见第 399 页及以下。

得一清二楚。

和马基雅维利一样,韦伯也认定权力在责任的彼此冲突中居于首要地位,并且推崇那些被马基雅维利称颂的公民楷模,"他们把自己城邦的伟大看得比灵魂救赎还重要"。怯于使用权力是一种可鄙的弱点。韦伯始终注意运用二分法(一方面是专业化、卡里斯玛领袖、极端的智识理性主义,另一方面则是源于理性知识领域的价值观分化),并将这些矛盾强调到了极端的程度。他甚至走得更远,认为"登山宝训"("Sermon on the Mount")的伦理不仅与所有政治行动不可调和,而且是一种缺乏尊严的伦理。[43]

由于这些观点,也由于毫不妥协地支持强国目标,马克斯·韦伯被指控向德意志民族灌输"钢铁时代的新马基雅维利主义"[44]。他的工作也确实容易令人联想到那个伟大的佛罗伦萨人,他的权力观甚至更加牢固地植根于一种超伦理的价值信念。但是与马基雅维利不同,韦伯充分意识到了这种冲突的悲剧性质。特别是,韦伯不断驳斥的一个观念,就是政治活动危及"灵魂健康"。马基雅维利残存的天主教意识使他仅仅暗示了这一点。在韦伯的著作中,几乎看不到马基雅维利作品中对大国政治一再发出的那种审美礼赞。对于韦伯来说,这仅仅是因为政治"也是一个信仰问题",因为所有政治行动的选择都只能产生于对终极价值的信仰,就是说,他不得不面对政治价值观与伦理价值观的冲突。正是韦伯政治权力理论的信念伦理成分,使他在权力政治问题上采取了极端立场。因此,在重大的政治抉择关头,"信念政治家"总是不敌冷酷的现实政治,也就并非偶然。谋求并掌握权力,只是为捍卫终极价值提供了理由,如果必须实现这些价值,那么使用权力的

---

43 《以政治为业》,第550页;参阅《以学术为业》,载《学术论文集》,第604页及以下。
44 迈耶,《德国政治中的马克斯·韦伯》,第109、117页及以下。

责任就无可逃避。在韦伯看来,把力量对比作为直接政治目标的唯一标准,则是暴露了一种可鄙的意志缺陷。他明确告诫每一个有志于政治的人要警惕一种经常存在的危险:"缺乏实质性的目标,仅仅为了权力本身而享受权力。"他在《以政治为业》中写道:"像在别处一样,单纯的'权力政治家'在德国也被大力崇拜,他或许可以给人们带来实力印象,但实际上他的行动既空洞又荒诞。"[45]

可以断定,马克斯·韦伯对于纯权力政治的意识形态是完全排斥的,这种意识形态塑造了"一战"之前许多受过教育的德国人,特别是泛日耳曼同盟成员的信念。值得庆幸的是,韦伯在早期阶段就认识到,这种权力政治纯粹是不负责任的狂妄自大,与任何严肃的行动意志都背道而驰,也与胆略无关。他与这种权力政治的态度格格不入,认为它只能危及外交政策的成效。

马克斯·韦伯同样强烈反对一切基于信念伦理的政治意识形态,因为他确信,责任伦理是政治行动的基础,而且直言不讳地为权力韬略辩护,这都与他个人的道德严肃主义有关。[46]在韦伯看来,无政府主义是典型的信念伦理运动,它的革命行动纯粹是出于现代社会结构根本无公道可言这种信念,不计成败或者直接的具体后果。在韦伯眼中,无政府主义者的暗杀行动根本无济于事,纯粹是无政府主义者宣扬的真实信仰的应用符号。[47]因此,他把无政府主义视为责任政治的劲敌。同时,韦伯甚至更激烈地反对和平主义意识形态。1916 年,格特鲁德·博伊默(Gertrud Bäumer)与一个瑞士和平主义者争论"福音法

---

45 《政治著作选》,第 547 页。
46 还有一个典型事例,他的《以政治为业》演讲草稿上,最初并不是写作"权力政治",而是"责任政治",以此对应"信念政治"。
47 《学术论文集》,第 514 页。

则"(evangelischen Gesetze)与"祖国法则"(Gesetzen des Vaterlandes)的关系时,韦伯以非常尖锐的立场陈述声援了博伊默。[48]他嘲笑一副慈悲心肠的和平主义空想,指责它无视现实,并强调只有两个真实的选项可供取舍:"像托尔斯泰那样一以贯之",或者,承认在这个世界上权力斗争不可避免。无论是谁,只要在利用他人的劳动,那就是在依靠经济上的生存斗争而生活,这种斗争既没有爱也没有恻隐之心,用资产阶级的委婉说法,叫作"和平的文化劳动"[49]。

马克斯·韦伯断言,斗争是人类生存的基本方式。他在思想上毫不妥协地描绘了这种斗争的因果关系。谁要有勇气完全并一以贯之地支持他的信念,无论如何都会赢得他的极大尊重。因此,当信念坚定的和平主义者们遵照自己的良心、毫不妥协地表现出足够的行动意志时,他能给予他们非凡敬意也就不足为怪了,事实上,他甚至还为他们着迷。1917年10月初在劳恩施泰因[50]的第二次聚会上,召集人、耶拿的出版商欧根·迪德里希斯(Eugen Diederichs)要把自己的精神贵族理想搬到政治舞台上,韦伯遇到了几个支持和平主义观念的左倾艺术家和知识分子。[51]1917/1918年的冬季,一些社会主义与和平主义的大学生成了韦伯家的常客,其中包括克劳斯·乌普霍夫(Klaus Uphoff)与厄恩斯特·陶勒(Ernst Toller),他们号召人民抵制政府并停止互相厮杀。尽管韦伯并不赞同他们的计划,但他还是为打算组织一场总罢

48　最初发表于《妇女》月刊,这里引自《政治著作选》,第142页及以下。

49　同上书,第144页。请比较1918年11月13日致戈德施泰因(Goldstein)教授的信,《马克斯·韦伯传》,第614页及以下,另见《经济与社会》,第20页及以下。

50　劳恩施泰因(Lauenstein),位于路德维希施塔特与普罗布斯特采拉之间的弗兰克尼亚森林中的一座城堡,毁于1290年,14世纪重建,16世纪扩建,1896年整修。——译者注

51　另见克诺尔:《自由主义和民主是如何选择领袖的》,第190页及以下。

工而被捕的陶勒争取获释尽了力。[52] 他无法拒绝帮助一个真正准备践行"托尔斯泰道路"的坚定的和平主义者。

雅各布·布克哈特（Jacob Burckhardt）第一个说出了"权力本质上是邪恶的"这个短语，认为权力"就其本身来说是无法满足的"纵欲，因而既给掌权者也给其他人带来"不幸"。[53] 韦伯也认识到了权力的恶魔性质，有时必然把政治家置于一种"伦理上的"负罪状态。但韦伯的权力概念，在某些方面是那位伟大的瑞士史学家和思想家权力概念的另一极。韦伯比布克哈特更加强调国家是文化发展的先决条件，但与布克哈特不同，他认为权力多少还是一种建设性力量。他把权力看作一件使一切创造性社会行动成为可能的天然工具。他的激进主义不免使人联想到霍布斯，特别是尼采，因为他把斗争认定为整个文化生活的基本原理。

韦伯对他那个时代政治传统极度悲观的看法，使他不得不相信，国际关系的紧张程度将不可避免地愈演愈烈。1910年时，到处都在推行军备政策，有人提出了国际谅解的观念作为另一种选择，但韦伯从来没有认真对待过这种选择。[54] 威廉时代的人，几乎没有第二个像他这样怀着深切的责任意识断言"自主性文化体之间的斗争已不可阻挡"，

52　韦伯后来参与了陶勒的案件。感谢汉斯·罗特菲尔斯教授（Prof. Hans Rothfels）告知了一次柏林政党集会的情况，陶勒在讨论中发了言，有些与会者试图阻止他表达激进观点，韦伯这时走上讲台，伸手护住了陶勒瘦弱的肩膀，说："让他说嘛。他是个认真做事的人。他有话要说。"

53　科勒纳编：《世界历史沉思录》（Kröner-Ausgabe, *Weltgeschichtliche Betrachtungen*），第7次印刷（1949），第97页。

54　请比较下文第167页及以下。法尔克（Falk）对韦伯的批评是这样开始的："为什么韦伯的民主观没有国际谅解的原则？"在法尔克看来，韦伯传授的那种得到资产阶级和工人阶级共同支持的德国民主制，只有在德国帝国主义的旗帜下才有可能。但我们认为，韦伯的看法恰恰相反。见法尔克：《马克斯·韦伯社会学中的民主与资本主义》，载《社会学评论》（Falk, "Democracy and Capitalism in Max Weber's Sociology," *Sociological Review* 27, London, 1935），第387页。

并如此无情地预示了斗争的后果。[55] 即使到了 1919 年，当国家的"权力政治"看来只能导致危机，国际联盟允诺带来一个比较和平的新时代时，韦伯仍然明确重申了他的权力理想。韦伯是他那个时代之子，作为威廉时代的人，他典型地高估了实际政治权力在政治舞台上的角色，尽管他秉持这种立场仅仅是为了效力于他的深刻信念。

第三节 韦伯民族观的性质与演变

马克斯·韦伯的民族观在他的政治价值系统中具有核心地位，民族国家的权力在他看来是个基本价值，因而对于民族的要求来说，所有的政治目标都是次要的。"我只能在民族框架中看待政治——不单是外交政策，而是全部政治"，他在 1916 年就能这样合情合理地说。[56] "如果这场战争根本不是民族的战争，我就不会发射一颗子弹或者购买 1 芬尼的战时公债！"[57] 韦伯这种强势民族主义立场确实贯穿了他的一生，如果低估了他天性中的这一面，那就大谬不然了，今天来看，这似乎应当归因于他那个时代。1918 年战败之时，他的民族情感又被激荡起来，因为有太多的人背弃了民族理想。在 1918 年 12 月一次群情焦躁的大型集会上，韦伯这样结束了他的热情演讲："德国民族主义的未来何在？"然后他自己回答道："凡是在德国遭受异族统治的威胁下不打算使用革命手段并甘冒被送上绞刑架和投进监狱等风险的人，未来就不应被叫作民族主义者。"[58]

---

55 参阅艾卡特·克尔：《海战与政党政治》（Eckart Kehr, *Schlacktftottenbau mit Parteipolitik*, Berlin, 1930），第 403 页。

56 《政治著作选》，第 157 页。

57 1917 年 7 月 16 日的信，《政治著作选》，第 1 卷，第 469 页（此处标明的日期有误）。

58 据 1918 年 12 月 22 日《福斯报》（*Vossischen Zeitung*）报道。更多信息见下文第 335 页及以下。

马克斯·韦伯强烈的民族主义情感与他所经历的那个时代息息相关。海因里希·冯·特赖奇克炽热的民族激情,给这位年轻人留下了深刻印象,同时,韦伯也因为鲍姆加滕的影响而拒绝片面颂扬权力理想。他的著述强化了特赖奇克民族国家道德性质的理论,这本身就是一种对黑格尔国家理论的民族主义阐述。民族国家的地位一如耶和华在古希伯来人历史上的地位。[59]事实上,对于韦伯这位基督教意义上的异教徒来说,民族情操在某种程度上明确表现为对德国的信心。他在论社会科学方法论的著作中,把它叫作"价值观"[60]。

因此,很有必要厘清马克斯·韦伯实际上是如何理解"民族国家"的。就韦伯的民族国家概念而言,决定性的要素是现存的德意志国家,"规范性现实"也塑造了他的政治观念。他认为,俾斯麦建立的帝国完全实现了自由主义运动要求德国统一的政治目标。[61]像绝大多数同代人一样,他也倾向于把俾斯麦的政策追溯性解释为致力于达到民族的现实目标。迟至1915年他还评论说:"就其实际作为而不是言辞来说,俾斯麦的政策设想是以德国民族国家的理想为指引的。"[62]

韦伯在这方面一直局限于威廉时代特有的那种民族激情,而本来

---

59 参阅克里斯托弗·施特丁:《马克斯·韦伯的学术与政治》(学术演讲,布雷斯劳,1932年),第34页(Christoph Steding, "Politik und Wissenschaft bei Max Weber," Breslau, 1932)。施特丁力图把韦伯的整个政治与学术工作简单归结为完全是"马克斯·韦伯刚愎自用的人格主观性"的产物。这种方法论态度与韦伯一贯坚持的立场是直接对立的,而韦伯的立场是,人格在学术领域就是服务于"学科纯净"的。除此之外,施特丁还有众多不可思议的概括(韦伯是个实证主义者,第23页;唯名论者,第24页;以及从H. J. 格拉布那里借用的难以理解的说法,即韦伯把形式-机械自然科学等同于全部科学,它的方法对于韦伯来说就是全部科学的楷模,第61页;但韦伯实际上是反对这种立场的。)在我们看来,这样研究一个伟大社会学家的工作与人格是完全不合适的。

60 《学术论文集》,第262页。参阅迪特尔·亨利希:《马克斯·韦伯的学术统一性》(Dieter Henrich, *Die Einheit der Wissenschaftslehre Max Webers*, Tübingen, 1952),第95页。

61 参阅韦伯在1893年社会政策协会代表大会上的发言,见 *Tagung des Vereins für Sozialpolitik 1893*,第85页;另见《学术与政治》,第21页。

62 《政治著作选》,第128页。

第三章　韦伯的政治理想：强大的民族国家

他是应当以非凡的远见与客观性去分析俾斯麦政策的。他未能认识到，俾斯麦实际上抱着一种大不相同的国家观，俾斯麦把国家视为社会力量冲突中的秩序载体。韦伯曾评论说，奥地利王朝"从俾斯麦的观点来看就是一个为了3000万非德意志人的政治中立而牺牲了帝国1000万德意志人的参与的制度"，他这是以己度人，把自己的看法投射给俾斯麦了。[63] 韦伯从来不曾质疑过用"小德意志"[64]解决德国问题，他不遗余力地反对"把多民族奥匈帝国单纯拆分成一个个独立的同质民族国家。……唯有一个超民族的政府才能使一个多民族的联邦成为可能"[65]。他为这种政治可能性的辩护一至于斯，尽管他把各民族的民族国家组织视为一种理想。

韦伯毫不犹豫地赞同俾斯麦时代"小德意志"国家的民族传统，即便如此，他的观点显然从一开始就与那些种族主义者风马牛不相及。他对德国东部地区波兰化趋势的强烈抵抗可能会使人断定，他的民族概念主要是以人种和语言因素为取向的，虽然他相信各民族的不同文化水平在其中扮演了重要角色。不过从那以后，马克斯·韦伯就越来越疏远了那种以语言和种族特质为转移的情绪化民族情感。

韦伯很快就以社会学家的敏锐目光看出，民族意识绝非依赖于客观性的种族和语言要素。按照他的观察，一个群体看待自己的种族特质，并不是依据真实的种族同质性，而只是主观上信仰这种同质性。韦伯强调指出，这种对种族共同体的信仰，主要是源自同一个政治共同体中全体成员的共同政治命运，而不是源自任何客观性的人类学血

63　《政治著作选》，第449页。
64　即 kleindeutsche，指俾斯麦时代在普鲁士领导下实现没有奥地利参加的德国统一。——译者注
65　《政治著作选》，第175页。

统关系。⁶⁶ 然而，这种信仰会使人想到那个"极富情感色彩，因而最令人伤脑筋的概念之一：民族"⁶⁷。

因此，韦伯否定了赫德（Herder）把民族视为语言共同体的定义，就是合乎逻辑的。他一再提到阿尔萨斯人的事例为自己的观点作证，他们在语言和遗传学上都是德国人，却因为法国大革命的共同经验而感到与法兰西民族息息相关，所以阿尔萨斯人才把法兰西民族视为一个特殊文化的载体，把法语视为"真正的文明语言"⁶⁸。瑞士的情况也证明，语言共同体绝非民族意识的必要前提。"瑞士民族"的说法甚至在瑞士联邦的官方法令中也能看到。⁶⁹ 随着现代社会的日趋民主化，语言要素的重要性势必也会与日俱增。⁷⁰ 今天若是自称为一个独立的民族，那就"总是和语言共同体这种共同的文化财富"相联系的。⁷¹ 因此，在韦伯看来，民族并不是个清晰的社会学概念，对它的定义"不应考虑一个共同品质即建立了民族共同体，而只应考虑一个目标……：独立的国家"⁷²。

这就表明了与客观性种族特征或语言特征基础上的民族概念的根本不同，并意味深长地接近了西欧的民族国家观，即把每个在主观上承认与国家之间关系的公民都包括在内而不管他的血统来自哪里。勒南（Renan）用一个专横的公式 *plébiscite de tous les jours*（每日的公

---

66 《经济与社会》，第 273 页。
67 同上书，第 242 页。
68 同上书，第 242 页及以下，另见《德国社会学家代表大会第二次研讨会》（"Diskussionsreden auf dem 2. Deutschen Soziologentag"），载《社会学与社会政策文集》，第 484 页。
69 《经济与社会》，第 528 页；参阅《德国社会学家代表大会第二次研讨会》，第 485 页："可以认为，即便没有语言的统一，也会存在一种特殊的瑞士民族情感。"（订正了原文的语言差异之说。）
70 同上注。
71 《经济与社会》，第 528 页。
72 《德国社会学家代表大会第二次研讨会》，第 487 页。

民投票）说明了这种主观性的共同体概念。韦伯也同样认为，主观性的共同体意识——这指向了一个单独国家的存在——乃是民族意识的决定性要素。但是，韦伯比勒南那种内心自足的民主主义民族观走得更远，在他看来，一个政治单元与其他单元相比而言的权力，对于确立一种特定民族意识具有决定性意义。"共同的政治命运，共同为生死存亡进行的政治斗争"（！）能把一个群体组合成一个民族，对种族、语言、教派或文化同质性的主观信念只有比较次要的意义。在民族意识的发展中，决定性的要素是自觉参与为自己国家争取权力地位的过程。

就是这个与民族概念融合在一起的权力概念，赋予了韦伯思想中的民族概念独特性质。在弗莱堡就职演说中，他就把民族概念和权力理想紧密联系了起来。"民族国家并不是什么含糊不清的东西，正如有人认为的那样，民族国家被抬得越高，其性质也就越会笼罩在五里雾中。事实上，它就是民族权力的世俗组织。"[73] 请注意，这里不自觉地把两个宗教对应物联系在一起了——世俗的与来世的。此后，政治权力在韦伯的民族概念中就获得了更为重要的意义。民族与民族权力国家成了同一枚硬币的两面。写于1913年的《经济与社会》其中一节，就足够清楚地表明了这一事实："权力"实质上已是韦伯民族观的支配性成分。"我们一再看到，'民族'概念总是把我们引向政治权力。因此，如果说这个概念终究要指称一个统一的现象，那么看来它指的就是一种与强大的政治共同体观念联系在一起的特殊情感因素，那里的人们有着共同的语言，或者共同的宗教，或者共同的习俗，或者共同的政治记忆；这样一个国家可能已经存在，或者想要存在。越是强调权力，

---

73 《政治著作选》，第14页。

民族与国家的密切联系就越是显而易见。"[74]

这里韦伯试图客观地定义他那个时代的民族观。民族与帝国主义的联系已经变得越来越紧密。民族并非仅仅追求文化与政治独立，还追求在世界上的强大政治地位。不难看出，他本人对此有着完全的共鸣，对于他所属的政治单元的权力在完全特定的意义上支配他的民族意识，而不顾那些种族、语言和文化成分，实际上是心甘情愿的。韦伯并不打算坦率承认瑞士和比利时那样的"民族"特性，这并非偶然，原因倒不在于可以想见的它们的多语言人口或者人种上的异质性，而是在于"因成为'中立的'政治体而自觉放弃了'权力'"。他只能以一种几乎是否定性的方式承认它们的特殊民族意识，这恰恰是他的权力理想发挥了关键作用。韦伯强调了瑞士人由于他们不可避免的内部原因而与"权力"本身以及所有军国主义权力结构自觉对立。瑞士的民族理想就是这样发展起来并滋养了这个民族的。[75]

在《经济与社会》的另一节，马克斯·韦伯把民族意识追溯到了一些社会阶层特有的声望感，它们的意识形态取向就是帝国主义大国地位的理想。这种纯粹从一个人所属的政治制度释放出来的声望意识，"可能还会兼有一种明确信念：要对今后几代人负责，即对它们自身与外部政治实体之间权力和声望的分配方式负责"。"这种对权力声望的理想主义狂热"——几行之后韦伯用了一个短语"赤裸裸的权力声望"——是在当代国家那些充当文化载体的阶层影响下被转变成"民族观念"的。[76]

马克斯·韦伯在这里冷静指出了民族主义的社会学背景，也就是

---

[74]《经济与社会》，第398页。
[75] 同上书，第243页，一个令人大长见识的段落。
[76] 同上书，第527页。

说，民族主义和那些有影响力的特权阶层，特别是和知识分子阶层的利益直接有关，毫无疑问，他本人就很贴近一种浸透了权力声望感的民族观。[77]他对那种纯粹的"文明民族"观念毫无兴趣。他只能接受与某种不懈追求权力政治的国家体制联系在一起的民族观。俾斯麦缔造的国家就是个明确无误的模式，一个远比法兰克福国民大会的民族国家梦想更具体的普鲁士权力国家的模式。甚至还可以说，在欧洲已经变成了一个大兵营，而且人们普遍认为只有帝国主义政策才能保护民族文化的时代，这个模式把民族概念改造成了权力国家的概念，也是顺理成章。由于韦伯的民族观特别突出地强调权力因素，这使他成了一个威廉时代民族主义的代表人物，而这种民族主义是越来越以国家政治权力的固有潜力为取向的。[78]韦伯坚持认为，民族国家的内政外交都负有巨大责任，那就是"为子孙后代开辟一条在各民族间分配权力和声望的道路"。就此而论，他偏向于赞同民族观念中的帝国主义元素。

然而，马克斯·韦伯越是关注国家及其政治权力在国际斗争中的命运，他对少数族群问题的态度也就越是温和，在波兰人问题上的根本逆转就是一个突出事例。他的民族理想在这里受到了一个具体政治问题的检验，理性的洞察力和对19世纪90年代民族主义动力的清醒思考，把他引到了与众不同的现实主义立场。正因为如此，这里就理应展开讨论一下他在波兰问题上的立场演变。

77　韦伯谈到过借助某种民族权力象征而存在的特权阶层"部分是物质的，部分是假设的利益"。"这尤其是指那些因为共同跻身政治结构而自以为是一种特殊'文化'的特殊同伴的人。"《经济与社会》，第528页。参阅本人在《官僚制时代：马克斯·韦伯的政治社会学视角》(*The Age of Bureaucracy: Perspectives on the Political Sociology of Max Weber*, Oxford, 1974) 中更广泛的讨论，第32页及以下。

78　参阅路德维希·德西奥：《关于德国历史使命的思考》，载《历史杂志》(174, 1952)，第479页及以下。

从 1893 年到 1898 年患病，马克斯·韦伯对东部地区"非民族化进程"的态度之尖刻与冷酷，使得左派不无道理地指责他是一个野蛮的沙文主义者与狂热的仇波分子。后来他还一直记得，"我成了出名的波兰人之敌"。[79] 1894 年他曾驳斥了一个常见的说法，即人们在他对波兰问题上提出的要求中看到了"一种过于敏感的民族偏见"，他断言，东部地区的问题不仅涉及民族问题，而且是个物质文化问题。随着萨克森人的蜂拥而至，文化环境会普遍沦陷。[80] 他的反波兰人立场一至于斯，并不是仅靠那种情绪化的偏见，还有一些重要论据。然而，他的陈述之尖锐超出了所有限度。1896 年韦伯指责民族社会党是"守财奴"，波兰人问题就是一个重要理由。[81] 海因里希·冯·格拉赫（Heinrich von Gerlach）在民族社会党机关报《时代报》上发表文章，抨击在波兰人问题上的狂热煽动者，并谴责了这场争论中的过度民族主义情绪。韦伯怒不可遏地说："他为波兰人降为二等德国公民表示悲痛！但真实情况恰恰相反：我们把波兰人变成了正常人！"在韦伯看来，任何其他的观点都是对不可避免的权力斗争视而不见的多愁善感。[82] 格拉赫当时

---

79 《政治著作选》，第 173 页。

80 参阅韦伯在社会政策协会代表大会上针对夸尔克（Quark）受到的攻击所做的回应，《易北河东部地区农业工人状况的发展趋势》，最初见于《社会立法与统计学文献》（"Die Entwicklungstendenzen der Lage der ostelbischen Landarbeiter," *Archiv für soziale Gesetzgebung und Statistik* 7, 1894），第 36 页注释 1："我的看法是，即便一个波兰人或者一个蒙古人成为东部地区的统治者，如果他提出的任务是保持劳动者的文化水平，那么他的所作所为可能和一个德国人没有任何不同。无疑，这种不难证明的经验推论，并没有道尽一个民族的成员身份对我来说的全部含义。多情善感的世界主义……否定了这样的事实：大可怀疑的是这些人……能否因为生活在这里而获益。真实的情况当然恰恰相反。大量劳动者……将被迫习惯于这些'令人关注的'人口的生活条件，……尽管劳动力市场上存在自由的国际竞争。"

81 见下文第 137 页，尤见这里引用的韦伯致妻子的信，它可以表明韦伯激烈反对民族社会党关于波兰人问题提案的主要动机。

82 《民族社会党 1896 年爱尔福特代表大会纪要》（*Protokoll uberdie Vertreter-Versammlung aller Ntional-Sozialen in Erfurt*, 1896），第 48 页及以下；另见《政治著作选》，第 28 页。

进行了有力回击,"在政治上我绝不同意尼采式的主人道德",这在民族社会党代表大会上为他赢得了热烈欢呼。[83]

韦伯 1893 年加入泛日耳曼同盟,一个主要原因就是他要在波兰人问题上寻求支持。[84]那时,韦伯一般也会公开支持联盟为推动积极的帝国主义对外政策所做的努力,但并未明确反对联盟那种显而易见的种族取向的民族主义,只是到了后来,联盟才像韦伯尖锐抨击的那样越来越空洞无物和政治无知。韦伯就波兰人问题在许多地方的泛日耳曼同盟集会上发表过演讲[85],希望联盟支持对波兰流动工人关闭边界,并协助政府充分实现国内殖民的政策。1894 年泛日耳曼同盟召开第一次代表大会,会议一致同意了一个关于波兰人问题的专门议案,要求批准对流动工人关闭东部边界。联盟普遍支持一项毫无保留的激进日耳曼化纲领。[86]

波兰人问题始终是泛日耳曼同盟的亢奋焦点。当时的联盟领导人、在波森拓殖委员会供职多年的胡根贝格(Hugenberg),特别热衷于易北河以东的农业问题。无论如何,他改变了重点。他强调了农业工人的短缺,并力主社会改革应把德国工人固定在土地上,而不是用农民推进殖民化和关闭边界。[87]由于联盟内部越来越倾向于同保守派农民党利益集团和解,韦伯在 1899 年 4 月脱离了联盟。就是由于那些农民党成员,联盟才会一直避免积极要求对波兰流动工人关闭东部边境。韦

---

[83] 《民族社会党 1896 年爱尔福特代表大会纪要》,第 54 页。

[84] 参阅阿尔弗雷德·克鲁克:《1890—1939 年泛日耳曼同盟史》(Alfred Kruck, *Geschichte des Alldeutschen Verbandes 1890—1939*, Wiesbaden, 1954),第 17 页及以下。

[85] 《马克斯·韦伯传》,第 214、237 页。

[86] 奥托·邦哈德:《泛日耳曼同盟史》(Otto Bonhard, *Geschichte des Alldeutschen Verbandes*, Berlin, 1920),第 77 页及以下。

[87] 参阅洛塔尔·维尔纳:《泛日耳曼同盟史》(Lothar Werner, *Geschichte des Alldeutschen Verbandes*, Berlin, 1935),第 96 页及以下。

伯在辞职声明中说，这些情况"并不妨碍我愉快地同情联盟的努力"，也不会削弱"我对联盟领袖们崇高的个人敬意"。[88]

因此，我们不可能把韦伯从泛日耳曼同盟辞职当作证据，认为他开始"批判性"地看待"作为一种规范性观点的民族主义观点，而这是他一直以来所秉持的立场"[89]。韦伯退出泛日耳曼同盟，是由于联盟为了既得利益而背叛了它的民族要求，由于它在波兰人问题上没有"毫不妥协地"站在民族立场上。另一方面，由于联盟越来越走向纯粹半吊子性质的不负责任的沙文主义，韦伯也不大可能与它保持长期合作。[90]此外，他也绝不会完全同意泛日耳曼同盟激进的波兰政策要求。他从未提议过强制性的德国化政策以保持东部地区的德国特性，只是建议经济措施不能让易北河以东的波兰人直接受益，而只应有利于德国人的经济重建。

韦伯一生都把波兰问题视为德国政治的关键因素。但不可否认，由于在他看来国际政治问题变得更加重要，他对波兰人的好战姿态也就失去了锋芒。随着他的民族意识越来越温和并且越来越稳定地以国家观为取向，他对异族侵袭的直接关注也越来越少。在韦伯的激进立场中作为重要因素的波兰人与德国人文明水平的差异则趋于轻淡。德国拓殖政策使用的手段，无论如何都与韦伯考虑的大规模农民殖民化背道而驰，由于这种政策的全面失败，韦伯对波兰人问题也越来越淡

---

88 1899年4月22日的信，《马克斯·韦伯传》，第237页及以下。参阅《政治著作选》，第173页及以下。

89 见贝格施特雷策：《马克斯·韦伯的就职演说》，载《现代史季刊》5，1957年，第213页。他评道，韦伯在1895年开始对他离开泛日耳曼同盟之前一直怀有的民族冲动采取批判立场。韦伯的民族观是他的毕生原则，尽管特定的概念用法会有所变化。

90 请比较1908年6月5日致布伦塔诺的信，见布伦塔诺遗稿。韦伯一直远离"狂暴的泛日耳曼反犹主义"。

漠。[91] 不过，少数族群的问题对他来说从没有失去重要性。

韦伯在民族性问题上的完全重新定位，其关键刺激是来自外部，一个根本就出乎意料的方向：1905年俄国革命期间地方自治会（Zemstvo）的自由主义。韦伯最初是欢迎这场革命的，希望它能实现对沙皇帝国的自由主义改造。但是，对一系列事件更切近的研究，并没有让他看到俄国自由主义有什么近在眼前的获胜机会，因为它被束缚在反动势力与农民大众高涨的社会革命气氛之间的夹缝中。结果，人们所能指望的充其量也就是一种冒牌的立宪制。不过，他毫无保留地同情俄国自由派，认为逐渐消解威权主义的沙俄体制是可能的。[92] 俄国革命事件给韦伯的印象至深，以至他用三个月时间学习了俄文，并在一位俄国自由派、"解放联盟"的活跃成员波格丹·基斯蒂亚科夫斯基（Bogdan Kistjakowskij）帮助下，写出了论俄国革命的两篇长文。[93]

韦伯特别关注在俄国革命期间扮演了重要角色的波俄关系问题。

---

91 参阅马克斯·韦伯1912年11月15日关于社会政策的备忘录，最近由伯恩哈德·舍费尔（Bernhard Schäfer）在《社会世界》（Soziale Welt 18, 1967）上发表，第265页及以下。

92 见《形势》（《政治著作选》中发表的是节选，不过本书将会引用最早的版本），参阅里夏德·皮佩斯的评论《马克斯·韦伯与俄国》，载《外交政策》（Richard Pipes, "Max Weber und Russland," Außenpolitik 6, 1955），第630页及以下。笔者从皮佩斯的论述中获益良多，但它也未免有一些讹误，比如皮佩斯错把克尔罗伊特（Koellreutter）从斯宾格勒《西方的没落》那里引用的文字安到了韦伯名下："我们西方的后来人［Wir späten Menschen des Westens，而原作说的是西方人（Abendlandes）］已经变成了怀疑论者。意识形态体将不再困扰我们的头脑。纲领属于上个世纪。"同上书，第629页。关于这个问题，参阅克尔罗伊特《马克斯·韦伯与奥斯瓦尔德·斯宾格勒的国家政治观》（Koellreutter, "Die staatspolitischen Anschauungen Max Webers und Oswald Spenglers," Zeitschrift für Politik 14, 1925: 482 f）。关于基斯蒂亚科夫斯基其人，见弗拉基米尔·斯拉罗索尔斯基：《波格丹·基斯蒂亚科夫斯基与俄国的社会学思考》（Vladimir Slarosolskij, "Bogdan K. und das russische soziologische Denken," Abhandlungen des Ukrainischen Wissenschaftlichen Institutes in Berlin, 2, 1929: 117 ff）。

93 见《形势》以及《俄国向冒牌立宪制的过渡》（"Rußlands Ubergang zum Scheinkonstitutionalimus," Archiv für Sozialwissenschaft und Sozialpolitik 23，增刊第1页及以下。下文引用时标注为"Scheinkonstitutionalimus"）。(此文的节选也可见于《政治著作选》，但这里的引文出自最早印行的版本。)

他惊讶不已地发现,俄国地方自治会的自由主义在波兰自治问题上竟做出了大量让步。[94] 军校士官生们也在他们的规划中接受了广泛的民族自治。"解放联盟"甚至走得更远。韦伯比较了俄国自由派与普鲁士的波兰政策,认为前者的成功机会显然更大,因为它似乎成功地促成了波兰人——至少是德莫夫斯基(Dmowski)的波兰民族运动——与俄罗斯帝国联盟的忠诚合作。韦伯预计,如果俄罗斯帝国通过这种允许文化自治的政策而成功地使那些非俄罗斯民族(包括波兰人)自愿成为帝国成员,它的权力将会获得惊人的膨胀。在韦伯看来,无论对于俄属波兰还是普属波兰(die Kongreß-und die preußischen auf die preußischen Polen),这种制度的巨大吸引力都是显而易见的。在这里,他看到了一种真正自由主义民主性质的民族政治模式,比那种暴力压迫政策具有更大的优势以服务于政府本身的权力利益。韦伯感奋不已,迅即对革命期间俄国自由主义的民族规划进行了细心研究,他给出的明确解释是:"及早寻求国内许多地方民族问题的解决办法[可能]已是'实际上的'(当务之急)。"[95] 他也对把俄国转变为一个名副其实的各民族联邦的所有计划设想深为关心,因为这其中的派生性国际影响,特别是在波兰问题上的影响都具有重要意义。

在基斯蒂亚科夫斯基的影响下,韦伯发现了乌克兰的联邦制拥护者德拉孔曼诺夫(Dragomanov)的著作[96],相信此人卓越解决了民族问题。在韦伯看来,如果德拉孔曼诺夫的方案被采纳,就很有可能把俄国各民族的利益汇成一体,以此作为全俄的大国霸权政策。早在 1884 年,德

---

94 《形势》,第 30 页及以下;参阅格奥尔格·冯·劳赫:《俄国:国家统一和民族多样性》(Georg von Rauch, *Russland. Staatliche Einheit und nationale Vielfalt*, München, 1953),第 155、158 页。

95 《形势》,第 30 页。

96 彼时基斯蒂亚科夫斯基为《德拉孔曼诺夫政治著作选》(*The Collected Works of M. P. Drahomanov*, 2 vols., Paris, 1905/6)的编辑;参阅《形势》,第 21 页注释 1。

拉孔曼诺夫就要求对俄国进行彻底的联邦制改造，包括那些完全文化自治、以种族界限为基础的各个分立"区域"。[97]从一个"社会党人"转变成了"民族民主党人"的德拉孔曼诺夫[98]，对韦伯产生了重大影响的是这一基本命题："民族的文化独立观念"[99]。韦伯认为，士官生们的各民族政治自治的规划也是来自德拉孔曼诺夫的观念，不管他们有意还是无意。[100]韦伯后来在所有论及民族问题的场合都会提到德拉孔曼诺夫的著述。[101]

1906年，韦伯断定，"俄国地方自治会运动经久不衰的政治成果"之一，就是跨过民族冲突的障碍，实现了"资产阶级自由主义……的统一"。[102]他未能认识到，俄国自由主义运动对少数族群的宽容态度，纯粹是种策略，因为立宪若要成功，少数族群的帮助就不可或缺。激进的第二杜马登台后，自由派的立场便发生了重大变化，十月党人实际上已完全失势。[103]此外，波兰人要求的独立最后会不会仅限于被允许更广泛的自治，也是个未定之数。即便在那时，毕苏斯基（Pilsudski）领导的左翼就在激烈反对与俄国结盟，德莫夫斯基（Dmowski）的民族民主党也并不特别喜欢沙皇帝国。"一战"期间，韦伯严厉批评了自由派的自治规划，但他的笔锋所向无疑是"俄国帝国主义"。"德拉孔曼

97　参阅劳赫：《俄国》，第131页及以下。德拉孔曼诺夫著述简介可见《米哈依洛·德拉孔曼诺夫：主题论文与著作选编》（"Mykhaylo Dragomanov. A Symposium and Selected Writings," ed. I. L. Rudnytsky, *Annals of the Ukrainian Academy of Arts and Sciences in the USA 2* no.1, New York, 1952）。

98　《形势》，第39页。

99　同上注。

100　同上书，第27页及以下。

101　《德国社会学家代表大会第二次研讨会》（"Diskussionsreden auf dem 2, Deutschen Soziologentag"），载《社会学与社会政策文集》，第487页；《政治著作选》，第128页及以下；另见弗拉基米尔·莱文斯基：《人民、民族与民族性》（Vladimir Levnskij, "Volk, Nation und Nationalität," *Abhandlungen des Ukrainischen Wissenschaftlichen Institutes*, S.144）。

102　《形势》，第30页。

103　参阅劳赫：《俄国》，第156页及以下。

诺夫那个学派的空谈家小集团,力求把俄国改造成一个真正平等的各民族联邦",现在看起来,他们要么已经变成了"受骗的骗子",要么就是毫无影响力了,而波兰自治的重要性仅仅在于成了俄国向西扩张权力的一个工具。[104]

尽管如此,1904到1905年俄国自由派的民族纲领,还是对韦伯产生了决定性影响,特别是在他对自由派抱有强烈政治同情的时候。他确信,借助广泛的文化自治,少数族群的利益是可以和民族权力的利益协调一致的。这种看法直接影响了他在波兰问题上的立场。他抵制了普鲁士的语言政策,尤其抵制了比洛(Bülow)要严格限制在政治集会上使用波兰语的语言法令(Sprachengesetz)。1908年韦伯致信弗里德里希·瑙曼说:"这种语言强制(Sprachenzwang),在道德上和政治上都是不可忍受的,也是荒诞无稽的。"[105] 他还反对1907/1908年普鲁士州议会通过的征用法,该法案授权政府征用波兰人的大地产,这是使用非常手段挽救迫在眉睫的殖民化政策大败局的最后尝试。韦伯认为,该法案只有作为对波兰人的一个担保,然后只有采取更严格的形式(!)才是有价值的,"以便作为备用武器,连同承认他们的'文化独立',向他们提供一个民族的妥协(俄国士官生纲领的扩大版!)"[106]。

战争期间,马克斯·韦伯积极支持对普鲁士波兰人的文化自治做出让步并给予他们诚实的理解。[107] 他还提出了为每个民族"划分地方

---

104 《政治著作选》,第200页及以下。
105 1908年4月26日的信,另见《政治著作选》,1,第454页。韦伯自己后来也公正地说道:"我从未支持过泛日耳曼同盟针对波兰人的那种愚蠢而无效的语言政策。"《政治著作选》,第174页,另见第123、180页。
106 前引致瑙曼的信。
107 例见《政治著作选》,第173页及以下,另见《波兰政策》一文(载《法兰克福报》,1917年2月25日)。

拓殖区域"的可能性[108]，以及通过"从波兰王国到德国或者相反的德国移民的自愿再安置"解决语言问题。[109] 在韦伯看来，德国国家的国际利益需要这样一种在文化自治基础上与波兰人达成公正妥协的政策。他指出："一个国家不一定就是将自身利益（取向）唯单独一个支配性民族马首是瞻的'民族国家'。"这样的国家能够"以某种与支配性民族的利益完全协调一致的方式服务于若干民族的文化利益"[110]。韦伯拒绝回到我们就要谈到的"国家观"，他认为，由于一切文化都必然有着民族局限，把这种"国家观"放在"民族的位置"上就是不可想象的。[111] 一如韦伯强调国家与权力的关系那样，他也并不打算放弃国家的民族定义。

韦伯的观察力和责任意识，使他在普鲁士波兰人问题上从一个狂热煽动者变成了一个妥协者。但是不应忘记，他的转变主要是得助于这样的认识，即需要一种适当的民族政策以抗衡俄国可能推行的自治政策的诱惑。就是在这种背景下，他才越来越坚信，只有真诚的自由主义民族政策才有望解决德国的波兰人问题。这是向1916年才浮现出来的一种观念迈出的一小步，后面将会看到，这种观念就是让波兰人由衷地自愿大规模合并进德意志帝国，而同样的事情似乎在1905年的俄国就已经发生了。1917年的韦伯曾把1905年俄国革命期间俄国自由派的要求，即俄国和平地获得波兰叫作野蛮的帝国主义[112]，从历史的观点来看，应当公正地指出，1916年的韦伯希望同盟国做到的，恰恰

---

108 《政治著作选》，第123、180页。当然，韦伯也看到了其中的困难，同上书，第174页及以下，另见《社会学与社会政策文集》，第491页。
109 《政治著作选》，第180页。
110 同上书，第128页。
111 同上注。
112 同上书，第200页。

是同样的事情。[113]

第四节　民族、权力与文化：韦伯政治价值系统的复杂性

马克斯·韦伯最激昂的学术论辩，都与学术的客观性问题有关。从发表弗莱堡就职演说那时起，他就不断抨击以学术为实用性价值判断进行辩护的做法。终其一生他都极力反对一种观念，即学术要么有权利，要么有资格产生价值判断。学术只能根据经验描述以判断价值观的效用，它有助于通过揭示因果关系去决定如何在不同价值观之间做出选择。但是，学术绝不能用它自己的方法谈论价值观的效用。韦伯与他本人发起成立的德国社会学学会的合作，就是以接受一个章程条款为条件的，该条款明确排除了讨论任何价值判断的可能性。1913年，他在社会政策协会管理委员会上就价值判断问题挑起了一场激烈讨论，结果自然是他属于少数，尽管他的观点获得了普遍的关注和赞赏。他力求对社会现实进行价值无涉的描述，是促使他阐发理想类型（Idealtypus）的动机之一，这是他的社会学巨著《经济与社会》的基本理论概念，当然，他留给我们的这部巨著，只是由完全不相同的主题构成的辉煌的未竟稿。

韦伯深信可以从经验角度阐发理想类型，认为它们奠定的方法论基础有助于对许多世纪以来人类的社会关系进行全面的决疑分析，这将使一切价值判断都成为多余，仅仅作为经验分析的主题才令人关注。今天看来，这个非凡的努力可能并没有完全如愿以偿。韦伯的多数社会学研究从来就没有摆脱价值判断，它们自始至终都浸透了锚定

113　见下文第 222 页及以下。

于马克斯·韦伯的自由主义信念中的普遍历史观，特别是浸透了他对西方的自由、西方的个人主义社会受到官僚化的致命威胁所抱的忧思。韦伯的社会学方法论那种完全是个人主义的出发点，是以德罗伊森（Droysen）的片面方式为基础的，就是在社会现实的分析中只承认个人行动是社会现实的原子。这只能根据欧洲人道主义传统对个人的高度评价这个背景去理解。集体主义的出发点在形式上也同样不难想象。但即便是理想类型的构建，也只有在涉及某些基本的价值信念时才是有意义的。[114] 建构理想类型就意味着在一定程度上突出某些具有重大文化意义的方面，以使突出展示某些相应的现象成为可能。诸如卡里斯玛、支配、斗争、竞争、禁欲主义、职业人等概念，就它们的特殊关联性而言，在韦伯看来就不是单纯对现实进行经验分析的结果，而且还源于他那种高度个人化的世界观的核心原则。[115]

尽管如此，韦伯在价值判断问题上体现的那种非凡的思想自制力仍然令人敬佩。实际上，他只是依据很少的一般性价值预设，就成功发展出了一个完整的社会学体系，而且他能以一种几乎价值无涉，至少也是把价值观尽可能推到幕后的方式构建这个体系。不过，他在社会学研究中的这个长处，也是一个明显的短处。韦伯的理想类型要像康德的模型那样覆盖现实，他构建这个框架则非常自觉地尽可能过滤掉那些基本的价值问题。正如我们已经看到的那样，之所以如此，是因为他确

---

114 参阅洛维特：《马克斯·韦伯与卡尔·马克思》（Löwith, "Max Weber und Karl Marx," *Archiv für Sozialwissenschaft und Sozialpolitik* 67, 1929）。此文现已收入洛维特的《历史存在批判论丛》（Gesammelte Abhandlungen: Zur Kritik der geschichtlichen Existenz, Stuttgart/Cologne/Berlin/Mainz, 1969），第3页及以下。

115 理论上比较广泛的系统分析，请见我在《马克斯·韦伯的普遍历史与政治思考》（"Universalgeschichtliches und politisches Denken bei Max Weber," *Historische Zeitschrift* 201, 1965）一文中的讨论。

信学术方法不可能评估价值观的效用，它们更多地属于蔑视一切理性（ratio）的个人价值领域。现象学家［马克斯·舍勒（Max Scheler）与尼古拉·哈特曼（Nicolai Hartmann）］试图使用哲学工具以求洞察超然于经验存在层面之上的价值领域。韦伯则固守实证主义传统，断然拒绝了这种尝试。讨论是否应当为价值观辩护，这既不是社会学的任务，也不是任何科学的任务，这种任务根本就是不可能完成的。不过，这个情况也要付出代价，因为价值本质上兼具建设性与破坏力，如此一来反而获得了更多的空间，在非理性领域发挥自身的力量："所有昔日的诸神都被除去了魔力，如今换上了非个人权力的形式从它们的坟墓中升起。它们竭力要获取支配我们生活的权力，再次准备好了它们之间的永恒斗争。"[116] 马克斯·韦伯社会学的最终信息就是——放弃。他无法为那些巨大的伦理问题提供答案。韦伯描述并断言的世界的除魅和全面的理性化进程，出人意料地导致了一种新的反理性主义。

这样，我们就来到了韦伯社会学，特别是他的政治社会学的极限。由于他的社会学体现出把知识诚实的原则作为他的科学价值系统的唯一固定点（fixpunkt）[117]，并试图回避一切价值判断，这就多少削弱了它的极端重要性，它能做到的只是对政治与文化存在的基本问题给予功能性回答。[118] 根据他的社会学观点，很难把宪政民主政治中具有卡里斯玛品质的领袖与法西斯的卡里斯玛政治家区别开来。不讨论基本价值问题，政治理论就没有能力确定目标。然而，韦伯就像对待一般性价值问题那样，避免对他的政治体系特别进行批判分析，只要其有效性是成问题的。作为一个"价值概念"的"民族"，

---

116 《学术论文集》，第 605 页。
117 参阅《学术论文集》，第 601 页。
118 参阅前述贝格施特雷策《马克斯·韦伯的就职演说》一文，载《现代史季刊》，第 218 页。

始终被他置于科学评判的范围之外，他只是打算把民族概念作为一个经验概念进行价值无涉的社会学分析。他完全在有意识地不去追问民族观能否理所当然地被认定为政治行动的最高指导原则。[119] "政治家"马克斯·韦伯的限度也在于此。他的强烈政治信念促使他对威廉帝国的政治制度进行了深入细致的分析，并且不抱偏见地批判了传统的自由主义。但是，他未能跨出在民族范畴中思考问题这个门槛。在这里，我们碰到了他一时顾此失彼的根本原因：德意志帝国的"旧日辉煌"正在破产。[120]

然而，不可否认，韦伯的民族主义思想超越了他那个时代的民族主义。尽管他的民族主义本来能够慷慨激昂，但他毕竟有着非凡的"眼光"（Augenmaßes），这是他赞誉的政治家三种基本品质之一，就是这种品质，使韦伯与威廉时代多数知识分子趋之若鹜的浅薄的情绪化民族主义判然有别。韦伯足够客观地指出了法兰西民族对阿尔萨斯人的吸引力，但他没有随波逐流对阿尔萨斯采取民族主义态度。1918年失去阿尔萨斯时，他表示"很高兴体面地接受漫长审判中的这个最终判决"，因为在"令人心悦诚服地使它成为地道的德国土地"这个问题上，"旧制度在过去50年间并没有"获得成功。[121] 不过，也有私人证据说，他曾痛心疾首地评论过德国的撤退，并对失去阿尔萨斯沮丧

---

119 参阅韦伯对F. 施密德（F. Schmid）在1912年第二次德国社会学家代表大会上关于"民族权利"的演讲所做的评论："如果我们像第一位发言者在某种程度上所做的那样，把民族价值或者民族国家的价值硬扯进讨论中，那么请考虑一下，我们会被带往何处。我们将会制造出各民族切齿相向的普遍混乱，比如波兰人对德国人以及德国人对波兰人。这绝不会促进客观性理解。现在我们已经有了禁止这种做法的章程条款，只要该条款还存在，我们就将坚持认为有权利要求它得到遵守。"见《社会学与社会政策文集》，第488页。

120 引自韦伯对1920年阿尔科案件（Fall Arco）的评论。

121 《政治著作选》，第456页。

不已。[122] 实际上，他是可以直接观察研究德国对阿尔萨斯政策的错误的。[123] 即使在战时，他也极力反对"民族自大"的政策，并抵制德意志民族国家越过现有边界对外扩张。[124]

"民族主义者"马克斯·韦伯——我们就像他的弗莱堡就职演说及后来他自况时那样比较广义地使用"民族主义者"一词——知道在塑造民族国家的理想本身时如何注意它的限度。他避免了民族主义思想的肥大症，而这种肥大症势必会导致自相矛盾。俾斯麦曾谈到过"权力的精神气质就在于确定它本身的限度"[125]。我们在韦伯的著作中可以发现类似的要旨：一个对自身限度保持自觉的民族国家概念。不过，这种民族观的限度实际上是双重的和辩证的。它并不像审视德国的大国政治前提那样太看重其他民族及其生存权利。德国务必不能因为在东部地区或其他地方摆弄琐碎的殖民政策而贻误它的真正任务。这样来看，马克斯·韦伯的民族思想只是改变了重点，最终还是全神贯注于民族的全球政治未来，尽管这需要在更大的框架中持续规范政治行动。

韦伯并不追问这种民族观的原则界限，就此而论，他是他那个时代的囚徒。他的整个政治价值系统都是建立在这个基础上的。这是为行使权力辩护并以此作为根本规范的民族观。如果说，就其政治价值领域独立于其他价值领域的理论而言，韦伯很接近马基雅维利的观点并以宿命论的方式认定政治行动与道德律令的冲突不可避免，那我们

---

122 1918 年 12 月 4 日致米娜·托布勒（Mina Tobler）的信，鲍姆加滕档案，Ⅱ，第 79 页："由于法国人不体面的行为，那时以来就出现了阿尔萨斯的'复旧'。"几天前（Ⅱ，第 78 页）："每天首先传来的都是坏消息——我们满怀耻辱从阿尔萨斯撤退的场面。（我们有多少情感、有何等的记忆都与我个人密不可分啊！）"

123 他在斯特拉斯堡服役期间。在这方面，赫尔曼·鲍姆加滕的影响也很重要。见上文第 5 页及以下。

124 这些与战争目标有关的问题，下文将有更多讨论，见第 209 页及以下。

125 汉斯·罗特费尔斯：《俾斯麦与东部地区》，第 22 页。

第三章　韦伯的政治理想：强大的民族国家

就只能赞佩他从权力观念推断出最终伦理后果的这种思想坦诚。我们可以和他一样确信，就像一切建设性行动归根结底也是破坏性行动一样，政治行动会使人成为道德上的罪人。但是，我们能够心安理得地追随韦伯，在经受了一个享有类似权力、撇开一切伦理束缚、靠大屠杀染红旗帜的政权的狂暴之后，却无视一切可能的后果吗？我们应当自觉接受那些最高政治价值观的约束——韦伯认为这是为拥有权力而应尽的义务——即便与道德价值观发生冲突也在所不惜吗？对我们来说，"民族"可能不复存在这样一种价值了，尽管我们知道韦伯看待民族时不光着眼于德意志国家的权力和地位，而且还要求必须保护德国人民，保护它的文化唯一性，保护它与众不同的政治与社会组织。即便我们确信民族原则是欧洲文化异质性的基础，我们也会承认，存在于各独立国家的文化和自由意志，不可能接受这样一种民族观——它滋养了越来越狂热的权力欲，因而越来越不愿正视行使权力就免不了使用"魔鬼"血统的手段这一事实。

在《世界历史沉思录》中，雅各布·布克哈特以先知般的远见，明确指出了民族原则导致旧欧洲面临正在迫近的民族大骚乱："民族（无论在幻想中还是现实中）首先追求的就是权力。小国的生存状态被视为一种耻辱，对于强人来说，小国实在无用武之地。人们巴望着属于更大的什么事物。凡此种种都清楚地表明，权力才是最高目标，文化只是屈居其次。特别是，他们力求把自己的普遍意志强加给别人，不管其他民族愿不愿意。"[126] 这些说法也适用于马克斯·韦伯。

马克斯·韦伯憎恶小国的生活，他把参与大国政治视为德意志民族的伟大任务和历史责任，否则，"德意志帝国将被证明原来只是一个

126　布克哈特：《世界历史沉思录》，第97页。

昂贵虚夸的奢侈品,一个对文化有害的奢侈品"[127]。他在1916年写道,德国必须成为一个"权力国家",为的是"对世界的未来拥有发言权"。[128]韦伯认为,一个伟大民族必定会"首先追求权力",这是历史的必然。"这个现世的法则……在可以预见的未来就包括了为权力而战的可能性和必然性,而要保存民族文化,就必然离不开权力政治。"[129]

韦伯始终认为,小民族的生存只有在大国霸权的保护下才是可能的。和那些需要组织成大国的大民族相比,小民族在文化上更富有创造性。[130]因此,它们在保存文化遗产方面就特别可靠。在韦伯看来,雅各布·布克哈特所说权力乃"必要的恶"这种性质,正确地反映了一种小国心态的视角,因而理应在某种限度内给予尊重。[131]但韦伯以他的历史眼光,决意效力于不感情用事的伟大权力政治,捍卫他自己的民族文化。

韦伯认识到了文化与权力的这种悲剧性关系,而且,因为他毫不犹豫地把权力置于必需的优先地位,非如此就可能两者皆失,我们就只能保留我们的批判态度,并理解使他采取这种立场的深刻责任感。因此,布克哈特著名的尖刻判断"文化充其量就是个次要目标",就并不完全适用于韦伯。归根结底,韦伯的民族权力理论是基于一种真正的文化理想。诚然,这其中也不无谬见,但韦伯相信,在可以预见的未来,一切文化都注定了与民族原则联系在一起,而自主性的民族国家是不可能废除的。

我们不应忽略韦伯的民族理论有意排斥了对民族权力政治的混

---

127 《政治著作选》,第143、175页。
128 同上书,第176页。
129 同上书,第145页。
130 同上书,第142页及以下,175页及以下。
131 同上书,第142页。

乱辩护,后者是威廉时代的常见特征,就是把权力当作目标本身。在1911年弗莱堡大学与《法兰克福报》[132]的冲突中,韦伯明确表示了对这种德国兄弟会学生特有的"绝对空洞无物的纯动物学民族主义"的冷淡态度。这种民族主义"必然会导致对一切重大文化任务的麻木不仁"。这些民族主义者试图以"最可鄙的"国家主义表现去填补"文化理想的绝对匮乏和精神境界的可耻逼仄"。韦伯深为"我们许多学生民族情感的空虚和我们民族文化的强烈需求之间的裂缝"而痛惜。[133] 他认为,"一战"之前德国人的民族思考之贫弱,根源就在于背离了一切真正的文化理想,尽管它的爱国主义喧嚣一如天花乱坠。

马克斯·韦伯从未劳神澄清把他的民族理论和他的文化理想联系起来的一般线索。尽管如此,也还是有可能大体揭示这些线索,并指出他的民族理论和他的社会理想之间的联系。例如就源自新教传统的职业人而言,他在现代资本主义中创造了一个符合自身理想价值观的世界,同时也产生了一个敌对的世界,这种职业人的理想类型就需要一个动态经济系统和一个开放的社会结构的保护。另一个选择则是普遍的官僚政治,"未来的农奴制铁笼",它的专横任务就是把每个人都置于无可逃避的压迫性权力统治之下。一个如此建构的世界,将使他的作为一种精神形式的特殊职业意识成为多余之物。在韦伯看来,要避免这种静态社会的发展,只有借助一种果决的帝国主义权力政策

---

132 在弗莱堡大学的一次学生庆典集会上,冯·戴姆林(von Deimling)将军发表了一些极为直截了当的国家主义和军国主义言论,例如"尽管我们曾经把龙骑兵的马靴'踏'在了世界剧场的舞台上,我们如今却穿着毛毡马裤匍匐在地"。1911年10月31日的《法兰克福报》对此发表了一篇批评文章,教授们则联名回击(见1911年11月10日《法兰克福报》)。韦伯应《法兰克福报》之请立即声援了该报。

133 1911年11月15日致弗莱堡同事的信,部分内容成形于《马克斯·韦伯传》,见第414页及以下。原件的抄件见韦伯遗稿。"F教授"是弗莱堡的法布里丘斯(Fabricius)教授。"同事M先生"是弗里德里希·迈内克(Friedrich Meinecke)。

才是可能的。这里我们看到了马克斯·韦伯的民族思想和他的文化理想的一个独特触点。诚然,他的文化理想涉及一些超验性的问题,只有在这个背景中才可能如愿以偿。但是,左右这个世界的毕竟是强大民族国家的权力斗争,而这样的国家才是自主性文化的载体。因此,民族国家权力的政策优先于文化发展,便具有了决定性意义。

在写于1911到1913年间的《经济与社会》一章未竟稿中,马克斯·韦伯希望——正如手稿的几个注释指出的那样——进一步研究这个问题。"每一次获胜的战争都会增进文化声望。……战争是否会促进文化的发展则是另一个问题,一个不可能以'价值无涉'的方式做出解答的问题。这当然不是显而易见的。(看看1871年以后的德国吧!)即使按照经验标准也不能这样做,因为具有明确德国特色的纯艺术和文学并没有在德国的政治中心得到发展。"[134] 在这些寥寥数语中,民族文化与民族权力理论的根本冲突再次浮出水面。尼采有个直言不讳的著名说法,"日耳曼精神的毁灭成全了德意志帝国"[135],韦伯同样也在探究大国政治的辩证性质,它可以提高一个民族的"文化声望",但也可能给文化发展以致命打击。有没有什么潜在的原因促使韦伯控制这样的思考?他所体认的民族文化与宏大气派的权力政治之间赫然在目的鸿沟,会不会瓦解他的基本信念?我们无话可说。韦伯同样不免抱有威廉时代特有的民族观而悲剧性地高估了权力原则及其理想成就,而导致旧欧洲最终陷入大灾变的,就是这种过高的估价。

---

[134] 《经济与社会》,第530页,注释1。
[135] 不合时宜的考察第一篇,《达维德·施特劳斯》。参阅特奥多尔·席德尔:《俾斯麦领导的帝国》(Theodor Schieder, "Das Reich unter der Führung Bismarcks," *Deutsche Geschichte im Überblick*, Stuttgart, 1953)。

第四章　德国政治的未来任务：民族帝国主义

第一节　以世界政策作为捍卫德国国际地位的手段

马克斯·韦伯对易北河以东农业结构的研究使他认识到，在可以预见的未来，德国的粮食供应将要依赖海外的国际市场，如果为了民族利益，通过官方拓殖政策由自给自足的小农庄取代市场取向的大地产之后，情况会尤其如此。因为农业自给政策既无可能也不需要，韦伯坚持认为，德国的经济命运就系于海外，主要是推动出口和在世界市场上与其他工业大国竞争。[1] 假如德国不想沦为二流民族，它就必须积极参与资本主义的全球发展。没有大规模对外贸易，德国就无法与其他工业大国的经济发展并驾齐驱，因而不可能维持现有的国际地位。

1　参阅上文第 30 页及以下。

他把大气魄协调一致的出口政策与能动的"世界权力政治"视为一个硬币的两面,并且深信,如果没有来自民族国家的强大政治背书,对外贸易终将无功而返。因此,强大军备支持下的强有力对外政策,就是眼下最迫切的需要,如此才能扩大德国在世界各地的经济市场和投资前景。

马克斯·韦伯的民族权力观,由于关系到民族的对外政治利益和国际经济问题,因而发展为一种最强烈的民族帝国主义。[2] 1893年时他还感到,因为创建德意志民族国家这个民族政治的伟大任务已经完成,德国人正在经受"丧失创造力的沉重诅咒",但是现在,他认为德国未来政治的主要任务,就是在世界权力政治中协同努力。在这个经济竞争和帝国主义扩张日趋激烈的世界,保存并扩张一个强大的民族国家,作为建立德意志帝国的结果,在他看来乃是历史的必然。事实上,这反映了帝国创建时代伟大民族的自由主义政治在变化了的经济与国际环境下的继续。他在弗莱堡就职演说中就已经坦诚表达了这一点:"我们必须明白:德国的统一是我们这个民族在青年时代就该完成却一直拖到晚年才完成的业绩;如果把它当作德国参与世界范围的权力政治的结局而不是起点,那么当年耗费巨大代价争取这种统一也就完全不值得了。"[3] 在1895年的条件下,韦伯就认为德国卷入世界政治是一项严肃的义务,这需要它的统治者承担"在历史面前的责任。……我们不可能成功驱散历史加给我们的诅咒(即我们生得太晚已经赶不上一个伟大却消逝了的政治时代)。我们唯一还能做的或许只是:为一个更伟

---

[2] 参阅路德维希·德西奥:《关于德国历史使命的思考》,载《历史杂志》(Ludwig Dehio, "Gedanken über die deutsche Sendung, 1900—1918," *Historische Zeitschrift* 174, 1952),第174、479页。

[3] 《政治著作选》,第23页。

第四章　德国政治的未来任务：民族帝国主义

大的时代充当前驱"[4]。

韦伯呼吁德国参与"世界权力政治",要求把俾斯麦创建帝国唤起的强大民族情感引向他在弗莱堡就职演说中提出的伟大德国的"世界政治"新任务,这激起了巨大的反响。[5]最直接、最重大的是对弗里德里希·瑙曼的冲击。瑙曼在《援助》上发表了对弗莱堡就职演说的全面说明,他最后这样问道:"难道不对吗?如果哥萨克人来了,什么才是最好的社会政策?要推行一项政策,必须首先保障人民、祖国与边疆的安全。……我们……需要一种有统治能力的社会主义。统治的能力就意味着贯彻一种比以往更全面的政策。一种有统治能力的社会主义,必须是德意志民族的社会主义。"[6] 马克斯·韦伯使弗里德里希·瑙曼接受了以民族权力为本的国家观。瑙曼从一个抱有社会主义倾向的基督教社会运动政治家转变为追求民族权力和帝国主义的政治家,韦伯的影响是决定性的。[7] 韦伯——特别是经由弗莱堡就职演说——对瑙

4　《政治著作选》,第24页。

5　诚然,在此之前他也表达过这样的观念,即俾斯麦的政策是德国帝国主义扩张政策的逻辑延续[例见汉斯-乌尔里希·韦勒:《俾斯麦与帝国主义》(Hans-Ulrich Wehler, *Bismarck und der Imperialismus*, Köln, 1969),第339页。]但先前是顺便一说,没有这样的力量。另见 H. 格雷尔在《泛日耳曼同盟:历史、抱负与成就》(H. Grell, *Der Alldeutsche Verband, seine Geschichte, seine Bestrebungen und Erfolge*, München, 1898)第7页谈到1896年韦伯应邀加入联盟时的发言:"我们必须强化我们的民族情感,要告诉我们的人民,德国的发展并没有在1870/1871年宣告结束。我们务必不能忘记,我们还有数百万同族人生活在黑白红边界桩之外。德国人民像其他文明民族一样有权利、有义务作为主宰者民族参与并主导整个世界的命运。帝国的建立只是我们走向世界权力地位之路上迈出的第一步。"

6　《援助》(*Die Hilfe*), 1 (1895/1896), 1895年7月14日。

7　参阅温克:《民族社会党史》,第33页及以下。霍伊斯的《弗里德里希·瑙曼》也提供了一点信息,见该书第102页及以下。另见康策:《弗里德里希·瑙曼》(*Schicksalswege deutscher Vergangenheit, Festschrift Kaehler*, S.357 f),里夏德·尼恩贝格:《弗里德里希·瑙曼的帝国主义、社会主义和基督教精神》,载《历史杂志》(Richard Nürnberger, "Imperialismus, Sozialismus, und Christentum bei Friedrich Faumann," *Historische Zeitschrift* 170),第528页及以下。鲁道夫·佐姆的影响也不可小视,他同样是个帝国主义观念的支持者,例如1895年他在波森演讲时说:"我希（转下页）

曼的重大影响，在瑙曼的作品中一再表现了出来。韦伯的描述中强调要把帝国的建立视为一个发展的起点而不是终点的说法，对瑙曼产生了很大的吸引力。他在1896年的民族社会党代表大会上就宣称，1870年"不是德国历史的终结"。现在需要考虑的是如何"划分世界版图"。[8] 他在那部广为人知的著作《民主与帝国》（Demokratie und Kaisertum）中再次简明地表达了韦伯的思想："我们为成功实现了帝国的统一和强大而心满意足，但我们认为，这是一种装模作样好像波澜不惊的过分简单化的夸张情感。因为我们想要成为一个民族，现在就必须心甘情愿地接受和承担因实现了愿望而产生的后果。"[9] 他从韦伯的观点出发试图继续证明，民主政治基础上的帝国主义产业与海军政策，乃是德意志帝国立足之后自然而然的行动过程。然而，由于他把皇帝——"制定世界政策的主权所在"[10]——而不是把民族国家置于头等地位，这就与韦伯的主张大相径庭了，而韦伯早就认识到"个人统治"会危及卓有成效的德国对外政策。[11] 从那时起，弗里德里希·瑙曼便越来越支持出于民族利益的考虑制定德国的"世界政策"。19世纪90年代开始，《援助》就成了自由派的帝国主义先锋喉舌，首屈一指的宣传家则是力求激发德国资产阶级国际情怀的保罗·罗尔巴赫（Paul Rohrbach）。

对于德国帝国主义思想的发展同样举足轻重的是，汉斯·德尔布吕克（Hans Delbrück）也从韦伯的弗莱堡就职演说中获得了动

（接上页）望看到一个尤其在德国对外政策方面十分强大的中央权力，如此才有可能对全球分工问题发出强大声音。"见《援助》1895年11月17日。参阅康策《瑙曼》，第357页。

8 《1893年社会政策协会会议纪要》，第39页。

9 《民主与帝国》，第四版，第177页。类似的说法也见于《政党》（Die politischen Parteien, Berlin, 1910），第107页。

10 《民主与帝国》，第187页。

11 见下文第151页及以下。

力。[12]1895年之前,《普鲁士年鉴》几乎不碰世界政策的话题,德尔布吕克尤其如此。现在情况变了。德尔布吕克清晰表达了他的新观点:"没有任何一个大国像德国这样高贵地把致力于维护和平作为自己的目标。但是,一个伟大民族的政治不可能止步于此。"他像韦伯那样问道:"德国的世界大国政策,它在哪里?"[13] "事实上,我们还没有进入实实在在竞争世界权力的剧场,而只有这样的权力,才能满足一个伟大民族并有可能确保子孙后代的伟大和平!"[14]此后,在德尔布吕克的领导下,《普鲁士年鉴》就成了德国帝国主义思想的主要喉舌。当然,在一些具体问题上,政治倾向比较保守的德尔布吕克,还是采取了一种与韦伯赞同的激进民主帝国主义不同的路线。

弗莱堡就职演说刺激了威廉德国自由派帝国主义的兴起。正如那时人所说,自由派帝国主义者头一次为德国"社会所接受"[15]。由于他们的推波助澜,出现了一场广泛的帝国主义运动。相比之下,泛日耳曼同盟只是得到了有限的支持。马克斯·韦伯本人是这个群体的左翼,他的帝国主义观念要比德尔布吕克、罗尔巴赫以及瑙曼远更鲜明和激进。他毫不踌躇地把他对国内政治的思考推到了逻辑顶点。他的帝国主义论点几乎是以早先只有在弗里德里希·拉策尔(Friedrich Ratzel)、斐迪南·冯·里希特霍芬(Ferdinand von Richthofe)那样的地缘政治学家著作中才能看到的野蛮方式表达出来的。韦伯这种直言不讳的权力

---

12 参阅 H. A. 施特格的论文《汉斯·德尔布吕克心目中的德国世界政策》(H. A. Steger, "Deutsche Weltpoiitik bei Hans Delbrück," diss., Marburg, 1955),第 36 页。

13 《普鲁士年鉴》,81(1895),第 338 页及以下,其中说道:"韦伯教授在他先前的演说中有力地说明了,德国的统一如果是德国全球大国政治的终结而不是起点,那它就只是一场年轻人的狂欢。"

14 同上书,第 390 页。

15 见迪尔克·翁肯论文《德国政治中的生存空间问题》(Dirk Oncken, "Das Problem des Lebensraumes in der deutschen Politik," diss., Freiburg, 1948),打字稿,第 98 页。

观,给他的德国帝国主义要求涂上了一层异常激进的色调。

在马克斯·韦伯看来,通过市场征服和资本输出进行的纯经济扩张和政治帝国主义之间不存在根本区别,这意味着把世界上仍然"无主"的那些地区置于民族国家的政治控制之下,从而给民族国家提供开发工商业利益的优势机会。我们已经知道,他认为"各民族经济共同体"的斗争仅仅在手段上不同于政治斗争。这种经济战的真实目标就是损害其他民族以增强本民族的经济潜力。就这个意义而言,韦伯把大力推动出口的政策视为民族的头等要务。在1897年的福音派社会运动代表大会上,政治经济学家卡尔·奥尔登贝格(Karl Oldenberg)抨击了卡普里维(Caprivi)政府追求单方面出口政策的贸易条约,因为它们将加大德国对海外市场的依赖度,从而面临长期的经济风险,尤其是将导致本土工业的发展沦为我们今天所说的欠发达国家水平。他建议退回到农业上自给自足的经济政策。马克斯·韦伯激烈驳斥了奥尔登贝格,并指责他毫无"对未来的建设性理想"。我们知道这指的是什么:德国在世界上的大国地位。[16] 卷入"错综复杂的国际生产分工"的扩张主义出口政策,意味着一种"强大的冒险",即"必须承担国民经济的重任"。韦伯一如既往地认为,"我们不能实行一种贪图民族安逸的政策,我们追求的政策必须是为了民族的伟大,因此(不管愿不愿意)我们的肩上必须承担这种风险,假如我们还想让民族的生存状态不同于瑞士的话。"[17]

奥尔登贝格拒绝那种按照"傲慢夸张的"英国模式追求德国的伟

---

16 《1897年第八次福音派社会代表大会文集》(*Verhandlungen des 8. evangelisch-sozialen Kongresses, 1897*),第105页。参阅上文第75页。《经济与社会》第521页对大国政策的定义是:"把某个广大地区内的政治与经济进程中的利益划归或抢占为己有,这个广大地区在今天通常就是我们这个星球的所有地方。"

17 《1897年第八次福音派社会代表大会文集》,第107页。

大、追求世界权力的观念,因为那将沿着公然的权力政治路线"冷酷无情地破坏所有五个大陆的异国公义"。他认为,如果追求伟大会"让你蒙羞",那伟大就根本不值得追求。[18] 韦伯抓住奥尔登贝格用"蒙羞"一词与民族的伟大相提并论,以他特有的暴脾气发出了激烈抗议。"赢得生存斗争的不是所谓出口政策,而是人口的增长。未来人与人的战争将会更加艰苦,更加繁重。我们正在把传播斗争的福音当作一项民族责任,当作一项经济上无可逃避的任务,不论对整体还是个体来说都是如此,我们并不'羞于'这种斗争,这是通向伟大的唯一途径。"[19]

从 19 世纪开始,科技发展的高速进步也带来了人口爆炸的经济压力,对这个问题的关切是马克斯·韦伯深信未来国际权力斗争将日趋激烈的主要原因。他在就职演说中谈到,人口问题这个阴郁的凶兆足以使他无法想象"未来的子宫里会孕育出和平与幸福"[20]。不过可以肯定,他并没有像这种思考常见的结果那样随波逐流要求在欧洲或海外为德国获取更多的殖民空间。对于韦伯来说,经济扩张并借助强有力的出口导向经济政策扩大民族的经济生存空间,是一个民族对它的人口增长理当做出的反应。

与讨论德国在世界上的经济地位密切相关,韦伯还论述过证券交易的立法问题,这在 19 世纪之初的证券丑闻之后就是一个重大问题了。1892 年,首相任命了一个证券交易调查委员会,研究一项新的证券交易法案。互不相让的利益集团——一方是紧靠着证券交易的银行业,一方是土地所有者——之间爆发的激烈争论干扰了委员会的工作。争吵源于农民党立场的保守派与不断壮大的资产阶级金融势力之间的政

---

18 《1897 年第八次福音派社会代表大会文集》,第 55 页。
19 同上书,第 113 页。
20 《政治著作选》,第 12 页。

治和经济对立。保守派激烈反对先前的德国证券交易实践,核心关切就是谷物期货贸易,他们那种对纯粹投机性现象的道德否定,是因为他们不信任主要由世界市场影响下的证券交易来决定谷物价格。

马克斯·韦伯留心看到,保守派使交易组织陷入了困境,并很快对他以往并不熟悉的这个领域进行了艰苦的研究。他为弗里德里希·瑙曼的工人文库撰写的关于证券交易所的论文,就是这项研究的成果。韦伯试图打消对证券交易的无理性反资本主义猜疑,并说明证券交易对经济机能,特别是在各民族的经济关联中对民族经济权力和地位的高度重要性。着眼于民族的"政治与经济权力利益",他坚决否定了对投机活动,特别是对谷物期货贸易施加严格的法律限制。[21] 如果对投机性期货贸易施加法律限制,那相对于外国的证券交易所,柏林证券交易所将遭到严重削弱。"贯彻纯理论上和道德上的要求"应当"小心克制,因为,只要各国还在为民族生存和经济地位进行着无情而不可避免的经济斗争,即使它们在军事上处于和平状态,在经济领域也不可能单方面解除武装"。[22] 因此,韦伯支持对证券交易商的法律地位做出某种修订,使它们有权按照资本充足的英国"经销商"的方式自营贸易。[23]

1895年,证券交易调查委员会的提案公布,马克斯·韦伯在《普通商法杂志》和《政治学词典》上发出了尖锐抨击[24],在他看来,主要

---

21 《论交易所》("Die Börse"),载《社会学与社会政策文集》,第320页。
22 同上书,第321页:"一个强有力的证券交易所根本不可能成为一个'道德文化'俱乐部,而大银行的资本和来复枪与加农炮一样不是什么'慈善机构'。一项追求世俗目标的经济政策,唯一的作用就是充当一切经济斗争的权力手段。"
23 同上书,第280页及以下。
24 《德国证券交易调查结果》("Die Ergebnisse der deutschen Börsenenquête," *Zeitschrift für das gesamte Handelsrecht* 43、44、45,1895/96);《政治学辞典》第一版,1895年第一次增订卷,"证券交易"词条(*Handwörterbuch der Staatswissenschaften*, Art. "Börsenwesen")。

错误就在于委员会的道德姿态。"只要国家的权力利益和民族共同体的利益还在经受其他追求政治与经济霸权的共同体的挑战,指望经济或社会'正义',或者更一般地说,指望任何单一国家的'伦理'观,就不可能'从根本上'解决经济问题。"[25] "保护并扩张德国的国际市场地位以及与此相关的政治成果",必须成为"任何规则的最终的决定性参照标准,这一点无可争辩"。韦伯反对政府对外国银行票据进入这种贸易施加任何官方限制,因为限制它们的发行活动"将会导致其他民族占据国际优势地位,增强它们的证券交易所的实力",另外,政府对外国发行商的控制,最好是秘密操作而不宜采取正式的官方手段。他还特别反对限制期货贸易,尤其是农产品的期货贸易。委员会支持对经纪人角色划定精确的法律界限,与投机活动进行斗争,这同样与民族国家的利益相冲突。[26]

马克斯·韦伯与证券交易调查委员会的调查结果总体倾向的对立态度,也体现在他对农业利益集团的尖锐抨击中,这显然大大影响了委员会的工作。他指出:"批判农业证券交易的真正目的,是通过贬损德国证券交易的商业信誉,改变经济权力的平衡,使土地所有者,特别是大地产利益集团获益。"韦伯毫不犹豫地补充说:"如此一意孤行,势必损害德国的经济权力地位。"[27]

不过,1896年,德国国会还是以接近韦伯批评过的形式通过了《证券交易法》,于是韦伯发出了更强硬的抨击。他指斥这项法律严重"损害了德国的商业权力",他尤其反对禁止谷物的期货贸易,因为那是可

---

25 "证券交易"词条。

26 参阅"证券交易"词条,另见《德国证券交易调查结果》,43,第83页及以下,第212页及以下。

27 "证券交易"词条。

供"德国这样有大量资本需求的国家"使用的手段，它产生了"典型的人工市场结构，由此可以保护国家的市场独立性"。该法律的后果可能是"德国经济地位与权力的衰落，越来越依赖外国市场，以及德国证券交易所的重要性每况愈下"[28]。证券交易法"本质上说是农业立法方式最恶劣、最不合格的产物之一"[29]。实际上，该法几年内就不得不进行了修订。

无疑，马克斯·韦伯高估并过于夸大了证券交易立法对德国国际经济地位的不利影响。[30] 他不过是要求在涉及德国国际地位的一切事务上避免哪怕是最微小的疏忽。在他看来，对证券交易立法更多的应当是定性分析而非定量分析的问题，是决定德国世界政策时对德国各政党立场的一块试金石，这在一定程度上可以解释他的尖锐抨击何以那么异乎寻常。

韦伯在涉足波兰问题时就已经发现，农业利益集团与民族国家的利益是直接对立的。这种对立在证券交易问题上表现得尤为突出。他越来越坚信，维护真正的民族利益就必须结束保守派在普鲁士和德国的主导地位。很快，他就有了一个近距离攻击保守派利益集团代表的机会。1896年秋，他和威廉·莱克西斯（Wilhelm Lexis）一起应邀加入了证券交易委员会，帮助联邦参议院审议新法的影响并受托向联邦

---

28 《期货交易的技术功能》，载《德国法学杂志》（"Die technische Funktion des Terminhandels," *Deutsche Juristenzeitung* 1:249）。

29 "证券交易"词条，另见《期货交易的技术功能》，第250页："要根据经济权力的斗争去评判一个民族的证券交易问题，投机活动的'道德'问题不值一谈。重要的是如何适当确定价格的技术问题和由别国付出代价以巩固德国市场的政治问题。"

30 期货交易合同在德国有价证券中只占了很小的比例。参阅维尔纳·松巴特：《19世纪的国民经济学》（Werner Sombart, *Die deutsche Volkswirtschaft im 19. Jahrhundert*, Berlin, 1919），第四版，第198、210页。松巴特承认，汉堡通过期货交易合同而保持了相对于安特卫普和勒阿弗尔在国际咖啡贸易中的优势地位。

参议院报告讨论情况。[31] 不出预料，他被推选到谷物贸易委员会，而且很快就卷入了与农民党代表们的激烈争论。[32] 但是，1897年7月召集的证券交易委员会会议就不再任命韦伯与莱克西斯了。韦伯抱怨说，农民党的攻击明显巩固了他们的代表在证券交易委员会的地位，同时导致了学院派专家遭到排斥。[33]

因此，韦伯被拒绝对证券交易立法施加能动的影响。对于因保守派反对而流产的1904—1906年证券交易法案，他也没有发表什么公开言论，此时他刚从病中恢复过来，正在埋头于学术工作。韦伯欢迎1908年的《证券交易法》，认为它符合民族利益，因为有参与了比洛集团政治的自由派做铺垫，这使它大大摆脱了1896年时强加给它的种种束缚，似乎可以为德国在国际金融市场上的证券交易提供更好的机会。[34] 由于证券交易问题对于德国的经济增长举足轻重，在韦伯看来就成了头等重要的政治问题。

即使在讨论经济政策问题时，马克斯·韦伯也会直言不讳地强调德国的国际权力地位，这只能从他对未来国际经济关系抱有深刻的悲观主义情绪这个角度去看，才是可以理解的。马克斯·韦伯不相信工业大国在世界市场上的经济竞争会始终保持和平状态。由于资本主义在全球的加速扩张，以及最后仍然"无主"的地区正在急剧消失，他担心国际贸易会逐渐衰落，要么就是将贸易限制在特定的经济利益带

31　《马克斯·韦伯传》，第210页。
32　1896年11月20日致妻子的信中，韦伯幽默地谈到了这次证券交易委员会的会议，此信部分内容可见《马克斯·韦伯传》，第210页。
33　"证券交易"词条。
34　见1908年4月26日从佛罗伦萨（！）致瑙曼的信，《政治著作选》，1，第453页及以下："他们只是……勉强认识到，自由（结社法）和民族（为我们在世界上的权力地位着想的证券交易法——今天的法国是唯一的投资者，看看土耳其现在的局面吧）的进步是可能的。"

之内。这些经济利益带可能会高筑贸易壁垒以排斥所有第三方贸易,从而只允许占据支配地位的民族的商业利益集团自由进入,结果很可能是自由的国际竞争逐渐为寻求海外经济出路的大国之间的斗争所取代。早在弗莱堡就职演说中,韦伯就谈到了未来的"艰苦斗争",只要时间还来得及,德意志民族就必须进行自我调整。1897年12月他在论及《第一海军法案》时指出[35],"只有彻底的政治错乱和天真的乐观主义才会拒不承认,所有被资产阶级支配的文明民族那种不可避免的贸易扩张努力,经历一个表面的和平竞争过渡期之后,无疑将会到达一个节点,在那里,决定每个民族的全球经济份额,因而也就是决定它的经济活动范围,特别是决定其劳动者谋生潜力的,只有权力。"韦伯强调了该法案"出人意料的谦逊要求"以及"明智的客观性主张"。[36]1897年12月13日,韦伯在曼海姆的一次演讲中更加直截了当地谈到了现代资本主义的历史地位。"我们正在以令人惊恐的速度抵近一个节点,那里将是半开化亚洲各民族的市场边界。然后,只有权力,赤裸裸的权力,才将在国际市场上说一不二。只有小资产阶级才会怀疑这一点。德国工人阶级现在还能选择在国内或者到国外寻找工作。但这种时光很快就将一去不返,无论他们愿不愿意。那时,工人们将会仅限于在他们祖国的资本与权力所能到达的地方求生存。这个过程何时完成尚未可知,但毫无疑问将会发生;同样毫无疑问的是,更艰苦的斗争将会取代表面上的和平进程。在这场浩大的斗争中,唯有最强者才是胜利者。"[37]

在韦伯看来,德国的帝国主义扩张之成败,直接关系到德国工人

---

35 《政治著作选》,第23页。

36 见《慕尼黑汇报》(*Münchener Allgemeine Zeitung*),1898年第46期,尤见1898年1月13日第3期特刊,重印于《政治著作选》,第30—32页;参阅克尔:《海战与政党政治》,第404页,那里详细引证了韦伯的立场。

37 《巴登州报》,1897年12月16日第294期,第2版,第1页(卡尔斯鲁厄州立图书馆)。

阶级的社会地位。1896年，汉斯·德尔布吕克在第七次福音派社会代表大会上就失业问题发表演说，提议引进失业保险和官办职业介绍所。应当指出，这是现代观念。但马克斯·韦伯表示了异议。失业问题的背后是"极为严重的人口问题"，所以，失业就远远不是与调节劳动力市场供需有关的纯技术问题。只有国民经济版图的帝国主义扩张，才有可能真正解决失业问题。"我们需要到海外找出路，通过扩大出口市场创造更多工作机会。这就意味着德国要对外扩张经济势力范围，归根结底要完全依靠对外扩张政治权力。"[38]

对于帝国主义的权力政治，韦伯始终真实地坚持了这种非常直截了当的观点，甚至每次谈到都会直截了当地认为，所有民族都将陷入吞并狂热以尽可能把仍然自外于世界的地方纳入自己的势力范围。[39] 他并没有回避这一事实，即他对19世纪90年代的预言过于悲观了，而且，尽管极为紧张的民族冲突已经成为常态，但只要暂时不诉诸战争，关税壁垒就不至于阻碍国际贸易的复苏。不过虽然如此，他还是相信，这种局面不可能持久。他确信，合作式或者国家支撑的生产与贸易垄断形式，特别像"一战"之前德国出现的那种情形，将会驱使资本主义越来越转入一条帝国主义的轨道。伴随国家的帝国主义扩张本性首先出现的就是垄断和政府卷入。他在作于1911年的《经济与社会》其中一节中写道："为本实体成员垄断外国领土上的营利机会，现在最安

---

38 《1896年福音派社会代表大会文集》(*Verhandlungen des evangelisch-sozialen Kongresses 1896*)，第122页及以下。

39 另见《学术论文集》第167页（1904）："世界上各民族在政治和贸易政策领域的斗争如今正在愈演愈烈……" 1907年1月30日他给弟弟阿尔弗雷德的信中说："关于舒尔策-加弗尔尼茨等于'帝国主义'，我当然同意你的看法。如果我也支持（他的）夸张观点，就只能对这些观点造成损害，这本书就是突出例子。"（韦伯遗稿）对于帝国主义政策的必要性，阿尔弗雷德·韦伯的态度要比马克斯温和得多；参阅格哈特·冯·舒尔策-加弗尔尼茨：《不列颠帝国主义和英国的自由贸易》(Gerhart von Schulze-Gävernitz, *Britischer Imperialismus und englischer Freihandel*, Leipzig, 1906)。

全的保障就是以保护国形式或某种类似的安排对外国领土实现政治占领或者令那里的政权臣服。这种'帝国主义'关切正在日益取代追求'自由贸易'的和平主义关切",而"'帝国主义'的资本主义历来就是资本主义利益集团对政治施加影响的寻常方式,它的普遍复活并出现要求进行扩张的政治压力也就并非偶然。就可以预计的未来而言,这种趋势恐怕会持续不断"。[40]

马克斯·韦伯属于那个自由派帝国主义者的圈子,他们希望以扩充军备政策为手段,迫使其他大国允许德国在全球其他无主地区获得公平份额。路德维希·德西奥(Ludwig Dehio)不无讥讽地把这种政策叫作"冷战"策略,它必定会随时导致热战的风险。[41] 马克斯·韦伯至少也承认,战争的可能性是存在的;他确信,一旦局势需要,德国必须采取决定性的军事行动。从他在 1904 年圣路易世界博览会上发表的评论中,就可以看出他对战争可能性的思考。"命运使我们背上了数千年历史的重负,使我们置身于一个人口稠密、文化精致的国家,迫使我们在一个可谓兵器林立的世界其中的一个兵营里保护我们古老文化的光彩。"美国人民的情况是多么不同啊!他们不必"和我们一样披挂上锁子铠甲,书桌抽屉里也不会像我们一样动辄就塞满了战时进军令"[42]。在韦伯看来,德国别无选择,一项决定性的世界政策,作为成就民族之伟大的内政外交前提,乃是德国在历史面前无可逃避的责任。这就

---

40 《经济与社会》,第 526 页。另见第 205 页:"在古代以及现代之初,资本主义获利的主要推动力就是纯粹与政治权力有关的'帝国主义'利润,今天它再次日甚一日地走上了这个方向。"

41 路德维希·德西奥:《关于德国历史使命的思考》,载《历史杂志》,第 174 期,1952 年,第 481 页及以下。

42 见圣路易演讲,霍华德·迈尔斯(编):《1904 年圣路易世界博览会》[Howard J. Mayers (Hrsg), *Congress of Arts and Science, Universal Exposition, St. Louis 1904*, Boston, 1906],第 7 卷,第 745 页,这里是引自冯·格特译自英文的文本,载《普通政治学杂志》(von H. Gerth, *Zeitschrift für die gesamte Staatswissenschaft*),第 108 期,1952 年,第 451 页及以下。

第四章　德国政治的未来任务：民族帝国主义

是他直到1918那个悲剧年份之前的政治立场。一切内政外交决策都必须以此目标为取向。韦伯就是在这个意义上鼓吹"外交政策优先"的，他希望看到"所有内政事务的安排"都能有助于实现"世界政策"的目标。[43]

今天，殖民主义时期已成过去，往日的殖民强国背负着先前成功的殖民政策遗留下的政治问题，在我们看来，马克斯·韦伯的帝国主义信念，大概是他政治思想中最囿于时代局限性的成分。他的德意志帝国理想，一个像英国或者俄国那样的世界强国，已被证明只是个乌托邦；希特勒后来对世界权力的追求，把德国彻底推回到了小国行列。1915年，厄恩斯特·特勒尔奇（Ernst Troeltsch）本着德国理想主义的精神传统，为反对德国帝国主义而勇敢斗争，并为世界各大文明民族的和解声辩，今天来看，我们与他倒是能更多地同声相应。特勒尔奇坚称："伟大的文明民族都有各自的理性表现，他们必须互尊互惠。没有哪个民族需要世界统治，无论是权力的还是精神的统治，这与一个自由的民族高尚地利用自己特有的文化财富不相称。"[44]

韦伯对帝国主义的理解本身，是由政治与经济要素的一种独特混合所构成的。在他看来，帝国主义的扩张欲之所以不断高涨，就在于

---

[43] 兰克那个著名短语的变体；参阅利奥波德·冯·兰克：《政治对话》[Leopold von Ranke, *Das politische Gespräch*（*Die großen Mächte*, *Das politische Gespräch*, Hrsg. Theodor Schiedet, Göttingen, 1955）]，第60页。韦伯关于世界权力政治就是外交政策优先的明确表示，见《政治著作选》，第430、443页，及《弗莱堡就职演说》，第23页；另见《社会政策协会大会讨论发言》，1909年，维也纳："……尽管有人纯粹是在评判'现实政治'，更有甚者，尽管这种关切最终就是对世界各民族的权力排名——我们许多人就是把这种观点当作最后的终极价值……"，见《社会学与社会政策文集》，第416页，另见第412页。

[44] 《帝国主义》，载《新评论》（*Die Neue Rundschau* 26, 1915），第11页，及《政治对话》，第8页，包括这样的说法，"区区'世界'一词未必完全优于我们的全部理想和希望。"

政治权力结构的相互竞争，这种竞争最初只是以军事和政治形式出现，然后才波及经济领域。就是在这个意义上，韦伯明确否定了经济因素是首要动因。[45] 他强调说，"要想理解现代国家的起源和内容，只能着眼于过去500年间欧洲各国那种独特的政治竞争和'权力平衡'，……而不是它们的贸易政策或者金融政策"，这是"兰克早就在他的第一部专著中就已明确认识到的"。[46] 那些掌握政治权力的阶层有一个特质，就是抱有以国家为取向的权力声望感，韦伯认为这是帝国主义扩张欲的观念内核。[47] 我们已经讨论过这种声望感与韦伯心目中的民族观之间的密切关联。[48] 就此而论，韦伯对帝国主义的分析很接近熊彼特（Schumpeter）后来对帝国主义的解释，熊彼特认为，那是特定统治阶级的无理性、无目的的扩张欲。[49] 按照韦伯的帝国主义观，与民族狂热密切相关的声望成分，远比他可能承认的更具支配作用。

在韦伯看来，权力声望的理想主义因素和现代民族国家的实际权力利益是完全吻合的，它们一起合成了现代资本主义的推动因素。为了彰显并巩固经济权力，现代国家愿意在国内鼓励并扶助资本主义，也愿意在国内工商业利益集团跨过国界进行经济扩张时给予政治支持。国家的权力实质上就是依赖它的经济能力，因此，使用政治及军事手段为本国企业家和资本追求海外利润打开通道，特别是经济欠发达国家的通道，也就符合国家的利益。帝国主义的资本主义，尤其是殖民掠夺形式的资本主义，总是能够"提供最大的营利机会，它比寻找出

---

[45]《经济与社会》，第521页及以下。

[46] 同上书，第211页。请比较路德维希·德西奥的《兰克与德国帝国主义》，载《历史杂志》（"Ranke und der deutscher Imperialismus," *Historische Zeitschrift*），第170期，1950年，第307页及以下。

[47] 参阅《经济与社会》，第520页及以下。

[48] 参阅上文第56页及以下。

[49]《从社会学视角看帝国主义》，载《社会科学与社会政策文献》，40（1918/1919）。

口途径、致力于同其他政治共同体成员进行和平贸易获得的营利机会大得多"[50]。通过征服那些政治上还不受控制、经济上仍未开发的地区，国家政治权力的扩张可以为国内经济带来意想不到的大概率营利机会，由此提高人民收入水平，这使增加开支追求政府的目标成为可能。这样，民族权力利益和私人经济利益便交织在了一起。

韦伯承认，在不放弃政治因素优先的情况下，物质因素对于帝国主义的权力扩张也具有重大意义。他强调的是重大物质利益的作用。比如说，为军备提供资金并安排战时公债的银行业以及主要的重工业部门，"无论如何都会从经济角度对战争有兴趣"，不管战争是胜是败。[51]一般来说，所有对利用政府垄断，乃至对政府担保进行海外垄断性经济开发感兴趣的工商业利益集团，都会支持对外领土扩张政策，因为这通常都会开辟有利可图的良机。所以，韦伯就提出了一个假定，即帝国主义倾向的推进，符合公立经济部门以及工商界对统治机器扩张的物质兴趣，这很可能会提供获取垄断利润的新机遇。帝国主义倾向还会由于这样的环境因素而得到进一步的推动：随着竞争性斗争的愈益尖锐，经营者们利用经济垄断或优势地位在自由市场之外营利的欲望也会愈益强烈。由于像铁路、航运这样的垄断经营都公认与帝国主义扩张政策有关，现代资本主义也就越来越被驱使着走上了帝国主义道路。[52]

马克斯·韦伯拿不准经济和工业进步会不会经久不衰。[53]他预计，各民族的经济版图会日益饱和，彼此的竞争将日趋紧张，营利机会将

---

50 《经济与社会》，第525页。
51 同上注。
52 《经济与社会》，第524页及以下。
53 《基督教世界》，1893年，第477页；《形势》，第119页；另见《福音派社会代表大会文集》，1894年，第80页，以及1897年，第107页。

愈益缩减。经营者们可能越来越力求通过卡特尔组织保持利润的稳定。最终，垄断结构将取代竞争性经营。国家可能会占有越来越大的经营份额，并在合作基础上维持经营。动态的资本主义可能会为被官僚制加固的稳定态经济秩序所取代，在那里，严格的管制可能会导致自由进取的工商企业家丧失经济活动的自由。马克斯·韦伯认为，帝国主义似乎正处在一个接近这一最终局面的过渡阶段上，即各民族的经济活动已被限制在他们政治上所能控制的版图中。只要还存在"无主版图"，即经济上的开放地区，还存在自由的世界市场，实质问题就是为民族争取最大可能的经济活动余地，因为迟早有一天，民族将不可避免地被束缚在它已经获得的空间之内。[54]

这一点又转而决定着，一旦彻底的世界经济分工产生了相互隔离的民族势力范围以供经济开发，到底还有多大的实质可能性去推迟经济系统的官僚化和社会结构的僵化这个日甚一日的大趋势。作为这一过程的结果，在欧洲发展起来的那种个人自由，其前景将会岌岌可危。韦伯相信，归根结底，只有在一个动态的经济系统中，个人自由才有可能幸存下来，正如它们的发展只有可能源于一个"不可复制的独特格局"，即兼备"海外扩张""'早期'资本主义的经济与社会结

---

[54] 参阅上文第82页及以下所引段落。韦伯的资本主义最后将蜕变为一种静态经济秩序的预言，似乎可以追溯到约翰·斯图亚特·穆勒（John Stuart Mill）那里。穆勒在他著名的《政治经济学原理》中推断说，资本主义经济发展将不可避免地以某种静态局面宣告结束，其特点是利润率降至必需的最低点以下，以及竞争趋于弱化（阿什莱编，伦敦，1909）："一国如果长期以来生产规模一直很大，一直有巨额纯收入以供储备，因而长期以来一直有能力每年都大大增加资本［但不像美国那样拥有大量未耕种的肥沃土地（1848）］，那么该国的特征之一便是，利润率实际上总是接近于最低点，因而该国总是处于停滞状态的边缘。"按照韦伯的看法，这种发展趋势会被阻止，其中原因多多，包括新发明和新方法，更廉价的原材料和粮食进口，尤其是对外的殖民投资（这一点即便在当时的英国也很可观）。但与韦伯不同，穆勒并不认为这最终局面是一种不幸，而是将之看作人类的福祉（见第731页及以下，尤见第746页及以下）。

第四章　德国政治的未来任务：民族帝国主义

构"以及现代科学"智识发达"的格局。[55] 但是韦伯看到，资本主义经济过程的动态性质——他在这里接近了马克思主义对帝国主义的解释——要依赖于经济上"仍未饱和"地区的存在，它们是海外排气阀。俄国与美国"大概是'重新'发展'自由'文化的'最后'机遇所在"，因为它们那些尚未开垦的辽阔区域，为动态经济的发展提供了足够的活动空间。[56]

历史进入了自由正在衰落的方向。发达资本主义实质上并非"民主"与"自由"的亲族，这个问题也许只能反过来说："在它的统治下，所有这些事情，如何才会继续成为'可能'？"[57] 韦伯忧心忡忡的是，资本主义全面接管现代生活，最终可能导致完全理性化、官僚化、稳定态的经济与社会秩序走向僵化。"美国的'慈善封建制'、德国的所谓'福利供给制'、俄国的工厂制——新式农奴制之壳到处都已准备就绪，剩下的事情就是等待具备某些条件，包括技术和经济'进步'的节奏放缓，'息金'战胜了'利润'，加之仍然'无主'的土地和仍然'自

---

[55] 《形势》，第120页。另见第121页："时至今日……只要经济与知识'革命'、广受鄙视的生产'无政府状态'以及同样遭到非难的'主观主义'仍然势头不减，从属于大众的那些我行我素的个人，就能继续扩展'不可让渡的'个性与自由天地。至少我们弱视的目光所能达到却又难以看透的迷雾中的人类未来而言，一旦这个世界在经济上变得'完备'，在思想上变得'餍足'，这种扩展也就不可能了。"

[56] 同上书，第121页；参阅韦伯在圣路易的演讲，第746页。格特与米尔斯的引文在第385页："历史上大概从来没有哪个民族像美国人民这样自如地变成了一个伟大的文明力量。不过，按照合乎人性的计算，只要人类历史还会继续，这也就是历史最后一次为自由而伟大的发展所提供的条件了，因为世界各地的无主土地如今都在趋于消失。"皮佩斯在《马克斯·韦伯与俄国》（载《外交政策》，第16期，1955年）[Pipes, "Max Weber und Rußland," *Außenpolitik*, 6 (1955):634] 一文中指出，韦伯从没谈到过他是如何理解这种最后机会的。在这个问题上没有更多的论述，显然是这种思考后来淡漠了。

[57] 同上书，第119页。

由'的市场日趋枯竭⁵⁸,然后让大众'顺从'地进入壳中。"⁵⁹

只有从这种普遍历史的视角来看,我们才能理解马克斯·韦伯为什么认为无情的权力政治具有无条件的必要性,尽管它会导向殖民扩张。他对普遍历史的预测,和民族理想融为一体,这使他的帝国主义信念表现得格外直截了当。⁶⁰ 他对资本主义命运的诊断还兼有这样的信念:未来的国民经济发展可能仅仅出现在个别民族的经济体及其海外扩展中,因此会越来越取决于民族国家的相对实力。不过,韦伯预言的各民族经济体将会完全相互隔离并没有被证实。世界贸易击败了帝国主义的垄断贸易。即使自由西方和共产主义这两大互不兼容的集团,也保持着相互的经济关系。事实还证明,资本主义能够不断创造新的需求,从而产生一个容量不断扩大的国内市场。韦伯曾断言,随着对经济欠发达地区的入侵,资本主义的动力将会衰减,这与马克思主义对帝国主义的解释有关,但也被证明是错误的。⁶¹ 不过它给韦伯的命题提供了一个重要假定,即经济发展将导致各民族之间越来越尖锐的经济与权力斗争。韦伯采取了一种基于文化立场的帝国主义态度,强调的是民族的国际权力地位与民族文化的品质密切相关。⁶²

---

58 原文为斜体,为原书作者所加。

59 《形势》,第119页。

60 参阅卢卡奇对马克斯·韦伯与自由派帝国主义的批评,虽然非常片面,但同时也很有洞见,《理性的毁灭》(Lukács, *Die Zerstörung der Vernunft*, Berlin, 1954),第481页及以下。

61 对此,这里必须指出,关于资本主义的发展问题,韦伯并没有坚持这里提到的悲观预言一成不变。在《经济与社会》(第191页及以下)中,这种观念已不再与帝国主义概念结伴亮相了。在第176页,韦伯谈到了"技术-经济发展的稳定性时代(!)"将为职业角色基础上的政治代表形式提供特殊机会。

62 请参阅我的《官僚制时代》(*The Age of Bureaucracy: Perspectives on the Political of Max Weber*, Oxford, 1974),第41页及以下。

第二节　德国的世界政策与民族的政治成熟

按照路德维希·德西奥的看法，"一战"之前德国在世界政策上的力不从心，根本原因就在于它的机体和它的思想能量极不相称。[63] 相较于其他自由派帝国主义者，马克斯·韦伯提出的问题则更为尖锐：什么是德国世界政策的思想前提？他对德国国内政治的分析证明，这种极不相称的状况就存在于——特别是——被资本主义的发展推到前台的那些阶级中间，主要是资产阶级，但也包括工人阶级。

韦伯相信，作为从封建制农业社会向资本主义工业化社会历史演进的一个结果，资产阶级在德国的出现可谓姗姗来迟。或许，它来得太晚了，因为一个具有阶级意识的工人阶级已在叩击国家的大门并力求接管这个国家。在马克斯·韦伯看来，关键问题在于，德国资产阶级有没有意愿和能力完成为它规定的政治任务。德国是否拥有作为一个强国的未来，就系于这个问题的答案。韦伯曾经谈到，凡是不相信这个资产阶级还有未来的人，必定对德国的未来疑虑重重。[64] 这个说法是随着一个饱含激情的"但书"发出来的，因为韦伯对德国资产阶级怀有高度的不信任，对他那个时代的德国政治中"半吊子政治家们兜售陈芝麻烂谷子"憎恶不已。[65]

对韦伯来说，"资产阶级在经济上战胜了"农业"封建制"，不管应当发生和可能发生了什么，关键问题还是在于"（资产阶级）像封建制那样控制了'国家的权力和伟力'，也像从前封建制的控制一样可

63　德西奥：《关于德国历史使命的思考》，第 501 页。
64　《法兰克福报》1896 年 3 月 15 日的晨报第三版报道了韦伯在自由德国主教教堂议事会上发表的演讲。参阅《法兰克福国民信使报》，1896 年 3 月 14 日。
65　就职演说，《政治著作选》，第 21 页。

靠"。⁶⁶ 但是，一如韦伯反复指出的那样，"经济权力与民族的政治领导权使命"未必就是同一回事。⁶⁷ 在他看来，这在德国资产阶级那里表现得尤为确凿。他认为资产阶级有着双重的不堪，一是严重缺乏政治判断力，一是毫无政治权力意志；某些圈子是用天真的对俾斯麦的阿谀奉承和不假思索地崇拜所谓现实政治掩盖了这些短处，另一些圈子则是表现为盲目仇视俾斯麦和热衷于僵硬的教条主义对抗性政治。

韦伯按照对英国的观察，把这种局面追溯到了德国资产阶级的"'非政治'历史"和这一事实："耽误了一百年的政治教育不可能用十年时间就补上，而由一个大人物来统治也并非总是人民的政治教育之道。"⁶⁸ 是俾斯麦，毁了他周围所有独立不羁的力量，让国民习惯于由一双妙手照料帝国的命运，使他们的积极参与成为多余。当然，韦伯也对这个民族自身的退让发出了严厉谴责，世界上没有任何其他地方"对一个政治家的人格毫无节制的赞美，竟导致一个骄傲的民族那么彻底地牺牲了自己的客观信念"⁶⁹。一种源于路德宗虔诚的独一无二的等级制习性在这里发挥了作用，这是许多德国人共有的习性。⁷⁰1892年时，年迈的鲍姆加滕正在为德国国内政治演变所苦，他和菲尔绍

---

66 《法兰克福国民信使报》，1896年3月14日。
67 《政治著作选》，第18页。请比较1907年11月7日致米歇尔斯的信（抄自韦伯遗稿）。米歇尔斯试图从无产阶级在经济上的不可或缺性推导出它的政治解放，韦伯就此写道："生产过程中的不可或缺性，绝不意味着一个阶级的权力和运气，丝毫也不。曾几何时，没有市民在劳作，奴隶则要十倍千倍地去劳动，一如今天的无产者之必不可少。这能说明什么？中世纪的农民、美国南方的黑人，他们全都绝对地不可或缺。这又能说明什么？如此措辞会陷入危险的幻觉。"
68 《政治著作选》，第22页；参阅韦伯在自由德国主教教堂议事会的演讲，据《法兰克福报》1896年3月15日晨报第三版的报道："德国资产阶级没有英国资产阶级那样的伟大传统。"
69 《政治著作选》，第311页。
70 参阅《经济与社会》，第660页："从政治角度来看，德国人的确曾是，至今也仍是最深层意义上的特殊Untertan（臣民），因而路德教宗才会成为适合他们的宗教。"类似的说法还可见于1911年6月21日到凯泽林（Kayserling）的信，存于鲍姆加滕档案，XI，I："德国大众有着驯服的宗教虔诚，特别顺从'天职'和历史力量。"

（Virchow）及蒙森一样倾向于把德国自由主义的衰落仅仅归罪于俾斯麦，韦伯向他提出了一个问题："我们……不也应当为此而至少和俾斯麦本人一样受到谴责吗？"[71] 同样，韦伯在就职演说中也断言："那个强大的太阳高悬于德国之巅，把德国的威名投射到了地球最遥远的角落，它在我们看来实在过于巨大了，以致烧毁了资产阶级缓慢进化而来的政治判断力。"[72]

如果说这代表了资产阶级自我批判的一个重要标尺，那么两年以后，韦伯就对整个民族的政治判断力由于完全依赖俾斯麦而退化发出了谴责。"过去20年间我们所熟知但最近已被心胸狭隘的对红色幽灵的恐惧所摧毁的那种半'恺撒制'、半'家长制'统治类型"，一直就是"民族政治教育的对立面。"[73] 此后，韦伯便始终严守这种观点。"一战"正酣时他在《法兰克福报》撰文论述德国议会制问题，以同样的指控大力批判了俾斯麦："那么何谓……俾斯麦的政治遗产呢？他留下了一个缺乏任何政治教育的民族，它在这方面的表现远远不及它在20年前就已经达到的那个水平。尤其是，他留下了一个完全没有任何政治意志的民族，已经习惯于认为掌舵的大政治家能够为它照料好政治事务。"[74]

这个批评尽管不同凡响，但不可否认，它是片面的。它道出了许多实情，但总体来说是追溯既往为自由主义进行辩护。自由主义运动之所以失败，既不是因为自由主义观念的虚弱，也不是因为自由派领

71　1892年4月18日致鲍姆加滕的信，《青年书简》，第343页。
72　《政治著作选》，第21页。
73　参阅本书德文版第一次出版时（蒂宾根，1959）首次发表的对《海战》的评论，第421页及以下。现已收入《政治著作选》，见第30页，但小有错讹（例如"ostentative"想必就是"ostentativ"之误）。
74　《政治著作选》，第319页。

袖的人格缺陷,而是因为俾斯麦的恺撒式统治,舍此无他,这种统治"借助君主的正当性掩护得以大行其道"[75]。大体上说,这种对自由主义的辩护,很接近许多老一代自由派头面人物的观点,但马克斯·韦伯采取了完全是进攻性而不是听天由命的姿态,旨在使自由主义摆脱失败的阴影,为来日更坚定的自由主义政策进行内在的准备。

马克斯·韦伯确信,1848年资产阶级革命的失败,以及俾斯麦建立帝国的辉煌业绩,都使自由派深受其害,这种政治损伤发挥了关键作用,导致德国的自由资产阶级丧失了登上政治舞台的活力和决心,埋头于经济而不是政治事务。韦伯在1895年的弗莱堡就职演说中断言,"创建了德意志国家的并不是资产阶级的力量,这个国家创建之时,那位恺撒式人物并没有从资产阶级那里采伐木料制作民族的航舵。"[76]资产阶级的政治自信由于俾斯麦在民族国家问题上的大获全胜而破裂,进而产生的俾斯麦追随者心态又加剧了这种破裂。我们已经知道,韦伯本人也怀有这种作为一个伟大时代的后裔共有的破裂感,因为对于如今已经实现的创建德意志国家的事业,他们根本没有真正重要的作为。在他看来,当务之急就是克服这种破裂感,重新唤起德国资产阶级的政治能动性。这一点对于民族的未来至关重要,如果资产阶级决意接管政治领导权的话——它正在从易北河以东地区不可逆转地陷入经济衰败境地的贵族手中悄悄流失。

韦伯对于无产阶级根本就不抱政治期待。他毫不吝啬并且完全正当地把社会民主党叫作"抱着阶级意识的庸人"。他衡量各个社会阶

---

[75]《政治著作选》,第347页。参阅韦伯1917年6月16日致莱塞(Lesser)教授的信,《政治著作选》,1,第473页及以下。莱塞认为,是中央党与社会民主党自己竭力坚持作为独立于俾斯麦的力量而存在,因此,应当为自由派的衰落承担责任的,就是自由派本身。韦伯强烈反对这种论断。

[76]《政治著作选》,第20页及以下。

层政治成熟程度的标准,是看它们有没有准备好"把民族的永久性经济和政治权力利益置于任何其他考虑之上"[77]。按照这个标准,他不得不认为,社会民主党并不适于进行政治统治,因为至少,他们对他心目中的民族帝国主义理想毫无兴趣。在他看来,德国工人阶级"缺乏一个有志于政治领导权的阶级所必须具备的强烈权力本能。……他们没有半点喀提林式的行动魄力,更没有丝毫强烈的民族激情",而这两者曾是法国大革命期间"国民公会"的灵魂所在。[78]

俾斯麦家长制社会政策的失败就在于疏远了无产阶级,争取他们支持民族国家乃是政治上的必需。他在1894年就说过:"我无法理解,如果没有一个政治上成熟的工人运动积极合作以成就德国之伟大,我们怎么可能想象这个国家的政治未来。"[79] 像绝大多数德国自由派一样,韦伯也视英国为楷模,他发现那里的工人对待国家完全是另一种态度,他把这一点归因于"世界权力地位的反馈,这种地位使国家不断面临重大的权力政治任务,从而使每个国民几乎每时每刻都经受着政治教育"[80]。这是一个与韦伯的政治理想无与伦比地交织在一起的事实判断。

韦伯期待的就是德国"世界权力政策"与"重大权力政治任务"的"反馈"带来"持之以恒的政治教育",以此治疗德国的政治沉疴——民族的政治不成熟和缺乏清醒的政治判断。他希望整个民族通过坚决的帝国主义行动,快刀斩断德国政治局面的乱麻,克服那些有

---

77 《政治著作选》,第18页。
78 同上书,第22页;参阅1894年福音派社会代表大会上的演讲,《文集》,第81页。
79 《基督教世界》,1894年,第671页。
80 就职演说,第23页及以下。另见1894年福音派社会代表大会上的演讲,《文集》,第81页:"没有谁比无产阶级更关心民族国家的权力问题了,如果它回顾既往、着眼明天的话。英国富足的工人群体虽然全都联合起来了,但如果他们帝国的国际权力一朝瓦解,他们就不可能维持自己的生活标准,连一天也维持不下去。可以说我们的无产阶级同样如此。"

碍世界政策诞生的精神缺陷。[81] 经由这样的权力政治，德国资产阶级将有可能重获它的政治自信，无产阶级则有可能摆脱国际主义的花言巧语，转而积极支持既定的政治秩序。被帝国主义放大了的民族信念热忱，应能为德国的内在新生提供一个手段。

当然，我们今天大可质疑，这真的是教育民族并培养成熟的政治敏锐性的适当途径吗？韦伯是不是本末倒置了？追求一种能动的世界政策，会促使德国统治阶级准备好为当前的政治任务进行负责任的合作而不至于强化他们的虚荣心和声望欲吗？无疑，只有伟大的政治目标可以唤起能动性和强烈情感。但是，国内政治战线上没有足够劳神的任务吗？这些任务一定要借助于海外扩张吗？惊醒了德国统治阶级的是德国在海外的失败，而不是国内的苦情，他们没有力量舒缓这些苦情，即便在国内局势损害了帝国的国际地位时，也同样如此，《每日电讯报》事件即可证明。他们的目光从德国国内的宪政与社会问题转向了德国的世界政策问题，但他们忽视了重新安排自己在桑给巴尔岛、萨摩耶群岛、青岛和摩洛哥的事务，由此导致了德国政策的最终失败，并将德国抛入了一场世界性大灾难。基于这些原因，我们可以认为，韦伯主张的对外参与重大国际事务以促进德国国内的政治转型，其政治价值是不确定的。他始终囿于民族自由党的传统，认为只有与伟大的民族成就并驾齐驱，自由主义的胜利才是可能的，因此，他从未严肃质疑过民族原则优先于自由主义观念可能产生的问题。

韦伯最终还是认识到，希望工人阶级从德国帝国主义的物质成就中获益，从而赢得他们对国家的支持，那是个乌托邦。这位社会学家训练有素的目光越来越清晰地看到，在现代工业化大众社会的条件下，

---

[81] "这种大规模政治是否能让我们再次意识到大国权力问题的重要性，对于我们今后的发展也是关键所在。"《政治著作选》，第23页。关于这一点，另见翁肯前引文，第96页。

抵达这个目标实在是难乎其难。尽管客观上德国工人阶级肯定能在德国的海外经济与政治扩张中获益,但是,成功的帝国主义政策会在主观上和物质上巩固现有统治阶级的权力。[82] 在韦伯的帝国主义理论影响下,弗里德里希·瑙曼曾打算争取工人支持德国的世界政策。尽管韦伯最初对这种计划的前景表示乐观,但还是反对瑙曼的做法。就可见的未来而言,唯有一场怀着阶级意识的资产阶级运动才有可能推进德国的世界政策。[83]

82　见《经济与社会》,第 526 页及以下的概述。1907 年以后,韦伯认为,在可以预见的未来,与社会民主党进行合作的可能性根本就是难以置信的。见 1907 年 2 月 1 日致米歇尔斯的信,下文第 142 页注释 175。

83　参阅下文第五章第三节。

第五章　第一次世界大战之前的韦伯与德国国内政治演变

第一节　至关重要的抉择：产业主义，还是封建制？

民族理想和帝国主义理想使韦伯把当代德国国内政治的核心问题汇成了这样一个单一问题：德国能否全力以赴通过"在世界各地的经济征服"发展为世界主要工业化国家之一，或者说，德国东部的土地贵族会不会与小资产阶级反资本主义势力结盟——甚至更糟——与关心经济、社会现状之安全和存续的大资产阶级结盟以阻挠这项发展？换句话说，在社会与经济上被割裂的德国两大区域，由大庄园支配的农业东部和工商业取向的西部，它们的斗争如何才能决出胜负？

韦伯自己的立场非常清楚，他坚决反对保守派。他相信，德国的世界政策如果还能获得成功，那只能是因为"强有力的资产阶级和资本主义不屈不挠地实现了发展，尤其是，这在资本主义时代的德国是

第五章 第一次世界大战之前的韦伯与德国国内政治演变

唯一可能的长期经济政策,不管我们对此是爱是恨"[1]。他不接受一种有利于农业自给和支持不动产的经济政策,这是因为它不仅是乌托邦,而且是极为危险的,如果德国还想要"一种不同于瑞士那样的民族生存状态"的话。[2]

对于马克斯·韦伯来说,一切都取决于解除保守派的政治职责,他们就是以此抗拒资本主义的扩张对他们经济地位的加速冲击的。在他看来,作为一个政治上曾经富有代表性的阶级,保守派早就沦落到鼠目寸光的既得利益集团代表那种水平了。这种状况之一目了然由来已久,而不仅仅自1890年始。马克斯·韦伯认为,农业利益集团始终对德国的经济政策具有决定性影响。只要还能向英国市场出售他们的产品,他们就像自由派那样支持自由贸易,而每当他们需要时,就会有保护性关税税则冒出来。[3] 他在1896年评论说:"支配性的封建精英,只有自身伟大,才能把国家带向伟大。"[4] 在韦伯看来,保守派的反工业化利己主义政策(运河法案[5]、卡尼茨动议[6]、证券交易法)无不危及德国的世界权力,最终危及民族的未来。

出于同样的原因,韦伯认为打破保守派在普鲁士行政系统中的传统

---

[1] 《政治著作选》,第31页。

[2] *Verhandlungen des 8, evangelisch-sozialen Kongresses*,1897年,第108页:当奥尔登贝格(Oldenberg)提出宁愿未来冒险实行大规模全面出口经济,也不要一种"自给自足"的经济政策时,韦伯表示完全同意:"我们相信,并不追求把自己的经济未来引向伟大的那些民族,将根本没有未来。"同上书,第113页。

[3] 在自由德国主教教堂议事会上的演讲,见1896年3月15日《法兰克福报》和3月14日《法兰克福国民信使报》的报道。另见1904年他的圣路易演讲《德国的资本主义与乡村社会》,前引书第448页。

[4] 在自由德国主教教堂议事会上的演讲,见《法兰克福国民信使报》。

[5] 1899年发生在普鲁士的一个事件,20个省级官员抗议德皇开凿运河的计划。他们都遭到了报复,但后来又被安排到更高位置上。——译者注

[6] 卡尼茨(Hans Graf von Kanitz,1841—1913)1894—1895年曾提议由政府购买全部进口谷物,按照统一价格出售,遭到德国国会否决。——译者注

优势也至关重要。[7]普鲁士的文职官员并不习惯让私人利益服从公职义务，冯·普特卡默（von Puttkamer）颁布、后由卡普里维再度生效的那个著名敕令，即普鲁士公务员必须支持政府决策，就可以验证这一事实。韦伯对此极为直率地评论道，只要物质利益受到了影响，"'地方长官'的选举机器就会无情转动起来，甚至会把矛头对准国王"[8]。文职部门常常是无意识地利用自身地位支持农业利益集团。[9]另外，农业环境哺育下的保守文职部门，对现代工业经济生活的种种问题缺乏了解，这使韦伯不由得不对保守派在普鲁士行政系统中的优势地位发起攻击。出于纯粹心理上的原因，从一个"毫不了解或理解现代资产阶级和工人阶级的普遍水准，只是对他们抱有茫茫然农民式嫌恶"的社会群体中选择公务员，这是很不明智的。[10]普鲁士的传统惯例是给贵族出身的谋官者优先考虑，韦伯无法理解这其中还有任何客观合理性。他在1904年说道，今天已经看不出还有什么必要"仍然在普鲁士行政系统中更多地看重毫无才干的特权出身"。当时普鲁士提出了一项新的财产继承法议案，韦伯认为这是企图为国家官僚机构创造新的保守派人力资源。[11]

就我们所知，韦伯并不是无条件反对适度的贸易保护主义，但不赞同1879年以来那种"过度的"贸易保护主义。[12]在他眼中，保

---

[7] 参阅里斯贝兹·沃克·芒西的《威廉二世时代普鲁士行政系统中的容克》（Lysbeth Walker Muncy, *The Junker in the Prussian Administration under William II, 1888—1914*, Brown University Studies, Vol. Ⅸ, Providence, Rhode Island, 1944）。

[8] 《政治著作选》，第300页。

[9] 韦伯认为"普鲁士地区的信贷与农业政策"就是一个清晰无误的范例，它们的操作是在"鼓励把财产权往地主手里集中，因而——完全是无意识地——损害了农民利益"。（联邦档案馆Ⅷ，1908年，第89—91页。）

[10] 《社会学与社会政策文集》，第388页及以下。

[11] 同上书，详情见下文。

[12] 终于，1912年，这种贸易保护主义和布伦塔诺发生了冲突，因为布伦塔诺要配合韦伯计划的一次支持社会政策连续性的公共集会提出自由贸易问题。

护性税则就是产业界与保守派贵族阶层利益联盟的可见标志,既阻塞了普鲁士与德国宪政的进步发展,也妨碍了坚定不移的社会政策。马克斯·韦伯把这种联盟归因于俾斯麦竭力分裂德国资产阶级并实现了"封建主义的胜利",这并非偶然。[13] 他更加热心地要结束德国大资产阶级和他们的保守派对头之间的这种勾结。他还不断赞扬卡普里维的通商条约政策,因为它有助于打破这种"反动联盟"。[14] 他和布伦塔诺及舒尔策-加弗尔尼茨同声相应,要求"如今已经具有自觉意识、正在重新践行自身理想的资产阶级摆脱这种不自然的联盟,既是为了富有成效的社会发展,也是为了国家的政治自由。"[15]

马克斯·韦伯最不同凡响的学术成就,是洞察到并说明了思想与心理动机在经济生活中的突出作用。他揭示了源于新教精神的特殊经济情操是如何催生了现代理性资本主义和劳动分工的。[16] 对于马克斯·韦伯来说,内在的禁欲主义以及为此而刻苦劳动——不是为了单纯的功利目的,而是把它作为人在尘世的核心任务——的精神,完全是资产阶级的生存规范。他曾在致阿道夫·冯·哈纳克(Adolf von Harnack)的信中写道:"我们这个民族从未以任何方式经历过艰苦的禁欲主义熏陶。……这是我在它身上(就像在我身上一样)发现的一切可鄙之处的根源。"[17] 马克斯·韦伯思想的清教内核,既是他的独特之处,也对他产生了启示作用,他祈望德意志民族能成为一个清教民族,能真挚地自觉意识到自己的经济目标,能具备那种源自内在禁欲主义

---

[13] 在自由德国主教教堂议事会上的演讲;详情另见《关于海军调查的立场声明》("Stellungnahme zur Flottenumfrage"),载《政治著作选》,第31页及以下。

[14] 在自由德国主教教堂议事会上的演讲。

[15] 《1897年第八次福音派社会代表大会文集》,第113页。

[16] 在这里我们无须关注韦伯新教伦理命题的正确性。

[17] 1906年2月5日,存于哈纳克遗稿。

的特殊经济动力。

但是，德国的现实与这种理想相去太远。韦伯相信，德国资产阶级越来越远离资产阶级理想并模仿保守派贵族的生活方式。[18] 军队尤其是培育这种倾向的地方，同时还有普鲁士行政系统和德国各邦国的宫廷，它对资产阶级上层，特别是对知识分子都产生了相当大的吸引力。韦伯深为这种环境而沮丧，古老的贵族阶层依然保有特权社会地位，资产阶级开始发展一种冒牌贵族的社会理想，那种特定的资产阶级功成名就的社会身份原则被"预备役军官"美德以及贵族荣誉法则取而代之。韦伯把这些德国现象与西方，特别是美国的社会选择进行了比较，他认为，美国的教派促成了更有活力的社会选择体制，那是基于经济效率原则和人品的力量，当代德国上流社会的产物根本就望尘莫及。

尽管韦伯在服兵役期间晋升为军官，但他还是深为鄙夷当时受过教育的德国人中间很常见的预备役军官崇拜。他讨厌的是获得预备役军官资格事实上已经成为一种完全非资产阶级的社会选择原则的基础。他看不起资产阶级利用这些手段谋求普鲁士军官团享有的那种源自贵族传统的社会声望。这位曾经忠诚的海德堡阿勒曼人[19]，同样也不再喜欢大学生兄弟会，这是因为兄弟会不仅培养了一种气度狭小的学术等级意识，而且往往鼓励一种"乏味又怪诞夸张的面貌"，这种面貌不论何时出现，"都会在世界各地招来一片嘲笑"。[20] 他之所以对兄弟会反感，关键是因为他们的理想由于"普鲁士官方认为社会上可以接受

---

18 《1897年第八次福音派社会代表大会文集》，第110页及以下。

19 阿勒曼人（Alemanne），海德堡大学历史悠久的学生互助兄弟会组织之一，韦伯的父亲就曾是其成员。——译者注

20 《致商学院的备忘录》（*Denkschrift an die Handelshochschulen*）；参阅本书101页注释25，另见《德国的资本主义与乡村社会》，前引书第441页。

的那些圈子"的社会生活方式而混乱不堪。[21] 他尖锐批评了"我们的学生中间由彩带、决斗伤疤,总的来说由兄弟会传统,由严肃的学术训练转而追求'幸福',由'预备役军官'身份(所体现)的……那种封建声望"[22]。

兄弟会制度超出传统的受过教育的职业圈子向商界蔓延,这使韦伯忧心忡忡。1911年他在德累斯顿的教授大会上失望地指出,新建的商业学校因其"封建虚荣"的力量,加之能为飞黄腾达提供优越的物质机会,吸引了大量学生。[23] 尽管韦伯并没有对商业学校的客观成就表示怀疑,但他的说法仍然招来了反对声浪。[24] 科隆和柏林的商业学校感到必须保护它们的兄弟会学生。[25] 不过,韦伯坚持认为,他在兄弟会那里看到的冒牌的贵族生活态度正在向资产阶级商业圈子蔓延,这将威胁德国的经济未来。政府机构和金融界不能用基于军官团成员身份或者持有官方委任状这种冒牌贵族出身的选择体制取代以纯商业与客观业绩为依据的选择体制。韦伯对于"以文凭取人"之风越来越盛也怒不可遏,他相信,工商业领域中出现一个受过学院教育、自以为比其他同事更具有社会优越性的特殊阶层,必定会导致难以忍受的摩擦。[26] "不论是获得彩色绶带还是官职委任状,这本身都不适于证明它

---

21 《致商学院的备忘录》。

22 《论商学院》("Die Handelshochulen"),见《柏林日报》,1911年10月27日,第548期。

23 见《第四次德国高等院校教师大会管理委员会批准的报告》,第66页及以下。

24 同上报告,第86页:"我能够清楚地看到,德国的商业学院正在从事着一项卓越的工作,对此我还是有判断力的。这里我想表达的关切是,我们已经走上了专门的商业性大学之路,而不是附属于综合性大学之路。我已经指出了这其中的原因,……即那些打算在商业领域施展身手的人,正在力求按照我们德国封建社会秩序的样子打造一种独特的资质。"

25 韦伯对这种压力的回应,见《论商学院》,《致(科隆与柏林)商学院的备忘录》,原件现为鲍姆加滕教授所有,部分内容引自《马克斯·韦伯传》,第432页及以下,《每日评论》(*Tägliche Rundschau*),1911年10月22日,第497期。

26 参阅《政治著作选》,第276页。

们的获得者胜任艰苦而严肃的工作",“如果没有后者,我们的资产阶级就不可能保持德国的世界地位"。[27]

由于德国资产阶级的"封建虚荣"直接有利于保守派地主阶层,韦伯的反对态度就更为激烈。当时,众多的资产阶级工商业主都在谋求骑士传统的限嗣继承财产的所有权,以图上升进入大地产主容克阶层,并以此作为进路获取贵族头衔。帝国首相冯·贝特曼·霍尔韦格家族就是这样取得贵族身份与社会地位的。他的祖父是一个莱茵商业家族的成员,也被授予了限嗣继承权和贵族特权。马克斯·韦伯并不否认是政治环境在强烈促动资产阶级如此钻营。"普通的资产阶级成员仍被封建精神排斥在参与行使权力之外,这种精神既支配着大臣们,也支配着实业家们的头脑,从而迫使他们觊觎贵族头衔。"[28] 固守限嗣继承制度和册封贵族的做法,可谓保守派的一种炫耀性努力,通过把最上层资产阶级拉进自己的阵营以巩固自己正在摇摇欲坠的社会地位。

这就是"具有阶级意识的资产阶级成员"马克斯·韦伯不遗余力攻击自己那个阶级的变节者的直接原因。与他们不同,他为自己是"威斯特伐利亚亚麻商"的后代而自豪。[29] 他希望资产阶级能结成统一战线以对抗保守派及其在普鲁士邦的反动统治。只要资产阶级四分五裂并缺乏阶级意识,保守派就仍会盘踞在统治地位上。韦伯对这种局面

---

27 《论商学院》。

28 在自由德国主教教堂议事会的演讲,据 1896 年 3 月 14 日《法兰克福国民信使报》报道。另见罗伯特·米歇尔斯,《现代民主中的政党社会学》,科勒纳编(Robert Michels, *Zur Soziologie des Parteiwesens in der modernen Demokratie*, Krönerausgabe, 1957),第 16 页,以及胡戈·普罗伊斯的小册子《新蒙昧者书简》,见《国家、法律与自由》(Hugo Preuss, "Novae epistolae obscurorum virorum," in *Staat, Recht und Freiheit*),第 560 页及以下。

29 "我本人很自豪拥有一个威斯特伐利亚亚麻商家族的姓名,不会以我谈到的那些圈子的方式背叛我对资产阶级祖先的自豪感,而他们的背叛来得实在太容易了。"(《论商学院》)

的解释，与马克思主义的阶级分析十分吻合，但仍是韦伯特有的表述，他是在"阶级"一词的现代意义上把保守派地主及其支持者这个身份群体看作一个阶级的。大体上说，他明确承认资产阶级不光与工人阶级格格不入，与封建和家长制社会秩序的代表——容克——同样格格不入。因此，资产阶级精英阶层的临阵脱逃，可能会拖延资产阶级对贵族阶层的必然胜利，这使韦伯愤恨不已。

1904年，普鲁士政府提出了一项新的《限嗣继承法案》，遭到马克斯·韦伯的严厉批判，因为他很明白，该法案是在公然诱导资产阶级上层的封建倾向。他无条件反对所谓限嗣继承法有保国之效这种"浪漫主义"信条，事实上，它要保的仅仅是"在地方组织与行政部门中的农业保守党统治"。[30] 该法案的明确目标就是保存现有的并培育新生的大土地所有者，尽管德国东部地区的农业与政治形势需要农民拓殖以阻止波兰人的推进。该法案不仅是政治意义上的民族祸害，它还"在社会政策上彻头彻尾地回避了道德责任"，因为经验证明，各地限嗣继承土地所有者支配下的农业工人，无不陷入了最恶劣的劳动条件之中。[31] 马克斯·韦伯提出的关键事实在于，该法案会激励资产阶级越来越热衷于谋取限嗣继承的不动产，它要拿出无数德国土地去满足"追求贵族符号或准贵族地位这种可鄙的野心"。韦伯冷嘲热讽地说道："如今在普鲁士，支配性的国家智慧的一部分，竟是争取让资产阶级的财富只有最低限度的政治影响，以维持一种'二流宫廷的价值'。那些受益的圈子也同样乐此不疲，尽管得自贸易、实业及证券交易的资本要想'贵族化'，会在变身为贵族地产时

---

30 《限嗣继承法案的农业统计学与社会政策观察》（"Agrarstatistische und sozialpolitische Betrachtungen zur Fideikommißvorlage"），见《社会学与社会政策文集》，第381页。

31 同上书，第360页。

面临重重困难。"[32] 法案规定由君主个人决定限嗣继承问题而不是由大臣做出负责任的决定,也使韦伯深受刺激,因为这只能"让那些获准享有限嗣继承权的家族的虚荣心过度膨胀"。他在这里看到了世袭王朝的观念模式对国内政治的渗透,这是他无论在什么情况下都要予以回击的。[33]

在韦伯眼中,1904年的《限嗣继承法案》乃是保守派力求打破资产阶级对抗大地主的统一战线的经典范例。而资产阶级"对红色幽灵的可悲恐惧",以及他们渴望借助有利的王朝法令获得社会尊重,也足以给保守派的这种企图助兴,马克斯·韦伯对此极为鄙视。1917年一项新的《限嗣继承法案》被提交给普鲁士州议会时,他甚至对"战争财的贵族化"发出了更激烈的抨击。可耻地利用财阀们的虚荣心以图扭转保守派地主们社会地位的败落趋势,这样一项法律实际上是在破坏城堡和平(*Burgfrieden*)。[34]

促使韦伯不遗余力要阻止限嗣继承特权轻易获胜的,还有一些纯粹的经济论据,实际上也是帝国主义的论据。韦伯认为,限嗣继承可能会导致东部地区本已高昂的土地价格加速上扬,特别是,生产性资本可能会撤出经济生活,被投入没有经济产能的纯炫耀性土地买卖。韦伯的结论是:"为资产阶级和册封贵族规定限嗣继承权的可能性,由于将会激发最为可鄙的虚荣心,势必会越来越鼓励德国资产阶级的资本从参与国际经济竞争转向经营食利者生活方式的羊肠小道。"[35] 一旦赚取纯利息取代了资本投资的增长,接踵而至的就是利息心态取代经济

---

32 《限嗣继承法案的农业统计学与社会政策观察》,见《社会学与社会政策文集》,第379页。
33 同上书,第362、380页。
34 《政治著作选》,第183页及以下。
35 《社会学与社会政策文集》,第391页。

胆略，那么德国的经济地位也就岌岌可危了。在韦伯看来，这种趋势由于霍恩洛厄（Hohenlohe）首相任期内基于"万能的农民党花言巧语"产生的贸易保护主义经济政策而大为加剧。[36]

韦伯最看好的是鼓励经济扩张而不是有利于那些靠利息养活的人贪图安逸的经济政策。他坚持认为，清教徒旨在自行其是追求利润和经济成功而不在乎一时得失的经济心态，应当既是一种理想，也是一种标准，而静享资本的美味当然不是。正如他一直鄙视那些对任何当权者都会"行致敬礼"的新闻记者，韦伯认为德国的"文人墨客""把德国的'世界精神'叫作民族的先天性疾病"且"公然声称和平与幸福才是未来的理想"，实属轻浮浅薄。这只能是"靠俸禄和息金苟活者的寄生虫理想"。[37]韦伯厌恶那些与诱人的浪漫生活方式有关的东西，诸如逃避经济人那种令人筋疲力尽的职业劳动，大量享受纯粹的悠闲时光，不受职业"效率"约束的人生理想。他从不喜欢法国小资产阶级那种典型的食利者心态，唯恐出现"德国的'奥地利化'"[38]。

食利者资本主义的形态，无论那是表现为社会上看重的拥有土地还是表现为社会保险，都始终遭到韦伯的断然否定，这不仅是因为他相信它们有损德意志民族作为世界工业大国的尊严，而且因为他对普遍历史的看法。如果食利者资本主义那种静态的贪图安逸的经济保守性质占了上风，官僚化就可能获得额外的动力，最终将导致自由社会

---

36 《我们的全部经济政策都是在培育食利者》，《社会学与社会政策文集》，第372页，注释1。"保护食利者成了我们经济政策的鲜明特征"，同上书，第391页。参阅在第八次福音派社会代表大会上的演讲，《文集》，第110页及以下。"农民党的花言巧语"，出自《关于海军调查的立场声明》，载《政治著作选》，第31页。

37 《政治著作选》，第249页。

38 同上书，第252与250页，另见第137、187页。

的毁灭。韦伯坚信,只有动态的资本主义形式,才能有效阻止那个官僚化的冰河期,它正在一个也许并不太遥远的未来等着人类呢![39] 韦伯在这里把清教精神唤起的资本主义经济心态作为历史哲学的焦点了。在这方面大可以将他与卡尔·马克思进行比较。卡尔·洛维特(Karl Löwith)很公道地把马克斯·韦伯视为那个无产阶级阶级斗争理论家的资产阶级对头。韦伯对资产阶级生存方式之精神基础的深透分析,几可谓无与伦比,这位法国胡格诺教派的后裔对资产阶级生活理想的大力支持,也是无人能出其右。

说马克斯·韦伯是一切封建要求的无情批判者,看一下他与萨尔实业家巴隆·冯·施图姆(Baron von Stumm)之争,即可断定无疑。施图姆支持高压路线,要求收缩卡普里维以来的社会政策。他并不满足于大量辱骂社会民主党。他还要求驱散基督教社会运动,认为那是纯粹给基督教抹黑的社会主义,并谴责天主教社会主义政治解决社会问题的努力已经成为社会民主党的伪科学盾牌。[40] 他引起的反应导致了一场媒体大战,瑙曼在《援助》上激烈发声,阿道夫·瓦格纳则为天主教社会主义披挂上阵。这场媒体大战的双方可谓势不两立,施图姆把他的对手们说成"妄自尊大的灰色理论狂",说他们沉溺于名副其实的放荡之中,"其至连白痴的双眼也能看清他们的胡说八道"。[41] 最后,施图姆向阿道夫·瓦格纳发出了决斗挑战,打算以此结束这个事件。但是后者要求到荣誉法庭上一决胜负,

---

39 洛维特:《马克斯·韦伯与卡尔·马克思》,见前引书第54页。参阅阿尔贝特·萨洛蒙:《马克斯·韦伯》,载《文集》(Albert Salomon, "Max Weber," *Die Gesellschaft*), Ⅲ, 1, 1926年,第131页及以下。萨洛蒙在这里将韦伯称为"资产阶级的马克思"(第144页)。关于韦伯与马克思之间关系的系统论述,见我的《官僚制时代》,前引书第47页及以下。

40 见施图姆1895年1月9日在德国国会的演讲。

41 见施图姆1895年2月15日在《邮报》的声明,1895年2月26日《新普鲁士报》转载。

第五章　第一次世界大战之前的韦伯与德国国内政治演变

施图姆则在一份公开声明中将这个要求作为把柄，指斥瓦格纳是个懦夫。[42]

这个时候，并不赞同瓦格纳的保守派政治观点的马克斯·韦伯，禁不住公开对施图姆发出了抨击。当然，《十字架报》接受了这位第三方关于"巴隆·冯·施图姆战法"的文章，但已经是非常柔和的版本了，而且只是在德皇受施图姆影响转而出面反对保守派之后才接受了它的。[43] 施图姆认为凭借自己"作为官员的地位"进行政治争论并无不妥，韦伯发现，这是一种加倍可鄙的行径，因为他看到的不仅有施图姆狂妄的暴发户心态，还有一些精打细算的手腕。韦伯清楚地认识到，施图姆竭力把一场客观争端置换成个人荣誉之争，这其中也包括威廉二世本人的图谋。施图姆狡黠地揣测到了皇帝对决斗的贵族风范的同情，希望借此赢得皇帝支持以对抗阿道夫·瓦格纳和他代表的社会政策走向。韦伯把决斗挑战称为"剧场政变"，这其中，施图姆显然是在假定，有可能"通过公开但并不正确地宣布天主教社会党人说一套做一套而给那位君主留下深刻印象"。急于投入斗争的韦伯等待着施图姆的反应。他要他弟弟"盯着那份《邮报》"，只要施图姆一张嘴，"我就

---

42 "这些粗鲁的攻击，部分是基于这个（受蒙蔽的福音派部长们和傲慢自大的教授们的）社团对我的言论的歪曲篡改，在一些有欠明智的会议上，在媒体上以及在一些直截了当的宣传中对我进行诽谤，由于这些好斗的先生拒不答应为自己的侮辱行为进行个人决斗，这些攻击也就无碍于我了。"同上注。

43 冯·哈默施泰因（von Hammerstein）否决了这篇文章的第一稿并评论说，如果有必要抨击一个敌手，我还是宁愿自己写（请比较韦伯1895年2月11日致克拉拉·鲍姆加滕的信和2月1日致阿尔弗雷德·韦伯的信，抄自韦伯遗稿）。此后，韦伯大大软化了声调。但哈默施泰因仍然回绝了新的文本，因为它"有辱皇室"（1895年2月24日致阿尔弗雷德·韦伯的信，抄自韦伯遗稿）。哈默施泰因把第三稿直接摔到了施图姆的"头上"（据韦伯所说），因为它"至少没有把皇帝扯进来"，而施图姆看来是想让这位君主敌视农民党。这篇文章发表在1895年3月12日的《新普鲁士（十字架）报》上。

立即扼住他的喉咙"。⁴⁴

在韦伯看来,施图姆事件有一个示范意义。它纯粹就是上层资产阶级"实在令人憎恶的公开决斗的虚张声势"和封建野心的丑陋范例,他们依靠君主和右翼保守派力求阻止进步的社会政策,从而遏制国内的自由主义演变。像这样的人"目前都在渴望用加农炮击垮社会政策"。⁴⁵

第二节　德意志民族的社会统一

马克斯·韦伯把进步的社会政策视为成就世界政策的必由之路。早在弗莱堡就职演说中他就提出,为了准备"将来进行的艰苦斗争",实现"已被现代经济发展撕裂的民族的社会统一"乃是德国国内政治最紧迫的任务。⁴⁶在马克斯·韦伯看来,争取工人阶级与国家的积极合作至关重要。因此,一切社会政策都应有助于保护工人的独立自主,教育他们承担对自己的责任。他无疑并不赞同缺乏社会责任感的社会政策,但在这方面,他的观点很接近尼采,从不鼓吹什么"同情心"。他与幸福论理想也格格不入。他在1894年的福音派社会代表大会上宣称:"我们并不是为了创造人类幸福而追求社会政策。我认为,我们必

44　1895年2月27日致阿尔弗雷德·韦伯的信,韦伯遗稿,部分内容可见《马克斯·韦伯传》,第231页及以下,但日期有误,并且气势被特意削弱。玛丽安妮·韦伯一再削去了韦伯书信和其他论说中的锐气。韦伯的第二篇文章针对的并非施图姆本人所做的答辩,发表于1895年3月12日的《新普鲁士(十字架)》报。

45　参阅韦伯在第八次福音派社会代表大会上关于施图姆的声明,1897年,《文集》,第111页:"我们最近体验了这位工业特许权贵族的攻击性表现,甚至连决斗的支持者都认为这种公开决斗的要求实在是令人憎恶的自吹自擂;有关的那些人并不是古老贵族的代表,而是一些妄自尊大、如今能把普鲁士的文化部长吓得战栗不已的暴发户。"

46　《政治著作选》,第23页。

须避免通过社会立法而产生煞有介事的幸福感。我们祈望并且唯一能够祈望的,应该是别的事情:对人的价值肯定、对自己的责任,以及继承人类精神与道德遗产的抱负,这才是我们祈望守护的东西。"[47]他并不赞同均等化的社会政策,而是自觉支持工人阶级上层脱颖而出,对此(根据对英国的观察)他寄予了重大希望。[48]

韦伯想要的是一种基于自主和自我负责的进步社会政策,而家长制的社会政策,错就错在以慈善心肠照料工人的物质利益,考虑的是维持——可能的话还要强化——工人的驯顺和臣服[49],它绝对不会关注比单纯物质条件的改良远更重要的工人的独立和平等要求。马克斯·韦伯对这种社会政策的长期效力几乎不抱任何希望。在他看来,唯独这样的现代社会政策才能是有意义的:它把工人置于一种可以在经济上、社会上与雇主竞争的经济和社会起点地位,同时给他们提供必需的手段以承担积极的社会与政治责任,从而激励他们支持现存的国家。

因此,马克斯·韦伯尖锐批判了俾斯麦的社会政策。它的失败就在于仅仅关注工人福利却无视他们要求独立自主的努力。此外,俾斯麦的政策还错误地巴望"幸福的大众心存感激"[50]。"一战"期间韦伯曾在《法兰克福报》发表系列文章,其中就着重谈到"俾斯麦的遗产"问题,尖锐抨击了这位首相的社会立法蛊惑人心的片面性。俾斯麦拒

---

47 《1894年福音派社会代表大会文集》,第80页,另见上文第43页及以下。

48 从韦伯关于劳工问题的讲稿标题(韦伯遗稿)上即可见一斑:英国劳工运动的贵族血统。这强调的是被统治者(工人)的品质,而非他们的团结一致。就是这一点在工人当中塑造了一个中产阶级。

49 家长制趋势不可能承担"专业化"社会政策之责。参阅《经济与社会》,第660页。

50 《德国北部新教地区的农业工人》,第11页;《政治著作选》,第19页及以下;《为格雷辩护》,载《基督教世界》,1892年,第1107页。工人"会接受疾病、意外事故和残障补偿,因为他们会认为这是自己的权利。但他们会拒绝施舍"。另比较《社会学与社会政策文集》,第394页及以下。

绝了"保护劳工的立法,这对于民族的人力资源储备是不可或缺的,但他认为这是侵害雇主的权利"。它无视工人阶级当中在政治上最举足轻重的群体的利益。相反,俾斯麦却根据《反社会党人法》"动用警察摧毁了工会",从而驱使"这个唯一可能以客观方式代表工人利益的载体转向了最极端的党派激进主义"。[51]

马克斯·韦伯对威廉二世的社会政策甚至更为不满,它们都是来源于皇帝的声望需求以及当时他那些智囊的"时髦"观点。韦伯希望看到以民族政治,而不是以讨好流俗为基础的社会政策。他后来还提到过"那些年的所谓社会君主制骗局"[52]。所以,当发布"社会政策敕令"的狂热兴趣导致了完全是南辕北辙的后果时,韦伯并不感到惊奇,让他悲哀的是人们越来越普遍地认为:"社会政策中还有唯一的一个最后手段:一无所有。"[53]

马克斯·韦伯承认"阶级斗争"是一个"现代工业社会秩序的构成要素",就此而论,他与马克思主义倒是所见略同。[54] 但他认为,希望看到社会结构的变革将会结束这种由于"人对人的统治"而产生的劳资根本对抗,那只是幻觉。他仅仅是严肃地把社会主义理论看作一种伦理观。这突出表现在,我们在韦伯的社会学著作中根本看不到对卡尔·马克思的主要经济学说或者历史哲学的系统分析。[55] 无论如何,我们可以认为,马克斯·韦伯宗教社会学研究做出的重大努力,即辨

---

[51] 《政治著作选》,第 318 页。
[52] 1911 年 11 月 15 日致弗莱堡大学同事的信,参阅上文第 70 页注释 133。
[53] 《德国北部新教地区的农业工人》,第 11 页。
[54] 《1894 年福音派社会代表大会文集》,第 73 页。
[55] 马克斯·韦伯曾计划在 1920 年下半学期的授课中系统讲述社会主义问题,但刚开始就因他的病逝而终止。请比较京特·罗特:《韦伯社会学与马克思主义的历史联系》,载《科隆社会学与社会心理学杂志》,1968 年,第 20 期,第 432 页及以下。

识特定经济体制与社会结构之起源中的观念成分，要旨就在于否定马克思主义所谓思想生活是经济环境的上层建筑理论。[56] 不过，韦伯是在庸俗马克思主义的意义上理解这种理论的。到1918年他在维也纳以《唯物主义历史观实证批判》为题的系列教程，才真正概括了这些研究中的实质发现。[57]

韦伯关于经济结构宗教基础的论点，并没有直击马克思主义理论的本质。他敏捷地认识到，资本主义一旦充分发展，即使没有任何特殊的经济职业伦理在"召唤"，资本主义也会照样存在，因为竞争作为经济过程的动力将使这种特殊职业伦理成为多余。[58] 就此而论，马克思主义图式在资本主义的成熟阶段倒是具有完全的效力。作为一个物质生产体系，资本主义成了以往社会结构的巨大破坏者并瓦解了它们的特定文化理想。资本主义那种彻头彻尾的竞争原理，对人的作用力并非一种植根于宗教土壤的动力性经济心态，而是它本身俨然就是个宗教根源。它不仅将社会结构，同时也将文化理想本身理性化了。[59] 马克斯·韦伯精湛地描绘了资本主义的这些后果。

实际上，韦伯比他本人愿意承认的更接近马克思的方法论立场。在说到"所谓'唯物史观'，作为一种世界观或者对历史现实进行因果解释的公式……已经遭到了毫不留情的否定"[60]时，他想到的是当时流

---

56 参阅洛维特：《马克斯·韦伯与卡尔·马克思》，前引书，第207页，但洛维特认为韦伯做出的是系统性"误判"。据说，韦伯——肯定是按照庸俗马克思主义的理解——以反马克思主义论点遮蔽了马克思原初的参照依据：人的异化现象。

57 《马克斯·韦伯传》，第617页。

58 当然，他并没有始终坚持这种观点，毋宁说，他倡导的是一种动力性经济信念。

59 参阅熊彼特《资本主义、社会主义与民主》，第27页："马克斯·韦伯的全部事实和论点都完全符合马克思的体系。"（熊彼特在注释中说，这里所谓"马克斯·韦伯的全部事实和论点"，是指韦伯的宗教社会学研究，特别是《新教伦理与资本主义精神》这部名著。——译者注）

60 《文集》，第166页及以下。

行的对马克思的庸俗马克思主义解释,而不是马克思本人。他自己的社会学方法试图在普遍历史的背景下根据理想类型描述现代社会的重大发展趋势,在很大程度上与马克思的卓越概论是一致的。[61] 当然,韦伯认为,对人的社会行为产生决定性作用的,不仅有"物质利益",还有"观念利益"[62],这与马克思主义的"上层建筑"理论形成了鲜明对照。同样,他也坚决反对只有阶级利益才是阶级成员社会行为的可靠标尺这种立场。[63] 在他看来,社会身份以及它所决定的典型社会行为模式,至少也具有同样重要的意义。

他在《经济与社会》中刻画的资本主义制度理想类型,并没有试图淡化资本主义的形象。韦伯指出,资产阶级国家的形式合理性法则合乎财产所有者的利益,但绝不会有利于无产阶级。经济体制"形式合理性"的最大化,只能以市场取向的货物交易不受约束和工人完全"从属于"经营者为条件。他本人把这一事实称为资本主义制度的"实质无理性",这成为赫伯特·马尔库塞(Herbert Marcuse)后来许多批判的先声。[64]

韦伯不可能去设想资本主义经济体制有什么真正的替代物,尽管他也考虑到了社会主义社会形态的理论可能性。他认为,"未来的社会主义革命"不过就是一种狂想。他的学生罗伯特·米歇尔斯(Robert

---

61 见于尔根·科卡:《马克斯·韦伯与卡尔·马克思:方法论比较》(Jürgen Kocka, "Max Weber und Karl Marx: Ein Methodologischer Vergleich," *Zeitschrift für die gesamte Staatswissenschaft* 122, 1966;现已收入 *Geschichte und Ökonomie*, hrsg. Hans-Ulrich Wehler, Neue Wissenschaftliche Bibliothek 58, 1973:54)。另见我的研究《官僚制时代》,第 47 页及以下,那里详细讨论了韦伯政治理论中关于动态资本主义和官僚制社会主义之间的关系。

62 见《宗教社会学》,第 1 卷,第 252 页。

63 《经济与社会》,第 2 卷,第 533 页。

64 参阅赫伯特·马尔库塞:《马克斯·韦伯著作中的工业化与资本主义》,载《文化与社会》(Herbert Marcuse, "Industrialisierung und Kapitalismus im Werk Max Webers," in: ders *Kultur und Gesellschaft*, Bd.2, Frankfurt, 1968),第 107 页及以下;另见我的《官僚制时代》,第 67 页及以下。

Michels）要从人道主义和激进民主立场处理自由社会主义问题，对此，韦伯则给出了这样的论点：唯一的选择仅仅存在于如下两者之间，要么是托尔斯泰意义上的负有纯粹伦理责任的工团社会主义，要么是"适应社会的技术要求以达至文化认同，不论那是经济、政治还是别的什么技术"。然而，在政治领域，"一切关于'革命'的讨论都是闹剧，指望以任何社会主义社会制度或者任何其他精致的民主形式克服人对人的统治，所有这样的理论，统统都是乌托邦"[65]。

韦伯抵制社会主义意识形态，和当时的其他人持论颇为相近。他只是关注马克思的逐步剥夺与危机理论，认为中央集权理论只有有限的正确性。[66] 他否定了向社会主义演变趋势的不可避免性，并且预言了相反的趋势："一个必将长期存在的资本主义时代。"[67] 在他看来，没有任何理论上可以想象的社会主义形态能够实现那些他相信为社会主义理论所支持的理想。工人个人被剥夺了生产资料，是他被约简为一件商品和他被异化的真正原因，但韦伯认为，我们事实上对此完全无可奈何。由一个工团主义组织——比如一个生产合作社——占用生产资料，也面临重重经济障碍，尤其是，这种意图将使企业的理性核算与管理不再可能。[68] 韦伯确信，废除生产资料私人所有制，根本不可能兑现马克思的热情预言，即从资本那里获得解放。"任何理性统一起来的社会主义经济，都会保持对全体劳动者的剥夺，只不过是通过剥夺私

---

65 1908 年 10 月 4 日的信，抄自韦伯遗稿。这里还谈到："一个只是希望过上每天有报纸可读、有铁路可乘、有电气可用等等这种意义的生活的现代人，一旦他放弃了本身没有任何'目标'，甚至没有任何可以想象的目标的革命癖好，他也就断了你对未来的一切理想。你是个诚实的小伙子，有自己的独立意志，……你会经历很久以前就把我带到这个节点并给我打上了资产阶级政治家印记的批判过程，如果我们还有可能多少抱些希望的话。"

66 请比较韦伯的演讲《论社会主义》，载《社会学与社会政策文集》，第 492 页及以下。

67 《政治著作选》，第 318 页。

68 《经济与社会》，第 50 页及以下。

人所有者而彻底实现了这一点。"⁶⁹ 韦伯令人信服地指出，这一点丝毫不会提高劳动者的阶级地位，相反，劳动者将要面对的是私人经营者难以望其项背的、远为强大且无孔不入的国家官僚制。⁷⁰

韦伯还警告说，一种按照社会主义方式组织起来以满足人类需求的经济体制，不可能消减利益集团之间的冲突，这些冲突无非是在另外的层面以新的形式继续存在。⁷¹ 他没有具体指出一种社会主义经济组织可能会采取什么样的形式，但他肯定，摆脱了无理性自由竞争、投机活动和周期性经济危机的社会主义，将会为资本主义自由市场经济那种"精于计算的形式合理性的消减"支付更大的代价。⁷² 韦伯确信，"只有在劳动者服从于经营者支配的地方，资本核算的形式合理性才有可能达到最大化"⁷³。正是这种资本核算的形式合理性，为现代劳动分工条件下的资本主义提供了对以往一切经济体制的优越性。因此，以满足人类需求为取向的社会主义经济（韦伯对此的理解，是一种严肃使用"收益"概念作为调节因素以及存在"有效"市场价格的经济），就会遭遇严重障碍。⁷⁴ 在《经济与社会》中，韦伯以理想类型方法，对各种市场取向的"交换经济"和一切能够想象到的中央控制的社会主义"计划经济"进行了比较，为的是指出前者处于可以释放社会动力到最大化的最佳地位。这种优势地位，大大有助于生产取向的资本主义市场经济进入形式上最高度的自由竞争状态。可以想象到的所有社会主

69　《经济与社会》，第 79 页。

70　《政治著作选》，第 331 页及以下。

71　《经济与社会》，第 119 页。

72　同上书，第 60 页。

73　同上书，第 78 页。

74　韦伯以是否"维持一个有效价格体系"作为划分社会主义和社会改革之间界限的标准。同上书，第 56 页，参阅第 120 页及以下。

义经济组织形式,以及把债券投资者的利益置于扩张取向的资本所有者与管理者利益之上的资本主义形态,则无不缺少这种动力。[75]

然而,韦伯之所以否定社会主义理想,关键因素在于他的这一信念:"任何理性的社会主义"都将袭用资本主义社会中的官僚制成分并使之膨胀到无穷大。一种社会主义秩序必须按照比资本主义秩序"更坚固的形式规则创造出严格的官僚制行政"才是可能的。[76]充其量,社会主义可能将变成一种强大的官僚制消费者组织,它显然会带领人类更接近那个"未来的铁笼"[77]。

马克斯·韦伯认为,说工人阶级只能通过摧毁资本主义制度获得解放,这种预期大谬不然。在他看来,工人阶级在资本主义制度中的上升,不仅是可能的,甚至是资本主义的利益所在。社会主义实验则很可能阻碍这种发展。因此,韦伯必然会否定社会民主党的革命煽动,认为它对社会主义必将最终获胜的盲信毫无现实感。据此,他对工人阶级运动能够实现它的一小部分社会主义理想也几乎不抱希望。1907年他曾致信罗伯特·米歇尔斯说,"政治民主化大概是短期内唯一能够做到的事情,而这已经是不小的成就了。"与韦伯不同,米歇尔斯是社会主义观念的热情支持者:"我不可能妨碍你信之弥坚,但我不会勉强自己成为你的同道。"[78]他希望,工人阶级在一个民主化的德意志国家获得政治解放,能够瓦解实业界与保守派的"反动"联盟,而保守派就是在这个联盟的支持下对抗进步性社会政策的。[79]

由于相信工人运动只是在资本主义制度中才有未来,马克斯·韦

---

75 参阅《经济与社会》,第59页及以下。
76 同上书,第129页。
77 《政治著作选》,第396页。
78 1907年11月6日的信,抄自韦伯遗稿。
79 参阅《德国的资本主义与乡村社会》,前引书,第441页。

伯并不怎么反感德国社会民主党支持的阶级斗争。他嘲笑了德国资产阶级对红色幽灵的可悲恐惧。[80] 德国社会民主党"对它们远更无害"[81]。他曾相信，社会民主党是被一个头脑褊狭的小集团经营的，或者是受到了一个狂热的新闻记者圈子的影响。为了获得对该党的性质及其领袖们尽可能直接的印象，他没有错过1906年出席社会民主党曼海姆代表大会的机会。这次大会开得很糟糕，令韦伯感到完全印证了自己的看法。他无法理解资产阶级为什么会恐惧这么一个政党，他还相信，革命的俄国社会民主党人要是出现在讲坛上，肯定会因为目击了如此可怜的表演而痛心疾首。他对社会民主党的大会讨论完全没有兴趣。出于对权力的高度敏感，他对集中于总罢工及其执行方案的讨论进程几乎无动于衷。这些讨论清楚地表明，该党领导人甚至缺乏基本的权力本能，没有任何政治干才所必需的品质。韦伯毫不费力就明白了这种在看不到希望的战斗中不知进退的情绪化激进政治是怎么回事。他看待那些投身社会革命行动的无政府主义者的态度，远比看待这种马克思主义者时要认真得多，后者只是从他们的最终胜利乃是历史必然这种信念中寻求安慰。韦伯仅仅承认两种实际有效的选择：或者是基于情感与伦理信念且不顾后果的激进无政府主义政治，或者是专注于当代形势的修正主义政治。在曼海姆看到的革命煽动与小心避免一切革命行动这两者的反差，以及同时拒绝意义重大的修正主义策略，都使韦伯大为恼怒。他断定，隐藏在所有这些"未来派革命音乐"背后的，不过是一种彻底的无力感。"曼海姆简直就是个'冒牌货'，"他给罗伯特·米歇尔斯写信说，"我听倍倍尔和莱基恩（Legien）至少不下十次提到'我们的弱点'。另外，我还注意到一种极为小资产阶级的风

---

80 《德国北部新教地区的农业工人》，第11页。
81 《政治著作选》，第22页。

第五章　第一次世界大战之前的韦伯与德国国内政治演变

貌，看到了许多胖乎乎毫无生气也毫无决断力的小旅馆老板似的面孔，结果是，'向右'转无能为力，'向左'转又此路不通或者看上去此路不通。——这些人已经吓不到任何人了。"[82] 社会民主党的力所不逮，在曼海姆可谓表露无遗，确实令人大失所望。

韦伯对曼海姆党代会的客观成效抱有比较复杂的看法。工会明显占了上风，它们不愿为了前景难以预料的社会主义斗争实验而牺牲工会组织，这与韦伯的观点不谋而合。他相信，失败的罢工不仅会挫伤工会本身，而且会使"整个阶级运动的一切进展遭受若干年，甚至几十年的挫折"[83]。韦伯还认识到，这个党的领导层要想公开采取修正主义路线而又不至于严重威胁到党的统一是不可能的。他断定该党会因为否定革命行动而丧失全部"激情"[84]，同时又指责该党无意在现存社会结构中从事建设性工作，这表明了他的矛盾态度。

韦伯不再把社会民主党看作像它自称的那样是个严肃且抱有革命目标的阶级政党了。他只在决意投入革命行动且不顾自身安危的真诚的无政府主义者那里发现了应有的魅力。这反映在1907年社会政策协会会议上他为社会民主党勾勒的极为负面的画像上：这个党的

82　1906年10月8日的信，抄自韦伯遗稿。

83　请比较1908年2月9日致米歇尔斯的信，抄自韦伯遗稿，其中他激烈否定了米歇尔斯的论点，即每一次罢工都会有助于向社会主义的迈进，因而都是"正确的"。针对米歇尔斯的"以'成败'论'道德'"，他指出："难道你把你的科恩（Cohen）彻底置之脑后了？他至少在这方面可以给你驱驱邪。归根结底，你米歇尔斯是个工团主义者！工团主义者米歇尔斯大概可以（而且必须）这样说：为罢工辩护的信念始终是'正确的'信念；它是军国主义（阶级军国主义）信念，它是爱国主义（阶级爱国主义）信念——因此也就是诸如此类的信念。但是，偷偷窥视成功又是何等的虚弱！而且还背离了清晰的事实！"韦伯会接受社会主义和工团主义理论，仅仅是因为它们那种最极端的道德姿态（因而也就是它们最激进的表现形式）。韦伯看出了社会民主党人在实践中抛弃了关于未来的所有特殊社会主义理想而从事建设性实际工作和激进的大规模罢工行动之间那种出于现实政治考虑的合理摇摆，这是擅长在两个极端之间进行辩证思考的人能做出的自然反应。但这种一般性评价就够了吗？

84　1907年2月1日致米歇尔斯的信，见本书第118页注释94。

信仰已经丧失了喀提林式的活力,取代这种活力的则是"蹩脚的华丽牢骚和满腹悲情的大言阔论"[85]。罗伯特·米歇尔斯对于如此轻蔑批判德国社会民主党甚为不满。[86] 韦伯以其特有的方式给予了回应。米歇尔斯应当"把令他困惑的演讲干脆视为一个'具有阶级意识的资产阶级成员'对自己那个阶级的懦夫们发表的演讲"[87]。韦伯认为,要说"一个抱有虚假的阶级理想的阶级政党永远不会变成美国式的(政党)'机器'",这是一种"精神错乱的想法"。因此,他告诉他那个阶级:"你们这些傻瓜!社会民主党,不论议会制还是工团主义条件下,从来并且仍将和一部寻常的政党机器(从你的有利位置来看)'同样可怕'。"[88]

马克斯·韦伯就是以这种视角并怀着越来越大的兴趣不时观察着德国社会民主党的发展。他把它看作欧洲大陆一种新型政党的首要范例——以官僚制方式组织起来,在美国以及某种程度上在英国都已高度发达的群众性政党。奥斯特罗果尔斯基(Ostrogorski)1893年发表的关于现代民主条件下政党组织形式的论文,对韦伯产生了极大影响。他在1905年的曼海姆社会政策协会会议上指出,社会民主党正在变成一个美国式的庇护人政党,"由几个关键口号团结在一起",但除此之外的运作就"完全是为了增进与保护自身的利益和官职"。[89] 当时他还

---

85 《社会学与社会政策文集》,第410页。

86 米歇尔斯的信像所有通信一样均不见于韦伯遗稿,请比较下面引用的韦伯回信。笔者迄今也未能获知原件存于何处。

87 1907年11月6日的信,抄自韦伯遗稿。他接着写道:"你知道,我妻子现在是一家工厂的部分所有者——不过是很小的份额——但毕竟是所有者!"另见先前1907年10月15日的信:"我并没有对社会民主党'评头论足',只是给那些恐惧社会民主党的人(因而也间接给那个党本身)开了个玩笑,这并没有错。"

88 米歇尔斯的说法是"相应的(也……)"。

89 《社会学与社会政策文集》,第399、405页。

倾向于对此给予消极评价，但他相信，工团主义者可以成为制衡"头脑褊狭的党人"霸权的力量。然而，韦伯对政党机器的态度很快就开始了扩展变化。从奥斯特罗果尔斯基和布赖斯（Bryce）对美国政党制度的杰出分析入手，韦伯开始关注以非意识形态官僚制方式组织起来的庇护人政党，把它视为未来的政党类型。最终他认识到，政党的官僚制组织必定会大大影响它的政治战略和行动模式。早在1906年3月，韦伯就指点正在从事政党社会学研究的罗伯特·米歇尔斯，必须研究德国社会民主党的法律和组织结构，他认为这一点非常重要，因为德国社会民主党已是"盎格鲁－撒克逊国家之外现存唯一的、在技术上得到充分发展并且（由于）它的阶级性质而受到绝对异质的理想原则激励的政党"。德国社会民主党是个特殊利益集团，"不像其他那些（现代）政党，它在某种程度上如同一种'世界观'"，而且与美国的政党不同，"它不仅仅是一部'技术'机器"。[90]考虑到现代政党制度发展中的结构变化，"政党通常具有的世界观性质及其发展"，在韦伯看来似乎比米歇尔斯看重的党内学者与修正主义者的角色远更重要。[91]韦伯确信，原则上以世界观为取向的政党，大都盛景不再，德国社会民主党这个例外则很容易用国内的反动局面来解释。他认为，事实将证明，对于德国社会民主党来说，需要远更倚重的是官僚制机器，而不是任何关于未来的意识形态。这一点支持了1907年他在社会政策协会马格德堡会议上做出的断言，即社会民主党对于现存的资产阶级社会秩序不构成任何威胁。不过事后来看，这个论点已经失去了某些说服力。尽管官僚制机器的膨胀使得社会民主党的革命性减退，但

90　1906年3月26日的信，抄自韦伯遗稿。
91　同上注。米歇尔斯后来日益关注领导层圈子和作为一个整体的党的关系，而不再仅仅关注党内知识分子的角色，也可以认为是受到了韦伯的影响。

一个僵硬的官僚制政党也有可能是个特别讲究世界观的政党，我们只需看看共产主义干部党（Kaderparteien）和法西斯主义"信徒党"（Gefolgschaftsparteien）的情况就足够了。

韦伯与米歇尔斯在现代群众性政党的官僚化问题上所持的矛盾立场，至今看来也还是饶有趣味。最初，韦伯还对伴随美国式政党的发展而来的一切理想主义的流失感到痛心疾首，现在则欢迎这项发展了，认为这是克服空洞的政治世界观所必需的。再往后，他又提出了更有说服力的论据："庇护人政党"对于美国式的"猎官者来说……远更惬意"，也就是说，"如果其他条件相同的话，一个拥有官职任命权的党能使那些富有感召力的个人比德国各政党的小资产阶级显贵组织——特别是比自由派组织——更容易赢得必要的追随者，因为这些组织的纲领和世界观几乎一成不变"。[92] 然而，在坚定的社会主义者米歇尔斯看来，情况却恰恰相反。由几乎不可动摇的领导集团驾驭的官僚制政党机器的崛起，之所以成为米歇尔斯关注的核心问题，是因为它将使社会主义和民主理想变得不可调和。这项发展会不会不可避免地导致背离原初的理想并最终把它们扭曲到它们的反面？[93]

韦伯认为社会民主党同样有变成一个为其党务人员谋求官职的政党机器之虞，这种预见强化了他的另一个观点，即该党随时都有可能进入一种对政府和社会负责任的关系。他嘲笑宫廷和资产阶级圈子对社会民主党多半最终会出现在地方政府中感到的恐惧。在地方政府层面，社会民主党只能贯彻一种"重商主义"的产业促进政策，而不可

92　《经济与社会》，第678页。

93　参阅米歇尔斯：《现代民主中的政党社会学》（Michels, *Zur Soziologie des Parteiwesens in der modernen Demokratie*, Stuttgart, 1957，另见该书新近印行的第二版 W. 孔策（W. Conze）所作的出色后记。

能推行社会主义政策。[94] 如果社会民主党掌管了国内行政，也只能威胁到党内那些坚持革命意识形态的势力。最后将会证明，社会民主党不可能征服全体居民和中央政府，相反，这个党将被国家征服。政治上负责任的合作将会把社会民主党从严重束缚着它的毫无政治实效的意识形态罗网中解脱出来。[95]

对社会民主党这种不抱偏见的评估，在我们今天看来已是不言而喻的了。但在当时，德国资产阶级只有很少一部分愿意接受这个评估。不过几年工夫，瑙曼的一个口号"从巴塞尔曼[96]到倍倍尔！"就被人置之脑后了。当然，韦伯认为，劳工运动只能怪自己太担心资产阶级拒绝他们的平等要求。社会民主党给它的支持者们许诺了一个"人间天堂"，制造了"一剂预防现存制度影响的天花疫苗"。[97] 韦伯指出，社会民主党

---

94 《1907年社会政策协会马格德堡会议上的发言》（"Diskussionsrede auf der Tagung des Vereins für Sozialpolitik in Magdeburg 1907"），见《社会学与社会政策文集》，第411页；参阅1907年10月15日致米歇尔斯的信：他在马格德堡"只是确认了像卡塔尼亚示范的那样，在现代社会当权的社会民主党不可能推行'社会主义'政策，而只能是'重商主义'政策，同时还有——始终是徒劳的——阶级政策，进而就是'赢者通吃'的政策。实际上它一定会如此"（抄自韦伯遗稿）。

95 《社会学与社会政策文集》，第409页。

96 恩斯特·巴塞尔曼（Ernst Bassermann, 1854—1917），德国政治家，1893年入选德国国会，1898年任民族自由党国会领袖，1906—1909年在冯·比洛首相的国会联盟中充当各极端派别间的调解人，但拒绝与社会民主党人建立政治阵线。——译者注

97 《形势》，见前引书第120页及以下。完整引文如是："据说，经济的'社会化'（Vergesellschaftung）必然带来'自由'人格或者'利他主义'理想的发展，这根本就不可能。你在那些认为'物质发展'必然带来胜利的人当中看过任何这种情形的萌芽吗？'正确的'社会民主主义正在操练大众投入思想的游行进军，指引大众凝视着一个天堂，但那不是彼岸的天堂（清教徒也为那个天堂而在尘世做出了令人信服的努力），而是此岸的天堂，并把它变成了一种疫苗以对付那些在现存秩序中享有既得利益的人。它使信徒们习惯于服从教条和党的权威，习惯于毫无结果的群众罢工景象，习惯于懒散地从他们在新闻界的受俸者发出的怒吼中寻找快乐——这种日益堕落的表现在他们的对手看来既无害又可笑。换句话说，它使追随者们习惯于一种'歇斯底里的情绪享受'，以此置换并取代了经济与政治的思想和行动。一旦这个运动的末世论时期结束，一代接一代的人们或在暗中摩拳擦掌，或对诸神切齿相向，那么，在这种贫瘠的土壤上能够生长出来的唯一产物，就是心智的愚钝。"

僵硬坚持马克思主义教条，是德国政治发展停滞不前的根本原因。[98]

马克斯·韦伯怀疑，与社会民主党人在政治、社会政策以及纯学术问题上进行有效合作很可能是徒劳的。[99]尽管如此，只要看上去还有现实可能性，他仍然会尽力寻求合作。他希望看到社会民主党人平等协商，尽量不要装腔作势地表现那种贱民意识为好。他曾不遗余力地要争取社会民主党人参与社会政策协会的工作，为此一再与爱德华·伯恩施坦（Eduard Bernstein）接洽并大有收获。[100]他的学生罗伯特·米歇尔斯遭到的粗暴对待，刺激他公开谴责了德国大学拒绝接纳社会民主党人任教的陈规陋习。他随时随地都会毫不犹豫地伸手去捅马蜂窝。"在德国追求高雅教养或者真实谈论学术自由和高等教育问题"都是不可能的，这种自由因为"政治上和宗教上的正派人被边缘化"而受到了限制。[101]他也为此大力谴责了社会民主党，因为社会民

---

98 另见韦伯在民族社会党爱尔福特代表大会上提出的引人注目的论点："社会民主党与资产阶级的对抗扫清了走向反动的道路。"（会议记录，第48页）

99 参阅1907年2月1日致米歇尔斯的信，抄自韦伯遗稿；他在信中写道，他"有一种感觉，即我们与社会民主党人合作的一切可能性都已不复存在"。尽管他没有正式加入某个政党，但他无论如何都更接近资产阶级政党"而不是现在的（！）社会民主党"。

100 韦伯曾向伯恩施坦发出热情邀请，希望他能借1904年10月10日海德堡演讲之机前来做客。他向伯恩施坦咨询了贵格会对禁酒会的兴趣问题，这与伯恩施坦的《17世纪社会主义史》有关。另外，他还询问社会政策协会能否"尽早，大概今夏"再次"指望伯恩施坦的参与"。他们两人是否实际有过私人聚会，我们不得而知。参阅社会史国际档案中马克斯·韦伯的信，伯恩施坦遗稿，D817。

101 《德国大学的所谓"学术自由"》("Die sogenannte 'Lehrfreiheit' an den deutschen Universitäten")，载《法兰克福报》1908年9月20日晨报第三版。另见《大学的学术自由》("Die Lehrfreiheit der Universitäten")，载《慕尼黑大学新闻》，第19发行年度，第220期，1909年，最近重新发表于《南德日报》，1973年11月3日。另见1906年1月24日致米歇尔斯的信（抄自韦伯遗稿）："依我之见，几乎毋庸赘言，一个社会民主党人仅仅因为他是个社会民主党人就不许获得任教资格，或者在其他方面受到限制，这种环境真让我们大学的所谓'学术自由'无地自容。不言而喻，这简直就是一个文明国家的耻辱，如果将其与意大利、法国甚至当时的俄国做比较的话。而且我敢肯定，大多数德国最优秀的学者都会绝对赞同我这个说法。……毫无疑问，错就错在1878年霍恩洛厄亲王（Fürst Hohenlohe）那个过于斯文的说法，即《反社会党人法》反映了'德国资产阶级的焦虑'。"

主党人一直宣称鄙视所谓的"资产阶级学术",也对这种反动局面起了推波助澜的作用。[102] 因此,他还着重批评了社会民主党所谓德国教授们在这方面保持沉默是由于"怯懦"的断言。"我不能肯定是不是'现实政治'要对这种沉默负责,而且正如我明确强调过的那样,我怀疑更应该受到谴责的,与其说是我自己所在的这个圈子中那些卑劣的个人动机(我相信这是误入歧途的可鄙动机,而且与我毫无关系),不如说是他们那么多同志对党的权力和'党的利益'的卑躬屈膝。"[103] 资产阶级的焦虑情结,与王朝的恐惧感交织在一起,也是这种态度的一个关键因素。韦伯认为,两者都是完全没有事实根据的。在1909年的莱比锡德国高等院校教授大会上,韦伯反复抨击了德国大学对社会民主党毫无道理的恐惧感,当然,这根本不是为了讨取后者的欢心。"国家主义的媒体指责我希望把社会民主党人推上最高教席。对此我要说的是,让社会民主党人去争取德国大学的教席吧,然后我们就能看到结果将是多么不堪。他们根本没有资源提供德国学术界作为一个整体所能提供的成果。"[104]

马克斯·韦伯还强烈批判了卡普里维去职后王室发布的一系列敕

---

102 1907年2月1日致米歇尔斯的信,抄自韦伯遗稿。

103 米歇尔斯把韦伯在社会民主党人任教资格的障碍问题上的核心论点介绍给了社会民主党编辑马克斯·夸克(Max Quarck),夸克怀疑马克斯·韦伯是不是有勇气公开表达他在这个问题上的情感,韦伯对此做出了雄辩的回应,他重申了自己的看法,认为"仅仅因为一个社会民主党人是——或者公开宣布自己是——社会民主党人就反对(甚或阻挠)他的任职资格,这'与教育自由背道而驰',简直就是个'笑柄',是一个'文明国家的耻辱'"。另一方面,他坚持要求公布与罗伯特·米歇尔斯的任命程序和任命机会有关的机密材料。他并不"打算损害同事们以成为'勇气'的楷模"。1907年1月5日致马克斯·夸尔克的信,夸尔克遗稿,社会民主党档案,波恩-巴特戈德斯贝格。

104 《1909年10月12—13日莱比锡德国高等院校第三次教授大会纪要》(内务管理委员会批准的报告),莱比锡,1910年,第16页及以下。

令导致的对工人运动的镇压。《反颠覆法案》[105]甫一露出政治地平线,他就在《基督教世界》上撰文指出,如果相信"只有漠视、压制或者阻挠一个正在上升的社会群体要求独立自主的阶级意识"才能发展一种合作性的民族工人运动,这真是无知的幻觉。[106]他曾计划在《边界信使》(*Grenzboten*)发表文章评论《反颠覆法案》,但他放弃了,转而联署了一份抗议宣言。[107]然而,他和弗莱堡的同事们拒绝了在社会政策协会发起、由卡尔·冯·曼格尔特(Karl E. von Mangoldt)博士执笔的一项决议上签名,由众多政治经济学家联署的这项决议发表于1895年2月7日的《边界信使》。韦伯对该决议鲜明的道德化腔调并无兴趣,它反映的是施莫勒的讲坛社会主义伦理观,宣称要想抚慰社会主义这个"敌手",就必须"凭借道德伟大消除怨恨的基础",这与韦伯的坦率观点根本就格格不入,韦伯认为,社会冲突并不在乎伦理分析或者冒牌的伦理分析。因此,韦伯带领他的同事在《援助》上单独发表了一份略去这个争议问题的宣言。[108]

韦伯甚至更响亮地否定了波萨多夫斯基伯爵(Graf Posadowski)1898年在德国国会提交的《不参加罢工者保护法》。幸亏由于德皇在奥伊豪森的刺耳演讲,这个法案已被公开贴上了"监狱法"的标签,并在国会

---

105 1894年帝国首相列卡普里维伯爵辞职,霍恩洛厄继任首相,在职期间,他努力防止德皇威廉二世的宗教狂热造成不必要的损失或弥补损失,虽然他并不同意威廉粗暴对待社会民主党人的做法,但还是支持通过了德国《反颠覆法案》(1894)和普鲁士《反社会民主党法令》(1897)。——译者注

106 《基督教世界》,1894年,第671页。

107 宣言发表于1895年3月3日的《援助》。

108 曼格尔特宣言的一份副本带有洛茨和韦伯建议改动的手迹,现为西德马尔堡图书馆达姆施塔特馆藏文献,后面有韦伯的签名。其中有一段重要批注:"唯有上面这个说法,而且恰恰就是这个说法,实在索然无味。马克斯·韦伯。"除了韦伯和他的弗莱堡政治经济学家同事们以外,在《援助》宣言上签名的还有众多知名人物,包括卢卓·布伦塔诺、特奥多尔·蒙森、赫尔曼·鲍姆加滕、保罗·纳托尔普以及德意志银行的格奥尔格·冯·西蒙斯。

第五章　第一次世界大战之前的韦伯与德国国内政治演变

开始讨论之前就被宣布胎死腹中。[109] 大概就是出于这个原因，马克斯·韦伯没有按照计划进一步在《法兰克福报》上公开"表态反对这个强制法"[110]。因为，和布伦塔诺一样，韦伯也把工会为工资进行的斗争看作现存秩序中一个天然的阶级斗争手段，所以他才不遗余力地反对那个"监狱法"。该法案旨在使罢工变得更为困难，而且对工人施加的法律限制将远远超过《帝国工商业管理条例》(*Reichsgeweerbeordnung*) 第 153 条。

韦伯思想的辩证性质就表现在这一事实上：他从不指望最终解决社会对抗。在他看来，"斗争"不仅是社会生活一个不可避免的要素，而且原则上是可取的，不管它采取的形式是公开争论、经济竞争还是生物学或其他意义上的"优胜劣汰"。[111] 社会搭档之间的工资斗争就是一种公开的阶级斗争形式，因此也是一种建设性事件。韦伯的出发点是这样的假定：当工人至少实现了组织化的法律平等要求时，彼此冲突的社会利益才能自然臻于社会正义的境界。[112] 所以，他极为支持工会理念基础上的自由主义社会改革，这很接近卢卓·布伦塔诺这位杰出人物大力支持的立场。[113]

韦伯只有对工会的同情是一以贯之的。工会在社会政策方面的努力，以及他们在资本主义经济体制中改善工人社会地位的工作，在韦伯看来是工人运动真正具有建设性的独特表现。他也勉强承认，没有

109　参阅卡尔·艾利希·伯恩：《俾斯麦垮台后的国家与社会政策》(Karl Erich Born, *Staat und Sozialpolitik seit Bismarcks Sturz*, Wiesbaden, 1957)，第 126 页及以下。

110　《马克斯·韦伯传》，第 231 页。玛丽安妮·韦伯把监狱法案记成了 1895 年，显然是与那个《反颠覆法案》混为一谈了。

111　参阅《经济与社会》，第 20 页及以下。

112　但请参阅下文本节的最后部分。

113　关于这一点，请参阅詹姆斯·希恩：《卢卓·布伦塔诺生平：德意志帝国的自由主义与社会改革研究》(James J. Sheehan, *The Career of Lujo Brentano: A Study of Liberalism and Social Reform in Imperial Germany*, Chicago, 1966)。

社会民主党的政治支持，工会不可能有此成效。但他始终认为："工人联合会本身就是弥足珍贵的，无论它们在公开斗争中获得的战术收益是大是小。"工会可以锤炼有责任感的野心，工人在那里可以懂得什么叫负责任和独立性。他把工会看作"社会民主党内理想主义工作与良知的唯一庇护所"，从而希望击退"威胁到它们天性"的任何主张。[114]

在这个问题上，韦伯与卢卓·布伦塔诺话不投机了，后者主张在每个经济部门为全体雇员建立一个法定代表团体，由它行使政党职责与资方谈判集体劳动协议。这些团体应当把有组织和无组织的工人都包括在内，工会则有权按比例派出代表以充实它们的人数。这在我们今天看来已经非常现代了——集体协议现在已是通例，但统一的工会可能像是资方的搭档。布伦塔诺致信韦伯，提出要在1905年曼海姆社会政策协会会议上讨论这个提议。但韦伯认为，这个"计划仅仅作为一张只能在遥远的美好未来兑现的支票才是可以接受的"。他预计，以存在众多相互竞争的工会组织为特点的现状下，这种"托管性组织"将会导致工会变成附庸。在为全体工人——包括非工会会员——法定的代表团体中，工会可能将萎缩成一些"社交聚会"。在他看来，布伦塔诺的工会社会改革，一旦背离了自由工会原则并迫使工会成为一个削足适履的法定工人代理人，那就走向无理性歧途了。出于贵族式的精英视角，他也厌恶必定会因为政府限制工会活动而导致的那种平均主义后果。布伦塔诺的倡议所给出的那些好处，必将被这一决定性的事实所抵消："如果由一个集体组织规定劳动条件，那么工人阶级当中富有才华的出类拔萃者，就会遭到他们之下的群众的排斥。多数人对

---

114 《社会学与社会政策文集》，第398页及以下。很典型地，韦伯曾在1918年提出建立工会与雇主联盟之间的工作协会，但要"排除黄色的阶级叛徒"（！），以此作为"革命时期一个货真价实的社会政治成就"。见《政治著作选》，第486页及以下，另见第287、305页。

第五章　第一次世界大战之前的韦伯与德国国内政治演变

工资差异背后的业绩品质并不敏感。工人精英将会丧失他们的天然领袖地位以及为共同目标尽责的动力。目前来看，他们的每一次工资增长，最终都会使人人受益。"[115] 由于这个观点仅仅在有限程度上适用于采矿业和铸造业，韦伯最初曾倾向于支持仅在矿工和铸造工当中贯彻布伦塔诺的提议。

在对社会政策协会发表的演讲中，布伦塔诺接受了韦伯的保留态度，但始终坚持了自己的基本观念。[116] 韦伯则除了反对借助立法建立工人的代表团体之外，几乎在其他所有问题上都与布伦塔诺同声相应，或者毋宁说，是布伦塔诺与韦伯同声相应。布伦塔诺在演讲中甚至不时逐字逐句地复述了韦伯在两人的通信中表达的意见。这在罢工法令的形式问题上尤其如此。和韦伯一样，布伦塔诺也认为已经生效的这种法令过于偏袒雇主们。两人都特别厌恶《帝国工商管理条例》第153条那样的"特别法"，按照该条款，凡是"使用暴力、威胁、侮辱或公开蔑视等手段"强迫他人入会或者阻挠他人退会者，都将被处以"监禁"惩罚。[117] 韦伯简明辛辣地称之为"老女人法"，它保护的是那些"没有良知和战友荣誉"的人。[118] 他希望看到第153条被撤销以利于普通刑法，或者对它加大限制，"仅在受到物质损失的直接威胁场合下"适用。[119] 这样一来，仅仅不利于工人的第153条，也应扩大适用于雇主

115　1905年4月25日致布伦塔诺的信，见布伦塔诺遗稿。在韦伯看来，布伦塔诺的提议"有必要参照米勒兰法令扩大其内涵：1. 罢工的必要条件是代表们做出的决定；2. 没有这样的决定可禁止罢工——即在这种情况下结社的法定代表人个人可被刑拘，如果没有这一条，这项提议在可见的未来就根本没有机会成为法律；3. 如果正确做出了罢工决定，应将'愿意工作的那些人'排斥在外"。参阅希恩前引书，第162页及以下。

116　布伦塔诺在1905年曼海姆社会政策协会会议上的演讲，见《社会政策协会文集》，第116卷，第135页及以下。

117　布伦塔诺谈到了"特别立法"。

118　在曼海姆的讨论发言，见《社会学与社会政策文集》，第397页。

119　在前引致布伦塔诺的信中，韦伯要求把它完全撤到一边。第153条于1918年7月被首先废除！

并需要"从法律上禁止雇主就工人的组织成员或非成员身份威胁工人（例如威胁解雇）：这样也可以保护结社权，而不光像现在这样只是保护反对结社的权利"[120]。就是说，雇主不应享有以威胁解雇为手段限制工人行使结社权的单方面权力。

"保护结社权，而不……只是保护反对结社的权利"[121]，这就是"一战"之前韦伯社会政策纲领的要旨。由工会组织起来的工人阶级和雇主之间机会均等，不应借助全能的法定代表团体甚或政府调解机构的官僚制手段淡化阶级对立，而是在必要时公开仲裁工资斗争。早在1898年，韦伯就积极参与了弗里德里希·瑙曼和奥托·鲍姆加滕组织的为汉堡码头工人罢工捐款的活动。[122] 在曼海姆，他又为1905年矿工大罢工期间受到"违反合同"指控的工人进行了热情辩护。同时他还痛斥了德国重工业的劳动规章，因为它公开要求工人绝对臣服。"这些先生（工业家）简直就像是警察。这些德国公民在德意志帝国的政治发言权越少，政府就能越多地保持对他们的控制，而他们也就更加只是治国术的一个对象，这样一来，他们会更加试图在某些地方——如今他们在大公司中——表现得像是有一份发言权的家长，至少在这里，其他人对他们是唯唯诺诺的。"韦伯一再指出了这种社会环境对国民政治意识的毒化

---

120 致布伦塔诺的信，同上注；布伦塔诺在演讲的结尾部分逐字逐句引用了这些表述；请比较1905年8月16日韦伯致布伦塔诺的信："我极为高兴您也认为对《工商管理条例》第153条的看法可以作为保护结社的一个平行条款。"在某种程度上说，第153条已被用来抵制雇员的结社，但只是在双方互不相容时。

121 布伦塔诺在他的大纲中（VI 2）接受了韦伯的表述，见前引书第148页及以下。他完全同意韦伯的观点，即"没有这种保护，'承认'教授结社……（可能）就意味着破坏结社"。

122 请比较奥托·鲍姆加滕：《自传》(Otto Baumgarten, *Meine Lebensgeschichte*, Tübingen, 1929)，第219页及以下。以及最近出版的迪特尔·蒂丁：《1896—1903年的民族社会主义协会》(Dieter Düding, *Der Nationalsoziale Verein, 1896—1903*, München/Vienna, 1972)，第110页。温克在一个类似的民族社会党人文集（《1898—1903年民族社会党史》，第72页及以下）中也有报道；据鲍姆加滕说，韦伯是委员会成员之一。

作用。[123]为大公司进行特别社会立法是必需的。"依我之见，它应当与'农民解放'立法具有同样性质，即由托管规章引入权宜性'福利条款'，以防它们被滥用作统治工具，否则就是完全有可能的。"[124]

韦伯并没有因为波萨多夫斯基的镇压计划失败后新采用的社会政策而感到宽慰。尽管新政策比较公道，但还是回避了关键问题。韦伯担心，私营企业的日益卡特尔化以及国营和公营企业的迅速扩张，可能将毁掉实施他的社会政策理想的一切可能性。1908年的新结社法不过是汇集了已被承认的结社权利并赋予工会稍微独立一点的地位。与此同时，由于经济持续低迷，社会环境开始恶化。在这种环境中，1912年以来社会政策协会中在韦伯与布伦塔诺周围形成的左倾圈子，决定召集政治经济学领域的所有重要人物举行一次社会政策联合论证会。韦伯致信布伦塔诺说，社会政策"需要某种意识形态空气。但是'风尚'不再。这种情况必须改变"[125]。

论证会原本计划与社会政策协会建立40周年庆典同时举行，但主持此事的韦伯充分意识到，协会内部的政治分裂可能会给这样一次行动带来几乎难以克服的困难。[126]对过去10年间的社会政策走向耿耿于怀的卢卓·布伦塔诺，迫切要求那些坚定的左倾社会政策支持者举行一次"激进"示威，并且力求把把社会问题和自由贸易问题串联起来。韦伯虽然从个人角度来说赞同此议，但他还是力劝布伦塔诺放弃了，因为它很可能无果而终，甚至应者寥寥。他关心的是"如何对外界发

123　在曼海姆的讨论发言，见《社会学与社会政策文集》，第396页及以下。
124　1905年4月25日致布伦塔诺的信。布伦塔诺接受了这个表述："我们需要根据绝对排除任何侵权行为的结论性规章对福利机构进行决疑判断。马克斯·韦伯提示了在这方面可根据农民解放的规章类推。"见前引书第145页。另见大纲Ⅵ, 3, 第148页及以下。
125　1912年9月16日致布伦塔诺的信，见布伦塔诺遗稿。
126　另见下文第141页及以下。

挥影响"。因此,他希望在柏林召集一次代表大会,但不是以协会的名义,而是直接以协会理事会会议的名义,为的是让所有政治经济学的"学科名流"都能"以'社会政策的进步'为口号"参与一场社会政治示威,"不论它的纲领多么松散,甚至根本就没有纲领"。[127]

此后,韦伯期待能建立一个社会政策联合会,为持之以恒地宣传进步社会政策提供一个基础,这样的社会政策所包括的原则应当无碍于劳工运动以及工人的个人自由,尽管"资本的垄断性－官僚制组织急剧膨胀"的时代已经来临。[128]

如何把社会政策协会中的左翼社会政治家团结起来,也是个重要问题。有一些必须包括在内的人物感到,马克斯·韦伯试图通过这次行动分裂社会政策协会。布伦塔诺则希望一并处理自由贸易问题,这是韦伯强烈反对的,认为它将招致许多保守的社会改革者的对立。在一系列通信中,韦伯力劝布伦塔诺重新考虑并放弃自由贸易规划,哪怕临时搁置也好,但未能说服布伦塔诺。[129] 其他人则反对韦伯把弗里

---

127 1912年7月3日的信。这里的记述是本于韦伯致布伦塔诺的诸多信函,见布伦塔诺遗稿。另见伯恩哈德·舍费尔(编):《马克斯·韦伯论社会政策》,载《社会世界》,第18期,1967年,第261页及以下。

128 引自布伦塔诺为原计划的社会政治示威集会拟订的方案,见布伦塔诺遗稿,67,BAK。

129 参阅1912年7月3日、9月5日和9月11日致布伦塔诺的信,见布伦塔诺遗稿,67 BAK。9月5日的信中有一个关键段落,表明了韦伯的核心论点:"再次谈一下另一个问题,我坚决要求绝对透明:如果您希望建立一个主张自由贸易的社会政策派别(因为现在已经存在一个'派别'了,我们无须遮掩!)——很好!那么请明示。依我之见,有机会实现自由贸易(无疑这意味着降低一些重要地区的关税,特别是谷物关税)的时刻尚未到来,原因就在于现存的权力格局。我赞成严格排除与社会政策特定核心问题无密切关联的一切事物。这一点在理论上是否'可行'并不是实质问题。一连几代人了,自由贸易商都是社会政策(哪怕是自愿的社会政策)之敌。许多人至今仍是。还难以确定是否会继续这种高价(它很少被用于对付有利于大地主的谷物关税,更多的是对付家畜壁垒,因而也就是——部分地!——对付农民利益!),对于我们来说,以这种方式为新的联合会定调子是不可能的,它充其量也就是一个单项议题。我认为,只要掺和进这种现状(即便把中央党排除在外),后果就是毁灭性的。"

德里希·瑙曼扯进来的想法。[130] 新的社会政策联合会是否吸收社会民主党人,也成了一个有争议的问题。布伦塔诺坚持要包容全体左翼,但韦伯出于策略考虑,要求仅仅吸收资产阶级社会改革者。[131]

1912年10月,在莱比锡举行了一次预备会议,会上公开——有时甚至很激烈地——讨论了这些分歧。布伦塔诺由于不满关税政策问题被剔出议程,便以社会民主党人拒绝介入为由,退出了原计划的社会政策论证会。[132] 韦伯试图挽回局面。11月中旬,他向莱比锡会议的参与者散发了一个详尽的备忘录。这是他对社会政策面面观的一个重要文献。他力求为一种基于自由主义原则的社会政策提供共同点:"毫无疑问,我们在工人问题这个领域有一个基本假定:对于雇主统治或者家长制观点,对于福利制度的枷锁,对于把工人视为官僚制支配对象的那些人,对于保险立法,我们一概认为纯粹是在制造人身依附而予以否定,这部分是出于原则立场,部分是由于乏善可陈。我们给予肯定的是工人在集体决定劳动条件时的平等参与,最终我们也肯定了巩固工人的组织以作为这种努力的先导;我们看到了(以这种方式)发展为一种建设性文化价值的忠实友情和阶级尊严——且不论个人是否仅仅在组织的压力下才表现出团结一致,这在任何基于荣誉和战友关系的社会群体中都在所难免。我们认为,有序罢工越来越难以奏效是一种不幸,原因则是雇主组织、法律和警察的圈套,以及在工人当中

---

130 反对者包括普伦格(Plenge)等人,见费舍尔前引书,第263页及以下。

131 福格尔施泰因(Vogelstein)也请求布伦塔诺不要拒绝在这个问题上的合作:"马克斯和阿尔弗雷德·韦伯、洛茨、德利尔、威尔布兰特,以及我们的许多年轻人,都决心为工人阶级的自由发展而奋斗,不惜为这种斗争做出牺牲。……如果您和马克斯·韦伯各行其是,那将带来极大损失。"1912年9月8日致布伦塔诺的信,见布伦塔诺遗稿,67 BAK。

132 布伦塔诺指责韦伯打算排除社会民主党人是出于党见而不是策略考虑,导致两人发生了严重争吵。韦伯指责布伦塔诺断章取义,布伦塔诺则认为自己的整个政治路线遭到了背叛。另见希恩前引书第175页及以下,舍费尔前引书第261页及以下。

系统组建的领取津贴的雇主保镖越来越占据优势。我们毫不妥协地反抗按照匹兹堡模式在萨尔区以及威斯特伐利亚和西里西亚重工业形成的政府支持下的资本霸权,因为我们生活在其中的,应当是一个公民国家,而不是臣民国家。"[133]

这是韦伯社会政策理想的经典概括:增强工人在与雇主关系中的地位,以使工人能够有效保护自身的利益。韦伯认为,只有这样,工人阶级才能发展出心胸开阔的政治判断力。但是他也开始怀疑,他对工会的支持,对私人资本通过卡特尔化和大工业进行扩张的肯定,以及对工业国有化和一切大范围国家干预的抵制,是否适用于不断变化中的环境。

韦伯表示,举行这样一次会议的主要原因就是"未来的社会政策在劳工领域的实际走向这个基本问题上的不确定性"。社会政策范畴已经出现了"新"局面,其特点就在于这一事实:"国有化、公有化和辛迪加化并驾齐驱向前推进,辛迪加的管理位置吸引了公务员,而国家的权势位置则吸引了实业管理人。就是由于这个以及其他原因,无论未来的支配力量是'国有化'还是国家'控制'的辛迪加化,对于社会政策的影响都是一样的,不管政府与共同体和辛迪加之间的关系具有什么样的形式性质。面对这种弥漫性的统治制度,以往发展起来的工会政策,连同我们与坚定的自由主义社会政策有关的一切制度,都将遭到毁灭性打击。"[134]

韦伯当时深为困惑。他苦恼地认识到,由于最近的经济发展,自由主义社会改革已经进入了危机时期,他不得不放弃过去的某些观点。

---

[133] 1912年11月15日备忘录:《致莱比锡会议与会者》,最近收入舍费尔前引书,第265页及以下。

[134] 同上书,第267、269页。

第五章　第一次世界大战之前的韦伯与德国国内政治演变

因此，他不再主张原先想象的那种一次性集会，而是要求代之以非约束性的定期会议。他越来越相信，一次性公共集会可能劳而无功。只有"一种集体立场的发展"才能有效对抗"在德国已经不合时宜的随波逐流的社会政策"。[135]他希望建立一支基于自由主义原则的社会政策突击部队。它应该是一个自由主义精神底色的政治经济学家圈子，对自由主义社会政策的基本假设进行深入讨论，考虑到经济环境已经为卡特尔和官僚制所左右，要在一些最重大的问题上形成一个共同立场。[136]最终目标是"确定某些稳固的原则，以期社会政策最大可能地'向左转'（这无须含糊其词地迎合目前的政治格局）"[137]。

马克斯·韦伯并未如愿以偿。他要组建一个为自由主义社会政策的发展而采取理论行动的群体的努力无果而终，其中部分原因在于，尽管他竭尽了全力争取卢卓·布伦塔诺的支持，但后者并不准备推动合作。这表明了政治家韦伯的命数，即便在社会政策这个狭窄领域，他也未能找到一个同心同德的群体，全力以赴地为他的观点提供支持，从而为这些观点的实践效力提供支持。

韦伯的失败导致了令人遗憾的后果。威廉德国的国内政治始终是

135　1912年11月15日备忘录：《致莱比锡会议与会者》，最近收入舍费尔前引书，第270页。

136　参阅1912年8月底（日期不详）致布伦塔诺的信，见布伦塔诺遗稿："我认为必须承认一个既成事实：那些正在影响社会政策立场的有争议的问题愈演愈烈——国营（和公营）企业日益强大还是相反；官僚化日甚一日还是相反；（工人的）强制性结社、强制性最低工资等等日益流行还是相反——我们'左翼'当中对这些以及其他一些原则问题并不存在一致看法。这一点必须首先做到才好。……我认为这是个很简单的事实。"

另外还应提到如下这些参与者：马克斯·韦伯、格海姆拉特·比歇尔、德里尔博士、卢卓·布伦塔诺、特奥多尔·福格尔施泰因、弗里德里希·瑙曼、冯·舒尔策-加弗尔尼茨、冯·茨维迪内克、滕尼斯、阿尔弗雷德·韦伯、奥本海默、雅斯特罗、科恩、格米施、洛茨、辛茨海默、普伦格、莱维、扎尔茨、拉德布鲁赫、卡尔维尔、科恩施塔特、冯·曼格尔特、鲍尔教授、莱昂哈德、奥伊伦堡、莱德雷尔、波特霍夫、拉德、海德、许金、霍伊斯、赫兄纳、格特鲁德·博伊默、毛贝特。参阅1912年12月19日的备忘录，见韦伯遗稿，这份名单即在其中。

137　1912年11月15日的备忘录，见舍费尔前引书，第269页。

病态的，社会民主党人则始终遭到孤立并被贴上了"帝国之敌"的标签。政府的社会政策无疑改善了工人的物质处境，却无视了他们的精神和心理状况，特别是保障"身心健康"所需的条件。它的成效因为过多家长制和等级制因素而大打折扣。尤其是，它始终没有摆脱对工人阶级造反志向的恐惧。这在韦伯看来真是一大悲剧，他是个既有社会关怀又有阶级意识的资产阶级成员，是能够在实质问题上准确判断社会主义工人运动的性质的极少数人之一。他认为，德国缺少健康的国内演变，是"资产阶级恐惧综合征"的结果，这是德国资产阶级"无权无势的胆怯欲望"的另一面。年轻的政治经济学家韦伯无情嘲笑了德国大资产阶级的一些人，说他们"毫不掩饰地……一心只盼望一个新恺撒上台保护自己，他们既害怕人民大众自下而上反对他们，又猜疑德意志各邦国朝廷在社会政策问题上从上面威胁他们"[138]。这时，韦伯几乎不再指望德国资产阶级最终能够凭借强大的政治自觉以摆脱贵族阶层和朝廷的社会保守主义并义无反顾地独辟前程，同时又把工人阶级视为平等的伙伴。马克斯·韦伯不得不承认，在德国做到这一步，希望实在微乎其微。"一战"爆发，大难临头，就此，德国社会结构的缺陷也悲惨地暴露无遗。

第三节 一个民族的资产阶级自由党的召唤

19世纪90年代中期的国内局面使韦伯对未来深感沮丧。自由主义因为意识形态僵化而导致了令人绝望的分裂。左翼的教条主义和分道扬镳引人注目。民族自由党则囿于安全精神而与米克尔庇护下的普

---

138 《政治著作选》，第21页。

第五章　第一次世界大战之前的韦伯与德国国内政治演变

鲁士保守派联合起来。支配着德国国会的是中央党，马克斯·韦伯因为自己的自由派背景而对该党很反感。他从未能完全放弃在他年少时候对他举足轻重的文化斗争情绪。[139] 韦伯不认为该党能够支持他的帝国主义和民族主义理想以及他的国内目标。此即这位青年政治经济学家避免投身实际政治的原因，这在当时也许是个自然而然的事情。

他一度对政治活动的积极涉足，与弗里德里希·瑙曼有关。韦伯与格雷的友情使他得以接近基督教社会运动，但1893年以后，弗里德里希·瑙曼对韦伯产生了支配性的影响。瑙曼的非凡观念，以及他的正直和他的勤恳作为，都使马克斯·韦伯为之着迷，由是，一位分析能力强大的社会学家和一位沟通天赋过人的社会理想主义者建立特别密切的关系，也就顺理成章了。虽然最初曾各执己见并且主张不同的价值观，但他们在进步社会政策的共同基础上成了知交。

韦伯支持瑙曼的基督教社会政治，尽管他与瑙曼的设想存在分歧。他不赞同瑙曼的社会主义倾向，也反对他通过基督教意义上的道德升华改善劳资关系的努力。韦伯认为这种做法是反动和陈腐的。1892年4月27日，马克斯·韦伯以弗莱堡福音派社会联合会的名义邀请瑙曼做了一场公开演讲。瑙曼获允自行选题，但韦伯试图劝阻他不要出于

---

[139] 请比较1907年7月15日（？）致弗劳·格瑙克-屈内（Frau Gnauck-Kühne）的信："如果要我考虑未来的可能性，那么我看到的有两种力量：国家的官僚制和天主教会的道德机器，结合着把人类划分为（经济或其他）各种专家而拥有支配其他一切的最佳机。尽管如此，实际上也正因为如此，我才把与这些公权力进行斗争视为我的人性需求，当然需要注意，这靠的是在天主教那里极为丰富的特殊虔诚形式，它与我上面所说的教会'机器'完全不是一回事——事实上它是对抗那部机器的，而且未来的机会更加渺茫。"见韦伯遗稿。

后来，在"一战"期间，萨尔茨堡努力创办一所天主教大学时，马克斯·韦伯尖锐抨击了用教派标准约束教授的做法，并且拒绝把计划中的萨尔茨堡大学与其他大学等量齐观，因为计划者希望5名世俗教授的任命必须获得大主教的同意。《论萨尔茨堡的天主教大学》，载《法兰克福报》1917年5月10日头版。

偏爱而以反"经济家长制"的立场发表一场伦理演说。[140] 1894年瑙曼出版了一个文集,题为《基督教社会意味着什么?》韦伯在《基督教世界》撰文对该文集提出了全面批评。他针对瑙曼那时的理想指出,"现代的发展"正在导致"大企业主"的个人统治日益"被财产所有者阶级的非个人统治所取代,个人关系被商业关系所取代,人身依附被服从不可知、不可见、不可近的权力的义务所取代"。这些变化使得"根据宗教意义解释统治者与被统治者的关系……不再可能"[141]。与瑙曼对无产阶级的赞美针锋相对,韦伯明确自称是个"资产阶级"成员。[142]

弗里德里希·瑙曼并不是个愿意听从年轻人见解的人,他一直是我行我素地坚持自己的理想。但他异乎寻常地正视了不同的论证方式和替代建议,这在他来说实在太罕见了。韦伯的论点确实产生了某种影响,瑙曼把它们吸收进了自己的价值系统,最终——大约五六年之后——他接受了韦伯的立场。另一方面,瑙曼过人的说教技巧则赢得了韦伯在他并不真正赞同或者被他认为毫无希望的一些目标上的一再合作。

韦伯参与了瑙曼的工人文库活动并为之撰写了一篇关于证券交易所的论文,堪称才思横溢,至今仍是关于证券交易所性质问题的不可多得的入门佳作。[143] 他还在基督教社会运动会议上发表演讲论述农业

---

140 1892年4月29日的信,瑙曼遗稿,119:"请您自行决定命题。大家的愿望分为两个方面:一是希望您能把'有教养者对下层阶级的义务'作为中心议题,另一方面,多数人——也包括我——则希望您不要局限于讨论纯伦理问题,也应当谈谈一些纲领性的基本问题(例如通常与经济家长制判然有别的那些问题。这当然不排除'有教养者的义务'等等或者类似的题目)。"

141 《基督教世界》,1894年,第472页及以下;参阅《1894年第五次福音派社会代表大会文集》,第72页及以下。

142 同上书,第477页。那里的说法是"我们资产阶级"。

143 见《社会学与社会政策文集》,第256—322页。

问题。[144] 他对瑙曼的《援助》周刊创办工作在观念上和物质上都给予了支持,该刊很快就成了德国有教养阶层主流群体的喉舌。韦伯一直列名为该刊的合作者。[145] 他以大笔的财政担保助了一臂之力。但这些年中,他并没有为《援助》撰稿,只是到了很晚的时候,从1917年开始他才为它写文章。[146] 弗里德里希·瑙曼的一个宏愿,如果没有马克斯·韦伯相助,也绝无可能付诸实践,这就是建立"民族社会联盟"以开创现有各政党僵滞立场之间新的政治运动局面。[147] 正是韦伯的思想影响,促使瑙曼从带有家长制性质的基督教社会理想主义转向了民族社会主义,力求把坚定的国内社会改革与民族的强有力世界政策融为一体。瑙曼的主张是,争取工人支持民族国家,争取精英支持民族帝国主义理想,这是响应韦伯90年代对蓬勃兴起的工人运动一再提出的希望,即共同致力于民族的伟大。和韦伯一样,弗里德里希·瑙曼也确信,德国的未来就取决于这样的融合。因此,他设想了一个大胆的计划,要为新型的工人运动找到一个具体化切入点,既否定社会民主党的国际主义,又体认民族的权力国家。

瑙曼干劲十足地着手实现这个核心目标。他那种"有原则的乐观主义"和马克斯·韦伯"勇敢的悲观主义"形成了鲜明对照。[148] 韦伯从一开始就大力反对瑙曼的努力,因为他断定那都是徒劳的。尽管韦伯坚决劝阻,瑙曼还是在1896年创办了一份日报,即《时代》——"以

---

144 1896年3月8日《法兰克福报》晨报第三版,其中对1896年3月7日在基督教社会联盟的演讲做了全面报道,演讲主要就是与瑙曼当面讨论"基督教社会农业政策"。

145 《援助》,1894年12月2日,试刊号。

146 参阅《马克斯·韦伯传》,第232页及以下,另见霍伊斯《瑙曼》,第105页及以下;温克前引书,第23页及以下。

147 参阅蒂丁前引书。

148 参阅康策前引书,第358页。

基督教为本的民族社会主义喉舌"。它本应是这个新运动的新闻媒体。韦伯的冷静怀疑很快就被证明言之不虚。由于财政困难,瑙曼在次年就停办了《时代》。马克斯·韦伯还曾力劝瑙曼不要正式组建一个在当前政治局面下一切都无法承诺的政党,但没有奏效。1896年11月,瑙曼在爱尔福特召集了一次民族社会主义者代表大会,会议决定组建一个"联盟"而不是政党。[149] 瑙曼极为乐观,他指出,"马克思主义者也"开始小有动作。[150]

结果,马克斯·韦伯碰上了大概他政治生活中最为尴尬的局面。他被迫对一项在许多方面都是他本人思想成果的事业采取批判立场,尽管这与他的政治直觉——这时变得尤其强烈——自相矛盾。他不仅与瑙曼,而且与联盟的多数领导人都有密切的私交,包括保罗·格雷、格哈特·冯·舒尔策-加弗尔尼茨、他弟弟阿尔弗雷德·韦伯以及他的挚友奥托·鲍姆加滕,而且尊重他们严肃认真的道德理想主义。他母亲海伦妮·韦伯也积极参与了瑙曼在各个社会力量之间开辟新途径的努力。

就在这同时,马克斯·韦伯的姨父阿道夫·豪斯拉特(Adolf Hausrath)告诉韦伯,海德堡大学正在考虑为他提供一个政治经济学教席,并建议他疏远瑙曼和基督教社会党人,在威廉二世恶评"基督教社会党人一派胡言"之后,王室便全然不再对他们正眼相看了。

韦伯的答复彰显了他的政治个性以及他与弗里德里希·瑙曼的关系:"我自己几乎拿不准是否应当接受一个教席。现在我面临着如下选

149　请比较1896年11月底韦伯致妻子的信:"我刚从报纸上看到,他们到底还是决定反对建'党'而是建立一个联盟。我们将看到接下来会发生什么。我相信将一事无成。"《马克斯·韦伯传》,第234页。

150　《1893年社会政策协会会议纪要》,第39页。

择：或者，只要还有机会和激励，我就留在这里继续我的政治活动；或者，接受一个重要职位并为之承担义务，放弃一切发挥其他作用的可能性。——我倒是很乐于推迟几年再接受这个教席。当然，我感觉，由于需要我承担更大的义务，可能我必须放弃同样多的东西；而且我非常清楚，提供给我的这个选择能使我承担更大的学术责任，但此时此刻，政治为我提供了一个实际的行动领域，包括瑙曼他们的规划。我不知道将来是否会因此而后悔，并且悔之太晚。……不过，像您建议的那样与'基督教社会主义者'决裂，在目前情况下我是不可能遵命的。我只能采取和我的感情相冲突的行动。我根本就不是个'基督教社会主义者'，而是个相当纯粹的资产阶级，我高度敬佩瑙曼的品格，我和他的关系仅仅系于这一事实：我在力求把他从社会主义的幻想中解脱出来。"[151]

实际上，在1896年那个时候的局势中，韦伯几乎看不到发挥政治影响的机会。他不认为存在可以为他的理想效力的可能性，哪怕是取得最微小的成功。一年之后，由于一次成功的巡回演讲，他被萨尔布吕肯选区提名为德国国会候选人，但他拒绝了。过去，瑙曼积极追求进步社会政策的努力，在韦伯看来是唯一可能具有深远政治意义的活动。瑙曼的理想主义激情吸引了他，而他也成功赢得了瑙曼对他的民族权力国家和帝国主义理想的支持。然而，难以弥合的分歧也一如既往，由于瑙曼空想性质的民族社会主义计划，这些分歧再次摆上了桌面。对于瑙曼来说，一个民族权力国家乃是推进国内社会改革的手段，尽管他的民族激情十分高昂。但在韦伯看来，社会政策只是为民族国家政治而斗争的一个基础，而且，他是以一种令人不快的尼采式怀旧

---

[151] 1896年10月15日的信，见韦伯遗稿。此信结尾处是一个很有个性的句子："但愿我的所作所为没有表现出觊觎这个崇高职位的意思，哪怕是非常隐晦的意思。"

感去看待一切纯社会关切取向的政治的。他界限分明地与瑙曼的社会主义倾向保持了距离。诚然，瑙曼的"民族社会主义"纯粹是一种修辞方法，因为它被自觉限定为"历史演变而来的经济秩序内部"的社会改革。瑙曼的目标是有朝一日能够继承社会民主的遗产，这实属痴人说梦。在这个可疑的路径问题上，"富有阶级意识"的韦伯绝无可能成为他的同道。

因此，韦伯对待瑙曼的努力既抱有同情也予以强烈否定。在1896年的爱尔福特大会上，韦伯对建立新党的批评多少有些不公正，当时在一些次要问题上的政治分歧发挥了比表面看上去更大的作用。[152] 瑙曼略去了最初包含在纲领草案中对大地产主的有力批判，这使韦伯深为不快，认为应当像他那样更多地论及波兰人问题。[153] 在向大会做的演讲[154]中，马克斯·韦伯毫不留情地展示了在他看来民族社会主义运动必将走向穷途末路的致命缺陷。瑙曼提到，民族社会联盟作为新政党运动的具体化切入点，必须首先赢得"有教养者"的支持："如果有教养者开始领导社会运动的进程，就必定会出现普遍的变革。"[155] 韦伯担心这将衍生出一种危险的幻觉政治。他不相信一个在社会上和观念上都变动不居的所谓有教养者大军能够成为一场政治运动的核心力量。大会本身几乎没有产生太鼓舞人心的效果，它的构成成分中几乎看不到知识分子，包括本应参与其中的众多神学家。[156] 韦伯认为，要指望

---

152 参阅韦伯会后致妻子的信，《马克斯·韦伯传》，第234页。关于这个问题的新解，见蒂丁前引书，第53页及以下。

153 这方面情况请参阅上文第57页及以下。

154 《1893年社会政策协会会议纪要》，第47页及以下。另见《政治著作选》，第26页及以下。

155 《1893年社会政策协会会议纪要》，第39页。

156 参阅会后致妻子的信，《马克斯·韦伯传》，第234页："占与会者三分之二的牧师们……不停地抱怨大众。"

民族社会主义联盟像鲁道夫·佐姆设想的那样完全取代社会民主党的领导权，成为工人运动的思想总参谋部，这是彻头彻尾的乌托邦。他确信，必须沉入无产阶级的文化区（Kulturkreis）以便富有成效地为他们的利益工作。[157] 他饶有兴趣地观察了一个"民族工人党"的创建，该党力图吸引向上流动的工人，这实质上是一个进步，但在这样一个"阶级政党"内，按照韦伯的个性化说法，有教养者是毫无立足之地的。

瑙曼现在主张的是去政治化的"愁苦主义"，这与他早先的观点形成了鲜明对照。一个现代政党只能在经济利益的基础上谋求发展。根据这个参照点，民族社会党就是"被压迫者的政党，是鞋子不合脚的那些人的政党，是所有无财产而且渴望拥有财产者的政党"。一切上升的阶级，哪怕是上升的工人阶级，都是民族社会运动的天敌。韦伯深信，社会情感和同情心不可能自行提供社会纲领的依据。他一直强调，权力斗争和支配才是政治的实质。但这个新党的精华所在是社会情感和同情心，因此，他以略带尼采式主人道德的姿态和它针锋相对。他坚持认为，民族社会党必定会因为在社会中处于一种开放位置而破碎成一些政治利益集团。他看不到一个纯粹意识形态取向，且社会学位置令其无处安身的政党会有什么潜力。韦伯建议这个新党立足于一个始终如一的资产阶级重心，即支持工业进步和民族权力国家。这个时

---

157 后来他认识到，唯一的办法就是联合社会民主党，参阅1909年5月9日致滕尼斯的信，抄自韦伯遗稿："您所说的'政治必须是除了"战术"就什么都不是'令我极为震惊——就是说，我非常惊讶这话出自您之口。这似乎打开了通向'现实政治'的一切门户，而我从我们对瑙曼的议论中知道，这根本不是您的主张。我甚至不想反对您的观点，即正是这些原因使那个政治上最为徒劳无功的政党——社会民主党——变得毫无价值。但事情如今也明摆着，实际上是出于同样的原因，接受这个党是进入无产阶级文化区并为它们的利益而工作的唯一手段（我指的并不是经验上现有的成就，而是从内心深处关切人的最高意义）。是的，哪怕能够面对面地和他们讲话——就像形式上接受教会是置身当代社会所必需。我只是不能体面地接受社会民主党的信条，这使我——就算我不会同时继续效力于'其他神'——不得其门而入，尽管说到底它不过像使徒的信条一样也是一种表面文章。"

候建立一个新的政党,就必须正视一个决定性的问题:是支持资产阶级的进步还是不自觉地支持封建倒退?这种局面下不可能存在第三种选择,一种代表"第四等级"的政治。社会民主党就曾"因为和资产阶级对抗,为反动铺平了道路"。

韦伯相信,当时的德国政治给出了一个清晰的选择:要么走封建道路,要么走资产阶级道路。[158] 他断定,当下最为重要的任务就是让资产阶级强大起来对付保守派。一种无产阶级的路径,不管采取什么形式,都会削弱这种努力并将直接有助于保守派与实业界结成联盟,因为后者可以把这个联盟视为阻止工人阶级崛起的一个手段。由此韦伯强调,应当从这个有利于大土地所有者的节目单中删除整个这一"政治高潮"。在他看来,摧毁普鲁士贵族地主的统治乃是社会政策的头等要务。他希望建立一个资产阶级政党:"这个新党必须是民族的资产阶级自由党,因为这正是我们还没有做到的;我们缺少一个能够通过我们的选票委托德国领导权的民主组织,因为我们希望有信心由它来保护民族和经济的权力利益。"[159]

这些说法暂时都没有产生什么影响。当然,瑙曼立即接受了韦伯协调致力于推动大工业发展的要求,这使它被纳入纲领成为可能。[160]但是还缺少必要的概念准备。民族社会主义联盟在僵滞的德国政党舞台上的灌木丛里开始了艰难旅程。它采纳了诸多韦伯的具体政治要求,包括强有力的反封建取向,积极推进德国农民在东部地区的拓殖。尽

---

158 关于这个历史背景以及韦伯在支持工业国家问题上发挥的影响,参阅肯尼思·巴尔金:《1850—1902年间关于德国工业化的争论》(Kenneth B. Barkin, *The Controversy over German Industrialization 1850—1902*, Chicago, 1970)。

159 温克尔曼根据温克前引书第63页及以下的独立报道修改为"民族"民主(见《政治著作选》,第28页),我们认为这显然是毫无根据的。

160 《1893年社会政策协会会议纪要》,第58页。

管持有强烈的保留态度，韦伯还是加入了联盟并不遗余力地支持瑙曼。[161] 可以想象，瑙曼能够更有力地向右转并在他自己的"联盟"瓦解之后最终推动右转融入"自由联盟"，韦伯的影响是举足轻重的。在这些年间，马克斯·韦伯深受严重的神经疾病之苦，这迫使他放弃了一切政治活动，最后还不得不放弃了海德堡的教职。他无法再站到大学讲台上了，这种状况一直持续到1918年。与瑙曼的联系继续保持着。瑙曼甚至还去意大利探访过他，韦伯在那里试图治疗自己的神经疾病和因长期失眠而反复困扰他的近乎狂躁的亢奋症状。

1903年，韦伯的病情有所改善，但仍然不能在大学尽常规授课之责，他的支持者力劝他去做点似乎注定要做的事情——与瑙曼和他弟弟阿尔弗雷德·韦伯一起出版一份政治刊物。[162] 韦伯极力否定了这个主意，特别是在民族社会联盟瓦解之后："不断处理那些使我深感兴趣的政治事务，有个重要问题是我的身体最多也就能坚持几个月。更重要的是，如果想在政治问题上不出错，就需要绝对冷静的头脑，我现在根本无法保证这一点。"[163]

他要求他的圈子为自由主义事业竭尽全力，他本人则转而投入了学术追求。[164] 1904年，他与埃德加·雅菲（Edgar Jaffé）和维尔纳·松巴特（Werner Sombart）一起接管了《社会科学与社会政策文

---

161 《马克斯·韦伯传》，第235页。

162 一年前，海伦妮·韦伯曾鼓励她的儿子去《普鲁士年鉴》工作，因为他的经济状况比较窘迫。据玛丽安妮·韦伯记述（《马克斯·韦伯传》，第269页），韦伯回答说："关于德尔布吕克的说法仅仅证明，《普鲁士年鉴》的事情并不理想，日后也许会有可能。但是我现在的工作精力太不确定，而且政治形势也很无趣。"

163 1903年7月17日的信，见《马克斯·韦伯传》，第289页。

164 例如特勒尔奇就说："马克斯·韦伯要求我积极参与政治活动，我没有响应，理由是我并非自由派，尽管我完全同情自由主义。我不是自由派，原因在于我的基督教信仰以及它对我的政治思想的影响。"（1904），引自瓦尔特·科勒：《厄恩斯特·特勒尔奇》（Walther Köhler, *Ernst Troeltsch*, Tubingen, 1941），第292页。

献》(*Archivs für Sozialwissenschaft und Sozialpolitik*)的出版工作，并以《社会科学与社会政策中的"客观性"》[165]这篇纲领性宏文，把一切实际的政治工作挡在了这个刊物的框架之外。这是悲剧性的，同时也是20世纪之初德国自由主义不幸处境的确凿象征：一个具有超凡政治洞察能力的人，一个明白什么是德国政治当务之急的人，却回避了能动的政治参与。[166]无疑，韦伯的这个决定有一个非常重要的因素，就是他对当代德国政治褊狭委琐状态的极度悲观。他一再为此烦躁不已，除了完全退出政治活动以免"毁了自己的身体"，他看不到还有别的选择。

另一方面，韦伯的意志力则堪称无穷无尽。他在行动力和敏锐的批判判断力方面大大超越了政治上活跃的同代人。不可避免的日常政治斗争细节、持续的妥协以及战术性的诡计，都不会让他感到惬意。他自己非常准确地描述过，他那种火山般的脾性也受不了帮派政治策略的约束。他对此再清楚不过了，所以，最终他拒绝了一切出现在他面前的政治参与机会。曾密切观察过韦伯的卡尔·雅斯贝尔斯（Karl Jaspers）断定："他似乎准备就绪，但也仅仅是准备就绪，就像奉到了召唤一样。他不谋求权力。他没有政治家那种天生的权力意志——渴望进行统治，因为这就是他的生活。"[167]马克斯·韦伯谈论马克思时的一个说法，大概也适用于描述他本人的意志和目标之精髓：他要的是

---

165 见《学术论文集》，第146页及以下。

166 参阅弗里德里希·泽尔的评论："德国自由主义知识分子在世纪之交的那些伟大和不足，集中体现在了马克斯·韦伯的个性与命运上：眼光深邃，严肃追求真理，却不能化思想为行动。"见《德国自由主义的悲剧》(Friedrich Sell, *Die Tragödie des deutschen Liberalismus*, Stuttgart, 1953)，第310页。

167 《论马克斯·韦伯》(*Max Weber: Deutsches Wesen im politischen Denken, Forschen und Philosophieren*, 1932)，第25页（该书第二版时名为 *Max Weber: Politiker, Forscher, Philosoph*, Bremen, 1946)。另见《海德堡悼词》(*Heidelberger Gedenkrede*)，第18页。

第五章　第一次世界大战之前的韦伯与德国国内政治演变

智识的力量,而不是对群众的支配。[168]

这时,韦伯已埋首于知识论问题并开始了《新教伦理与资本主义精神》(*Die protestantische Ethik und der Geist des Kapitalismus*)的宏大研究。不过,他仍对各种政治事件投以焦灼的目光,同时继续充当瑙曼的顾问和助手。在1905年社会政策协会曼海姆大会上,古斯塔夫·冯·施莫勒指责瑙曼的热情演讲是蛊惑人心,而这个演讲无论如何都不是协会以往观点的反映。马克斯·韦伯挺身为朋友进行了有力辩护。[169] 当然,韦伯知道,施莫勒的潜在意图是希望协会远离瑙曼的激进主张,他想迫使协会采取一种明确的温和立场,也就是向激进派发出直接挑战。在韦伯看来,这是企图把协会变成一个"上流社会的社会政策协会"[170]。

韦伯拒绝承认自己是一个保守派协会中的"激进装饰品",并且反对把他在协会中的左派朋友们也放到这样的位置上。[171] 协会不得不继续是个对一切主张都开放的"论坛"。[172] 布伦塔诺曾花工夫阻止

168　在一篇仅有若干笔记组成的关于"劳工问题"(几乎难以辨认字迹)的演讲手稿中(见韦伯遗稿),韦伯谈到了马克思。

169　韦伯的声明见《社会学与社会政策文集》,第406页及以下;另见多少算是官方版本的弗兰兹·伯泽所著《社会政策协会史,1872—1932》(Franz Boese, *Geschichte des Vereins für Sozialpolitik, 1872—1932*, Berlin, 1939),第108页及以下,其中,韦伯与瑙曼被指一贯扰乱协会的和睦。最近的资料,见迪特尔·林登劳布:《社会政策协会的路线之争》(Dieter Lindenlaub, *Richtungskämpfe im Verein für Sozialpolitik: Wissenschaft und Sozialpolitik im Kaiserreich vornehmlich vom Beginn des 'Neuen Kurses' bis zum Ausbruch des Ersten Weltkrieges, 1890—1914*, Wiesbaden, 1967),第409页及以下。

170　1905年10月26日致布伦塔诺的信,见布伦塔诺遗稿;请比较1905年10月26日施莫勒致韦伯的信,见伯泽前引书第116页及以下。

171　1905年11月11日致施莫勒的信,见施莫勒遗稿;请比较韦伯遗稿中1905年10月26日之前(日期不详)致阿尔弗雷德·韦伯的信。"由于敌人把我们视为'装饰品'和狂妄的激进派",他只好敬而远之。

172　施莫勒的用语。

韦伯在《法兰克福报》[173]发表针对施莫勒并有可能导致社会政策协会四分五裂的公开声明。[174]尽管如此，韦伯仍然宣布，如果协会的多数人开始执意右转，如果协会像施莫勒希望的那样在社会民主与向右反动之间采取折中路线，他和他的左翼同人将不会继续留在这个组织中。

1907年初的德国国会选举结果使韦伯深感沮丧，本来他曾希望这次选举能普遍增强各自由主义政党的力量以削弱中央党。出现一个纯"资产阶级"联合阵线的可能性并不存在，像瑙曼后来提出的口号"从巴塞尔曼到倍倍尔！"那样把这个联合阵线扩大到左翼也同样不可能。考虑到社会民主党人的"口头英雄主义"姿态，这并不是一个触手可及的前景。[175]尽管小集团政治与韦伯的基本信念——坚持一种对抗保守派的资产阶级政治——格格不入，他最初还是表示了赞同。他极为看重瑙曼的行动路线。与"自由联盟"那些很接近韦伯立场的领导人不同，由于《结社法》中关于语言的条款之故，瑙曼并没有退出"自由人民党"。[176]在韦伯看来，新证券交易法的成果值得在《结

---

173 例如1905年10月24日布伦塔诺致韦伯的电报，抄自布伦塔诺遗稿。

174 这里不可能深究韦伯与施莫勒的争论，尽管那可能有助于评价韦伯的人品。施莫勒、布伦塔诺和韦伯的遗稿中可见大量通信。施莫勒的信引自泽。韦伯对施莫勒的判断可在1906年施莫勒的备忘录中得到证实，他在那里写道："那些追求——比如说——使我们的宪法、我们的行政和我们的经济实现更大民主化的力量，到我们的协会外面去，作为一些特定政治党派的成员可能会干得更好。"部分内容见伯泽前引书，第266页及以下。

175 参阅1907年2月6日致布伦塔诺的信："仅有的希望就在瑙曼，以及未来社会民主党放弃口头英雄的做派追求实用政治的可能性。但，可能吗？"（《马克斯·韦伯传》，第405页）几天前，他曾给米歇尔斯写信说（1907年2月1日，见韦伯遗稿）他"感觉与社会民主党人合作的一切机会都已不复存在，因为不可能对付得了政治僵化，'怒火'当然是可贵的资源，但并不是狂热的代用品"。

176 1908年4月26日致布伦塔诺的信，《政治著作选》，1，第453页及以下。

社法》问题上做出让步[177]，因为这有益于德国的世界权力。[178] 但韦伯也极为不满《结社法》最后通过时的那种形式，特别是关于语言的条款，它们直接针对波兰人而来，同时严厉限制在公共集会中使用外国语言。[179]

韦伯为自由派愿意在这个问题上做出妥协进行了辩护，认为否定《结社法》"可能一无所获，同时还会导致自由派的分裂"。如果拒不妥协，就可能为普鲁士议会颁布一项无比恶劣的法律扫清道路。[180] 韦伯对于"比洛集团"的"保守派－自由派对角线"所持的正面态度，很大程度上是由于这样的希望，即威廉二世和保守派能对普鲁士的选举改革做出让步。[181] 他期待自由派调整策略以便实现这个目标。1908年6月他致信布伦塔诺说："依我之见，如果在（帝国的）财政领域做出让步以成功换取普鲁士在选举权问题上的重大让步，这将具有决定性意义。假如此举无果，那时'一切都将徒劳'。尽管也许会劳而无功，但必须一试。"[182]

1908年秋，新一轮普鲁士下议院选举表明，不存在对选举权进行重大改革的真正机会，韦伯认为，小集团政治完全丧失了"它们的合

177　在这个小集团中，证券交易法的改进被视为对结社法的补偿。参阅特奥多尔·艾申堡：《十字路口上的帝国》(Theodor Eschenburg, *Das Kaiserreich am Scheidewege*, Berlin, 1929)，第98页。

178　参阅上文第78页及以下。

179　参阅上文第63页。

180　参阅韦伯1908年6月3日和5日致布伦塔诺的信，见布伦塔诺遗稿。布伦塔诺指责瑙曼在结社法问题上做出了让步，并斥之为背叛了自由主义事业。布伦塔诺认为第12条对于结社自由特别危险。韦伯则为自己的朋友做了热情辩护："您说的一切都有道理。但我们不可能与瑙曼'断交'，因为那就等于和自由主义'断交'。波兰人在德国并不孤单。我完全同意您对这个语言环境的看法，尽管在波兰问题的其他方面我和您有分歧。"6月5日他写道："我理解您的深刻失望。但这里的形势比人强，不管他是什么样的政治家。"

181　见艾申堡的阐述，前引书，第282页。

182　1908年6月3日的信。

理性"[183]。这时,他一反那年早先的立场,迫使瑙曼"迅速左转",与"自由人民党"一直以来较右的倾向背道而驰。[184] 他并不希望看到瑙曼作为自由派立场的代表所发挥的作用因为对保守派毫无成效的让步政策而大打折扣。[185] "与瑙曼'断绝'关系是不可能的,除非我们干脆与自由主义'断绝'关系。"他预言了一个"黑色的"未来——就字面意义而言——看不到今后的岁月能给进步的自由主义政治提供机会。早在1907年他就对米歇尔斯说,我们应当"高兴……经历了黑暗反动的一代人之后我们还能抵达现在所拥有的那种自由,直至更好的时代来临"[186]。这种悲观的预见如今已被明确证实。他认为,在可见的未来,自由主义将被迫进入守势。[187]

至少还有一个事实能让马克斯·韦伯感到比较满意,那就是弗里德里希·瑙曼接受了他的几个主要观点并广为宣扬以求实现"自由主义的复兴"[188]。瑙曼已经采纳了韦伯与工业化协调一致的政策主张,将其作为他的纲领性著作《民主与帝国》(*Demokratie und Kaisertum*)的主题,尽管在韦伯看来作者把它与"社会帝国主义"这个幻影概念混为一谈了。[189] 瑙曼写道,德意志帝国假如还想"保存自己的精神和历史特性",那就一定不能被约简为"一个穷苦农民的福利机构",韦伯

---

183 请比较1908年11月5日致瑙曼的信,《政治著作选》,1,第454页及以下。
184 同上注。
185 参阅上文第143页注释180。
186 1907年2月1日的信。
187 参阅1908年11月5日致瑙曼的信:"今后四年我们将……随处……都会碰到僧侣统治。……要开始准备'通向自由之路'的艰苦工作了。"
188 特奥多尔·巴尔特与弗里德里希·瑙曼:《自由主义的复兴》(Theodor Barth und Friedrich Naumann, *Die Erneuerung des Liberalismus*, Berlin, 1906)。
189 请参阅我为弗里德里希·瑙曼:《宪政著作选》第二版(*Verfassungspolitische Schriften*, *Werke*, Bd.2, Opladen, 1964)所作的导读,第ⅩⅩⅩⅨ页及以下。

对此深为振奋。[190]

当然，更重要的是，由于韦伯的影响，瑙曼放弃了在小资产阶级的惰性和上流资产阶级的政治摇摆这种脆弱基础上开展一场进步政治运动的努力。[191]这是韦伯在爱尔福特大会上的演讲提出的主要告诫，已被形势的发展完全证实。这在1904年就使瑙曼终于相信，迫切需要公开承认自由主义政治的阶级性质，因为只有具备阶级意识的自由主义，才能"在未来的全面阶级斗争中"牢牢立足。[192]马克斯·韦伯反复强调了德国的分野，不遗余力地要把资产阶级团结起来对抗"大地产保守派阶级"。他在爱尔福特就已经指出，现代政党首先只有在利益基础上才能茁壮成长，德国需要一个持之以恒为资产阶级利益战斗的政党。

瑙曼还采纳了韦伯的政党社会学分析，并应用于组织自由主义的政党运动，这一点甚至更为重要，最迟在1906年，瑙曼就接受了这一观点：旧时的显贵自由主义政党类型已经过时，未来属于"政党机器"。[193]1906年之后，瑙曼就一再要求建立一个能与中央党、社会民主党甚至农民联盟（Bund der Landwirte）的机器相匹敌的自由主义政党组织，一个与保守派密切合作的群众组织。旧时的自由主义之土崩瓦

---

190 《民主与帝国》，第155页及以下。

191 康策：《弗里德里希·瑙曼》，第376页。

192 《援助》，1904年，第2发行年度，第10期，第2页："自由主义的阶级政治"，现已收入瑙曼的《宪政著作选》，第4卷（"Klassenpolitik des Liberalismus"，Friedrich Naumann，*Werke*，Bd.4，*Schriften zum Parteiwesen und zum Mitteleuropaproblem*，hg. v. Thomas Nipperdey und Wolfgang Schieder），第257页。

193 最早错误地把瑙曼脱离显贵自由主义这一转变归因于米歇尔斯的，是约阿希姆·克诺尔，见他的《自由主义和民主是如何选择领袖的》。韦伯曾引导米歇尔斯关注"机器"现象，并力促瑙曼考虑组织问题。也许韦伯向瑙曼介绍过米歇尔斯的著作。克诺尔的研究时常因为这种轻率的笼统概括而失真。它的缺陷尤其在于这一事实："精英"这一基本概念的含义始终模糊不清，在叙事过程中经常词不达意。他不时地就把精英概念和君主制观念搅和在一起，这根本就风马牛不相及。

解,原因就在于低劣的组织水平。[194]

然而,瑙曼祈望的一个大规模自由主义运动的复苏依然落空了。瑙曼的悲剧和马克斯·韦伯如出一辙。尽管他有一个独立头脑,充满乐观精神,而且已然接受了新观念,孜孜不倦地试图伸手揽月,但在某种程度上说,他也是退出了政治沼泽,进入纯学术空间的"资产阶级马克思"的一个传声筒。[195]特勒尔奇在1920年的讣告中说,韦伯"已经通过瑙曼对德意志民族产生了历史性影响,瑙曼接受了他的观念并把它们铸入了自己的精神"[196]。无疑,特勒尔奇是正确的。

---

[194] 最早可见于《自由主义与组织》("Liberalismus und Organisation," *Die Nation* 22, Nr.30, 1905),见《宪政著作选》,第4卷,第258页及以下。参阅《自由主义的处境》("Die Lage des Liberalismus")和《自由主义的复兴》("Die Erneuerung des Liberalismus," 1906),见前引书,第22页及以下;后来又有《谁统治我们?》("Von wem werden wir regiert?", 1909),见瑙曼《为自由而斗争》(*Freiheitskämpfe*, 1911),第215页(《宪政著作选》,第3卷,第390页及以下)。

[195] 我们这里不可能更深入地探究韦伯对瑙曼的影响。仅就政治术语来说,就能看到这种影响非同小可[比如国家作为一个"大公司"的概念,比如"主宰者民族"(见康策前引书第368页)以及产业主义]。另见上文第75页及以下。

[196] 《德意志精神与西欧》(*Deutscher Geist und Westuropa*, Berlin, 1925),第249页。

第六章　对外政策与国内宪制

第一节　俾斯麦、威廉二世与德国帝国主义的败绩

韦伯确信,意志坚定地参与世界政治,保持德国的世界大国地位,不仅是德国的任务,而且是德国的义务。他认为建立帝国的因果关系就是这么简单;在他看来,俾斯麦的大陆政策回避了所有重要的海外斩获,并一直强调帝国"充满"了他所说的这位宰相在国内受到敌视所产生的矛盾。早在弗莱堡就职演说中,韦伯只字未提这位伟大政治家、德国帝国主义灯塔的名字,而是谈到了19世纪80年代的殖民政策是"羞羞答答、半心半意"的海外"权力政治",根本就名不副实。[1] 两年后,他在评论蒂尔皮茨(Tirpitz)的海军法案时表示支持海军建设,同

---

[1] 《政治著作选》,第21页。

时又写道，一项"出于对现状的周密考虑而表面'随和'但拒绝一切海外扩张想法的政策"，就像"1871年之后"开始的那种政策，无疑"不可能有助于唤醒对舰队的关切"。[2]

战争期间，由于受意大利叛卖的影响，作为帝国主义坚定支持者的马克斯·韦伯，批评了俾斯麦的对外政策为"四国同盟"，特别是为意大利提供了实力，却没有得到扩张机会。韦伯看出了"三皇同盟"的弱点就在于："从维护和平就是它的主要目的这个角度来说，它纯粹是防御性的。"因此，它并没有给意大利提供"追求政治扩张所需的机会"[3]。对于俾斯麦维持大陆现状并有意放弃几乎所有海外扩张成果的政策，韦伯有多大程度的清醒认识，我们并无更明朗的文献证据。他要的是德国与其他大国平起平坐，一个令人尊敬的殖民帝国，纯防御性的同盟无助于实现这个目标。

韦伯经常赞赏俾斯麦有别于泛日耳曼兼并主义者。他很清楚，德国不可能跨过地理环境所强加的界限而不受惩罚。但这仅仅指的是在大陆的情况。然而，他也支持帝国对大陆的"渗透"，仅仅因为这是海外世界政策的必要前提。韦伯强烈批判了俾斯麦对一切有可能把德国拖进国际冲突的海外扩张成果的反感，不赞成俾斯麦蓄意张扬帝国在欧洲的霸权以利用西欧大国的殖民欲望而不愿在殖民地范围与它们进行竞争的做法。俾斯麦并没有把握住推行海外扩张政策的良机，从而在谋求殖民地的世界大国之林中将帝国置于了可怜的末流地位。除了19世纪80年代小有斩获之外，俾斯麦对殖民政策缺乏兴趣，导致全世界都习惯于认为："海外领地的各种事件之所以还需要和德国商量一

---

[2]《关于海军调查的立场声明》，载《政治著作选》，第30页。
[3] 同上书，第113页。

下,纯粹是因为她的傲慢自大。"[4]

韦伯把俾斯麦厌倦海外政策主要归因于国内政治的动机。俾斯麦的外交政策"在任何意义上说都是'保守的',……而且绝不是一个'更伟大的德国'的政策"[5]。说它保守,首先是因为俾斯麦把维持现下力量平衡的稳定视为头等要务。这不是一种有动力谋求实力扩张和殖民收获的政策。即便出于国内政治的盘算,它也是保守的。一种帝国主义的帝国政策,不可能借助普鲁士-德意志国家的传统手段去贯彻,那是以农为本的普鲁士贵族阶层主导的传统手段。韦伯历来就把普鲁士保守派视为德国世界政策的头号敌人,这不是没有道理。韦伯很自然地把俾斯麦厌倦海外政策归因于他的保守派情感,尽管俾斯麦远远超越了他那个阶级的所有其他人。且不论俾斯麦本人的背景如何,说他始终对资本主义的经济发展及其结果——资产阶级-资本主义的帝国主义——相当陌生,因此缺乏对它的充分理解[6],这无疑也是合乎事实的。然而,我们也必须进一步认识到,俾斯麦在世界舞台上的克制表现,主要是因为他很清楚帝国处于欧洲中部的无防护地位,至关重要的是,"联盟的噩梦"(cauchemar des coalitions)使他不再属意海外的殖民协约。

根据"一战"之前马克斯·韦伯的几次声明,我们不可能确定他的具体殖民主义目标。对此,他只是在战争开始后才偶有提及。他渴

---

4 《关于海军调查的立场声明》,载《政治著作选》,第117页。

5 同上书,第113页。

6 参阅汉斯-乌尔里希·韦勒:《俾斯麦与帝国主义》(Hans-Ulrich Wehler, *Bismarck und der Imperialismus*, Cologne, 1969)。韦勒认为,俾斯麦希望由此可以致力于稳定德国经济。这个多少有些夸大其词的说法令人吃惊。不错,1883年以后,俾斯麦一时很热衷于能动的帝国主义政策,指望以此分化他的国内对头,并彻底瓦解自由派阵营;但他很快就放弃了这种策略,因为他所预期的成效显然并不如意,同时,帝国在海外的直接卷入程度也远远超出了他最初的预料。由此,对外政策的负担也就更沉重了。

望"用那些分散的领地交换在非洲那样的未开化地区确定殖民利益范围",而那些领地有可能把德国卷入与每一个大国的利益冲突。[7] "在我们分散的领地上,我们不需要征服世界,而是需要整合利益范围。"[8] 韦伯从未明确提出德国的对外政策应当采取什么手段以便大力参与瓜分世界。

韦伯全力支持蒂尔皮茨的海军政策——至少最初是这样——作为赢得帝国在海外所占分量的手段。他热烈欢迎1898年的《第一海军法案》,尽管他认为这只是个开端。[9] 当然,1918年他谈到了要反对"蒂尔皮茨暴发户政策"中的严重错误,因为它们导致了事实上"我们现在不得不提起与人们广泛讨论的盎格鲁-撒克逊的世界统治同样的话题……就像梯也尔1871年议论德国的统一时所说:'哦,这个嘛,我们已经做完了。'"但在同时,韦伯也认为德国需要建成"一支与法国的舰队不相上下的作战舰队,可用于防御目的"[10]。毫无疑问,他对德国海军政策的支持态度一望而知。[11]

然而,与瑙曼和当时的绝大多数自由派帝国主义者不同,马克斯·韦伯支持德国与英国结成国际联盟。1918年晚些时候韦伯表示,"战前我就始终……支持……与英国达成体面的谅解","这既是出于政治的,也是出于文化上的原因"。[12] 尽管这个追溯既往的说法被人认为

---

[7] 1917年5月8日致瑙曼的信,《政治著作选》,1,第471页。

[8] 《政治著作选》,第496页。

[9] 《关于海军调查的立场声明》,载《政治著作选》,第30页。

[10] 《政治著作选》,第166页。

[11] 请比较1908年11月12日致瑙曼的信,见《政治著作选》,1,第456页:"悲剧在于,我们不可能像进步党在联合抵制啤酒期间那样每天呼喊'不要喝成啤酒桶'之类的口号。要是我们在每一份独立报纸就每一个问题都能够印上'保守派反对任何对个人统治的限制——因此追求世界政策是不可能的'就好了,那就是瑞士或丹麦不可能追求的海军政策或者任何一项政策。"

[12] 《政治著作选》,第489页。

略嫌可疑，但毫无疑问，他一向赞同在外交政策上与英国进行合作。[13]后来他虽曾一再批评在德意志帝国的殖民地事务上"英国政策的自私立场"，但认为只有与英国联手才能为德国带来获取海外利益的最佳时机。[14]

韦伯曾在1915年为这种立场做了辩护，尽管看上去由于英国的参战而不合时宜。他断言，德国的殖民收获并不构成与英国发生"严重冲突的理由"，因为它们对于支配着海洋的英国人来说"具有'抵押品'的价值"。[15]他直言不讳地认为，德国舰队的威胁是对英国的严重挑衅，但他并没有完全承认与大不列颠合作基础上的世界政策和支持蒂尔皮茨的海军政策之间是自相矛盾。在他看来，一项及时的海军政策，如果避免过度而且公开的煽动行为，就不可能引起英国的恐慌。俾斯麦错就错在主要由于德国国内的政治反对而否决了舰队计划。招来了英国敌意的，不是舰队本身，而是矛头直指英国的那种舰队宣传。韦伯现在指斥说，由于泛日耳曼狂热和皇帝的傲慢，已经没有人认真对待德国海军建设的协议了。[16]

韦伯把在海外事务上与英国的国际合作以失败告终，主要归因

13　请比较1918年11月4日韦伯在进步党慕尼黑大会上的演讲："我们的同胞并不是为邪恶事业赴死，他们阻挡住了沙皇政府的可怕威胁。然而，由于我们的愚蠢政策，这场战争也成了一场对抗英国的战争。由于泛日耳曼势力的愚蠢，战争的努力首先就成了与英国的直接对抗。"据1918年11月5日《慕尼黑汇报》报道。

14　《政治著作选》，第496页等处。

15　同上书，第114页。

16　同上书，第166页。请比较《战争责任备忘录》（"Bemerkungen zum Bericht der Kommission der Alliierten und Assoziierten Regierungen über die Verantwortlichkeit der Urheber des Krieges nebst einer Vorbemerkung zu den Anlagen der Denkschrift," *Das deutsche Weißbuch über die Schuld am Kriege, Mit der Denkschrift der deutschen Viererkommission zum Schuldbericht der alliierten und assoziierten Mächte*, Berlin, 1919），第67页。另见《政治著作选》，第571页及以下："我们一方应该承认，近些年来刺激了英国人猜忌心的，不是事实本身，而是德国海军建设的最后机会和精神。"

于国内因素导致的德国对外政策之不足,而不是归因于国际局势。在他看来,詹姆森袭击事件之后威廉二世发给布尔共和国总统的愚蠢电报[17],登峰造极地恶化了英德关系,"结果,后来就非洲问题(布尔战争之前、期间和之后)达成协议的尝试,已不再可能获得两国各自人民的支持,因为它们的荣誉感已经导致了相互敌视,尽管双方通过一项协议可以各有所得。"[18]

按照韦伯的看法,威廉时期德国对外政策失败的真正原因,是威廉二世插手对外政策问题及其一系列轻率的好战声明。他认为,德国外交的笨拙和经常是装腔作势的面貌,显然是那位皇帝"个人野心"的结果,他把这种顾前不顾后的表现主要归因于威廉二世反复无常的个性,以及导致他追求一时之功的声望欲。俾斯麦下台后,朝中的空虚感,而不是冷静的利益政治决定了德国的政策。韦伯的关切与批判矛头越来越指向了威廉二世的"个人统治"。

最初他还希望,威廉的自主统治也许能惊醒这个民族,使它摆脱了无生气的状态和盲目的俾斯麦崇拜,并迫使它在这两个"恺撒"的冲突中采取一种独立于两者的立场。[19]但在早期阶段,他看到的是这位皇帝由于关注并且不幸贪图名望的影响而使他的政策变动不居。[20]早在1892年中,韦伯就确信,威廉二世的"个人统治"越来越危害到了帝

---

17 指1896年1月威廉二世发给德兰士瓦总统保罗·克吕格尔(Paul Krüger)一封电报,就推翻其政府的詹姆森袭击(Jameson raid)失败向他表示祝贺,从而导致英德关系恶化。——译者注
18 《政治著作选》,第372页及以下,参阅第150页。
19 "从这个观点来看",韦伯感到"这位皇帝值得称道的地方"就在于,他从不会完全接受任何一种特殊倾向,迄今仍是"逐个对它们进行公开羞辱"。1891年1月3日致鲍姆加滕的信,《青年书简》,第328页。
20 韦伯1889年12月31日致鲍姆加滕的信中有一个非常尖刻敏锐的评论:"要是这位年轻的皇帝能够挺得住该有多好!那些布朗热-波拿巴式的宣言如今已经不得人心了。这就像乘上了一列高速行进的火车,拿不准下一个道岔搬得是否合适。"同上书,第323页及以下。韦伯在1891年1月3日的信中也有类似评论,同上书,第330页。

国的内政、外交:"如果我们的处境和前景都要取决于一个绝对飘忽不定的因素——皇帝个人,总体来看,我们还有什么好说的?对他最不利的评价已经越来越普遍。他显然只是以一个精明的下级军官的观点处理政策问题。没有人会否认他是怀着'奉献'意识不知疲倦地履行职责的。但是,他随时都会表现出来的那种乖僻和给了他动力的可怕的权力欲,已经给最高层带来了史无前例的混乱,这必然会影响到整个行政机构。例如,他把极受尊敬的卡普里维逐渐丑化成了一幅漫画,如今已经不再有人拿着帝国政府的权威当回事了。我们现在似乎正在指望一个奇迹来摆脱外交困境。但是毫无疑问,欧洲政治已经不再接受柏林的摆布了。"[21]

在国内政策方面,韦伯既没有看到一种坚定意志,也没有看到一条持之以恒的路线。社会政策宛如走了一个 Z 字形,从随时愿意进行适应性调整这个极端走向了另一个极端,"用加农炮制定社会政策"。韦伯认为,德国资产阶级的生活方式日益封建化,也与威廉二世王朝的政策有关。令韦伯感到愤怒的还有这一事实:右翼政治家们凭借其社会地位以及比资产阶级——更不用说无产阶级——的代表更容易接近那位君主,可以对他施加更大影响。这对德国的政策走向产生了强有力的作用。由于围绕王朝的国内政治偏好充斥着宫廷阴谋游戏和精致的投机活动,韦伯谨慎地避开了"议会与政党的腐败"这个话题。在 1905 年的社会政策协会代表大会上,施莫勒抨击了议会制和议会语言,韦伯则给予了尖锐反击。议会制的"政治暧昧"并不在于"议会语言",而在于议会"幕后的庇护权",这是德国"冒牌宪政"的固有性质。"我们不应当自欺:在目前的权力结构下,我们并没有议会制国家。我们

---

[21] 1892 年 4 月 18 日致鲍姆加滕的信,《青年书简》,第 345 页。

并没有像其他国家那样得益于议会制,而只是徒受其害。我们这里也像别处一样有党派统治。在这里,党的支配乃是王朝以及所有其他可能的利益集团压力下改头换面的宫廷统治的结果;但是目前这里的党派统治,与世界各地的情况并无二致。"[22]

对于韦伯来说,关键问题是王朝的影响力对外交政策的冲击,而且他确实有理由对此感到忧虑。因为不祥的克吕格尔电报事件,威廉二世以最可悲的方式大大加剧了德国的地位所受到的威胁,同时,他对中国人发出的侮辱和戏剧性的瓦德西远征,则严重损害了德国在远东的形象。这位皇帝希望与沙皇保持个人关系的做法也产生了不幸的影响。1898年,他轻率地向沙皇通报了张伯伦与帝国全面结盟的建议。此举根本无助于增进帝国在俄德关系中的利益,反而给那些反对与帝国结盟的英国人授以口实。1905年皇帝力劝沙皇签订《比约克条约》[23],此事被他视为一项个人成就,随后即被证明是一次彻底的失败。舒瓦洛(Schuwalow)和比洛对此根本就置之不理。这再清楚不过地表明,王朝外交政策时代结束了。

德皇对外交政策的个人干预,最令韦伯担忧之处就是他仅仅看重声望,这是俾斯麦所极力反对过的。[24] 威廉二世那种追求门面和虚名的特性,大大影响了整个德国外交政策的经营。"无论何人,只要参

---

22 在1905年社会政策协会曼海姆大会上的讨论发言,见《社会学与社会政策文集》,第400页及以下,另见林登劳布前引书,第396页及以下。

23 《比约克条约》(*Der Vertrag von Bjorkoe*),1905年7月24日德皇威廉二世与沙皇尼古拉斯二世为共同防御协议签订的秘密条约。——译者注

24 俾斯麦下台后认为,"只要德国的政策目标能带来明确的利益,同时又不至于面临与那些更强大、更悠久的海军大国发生冲突的巨大危险,那就可以期待"与此相协调的德国海外行动。"作为纯粹是简单生存需求基础上的外交政策之结果而卷入冒险事业,与德意志帝国的利益最为抵触。这样的卷入并非真正基于民族利益。它们的动机不过是来自讨好民族虚荣心或者统治者的野心。"《全集》,第9卷,第401页。

与外交事务并注意观察我们的所作所为对其他国家产生的影响,都会很容易地看出,我们目前的政策一直给人留下——而且必定会给人留下——这样的印象:我们尽力展示的并不是权力本身,而仅仅是权力的外表。"[25] 韦伯认为1896年德国的南非政策就是一个清晰的范例。他在这里看到的只是纯粹追求声望的决心。威廉二世在电报中做出了道德承诺,但根本无意从军事上保卫布尔共和国。韦伯眼中的1906年摩洛哥政策也是如出一辙。由于韦伯主要从权力政治角度思考问题,他对并非全力追求伟大民族目标的虚妄轻佻的外交政策总是嗤之以鼻。

韦伯对德国外交政策的走向、它所受到的君主情感的影响以及缺乏冷静的权力意识忧心忡忡,这在论述1905年俄国革命的系列文章中再次清晰表现了出来。俄国的事件在他看来就像一面镜子,从中可以观察到德国政治制度的缺陷,某种程度上好像还能放大暴露出它们的危险动机。韦伯并非像里夏德·皮佩斯(Richard Pipes)评论的那样是由于先入为主的历史和哲学信念而得出了错误结论。他的结论源自他把对德国的政治关切与希望用之于阐释俄国的形势。就此而论,皮佩斯指责韦伯以"去历史"的方式而且不顾某些内在前提描述俄国局势,一定程度上也确有道理。[26]

显然,马克斯·韦伯是把自由主义制度取代沙皇独裁统治的必要性和战胜德国的"个人统治"的必要性相提并论的。他甚至进而把俄国民主派对德国的敌意(他还把这一点归因于德国压迫波兰人的那种狱卒政策,从而在共同利益基础上帮助了沙皇)与威廉二世的"个人统治"扯上了关系。"德国国内政治的反动性质"和相信王朝利益的团结一致就在于"共同的'个人统治'欲,这就注定了德皇要去扮演尼

---

25 《社会学与社会政策文集》,第396页。
26 皮佩斯前引书,第630、635页及以下。

古拉一世的角色,而他做出的决定都会给人前景不可预期的印象"。[27]韦伯对德国政治局面的批判和他对俄国革命事件的判断,两者之间的清晰关系可见于以下这些独特表述中:"现代类型的'君主制',其结果在俄国的事件中可谓一览无余,在最糟糕的情况下,你对付的君主将是一个危险的政治半吊子,充其量就是个单方面的军事专家(比如沙皇)。"[28] "一个危险的政治半吊子"之说,无疑就是直指威廉二世。根据这些令人忧虑的观察,特别是根据盎格鲁-撒克逊国家的议会政治成就,韦伯有理有据地驳斥了"目前对'议会制已经过时'的时髦讨论"[29]。"这种空谈在目前是不合时宜的,因为它将引起对议会民主制国家和'个人'统治国家之间的批评对比,还因为,即使在它的断言特别有效的对外政策领域,个人统治类型往往也是成事不足败事有余。就算一个人熟悉官方文件,也不过是有资格顺便评价德国的外交成就。但是人人都可以看到,如果外交官的工作总是被君主那些节外生枝的插曲、演说、电报和意外的决定所打断,那么一以贯之的领导和持续获得成果就是绝对不可能的,因为他们的全部活力都将被直接产生于这种混乱状况的任务所吞噬,甚或他们本身最终都会产生利用这些戏剧性手段的念头。"[30]

韦伯关注的不仅仅是王室外交手腕的特殊后果,还有这种行为对政治制度的影响。在这方面,就像德国清楚表现出的那样,俄国显然也是一个窳劣的样板。韦伯指出,两国的王朝野心阻碍了真正的政治家执掌权力。"当然,俄国的环境'迫切需要'得到一个'政治

---

27 见《形势》,第7页,注释2;请比较《政治著作选》,第125页。
28 《战争责任备忘录》,第233页,注释359。
29 《形势》,第28页,注释18。
30 同上注;另见《政治著作选》,第40页,注释1。

家'——但是，王朝的野心和'个人统治'几乎没有给一个伟大改革者留下任何余地，虽然那里也像在这里一样能够看到这种改革者。"[31]

韦伯看到了威廉二世的"个人统治"给德国国际地位带来的致命后果，1906年德国的摩洛哥政策显然更有力地证实了他的洞见。这项政策终于促使韦伯不再置身事外。他并没有完全恢复公共活动，而是尽力通过弗里德里希·瑙曼影响进步人民党的立场，特别是在临近的德国国会选举中的立场。1906年晚些时候，比洛因为中央党否决他的殖民地计划而解散了德国国会。中央党就人事政策问题抨击了殖民事务部（Reichskolonialamt）。比洛认为这是诉诸民族情感以打破1890年以来中央党在德国国会独大地位的好时机。竞选运动的矛头将会指向中央党，可能给它贴上一个帝国权力利益之敌的标签。马克斯·韦伯试图说服瑙曼不要使用"为了皇帝，迎击渴望权力的中央党"这样的竞选口号，因为他相信，中央党对帝国行政机构人事任免实现某些影响的努力基本上是合法的。必须反对的是中央党作为一个冒牌的宪政党利用德国国会控制殖民事务部问题扩张自己的庇护权。"但是为了上帝"，不应把这一点与对皇帝及其政治手段的"信任票"扯在一起，恰恰相反，必须坚决反对皇帝直接参与外交事务。"我们这个民族越来越受到外国（意大利、美国，到处！）——而且是理所当然——的蔑视，这已经是个很要命的问题。我们屈从于这个人的这种统治，已经成了对我们来说头等重要的'世界政治'因素。……我们现在被'孤立'了，因为这个人以这样的方式统治着我们，我们却容忍了它并且唯唯诺诺。"[32]

---

[31] 另见第110—111页；请比较《战争责任备忘录》，第233页："俄国官僚中的许多杰出个人……在现存制度下并没有机会成为推进伟大改革的'政治家'。这是王朝野心所致——我们这里也是一样。"

[32] 1906年12月14日致瑙曼的信，《政治著作选》，1，第451页及以下。

韦伯相信，结束个人统治对于帝国在世界上的地位至关重要，但唯需通过发展某种形式的议会制才有此可能。成功之道在于政治领袖实际上而不是形式上对议会负责。保皇党的观点认为这将侵犯君主的权力。瑙曼也作如是观。韦伯试图驱散这种谬见，他指出，议会制度未必就是要完全排斥君主对决策的影响。"一个纯议会制的'影响力王国'，正是由于清醒地保留了君主，才能通过建设性的系统经营有效服务于国家，而不可能服务于'特权王国'，法定的君主特权则很容易刺激王朝的虚荣和自负，从而导致对现代国家生活极为有害的个人野心的发作，这种文艺复兴时期人们熟知的半吊子统治者，与现代国家完全格格不入。"[33] 韦伯这里是把英国的宪制理想化了，他一直把爱德华七世当作富有说服力的样板，却大大高估了这位君主的实际政治影响力。[34] 然而，韦伯的主要目的是敦促那些顽固的君主主义者向议会制转化。他强调了对个人统治的批判并非意在攻击君主本身，而是恰恰相反，这实质上是反对君主从王室立场进行政治干预，因为这种干预最终将危及君主制度。

马克斯·韦伯当时未能说服瑙曼致力于"反对王朝在国内贪权，反对虚张声势而非冷静自利的追求声望的外交政策"。瑙曼也未能最终说服自己放弃他对皇帝的信任，他还是认为皇帝代表了人民、海军和实业界。[35] 1906年的政治局势并不利于发动一场与个人统治对抗的运动，自由派与保守派共同对付那个天主教堡垒的斗争具有头等的重

---

33 《战争责任备忘录》，第 65 页及以下；另见《政治著作选》，第 203 页及以下。

34 关于爱德华七世的实际政治地位，参阅恩索尔《1890—1914 年的英国》一文，载《牛津现代英国史》(R. C. K. Ensor, "England 1890—1914," *Oxford Modem History of England*, Vol. 4, Oxford, 1936)，第 342 页及以下。

35 瑙曼提出的口号是："未来——要么属于'中央党的皇帝'，要么属于'民主与皇帝'。"见《援助》，第 52 期，1906 年 12 月 30 日。

要性。

　　1907年的欧洲局势只能加重韦伯对德国追求"王朝声望"政策的忧虑。英俄协议划分了它们各自在中东和亚洲的影响力范围，这使力量平衡发生了重大变化。英国鲸与俄国熊的彼此憎恶，一直被霍尔施泰因[36]看作欧洲政治格局的定数和他的政策基石，这一状态现在看上去结束了。针对"三皇同盟"而来的两强联盟幽灵，第一次使政治地平线变得模糊不清了。德国国际地位的恶化促使韦伯重新开始了对个人统治体制的猛烈抨击："我们完全没有结盟的能力，……因为我们的社会与经济发展受制于日甚一日的王朝个人统治。这就是近些年我们政策失败的原因所在，是我们作为一个国际和文化大国越来越不受世界尊重的原因所在，以致开始威胁到我们的生存安全了。"[37]马克斯·韦伯开始精心研究如何避免破坏帝国脆弱的宪政结构——维持由德国国会的统一权力加以平衡的各君主制邦国的联邦——而引进议会制的可能性。[38]

　　韦伯的思考受到了政治现实的意外干扰。1908年在《每日电讯报》发表的威廉二世谈话轰动了整个德国，刺激了所有阶层的帝国宪法改革要求。谈话以令人遗憾的方式论及了德英紧张关系，可能还会因为让人想起远东的"黄祸"而激怒日本人。不过，德国公众大大高估了外部世界的直接反应。但是，谈话出现在波斯尼亚危机的巅峰时刻，一个反对"三皇同盟"的欧洲大联合好像呼之欲出了。德国外交政策

　　36　弗雷德里希·冯·霍尔施泰因（Friedrich von Holstein, 1837—1909），普鲁士世家子弟，因受俾斯麦提携，1860年即进入普鲁士外交部门工作，1876年以后长期在帝国外交部供职，虽然没有成为外交大臣，但在幕后行使巨大权力，人称"灰衣贵人"。1906年摩洛哥危机达到高潮时，被德皇威廉二世免职。——译者注

　　37　韦伯在社会政策协会1907年马格德堡大会上的讨论发言，见《社会学与社会政策文集》，第412页。

　　38　参阅下文第189页及以下。

的破产,特别是在阿尔赫西拉斯的失败以及英俄修好,在德国引起了普遍的不安,即使过去忠诚不渝的保守派也深为震动。尽管首相形式上是责任人,而这种情况下也需要他个人负责,他还是把那位君主置于了尴尬境地。结果,德意志帝国经受了建立以来最严重的内部危机。改革宪制以及引进首相对议会负责制的运动毫无进展。只有民族自由党支持在严重违宪情况下弹劾首相,因此难以构成支持宪制改革的具体计划所需的议会多数。仅有的结果也比较单薄,就是皇帝发布了一个正式声明,说他未来可能会行使更多的保留权利。此次事件使比洛在次年也失去了首相职位。国民长期以来对王朝的失误和野心积聚的怨恨没有被充分利用起来,至于持久的政治成就,根本就一无所获。

马克斯·韦伯不仅忧心忡忡于《每日电讯报》事件本身,而且围绕事件的政治争论也使他坐立不安。1900年以后,他因为神经衰弱一直有意回避所有主动的政治参与,现在他考虑要对议会君主制下的君主地位问题公开表明立场。[39] 然而,暂时他还只是满足于对弗里德里希·瑙曼施加影响。[40] 他在一封充满激情的致瑙曼的信中,竭尽全力释放了他火山爆发般的秉性,表达了对民族未来的深刻忧虑:"要害在于一个半吊子掌握了政治的命脉。……结果是:只要局面继续如此,'世界政策'就毫无可能。……霍亨索伦王朝只知道操练军士那样的权力形式:发布命令,遵守命令,立正站着,夸夸其谈。"韦伯鼓励瑙曼正视事实,因为他仍在根本的宪制改革问题上缩手缩脚。比洛迫使皇帝发布的声明"空无一物,绝对的空无一物"。一切都是德意志帝国残缺

---

39 1908年11月12日致瑙曼的信,《政治著作选》,1,第455页。
40 请比较霍伊斯:《弗里德里希·瑙曼》,第258页。瑙曼到海德堡会见韦伯,两人发生了激烈争论。

的政治结构所致。"英国的国王有野心和权力,而德国的皇帝只有虚荣心还有对权力外观的满足——这是制度的缺陷,不是个人的缺陷。"[41] 然而,受德尔布吕克观点影响的瑙曼,对于是否积极发动一场宪制改革运动仍然犹豫不决。[42] 韦伯再次致信发出了敦促:"不能过高估计个人品质的重要性。罪过在于这个制度……和你本身缺乏决心。这些都是由俾斯麦主义和它造成的不断加重的政治上不成熟的后果。"[43]

作为这场危机的结果,韦伯终于成功说服瑙曼原则上同意,必须进行宪制改革。1908年10月30日他给韦伯写信说:"我不得不承认你对皇帝的判断是正确的。承认这一点使我很痛苦,但我相信,从现在开始,我们的政治筹划必须着重于用什么手段去减少这个因素对德国政策的影响。"[44] 由此,瑙曼成了一个"议会制原则的自觉代表"[45]。

韦伯密切关注了就《每日电讯报》事件进行的国会辩论,对11月10日、11日更为空洞的辩论结果极为失望。辩论以比洛的一个苍白保证而告终,即皇帝未来可以行使更大的酌处权。[46]"毫无改观,绝对地毫无改观。比洛无法向我们允诺任何东西,因为他并没有那种权力,

---

41 1908年11月12日致瑙曼的信,《政治著作选》,第456页及以下。

42 参阅安内利泽·蒂梅:《威廉时代的批判者德尔布吕克》(Annelise Thimme, *Delbrück als Kritiker der Wilhelminischen Epoche*),第18页及以下。另见1908年11月18日致瑙曼的信,《政治著作选》,第457页及以下。德尔布吕克断言:"那个方面,应当以德国方式贯彻政策。"此处也谈到了韦伯对这个问题显然很消极的评价。

43 1908年11月18日致瑙曼的信,同上书。

44 霍伊斯:《弗里德里希·瑙曼》,第258页。

45 同上书,第260页。

46 比洛在1908年11月10日的声明中说:"认为谈话的发表对英国并没有产生皇帝预期的效果,这在我国导致了深刻的失望和痛苦的遗憾。在这些艰难的日子里,我已经变得深信不疑,即皇帝应当认识到,在私下与公开谈话中都需要有所克制,这是统一的政策和他的王权权威所必不可少。如果这一点无法实现,我和我的继任者就不会承担责任。"《德国国会纪要》(*Verhandlungen des Deutschen Reichstags*),第233卷,第5396页。另见特奥多尔·艾申堡:《十字路口上的帝国》,第146页及以下。

任何处于这种地位的皇帝都会以同样方式去满足自己的虚荣心。"[47]韦伯发现各自由主义政党的立场同样也极不光彩。他断然宣称:"一个从未下定决心把君主的宝座掀出门去,或者至少能严肃限制其权力的民族,就只配处于政治上的依附境地。"[48]十年来他第一次出现在公共政治集会上,1908年11月30日的民族自由党海德堡大会,格奥尔格·耶利内克(Georg Jellinek)在会上就"皇帝与帝国宪法"问题发表了演说。这个问题的重要意义,还有耶利内克的大名,促使韦伯放弃了由于健康原因而囿于其中的学术隐居生活。[49]耶利内克以非常谨慎的方式讨论了宪制改革问题,强调必须按照帝国宪法第17条赋予首相的责任法定含义,使他能够切实对德国国会和联邦参议院负责。当然,他是从纯宪政统治制度退缩了。[50]艾伯哈特·格特恩(Eberhard Gothein)也亦步亦趋激烈反对引进议会制和党派利益政治,宣称应当保留现存制度,他提到俾斯麦即使在遭到德国国会三分之二多数反对的情况下也仍然待在权位上。原先打算保持沉默的韦伯,这时当众对格特恩发出了激烈反驳。英国、比利时"都是议会统治的国家,这给它们带来了国际尊重和殖民成果,相比之下我们简直就是个侏儒。此外,这些国家的国王虽以有名无实著称,但其政策比我们这里所看到的远更一以贯之、坚定不移。尽管这些国王的有名无实和他们的私生活经常成为我们闲聊的谈资,但他们为国尽职尽责的成就远远超过他们的先人。为什么?

---

47 《政治著作选》,1,第456页。

48 《马克斯·韦伯传》,第408页。另见致里克特的信,那是对R.佐姆斯1908年11月21日就《每日电讯报》事件所作文章的反应,后在《马克斯·韦伯传》中被引用,第412页及以下。原件存于韦伯遗稿中。

49 《马克斯·韦伯传》,第411页及以下。

50 耶利内克始终极为反感的一个事实是,"仅仅被动作为,从而犯下玩忽职守罪的责任大臣"竟然还能继续任职。这首先就是直指宪法应当修改。

第六章 对外政策与国内宪制

这些统治者践行的是现实政治,这比'声望'政治更有成效"[51]。威廉二世仅仅因为德国各邦国其他统治者的过失就能跑一趟"卡诺萨"[52],只有陷入"彻底孤立的感觉"时才会"被迫迁就一下"。但他实在本性难移。唯一可能的结果,就是"将来会鲜有人听说"王朝的什么影响力。这次集会很是沾沾自喜于它取得的成果:"傲慢自负的威廉二世皇帝低下了他的头颅并向人民的要求做出了让步。"[53] 韦伯对此却大不以为然,他直接诉诸民族情感:"民族的荣誉至关重要,这就是祖国的福祉。最近和以往的经验无不证明,即便最粗糙的议会制形式,也是这种君主统治无法相比的良好保障。"[54]

韦伯当然没有止步于此。他不是按照瑙曼的计划抡起《援助》或《法兰克福报》的大棒去迎击"个人统治"[55],而是决定为《历史杂志》撰文论述威权君主制和议会君主制问题。[56] 他希望以英国为楷模进一步证明,在议会制度中君主是完全能够发挥重大政治影响的,而且他在人民中的地位远比官僚统治下的半宪制状态中更加安全。

即使在这几个骚动不安的星期中,韦伯也没有跳入实际政治的旋涡,而且照样以专业建议帮助那些与他关系密切的进步党政治家。格

---

51 据1908年12月2日《海德堡日报》报道。

52 去"卡诺萨"一事,参阅致里克特的信,见本书第161页注48。(意大利北部的卡诺萨是德皇亨利四世1077年向教皇格里高利七世忏悔的地方。威廉二世并没有去过卡诺萨,韦伯这里是比喻义。——译者注)

53 昆策尔(Quenzer)教授的致辞。

54 他接着又十分典型地谈到了俄国:"如果强大的俄国也有了民主宪政,如果它也有了议会制,那我们就会真的大长见识了,它将成为一个最可怕的力量,但它今天还是一个受到抑制的力量,因为议会和宪政在俄国几乎毫无意义。"在另一个地方,韦伯对这个说法加上了一定限制,认为俄国人将不得不等待一代人的时间才能参与帝国主义政治,因为他们的当务之急是内部改革,尤其是土地改革。"然而,即便是民主派也做不到这一点。"见《形势》,第143页。

55 1908年4月7日瑙曼致韦伯的信,见瑙曼遗稿。

56 1908年11月12日韦伯致瑙曼的信,《政治著作选》,1,第456页及以下。这是政治家韦伯的典型表现,尽管他直接参与了其事,却宁愿通过学术媒介去直接回应这个问题。

奥尔格·耶利内克此时起草了一份引申帝国宪法第 17 条的法律草案。草案意在为德国国会中少数进步党人适当回避首相责任问题提供依据[可能只有马克斯·韦伯才会介绍耶利内克接触弗里德里希·瑙曼和厄恩斯特·米勒-迈宁根（Ernst Müller-Meiningen），后者是进步党在立宪问题上的发言人]。韦伯与耶利内克讨论了这个草案，并特别提出了对首相责任加以单独的宪法约束如何与帝国的联邦结构相协调的问题。1907 年，耶利内克已经直截了当地否定了这一设想的可行性。韦伯似乎说服耶利内克放弃了这样的想法，即通过一个简单决议授权一个党在联邦参议院以可能的不信任投票废除德国国会的一次不信任投票。他争辩说："若是允许以联邦参议院的一个简单决议推翻德国国会三分之二的投票，这种方案就有变成一个笑话的危险。"[57] 他建议的替代选择是，如果德国国会三分之二或联邦参议院五分之三多数提出要求，即应将首相强制解职。此外，他还反对耶利内克方案的"惩戒"性质，认为那仅仅适用于首相"表明自己不配得到任职所需的信任"[58] 或者"使该职务变得没有价值"[59] 之时，韦伯不希望看到纯粹的政治责任问题被道德语言搅得模糊不清，尽管"他的政治可信度"受到质疑，但没有必要攻击他的名誉。显然，耶利内克很大程度上接受了韦伯的异议。草案的最后文本在 1908 年 12 月 1 日的《法兰克福报》上发表，韦伯所批评的大部分内容已被删除。[60]

韦伯也似乎把他自己的草案发给了瑙曼以推荐给厄恩斯特·米勒-迈宁根，其中包括上述方式的联邦参议院不信任投票程序，但回

57　据推断，此话出自 1908 年 11 月底韦伯致瑙曼的信，见瑙曼遗稿，参阅本书第 164 页注释 61。
58　据耶利内克草案的公开版本，参阅本书第 162 页注释 60。
59　这是韦伯的表述。
60　见格奥尔格·耶利内克：《著作与演讲选集》(*Ausgewählte Schriften und Reden*, Berlin, 1911)，第 2 卷，第 436 页。

避了耶利内克草案初稿的缺陷（该初稿已佚）。如果德国国会240名成员或者联邦参议院24名成员收回他们的信任，首相即应被解职。另外，韦伯还要求德国国会或联邦参议院"即使没有特别上谕"也有权集会，作为并非会期之时追究大臣责任的武器。[61] 同时，他还发出一份立法提

---

[61] 致弗里德里希·瑙曼的信，日期不详的抄件，但根据内容来看，应作于1908年11月底，无论如何也是在1908年11月18日之后，见瑙曼遗稿。此信原件并不在瑙曼遗稿中。遗憾的是，上述被韦伯参考借鉴的耶利内克草案也已失存。因此，我们无法在所有细节上具体解释韦伯的立场，而且抄件上还有若干错误。此信第4行的"drei"（"3"）肯定是"dreissig"（"30"）之误，即占51%，尽管韦伯的示例注明了37票。韦伯的信中包括了关于首相责任的草案、德国国会质询法草案以及回应中央党宗教宽容法案的建议，由于意义重大，这里原文抄录如下："亲爱的朋友！耶利内克的草案之前已经递交给米勒—迈宁根代表知悉。我只能再说一次：若是允许以联邦参议院的一纸决议推翻德国国会2/3的投票，这种方案就有变成一个笑话的危险。如果说出于某种原因必须在这个问题上有所作为，那么，1.联邦参议院的一致同意就是所需的最低要求；2.如果至少需要drei（3）票——因此是更大的让步——那么皇帝提名的首相就需要a）德国国会1/3投票，即133票，b）普鲁士、巴伐利亚、萨克森、符腾堡、巴登与黑森的信任票，以免受来自所有方面的攻击。再做任何更多的让步都将是荒谬可笑的。（耶利内克赞成14票——只有法律形式主义者才能如此调制，一个严肃的政党不可能赞同。）这个公式还有一种惩戒性质，例如耶利内克对我说：'如果他不值得信任'。所以我们就有了这种以造谣中伤攻击首相的需求；要是德国国会以2/3多数票表明他已丧失了政治信任，这就足够了。

"若问联邦参议院应当如何裁定这项法律，那么我的回答是：

"§1. 如果德国国会3/5投票（=240票）提出要求，帝国首相即应被解除公职及其所有政治功能，再无作为政治官员复职的可能性。

"§2. 如果联邦参议院3/5多数提出要求，帝国首相也应被免职（实际上这意味着，普鲁士+瓦尔代克+拜恩，就始终可以保护帝国首相对抗联邦参议院的17+1+6=24票）。

"§3. 德国国会和联邦参议院如有1/4票数（=德国国会100票和联邦参议院15票）联合公证提出公开要求，即使没有上谕也应能集会，此时德国国会须发布帝国官方公告，联邦参议院则须向联邦各成员邦送达备忘录。这1/4的反对票不得被宣布无效（因而德国国会不得被解散）。在动议将帝国首相解职的情况下，德国国会不可被解散，如果当年已有提议解散的话。

"II. 如果不能无条件确立德国国会的质询权，那么

"§1. 德国国会应被授权成立委员会在会期之间召集会议，并向委员会授权质询国家立法和监督的有关详情，这可以经宣誓实施（或者委托司法）由证人和专家在法院向委员会宣誓作证。

"§2. 遴选委员的组织方法，应是每40名成员提名一个委员。

"§3. 委员会必须听取所有证人和专家的陈述，并提出1/4成员所要求的全部问题。——请注意，普鲁士州议会就拥有这个常常是基本的权利，普鲁士宪法第82条，但与英国国会形成鲜明对照的是，它已遭到了破坏：它不能自行核验证人。

"III. 您不希望中央党的宗教宽容提案做出以下两项修正吗？（转下页）

案，要求按照英国模式授予德国国会质询权。他把这一点视为强化议会影响力的宪政手段，意义非同寻常。[62]

在怯懦地试图争取首相对议会承担无限责任之后，进步党只是落脚在他的司法责任上。韦伯认为这种立场几乎毫无政治意义。不过他还是相信，能实现这样一个宪法规定毕竟也是值得欢迎的，因为这使在宪法法院或者最高法院那里对抗联邦参议院的决议成为可能。但他强调说，无论如何都应采取"一种具有客观意义的明确行动方针"，尽管它可能遭到右派或者联邦参议院的阻挠，但也比忙于炮制"一张空头支票"好得多，否则"我可以肯定，皇帝的肆意妄为将会故态复萌，到时候，那些炮制空头支票的人就该倒霉了"。

韦伯的提案大大刺激了弗里德里希·瑙曼和左翼自由派、进步党的宪政代言人米勒-迈宁根，但他们并没有直接吸收进该党议会党团的立场。进步党议会党团想要争取的，不过是让司法责任方案获得通过。以罢免为目的的弹劾首相，应该在"违宪以及玩忽职守导致帝国

（接上页）"§1. 任何儿童都不得被迫违背其父母意志进入一个公立学校或者与公立学校同等资质的学校就学（即便那属于他本人的教派之一：正统派儿童加开明派教师）。（家庭原则！它符合宗教自由，哪怕是中央党所理解的宗教自由。）

"§2. 政府当局不得迫使任何人提供自己的宗教教派成员身份信息。（1848年帝国宪法时的情形……今天已不可接受；但它会给中央党带来大麻烦，并使那个极为普通的宗教宽容提案丧失优势。如果中央党拒绝这一条，那么否决那个提案就会变得更加容易。）

"我可能会给《法兰克福报》写篇文章谈谈质询权问题。

"下一次选举时，自由派不应再背上无所事事的坏名声了。

"Ⅳ. 对首相缺乏忠诚度的指控只能向宪法法院（最好是帝国最高法院）提出。如果能就此做出规定，他就可以被控破坏法律，包括（略——手稿此处有一处中断。——作者注）（1）德国国会多数，（2）联邦参议院多数高于帝国之上的特权，那么它就可以更普遍适用，如果德国国会也能辩论联邦参议院决议的合法性的话。但是这样一项规定几乎没有可能，尽管联邦参议院拥有这个权利将会巩固联邦制。就算这个提案不合时宜，遵循一种具有客观意义的明确行动方针（可能会被右派或者联邦参议院否决），也比忙于一场虚伪的法律闹剧好得多。那些编制这种虚伪法律的人将会成为众矢之的。无疑，资产阶级选民必定会首先觉悟，但他们的观点有朝一日可能会走向激进。"

62 请比较本书第183页及以下。

安全与福祉受到严重威胁"时才有可能。⁶³ 米勒－迈宁根 1908 年 12 月 1 日在德国国会发表重要演讲,强力支持将这项帝国首相的责任条款入宪,因为它意味着在英国式议会制度的方向上迈出了第一步。他按照韦伯的观点结束演讲时宣布:"我们德国的国会还没有伟大的政党,因为国会没有统一的权力,因为国会没有对政府的影响力。必须赋予国会这样的影响力,那将增强责任感,而我们的德国国会理应出现伟大的政党。"⁶⁴

但是,由于右派和民族自由党抵制对宪法进行任何改造以推动大臣责任的规范,这个尝试以及社会民主党的进一步努力都毫无进展。在当时的环境中,韦伯对这样的结果并不奇怪,它只是加深了他对威廉宪制的缺陷的忧虑。

1911 年德国将"豹"号战舰派赴阿加迪尔,企图挽回 1909 年之后在摩洛哥已经大大流失的利益,这个努力以失败告终,促使韦伯发出了一系列批判。他对"我们戏剧性的摩洛哥政策的可耻破产"深为沮丧。⁶⁵ 我们有理由相信,韦伯认为值得为了帝国在摩洛哥的利益不惜一战。当时他曾呼吁"增强军备并兼以冷静无情的决定性外交政策"⁶⁶。他希望看到帝国即使面临战争风险时也能无保留地使用权力。但是,

---

63 阿布拉斯(Ablaß)以及其他人的提案,第 1063 号,《德国国会会议纪要》,第 250 卷,第 6024 页。

64 见《德国国会会议纪要》,第 233 卷,第 5904 页及以下。此段引文在第 5909 页。另请比较迪特尔·格罗塞尔:《从君主立宪到议会民主》(Dieter Grosser, *Vom monarchischen Konstitutionalismus zur parlamentarischen Demokratie*, Den Haag, 1970),第 61 页及以下。

65 1911 年 11 月 11 日致西蒙(Simon)博士的信,抄自韦伯遗稿,其大部分内容可见于《马克斯·韦伯传》,第 413 页及以下。参阅《政治著作选》,第 374 页及以下。韦伯这里(1917)是在反对"放弃摩洛哥……但我们没有得到任何足够相当的补偿"。

66 1911 年 11 月 11 日致西蒙博士的信。在上文第 70 页注释 133 引用的那封致海德堡同事的信中,韦伯明确强调说,他对戴姆林事件的批评,不应被理解为反对增强军备。另见《马克斯·韦伯传》,第 417 页韦伯致西蒙博士的第二封信。

君主的宪制立场没有出现根本转变之前,就不会存在采取这种行动的先决条件:"我的观点是:即使拥有最强大的军力,我们也不能有意识地冒险打一场欧洲战争,因为我们必须看到,在目前条件下,将会是一个戴着王冠的半吊子插手对军队的领导,他在血腥的荣誉战场上能把一切都搅得一团糟,就像在外交领域一样。"[67] 此外,韦伯还确信,这位君主"引人注目"的表现就是始终都会在最后一刻从战争边缘退缩回来,尽管他总是满口大言阔论,甚至在出于"真正的现实政治"原因而必须进行战争的时候也仍然如此。[68] 所以,在军备竞赛政策的"冷战"(kalten Kriege)中,德国并不处于可以最大可能地提高自己的军事潜力的地位,其他大国则已经习惯于这一事实:虽然德国在世界舞台上显得自命不凡,但它总是会临阵脱逃。因此,德国的外交政策被认为一事无成。就是这个原因让韦伯认为,德国君主的宪政立场"与民族的全球利益和保护这些利益所必需的手段——战争及外交"背道而驰。[69] 只要个人统治还在继续,德国的外交斗争就注定会在潜伏于各大国之间庞大军备竞赛背景下的"热战"(heißen Kriege)爆发之前以失败告终。

---

[67] 1911年11月11日致西蒙博士的信。

[68] 请比较《政治著作选》,第377页:这位君主"的态度是一再引人注目地强调维护和平至关重要,尽管从纯现实政治角度来看战争可能对我们最为有利"。(!)

[69] 这个判断出现在一个绝对令人意外的地方,即1915年韦伯就价值判断问题在社会政策协会所做的陈述(《社会政策协会小组委员会关于价值判断的意见》,打印稿)。感谢汉斯-乌尔里希·韦勒教授为我提供了维尔布兰特(Wilbrandt)的抄件(存于科隆大学社会政策系社会与行政科学研究所)。1917年发表了修订本,题为《客观性在社会学与经济学中的意义》。现已收入《学术论文集》,见第483页(第三版)。此处引文在第492页。他补充说:"无论最低劣的爱国者还是君主制之敌,今天(往往)都不愿意回答这个问题,并且怀疑双方在这些领域取得持久成功的可能性,除非开始彻底的变革。"(1917年的文本中"往往"加了括号,"双方"加了下划线。)

另见同书,第494页:"但不论王座、官署还是讲坛上的现代派个人崇拜,都在努力地要获取成功——表面上看来行之有效,但结果实际上极为乏力,而且一般都会事与愿违。"

简言之，韦伯得出的结论是，俾斯麦垮台后的德国所追求的，不是权力政治，而是声望政治，惯于虚张声势，每有危局则避之唯恐不及。从负面意义上说，这个判断是正确的，但从正面意义上说也正确吗？采取"无情的决定性"强权政策，即在关键时刻不惜使用武力，能否使德国免于1914年的大灾变，这并不是个悬而未决的问题。一项使用军事压力和外交手段双管齐下以扩张强权，从而随时都可能触发"热战"的政策，也许会临时有助于迫使其他大国假装更多照顾一下帝国的国际利益，但这只能加剧欧洲大国之间的紧张局势，直至在世界大战中登峰造极。

马克斯·韦伯显然意识到了这个两难困境。他曾一时支持奥特弗里德·尼波尔德（Otfried Nippold）与瓦尔特·许金（Walther Schucking）领军的国际谅解运动与普遍限制军备的目标，这一事实与他的这样一个观点并没有根本抵触，即德意志帝国应当坚持一种现实主义和——必要的话则应当是——坚决的权力政策。1910年5月，在一份呼吁建立"国际谅解联盟"的公开宣言上，可以看到几位知名人士的署名，格奥尔格·耶利内克、瓦尔特·许金、奥特弗里德·尼波尔德、弗里德里希·瑙曼和厄恩斯特·特勒尔奇，另外还有马克斯·韦伯。[70]

但是显然，韦伯只是半心半意地参与其中。他没有参加1911年6月11日"国际谅解联盟"的成立大会。[71] 实际上，他与许金和尼波尔德代表的那种乌托邦和平主义几乎毫不搭界。几周以后，《法兰克福报》由于公开支持一个和平主义团体而遭到弗莱堡大学一群教授的抨击，

---

[70] 该呼吁书文本见耶利内克遗稿，第6卷。

[71] 参阅罗格·奇克林：《德意志帝国的中庸声音》，载《当代史杂志》（Roger Chickling, "A Voice of Moderation in Imperial Germany," *Journal of Contemporary History*, Bd 8, Nr. 1, 1973）。耶利内克似乎联系了韦伯。1910年10月7日，尼波尔德问耶利内克，韦伯有没有可能应邀参加代表大会。但邀请函看来没有发出，至少可以断定，韦伯并未主动要求。耶利内克遗稿，第6卷。

该报编辑之一弗里德里希·西蒙（Friedrich Simon）就此询问韦伯的看法。韦伯的答复多少有点模棱两可。当然，他用很令人费解的措辞评论了弗莱堡大学教授们对《法兰克福报》支持和平主义者的抨击，嘲笑这是"小镇上的闲言碎语"，但同时他与《法兰克福报》对和平运动的肯定态度也保持了谨慎而明确的距离。他还辩称"我比《法兰克福报》更强烈地要求扩充军备，同时我也渴望有一项冷静但无情的外交政策"[72]。

韦伯与和平运动的关系只是一个小插曲。对国际局势的冷静分析使他不得不相信，在目前这个时代，必须估计到大国之间的帝国主义冲突将会日益加剧而不是缓和。因此，和平主义的主张眼下根本就没有实现的机会。他认为，这其中包括令人信服的经济理由，即"'帝国主义资本主义'的普遍复活，以及随之而来的要求扩张的政治压力"[73]。在这样一个世界上，一种积极的、旨在扩大德国的领土与利益范围的帝国主义政策就是不二选择。

1911年那时候，韦伯当然不是强有力的世界政策的唯一支持者，与同代人不同的是，他只是严格一以贯之地追求这一目标。这促使他得出了一些意义深远的国内宪政结论。对此我们必须尊重他的立场。另一方面，我们今天却很难同意像他那样不加节制地强调一成不变的帝国主义强权政策，这被他看作当时德意志民族的核心要求。我们也无法赞同他把使用军事和经济力量作为德国对外政策的基础这种排他性立场。欧洲各国没有能力对它们彼此竞争的利益做出和平妥协，除

---

[72] 《马克斯·韦伯传》，第414页。就此而论，韦伯很不以为然地说到了"一些和平主义的空想家"。

[73] 《经济与社会》，第526页。韦伯在此处又说："这种'帝国主义'扩张再次日益取代了和平主义的非垄断（至少不是借助政治权力的垄断）贸易。"

非欧洲放弃在世界上的领导地位。它们本身之间的斗争结果,就是这种领导地位落入了美国之手,尽管在那些艰难时世中也曾险些落入俄国之手。

1914年8月的欧洲大灾变,使中欧各国卷入了与所有其他欧洲强国进行的生存斗争中,马克斯·韦伯对此并不感到意外。他总是在预言重大的国际冲突。但他认为,这场大灾变扭曲了大国之间就世界未来进行的不可避免的冲突,德国不得不参战以对抗这种军事和经济的优势联盟。他把这种局面首先归因于威廉二世的个人统治,以及这位君主逐个羞辱每个民族的做法,这使德国的意图不断遭到猜疑。和意大利断交则使韦伯最终确认了他对德国外交政策的悲观分析。[74] 现在他甚至更强烈地倾向于探寻德国政策由于皇帝的所作所为而一败涂地的决定性原因。他还就1916年3月在有限潜艇战问题上爆发的国内领导权危机谴责了皇帝,在这场危机中,贝特曼·霍尔韦格只是五个月之后才取得了对蒂尔皮茨的胜利。[75]

马克斯·韦伯对威廉二世的狂妄自大抱有数十年之久的刻骨愤恨,他通常都默不作声,1917年5月底却以《法兰克福报》上的系列文章突然爆发了出来,题为《过去和未来的德国议会制》[76]。1917年6月24日的文章《行政公开与政治责任》,则对"个人统治"进行了强有力的

---

74 1915年5月底致玛丽安妮·韦伯的信,《马克斯·韦伯传》,第562页:"确实,局面真是糟透了。过去25年的全部治国术统统毁于一旦,'喋喋不休地说'势必如此,已经没什么意思了。"

75 请比较1916年3月15日致玛丽安妮·韦伯的信,《马克斯·韦伯传》,第574页及以下:"正是这位'英雄皇帝'的歇斯底里大发作:'采取手段以达到目的'却导致了危机,由于恐惧和美国开战而制造了一场危机,……我们可能将处于另一个转折点,……在我们的整个生存都危如累卵的时候,我们却处于这种令人悲伤的统治之下。"

76 文章以更为综合的形式并做了某些改动后于1918年发表,题为《德国重建后的议会与政府》,见《政治著作选》,第306页及以下。这个版本大体上是以1917年4月26日、5月27日、6月5日、6月6日、6月24日和9月8日发表于《法兰克福报》的系列文章为基础;帝国宪法第9条修正案(未署名)收入本书第一版,为附录Ⅲ,现已收入《政治著作选》,见第222—225页。

清算。[77] 文章无与伦比地彻底分析揭露了威廉二世对德国外交政策失败的责任，力透纸背，极有说服力。当然，马克斯·韦伯没有直接攻击这位君主本人。他认为抨击君主制本身并非明智之举，因为他确信"君主制度在众多国家都是有益的"[78]。他曾在1908年时说过，是这个政治结构靠不住了；现在他抨击了德国的政治制度本身，因为它无力阻止君主发表令人难堪的公开声明，甚至不时迫使他违背自己的意志。"这种完全不可思议的缺陷"在针对德国形成"反常的世界性联盟"时也起了推波助澜的作用。[79]

文章对公众和政界都产生了巨大冲击。皇帝那种勉勉强强的国内改革倾向，因为这场攻击而大为消退。贝特曼·霍尔韦格的圈子甚为不快。这位首相的宣传事务心腹，库尔特·里茨勒（Kurt Riezler），试图间接影响马克斯·韦伯，他给康拉德·豪斯曼写信说："很不幸，《法兰克福报》打破了一个被悉心照料的烹饪锅。我们站在它四周，为溅洒掉的汤痛惜不已。我们的敌人却喜不自胜。"[80] 豪斯曼也没有被韦伯的文章所打动。他致信韦伯转述道，他从首相府那里得到的感觉是，"新方向的汤锅，或者更确切地说，对它的情感，在最高层那里已被打破，汤已经溅得满地都是"[81]。韦伯的文章在策略上也许并不完全适合当时的局面，因为，政府与德国国会多数党正在就一些零星改革措施进行谨

---

77 现在差不多就是《政治著作选》里的整个第3节，见第357页及以下。初版的版本最近收入《其人其作》，第224页及以下，但不是原先的标题，内容也略有压缩。
78 《政治著作选》，第369页。
79 同上书，第377页。
80 1917年6月25日里茨勒致豪斯曼的信，见豪斯曼遗稿，54。
81 1917年9月3日豪斯曼致韦伯的信（引自豪斯曼遗稿副本）："私下说说吧，我能告诉你的是，你最后这篇文章产生了巨大冲击，这从《法兰克福报》接受预防性审查可知。它出现在帝国首相府的办公桌上之后，认为新方向的汤锅……已被打破这种看法就传开了。无论如何，你的文章是在推波助澜，到7月份会导致更强烈、人人都更不满的爆发。"

慎谈判，但它给谈判的努力提供了更重的刺激以迫使帝国的内政外交发生变化。这必定会招来上层的反应。根据最高统帅部的指令，这一期令人不快的《法兰克福报》被查封[82]，但没有引起公众注意，而且只是在发行完了之后。《法兰克福报》暂时需要接受预防性审查。

韦伯在一封长信中发出了抗议，该信寄给了《法兰克福报》以便广泛传播，同时也抄送了副首相弗里德里希·冯·派尔（Friedrich von Payer）。他据理力争，认为这种审查行为明摆着是"纯粹的派性措施"。一年半来，柏林的审查员一直容许"煽动反帝国政府，如今则容许煽动反德国国会宪制改革委员会和非保守派的帝国各政党"，因此不足为奇，"抗辩也会使用强硬措辞。……只要受雇于重工业的新闻媒体不被封口，毫不妥协地支持对立观点就是一种道德责任"。他指的是一年前的维也纳和布达佩斯事件，以及德皇的所作所为给德奥联盟带来的危险。自此以后的事实证明："君主的声明如果作为私下谈话，可能就没有害处，或许还可能有积极效果，但公开报道就会成为棘手的丑闻，这种情况在战争期间居然还会继续存在，尽管已经发生了这一切。"[83]他

82　韦伯本人是后来才发觉这个动态的。请比较1917年9月初（日期不详）致豪斯曼的信（韦伯遗稿）："针对我而来的这些措施是由中央当局主动发起的。据说——我已经听说——法院立即就废掉了这一期《法兰克福报》；显然，这之前陛下每天都在读它。"

83　抄送副首相冯·派尔和汉斯·德尔布吕克的1917年6月27日致《法兰克福报》的信（德尔布吕克遗稿）。1916年时，奥地利各方面的政治家曾要求他"告知德国外交部，应当'极为谨慎地'对待奥地利。……从根本上看，最有影响的那些奥地利圈子越来越相信，奥地利不得不承受与皇帝的公开作为或者发布他的声明和演讲有关的严重后果。他们坚决认为，和一个经常冒险把同盟引入某种意外局面和态势的政府进行有效合作是不可能的。当然，这种看法绝不是直接针对德国或者德国的官方机构。然而，这是个关键性的问题，并且，只要对奥地利的政策被容许放任自流，这就是不可避免的后果。从朝中高官到最底层的官员，人人都有这样的深刻感觉，就是战时的许多德国代表人物毫无审慎头脑且教养恶劣；相对来说这还是次要的，更重要的是公众也有了同样的印象。如果说就此向外交部做出解释并不可取，人们将会继续要求'保证'今后的国际政策不再出现这样的事态"。

1917年晚些时候，马克斯·韦伯试图发表他的文章，审查机关则要求巴登教育部让（转下页）

指出，保守派政党虽然在涉及"我们民族的重大政策关切"这一点上和其他政党基本达成了一致，却以自私自利的君主制花言巧语做幌子。如果迫不得已，他愿意到法庭上去证明这一点。[84]

马克斯·韦伯还吁请康拉德·豪斯曼帮助他和《法兰克福报》摆脱强制性预先审查造成的困境。他以很典型的方式建议，如果审查机构不愿宽宏大量，那也应该对他个人而不是对《法兰克福报》进行预先审查。他没有异议，因为他"另有足够的事情要做"。此外他还痛斥了"那些心胸狭隘、越俎代庖的将军之粗鲁笨拙，作为军人毫无用处"，所以才"插手政治"。他向豪斯曼力陈应当支持进步党的要求，即由政治当局接管审查事务，至少就所涉及的报纸而言，审查应当"一劳永逸地"成为首相的分内之事。[85]进步党现在也迫切要求撤销对《法兰克福报》的审查令。在德国国会的全体会议上，该党按照韦伯文章的思路质询了强制审查，并在预算委员会上提出动议，撤销针对《法兰克福报》的预防性审查。[86]该党强烈抗议"《法兰克福报》这样举足轻重的报纸由于发表了像马克斯·韦伯教授这样著名作者的文章而被没收，

（接上页）韦伯删除那些有争议的段落。当然，韦伯拒绝了这种要求，但他打磨掉了某些锋芒，因为他在最后版本中更多强调了政治领导层本身的失败（参阅《马克斯·韦伯传》，第602页及以下）。即便这种情况下，韦伯也再次指出了"对我们地位的这些严重损害"。"与重要的政治家，包括维也纳一些前大臣的不断讨论，让我了解到舆论是如何看待被意外事件打乱的政策环境。继续这样下去就会严重危害'德国作为一个盟国的可靠性'。"1917年8月8日致巴登教育部的信，《马克斯·韦伯传》中可见部分内容，第603页及以下。抄自韦伯遗稿。

84　1917年6月27日致《法兰克福报》的信（抄自韦伯遗稿）："我只是希望我们的论敌发出公开抗议，说这种局面是'不爱国'，是'反君主制'，以便通过激烈手段对我个人提出司法诉讼，如果他们没有其他办法的话。我从可靠来源听到的泛日耳曼保守派领导人关于这些怨恨、关于君主这个人的所有未发表的声明，都会公开拿出证据。如此一来，这个捉迷藏的游戏就该结束了，事实将证明，这些问题上德国并不存在党派歧见，尽管某些政党以矫揉造作地隐瞒自己的观点很聪明。"

85　1917年7月3日致豪斯曼的信，见豪斯曼遗稿。"就所涉及的报纸而言，一项把预防性审查权保留给首相（这一点若不可行就保留给战争部）的法案才是得体的。"

86　1917年7月4日行政委员会讨论纪要；另见《法兰克福报》1917年8月30日晨报第2版。

或者被置于任何人的预防性审查之下,不论他有没有对这种事情的判断能力。阻挠涉及政府机关和政府行为的学术分析,以及深思熟虑的抗议并钳制严肃的批评,这与城堡和平的精神背道而驰"。随后,战争部长冯·施泰因宣布了"临时撤销"措施。但《法兰克福报》仍然不得不屈从于审查当局的特别报复行为。1917年8月底,针对《法兰克福报》的审查措施再度出笼,而且更加严厉。[87]

审查员只是盯着已被确认的韦伯观点。有感于这些事件的影响,韦伯致信汉斯·德尔布吕克说:"我们如何才能摆脱这位君主对政策——至少是公开的——影响?这个政治问题使我们面临完全不同的选择:要么力争消除症状,要么对真实的危险视而不见。……如果这个民族在我们的政论家影响下接受国内的'无权力意志'[88],那就不要再谈论什么德国的外交政策了。"[89] 在这之后,他更加着力于争取对宪制改革的支持以推动拔除这个祸根。

早在1917年5月初,韦伯就向德国国会宪法委员会中最有影响的进步党人康拉德·豪斯曼发去了《帝国宪法修订案草案》,并附有一份详尽的备忘录,他相信这将对皇帝的影响力构成有效的宪法约束。[90] 他建议"针对王室言论和计划的发布问题制定一部刑事法规",并且强烈

---

87 参阅《法兰克福报》,1917年8月31日。
88 "Willen zur Ohnmacht"(无权力意志),这是韦伯自创的一个重要术语,在他的政治论说中使用频率很高,特意用作尼采"Willen zur Macht"(权力意志)概念的反义词。——译者注
89 "这场战争中唯一彻底失败的就是我们的王朝。……从这个事实我们即可得出结论,无论如何都要思考'议会制'了。""再腐败的议会交易——纯从政治上说!——也不可能干得更糟。在我看来,只能继续坚决地说:'就是这样!'而且,毁了我们政治未来的,就是这个王朝和对它赞不绝口的人,不管那是有意还是无意。"(1917年6月28日)德尔布吕克遗稿。
90 不过他是以复杂的感情做这种努力的,而且内心已经准备好无果而终。参阅1917年5月7日致米娜·托布勒的信,见鲍姆加滕档案,Ⅱ,第27页,引自《其人其作》,同上书,第500页:立宪主张。"我干得很憋气——(显然一事无成,但毕竟还是需要做点什么)——今天一早算是干完了——现在我又回到了我更喜欢的私人事务。"这最后一段应该是表达了一种半信半疑的态度。

要求设立一个"帝国御前会议",其特定目标是"及时终止那些迄今为止使任何有序的德国外交政策,哪怕是最杰出的政策都变成一纸空文的王室言论、电报和声明"。[91] 在6月24日那篇大大冒犯了王室和最高统帅部的文章中,韦伯进一步拓展了这个建议。韦伯提出,如果一个纯议会委员会在发布皇帝的政见问题上不能扮演顾问角色,那就应当恢复联邦参议院外交事务委员会,并扩大组成范围"将各个国务秘书和资深政治家包括进来",以此构成一个"帝国御前会议"。[92] 他还认为,这是增强南德各邦对帝国政策影响力的一个手段。

韦伯很清楚,这些措施无一能够根除种种弊端,只是有可能把它们最小化。他越来越坚信,首相对王室声明应当承担实质性而不是形式上的责任,不容任何政治领导人对王室声明未经事先协商而在事后为之"作保"。但韦伯并没有更进一步要求德国国会有权通过不信任投

---

91 1917年5月5日致豪斯曼的信,见豪斯曼遗稿;韦伯给豪斯曼的草案涉及如下几点:
1. 未经帝国首相允许而发布君主的讲话和声明应予处罚;
2. 保障德国国会的质询权;
3. 废除帝国宪法第9条第2款;
4. 设立一个御前会议以更好地服务于联邦各成员邦的利益,尤其是作为一个控制"个人统治"的手段;
5. 在宪法中确定帝国首相之职与普鲁士外交大臣的关系。应当明确规定帝国首相独自指令普鲁士在联邦参议院的投票并自行承担责任。

就我们所知,这些建议和备忘录并没有成为进步人民党宪法提案的基础。它们应该是在1920年收存于豪斯曼遗稿中了,但在今天的斯图加特州立档案馆豪斯曼遗稿中却遍寻无着,它们的内容可见于我们现有的1917年5月1日到5月5日通信附件。参阅下文第190页及以下。这些建议的抄件最近在耶鲁大学的哈约·霍尔伯恩(Hajo Holborn)遗稿中被发现。

92 《政治著作选》,第381页及以下,第437页及以下。[韦伯建议的"帝国御前会议"是针对"普鲁士御前会议"而言的,他在《德国重建后的议会与政府》一文中评论道:"宣战问题权且搁置不论,绝大多数条约以及解散德国国会,都需要联邦参议院(因而就是普鲁士)的同意,绝大多数德国重大政策的决定也几乎始终要迁就这样的奇特因素:帝国至今没有可与普鲁士御前会议相比的制度进行事前协商。由于联邦参议院是个投票机器……由于御前会议的构成是个普鲁士事务,那么帝国首相被要求事后对德国国会做出答辩,就不可能改变那个纯普鲁士制度对政治进程发挥的往往是决定性的影响,尤其是在帝国首相缺少使他对德国国会有效负责的法律手段时。"——译者注]

票迫使首相下台。到了1917年9月，他在这个问题上还是没有越过德国宪政自由主义的传统界限。"首相为他并没有事先赞同过的皇帝声明作保，应被最高法院宣布为不称职，这一点必须成为既定原则。"[93] 他还考虑过由一个国会委员会弹劾首相的可能性，但因不切实际又撤回了这个提议。[94]

从1917年晚些时候，马克斯·韦伯开始密切关注威廉二世的声明，由此更加确信它们的作用是有害的。[95] 即使到了1918年后期，马克斯·冯·巴登（Maximilian von Baden）领导下的议会制政府已经建立，韦伯仍然断言，"根据严格的程序"并由首相预先核准，然后依法控制王室声明的发布，是德国公共生活必需的"最迫切改革措施"。[96]

没有理由认为马克斯·韦伯大大高估了威廉二世的公开声明对德国外交政策造成的影响。我们今天几乎不再倾向于谴责威廉二世要为一系列导致了德奥联盟那种致命的政治孤立的事态发展负责。主导外交政策的那些政治家，特别是霍尔施泰因和比洛，至少也应当为那种一贯追求声望的政策承担部分责任，它们极为显著地体现了那位君主的虚张声势和反复无常，但这绝不是真正的原因。实际上，皇帝对于

93　1917年9月7日致豪斯曼的信，见豪斯曼遗稿。

94　《政治著作选》，第380页。

95　例如1917年12月10日致翁肯的信："这里最近发生的最愚不可及的事情，就是发表了皇帝在阿尔杰什畔河库尔泰亚（10月20日）和意大利前线的两次讲话。切尔宁（Czernin, 1872—1932，奥匈帝国职业外交官，1916年任外交大臣。——译者注）正在摩拳擦掌。我们肯定希望赫特林（Hertling, 1843—1919，德国保守派政治家、哲学家，'一战'期间的最后一任帝国首相。——译者注）阻止这种令人厌恶的行为。"韦伯对于公开发表皇帝就瑞典问题回应威尔逊的谈话尤其震惊，友好的瑞典内阁在很大程度上就是因此垮台的。这在韦伯看来与戈武霍夫斯基（Goluchowski, 1849—1921，奥地利外务大臣。——译者注）的垮台如出一辙。1917年6月27日致《法兰克福报》的信；另见1917年8月8日致巴登文化部的信，部分内容可见于《马克斯·韦伯传》，第603页及以下（不是这里引用的段落）。

96　《德国政策的下一个任务》，载《政治著作选》，第445页及以下。

1906年危险的摩洛哥政策并没有多少责任。当然,韦伯没有看到官方档案,也没有与闻政府的内部决策,只是根据表面现象做出判断。皇帝令人遗憾的所作所为,的确支配了公众的注意力。[97]然而,威廉二世的弱点,正如此前有人正确指出的那样,也是整个民族的弱点。[98]马克斯·韦伯有时也会承认这一点,比如他曾指出,在布尔问题上那种"感情用事的愚蠢政策",并不是德国外交的失败,而是这个民族政治不成熟的征兆。[99]尽管如此,直到1918年,他还是持续把对德国政治环境的无情批判集中在了"个人统治"的问题上。韦伯支持的是一种不抱幻想的冷静明确的政策,在他看来,威廉二世追求声望的政策,与责任伦理主导的政策完全背道而驰。

第二节　俾斯麦垮台后的政治领袖缺席和官僚统治

尽管马克斯·韦伯始终把威廉二世的"个人统治"作为批判当时政治环境的头号靶标,但他也一再重申,导致了德国政策"癌变"的不单是皇帝个人,还有政治制度本身。不存在宪政屏障以阻止皇帝对德国政治进程那种不受控制且感情用事的影响。不过,韦伯确信,这些还都是次要性质的原因。真实的原因在于,个人统治大行其道乃是俾斯麦留给帝国的环境条件所致,在这种条件下根本不存在政治领袖,而且缺乏能够产生领袖的政治机制。

因此,马克斯·韦伯开始在《法兰克福报》上论述德国国内重

97　韦伯本人后来特别表示反对君主个人在登陆丹吉尔事件上干预德国外交。《政治著作选》,第376页。

98　汉斯·赫茨菲尔德:《1789—1945年的现代世界》(Hans Herzfeld, *Die Moderne Welt, 1789—1945*),第2卷,第14页。

99　《政治著作选》,第159页及以下。

建的系列大作就有了具体理由,那就是清算俾斯麦以及有力地总结被忽略了整整一代的自由派的怨恨。[100] 韦伯本人只是在经历了非凡的斗争之后才摆脱了俾斯麦强大人格的影响。因此他似乎就更加有必要挑战他那一代人的俾斯麦崇拜,用他最强有力的武器与之对抗,因为这种崇拜给帝国及其制度戴上了不可亵渎的理想光环,从而阻止了宪政演进。

俾斯麦的政策实质上就是恺撒主义政策。当然,他发现用"君主的合法性"当幌子很便利。[101] 他无法容忍独立的政治力量,不给它们发展机会并系统地阻止它们与政府进行建设性合作。韦伯写道:"他的全部政策就是竭力阻止任何强大而独立的合宪政党的巩固。"[102] 俾斯麦肆无忌惮地交替利用各个政党并挑动它们互相厮杀,他采取煽动性手法把关于军事拨款的争论从客观预算问题变成了国内权力斗争的一部分,攻击反对党毫无责任感,甚至称它们是"帝国之敌",要么从内部分裂它们,要么干脆把它们推向极端对立。韦伯认为这在自由派的遭遇上可以看得特别真切,他们对俾斯麦的天赋感奋不已,乐于在重大问题上与他合作,俾斯麦却迫使他们要么放弃他们的信念,要么成了毫无影响力的反对派。帝国创立时期那一代所有政党的伟大领导人,特别是民族自由党人,后继者却是一些虚弱不堪的群体,因为没有机会允许他们赢得权力并承担责任。俾斯麦处心积虑地把德国国会限制在消极政治的范围内。只要俾斯麦给那些政党领导人提供政治职位,代价始终都是他们在政治上毫无作用,1878年时的鲁道夫·冯·本尼西森就是如此。政治动机往往也如同儿戏,比如任命本尼西森的目的

---

100 参阅上文第91页及以下。
101 《政治著作选》,第347页。
102 同上书,第316页。

就是制造民族自由党的分裂。俾斯麦"既没有吸引来,也不能忍受具有独立思考能力或者强大个性的人"[103]。在他统治时期,他排除掉了周围所有独立不羁的政治家,用"保守派傀儡官僚"取而代之,他们那种无条件的官僚制依附性让他感到用起来得心应手,他们根本没有采取独立政治行动的意志和能力。这些人对于把他们从一无所有提携到高位的这个伟大政治家在1890年的垮台竟然都没有发出一声"牢骚",他们迅速就接受了新秩序和新的"太阳"。这种不光彩的忘恩负义"在一个高傲民族的编年史上真是独一无二"[104]。

韦伯给出的画像是毁灭性的:保守派官僚类型直指那些最显要的帝国与普鲁士大臣,他们的政治面目完全模糊不清,根本没有领袖品质,只是对首相唯命是从。"没有任何政治传统"留存下来。这个时代产生不出任何能够担负民族政治领导权的政治人格。另一方面,一个"完全没有权力的议会"却被宣布要为消极政治负责。它的思想水准大为退化,不可能产生或训练出形势所需的领袖人物。韦伯强调说,"政治家"只有在负责任的议会实体中才能茁壮成长。领袖的发展要取决于一个政党的掌权机会。[105] 韦伯着重把俾斯麦当作首要的证人,因为俾斯麦去职后"承认,他的主要错误就在于压制了议会"[106]。

马克斯·韦伯曾用一句话概括了俾斯麦遗产的要害:"没有任何人——一个政治家——能把握全局。这样的人根本就不存在,但这种

---

103 《政治著作选》,第319页。
104 同上书,第312页;"牢骚"(mucksen)是《法兰克福报》原稿中的用词;请比较《经济与社会》,第578页:"俾斯麦在他漫长的执政生涯中消灭了所有独立不羁的政治家,把他的内阁同僚们置于无条件的官僚式依附状态,出乎他意料的是,在他辞职时,他们却表现得漠不关心,镇定自若地继续照管着自己的官职,仿佛他们丢弃的不是他们这些工具的足智多谋的主子和创造者,而只是这部官僚机器中可以用其他人物换掉的某个具体人物。"
105 《政治著作选》,第403页。
106 《议会与政府》原稿第3节,见1917年6月24日《法兰克福报》。

人的作用是无可替代的。"[107] 德国的外交使节们不可能为德国的外交失败负责,总体来看,比起其他国家的使节们他们毫不逊色。"我们缺少的是一个政治家对国家的领导,这未必意味着需要一个政治天才,这可能只是百年一遇的事情。[108] 我们需要的甚至不是一个显赫的政治干才,而只是一个不管在什么程度上都可以叫作政治家的人。"[109] 占据了俾斯麦位置的是保守派官僚,他们不是在统治。韦伯认为,最不幸的事实在于,他们根本没有与强烈的权力意志密不可分的责任意识,他相信这是真正的政治家才具备的特质。因此,俾斯麦的继承人们证明了自己无力对抗威廉二世的野心并将他置于宪法约束之下。

韦伯对德国外交政策的失败深感绝望,这促使他发出了更严厉的批判。同时,他也无意抨击德国的官僚机器本身,相反,他认为这个机器具有很高的道德水准和客观能力。它在制定政策——特别是外交政策——领域却是一败涂地。与西方民主国家的政治组织相比,德国的官僚统治在所有方面都乏善可陈。"民主政治支配下的国家,即便它们的公务员在一定程度上是腐败的,其在海外的成就也远非我们道德上无可指摘的官僚们可比。如果我们根据'现实政治'和各民族的国际地位判断形势——我们许多人都会同意这应该是最高准则吧——那么我要问:什么样的组织系统……是今天最'有效率'的?"[110]

马克斯·韦伯不厌其烦地分析了官僚统治的性质,认为它在技术

---

107 1915年11月25日致玛丽安妮·韦伯的信,《马克斯·韦伯传》,第564页及以下。这是受战局影响的感言,不过完全符合他的一贯态度。请比较前引论俄国的文章,他在那里指出,德国的政治经营环境容不得政治家的崛起。

108 这里显然是暗指俾斯麦。

109 《政治著作选》,第336页。

110 社会政策协会1909年维也纳大会上的发言,见《社会学与社会政策文集》,第426页。

上说是最高度发达的统治形式。基于劳动分工并严格界定责任范围的协调理性的官僚统治,比历史上一切成功的权力行使方式都更有效率。韦伯看到了官僚统治在经济领域的扩张,以及国家和政党官僚制并驾齐驱成为群众时代的典型特征。当然,官僚化的全面推进可能包含着在遥远未来的某个时候使欧洲各自由民族毁于一旦的力量。因此,韦伯与纯官僚统治的斗争就被提到了普遍历史的高度。和无生命的机械工艺一起,官僚制组织"正在建构未来的农奴制之壳,无能为力的人们有朝一日可能将被迫置身其中,恰如古代埃及的国有奴隶一样,如果技术标准成了目的本身,就是说,一旦理性的行政管理和需求供给成为终极性的唯一价值,以此方式决定如何管理他们的事务,那个时刻也就到来了"[111]。

韦伯相信,在这项发展的尽头,将是一个经济停滞的社会和一种极为僵化的社会秩序。新的官僚制社会可能远比埃及、中国以及晚期的罗马帝国更加理性。"一个进入这种发达状态的官僚制,就会成为最难以摧毁的社会结构。"[112] 出于这个观点,韦伯在社会政策协会1909年维也纳会议上激烈反驳了施莫勒及其同人的一个看法,即国家官僚制不断扩大对产业界的影响将改善工人的社会处境。"这种对官僚化的癖好……真是令人绝望。……核心问题在于……绝不能为这种趋势推波助澜,而且要对抗这个机器以使幸存的人类免于灵魂被撕碎,免于这种万能的官僚制人生理想。"[113] 他在《德国重建后的议会与政府》中提出了这样一个决定性的问题:"考虑到不可避免的官僚化趋势,究竟如

---

111 《政治著作选》,第332页。
112 《经济与社会》,第577页。
113 《社会学与社会政策文集》,第414页。

何才仍然有可能保住某些'个人'行动自由的某些残余？"[114]

马克斯·韦伯尤其强烈反感于德国人的一个遗传秉性，即安于统治者和行政权威作为一种制度力量给自己打上的烙印，这是漫长的家长制统治的结果。他认为"德国人的这种共性是统治者与行政权威所致，他们把这种权威当作超然的存在而敬重有加"，还有一个原因就是正统路德宗。[115]韦伯对路德宗时有苛评，说它怂恿德国人偏好等级制度和一种"纯粹情绪化的国家形而上学"[116]，这为披着君主制的正当性斗篷而不受控制的官员统治奠定了基础，并任由它不断坐大且经久不衰。在1906年致阿道夫·冯·哈纳克的一封信中韦伯写道："路德凌驾于所有人之上。作为一个历史现象，路德宗在我看来极为可怕。我不否认这一点。即使它采取了你希望能在未来得到发展的理想形式，对于我、对于德国人来说，它也是一个对生活的渗透力无法估量的制度。"[117]韦伯更看重的是清教，是它那种动态的经济活力和它对国家与官僚制的天然理性的内在态度。与德国人对待官署那种虚伪的宗教奉承态度不同，清教徒仅仅把政府看作一桩寻常"生意"，因而他们能够组织起对国家的行政管理，虽然不时显得比较"无序"，却远更有"效率"。

马克斯·韦伯非常不满对德国公职人员的无所不能和高尚道德标准的普遍信任。[118]官僚制的"精确性、稳定性、纪律性、严格性、可

---

114 《政治著作选》，第333页，请比较《形势》第118页及以下，以及弗里德里希·瑙曼的相关说法："我们应当如何战胜中央集权社会制度对我们的压迫？"《政党》(*Die politischen Parteien*, Berlin, 1913)，第109页，参阅特奥多尔·席德尔：《政治与社会状况的关系以及资产阶级自由主义的危机》，前引书第74页。

115 《经济与社会》，第683页；参阅第660页。

116 同上书，第683页及以下；另见1910年第一次德国社会学大会上的演说，《社会学与社会政策文集》，第415页及以下。

117 1906年2月5日的信，请参阅上文第99页及以下。

118 参阅韦伯在社会政策协会1909维也纳会议上的演讲，《社会学与社会政策文集》，第415页及以下。

靠性……可计算性,以及它的高效率、大范围运作,形式上能够普遍适用于一切任务,它在纯技术意义上的完善程度达到了最高标准:是形式上最理性的行使权威的手段"[119]。因此,尤其需要政治家平衡它的影响力。官僚制必须成为负责任的政治家手中的工具,而不能成为目的本身。只有政治家才能确定行政目标,而公职人员的主要任务就是尽可能客观地有效贯彻这些目标。

马克斯·韦伯以其雄辩的敏锐性将官僚和政治家进行了鲜明对照。他远比我们有理由认为的更激进,虽然这里并不适于对此展开讨论。他认为,官僚应当在一种无党派意义上负责执行,*sine ira et studio*(无示好恶)。他的特殊职业气质就是原原本本执行指令,犹如它们符合他自己的信念,这是他的核心义务。政治家的要义则与此相反,他要斗争,要充满激情,要庄重地为自己的所有作为负责,而且只有自己为自己负责。他在任何情况下都必须拒绝他认为是错误的目标,无论那是反映了君主的愿望还是来自他自己的政党或议会多数。如果必须,他就应辞职;若不辞职,他就——韦伯借用俾斯麦的一个说法强调认为——是纯粹的"胶水"[120]。[121]

就是出于这个理由,韦伯坚信,从官僚行列中永无可能产生出能够确定目标并约束行政机器的政治领袖人物。[122] 官僚等级制中的高级职位候选人是因其专业能力而获选的。这个选择过程可以产生卓越的公务员,但绝无可能产生富有权力本能、责任意识和领袖资质的政治

---

119 《经济与社会》,第128页。

120 德语原文为 Kleber,字面义为胶黏剂、胶水,这里用来比喻为一己之利而恋栈。——译者注

121 《政治著作选》,第337页以下,第524页以下,另见《论修改帝国宪法第9条》,《政治著作选》,第224页。

122 参阅《经济与社会》,第671页:"恰恰是官僚制的纯粹类型,一个由被任命的官员构成的等级制,需要某种并非因同样意义上的'任命'而存在的最高职位。"

家。政治家只能在追求议会影响力和支持的斗争中，在以大众为后盾的日常政治冲突中脱颖而出。

韦伯着重指出，官僚化"到处都是发达的大众民主无可逃避的阴影"；但因此，大众民主也是官僚"支配"的死敌。[123] 他认为，每个官僚都有一个顽固倾向，就是捍卫自己的权力以抵御一切对手，不管那对手是议会还是君主。官僚只要有可能就会尽量扩张自己的权力。在德国，官僚制甚至成功地向官僚打开了晋升到政治领导职位的途径。[124] 官僚抵御一切竞争性制度的特殊武器就是信息垄断，尤其是隐蔽性和机密性的"公务知识"。因此，"官方机密"概念往往会超出它的客观需要而隐瞒信息，在它掩饰下的则是"官僚制的纯权力关切"，而官僚们"迷恋于此的……态度"是根本站不住脚的。[125]

为了瓦解官僚制的优势，剥夺它的技术和公务知识这个超级武器，韦伯坚持认为，德国国会应被赋予质询权，只要必须，它就应该能设立调查委员会，时时汇集信息，行政机关则有义务向委员会提供信息和档案文件。[126] 韦伯在1907年写道，由于德国国会迄今仍没有这项权力，"根据宪法，它不仅被判定为外行，还被判定为无知"。[127] 因此，德国国会无法有效监督行政机关对政治任务的执行情况，面对官僚系统在所有具体问题上的信息优势，它所处的不利地位简直令人绝望。[128] 为了使质询

---

123 《经济与社会》，第 130、575、580 页。

124 《政治著作选》，第 352 页。

125 《经济与社会》，第 581 页。

126 我们能看到的第一个例子是韦伯1908年底向瑙曼提出了德国国会质询权的建议（参阅本书第164页注释61），后来又在1917年5月提交给康拉德·豪斯曼的宪法改革方案中列入了质询权问题。

127 《政治著作选》，第 352 页。

128 请比较《经济与社会》，第581页及以下。同样值得注意的是，第584页提到了俾斯麦，韦伯对设立国民经济委员会抱有完全相反的看法："众所周知，俾斯麦曾试图筹建一个'国民经济委员会'用作对抗德国国会的权力工具，他指责持反对立场的多数——他从未授予他们英国人惯用的议会质询权——为了议会的权力而力图阻止官僚们变得'太聪明'。"

权能够比较有效,韦伯要求只要有 1/5 的代表获得授权,即可强行设立一个调查委员会。

如果我们还记得韦伯一直在强调现代工业社会,尤其是现代国家的官僚制趋势(他相信现代国家正在向官僚制"经营"之路挺进),我们就只能完全赞同他对德国国会质询权的重视。他认为"议会的决定性任务"[129] 就是对官僚制承担的政治功能加以控制。一个议会只有发展到对行政系统具有真正的平衡力量的程度,才能处于一种贯彻建设性政策的地位。马克斯·韦伯在这里走上了另一个极端。他过于夸大了相对政府与行政官僚而言议会质询权的重要性,这在一定程度上是因为他相信公众监督这把达摩克利斯之剑是在政治斗争中具有可靠影响的锐利武器。韦伯一再呼吁借助司法控告把政治问题置于公开性的强光照射之下。我对公开曝光的积极作用同样持有传统的自由主义信念,但在这里应当有所保留。韦伯此处表明的是一种伦理信念,他希望从公共道德角度揭露敌人可以产生重大影响。他在这个问题上心存幻想可谓一望而知。

韦伯热情支持议会质询权还因为他有这样的印象,即最重要的德国决策权都控制在官僚系统手中,决策可能都有精密的官僚理由,由谁承担责任却被掩盖了起来。他与普鲁士保守派官僚的势不两立在这里也是一目了然。[130] 普鲁士官僚都是通过上流社会的私人关系对皇帝

---

129 初稿(《法兰克福报》1917 年 6 月 24 日)的用词是"首要的基本任务……",《政治著作选》,第 352 页。

130 就此而论,韦伯在社会政策协会 1905 年慕尼黑会议上的评判大概最有代表性:"今天占据着(普鲁士)内阁大臣交椅的都是些什么人呢?他们自身都十分可敬,但他们自身是这样的人:一些就事论事的人,一些生意人。占据着内阁交椅的这些先生,没有一个称得上是政治家。今天他们再也无人能成为政治家了。他们是些就事论事的人,他们知道如何——实际上也必须——迎合受制于王朝意愿的现状和其他环境条件。足够典型的是,这些先生的其中之一,被任命为内阁成员之后,总是诉苦说他多么不幸地仍在当众谈论以往不断谈论的那些悬而未决的问题。这还不是最糟糕的情况。"《社会学与社会政策文集》,第 402 页及以下。

施加影响的。韦伯集中关注的是必须使德国的决策方向摆脱不受监督的技术官僚决策，使之呈现在公共监督的光天化日之下。当然，这并不意味着所有具体问题——即便是外交政策问题——都要照此办理。韦伯认为一定范围的秘密外交是不可避免的。[131] 这在他看来并不是个很大的问题（实际上根本就不是个问题），他关心的是权威人物的关键政治决策应当完全处于公共监督之下，只有这样，政治家才可能承担起必需的特殊责任。政治家理所当然要提供政治行动的方向，这个方向的基础则是伦理价值观。他理应在国民和议会面前为政策方向承担责任，并为他的措施和目标是否正确得当做出辩护。他不应像官僚那样以技术解释和技术能力为挡箭牌掩盖真正的责任。

因此，韦伯一方面要求将德国国会的质询权作为除去官僚的专门技术和帝国最高层官员内部人信息这个保护层的手段，一方面又要求出类拔萃的政治领袖做好准备去承担帝国主义时代这个民族所面对的全球性任务，两者是有内在联系的。"一个民族如果仅仅能产生优秀的官员、值得钦佩的职员、诚实的商人、能干的学者和技师、忠心耿耿的仆人，在其他方面却服从于冒牌君主制口号掩盖下不受监督的官员统治——这样的民族不可能是一个主宰者民族，它能把日常事务料理得更好，但不会为了世界的命运多费脑子。"马克斯·韦伯就是以这样的宣判结束了1917年6月24日在《法兰克福报》上发表的雄文。[132] 他对德国世界政策的巨大热情，使他对俾斯麦之后德国官僚支配的批判充满了特殊的活力。韦伯对威廉二世时期德国政策的严重问题做出的反应，以及他对纯"官员统治"的批判评价，在他呼唤伟大领袖

---

[131]《政治著作选》，第359页；《经济与社会》，第581页："如果谋求外交事务的成功，就只能把它受到的公共监督限制在极小的范围之内。"

[132]《政治著作选》，第442页。

的政治改革方案中达到了顶点。那个时代的其他政治思想家比如胡戈·普罗伊斯和瓦尔特·拉特瑙（Walther Rathenau），也注意到了严重缺少政治领袖是德国政治的核心问题。[133] 但如此一以贯之、心无旁骛地关注领袖问题的，只有韦伯。其中缘由，他在1917年9月之后的《法兰克福报》上论述德国宪政议会化的系列雄文中已有令人信服的说明。他在这些文章中提出，俾斯麦的错误应予矫正，议会应当摆脱纯粹消极的劣等智识水准，那是它在政治事务中扮演纯粹的消极角色所致。它应被重建为一个政治领袖的来源地。只有在议会能为具备内在权力本能的政治家提供执掌实际政治权力和承担责任的机会时，德国政治生活才有可能得到更新。在1917年6月时的韦伯看来，头等重要的问题是德国未来国家制度的性质："我们如何才能使议会拥有权能？"其他的所有问题都在其次。[134]

第三节　化解帝国领导权危机的手段：议会化

马克斯·韦伯支持在德国确立议会制度有三个主要理由。一切都始于这个论点：德意志民族必须改变它的内部政治结构，为在各大国谋求世界各地的势力范围而进行的全面斗争中扮演一个角色奠定基础，以承担"伟大的世界政治任务"，这是它的历史责任。[135]

133　参阅胡戈·普罗伊斯：《国家、法律与自由》（Hugo Preuß, *Staat, Recht und Freiheit*, Tübingen, 1926），第559页（1909年）："我们的公共生活中，大概唯一一个完全得到一致同意的问题，就是在德国令人惊骇地缺少气魄宏大的政治领袖。"更多内容请参阅瓦尔特·拉特瑙：《即将来临的日子》（Walther Rathenau, *Von kommenden Dingen*, Berlin, 1917），第305页及以下，第322页及以下，第329页及以下。

134　《政治著作选》，第363页。

135　同上书，第443页。

1. 只有一个达到了其他民族早就达到的那种政治自由水平的民族，就是说，只有一个"主宰者民族"[136]，才能真正拥有历史性权利去参与决定如何影响其他民族的命运、参与瓜分世界的斗争。只有一个自由的民族才能持久赢得外部世界的充分尊重和文化声望。这是成功参与"世界政治"的绝对基础。1897年韦伯在反对海军调查时写道："只有一个其国内政策清楚表明不怕支持和扩展祖国的自由制度的政权，才能赢得不可或缺的信任，在决定性时刻确保它的力量和勇气。没有这些条件，再怎么气势汹汹，失败也不可避免。"[137] 1917年韦伯以更为尖锐和富有启示性的方式概括了这一点："只有主宰者民族才会受到召唤去把握世界发展之舵。没有这种品质的民族如果也打算这样去做，那么不仅会遭到其他民族可靠的本能的反抗，而且就其内在因素来说会以失败告终。……文人墨客们鼓吹的在国内事务上的'无权力意志'，与某些人大肆夸耀的在世界上的'权力意志'并不相符。"[138] 换句话说，德国的议会化乃是帝国主义世界政治的必然结果，既是出于文化原因所必需，也是为了实现民族的内部统一和团结。

2. 只有建设性增强议会的权力，才能有效实现这样的目的，即结束"个人统治"并使它成为可能的"不受监督的官僚统治"。韦伯提出的问题是，帝国的主要政治家如果是由于德国国会多数的信任票而任职，他们是否要为君主以前的声明打掩护，否则就可能被取而代之？他们要想对德国国会有效负责，就不得不对抗君主的冲动和野心。

---

[136] "主宰者民族"（Herrenvolk）这个术语在韦伯那里主要是表达一种国内政治的含义，从而明显不同于阿尔弗雷德·罗森贝格（Alfred Rosenberg）的"主人民族"（Herrenvolk）思想，但它毕竟与某种程度上在海外行使政治权力的观念有关，这是我们今天有理由质疑的。参阅《政治著作选》第291页："只有主宰者民族……才能够也可以参与'世界政治'。"

[137] 《政治著作选》，第31页及以下。

[138] 同上书，第442页。

3.议会化是选择政治领袖的最佳手段。韦伯希望,为争取议会中的支持者与追随者而斗争,以及在议会各委员会中的日常工作,能够产生出有能力推动德国政策获得成功的领袖人物。不难看出,韦伯为这些观点找到了最重要的样板。英国就是所有德国自由主义者,特别是自由派帝国主义者的楷模,因为英国已经建成了一个庞大帝国并使之保持不坠。韦伯尖锐批判了德国"庸人"对英国议会的鄙视态度,认为他们"无视了一个事实,即英国议会产生了这样一些政治领袖":他们懂得如何"使1/4的人类接受政治上深谋远虑的极少数人的统治"。[139]

马克斯·韦伯并不否认德意志帝国复杂的宪政结构在议会化之路上设置了重重困难。俾斯麦把整个联邦制度系于首相一身,他把持了行使主权的联邦参议院,仅仅是形式上对它的一元化平衡力量——德国国会——负责,首相凭借他的普鲁士政府首脑地位,或者至少是凭借他对普鲁士在联邦参议院票数的控制,这样不就保证了普鲁士的霸权地位吗?在这种暧昧的体制下,由于帝国宪法并没有覆盖许多关键的决策层面,议会化不会遭到彻底摧毁并使普鲁士的霸权膨胀到不可忍受的程度吗?韦伯不得不盯住这个问题,探究如何以演变方式在德意志帝国实施议会制度。

在弗莱堡与海德堡任教的那些年间,韦伯就与滋养了他的民族自由主义传统分道扬镳了,而且越来越亲近南德联邦制拥护者的信念。他极为不满普鲁士保守派及其在帝国与普鲁士行政系统的支配地位,为反对普鲁士在帝国的霸权而不懈斗争。普鲁士的这种地位给保守派影响其他邦国的命运铺平了道路。在普鲁士保守派操纵普鲁士三级选

---

[139] "而且——关键是!——他们绝大部分对这种统治的服从是自愿的。"《政治著作选》,第355页。

举权的岁月中,韦伯始终就是个坚定的联邦主义者。他被联邦主义所吸引还有其他一些原因。1917年时他曾写道:"我们已经把特赖奇克的理想远远抛到了身后。"[140] 单是出于文化原因,他也希望能保住南德那些王朝。

由于坚持联邦制原则,韦伯的宪政思考就特别看重联邦参议院。与德国国会仅限于消极政治形成鲜明对照的是,联邦参议院理论上是个能够做出一切决定性政治决策的实体。俾斯麦统治末期,他本人也在强调帝国的联邦性质,甚至还武断地考虑修改宪法以进一步限制德国国会的权力。借助普鲁士和一些小邦国的选票,这位首相做出的任何决定都会被接受,尽管还有德国国会的意志存在。即使他不喜欢一项决定,他也总是可以利用普鲁士在联邦参议院的投票把它弃之一旁。在那些罕见的联邦参议院否决某项议案的情况下,俾斯麦知道如何使用辞职的威胁手段迫使议员们屈服。马克斯·韦伯认为帝国宪法的杠杆是联邦参议院,而不是德国国会,就此而论,他的宪制改革计划倒是合乎俾斯麦的帝国概念。

马克斯·韦伯希望通过联邦参议院的议会化,找到一个使议会制度与帝国的联邦性质水乳交融的宪政手段。"通过在各邦国落实普选权,以及内阁对联邦参议院代表团的指令有效负责,就各邦国的一切政府行为而言,联邦参议院就会成为各邦国的代表实体(而不是像目前这样的王朝代表)",他在1907年给弟弟阿尔弗雷德写信说,"唯有如此",才能"改变目前这种普鲁士的三级议会像对待臣仆一样统治我们的局面。而现在,"2300万(非普鲁士的联邦成员邦居民)在联邦

---

[140] "而且——关键是!——他们绝大部分对这种统治的服从是自愿的。"《政治著作选》,第438页,另见第243页。

参议院和柏林政权那里就等于零"[141]。韦伯呼吁按照议会化要求对帝国宪法做出联邦制而不是集权制的规定,以免帝国损害联邦各成员邦。1907年时,他把联邦制改革视为一个用责任大臣的"个人统治"取代君主不负责任擅自干政的最佳手段。[142]联邦各成员邦这样就能够提名一些各邦议会领导人或德国国会党团领袖为联邦参议院代表,联邦参议院则能随之发展为一个体现政党格局的政治实体,由此即可使各政党领袖直接影响德国的政策,而联邦参议院将转变为一个监督德国领导权的最重要机构。议会化将采取一条不至于破坏联邦参议院在帝国宪政制度中的核心地位的路线,这个地位是俾斯麦巧妙确立起来的,那是为了安抚王室,但也阻碍了向议会制度的转变。

马克斯·韦伯的宪制改革建议,在1917年发表于《法兰克福报》的系列文章《重建后的德国议会与政府》中做了详细说明,1918年以小册子形式出版,与他1907年的提议相去不远。当然,我们对早先的提议所知不多。1917年他就德国宪政问题使用了相似的说法:"我们如何才能使德国的议会化与健康的——亦即能动的——联邦制结合起来?"[143]但他现在仍然主张议会化潮流"必须被导入帝国的河床"。和以前一样,他认为帝国的议会化,关键就在于联邦参议院的议会化。

马克斯·韦伯希望联邦参议院能发展为联邦各成员邦的真正代表,但同时他也希望保持并巩固它作为帝国政策的主导性咨询机构的功能。德国国会应被整合进这个制度。与1907年的提议不同,他现在主张,

---

141 1907年5月22日致阿尔弗雷德·韦伯的信,抄自韦伯遗稿,类似的还有1908年11月18日致瑙曼的信,《政治著作选》,1,第457页:"联邦参议院的议会化是个实践问题。"

142 1907年5月22日致阿尔弗雷德·韦伯的信。请注意"责任大臣的'个人统治'"这个措辞,这表明了韦伯对内阁职务的性质所持的看法。

143 《政治著作选》,第420页;请参阅第369页:"议会化,总的来说还有帝国宪政的实际问题,很大程度上并不在于联邦其他成员的宪法权利,而是在于它们和普鲁士这个霸主邦的关系。"

德国国会党团的政治领袖必须正式进入联邦参议院。韦伯特别强调指出:"问题在于,应当容许帝国各政党领袖以及各主要邦国议会的领袖作为全权代表入席联邦参议院,从而使它实现'议会化'。"[144] 因此,韦伯认为修宪的当务之急就是废除帝国宪法第 9 条第 2 款,因为它禁止一个人同时成为德国国会和联邦参议院成员。[145] 韦伯无条件否定了这样的观念,即议会代表进入政府,如果他们放弃在德国国会的任命以及随后放弃他们对本党的影响,即可循例被指定为联邦参议院成员。这意味着对他们更多而不是更少的"政治剥夺",比如冯·本尼西森、米克尔和中央党议员施潘(Spahn)就在加入赫特林内阁后失去了本党的全部支持。[146] 如果德国国会成员担任政府高级职务并进入联邦参议院就必须退出德国国会,这与议会化的含义完全是背道而驰的。废除对双重成员身份的禁令,可使进入联邦参议院的德国国会政治家处于一种在本党支持下影响重大政治决策的地位,同时他们的党也将为此承担责任。

韦伯认为批驳联邦主义者对宪制改革的保留态度尤为重要,那是巴伐利亚各界的共同态度,赫特林本人也有明确表示。[147] 与 1907 年的计划相吻合,韦伯强调指出,即便不废除第 9 条第 2 款,联邦参议院的议会化也是有可能的。甚至根据现行宪法,联邦各成员邦也无法阻挠各邦国政党领袖被提名为联邦参议院代表。[148] 不过,就算发生了这种情况,联邦参议院也能在各邦国坚持自主独立原则的方向上实现议

---

144 《政治著作选》,第 437 页。

145 1917 年 5 月初,韦伯将附有这一要求的草案递交给了康拉德·豪斯曼;参阅 1917 年 5 月 1 日的信,见豪斯曼遗稿。

146 《政治著作选》,第 238 页和第 241 页及以下。

147 参阅《议会与政府》第 6 节,《政治著作选》,第 406 页及以下,《巴伐利亚与帝国的议会化》,同上书,第 233 页及以下,最初发表于 1917 年 10 月 15 日的《慕尼黑新消息报》。

148 请比较 1917 年 9 月 7 日韦伯致豪斯曼的信。

会化。只要德国国会党团领袖出现在联邦参议院,就能把这个上议院变成一个使帝国利益和各邦国利益令人满意地融合在一起的机构。只有这样的德国国会和在德国国会具有政治根基的联邦参议院议员(包括可能的普鲁士代表),才能对普鲁士在联邦参议院的霸权构成一种平衡力量。但若保留第9条第2款,也会存在一个危险:属于德国国会的帝国国务秘书,将与置身联邦参议院之外的首相一起组阁,从而丧失一切影响力,这意味着小邦国的政治影响荡然无存。只要允许德国国会成员进入联邦参议院,在现存的帝国结构框架内用联邦主义办法进行宪制改革就是可能的。

韦伯在《法兰克福报》发表的系列文章中令人信服地阐发了这种宪政规划。他的主张获得了广泛同意,进一步为德国国会宪法委员会1917年5月初就开始的对左翼宪制改革努力进行的讨论提供了基础。韦伯与康拉德·豪斯曼保持着密切接触,后者是宪法委员会的进步党代表,积极致力于帝国宪制的议会化。我们在别处已经说过[149],马克斯·韦伯曾提交给康拉德·豪斯曼一个详尽的法律草案和备忘录,希望后者能把它作为议案提交给新成立的宪法委员会的谈判过程。他首先建议的就是赋予帝国国会质询权,其理由是,议员们只有借助这一手段,才有能力抗衡更具专业知识和"操作知识"的官僚集团。然而,韦伯最为重要的主张是废除帝国宪法第9条,该条款规定了任何人不得兼任帝国国会与联邦参议院的议员。这个主张与马克斯·韦伯一直以来的努力完全一致,即让各政党的党魁能够进入联邦参议院。众所周知,他主张德意志帝国应具备联邦国家的性质,而当时帝国宪法的议会化仅仅是通过帝国国会对帝国首相的任免权来保证,这种方式不

---

[149] 见上文第174页。

应再被容许；在这方面，联邦参议院必须具有与帝国国会同等的权力，或者至少能参与这个决议程序。马克斯·韦伯认为，必须以一定形式规定，帝国首相有权在联邦参议院享有主席票，这在帝国首相和普鲁士总理由两人分任的情况下，能令前者免受被排挤之虞——正如卡普里维的遭遇；更重要的是，这能使帝国首相切实地向帝国国会和普鲁士议会负责。此外，通过这种方式，还能够在政制没有正式走向议会化的条件下，帝国首相的权力相对于君主大大得以强化。然而这还不够，韦伯还提出建立一个帝国枢密院，以取代事实上在对外事务上毫无影响力的联邦众议院委员会（它在帝国存在时期内仅仅召开了寥寥数次会议），这也可以消除普鲁士枢密院架空其职能的可能性。我们知道，韦伯希望未来能在帝国宪法内尽可能以一切手段限制普鲁士的霸权。最后他还补充了一个"关于帝国元首未经授权表态的违法性"条款，目的是对抗"威廉二世的个人统治"——更确切地说——是限制他对公众进行不负责任的表态，尤其在对外政策问题上。为此目的，如果皇帝以议会演说或者其他形式进行未经授权的表态，帝国首相应能通过前述枢密院进行干预。[150]

可以想见，康拉德·豪斯曼很难把这样的草案整个端给宪法委员会进行议决。尤其成问题的是，进一步强化"个人统治"在当时的情势下是否反而更为可取；实际上，皇帝在战时很大程度上已被排除在决策之外，相对于最高统帅部的决策，他起的作用就像一辆汽车的第五个轮子，发挥不了决定性的影响。在这种情况下，豪斯曼在宪法委员会仅仅以进步人民党的名义，首先提出了废除帝国宪法第9条第2款和引入帝国国会质询权的议案。但是这已经过于超前了，因为民族

---

[150] 该法律草案现已收入《韦伯全集》，Ⅰ/15，第261—288页。

自由党人还不想看到帝国国会实质性的权利扩张。韦伯深思熟虑提交给豪斯曼的议案，其中就包括了废除帝国宪法第 9 条第 2 款，以及在德国国会引入质询权。豪斯曼代表进步人民党向宪法委员会建议撤销"'不和谐的'第 9 条规定"，但在 1917 年 5 月 5 日的会议上又收回了这个建议，因为"民族自由党尚未形成一致意见"。[151] 这里我们可以看到马克斯·韦伯对现实的直接影响。不过同时，他的影响也不应被高估。宪法委员会的改革决议，撇开了韦伯当时所追求的标准，而且没有采取将联邦参议院议会化的办法，但至少，韦伯的宪制改革努力继续得到了新闻界的支持。《法兰克福报》无疑是受到了韦伯本人 5、6 月系列文章中深入思考的鼓舞，接连不断刊文呼吁议会制的发展。[152] 当然，韦伯并不赞同《法兰克福报》过度谨慎的态度，因为再怎么谨慎也无法避免对民主政治无动于衷的那些圈子的大力反弹。[153]

韦伯继续全力以赴支持豪斯曼。在宪法委员会豪斯曼受到了保守派一致表达异议的压力，他们认为联邦参议院的议会化是不可能的，因为按照规定联邦参议院议员不得不依据各自政府的指令投票，而德国国会议员则必须按照信念投票。这种局面与联邦参议院议员应当代

151　1917 年 5 月 6 日豪斯曼致黑尔费里希（Helferich）的信，见豪斯曼遗稿，12。

152　尤见 1917 年 8 月 14 日的文章《大臣和议员》。但也不应忽略，《法兰克福报》并不接受韦伯把联邦参议院改造成一个由政党代表组成的实体这种议会化计划。在这方面，1917 年 7 月 15 日的《联邦参议院的议会制》和 1917 年 7 月 22 日的《议会制和议会化》这两篇文章，并不像温克尔曼在《政治著作选》第二版前言中所说的，可以追溯到马克斯·韦伯的观念。这些文章代表的是恰恰相反的倾向，因为它们支持在纯德国国会制的体制中对联邦参议院不可避免的压制。文章呼吁一种纯粹的德国国会制并要求建立负责任的帝国内阁，这已经远远超过了韦伯认为在这种现状下可以设想并可以做到的。只有不理解韦伯宪政方案中的基本观念的人，才会认为这些文章与韦伯同声相应。韦伯方案唯一真正的影响，可见于罗伯特·冯·皮洛蒂（Robert von Piloty）的论述中，见皮洛蒂关于议会制性质的文章，《法兰克福报》1918 年 4 月 4 日晚报版，尤其是 1917 年 7 月底完成的那项研究，《论议会制的性质与价值》第二版（*Das parlamentarische System, Eine Untersuchung seines Wesens und Wertes*, 2. Aufl. Berlin und Leipzig, 1917）。

153　1917 年 6 月 27 日致《法兰克福报》的信。

表本党行事的观念无法调和。豪斯曼就此征询了韦伯的意见[154],韦伯立即回信[155]并就"废除帝国宪法第9条"问题撰文作答。《法兰克福报》在9月8日作为头版新闻发表,但没有提到韦伯的名字,也等于是支持了韦伯的论点。[156]韦伯强调说,结束德国国会和联邦参议院成员身份不兼容的局面,将不再使"联邦参议院和德国国会……成为相互敌对的权力。……撤销这个极为荒谬的规定当然并不意味着引进了'议会制'。这要求首席大臣也应当是支配性政党的领袖。撤销这项规定不过是使(议会化)这个目标成为可能而已"[157]。韦伯还驳斥了保守派反对政党领袖在联邦参议院拥有代表地位的论调。一个同时也是德国国会成员的帝国高级官员,如果他作为联邦参议院议员接受的指令"与他在关键问题上的政治信念相抵触",他就应当"辞职",如果他不辞职,那就只能说,他不过是个毫无政治个性的"恋栈者"。最为可取的是在帝国的主导性政治家们当中"通过享有德国国会的委任"培养出"这种为信念而牺牲官职的义务"。[158]韦伯所说的政治家,指的就是他

154　1917年9月3日致韦伯的信,抄自豪斯曼遗稿。

155　1917年9月7日的信,见豪斯曼遗稿。韦伯在这里告知豪斯曼他要发表"大概合乎规范"的文章。

156　1917年9月8日星期六的《法兰克福报》,重印于《政治著作选》,第222页及以下,后来收入《议会与政府》。请比较《政治著作选》,第421页、第344页注释1。

157　如果能宣布第9条第2款完全不适用于帝国首相和国务秘书,韦伯就已经很知足了。他建议增加这样的说明:"本规定不适用于帝国首相和国务秘书。"

158　我们这里再现了韦伯致豪斯曼信中的思路。此信极有启示意义的相应段落如下:"第9条那样的情况下不存在固有的良心冲突:

"a)它只是涉及一个普鲁士的全权代表(因为每一个帝国首相和每一个主要帝国机构的首脑都必须是普鲁士在联邦参议院的全权代表)、一个帝国首相或者一个国务秘书,如果收到了与他本人的政治信念相矛盾的指令,他就应当辞职,否则他就是个毫无政治个性的恋栈者。(俾斯麦就是这么说的,而且他也这么干过,他提出要辞职,结果联邦参议院就改了主意。)

"b)它只是希望那些拥有德国国会席位的帝国主要官员尽到为了信念而牺牲官职的义务。他们应当是政治家,而不是官员。"

必须完全在独立决定的基础上采取行动,至于其他人的意志,无论那是来自他的党、来自议会多数还是来自首相,作为普鲁士代表投票的指示者,都是次要的。出于这个原因,韦伯在按照指示投票和遵从信念自由投票之间的法定矛盾中看到了一个政治上的有利条件。他绝不是要求废除联邦参议院的强制委任原则,而是认为该原则可以让联邦参议院的代表们记住自己的特殊政治责任。

那个时候,韦伯并没有比容许德国国会的党团领袖进入联邦参议院这个设想走得更远,那是为了建立俾斯麦主义宪政的决定性制度以便实现议会统治。在这个关节上,似乎就足以为德国国会的党团领袖提供机会,通过充任重要公职或者作为各邦国政府在联邦参议院的代表而为他们自身及其政党赢得影响力。明智的做法是让这样的政党代表待在德国国会,从而留住他们的政治追随者。1917 年 11 月,弗里德里希·冯·派尔需要决定是否接受指定进入联邦参议院并放弃他在德国国会的委任,韦伯认为"最好是冯·派尔拒绝联邦参议院席位,同时尽力确定帝国政府适度独立于联邦参议院的原则"[159]。但他反对过渡到一种一元化的议会制,因为他担心,权力平衡的偏转会有利于德国国会和中央权力,从而损害联邦各邦国议会和政府。艾利希·考夫曼(Erich Kaufmann)在一项"帝国宪法中的俾斯麦遗产"研究中激烈反对废除第 9 条第 2 款,因为"普鲁士将被来自小邦国的联邦参议院议员集团所压倒"[160],韦伯在《法兰克福报》上进行了回击。他很钦佩这

---

159 据 1917 年 11 月 18 日安许茨(Anschütz)致豪斯曼的信,见豪斯曼遗稿,30。安许茨对这个问题有不同看法,他在与韦伯充分讨论之前就把这些看法转述给了豪斯曼。重要的是,当时豪斯曼和安许茨都曾考虑重新发表韦伯的文章《论废除帝国宪法第 9 条》,但由于"争论而取消"。安许茨的信中附上了他提议删除的相应内容剪报。

160 《帝国宪法中的俾斯麦遗产》(*Bismarcks Erbe in der Reichsverfassung*, Berlin, 1917)。我们这里是采用了韦伯的表述。

位对手的客观性论点。但他有力地指出，鉴于普鲁士在联邦参议院的霸权，那就不能严肃看待考夫曼的立场，并坚称只有采取他的解决办法，才能避免由于"议会集权"而导致"毁坏中等邦国"的危险。"我们希望看到巴伐利亚和其他中等邦国（对帝国领导权）的参与度得到增强。"只有废除第9条第2款，才能防止联邦参议院"成为普鲁士议会和德国国会股掌中毫无疑义的投票机器"。这是他一心要阻止的事态。[161] 韦伯捍卫联邦各成员邦权利的态度在这里一目了然。向议会制的过渡必须在帝国与各邦层面上同步推进，帝国的联邦制宪政结构必须保持不变并继续强化。至关重要的是，联邦参议院将转变为一个帝国的政党领袖与国务领袖共享支配地位的委员会。[162] 在他看来，只有把联邦参议院演变为一个议会制领袖委员会，才是对现存的联邦宪制进行的有效改革，也只有这样，才能制约普鲁士的霸权欲望。

到1918年晚些时候，由于德国国会多数党的参与，马克斯·冯·巴登领导的议会制政府登台亮相，韦伯仍然坚持认为，联邦参议院的"适度"议会化是现存宪政结构唯一明智的路线。他抱怨新的帝国政府是在联邦参议院之外构成的。[163] 因此他力倡联邦参议院立即废除第9条第2款。他还要求多数党"依靠联邦参议院的直接承认而负责任地参与组阁"[164]。唯有如此，才能组成一个议会制帝国政府而又不至于导致"大普鲁士"逐渐损害大部分联邦成员邦的影响力。

我们大可以断定，马克斯·韦伯的改革方案是基于这样的信念，

---

161 参阅1917年10月28日发表于《法兰克福报》的文章。

162 另见1918年1月16日的演讲《德国的贵族统治与民主化》（"Aristokratie und Demokratisierung in Deutschland"），其中他特别强调说，议会化必须包括联邦参议院。见下文第295页注释314。

163 《政治著作选》，第444页。

164 同上书，第446页。

即德意志联邦的南德各成员邦在政治危机时刻必须得到保护。就此而论，他对局势的判断远比恪守特赖奇克传统的胡戈·普罗伊斯及北德意志自由派敏锐得多。但他的规划中也存在严重缺陷，它把联邦参议院置于宪政结构的核心，意在使之发展成帝国各政治集团的代表机构。韦伯希望各政党通过联邦参议院对政府施加决定性影响。如果联邦参议院既是一个联邦院——其中行使普鲁士的投票权的，却是隶属于德国国会的国务秘书——又是一个政府谘议会，很难想象，这种左右为难的处境如何才能卓有成效地影响帝国的政策。即使各成员邦完全采纳了议会制度（韦伯认为这是他的方案能够行之有效的前提），情况也会依然如此。联邦参议院将依然是德国国会中当前的执政党和各邦代表的独特混合体，没有权力迫使首相说明事实并回答问题。韦伯坚持首相对德国国会负责的观念，但他决不认同包含在1918年10月28日法案中那个意义上的责任。[165] 1917年时，他唯一关心的是找到一种能够让政治领袖进行统治的宪政手段，使他们拥有必需的德国国会党团的支持。实际上，他反对形式上必须把德国国会或者邦国议会的政治家任命到联邦参议院的做法，相反，他希望为议会之外那些胜任的领袖人物敞开大门。[166]

他的方案有一个根本性缺陷，就是未能解决帝国首相对国会负责的问题。在《法兰克福报》的系列文章中，他根本就没有论及如何才能使首相明确依靠德国国会的信任，从而使责任成为事实上的而不是纯口头上的责任。即使在1918年1月以这些文章为基础修订增补而成的专论中，他也没有坚持要求在宪法中增加国会责任条款，比如类似于1917年5月初德国国会宪法委员会一致同意的那种条款。就是

---

165 《政治著作选》，第368页及以下。
166 同上书，第425页。

说，他的议会制方案缺少一个支点：帝国首相的任免与议会投票直接相关。[167]事实上，他表明的愿望是由皇帝将德国国会的多数党领袖任命为帝国政府首脑。

无疑，在这个问题上韦伯有一些不愿说明的重要政治原因。显然，皇帝更倾向于将德国国会党团领袖任用为国务秘书并作为普鲁士的联邦参议院代表，而不太喜欢接受由德国国会以法定形式投票任免首相这样的约束。事实上，局面正是沿着这个路线发展的。冯·赫特林内阁没有经过任何正式认可就包括了德国国会党团代表，这等于是向议会制度的一种过渡了。此外，韦伯并不认为当时的德国国会在政治上已经足够成熟，完全承担得起自己的责任。[168]

然而，这还不是马克斯·韦伯把首相的有效责任推到隐蔽处这一惊人事实的关键原因。因为他寻求的是建构一个能够保留普鲁士专有特权的议会制联邦参议院，这使沿着英国宪政实践的路径解决首相责任问题变得毫无可能。之所以不可能，是因为首相作为联邦参议院主席票的载体要对普鲁士下院负责，同时又要作为帝国政府领导人对德国国会负责。[169]韦伯明确主张，帝国首相兼普鲁士首相应当至少也担任普鲁士外交大臣，这样他才能对普鲁士下院负责。[170]可以想象，普

---

167 请比较《政治著作选》，第368、380页。韦伯要求把首相的"有效责任"作为对抗"个人统治"的一个手段，却希望通过诉诸最高法院做到这一点。（！）因此，"有效"责任的概念绝没有这样的明确含义，即与德国国会表达信任决议有关。另见卡尔·施密特：《宪法学说》（Carl Schmitt, *Verfassungslehre*），第335页。

168 《政治著作选》，第441页及以下。"当然不应当认为，任何这种由议会投票决定帝国首相任免的条款，都可能突然从议会中召唤来由于它在几十年间无权无势而一直不存在的那种'领袖'。"这个句子是1917年底插进去的！

169 另见下文第361页。

170 参阅1917年5月5日致豪斯曼的信和《政治著作选》，第410页及以下。与韦伯的观点相反，事实上帝国宪法的用语并没有把帝国首相职务与普鲁士大臣职务联系在一起。同前书，第410页。

鲁士下议院如果能以正式收回信任而掀翻这位普鲁士大臣，它就掌握了对联邦参议院代表、联邦参议院的主席票，从而还有对帝国政府的指令控制权。这样一来，它就必然会明确固定一个既成事实，即首相对德国国会负责。但是，只要还没出现这种冲突，韦伯就希望维持首相的这种双重责任，或者给予更清晰的法律规定。他期待帝国的政策能继续是联邦参议院的普鲁士代表和德国国会支持下的帝国政府之间妥协的产物。[171] 因此，他想看到的是政治决策权集中到议会化的联邦参议院，而不是德国国会或者一个仅受德国国会左右的内阁。这样一个议会化的联邦参议院，通常应包括作为联邦参议院普鲁士代表的德国国会党团领袖。韦伯相信，这样就可以实现他的政治目标而无须大刀阔斧地改变联邦宪制以及如影随形的普鲁士霸权地位。帝国与普鲁士的关系这一重大问题，在1867到1933年间始终牵制着德国宪政问题令其难以和谐解决，也以某种暧昧方式影响了韦伯的宪政设计。

最后，马克斯·韦伯非常引人注目地忽视了帝国首相对议会的有效责任，这种基本的政治展望是我们必须指责的。与自由主义传统形成鲜明对照的是，韦伯颠倒了两个核心宪政问题的先后顺序，一是政府要依靠议会多数的信任，一是政党领袖获得政府权力的机会。大体上看，对韦伯来说，唯一重要的是帝国的命运要掌握在出类拔萃的政治领袖手中，而不是落在保守派官僚手中。他相信，一旦他的宪制改革设想被采纳，无须信任投票这个武器，也能训练出政治干才并使他们掌握权力。直接的议会影响对于选择政治领袖、对于他们政策方向的作用，在他看来都是次要的。他支持引进议会制，主要是基于这样的论点：政党统治是确保强有力领导权的唯一途径。通过政党，"那些

---

171 参阅《政治著作选》，第430页及以下。

获得了国民信赖……的人将登上前台，只要对党有益，就是说，只要大臣还享有人民的信任，党就会忠诚追随之"[172]。政党民主就意味着直接诉诸民意产生领袖的原则，只要大众还在表示信任，领袖就能要求政党无条件服从。[173]

传统自由主义的基本原则强调的是，人民代表作为民族的政治精英，理应出面指示基本的施政路线，并通过议会控制权——在充分发达的议会制情况下则是通过信任投票——监督其操作细节。韦伯颠倒了这个模式。他的政治思考剥去了宪政框架下自由主义反对派的最后残余。他以非凡的前后一致性描述了自上而下创造出政治意志的设想。[174]议会的监督权只能服务于不断提醒政治领袖记住自己的责任，服务于一旦他们不称职——而不是单纯指的他们的政策有违议会多数的意志——就把他们淘汰出局。简言之，这就是韦伯的议会统治观念。"那种过时的、只是从国家那里要求自由的消极民主"应当被取而代之，韦伯期望的是一种民主统治的制度，它使国家权力这个工具不受限制地应用于实现民族的目标成为可能。[175]要想做到这一步，就只能通过"议会党团领袖自己承担责任参与行使国家权力"[176]。唯有如此，至少，只要政治领袖还能保持大众对他本人及其政策的信任，他就有可能去

---

172 《德国的贵族统治与民主化》，见下文第 295 页。

173 韦伯对政治领袖的性质给出的定义，在这里已经呼之欲出了，它在韦伯与鲁登道夫的争论中达到了无与伦比的精确性和概念的尖锐性。

174 阿尔贝廷（Albertin）的论点［见《魏玛共和国初期的自由主义和民主》（*Liberalismus und Demokratie am Anfang der Weimarer Republik*, Düsseldorf, 1972），第 254 页注释 279］就是基于《政治著作选》第 275 页的一段引文，向这位作者的解释提出了挑战，但我认为并不令人信服，尽管"自'上'和自'下'（von 'oben' und von 'unten'）"比较押韵。在这一段中韦伯讨论了负责任的政治领导权问题，认为政治领袖必须利用理性的计算，而韦伯所指的自"下"而上的情绪因素则令人厌恶，不能认为是在有意无意地影响决策过程（参阅下文第 204 页注释 193）。

175 《政治著作选》，第 269 页。

176 同上注。

贯彻自己确定的目标。[177]

1918年之后，马克斯·韦伯鉴于革命后议会的失败，进一步发展了这种民主领袖的观念，这时他的思考转入了一个显然是反议会的方向。[178] 现在他希望用"直接诉诸民意的领袖民主"取代传统的"无领袖"议会制，以使具有卡里斯玛天赋的伟大政治家能够追求胆略超群的政策目标。韦伯强调说，在"领袖民主制"中，政治家不是其选民的一个"受托人"，而是一个完全自行负责的政治家，"因此，只要他能成功要求并得到他们的信任，他就会按照自己的判断采取行动，而不是像个当选官员那样……按照明确的或者可疑的选民意志采取行动"。[179]

没有任何集体统治的形式能与马克斯·韦伯"个人承担责任的领袖"概念相调和。结果，他毫不犹豫地搁置了团契式帝国内阁能够服从更高标准的建设性统治这种旧时"所珍视的自由观"[180]。韦伯转而强

---

177 我们这里考虑到了本书第一版已经介绍过的洛塔尔·阿尔贝廷的异议，由于没有注意到发展的时间顺序，他认为直接诉诸民意的卡里斯玛政治领袖概念在1917—1918年时就已发展到极致，并且"有效议会"的作用被低估（《自由主义和民主》，第251页及以下）。然而那里又指称，韦伯在1917年开始对议会领袖和诉诸民意的领袖的选择方式进行比较；如果说韦伯此时仍然坚定支持议会作为选择政治领袖的现成之地，从而与1919—1920年形成了鲜明对照，那也并不意味着他承认议会具有可与当选领袖并存且对立的独立政治活动功能。另外，"有效议会"概念的提出（《政治著作选》，第355页及以下）并不能肯定就是阿尔贝廷所指的意思。这里的重心显然是对政治家的选择及其发号施令的功能，这在有效议会中可以达到最佳状态。上面提到的1918年1月16日的证据再次表明，韦伯早在1917—1918年就把直接诉诸民意的卡里斯玛政治领袖置于他的党以及议会之上，这已经超出了传统的议会制概念。应该说，显而易见具有反议会倾向的"直接诉诸民意的领袖民主制"理论，是韦伯在1919年才首次阐述的，那是他对"无使命感"的职业政治家重新登上统治地位极度失望的结果，这个理论此时已走上了明确的反议会方向，不过，它的源头在1917年就形成了。

178 参阅下文第363页及以下。
179 《经济与社会》，第558页。
180 《政治著作选》，第434页及以下。

调内阁首脑的核心地位,因为团契制妨碍了他所期望的个人责任。[181] 另外,团契式帝国内阁也很不符合韦伯希望的通过把议会化联邦参议院整合进议会制度而得以保留的帝国联邦宪政结构。相比之下,普罗伊斯当时则希望使联邦参议院成为一个纯粹的下议院。[182]

马克斯·韦伯是最早认识到工业化以及社会制度变革产生的政治结果的思想家之一。[183] 他清楚地看到,现代大众民主的兴起严重动摇了传统自由主义宪政思想的基础。他自己分析了大众民主的政党机器取代显贵领袖控制的自由主义政党的过程。议会由此失去了作为独立个体的政治舞台的性质,成了接受舆论裁判的党派角斗场。有组织的利益集团开始密切关注这个政治舞台,即使那些政党失去了作为独立的个体为了共同目标而结成的自愿联合体的性质。于是,政党开始具有汇集了专职人员和普通成员的利益集团组织形式。自由派一直坚持的那种必须由独立的个体政治精英掌握民族国家领导权的要求,因为这项发展而过时了。[184]

然而,韦伯并不接受这项发展,他没有放弃这样的信念,即兼备内在与外在独立的个人理应奉召掌握政治领导权。民族国家的政策唯应始终决定于政治价值观,而不是任何派别的物质利益。[185] 面对有组

---

181 参阅《经济与社会》,第173页,尤见第163页及以下:"大国的对内对外政策要想以团契统治的方式得到坚定而一以贯之的有效执行,这是根本不可能的。"

182 韦伯希望完全保留非团契的帝国宪政结构,他认为,重要的是帝国首相单独对联邦参议院的普鲁士代表发布指令,参阅上文第174页注释91,以及普罗伊斯《国家、法律与自由》,第305页。

183 参阅特奥多尔·席德尔:《19到20世纪现代社会的自由主义与结构转型》,载《第十届国际史学大会报告集》,第5卷,《当代史》,第160页及以下(Thordor Schieder, "Der Liberalismus und die Strukturwandlungen der modernen Gesellschaft vom 19. zum 20. Jahrhundert," *Relazioni del X Congresso Internazionale di Scienze Storiche, Vol.V, Storia Contemporanea*, S.160 f.)。

184 关于这一点,请参阅格哈德·莱布霍尔茨:《现代民主的结构转型》(Gerhard Leibholz, *Der Strukturwandel der modernen Demokratie*, Karlsruhe, 1952),第16页及以下。

185 尤见《政治著作选》,第401页。

织的运动中政治目标的制度化和有组织的利益集团的霸权带来的两难困境,韦伯提出的解决办法就是,由直接诉诸民意的卡里斯玛政治家进行统治。他试图把自由主义理想中独立的领袖精英移植到直接诉诸民意的大众民主环境中去,目的则一望而知:独立的政治领袖应当凌驾于政党机器之上,以及由这个机器控制的议会之上。达到这个目的需要政治领袖一以贯之地运用诉诸民意的大众操控手段。自由主义的理想是将人民代表视为民族的精英,韦伯则以极端形式改造了这个理想。只要是真正具有领袖禀赋的小群体垄断了政治行动,最后就是一个伟大的卡里斯玛政治家独自控制全局。"大批议员只是作为一个或组成内阁的几个'领袖'的追随者发挥作用,只要这些领袖干得富有成效,议员们就只是盲目服从。这就是议会的行事方式。'少数原则'始终在支配着政治行动,这意味着一个小型领导群体的高度政治灵活性。"[186]

这也意味着政治家获取权力和承担责任的手段发生了变化。韦伯指出,在能动的大众民主化条件下,"政治领袖不再因为他基于某个显贵圈子的支持而被宣布为候选人,然后因为他在议会中的业绩而成为领袖,毋宁说,他必须利用大众煽动手段赢得大众对他个人的信任和信仰并获得权力"[187]。一个伟大政治家尤其需要通过演说的情感力量,通过最真实意义上的"煽动"去赢得"追随者"和大众的"拥戴"。他并不试图以客观方式让人民相信某些政治举措势在必然,而是唤起他们对他的"领袖天职"的信仰。[188]

马克斯·韦伯断定,"领袖选择方式向恺撒制转变"将不可避免。

---

[186] 《政治著作选》,第 348 页。这是韦伯在 1917 年底重新校订《法兰克福报》的系列文章时为了强化他的立场而插入的一段话。

[187] 同上书,第 393 页。请参阅第 401 页:"不是政治上被动的'大众'产生了他们的领袖,而是政治领袖招募'追随者'并通过'煽动'赢得了大众。"

[188] 同上书,第 393 页。

他赞同这样的转变,哪怕政治意志的形成是非客观和无理性的。他认为这是现代政治"经营"时代真正具有领袖禀赋的个体走上统治地位的唯一途径。他断言:"大众民主自伯里克利时代以来所获得的成就,始终就是以对恺撒制领袖选择原则做出重大让步为代价的。"[189] 我们今天会质疑这个无理性领袖选择方式的限度,因为我们亲身经历了它蜕变为极权主义国家的危险。韦伯则是从另一个角度看待这个问题:考虑到所有政治制度,特别是政党的官僚化趋势,在多大程度上还有可能出现领袖人格?

促使马克斯·韦伯呼唤伟大的卡里斯玛政治家的,不光是他对现代大众民主环境的洞见,还有他对自己这个民族——一个因为缺少具有强烈权力意志的政治家而一再决策失败的民族国家——怀抱的期望,不过吊诡的是,他心目中的伟大楷模,是俾斯麦。马克斯·韦伯对俾斯麦主义的恺撒制进行了长期的严厉批判,然而,他的政治思考中渗透了这位首相的身影。他曾这样谈到民族自由党人所坚持的信念:"如果存在哪怕是最微弱的机遇能够总是让某个新的俾斯麦出现在最高地位上,那么'恺撒制'——即由一位天才进行统治——对于德国来说就是天赐佳境。"[190] 如果说这也是他本人的想法,恐怕不能算夸大其词。1917年之后韦伯大力鼓吹的,恰恰是他谴责俾斯麦时所说的恺撒式直接诉诸民意的基础上"一个负责任的政治家的个人统治"[191]。韦伯描绘

---

189 《政治著作选》,第395页。请比较《经济与社会》,第562页及以下:"从技术观点来看,作为一种统治制度,这种常常产生于民主政体的'恺撒制',其效率最终都要依赖于那位'恺撒'的地位,他是大众(军队或公民)的自由委托人,而且不受传统约束。因此,他就是一个军官团或官员团队的不受约束的主宰,因为正是他,不顾传统或者其他考虑挑选了他们。这种'个人天赋的统治'与普选产生官员的形式'民主'原则是直接冲突的。"

190 《政治著作选》,第314页。

191 请比较上文第189页。

的样板政治家肖像，在许多细节上显然体现出了俾斯麦主义的特征。他的样板政治家不应跟在选民的意志后面走，而是在前面领着他们走：他应当运用他的政治技巧和卡里斯玛能力寻求承认和支持者。他应当运用他的煽动天赋去赢得追随者以实现他的政治目标。他不应当鼓吹多数意志，而应当运用煽动手段赢得议会和大众的多数。这当然会让我们想到俾斯麦运用战术性煽动手段塑造议会多数以实现他的政治规划的非凡能力。

然而，马克斯·韦伯的希望是要弥补诉诸民意的卡里斯玛支配之不足，他以俾斯麦为例对此进行了非常透彻的分析。伟大天才的统治有一个"阿喀琉斯之踵"，那就是继承人的问题，一个被"恺撒"俾斯麦下台之后的德国政治状况昭示出来的问题。因此，韦伯要去防止俾斯麦的"错误"——把议会贬低到毫无意义的境地，结果使它作为选择政治领袖之源头的功能毁于一旦。"在世袭君主制的条件下，议会的权力必须伴以'恺撒式'领袖，个中原因在于，被公认为受到大众信赖的人物有可能在那里长期缺席。"[192]

如果说诉诸民意成了大众民主条件下形成公共舆论的主要手段，那么议会制还有多大意义呢？韦伯承认，"诉诸议会和诉诸民意选择领袖之间存在冲突"，但他并没有因此就断定，议会作为训练和选择政治领袖之地应当被弃之不用。它对于遏制恺撒统治的危险也是不可或缺的，因为领袖将不得不按照议会的程序惯例证明自己，这"将充分保证恺撒式大众委托人尊重既定的宪法安排，而不是……基于纯粹的情感选择他们"[193]。只有议会才能保护资产阶级自由免受政府的侵犯，并

---

192 《政治著作选》，第 401 页。
193 同上书，第 403 页。但我们会质疑这是不是他尊重法律秩序的唯一保证。关于这一点，请参阅阿尔贝廷：《自由主义与民主》，第 253 页。

"确保恺撒式独裁者在丧失大众的信任时以和平手段淘汰他"[194]。韦伯明确反对像美国的总统制那样纯粹诉诸民意的制度。他把用质询权这个武器装备起来的议会看作抗衡俨然法律化身的行政官僚唯一有效的力量。在美国,随着一个新总统就职,就会有新的官员周期性获得任命,这种民主制度"正在结束",职业公务员也像在其他任何地方一样正在不可阻挡地挺进。[195]

他对俾斯麦政治天赋的耳闻目睹,他对民族权力的热情信仰,以及他对1890年以后帝国领导权慢性危机的诊断,导出了一种在官僚品质和政治家品质之间彻底划清了界限基础上的政治样板。由于官僚制似乎到处都在向前推进,危险也在与日俱增。在民主制度下,只有像格拉德斯通(Gladstone)这样的政治家,具有卡里斯玛领袖天赋并获得了大众的信赖,才有可能将俾斯麦的事业发扬光大,去开辟德国保持一个大国地位所需的经济与政治生存空间(Lebensraum),而议会就可以充当一种监督官僚统治机器的平衡力量和手段。

韦伯一再强调说,他认为"德意志民族的事业及其未来在世界上的地位,远比国体问题重要得多"[196]。增强德国的实力应当优先于一切国内具体问题的考虑。他支持德国国家结构的民主化,是为了凝聚民族的全部政治活力,而不是为了迎合可能的"人民意志",这种话题在马克斯·韦伯看来是纯粹的凭空想象。他要求的是一种"领袖民主制",与"力求将人对人的统治最小化"为特点的"无领袖民主制"格格不

---

194 《政治著作选》,第 395 页。

195 《社会学与社会政策文集》,第 495 页,另请参阅我的文章《马克斯·韦伯政治思考中的美利坚合众国》,载《历史杂志》("Die Vereinigten Staaten von Amerika im politischen Denken Max Webers," *Historische Zeitschrift* 213, 1971),第 378 页及以下。

196 例见《政治著作选》,第 439 页。

入。[197] 韦伯想要说明的是[198]，和直接民主一样，自由主义观念也赞同以"最低限度的统治"与平等主义削减国家权力，全体积极公民在国家制度框架内进行负责任的合作。他对所有这些理想都一概予以否定，要求尽最大可能增强国家在海内外的实力。民主化是确保获得国内被统治者支持的手段，议会化则是团结一切国内力量追求民族的实力政策，尤其是为胜任的政治家追求领袖地位准备条件的必由之路。他的信念是以帝国主义权力政治为转移的，先前的自由主义理想则被他推到了幕后，外交政策成了他的头等关切。

---

197 《经济与社会》，第157页。
198 同上书，第169页及以下，第545页及以下。

第七章　第一次世界大战：德意志帝国有无大国资格的实验场

第一节　战争目标与德国的未来国际地位

对于1914年8月降临到德国与欧洲的灾难，马克斯·韦伯并不是毫无准备。[1]但他还是对帝国为保持世界大国地位而不得不与一个超级联盟兵戎相见深感不安。他已经预感到德国要求平起平坐会不可避免地导致战争，而且大体上也倾向于支持一场这样的战争。这是一场最终将决定德意志民族生死存亡的战争。战争开始时陷德国于孤立的那种灾难性外交局面，使韦伯先知般的目光变得模糊起来。"我们怎么能凭空想象和平？什么时候会有和平？成千上万的人正在流血牺牲，都是因为我们外交上那种令人难堪的无能——这一点不容否认，因此，即使前景很令

---

[1] 参阅上文第169页及以下。

人满意,我也并不期望名副其实的持久和平。"² 即使在最有利的条件下,他也并不期待这场战争能让德国跻身世界强国行列。就是出于这个原因,世界大战似乎并没有任何实际意义,充其量就是德国为过去 1/4 个世纪虚夸傲慢的外交政策一视同仁地冒犯了所有大国而付出血腥代价。

1914 年夏末,马克斯·韦伯也陷入了民族狂热。他曾不断抨击德国民族的寂静主义和去政治化态度。现在他受到了民族激情的深刻感染,愿意为整个民族都投入其中的民族生存之战而献身。他为战争本身着了迷,全然不顾它可能导致的可怕问题:"无论结局如何,这场战争都是伟大而精彩的。"³ 全民族的爱国热忱,它的慷慨赴死的意志,它的团结一致,凡此种种:在韦伯看来就是最终的永恒价值,他甚至能在这场血腥事件中发现内在意义,无论它的结局如何。1915 年 4 月韦伯给母亲写信说:"我们已经见证了我们是个伟大的文明民族。人们生活在一个高度精致的文明中,然而同样对战争感到恐惧(这在一个塞内加尔黑鬼⁴看来简直就是没出息!),尽管如此,他们回来的时候仍然像我们绝大多数人一样极为得体——这些人是真正的人,尽管有种种令人不快的冒失行为,我们也决不应当忽略这一点。这种经验肯定会持续下去,不管结局会怎样,实际上,如果不能安抚意大利,情况看上去就不会那么好。"⁵

战争伊始,马克斯·韦伯就怀疑德国有没有获胜的机会。他曾给妻子写信说:"我多少是个失败主义者。"⁶ 他极为清楚地预见到了经济问

---

2 1914 年 10 月 15 日致滕尼斯的信,《政治著作选》,1,第 458 页。
3 1914 年 8 月 28 日的信,《马克斯·韦伯传》,第 530 页。另见致舍费尔的信,部分内容已编入《马克斯·韦伯传》,见第 536 页及以下。
4 韦伯这里是借用了法国军队指称殖民地土著人的习惯说法。——译者注
5 1915 年 4 月 13 日的信,《政治著作选》,1,第 458 页及以下。
6 1916 年 3 月 11 日的信。

第七章　第一次世界大战：德意志帝国有无大国资格的实验场

题，还十分准确地认识到德国外交官根本没有能力"与陌生的'民主'外交正面交锋"，因而对和平谈判是否有利于德国持悲观态度。[7] 但是，爱国主义激情使他宁愿相信，最终还是会有所成就的。1915 年 5 月，由于在波兰戈尔利采附近的成功突破，东部战线的推进远远超过了波兰的历史疆界，韦伯在同年 8 月写信给他的瑞士朋友米娜·托布勒（Mina Tobler）说："在东部的大功告成是不是离和平更近了？现在看来还不能这么说。不过，靠谁也不相信的可能性活着，毕竟也算一个乐事——让我的痛苦暂时不存在。我们可以巴望着事态就这样继续下去。我们必须相信难以置信的东西。"[8] 后来他又恢复了那种英雄般的乐观主义，在他的私人圈子和公开声明中极力反对怀疑主义倾向，哪怕有人十分微弱地怀疑德国人民"坚持到底直至实现我们的荣誉和安全所需要的和平"的决心。[9] 米娜·托布勒向韦伯报告了瑞士新闻界的看法，他们认为德国会坚持不住，1915 年 8 月中旬韦伯给她回信说："现在你看到了，我的乐观主义目前已经证明还是正确的。……没有人知道战争将如何结束，因为战时会有许多意外事件。但是，因为我从没有高估战胜的可能性，所以我现在得不出你们瑞士亲协约国新闻界的那种印象。局势非常好，不过战争将持续到我们的敌人承认继续打下去已经没有任何好处为止。"[10]

1916 年罗马尼亚参战，是战局将要生变的第一个信号，这让韦伯意识到了局势的严重性。此时他宣称："我现在一如既往地相信，我们

7　1917 年 4 月 20 日（？）致 L. M. 哈特曼的信。原件存于韦伯遗稿。
8　1915 年 8 月 7 日的信，鲍姆加滕档案，Ⅱ，第 7 页。
9　《柏林教授的呼吁》（"Der Berliner Professoren-Aufruf"），载《政治著作选》，第 155 页。
10　1915 年 8 月中旬的信，具体日期不详，鲍姆加滕档案，Ⅱ，第 21 页。另见 1916 年 8 月 16 日的信，鲍姆加滕档案，Ⅱ，第 20 页；1916 年 9 月 4 日的信，同前，Ⅱ，第 24 页；1917 年 1 月 2 日的信，同前，Ⅱ，第 26 页。

可以体面地从这里退出来。"[11] 局面的暧昧显而易见。韦伯所能想到的只是通过和谈结束战争,但是战争的结束似乎要推到遥远的未来了,这一事实令他深为焦虑,而德国国内环境,特别是经济状况将会受到战争的长期破坏性冲击,他对此也不再抱有幻想。只有付出巨大努力才能摆脱持续不断的压抑感。[12]1917年8月,韦伯以他特有的思路写道:"我现在是以乐观态度向前看的。……如果我们通情达理,不企图统治世界,我们就会体面地幸存下来,无论军事还是其他方面。如果真是这样的结局,那就很不错了,因为,对于已经死于战争的人来说,这的确是最好的结局了。"[13] 韦伯越来越感到,必须反对那种公共舆论和统治阶层中——特别是在军官团和泛日耳曼主义者当中——正在占上风的企图支配世界的无理性天真欲望。

虽然马克斯·韦伯把出现了一个对抗德国的"世界联盟"主要归因于德国外交政策的失败,但他也反对这样的观点,即德国可以采取更妥当、更温和的外交政策避免世界大战。"我们必须成为一个权力国家,为了对世界的未来拥有发言权,我们就不得不承担战争风险。""在历史面前的责任"要求德国抗拒"盎格鲁-撒克逊惯例"与"俄国官僚"瓜分世界[14],否则创建帝国就毫无意义,德国就应当继续保持四分五裂成小邦国的状态。在韦伯看来,俾斯麦的外交政策推迟了德意志帝国

---

11 1916年9月8日致海伦妮·韦伯的信,部分内容可见于《马克斯·韦伯传》,第585页。
12 1917年底他这样说过:"如果我能再次拾起那些被我搁置一旁的事情,也许我会很愉快,但目前毫无可能。不知何故,与现状有关的一切都越来越黯然失色,并且感觉我的胸腔、脑袋和脖子被硬套上了铁箍。"1917年11月23日致米娜·托布勒的信,存于鲍姆加滕档案,Ⅱ,第39页。
13 1917年8月28日致米娜·托布勒的信,同上书。
14 《政治著作选》,第176页。请参阅第143页:"世界权力归根结底就意味着决定未来世界文化品质的权力,如果这种权力不经过斗争就在俄国官员的规则和盎格鲁-撒克逊'上流社会'的惯例之间——大概还带有少许拉丁民族的'理智'——被瓜分,那么未来的几代人,特别是我们自己的后代,就不会认为这应当归咎于丹麦人、瑞士人、荷兰人或者挪威人,而是归咎于我们。"

第七章　第一次世界大战：德意志帝国有无大国资格的实验场

的崛起，这场世界大战就代表着针对这种崛起、针对德国能否成为大国之争中的一个因素而展开的国际厮杀。

韦伯坚信，这场战争唯一正当的目标，就是保住德意志帝国在"欧洲的世界强国"当中的大国地位。鉴于同盟国的孤立状态，他明白，真正的世界政策成就是根本不可企及的。他从一开始就意识到，能维持现状就可堪称幸了。德国所能指望的，充其量就是保证在西方的军事安全和在东方低调扩张影响力范围。但尽管如此，他也并不打算放弃长期以来的帝国主义理想。相反，他特别关心实现和平之后德国可能面临的国际局势。他相信，那时，围绕世界政策的斗争才算真正开始。因此，他急切希望德国退出战争，为来日在比较有利的外交环境下谋求世界强国地位的斗争保存政治、军事和经济实力。结果是，他为德国有可能赢得战争却失掉和平而忧心忡忡。德国有能力抗击敌人的进攻并赢得军事斗争的胜利，但可能接着就会内外交困，而且主要由于财政原因将无力结盟，难以在国际事件中发挥能动作用。由此韦伯强调，德国战时政策的真正任务并不是到它的国界之外获取领土，而是为德国未来的世界政策创造先决条件。

他尤其关心的是，德国的战时路线可能会使德国外交本来就已经大为压缩的机动空间在可见的未来变得更加逼仄。因此，他把"为未来的联盟尽可能多地保存选择的自由"以及保证东西两线的军事安全，视为德国头等重要的和平目标。[15] 如果不加节制地在东西两条战线进行兼并，可能纯粹是重蹈阿尔萨斯-洛林的覆辙，那已经造成了法国的永久性敌意，使德国外交受到了万劫不复一般的诅咒。

15　1916 年 10 月慕尼黑演讲草稿，《德国的世界政策状况》（"Deutschlands weltpolitische Lage"），参阅《慕尼黑新消息报》1916 年 10 月 28 日的摘编报道，重印于《政治著作选》，见第 563 页及以下。

战时经济带来的后果，也使韦伯认为迅速结束战争符合德国的利益。战争期间，德国的财力比西方国家都强大得多，但局面在战后可能会逆转。德国的经济枯竭将使它长期无力结盟，并且会丧失全部经济扩张实力。美国的经济实力赫然耸现在这个背景中，尽管英法也不得不面对美国的崛起，但这个事实算不上什么安慰。就德国未来的世界政策而言，一场长期战争就是一个巨大危险，即便帝国最初赢得了一些真实的领土或战略收益。

韦伯还认为，"战事久拖不决"将在心理上损害德国人民的经济生产能力。他确信，长期战争将导致这个民族忘记如何工作。收入丰厚的军需生产工人，如今被公认为以最小化的劳动即可获得高薪待遇。他担心，定期有价证券的投资将尤其会推动自由的风险资本退出市场，因为越来越多的基金正在被投入战时公债。这只能助长一种靠剪息票寻求安全保障的心态，会戕害竞争性的企业精神，对德国经济扩张能力的损害将远远大于战争造成的一切物质损失。[16] 正是这样的深思熟虑，从开战之初，就促使马克斯·韦伯反对一切以兼并为目的的战争计划。他反对领土兼并，但这并不是他的原则之一，其动机是他对战时与战后德国外交政策立场的现实主义评估，而不是按照原则去尊重其他民族的生存权利。韦伯担心的是德国在世界上的地位将由于不断的领土

---

16 参阅《政治著作选》，第140页及以下；另见1915年11月2日致瑞曼的信（此日期不确切，系玛丽安妮·韦伯后来在原稿中添加，此信可能写于更早时间），存于韦伯遗稿："现在最重要的问题是到底如何才有可能达成'和平'协议，因为战争拖延下去就意味着：

"1. 领养老金的人剧增：4000万到5000万甚至更多领取固定养老金的人要靠德国财力供养；

"2. 缺少资金以供那些可能被兼并的地区利用；

"3. 使这个民族不再适应工作；

"4. 经济霸权地位转移到美国。既然如此，我们就不应当受骗了。战争期间，法国和英国与我们相比财政上处于劣势。和平之后——战争拖得越久，情况就越是如此——我们将走向反面，就像1871年之后那样令人吃惊。"

第七章 第一次世界大战：德意志帝国有无大国资格的实验场

掠夺而遭到严重削弱。

关于战争初期韦伯是如何看待战争目的的，我们并不了解太多详情。韦伯非常克制，没有参与战争开始几个星期中那些备忘录作者喋喋不休的伪战（Scheinkrieg）喧嚣，他们不可能亲自参战，因此希望通过民族主义喧嚣证明自己的爱国热情。[17] 韦伯对于当时德国知识界流行的战争狂热显然非常警惕。他始终在清醒地观察政治局势，没有像他的绝大多数同人那样卷入战争头几个月间的情绪化浪潮。虽然他内心也极为不安，但还是能以非凡的冷静态度看问题，并从全局角度观察未来德国政策的长期走向。

韦伯不认为他有责任在媒体上或者以"城堡和平"及随之禁止公开讨论战争目标所必需的秘密备忘录形式讨论这些问题。他坚信，待在国内的人不应为浴血战斗的士兵规定目标，最终在这些问题上具有决定性意义的，是士兵们的功绩和自我牺牲。他本人深为不能奔赴前线作战感到苦恼，抱怨战争为什么没有"发生在恰当时间——比如25年前"，那样他就能"在场"了。[18] 他在1915年8月曾表示，"不能参战"令人痛苦。[19] 他在情感上渴望投入战争，1916年初他给母亲写信说："在

---

17 关于1914到1918年德国的战争目标，以及——特别是——战争初年的大量备忘录，尤见弗里茨·费舍尔：《跻身世界强国：1914—1918年德意志帝国的战争目标》（Fritz Fischer, *Griff nach der Weltmacht: Die Kriegzielpolitik des Kaiserlichen Deutschlands*, Dusseldorf, 1964）；维尔纳·巴斯勒：《1914—1918年德国在波兰与波罗的海地区的兼并政策》（Werner Basler, *Deutschlands Anneexionspolitik in Polen und im Baltikum 1914 –1918*, Berlin, 1962）；沃尔夫冈·席德尔（编）：《第一次世界大战：原因、爆发与战争目标》[Wolfgang Schieder（Hrsg）, *Erster Weltkrieg: Ursachen, Entstehung und Kriegsziele*, Neue Wissenschaftliche Bibliothek, Bd.32, Koln, 1969]；另见我在一定程度上受韦伯当时的评论启发所做的专题文章《贝特曼·霍尔韦格政府与公众舆论，1914—1917》，载《当代史季刊》（"Die Regierung Bethmann Hollweg und die öffentliche Meinung," *Vierteljahreschefte fur Zeitgeschichte*, 17, 1969）。

18 1914年10月15日的信，《政治著作选》，1，第458页。

19 1915年8月7日致米娜·托布勒的信，鲍姆加滕档案，II，第7页。

您所有的儿子当中,我具有最强烈的天生'尚武'本能,现在是最需要用人之际,我却一无用处,当然就觉得很糟糕,很不满。"[20]战争气氛有助于驱除他的神经困苦,起码他还能在国内志愿服役。他和几位同事承担了海德堡卫戍区后方医院的管理工作。帝国生死存亡之际,一个这样的人物却只是充当这样的角色,也真是令人感到悲怆。他主要是负责医院的行政管理和对伤病员的纪律监察,他们许多人的状况非常糟糕。一年多的时间里,韦伯从早到晚全力以赴投入工作,他对此很满意,"尽管任何一个下级军官都能做好这份差事"[21]。至少,他尽到了职责,这使他心满意足。

马克斯·韦伯的医院工作不可能总是让他感到安慰。1915年5月开始,他试图寻求政治任用。不过这也让他非常犹疑,因为他仍然害怕"持续不断的"脑力劳动,拿不准是否能再次胜任。政治形势的发展也给他提供了借口以放弃他选择的,同时又是环境要求的后备役工作。参与政治的动力主要是来自他人的鼓动,而通常都是孤立的浅尝即止,没有任何明确的连续性。

1915年头几个月,关于战争目标的煽动日益甚嚣尘上,这使韦伯越来越焦虑不安。开战以来,他始终激烈反对兼并比利时的哪怕一寸领土[22],明确要求对比利时采取和解政策。他很遗憾"借道比利时的预防性进军,这让每个德国人都感到痛苦,尽管它是不得已而为之",并要求德国政府公开把比利时当作与西方大国进行和平谈判的"动产抵

---

20 1916年4月17日致海伦妮·韦伯的信,《马克斯·韦伯传》,第581页及以下。参阅1916年6月25日致弗里达·格罗斯(Frieda Gross)的信:"我在柏林待这么长时间是想帮点忙,但他们已经有了太多帮手。一个人不能奔赴战场,真是可悲。"

21 致海伦妮·韦伯的信,《马克斯·韦伯传》。

22 请比较1915年6月20日致米歇尔斯的信,抄自韦伯遗稿:"我一直反对开战以来出于世界政策理由以任何可以想象的方式兼并比利时领土。"

第七章　第一次世界大战：德意志帝国有无大国资格的实验场

押品"（Faustpfand）。[23] 早些时候他就表明了一个观点，即德国政府应当明确宣布不会长期占领，更不会兼并比利时。那时韦伯并不知道，贝特曼·霍尔韦格政府已经完全放弃了对比利时的亲善立场，在公众舆论和陆海军的压力下已经计划将比利时变成德意志帝国的一个"臣属国"。他只知道有许多公众人物以私下递交备忘录的形式，极力煽动追求极端兼并主义的目标。大量这种备忘录在1914年9月开始对首相产生影响，因为马蒂亚斯·埃茨贝格尔（Matthias Erzberger）发表了刺耳的兼并主义请愿书。这是政府本身的蛊惑所致。1915年初，政府要求几名经济学专家就索取战争赔款的可能性提交备忘录［其中包括阿图尔·萨洛蒙佐恩（Arthur Salomonsohn）、马克斯·瓦尔堡（Max Warburg）和马克斯·冯·申克尔（Max von Schinkel）］。[24] 这场暗中的运动以5月20日的第六次经济学联合会会议备忘录达到了顶点，它是在泛日耳曼同盟影响下出笼的，7月初又向帝国首相递交了《泽贝格请愿书》（"Seeberg-Adresse"），组织者是赖因霍尔德·泽贝格（Reinhold Seeberg）、迪特里希·舍费尔（Dietrich Schäfers）以及另外若干柏林的教授，有1347名文化界代表联署，他们多数都是教授或教师。[25] 汎日耳曼同盟主席海因里希·克拉斯（Heinrich Claß）提交了自己的备忘录，不加节制的程度无人能出其右。所有这些备忘录都在建议德国追求无

23　《政治著作选》，第120页及以下。（这个说法见于1915年12月，我们可以假定这同样是1914年韦伯的观点。）另见1915年12月12日致西蒙博士的信："我早在1914年9月就要求应当使用'动产抵押品'这个表述方式。"见《政治著作选》，1，第460页。

24　参阅1915年3月31日马克斯·冯·申克尔致帝国内政部的建议书，见 DZA Ⅱ，Königliches Zivilkabinett, Rep.89 H ⅩⅩⅥ Militaria 11。

25　关于《泽贝格请愿书》的背景，尤见克劳斯·施瓦布：《学术与战争伦理：德国的大学教师与"一战"期间的根本政治问题》（Klaus Schwabe, *Wissenschaft und Kriegmoral: Die deutschen Hochschulehrer und die politischen Grundfragen des Ersten Weltkrieges*, Göttingen, 1969），第70页及以下，费舍尔：《跻身世界强国》，第198页及以下。

限的战争目标,不仅要求全部吞并比利时,而且要兼并法国的佛兰德斯直至索姆河、加来、隆维勃利耶铁矿石盆地和凡尔登,并对这些地区的非日耳曼人口采取镇压措施。甚至还有更加乌托邦的计划,要求向东欧推进,直至兼并波兰,包括俄国边境地区和库尔兰,并计划大规模重新安置和驱逐非日耳曼居民。[26]

就在《泽贝格请愿书》征集最后签名的时候,一个反对派开始形成,成员包括帝国前殖民事务国务秘书伯恩哈德·德恩堡(Bernhard Dernburg)、汉斯·德尔布吕克、《法兰克福报》的奥古斯特·施泰因(August Stein)、《柏林日报》的特奥多尔·沃尔夫(Theodor Wolff)以及康拉德·豪斯曼。这个群体不仅抵制泛日耳曼主义者及其保守派和产业界同道的极端兼并主义狂热,而且向承受了压力的贝特曼·霍尔韦格政府伸出了援手。特奥多尔·沃尔夫[27]发表了一份简短声明,称这个备忘录是"后果严重的政治错误",反对"合并或兼并那些政治独立或者习惯于政治独立的民族"是绝对必需的。[28]这份声明也像《泽贝格请愿书》一样发给了众多公众人物,签名者却少得多。然而,这些签名者是个杰出群体,德尔布吕克在《普鲁士年鉴》上公布了141人的名单,其中就包括马克斯·韦伯。[29]随着在德尔布吕克的请愿书上签名,韦伯第一次公开加入了关于战争目标的辩论。我们无从知道这个行动

---

26 这个概述是基于前普鲁士国家机要档案馆(现为 DZA Ⅱ)和前帝国档案馆[现为 DZA Ⅰ,RKA Ⅱ,战争卷第15(2242—2247/2)和17卷]馆藏的大量备忘录。克拉斯的备忘录存于贝泽勒(Beseler)遗稿,另见费舍尔:《跻身世界强国》,第109页以下(请参阅上文第211页注释17),以及汉斯·加茨克:《德国向西方逼近》(Hans W.Gatzke, *Germany's Drive to the West*, Baltimore, 1950),第40页及以下。

27 费舍尔前引书的报道误称是《福斯日报》的伯恩哈德。

28 声明文本见《普鲁士年鉴》,第169期,第360页及以下;参阅加茨克前引书第132页及以下。

29 《普鲁士年鉴》,第162期,第165页及以下。

第七章　第一次世界大战：德意志帝国有无大国资格的实验场

的背景，但由于德尔布吕克的努力之初衷就是为了支持政府，这与韦伯的考虑是完全吻合的。韦伯认为，至少在西方，进行广泛兼并是个巨大错误，在这个问题上煽动攻击政府极其危险。毫无疑问，他急于想证明，赖因霍尔德·泽贝格与迪特里希·舍费尔这些人宣称的绝对不切实际的要求，显然不能代表整个德国学术共同体的意见。

马克斯·韦伯在这份声明上签名，实质上含义还不仅如此。签名者绝非都是一以贯之的反兼并主义者。沃尔夫的声明相当含糊其词，人们可以做出各种解释。事实上，多数人还是支持德国在大陆的权力扩张的，但他们要求这样的扩张无损于德意志帝国作为一个民族国家的性质。[30] 他们只是在反对全部兼并比利时这一点上达成了一致。确实，1915年秋季德军取得的辉煌胜利，甚至在坚定的左翼自由派圈子里也激起了兼并欲望。即使韦伯的密友瑙曼，也反对恢复比利时国家，并赞同把佛兰德地区划入经济上依靠德国的大荷兰，瓜分卢森堡与法国之间的瓦隆地区以作为法国向帝国割让领土的补偿。[31]

凡此种种，大概可以解释马克斯·韦伯1915年7月在海德堡邀请一批国会主要成员"秘密商讨"建立一个"反对兼并"（特别是反对兼并比利时）的政治压力集团的尝试为什么显而易见没有达到目的。在这个时候，瑙曼、爱德华·达维德（Eduard David）和沃尔夫冈·海涅（Wolfgang Heine）都不大可能接受韦伯的邀请，更不用说厄恩斯特·巴塞尔曼了，尽管我们只有康拉德·豪斯曼的明确信息。[32] 此时的巴塞尔

30　参阅上述引文中德尔布吕克容易引起歧义的解释："对我来说，德国的真正目标始终在于解放和兼并波罗的海各省区，以及建立一个庞大的中非殖民帝国。"

31　1915年11月的备忘录，RKA II，战争卷15，2442/10。现已收入瑙曼：《选集》，第4卷，第446页及以下。

32　1915年6月24日康拉德·豪斯曼致格泰恩（Gothein）的信，抄自豪斯曼遗稿。会议应该是在1915年7月3到4日举行。

曼是个非常亢奋的兼并主义者,不可能应邀参与一个复活了的"从巴塞尔曼到倍倍尔"或者"从巴塞尔曼到沙伊德曼"的集团,即便仅仅限于比利时问题。马克斯·韦伯大概低估了他对战争目标的观点在当时被人接受需要克服的困难。然而,他还计划将社会民主党人包括进来,也足见他的胸襟之开阔,虽然他仅仅偏重于接近该党比较民族主义一派的代表人物。这次会议很可能并没有开成,我们没有会议的任何具体证据。

此后不久,马克斯·韦伯便竭力回避与德国兼并政策的阴谋诡计发生直接关系了,尽管他原则上与其针锋相对。1915年初春,虽然没有得到帝国政府授权,但德国的比利时总督冯·比辛(von Bissing)将军已开始着手未来对比利时的兼并事务。1915年2月,他就此指定了军事行政当局的一个"政治部门",绕过了对内政部国务秘书负责的比利时总督府民政机构。这个"政治部门"负责解决与兼并有关的问题。内政部国务秘书对此表示激烈抗议,这导致该"政治部门"形式上隶属于内政部,但几乎没有实际意义。比辛借助这个"政治部门"开始进行兼并煽动。在一份由比辛亲自交给威廉二世的冗长的备忘录中,比辛详尽说明了把比利时"合并"进帝国的计划。该备忘录认为,根本就不存在比利时民族这回事情,那不过是文人墨客制造出来的一个神话,比利时应当臣服于一个帝国总督,可容许有限的自治,绝大多数情况下应被视同帝国的一个组成部分。比辛特别建议,比利时应被合并进关税同盟,德国货币、德国的社会立法以及德国法律应一体延伸于此。另外还讨论了关税同盟可能产生的问题,包括这些措施可能对比利时经济的严重影响。

民政部门对比辛的活动深为不安,特别是因为,它担心自身在比利时问题上的行动自由会因此受到严重限制。其时,比辛在布鲁塞尔

第七章　第一次世界大战：德意志帝国有无大国资格的实验场

任命了一个智囊团，研究伴随兼并而来的问题以及解决问题的预备方案。比辛还希望由此展开兼并宣传，因为智囊团的工作几乎不可能逃过公众的注意。与马克斯·韦伯合编《社会科学与社会政策文献》的埃德加·雅菲（Edgar Jaffé），参加了布鲁塞尔的那个"政治部门"。《法兰克福报》的西蒙博士也积极参与了这些事务，被正式任命为一个设在布鲁塞尔、表面上是中立性的新闻办公室负责人。雅菲负责"政治部门"的规划，旨在"调查引进帝国社会立法可能对比利时工业在世界市场的竞争能力带来的后果"。这个问题最初是与受到直接影响的各工业部门有关利益方进行讨论，随后将形成一个《总结报告》以评估调查结果并做出说明，马克斯·韦伯被选中承担这个任务。[33]

韦伯不冷不热地回应了埃德加·雅菲为此目的把他请到布鲁塞尔的努力。尽管韦伯急于获得政治任用，但他一开始就满腹疑虑，因为这个兼并规划看上去并不可靠。此外，没有官方的邀请，他也不想放弃海德堡医院的工作。他一心希望避免任何机会主义的嫌疑。"如果我接到了军事当局的命令或者受到派遣前往比利时，我当然愿意做任何事情或者奔赴我能派得上用处的任何地方，但是我没有提出任何'请

---

[33] 参阅《总督代表呈交的备忘录摘要》（"Ubersicht uber die vom Generalgouverneur in Auftrag gegebenen Denkschriften," im DZA Ⅰ, Reichsamt des Innern, Nr.19523）。以下是其中提议的规划：

"引进帝国社会立法可能对比利时工业在世界市场上的竞争能力带来的后果调查。
预计将受到影响的包括：

a）采矿与铸造业	彭思根
b）钢铁工业	博尔西希
c）纺织工业	按照格海姆拉特·林克尔建议：兰茨胡特
d）大化工业	夏洛腾堡，莱普修斯教授
e）建材工业（尤其注意水泥业）	黑尔能克，格海姆拉特·肖特
f）玻璃与陶瓷工业；比利时与国际市场的金融关系	柏林，福佩利乌斯·雅菲，包括已由H.沙赫特博士完成的著作。"

海德堡的马克斯·韦伯教授为总报告人。

另外还有"农民联盟""战时德国工业委员会"以及其他相关经济利益集团的书面意见。

求'。"[34]

不过,在1915年8月的第二个星期,韦伯还是去了布鲁塞尔以便实地看看他应不应该承担这项可疑的任务。[35] 他报道说,布鲁塞尔的局面和那里的混乱状况让他完全不抱幻想了。[36] 同时,他迫切希望得到的政治职位似乎并没有任何着落,这也使他极为失望。尽管他在比利时注意到了那个政治部门的官员、总督和德国民政机关之间的重大分歧,这肯定使他警惕地看到了问题的复杂性,但他还是同意"完成这份备忘录"[37]。他有保留地下笔了,因为备忘录是基于比利时将被兼并的假设,一个他原则上反对的主意。[38] 他在布鲁塞尔就宣布说,他反对兼并,却发现那里几乎没有人理解这个立场。"所有从理论上理解形势的人都反对兼并。但是这些观点现在并没有影响力。每一次胜利都让我们离和平更远,这就是形势的奇特之处。"[39]

所幸的是,马克斯·韦伯根本不愿让他的专长听任兼并主义者冯·比辛将军差遣,而且帝国政府也反对比辛及其下属的活动。与比

---

34 1915年5月9日致埃德加·雅菲的信,《马克斯·韦伯传》,第543页。

35 参阅1915年8月10日致米娜·托布勒的信,鲍姆加滕档案,Ⅱ,第8页:"我明天早上就到布鲁塞尔了,本来只是想看看我……能否以明智的方式……参与政府希望……我做的工作,就是说,如果我是个足以胜任的'专家'的话。……无论如何,这不是个长期'职位',而是在这里就可以完成的备忘录准备工作。"

36 从布鲁塞尔(日期不详)致米娜·托布勒的信,鲍姆加滕档案,Ⅱ,第14页:"出于个人与客观原因,最初我对承担这个工作的考虑还是比较严肃的。但尽管如此,能听到、想到和做到的却乏善可陈——只有很少(!)见识可谈。"

37 参阅1915年8月23日致玛丽安妮·韦伯的信:"我到布鲁塞尔两天了。……我已经承诺尽力完成这个备忘录(有时间!);这并不意味着有了个什么职位,甚至也带不来任何职位。"另见8月24日致玛丽安妮·韦伯的信部分内容,但日期不确,《马克斯·韦伯传》,第544页。他在结尾处写道:"布鲁塞尔没我的职位。……数百人无所事事,坐吃山空,谋生的负担非常沉重。"

38 参阅1915年8月30日致玛丽安妮·韦伯的信(抄自韦伯遗稿)以及1915年9月28日写给她妹妹莉莉·舍费尔的信:"我在布鲁塞尔的事情简直是一段黑暗经历,其实再次去那里更多的是个借口,是为了再次看看这个美丽的、地道的法国城市上空德国统治的幽灵。"

39 1915年8月24日的信,《马克斯·韦伯传》第544页的理解略有出入,而且日期不确。

第七章 第一次世界大战：德意志帝国有无大国资格的实验场

辛不同，柏林不倾向于直接兼并比利时，而是希望"能对比利时进行经济渗透，并且未来战争中可以军事利用其海岸、要塞和运输系统，而无须承担政治管理的重负"[40]。此外，帝国大臣们对于冯·比辛利用工商界和学术界知名人物研究这个问题也深为不满，他们完全正确地指出，这种活动只能有助于煽动舆论反对政府的所谓胆怯的比利时政策。

就是出于这个原因，帝国内政部接管了比辛的计划。原先指定给韦伯的任务被转给了帝国统计局。[41] 韦伯完全无辜地成了夹在比利时问题上两种对立的政治战略中间的第一个目标以及牺牲品。无论如何，我们只能猜测，一旦更清楚地了解了韦伯的观点，虽然韦伯的名声是个有利条件，但比辛也很可能把他排斥出这个规划。当然，即使像马克斯·韦伯这样的人物，把他临时吸引过来在战争目标的政策问题上给帝国行政当局制造混乱也是值得的。

在布鲁塞尔的一系列会谈使韦伯深为恼火。当时他就给弗里德里希·瑙曼写信说："我的印象是，目前处于优势的政治家们缺乏远见已经到了令人非常厌恶的程度。"[42] 公众舆论越来越远离政治现实更是让他烦躁不安。我们已经说过，韦伯绝不是从坚持原则的角度反对一切兼并。毋宁说，他是赞同贝特曼·霍尔韦格周围，特别是库尔特·里茨勒为代表的那些人的看法，即应当通过对德国周边各小民族的直接统治以确保德国的权力。但是，他认为右翼政党和群体那种极端的兼并狂热是灾难性的。1915年12月，他对右翼的战争目标煽动和那些要求无限制兼并计划的圈子提出的大量备忘录公开表达了愤怒态度，这反映在他分两次发表在《法兰克福报》的文章《俾斯麦的外交政策与

40　1915年10月10日德尔布吕克致冯·比辛的信，Reichsamt des Innern, Nr.19523, DZA Ⅰ。
41　1916年3月7日帝国统计局局长致帝国内政部的信，同上档案。
42　1915年11月2日（此日期不确定）致弗里德里希·瑙曼的信。请参阅本书第210页注16。

现状》中，但行文中也保持了审查员所需要的谨慎方式。随着1915年5月意大利站在德国的敌人一边参战，韦伯认为这种极端兼并计划已经毫无道理可言了。1915年11月或者12月初，他在一篇文章中详细阐述了对德国战争目标的看法，可能原本打算在《法兰克福报》上发表，但一直躺在书桌抽屉中，大概是因为审查限制而阻止了此文发表。它全面揭露了以大量半机密备忘录形式煽动广泛的战争目标之有害无益。[43] 他在文章中力图证明，德国对西方的战争目标是判断错误，而这些目标却以各种名目在政府层面和相当广泛的舆论中流行。他强调说，德国毫无可能继承英国的政治地位，在西方进行任何大规模兼并都没有现实主义依据。

此文不同于这个时期的无数其他文章，它预见到了兼并宣传将对公众舆论产生长期的严重影响。一旦这些非现实主义的目标绝无可能实现变得显而易见时，幻灭感就会四处蔓延，战斗精神将烟消云散。韦伯还指出，这些激进的战争目标煽动背后，隐藏着某些特殊的社会与政治利益。这促使他要抗击代表性的将军们以及报刊审查机构对"城堡和平"的支配性解释。这些势力片面纵容泛日耳曼梦想家和军火供应商的自由言论。[44] 不负责任的兼并主义煽动不仅反映了情绪化的民族主义，而且还极为自私自利，这使韦伯尤其愤怒。"对和平的恐惧"导致了无限度繁多的战争目标。人们害怕非常虚假的和平期望掩盖下的国内政治受到冲击。随着折中的和平——尤其是在普鲁士三级选举权

---

43 《政治著作选》，第130页及以下。此文的缘起肯定与1915年底就各种战争目标问题和《法兰克福报》编辑的通信有关（12月25日到西蒙博士的信，以及无疑致编辑们的信，《政治著作选》，1，第499页及以下），后来由玛丽安妮·韦伯作为"关于战争目标的争论备忘录"印出。遗憾的是这些信件并不是完整印出的，而且在遗稿中搜索原件也不得。此文想必是写于韦伯1915年12月25日完成的《帝国宪法中的俾斯麦遗产》一文之前。

44 《政治著作选》，第139页。

第七章 第一次世界大战：德意志帝国有无大国资格的实验场

问题上——接踵而至的将是合宪的妥协，战争的经济后果则会推动国内的民主化。因此，右翼迫切要求兼并。但无论这种兼并多么浩大，也绝无可能补偿战争的经济后果。要求兼并只能推迟结束战争，而缔结和约所需的经济消耗将越来越不可计量。

马克斯·韦伯以俾斯麦为例，要求德国的政策"看清楚什么是可能的并且长期来看政治上是可取的"。假如和平的"主要结果是德国人的皮靴踩在每个欧洲人的脚趾上，……那将意味着德国在欧洲及海外的一切建设性外交政策宣告终结"[45]。德意志帝国在战时必须追求的政策是要考虑到未来结盟的需要，如果未来没有被轻易赌光的话。"三皇同盟"因为意大利和罗马尼亚的所作所为已不可能在战后复活了[46]，只有与奥匈帝国的联盟还能幸存下来。因此，德国对这个二元君主国的生存有着无条件的关切。[47] 除此之外，德国的任何外交政策都要面对这样的选择——或者与东方或者与西方寻求利益通融和关联。像俾斯麦那样坚持在共同压制波兰的基础上与俄国的结盟将不再可能。俄国采取了"极为自负的赤裸裸的扩张政策"，不可能再指望和它达成妥协。[48] 俄国是对德国作为一个民族国家构成威胁的唯一大国。[49] 俄国农民渴望获得土地，俄国的统治阶层则倾向于推行对外扩张政策以拖延解决社会问题，渴求声望的俄国知识界也满怀帝国主义热情，因此，俄国在

---

45 《政治著作选》，第127页。

46 韦伯在罗马尼亚参战后评论道："现在还不可能了解罗马尼亚参战意味着什么。其军队的素质尚不得而知也未经检验。局势肯定很严峻，像舍费尔等人的轻浮议论应该彻底收场了。……当然，对未来的影响不应掉以轻心，就像意大利的情况一样。我们在外交上变得更加孤立，选择盟友的余地越来越有限。在我看来，除了尚不确定的军事后果之外，还有一个重要的政治后果，我们的'世界政策'框架已非常逼仄。"1916年9月8日致海伦妮·韦伯的信，《马克斯·韦伯传》，第585页。此处引文抄自韦伯遗稿。另见《政治著作选》，第162页。

47 《马克斯·韦伯传》，第585页。

48 《政治著作选》，第125页。

49 同上书，第169页。

可见的未来大概会继续帝国主义路线,德国外交政策必须始终考虑到"俄国的大众帝国主义",因此必须公开果决地选择一种反俄政策。[50] 德国必须做到"至少真正值得"俄国知识界憎恨。[51] 然而,在西欧的兼并,特别是兼并、摧毁比利时,哪怕是限制比利时的独立地位,也会把法国和英国变成帝国的永久敌人。目前形势下,德国的选择是不言而喻的:"要么是世界政策,要么是对欧洲,特别是对西欧的扩张主义政策。俄国人的敌意不可避免。对西方的扩张主义政策将使整个西欧团结起来对抗我们。"[52]

因此,韦伯认为在西方进行兼并是不可思议的,同时他也赞成关系到民族安全的论点。他推荐了一个比利时问题的解决办法,即"不排斥与比利时人民的最后和解,只是确保我们绝不突然入侵,没有兼并或类似的合并"。为此,他相信对卢森堡的永久军事占领(实际上的合并)[53] 和对那慕尔、列日的 20 年军事占领是可取的,以此保证比利时国家未来也对法国保持积极中立。诚然,他坚称这"仅在军事上绝对必需时,但绝不是兼并"[54]。无论如何,韦伯要求和平解决佛兰德问题[55],他对俾斯麦让法国保有了贝尔福感到遗憾,不过现在绝不能对法国提出什么要求[56],因为阿尔萨斯-洛林问题已经是法德关系一个足够沉重的负担了。在马克斯·韦伯看来,这些要求可谓"最佳"。

马克斯·韦伯相信,战时德国政策的主要目标应当着眼于东方。

---

50 《政治著作选》,第 164 页。

51 同上书,第 126 页。

52 同上书,第 138 页。

53 参阅上书,第 137 页,恢复 1867 年之前卢森堡的局面。

54 1915 年 12 月 25 日致西蒙博士的信和 1915 年底致《法兰克福报》编辑们的信,见《政治著作选》,1,第 459 页及以下。

55 《政治著作选》,第 167 页,另见 1917 年 5 月 8 日致瑙曼的信,《政治著作选》,1,第 471 页。

56 《政治著作选》,第 117 页。

第七章　第一次世界大战：德意志帝国有无大国资格的实验场

为此他也反对兼并非德语地区。在东方推行"德国的民族性政策"是不可能的。对德国边界以东地区的任何政策，只要是基于现实政治的政策，就必须是"无可回避的西斯拉夫政策，而不是德意志民族的政策"。德国化政策只能把1500万斯拉夫人推向对立并成为德国的死敌。[57] 韦伯强烈反对在库尔兰的重新安置以及将其并入帝国的计划，因为这只能使德国"在政治上"更加衰弱。[58] 他只是希望波罗的海地区的德国人按照所在民族各自发展的原则实现自治，库尔兰可以加入未来的政治联合。他并不希望德国的影响力在那里被用于任何更多的目的。[59]

相反，韦伯赞同世界大战期间的德国政策按照民族性原则推动中东部欧洲地区彻底重组。德国应当从大俄罗斯专制主义的枷锁下解放那些小民族。韦伯期望建立一个波兰、一个立陶宛、一个拉脱维亚和一个乌克兰民族国家，它们各自实行广泛的自治，又与德意志帝国联合在一起。帝国应当保留从华沙向北的波兰东部边境要塞驻守权。奥匈帝国则应在南部享有类似的特权。保留在拉脱维亚和立陶宛及其军用铁路的卫戍权，作为针对俄国的防御措施是完全必要的。从本国利益考虑，韦伯设想了一种关税同盟，在经济上把立陶宛、拉脱维亚和波兰这些国家与帝国拴在一起。[60]

这几乎谈不上是个温和的设想。毋宁说，它更接近库尔特·里茨

57　《政治著作选》，第170页。

58　致西蒙博士的信，《政治著作选》，1，第460页。参阅1916年2月初（日期不详）致玛丽安妮·韦伯的信："今晚我去听了泽林殖民库尔兰（！）的演讲——简直是白日做梦，好像这个世界上只有我们自己似的。"此外还有1915年11月26日致玛丽安妮·韦伯的信，《马克斯·韦伯传》，第564页及以下（那里标示的日期有误）："泽林一心要去殖民库尔兰和立陶宛——他就不想殖民的人力财力从哪里来，他也不问德国人在那些荒僻角落里应该干些什么。"另见1916年1月2日致奥伊伦堡的信（抄自韦伯遗稿）："出于纯粹的政治-地理原因，我也认为泽林殖民库尔兰的计划愚不可及。"又见《政治著作选》，第170页。

59　致西蒙博士的信，《政治著作选》，1，第460页。

60　同上信。参阅《政治著作选》，第124页。

勒"戴着欧洲面具"的德国帝国主义概念,即大力使用直接手段,尤其是通过建立中欧关税与经济同盟,提升在大陆的霸权地位。但是显而易见,韦伯强调的是一种自由主义路径,而且主要是针对东部地区。但即便有这些保留态度,我们也可以看得很清楚,假如这个计划得以实现,它将确保同盟国在中东部欧洲的霸权地位——在立陶宛和拉脱维亚以及军用铁路的卫戍权,在波兰东部边界的防御圈,凡此种种,都可以使这些民族臣服于德国的军事和外交控制之下,其次是臣服于奥匈帝国的控制之下。合并进德国(或者"中欧"[61])关税同盟,也将使这些民族的内部决策自由受到严厉限制。

马克斯·韦伯后来以《保护西方安全——在东方的文化任务》为题概括了各种战争目标的动议。[62]其中有一种相反的自治动议吸引了他,那就是1905年革命后俄国地方自治会自由派所支持的自治,它可以促使许多非俄罗斯民族——特别是波兰——加入自由化的沙皇帝国。他期望这些计划可以保护波兰、拉脱维亚与立陶宛的民族自治和自由主义的合宪实体,他相信这些实体全都能被说服同意,体面地加入一个抗俄联盟。

韦伯的中东部欧洲计划,与众多自由派帝国主义者基本相似,比如汉斯·德尔布吕克与保罗·罗尔巴赫(Paul Rohrbach)。在战争期间,由于德国海外帝国的扩张似乎不值一提了,这些人便将注意力集中到了欧洲中东部推行扩张政策的可能性上。[63]他们建议德国充当东欧各小民族的解放者,并在东欧建立一个符合自由主义性质和民族国家原

61　见下文第229页。

62　1916年10月27日在慕尼黑就德国世界政策问题发表的演讲大纲。《韦伯全集》,I/15,第157—160页。

63　参阅德西奥:《关于德国历史使命的思考》,前引书第496页。

第七章　第一次世界大战：德意志帝国有无大国资格的实验场

则的新秩序，以此作为抗衡沙皇帝国的缓冲器。这将使德国能够在战后去追求强有力的世界政策。同时，德国也能扩展它的经济生存空间。东欧各国加入德国的新关税同盟，将为资本投入以及德国的适销商品提供充足的机会。[64]

对于那些小民族来说，这种自由除了纯粹的装点门面之外还有更多的东西吗？令人生疑的是，这些国家，特别是波兰，可能需要永久忍受德国的经济和军事支配。即使赠予了中东欧国家内部自治，但这些政策最终可能导致一种对抗俄国的中东欧卫星体系。此外，马克斯·韦伯从没有顾及推行这些计划奥匈帝国将做何反应。如果民族国家原则成为中东欧北部地区的重组基础，这个二元君主国的生存无疑将受到严重威胁。加利西亚波兰人当然会力图退出二元君主国，加入新的波兰国家。韦伯的设想对此根本就只字未提。他集中关注的是同样受到一个独立的波兰国家吸引的普鲁士波兰人。他无意把那些大量波兰人定居的普鲁士地盘割让给一个新建的波兰国家。他希望的是波兰与帝国的长期友好联盟能够缓解普鲁士波兰人的民族统一渴求。

在1916年8月1日由德国民族委员会召集的纽伦堡公共集会上，马克斯·韦伯以相似的方法提出了战争目标的议题。[65] 由于这次集会具有半官方性质和相当广泛的公共性，韦伯在这里的论说就极为重要。他利用这个场合抨击了德国的战争敌人，但也明确指出在比利时以及其他地方进行直接兼并将损害德国的未来外交政策之需求。"只要我们能确定比利时将信守名副其实的中立政策"，就必须给予比利时军事保

64　韦伯没有考虑爱沙尼亚，见下文第300页注释332。
65　详见下文第255页。

障。[66] 韦伯要求必须在东方建立一个自由的波兰国家,最好是被纳入一个"拥有共同的军队、贸易政策(与)关税的牢不可破的永久性(中东欧)各国联盟"框架中。韦伯认为这些目标才是一种欧洲和平秩序的实质内容。欧洲大陆的各小民族将围绕德意志帝国这个权力政治的核心做出安排。它们的主权看上去不成问题,但实际上可能会受到限制。按照马克斯·韦伯的设想,在这个愈演愈烈的帝国主义竞争时代,只有这样一种安排,才能保住欧洲的众多民族文化。就此而论,韦伯关于战争目标的看法是建立在文化与思想基础上的。《法兰克福信使报》对韦伯的论述有如下报道:"如果我们没有勇气去确保统治世界的既不是俄国人的野蛮、英国人的单调也不是法国人的虚夸,那就太不体面了。这就是战争要打下去的原因。"

1916年10月27日,韦伯把这个议题又放在了他在慕尼黑的演讲《德国的世界政策状况》中。[67] 此时,德国的战时处境已经恶化,罗马尼亚倒向协约国一方参战,一时令局势看上去非常严峻。在单独与俄国媾和似乎触手可及,而英国看上去根本不愿妥协的情况下,韦伯的计划还是明智的吗?他认为,此刻与俄国妥协的可能性更大,但他又坚持德国应将俄国视为头号敌人的政策。"最大的现实威胁"来自英国,但"最大的未来威胁"一直是并且仍将是俄国。因此,只有"国家政策的利益得到非常强有力的持久保障,同时保证与英国的对抗只是临时性质,亦即只有在与英国实现和平之后",与俄国的和平才是可能

---

[66] 此处及以下引文均据《法兰克福信使报》1916年8月2日的报道。
[67] 在慕尼黑举行的进步人民党大会上。该党的慕尼黑领导人格奥尔格·霍曼(Georg Hohmann)做到了一个别人不可能做到的事情,说服韦伯发表了近20年来的第一次公开演说。演说大纲保存了下来。1916年11月9日的《援助》发表了演说的内容,但删除了关于无限潜艇战的讨论,现已收入《政治著选》,见第157页及以下;另请参阅《慕尼黑新消息报》1916年10月28日晚报版。

第七章　第一次世界大战：德意志帝国有无大国资格的实验场

的。[68] 除了和平解决佛兰德问题之外，德国在比利时没有国家利益，只有"军事"关切，即"确保防止希腊那样的非中立政策"[69]。韦伯希望，只要能与西方大国，特别是与英国达成体面公平的协议，德国就应坦率而迅速地放弃比利时这个动产抵押品以及任何战略考虑（占领那慕尔和列日）。当然，在韦伯看来，这并非一个触手可及的前景："和平仍然遥不可期。"[70]

然而，即便韦伯的西方政策，特别是在比利时问题上纯粹是基于安全上的深思熟虑，我们也有充分理由追问一下，这是不是过于蛮横了？[71] 也许恰恰是这样的基本考虑，将使和谈变得绝无可能。韦伯能以冷静的怀疑态度判断德国的处境，但他未能完全摆脱这样一个观念，即没有实际的补偿就放弃实力地位是错误的。他还是抱着希望要把比利时作为"动产抵押品"用于对西方大国施加外交压力，并迫使比利时做出能够保证帝国安全的让步。因此，韦伯可能很满意帝国首相1916年4月5日的演说，它闪烁其词没有明确谈到比利时问题，而是表示"目前尚不存在进行严肃和谈的前景"[72]。与德国外交采取的立场以及德国中上阶层绝大多数的态度相比，韦伯的动议之清醒程度非同凡响。然而，尽管他对同盟国的全局做出了冷静评估，还是在某种程度上高估了德国的机会。韦伯关于东欧的提议，使得与俄国单独媾和变得几乎不可能。直到1917年初，他也没看到在东方单独媾和的有利条

68　此处继续讨论演说大纲，其中会十分尖锐地谈到一些关键问题；请比较《欧洲强国环伺中的德国》（"Deutschland unter den europäischen Weltmächten"）一文中客观上一致的阐述，《政治著作选》，第 168 页及以下。大纲现已收入《韦伯全集》，Ⅰ/15，第 157—160 页。

69　参见大纲。在《政治著作选》旧版中我们可以看到："我们的关切是纯政治的：比利时不能成为我们的敌人来犯的大门。"

70　参见大纲。韦伯在演说中略去了这个说法。

71　当然，卢森堡是个例外。

72　1916 年 4 月 7 日的信，《马克斯·韦伯传》，第 577 页。

件。[73] 他确信,只要俄国避免了激进改革,"俄国的大众帝国主义"就会一如既往。[74] 他仍然要求奥匈帝国"削弱塞尔维亚",要求德国拿出"一个可行的波兰问题解决办法",亦即"使波兰成为盟友和独立国家",享有最大程度的政治自治,但处于德国的军事保护之下。[75] 德国必须保持对"东北边界"的控制权。但他这时不再强调东部防御地带的观念了。韦伯着重指出,德国目前的"地位已经超出了波兰本身在1905年革命期间对俄国的需求。这个民族将拥有充分的自治"[76]。如果波兰与帝国建立了紧密的政治关系,韦伯也打算放弃关税同盟的主意,有最惠国待遇就足够了。即使没有正式的关税同盟,德国对波兰的影响力也足够强大,可以把波兰经济与帝国拴在一起。他不再坚持把独立的拉脱维亚和立陶宛纳入德国影响力和德国经济势力范围的想法。随着战局日益恶化,他对那个二元君主国边界以北的中东欧进行政治重组的规划便集中到了一个焦点上,即得到一个政治和经济上靠拢西方的独

73　参阅1916年2月20日从柏林致玛丽安妮·韦伯的信(抄自韦伯遗稿):"从政治上说,这里的一切几乎都令人觉着靠不住。……总是能听到人们谈论一种可疑的希望,以为可以跟俄国单独媾和。"韦伯对于他能发现的试探与俄国单独媾和的一切都表现出了极大的兴趣。他很有成效地了解到胡戈·施廷内斯(Hugo Stimnes)与克里施科(Kolyschko)1916年6月初就德俄单独媾和的可能性进行的谈判的部分内容。当然,他大大高估了这些谈判的重要性。1916年8月18日他给妻子写信说:"与俄国的和谈失败了。就土地交换(波兰给我们,加利西亚给俄国)达成了协议。但他们还想要钱(要得非常多!),而最后,他们又不想单独达成协议了。事情就这样不了了之。"实际上,这些谈判远不如韦伯猜测得那么具体(请参阅1916年6月17日施廷内斯致齐默尔曼的信,Scherer-Grunewald, Nr.272, Seite 370 ff.。俄国人并没要钱,而是德国政府准备好了如果最终单独和谈有可能的话就给俄国人支付一笔资金。此外,是德国一方突然中断了接触。关于试探和平,详见弗里茨·费舍尔:《跻身世界强国》,第187页;格哈德·里特尔:《治国术与战争艺术》(Gerhard Ritter, *Staatskunst und Kriegshandwerk*),第3卷,第87页及以下;维尔纳·康策:《"一战"期间的波兰民族与德国政治》(Werner Conze, *Polnische Nation und deutsche Politik im Ersten Weltkrieg*, Köln, Graz, 1958),第78页及以下和第268页及以下。

74　参阅《政治著作选》,第132、164页。

75　参见大纲;另见《政治著作选》,第172页及以下。

76　《政治著作选》,第173页。

立的波兰。然而,韦伯始终在原则上坚信,应当挑动各小民族与俄国对抗,德国应当成为东方"各小民族的解放者,哪怕到时候"它们本身并不希望如此。[77]

另一方面,韦伯在一些重要问题上则调整了对俄国的看法,特别是他认为,把俄国赶到海上去并不是德国的使命。俄国实际上可能会因此成为英国的海上劲敌。所以韦伯期望,只要能保证土耳其的领土完整,俄国就可以自由通行达达尼尔海峡。[78] 他也反对爱沙尼亚脱离俄国,他还赞成将里加让与俄国人,因为那里作为俄国的出海口具有重要意义。[79] 如果俄国的扩张主义偏向东南,韦伯可能也不会视为不祥的动态;然而,他支持在强加于俄国的《圣·斯特凡诺条约》基础上由俄国与奥匈帝国划分巴尔干半岛的利益范围。[80] 他主要关心的是转移俄国对帝国的压力,尽管这意味着给那个二元君主国带来了难题。他和俾斯麦抱有同样的观点,即巴尔干半岛不值得"牺牲任何一个波美拉尼亚掷弹兵"[81]。

马克斯·韦伯的战争目标是有节制的,但也是专横的。他在感情上支持德国权力的扩张,但也坚决反对开战头几年感染了大部分德国人的兼并主义狂热。他很清楚,在欧洲推行兼并主义政策将使德国的大陆地位变得非常危险,使着眼于整个世界秩序的外交政策变得毫无可能。那时德国所能做的,将不得不仅仅限于在重大危机爆发之前不

---

[77] 《政治著作选》,第 174 页。

[78] 参见大纲:"达达尼尔海峡问题(并非无解)";参阅 1917 年 4 月 12 日致瑙曼的信,《政治著作选》,1,第 469 页,另见《政治著作选》,第 132、164 页。

[79] 见下文第 300 页注释 332;另见《政治著作选》,第 302 页。

[80] 1917 年 4 月 12 日致瑙曼的信。

[81] 1876 年,奥地利在巴尔干地区遭到俄国的挑战,但作为盟友的德国并不打算伸出援手,俾斯麦表示:"德国在东方问题上是没有兴趣的,这个问题只需一个波美拉尼亚的掷弹兵就可以解决。"——译者注

断忙于扑灭欧洲火药桶里越来越多的火花。韦伯力求为帝国的政治扩张建构一个持久的基础,希望德国的地位不是单纯基于军事实力,而是基于一种利益共同体和睦邻关系。他在东方看到了实现这个目标的大好机会。他强调说:"当务之急的和平问题,显然越来越重要,比所有关于比利时的重要性的议论都重要,更不用说关于波罗的海沿岸各省区的爱国主义白日梦了,和平问题几乎使所有这些问题都不复存在了,我们实际上只剩下了一个问题:波兰。"[82]

第二节 波兰与中欧:尝试政治行动

1915 年 8 月底,韦伯间接得知,由于军医院的整编,他需要考虑谋求一个新职位,于是他费了一番周折请求解除他的职务。[83]他决定"暂时'做个隐士',静静等待什么转机"[84]。但他不可能忍受长时间的袖手旁观,特别是他的精神条件正处于 15 年来的最佳状态。他急于找到一个发挥影响的位置,因为他对时局的关切持续高涨。诚然,他保持了一种相对乐观的情绪。"一年前有谁能想到这样一种局势是可能的?俄国的整个西部都被占领,还有比利时以及法国北部!面包在英国已经像在我们国内一样昂贵!"[85]但是,他忧心忡忡地看到了不仅是德国的公众舆论,而且政治领导层对军事胜利做出的反应,就是无节制地扩

---

82 《德意志帝国与盟国经济关系的改善》("Die wirtschaftliche Annäherung zwischen dem deutschen Reiche und seinen Verbündeten"),见海因里希·赫克纳(编):《社会政策协会文集》,第 155 卷(慕尼黑,莱比锡,1916),第 3 部分,1916 年 4 月 6 日在柏林召开的委员会议讨论,第 28 页。(下文引用时标注为《改善》。)

83 参阅《马克斯·韦伯传》,第 544 页及以下。

84 1915 年 8 月 30 日致玛丽安妮·韦伯的信。

85 1915 年 8 月 28 日致玛丽安妮·韦伯的信(抄自韦伯遗稿)。

第七章　第一次世界大战：德意志帝国有无大国资格的实验场

展战争目标。韦伯认为必须迅速结束战争，停止在欧洲的兼并以保护德国未来的世界政治地位。

1915年11月中旬，韦伯到了柏林，打算寻求一个政治职位。他希望找份工作能亲自参与解决他认为当时最迫切的问题——波兰问题。他初涉政治舞台时介入的就是易北河以东各省区普鲁士波兰人问题，他对波兰问题的关切从未消退。把他从俄国革命期间得自波兰研究的洞见投入政治应用，看来正当其时。曾经的"波兰之敌"韦伯，现在却力求与波兰人达成妥协了。他决心学习波兰语——"但愿我的头脑能够胜任，只是我不敢确定"[86]。他摩拳擦掌行动起来，只要有可能，他就愿意和波兰人达成体面的妥协。必须说服波兰人相信，与德国合作能够最好地服务于他们的民族利益。

韦伯清楚地看到了不得不对付的重重困难。克服波兰人对普鲁士国家的传统厌恶并非易事，这个国家支持对波兰的民族压迫长达一个世纪之久，以此作为与沙皇俄国结成保守同盟的基石。在东普鲁士东部各省持续了30年的激烈反波兰政策导致的不信任也同样难以驱散。与19世纪90年代的立场形成了鲜明对照的是，韦伯现在赞成对普鲁士波兰人实行宽容和绥靖政策，他们的文化自治必须得到保障。如今韦伯对于一事无成的普鲁士殖民政策已经毫无兴趣。彼时他曾支持积极反对波兰化，这个立场乃是基于两个民族的文明水准判然有别。这种情形已经不复存在。[87] 韦伯此时的提议是允许波兰的高度自治，并且尽快建立波兰民族代表机构。只要还没出现这种情况，韦伯就希望普鲁士波兰人参与到涉及俄属波兰的政治未来的决定性政治讨论

---

[86]　1915年11月26日致玛丽安妮·韦伯的信（抄自韦伯遗稿）。
[87]　参阅1916年2月末双方在《法兰克福报》的文章；《德国外交与普鲁士内政》，载《政治著作选》，第178页以下。

中去。

在韦伯看来，必须采取行动补救波兰工业与经济由于失去俄国市场和贸易关系而蒙受的严重经济困境。他希望能参与这样的努力，但最初似乎看不到什么机会。贝特曼·霍尔韦格在波兰问题上的优柔寡断，意味着没有人会全心全意处理这些问题，也不会邀请非官方人士参与其中。因此，韦伯谋求一个官方职位以便能够致力于和波兰人谈判的努力，最后还是不了了之。尽管瑙曼给予了支持，但韦伯根本无缘人尽其用。当然，他在本心上就不会"去经常纠缠部长们"[88]。看来没有人打算任用韦伯，这使他深感失望。他给菲利克斯·索马里（Felix Somary）写信说："一个人必须成为一头蠢驴或者机会主义者才有可能被当局接受。"[89] 于是他只好安心在普鲁士国家图书馆研究印度的调查报告。他的世界诸宗教社会学研究使他远离了现实关切，也有助于排遣被迫充当旁观者的苦涩感。

1915年12月初，韦伯听到谣传，说有计划波兰将作为一个独立王国与奥匈帝国联合在一起。这个消息使他极为警觉。以奥波联盟解决波兰问题，与他的想法完全背道而驰，他主张一个独立的波兰应当与德意志帝国结盟，这是中东欧各国联手对抗俄国的核心所在。如果没有了波兰，这些计划就不可能实现。右翼会要求兼并库尔兰作为补偿。此外，韦伯并不希望看到奥匈帝国在德意志帝国的东部边界增强实力。他还担心这个办法将加剧普鲁士波兰人的对抗情绪，他们也许会目睹俄国波兰人与加利西亚在那个二元帝国内统一成一个独立王国

88　1915年12月3日的信（后抄自韦伯遗稿）。

89　致索马里的信（日期不详），部分内容可见于《马克斯·韦伯传》，第582页（"也许你最终会喜欢这样……"），抄自韦伯遗稿。

后试图脱离普鲁士。如果一个波兰国家与德意志帝国紧紧绑在一起，德国与波兰人民就会结成富有活力的关系，奥波方案则是为普鲁士波兰人的民族统一倾向推波助澜。

事实上，在1915年夏季，德国政府就已经在考虑同意维也纳的请求，任由俄属波兰被纳入奥地利的势力范围，却从未当真。诚然，德国政府也担心这个解决方案可能意味着进一步削弱二元君主国内德国人的地位，并要求奥地利外交部长斯特凡·布里安（Stefan Burián）伯爵就奥地利的"俄属波兰最终将与君主国实现统一"的概念做出解释。[90]尽管有很大的保留态度，特别是在军事问题上，但贝特曼·霍尔韦格还是把在这个多瑙河君主国框架内建立一个包括俄属波兰和加利西亚在内的波兰国家视为当时条件下"最不令人反感"的解决办法。[91]然而，外交部对于这个奥波计划毫无兴趣，并设法阻止就此做出任何最终决定。不过，时局也为达成建立中欧国际联盟这一目标提供了一个机会。1915年11月，在柏林讨论了巩固中欧各国之间关系，特别是以关税同盟形式将目前的联盟关系扩展到经济领域的问题。波兰问题并未解决，但德国代表抓住法尔肯海因的动议，明确表示如果以这种方式扩展联盟，德国将会淡化对奥波方案的保留态度。[92]在1915年11月13日的一份备忘录中，奥德利政府提出了一个

90　斯特凡·格拉夫·布里安：《三年》（*Drei Jahre*, Berlin, 1923），第68页。随后还有瓦尔特·雷克：《作为欧洲政治事务的波兰问题》（Walter Recke, *Die polnische Frage als Problem der europöischen Politik*, Berlin, 1927），第80页及以下，以及里特尔：《治国术与战争艺术》，第3卷，第130页及以下。

91　参阅贝特曼·霍尔韦格1915年9月11日致法尔肯海因（Falkenhayn）的信，见谢雷与格鲁内瓦尔德：《"一战"期间的德国与和平问题》（Scherer-Grunewald, *L'Allemagne et les problemes de la paix pendant la premiere guerre mondiale* Ⅰ, Nr, 140, S.173）。

92　见1915年11月14日雅戈（Jagow）关于11月10—11日与布里安公爵举行讨论的笔记，载谢雷与格鲁内瓦尔德前引书（Ⅰ, Nr.167）；另见康策前引书第143页。关于法尔肯海因，见康策前引书第139页。

详细的关税同盟规划,目标是"准备将整个这一地区融合为一个经济同盟"[93]。与此同时,奥地利人则需要回答一个问题,即他们打算如何确保德国人未来在这个二元君主国中的优势地位,这并不仅仅是一个可能的奥波方案的先决条件,而且是为了与德意志帝国发展更紧密的同盟关系。

虽然德国政府回避就波兰的未来表明立场,仅仅表示德国期待着在拟议中的关税同盟框架内从奥匈帝国那里获得经济补偿,作为对俄属波兰问题上的任何权利主张的回报,但奥地利认为,这是德国放出的试探气球,要看看奥匈帝国愿意为波兰开出什么价钱。在维也纳看来,这意味着德国政府原则上同意使波兰依附于二元君主国。贝特曼·霍尔韦格把德国在二元君主国中的优势地位视为一个前提,德国政府在这个问题上的关切,似乎印证了奥地利对德国立场的解释。[94]这种误会源自德国在波兰问题上的混乱立场。贝特曼·霍尔韦格并不打算做出最后决定,尽管他个人认为奥波方案是个最合适的办法。此外,德国公众舆论以及最高统帅部越来越反对一个奥属波兰的计划,也促使他抬高了向二元君主国割让波兰的要价条件。[95]马克斯·韦伯

---

93 按照海因里希·冯·契尔施基(Heinrich von Tschirschky)大使1915年11月18日个人公布的笔记,此即1915年11月13日的《德国备忘录》(Deutsches Promemoria, AS 5672, Berlin)。维也纳,奥地利国会国家档案馆,机密档案(Geheim XLVII/3—10, Österreichisches Hans-, Hof-, und Staatsarchiv in Vien),现已收入谢雷与格鲁内瓦尔德前引书,I, Nr.165。

94 见奥地利的答复:1915年11月22日给柏林的第5317号指示,以及同一天5317号指示的附件。感谢格哈德·里特尔教授的友好斡旋,使我了解到了这份文件。他可以使用维也纳国家档案馆的相关文件。详细内容可见古斯塔夫·格拉茨与里夏德·许勒尔:《奥匈帝国的对外经济政策:中欧计划》(Gustav Gratz und Rlchard Schuller, Die äußere Wirtschaftspolitik Osterreich-Ungarns, Die mitteleuropäischen Pläne, Vienna, 1925),第12页及以下。后来契尔施基致奥匈帝国财政大臣莱昂·冯·比林斯基(Leon von Bilinski)的声明,见雷克前引书第249页,那里确证了奥地利的反应,我们可以看到奥地利是如何解释德国备忘录的。在这个问题上的不同看法,见康策前引书第145页。

95 康策前引书第139页及以下,尤见贝特曼1915年11月13日在柏林表明的观点,同上书第144页注释24。

第七章　第一次世界大战：德意志帝国有无大国资格的实验场

通过他与奥地利政治经济学家们的关系，在 1915 年 11 月 16 日得到了关于谈判及德国备忘录的详细信息，因为奥地利政府曾就关税同盟所涉及的经济问题咨询过这些学者。韦伯写给德国国会议员、西里西亚某选区的代表且特别关心波兰未来的格奥尔格·格泰因（Georg Gothein）的一封信中，几乎是精准反映了奥地利对德国备忘录的解释："首相冯·施蒂尔克在一次会见中告知两位教授（菲利波维希和韦特施泰因），有一份来自德国政府（外交部）的照会——如果我没记错的话就是 1915 年 11 月 19 日——涉及波兰依附奥地利的问题。他没有谈到照会包含着'开价'的意思。不过，他们从这里和另外的传言中推断，照会包含了一个探询：什么样的经济、军事和政治条件与保证下奥匈帝国政府才会准备接管俄属波兰？我听说已经好几个月了还没有答案，不过马上就会有了（我认为就是过去几天内）。（已经有计划通过大使做口头答复。）根据我听到的消息，奥地利内阁的几个部长，包括最近来过这里的里德尔（Riedl）先生，以及参加了这次会议的所有教授，显然都确信用这个高度可疑的方式能够'解决'波兰问题。"[96]

韦伯是奥波方案的坚定反对者。因此，他对这些信息非常警觉。由于他的消息来源不同寻常，这使他把德国政府的意图看得比它们本身更严重，并且相信德国政府已经决定放弃波兰了。[97]他认为这个办法"高度可疑"（尽管事后来看，从民族性政策角度来说并不是最糟的），因为他坚信，面对一成不变的俄国威胁，德国的安全需要直接控制波

---

[96] 格泰因遗稿。日期不详，发自夏洛腾堡，大概是 1916 年 4 月中旬，见下文第 234 页注释 98。

[97] 请比较 1915 年 11 月 25 日致西蒙博士的信，《政治著作选》，1，第 459 页及以下："我听到的消息确凿无误，就是说，波兰已经被让给了奥地利，现在的局面也就岌岌可危了。"

兰。私下里他曾强烈谴责将俄属波兰让与奥匈帝国的计划[98]，但由于他的信息的机密性质，他在公开场合仍然比较谨慎。韦伯在这个问题上的最终立场十分典型。尽管他原则上反对奥波方案，却假定这是个已被废弃的结论而予以容忍。战争期间在这个问题上抨击政府，他会认为是严重破坏国民纲纪。

韦伯现在转而支持与奥匈帝国建立密切的经济、军事和政治关系，以使奥波方案变得可以忍受，这表明了他对待政策事务以及威廉帝国末期那种与世隔绝一般的暗箱统治方式的灵活态度。但他这样做是根据一个错误的假设，即他与官方的政策是一致的。韦伯认为，从"中欧政策"的意义上说，一个更紧密的德奥同盟乃是保持德国对波兰局势的直接影响所必需的最起码手段，也是防止奥地利对波兰以及对其他地区的政策扭曲变形的长期手段。不过，他只是把这种策略看作一种对环境条件的不得已反应。他在发表于1915年12月25日《法兰克福报》上的文章《俾斯麦的外交政策与现状》中，非常明确地表达了对传言中的德国政府波兰政策的反对态度："无疑，俾斯麦的政治谋略重点就在于……如果不能创造条件永久排除经济或政治方针的冲突，让西里西亚被一个统一的国家所包围，这在政治和经济上都是不可接受的。"[99]

---

98 约瑟夫·雷德利希（Joseph Redlich）在韦伯到访维也纳之际对此有所见闻，根据雷德利希1916年6月6日的日记记载："韦伯的头等关切就是波兰！他说11月贝特曼向布里安开价之事在德国尚不为人知——例如5月（应该是4月，1916年4月9日，韦伯显然是从向外交部提出质询的格泰因那里发现，奥波计划已被放弃）格泰因议员才第一次从他这里知道（这些计划），他半信半疑地立刻去找了齐默尔曼。韦伯说，如果此事在普鲁士被曝光，贝特曼很可能会被绞死：西里西亚、东西普鲁士就成了包围着普鲁士的奥匈大波兰之仇敌。"见《约瑟夫·雷德利希政治日记》（*Das politische Tagebuch Joseph Redtichs*, Bd.2, 1915—1919, bearbeitet Fritz Fellner, Graz, Köln, 1954），第120页及以下。

99 《政治著作选》，第124页。

第七章 第一次世界大战：德意志帝国有无大国资格的实验场

这样，韦伯就成了一个并不情愿的中欧政策发言人。这是因为，他把这一点看作德国能够找到一个解决波兰问题的办法又让奥地利盟友满意的唯一途径。他反对与奥匈帝国结成关税同盟是出于经济和政治两方面的原因。弗里德里希·瑙曼的中欧（*Mitteleuropa*）观使韦伯深以为然，它在1915年秋天一亮相便得到了广泛赞誉。[100] 但韦伯不像瑙曼那样对中欧经济同盟抱着乐观的、几乎是乌托邦一样的热忱。"我以最强烈的兴趣拜读了大作，"他在11月致信这位朋友时说，"现在我开始有机会读点东西了。此书作为这个综合性观念的宣传品堪称无与伦比，恰恰是因为它忽略了某些问题，其中最重要的问题就是：'中欧'意味着我们将不得不为我们的每一个蠢主意付出血的代价——而你知道——马扎尔人和维也纳宫廷的愚蠢政策一定会是这样。对方可能也会推说，问题出在'陛下'的每一个蠢主意、每一个'克吕格尔事件'、德国的所有'世界政策'，为此，我们（奥地利人等）就成了不得不去作战的雇佣兵。这就是问题最棘手的一面。甚至在为生存而战时，维也纳的外交竟然还会继续出错！而1895年以来我们自己推行的政策也是何等的愚不可及。我们是不是可以把这一切捆绑在一起，然后每一方都产生这样的感觉：我就这样与蠢货们一起生活下去吧，因为这里的其他人和我一样苦不堪言？"[101]

100　参阅亨利·科德·迈耶：《德国思想与行动中的中欧》（Henry Cord Meyer, *Mitteleuropa in German Thought and Acäon*, den Haag, 1955），第197页及以下。

101　1915年11月（？）2日的信；信中接着写道："此外，任何关税联合体都需要：

"1. 一个大规模的铁路共同体（你已经谈到过了），

"2. 一个大规模的税务共同体（亦即类似于税务立法），

"3. 统一的社会政策立法。

"你知道这对我们来说也一样。这一点也许应当格外予以强调。"——参阅韦伯在社会政策协会委员会瑙曼著作辩论会上的发言，《改善》，第33页，"瑙曼的大作展示了典型的政治家气质，而不是一个专家的怀疑论"；第34页，"瑙曼的著作在意识形态范围内成功建起了一个观念库，以此为据并连同其他需要考虑的要素，政治家们就可以操作了"。另见《政治著作选》，第171页。

只是在非常不情愿的情况下,马克斯·韦伯最终同意参加瑙曼在1915年底组建的"中欧工作委员会",以便研究同盟国之间关税与经济同盟的基础问题。[102] 他之所以同意参加,主要是因为德国东部边界存在着出现一个奥属波兰的"危险"。[103] 他也像弗里德里希·瑙曼一样希望能够在贝特曼·霍尔韦格政府中得到一个与奥匈帝国谈判的顾问职位。

事实上,一个在德国领导下实现经济统一的中欧创建计划,是德国战争目标政策的一个重要内容。1914年9月8日的所谓"9月纲领"就是专门提议建立一个德国领导下的中欧关税与经济同盟,这个规划一再被重新提起,尽管并非总是那么决绝。库尔特·里茨勒曾在政府内部干劲十足地推动这个计划以作为无节制兼并政策的替代选择,支持这种政策的则是那些右翼政党和群体以及军事集团。1915年初,法尔肯海因也提议建立一个中欧集团以对抗协约国的封锁。1916和1917年,中欧话题成了与未来的巴尔干半岛组织计划有关的各盟友之间密集谈判的主题。然而,中欧计划始终没有达到制定具体政策的阶段。至少对于贝特曼·霍尔韦格来说,这个中欧不过是追求其他目标的一个手段。政府各部则提出一些技术性论据,证明关税与经济联合体不可行。因此,瑙曼和韦伯认为的德国政府已经着手与奥匈帝国进行具体谈判,对此给予政治支持和专业经济学建议是值得的,也就成了无的放矢。[104] 确实,政府在积极看待这个中欧规划,但绝无采取任何明

---

102 参阅迈耶前引书第230页及以下。

103 参阅韦伯在社会政策协会一般性辩论上的演说,《改善》,第33页:他加入瑙曼的"中欧委员会",是在听到奥波方案的可能性这一"传闻"之后,"最初实质上是出于对波兰问题的政治关切"。

104 这也符合工作委员会第一次会议所做声明中的释义:"工作委员会的目标是自愿支持德意志帝国政府就德意志帝国、奥匈帝国、保加利亚和土耳其之间未来的政治、军事,特别是经济关系进行谈判。工作委员会无意从事推广和宣传活动,而只是一个针对实践目标的研究会,因而有别于类似志愿的其他社团。1916年2月2日工作委员会第一次会议纪要"贝尔恩莱特尔(Baernreither)遗稿,奥地利国家档案馆。

确步骤的准备。政府既不支持也不干扰"中欧工作委员会"的工作，尽量回避接触并放任自流。[105] 弗里德里希·瑙曼和马克斯·韦伯对政府在这个问题上的依违两可深感愤怒。他们越来越怀疑贝特曼·霍尔韦格的政治手腕不地道，因为首相对于那些希望忠诚效力于政府政策的人们并没有推诚相见。

事后来看，马克斯·韦伯谨慎对待中欧运动是有道理的。但弗里德里希·瑙曼的说服力，加之韦伯希望为民族做点有益之事，促使韦伯决定把他的疑虑暂且搁置一旁。他在12月初从柏林给妻子写信表示了保留态度："瑙曼说服我帮助这里的一个私人机构处理奥地利问题。"[106] 尽管他对瑙曼的计划持怀疑态度，还是争取到了弗朗兹·奥伊伦堡（Franz Eulenburg）的合作，一起为中欧工作委员会做帮手，因为奥伊伦堡比任何其他人都熟悉德奥经济关系的问题。对于社会政策协会1915年初发起的"德意志帝国与盟国经济关系的改善"研究工作，奥伊伦堡提交了极有价值的成果文件。最后他对前景得出了很消极的结论。[107] 韦伯与奥伊伦堡一样也十分怀疑。[108] 他别出心裁地尽力把奥

---

105 参阅1916年1月14日瑙曼致韦伯的信，富含信息量，现存瑙曼遗稿："你已经很长时间没有得到'工作委员会'的新消息了。拖延的原因在于政府当局的认可来得非常缓慢，而且得到了认可对于我们来说也还是有些令人不快。因为现在已成定局的是，'中欧工作委员会'设立后的运转，在形式上是自由的，并且自行负担费用，但要与帝国各部保持接触。帝国内政部次长在德国与奥匈帝国的谈判中承担核心任务。他希望与我们定期接触……"就是瑙曼这里的说明，促使韦伯代表工作委员会前往奥地利的。

106 1915年12月3日的信，抄自韦伯遗稿。

107 见奥伊伦堡的论文《德国工业在两国经济同盟中的地位》（"Die Stellung der deutschen Industrie zum wirtschaftlichen Zweibund"），载《改善》，第2部分，第3页及以下。

108 参阅1915年12月28日韦伯致奥伊伦堡的信（抄自韦伯遗稿）："很高兴读到了您的文章（《社会政策协会文集》）并愿意同声相应。显然，最有益的事情还是要对乌托邦口诛笔伐。要么是以一个关税议会作为全权代表的完整的关税同盟（这个还做不到），要么就是采取有节制的政策，您已经提出了到目前为止最有说服力的理由。……我完全同意您的看法：建立税率联系［*Zollsatz-Bindungen*）依我之见，我们的目标首先应当是确定一个长期稳定的税率作为其他一切的先（转下页）

伊伦堡拉进这项工作，是因为预计的波奥联合体将使改善中欧各国的经济关系成为必需："目前的核心问题是波兰。看来外交部已经就俄属波兰向奥地利人开价了：奥地利打算以什么条件接受它？这种十分危险的政治局面（上西里西亚！）带来的问题是：……我们与奥匈帝国的关系将会如何？显然，不管好坏，我们都不可能回避极为坚固的经济联系和一个关税同盟了。……尽管我有所怀疑，但我相信，抱着'未雨绸缪'的信条与瑙曼、耶克（Jackh）和索马里合作，在策略上是明智的，为的是防止这些非常能干的人与梦想家们合流。也许我们的合作会产生完全不同的结果，并且比这些人所指望的更温和。"[109]

即使波兰没有被让给奥地利，而是变成了同盟国的联合"保护国"，马克斯·韦伯也认为同盟国之间广泛的经济同盟关系将不可避免。"如果波兰成了一个联合'保护国'，可能无论如何都会以全部经济合理性为代价出现某种紧密的联合体。（波兰作为一个第三方！）"[110] 在韦伯看来，这也好于其他两个可能的波兰问题解决办法。他认为由奥地利或普鲁士兼并波兰是极大的不幸。[111] 在这两个国家之间瓜分也将铸成大

（接上页）决条件，无论税率可能会多么高］之后，重要的就是行政优惠了：共同、平等分享身份和其他特许，共同的关税裁判，共同的商品目录和专业化类型，可能的话，按照严格规则确定外汇兑换率（尽管比较困难，但浮动外汇牌价必须作为一个基础，否则将事与愿违！），统一模式的服务处，货运车厢卡特尔（长期的），铁路运输费率协议，共同的专利权，等等，然后就是，这种最惠条件仅在平等交换特许权的情况下才能给予第三方。此外，只有以《国际战争法》的条约形式停止现行的没收做法并将对国内敌资企业的强制'检查'委托给中立官员后（针对英国），才能给予关税优惠待遇。从个人角度看，所有这些理由充分说明，没有人比您更深思熟虑了，尽管如此，我还是认为，以'优惠待遇'形式宣传'改善关系'，在目前并且仅仅在目前是有吸引力的。它可以提供大好机会去对抗这种绝对精神错乱的计划：由于看到匈牙利农业生产力不断提高，便希望通过征服东北（波罗的海各省区）实现粮食供应自给自足。"另见《改善》，第28页。

109 抄自韦伯遗稿，部分内容可见于《马克斯·韦伯传》第565页及以下。
110 1916年1月2日致奥伊伦堡的信（据韦伯遗稿抄件）。
111 12月28日的信："如果并入奥地利不可考虑，并入普鲁士就更是如此（那些犹太人的自由运动就在我们边界对面！），那么我们就应当讨论对波兰恰当的关税政策，它应当成为两大国的'保护国'。"

第七章　第一次世界大战：德意志帝国有无大国资格的实验场

错。将波兰从大俄罗斯那里解放出来赢得的政治资本，也会由此荡然无存。瓜分波兰"将使波兰人成为德国的死敌，因为我们那时将会成为波兰人唯一可能的替罪羊"[112]。而韦伯的目标恰恰相反：与波兰人亲善相待，争取他们成为德国的政治、军事和经济盟友。但奥地利似乎要阻塞他心目中的这个最佳路线。

由于并未找到所期待的政治职位，马克斯·韦伯于1915年圣诞节回到了海德堡。他自我安慰说，时运不济，难免一事无成，他和瑙曼与德恩堡（Dernburg）都认为："德恩堡说得好：'我们不应在无事可做的地方浪费我们的精力！'他是正确的。"[113] 尽管瑙曼需要韦伯前往奥地利为"工作委员会"建立接触并观察局势，但韦伯整个1月都待在海德堡。最终他说服韦伯在2月返回了柏林，希望他大力参与"中欧工作委员会"的事务，尤其是因为这时已是他完成"'印度教'研究4个月以后了"，但他并没有把贸易政策问题看作头等大事。[114] 他真正关心的只是政治方面的问题，波兰问题仅仅是附带涉及。[115] 他仍然极为怀疑委员会工作的实际成效。"我们必须看看此事到底会有什么结果，尽管一切都有可能。"[116]

终于，韦伯开始对这个计划产生热情了。他参加了1916年2月

112　1916年1月2日的信；《政治著作选》，第302页。

113　1915年11月（？）26日致玛丽安妮·韦伯的信（据韦伯遗稿抄件）。

114　1916年2月17日致玛丽安妮·韦伯的信（据韦伯遗稿抄件）；参阅1916年2月7日致瑙曼的信，《政治著作选》，1，第460页及以下。

115　参阅致格泰因的信，见上文第233页注释96。"我的柏林之行和对关税同盟的兴趣，首先就是因为这个消息。"（而不是所谓德国就波兰向奥地利开价）

116　1916年2月17日从夏洛腾堡致玛丽安妮·韦伯的信："前天的交谈之后，昨天早上又和瑙曼会面。事情在不断变化。星期二（1916年2月23日）有一场'成立'大会，各大企业、柏林市长、党员等都想参加，帝国官员也得到了通知。如果现在……"参阅1916年2月20日的信："昨天再次会见瑙曼。星期二就召开成立大会了，有大批工厂主、地主和船主参加。接下来会不会发生像样的事情（原文如此），现在没人知道。"

28 日在柏林举行的"中欧工作委员会"第二次会议,并力促"研究波兰的经济和财政形势",这是社会政策协会一直没有着手研究的题目。韦伯以极大的活力和兴趣专注于这个问题。此时,他显然是想尽力争取官方支持对波兰纳入德国或者中欧经济范围可能伴随的种种问题进行研究,但根本就没有奏效。[117] 因此,"中欧工作委员会"看来就是这个工程的适当基地了。他打算指导一项俄属波兰以及整个波兰语地区的经济与财政关系的调查研究。[118] 为了使波兰人乐于接受与德国的联合,就必须找到一些最可行的措施以减少切断波兰工业与俄国腹地的关系所造成的不良后果。为此目的,韦伯在索马里帮助下试图与波兰经济界建立联系。[119] 韦伯计划派奥伊伦堡作为工作委员会的代表前往波兰搜集信息并与工商界的领袖人物进行磋商。[120] 工作委员会仍然热衷于同政府的合作。因此,马克斯·韦伯与阿尔贝特·冯·雷兴贝格(Albert von Rechenberg)男爵在 3 月份直接联系了内政部。该部对于研究伴随波兰并入同盟国经济势力范围而来的币制难题表示了特别的兴趣,但并不打算支持这个计划。[121] 韦伯知道,若无官方支持,这种

---

117 请比较 1916 年 2 月中旬致阿道夫·冯·哈纳克的信,日期不详(柏林,德意志国家图书馆,哈纳克遗稿):"我的一部分时间用于在你的图书馆这里整理印度的资料。德国的状况真是令人大为吃惊——完成辅役之后,我本来打算尝试——如果可能的话——投入与奥地利未来关系的(私人)初步研究和反思。严重的神智错乱和众多高度轻率的措施与声明,让这个事情成了出力不讨好之举。在这种情况下,我已经放弃谋求官方任用(在东方了)的任何努力。一切都控制在铁腕之中。当局已经有了太多的'顾问'。潜心思考的私人准备工作仍然是唯一的途径。"

118 请参阅贝尔恩莱特尔遗稿中的 1916 年 2 月 28 日"中欧工作委员会"第二次会议记录;另见迈耶前引书第 230 页。关于波兰问题上韦伯对瑙曼的影响,参阅迈耶前引书第 268 页及以下。不过,瑙曼却远远超越了韦伯的悲观计划,见瑙曼:《波兰的未来将会如何?》(*Was wird aus Polen?* Marz, 1917)。

119 参阅《马克斯·韦伯传》第 566 页致玛丽安妮·韦伯的信,日期不详,大概是 1916 年 3 月初。

120 参阅韦伯在社会政策协会一般性辩论上的演讲,《改善》,第 34 页。

121 参阅雷兴贝格的报告,席费尔遗稿,50,第 177—183 页。

第七章 第一次世界大战：德意志帝国有无大国资格的实验场

努力将一事无成。于是，他试图克服"潜在的官方阻力——这种阻力在被占领地区可能是一种巨大障碍！"[122]然而，与政府的谈判彻底失败了。[123]

韦伯相信，官方拒绝支持他的努力主要是因为害怕别人竞争。[124]他还怀疑与奥地利的谈判事实上并没有解决波兰问题，因而由私人对这个问题进行研究很可能不合时宜。[125]韦伯的努力以失败告终，真正的原因说来相去并不远。几个星期以来，德国政府在波兰问题上受到了总参谋部的沉重压力，所以根本没有兴趣深究奥波计划的中欧意义。实际上，政府现在的想法是建立一个与德国紧紧绑在一起的波兰

122　1916年3月4日致奥伊伦堡的信（抄自韦伯遗稿）。

123　参阅1916年3月9日致奥伊伦堡的信，部分内容可见于《马克斯·韦伯传》，第566页及以下，但日期不确，还有一些讹误（"波兰"事务被改成了"政治"事务）曲解。那里最后有一个句子"柏林的整个气氛……"是另一封信中所说，大概也是致玛丽安妮·韦伯的信——这是合并通信的一个突出事例，遗憾的是，《马克斯·韦伯传》中常见这种不顾时间顺序的做法。"昨天，就是否派人去趟波兰寻求一致目标，乃至可能的话与波兰实业界取得联系的问题，我拜会了副国务秘书（里希特）。如果官方在这个特定问题上直接给我们设置障碍，无果而终就是肯定的了。很不幸，这就是他们正在干的，我在整个这场令人厌烦的讨价还价中看得很清楚，尽管一位很有影响力和地位的中央党议员伸出了援手，但确实无济于事了：

"1. 跟波兰人进行任何谈判都是多余的——

"2. 这种谈判只能由官方出面进行——

"3. 我们不得接触官方资料——

"我听到了一大堆理由，但全都是托词。实际上，这位绅士是不愿意别人插手这些波兰事务、担心别人'抢饭碗'而已。他们只是要求对波兰的币制可能性做一番技术研究。不瞒你说，在这种环境下，我拿不准是否还愿意继续这项工作。总之，很不幸，看来可以肯定的是，我们不可能受托或者得到委任去参与你所考虑的波兰事务了。"

124　参阅韦伯1916年3月14日致奥伊伦堡的信［抄自韦伯遗稿（但那里的日期标示有误，不是3月14日，而是7月14日）］："就此而论，波兰事务可悲地一至于斯，绝对怪不得任何人，但枢密顾问冯·舍内贝克（von Schonebeck）除外。这家伙是个蠢蛋，而且害怕聪明人的任何竞争。"谁都不可能做出更进一步的决定了，韦伯在1916年4月4日的一封信中补充说，帝国内政部在波兰问题上的那些发言人"无足轻重"。

125　1916年3月9日的信："'外交部会提出异议'。如果确实如此而不是个托词，那么与奥地利谈判的问题就更棘手了。"

国家。[126] 因此，奥属波兰的计划已被放弃，并打算代之以形式上独立、实际上依附于德国的波兰国家。[127]

当时，韦伯和瑙曼对此尚一无所知。[128] 政府任由工作委员会继续运转，没有告知他们形势已经发生了变化。马克斯·韦伯主持召开的委员会第三次会议，仍然专门讨论了奥波方案的中欧意义，尽管这个方案此时已经丧失了政治良机。[129] 社会政策协会中央委员会1916年4月6日在柏林就"德意志帝国与盟国的经济关系"举行的一般性辩论中，韦伯还在热情支持继续研究德奥关税同盟的问题。之所以如此，是因为一个奥属波兰呼之欲出这种"迫在眉睫的政治环境"，使得一个关税同盟成为必需，尽管所有的经济论证都在唱反调。即便整个计划目标就是"某种联手针对波兰的利益共同体，同时最大可能地保护波兰自治"，特别是"对波兰的贸易和出口政策施加永久性的共同影响——否则就是最低限度的'共管共治'"，也必须有一个建立在两个大国之间的关税与经济同盟以确保采取共同行动。[130] 无论如何，韦伯认为最可取的就是"波兰完全依赖德国关税区"，因为这"对波兰来说

126　参阅里特尔：《治国术与战争艺术》，第3卷，第138页。

127　参阅康策前引书第145页及以下。

128　如果说韦伯和瑙曼是在根据错误的前提采取行动，这也只是当时德国那种典型的国内政局所致。他是按照从第三方那里得到的信息对他所假想的他的政府的政策给予大力支持的。政府对待韦伯和瑙曼这样一些人的努力不过是放任自流而已，根本无意指手画脚，因此既不给他们适当提供信息，也不明说他们的努力都是白费工夫。政府的决策以及政界和国会的活动仍然完全彼此隔离。这就不足为奇，贝特曼·霍尔韦格对于战争目标的讨论很快就失去控制，而且并不寻求公众舆论支持他的政策。请参阅我的文章《贝特曼·霍尔韦格政府与公众舆论》（"Die Regierung Bethmann Hollweg und die öffentliche Meinung"），前引书第135页及以下。

129　中欧工作委员会第三次会议纪要，现存席费尔遗稿。1916年6月21日，弗里德里希·瑙曼决定与帝国首相进行交涉：如果波兰问题仍然悬而不决，那就"只有尽快洽谈中欧条约的问题"。然而，贝特曼·霍尔韦格并没有对他阐明当前的局势。首相的有关档案记录很是典型："我要求瑙曼暂时将此事搁置不论。"波恩，外交部政治档案，Weltkrieg 180 geh. Bd. 3。

130　《改善》，第28页及以下。

最安全、经济上最有利"。[131] 这个构想与他的整个中东欧计划是一致的。他继续支持一个内部自治的波兰国家与德意志帝国简单捆绑的计划以对抗奥地利的野心。在 1916 年 10 月的慕尼黑演讲中,他要求奥匈帝国允许以符合"德国重大利益"的方式对待波兰,以此检验奥地利是否忠于同盟关系。德国不应容忍一个"塞尔维亚"作为战争的结果堵在自己的大门口,否则它将因为战略上的重要性而能够摆布二元君主国与德国的关系。[132]

韦伯的希望是在中东欧而不是中欧确立德国的权力地位和经济势力范围,这样就无须背上那个多民族国家的种种难题带来的重负。波兰可以在国内事务获得广泛自治,同时又成为德国在东方影响力范围的核心地带,在经济、外交和军事上依赖德意志帝国。这个构想从政治和战略观点来看更有吸引力——但是,按照他本人对 1905 年俄国革命时期的观察,指望波兰与这个宏大规划自愿合作,现实吗?[133] 波兰人反对沙皇统治和大俄罗斯的压迫,真能足够强烈地鼓舞他们接受德国的保护以及如影随形的德国军事与经济特权吗?尽管韦伯正确地相信,只有自由主义的波兰政策才能确保和平解决东部的乱局,但上述政治目标也确实近乎空想。

社会政策协会会议上的辩论之后,韦伯无疑立即从格奥尔格·格泰因那里得到了消息,"波兰不会被丢给奥地利"[134]。韦伯曾向格泰因谈

---

131 《改善》,第 31 页。

132 《政治著作选》,第 172 页及以下。

133 当然,韦伯在一般性辩论中说(《改善》,第 30 页):"顺利解决波兰问题,既能让所有各方都满意,特别是确保德国东部边界的安全,又让波兰人觉者可以接受,这并非易事。"

134 1916 年 4 月 9 日致玛丽安妮·韦伯的信:"波兰不会被丢给奥地利(从外交部得到的消息),至少我们已经占领的那些地区不会,这就减少了关税同盟的必要性。除此之外政治上没有任何新鲜事。"抄自韦伯遗稿,请参阅上文第 234 页注释 98。

到过贝特曼对奥波问题的看法,格泰因随后便造访了外交部。这几乎终结了韦伯对中欧问题的兴趣。出于一些次要的政治原因,韦伯相信,还是应当推进这些计划,以谋求对奥地利发挥间接但持久的影响,尽管他在经济上持有保留态度。他抱着这样的心态致信奥伊伦堡说:"我们不能公开谈论这个真实意图:德国资本'和平渗透'奥地利以阻止它和英法的联系,否则它们就可能跃跃欲试。"[135] 其次,这样一来,同盟国可以在和平谈判到来之前把"中欧关税同盟这张牌"握在手里,必要时就把它打出去。[136]

因此,韦伯继续支持瑙曼和索马里的努力,尽管这时他已退出了工作委员会的积极工作并返回了海德堡。[137] 1916年5月,他再次代表工作委员会前往维也纳和布达佩斯接触奥地利工商界代表和政治经济学家们。他并没有看到更多有利条件可以推动未来的中欧计划。虽然奥地利在意大利前线取得的军事胜利[138]使他对局势的判断多少乐观了一些,但他不可能对奥地利的政治和经济困境视而不见。[139] 对于实现中欧工程所面临的重重困难,他并没有自欺。[140] 两个王朝的野心本身

---

135 1916年3月14日致奥伊伦堡的信,抄自韦伯遗稿。

136 《改善》,第33页。

137 参阅致索马里的信,日期不详,大概是1916年4月中旬(见上文第231页注释89):"我今天就要去海德堡并留在那里。有机会和你深交,欣喜之情实在难以言表。有你在这里真的是唯一令人开心的事情,否则我就会与这里格格不入,因为我只关心政治方面的问题,在贸易政策领域没有必需的人事和实业知识。"

138 1916年5月26日致玛丽安妮·韦伯的信:情绪很高昂……"奥地利人会坚持到底的"。另见5月29日的信,以及1916年6月5日的信,仍然比较乐观。见《马克斯·韦伯传》,第582页及以下。

139 另见雷德利希前引书第183页:"星期天,从海德堡过来的马克斯·韦伯和我共度了两个小时。他是第一位来访的具有现实主义洞见的德国政治家。他对我说:'我在这里和在布达佩斯都看到,战争并没有改善奥匈帝国的内部困境,反而加剧了这种困境。'"

140 1916年6月22日致瑙曼的信,瑙曼遗稿42/43:"我要为齐默尔曼准备一份简明的备忘录,谈谈我在维也纳和布达佩斯的见闻,并将发给你一份副本。我把它(即维也纳和布达(转下页)

第七章 第一次世界大战：德意志帝国有无大国资格的实验场

似乎就是两大帝国之间任何具有深远意义的联合都无法克服的障碍。他把匈牙利也看作一个"绝对的障碍"，特别是，只要蒂萨（Tisza）伯爵还在执政。[141] 瑙曼希望超出同盟国的狭窄势力范围（德国、奥地利、波兰，最终还有巴尔干半岛各国）扩展中欧关税同盟，韦伯认为这是不折不扣的幻想。他提出的理由是，"单是一个中等规模德国城市"的生存，就要靠土耳其的全部"可得收益"才能供得起。[142]

1916 年 4 月以后，贝特曼·霍尔韦格公开支持波兰自治的原则，尽管它要与德意志帝国紧密联结在一起。马克斯·韦伯对奥波方案的忧虑也随之消散。然而，他对事件的进程并不感到舒心。由于帝国领导层在公众舆论、奥地利人的要求以及帝国最高统帅部的军事观点面前对波兰问题的态度暧昧不清，韦伯想去安慰波兰人的愿望遭到了挫折。1916 年 11 月 5 日草率宣布建立的波兰王国，则彻底击碎了韦伯的目标，这是按照鲁登道夫的指令采取的行动，他需要波兰师团增强德军的兵力储备。韦伯所认为的德国有可能通过保障波兰的国内自治和自由宪政制度赢得波兰并确保两个民族以服务于波兰自身政治利益的方式实现未来的合作，大概是过于乐观了。这种可能性如今已经不复存在，因为蒙同盟国之恩而存在的波兰王国，其门面背后是永久性的占领军统治，波兰人民没有任何真正的参与。德国并没有将波兰自身事务的控制权逐步还给波兰人，而是制造了一个波兰国家，但缺少能

（接上页）佩斯之行）看作一次私人旅行。……'中欧'现在已不可行——原因就在于谈判者是席勒（Schiller）[原文如此，应为许勒（Schüller）——译者注]。而且，一项那种性质的、显然是以中欧为目标的贸易条约，（作为未来发展的结果，奥地利财政、波兰财政等等）最终——大概——将毫无经济收益。这种环境将会使它很难产。"

141 参阅 1916 年 10 月 27 日致舒尔策-加弗尔尼茨的信，《政治著作选》，1，第 465 页。韦伯认为蒂萨是他所期望的波兰问题解决方案的死对头之一。到 1918 年，蒂萨明显转变了态度，这使韦伯非常高兴。请参阅 1918 年 6 月 28 日（？）致 L. M. 哈特曼的信。

142 1916 年 3 月 14 日致奥伊伦堡的信（着重体为原作者所加）。

够使波兰人负责任的政治合作成为可能的政治制度。当然，波兰人也认识到，同盟国主要关心的是让波兰人补充兵员，波兰的自治问题则被推到了遥远的未来。若是在军事需要所能允许的限度内决定性地提高波兰的自治程度，这样的政策是可以赢得政治资本的，但如今也荡然无存了。

"将军们把波兰局势搞得一团糟。"韦伯后来致信奥伊伦堡如是说。[143] 由于波兰事态一至于斯，韦伯决定退出"中欧工作委员会"的事务。此后他还是主张德意志帝国与奥匈帝国应当更紧密联系在一起。即使到了1917年6月底，他仍然认为，"由于俄国人普遍憎恨"德国，德国别无选择，只能"继续打定这个主意并尽力达到必须达到的目标（军事协定、贸易条约、法律统一）"。但作为一个"经济同盟"，"中欧已经完结了"。[144]

第三节　"潜艇宣传战"与贝特曼·霍尔韦格政府

到1916年初，美国参战的危险正在逼近。1915年5月"路西塔尼亚"号客船被击沉，导致德美之间的照会往来日益频繁。与美国断交的可能性似乎一触即发。马克斯·韦伯异常焦虑并在1916年2月初致信弗里德里希·瑙曼，威廉街[145]必须"不惜任何代价——任何！——妥善

143　1917年6月23日的信（抄自韦伯遗稿）；参阅1917年7月16日贝特曼下台之时韦伯致H.爱伦堡的信，部分内容可见于《政治著作选》，1，第469页。兴登堡和鲁登道夫"都是杰出的军事统帅，但他们插手所有政策又绝对不懂决策（请注意在波兰问题上的彻底失误，这是我们真正生死攸关的问题，鲁登道夫难辞其咎）"。根据韦伯遗稿中的原件补遗。

144　1917年6月23日致奥伊伦堡的信（抄自韦伯遗稿）。

145　柏林的街道名，德国政府所在地。——译者注

第七章 第一次世界大战：德意志帝国有无大国资格的实验场

解决美国的问题"，否则其他一切努力都是徒劳的。[146] 他清楚地认识到，一旦美国参战，即使德国不至于战败，也至少会使战争拖延两到三年，并将导致德国经济彻底崩溃。

马克斯·韦伯力主德国政策做出让步，完全放弃任何维护其声望的努力。但相反的局面出现了。1916年2月29日，迫于蒂尔皮茨的压力，德国宣布升级——尽管不是无限的——潜艇战，敌国商船仅在例外情况下不受攻击，所有武装商船将一律不经事先警告即予以击沉。人们希望这种潜艇战政策不会导致美国采取更严厉的行动，因为潜艇指挥官被严禁未予警告即攻击客轮，不论它们有没有武装。兰辛（Lansing）本人在1916年1月18日的备忘录中就认为，武装商船应被视为辅助战船并同样予以打击，这是"可以理解的"[147]。

然而，海军部和海军司令部的要求不止于此。它们宁肯冒着美国参战的风险也要打一场无限潜艇战。韦伯越来越强烈地跟踪关注这些动态。他断定海军司令部会坚持无情地使用潜艇。[148] 2月底，关于未来潜艇战形式的决定看来就要呼之欲出了，马克斯·韦伯借助他的全部有影响力的政治关系，对与美国决裂的后果发出了警告。他有一种

---

146 1916年2月7日的信，《政治著作选》，1，第460页及以下。

147 参阅阿尔诺·施平德勒《以潜艇发动的贸易战》第3卷；见帝国海军档案馆（编），《1914—1918年的海战》（Arno Spindler, *Der Handelskrieg mit U-Booten*, Bd III; in: *Der Krieg zur See, 1914—18*, hrsg. vom Reichsmaricearchiv, 1934），第86页及以下，第132页及以下。

148 2月23日韦伯从柏林写信说："但愿那些疯狂的泛日耳曼主义者和海军人士不会把我们拖入跟美国的冲突中！否则结局将是，首先，我们的一半商船——其中1/4现停泊在美国港口，1/4停泊在意大利港口（！）——将被没收，并将被用来对付我们，于是英国的船只数量立即就会大大增加。这些资产竟被忽略不计了。其次，我们筋疲力尽的军队不得不与50万装备精良、以逸待劳的美国军队作战，而有些人却根本不相信美国的这种潜力。第三，我们的敌人将拥有400亿现金。第四，我们将不得不再打三年仗，这意味着我们将接近毁灭。第五，罗马尼亚、希腊等国家都将对我们反戈一击。凡此种种，蒂尔皮茨先生'表示他都可以对付'。再也没有比这更弱智的事了。"《马克斯·韦伯传》，第571页。这里根据韦伯遗稿抄件。

"坐在火山口上"的感觉。[149] 不过他还没有认识到,问题并不仅仅在于继续"加剧"潜艇战,而在于逐步将之升级为"无限"潜艇战,这是海军部和帝国海军发誓要在6个月内摧毁英国的一张大牌,现在他们想把这张牌打出去了。[150] 马克斯·韦伯知道这只是右翼势力的蛊惑煽动,目的在于迫使首相允许无情使用潜艇。一方面是无限潜艇战支持者的蛊惑煽动以及来自帝国海军的压力,另一方面则是无限潜艇战逻辑上迫在眉睫的外交后果,政府在这两者之间摇摆不定,使韦伯深为不安。

尤其让韦伯焦虑的是,在潜艇问题上突然亢奋起来的大部分舆论,并不是受到了新的客观信息的刺激,而是纯粹被"危言耸听"的蛊惑煽动引起的心理压力所致。他感觉潜艇战被当成了最后的王牌,但假设未能如愿以偿,那将再无更多的牌可打。韦伯认为,随后的国内危机可能比无限潜艇战带来的危险更为恶劣。实际上,这个判断是正确的。海军的某些支持者正在朝着确凿无疑的大灾变方向推波助澜。他们之所以要求一场无限潜艇战,是因为他们坚信,"现在非常清楚",威尔逊和兰辛无论如何都要把美国拖进这场战争,必须正视与美国决裂的可能性,这不会真的使德国的处境变得更险恶。[151] 韦伯激烈抨击

149　1916年3月11日致玛丽安妮·韦伯的信,《马克斯·韦伯传》第573页及以下的引文将日期错误标注为3月6日或13日。抄自韦伯遗稿。

150　它们主要是依据柏林贴现银行的银行家福斯一份由此看来浅薄得不可思议的备忘录《英国经济与潜艇战》(des Bankiers Fuß von der Berliner Disconto-Bank, "Die englinshche Wirtschaft und der U-Boot-Krieg, bearbeitet vom Admiralstab der Marine),对此可见下一注释,另见黑尔费里希:《第一次世界大战》(Heilferich, Der Weltkrieg),第2卷,第335页及以下,施平德勒前引书第71页及以下,第93页。

151　这里我引用了爱德华·迈尔(Eduard Meyer)1916年3月16日关于无限潜艇战呈给帝国首相的备忘录。迈尔用这个备忘录让帝国首相知道,他所引用的海军1916年2月12日那份绝密备忘录已在柏林学术圈里广为流传。他在自己的备忘录中附上了那份备忘录的摘要。见Akten des RKA Ⅱ, 2 Kriegsakten 51, 2410, DZA Ⅰ,这里甚至包括了海军部备忘录的摘要。

第七章　第一次世界大战：德意志帝国有无大国资格的实验场

了这种观点。他指出："只有很少几位头脑清醒的人知道，如果这样干下去，我们最终必败。在财政上，我们的战争债券将无人问津，在经济上，我们将无法继续获得一直从海外进口的必不可少的原材料。……这一切足以令人发狂。"[152] 在一个"令人兴奋的夜晚"[153]，大概是3月8日或9日，可能是在菲利克斯·索马里帮助下，韦伯完成了一份备忘录，主题是强化潜艇战对德国处境的影响。[154] 备忘录使用经济数据论证了与此行动有关的种种展望之空洞无物。美国站在协约国一方参战就意味着，英国将不会被迫迅速屈服，战争将拖延若干年。而且，出于各种原因，英国屈服是绝对不可能的。假如美国全力以赴给予协约国经济支持，德国人在经济上势将输掉战争，不管他们赢得了多少军事胜利，也无论出现什么样的和平条件。彼时，德国将"很快丧失作为一个世界大国的未来"。从扩大潜艇战的这种严重后果来看，韦伯要求对那些推波助澜的人追究责任。[155]

152　1916年3月5日致玛丽安妮·韦伯的信，《马克斯·韦伯传》，第572页。

153　玛丽安妮·韦伯：《生平回忆》（Marianne Weber, *Lebenserinnerungen*, Bremen, 1948），第162页。

154　具体日期是根据以下推断：1916年3月11日的一封信第一次提到了这份备忘录，部分内容可见于《马克斯·韦伯传》第573页及以下（日期错误标注为6日或13日）："明天，我要通过该党领导人提交一份关于美国问题的备忘录（《马克斯·韦伯传》中略有出入）。早些时候我已经把它呈交给外交部，他们间接（通过信使）告诉我，确应该散发这份备忘录。"对此请参阅1916年3月14日致奥伊伦堡的信（抄自韦伯遗稿）："另外，我今天要向该党领导人和外交部提交一份关于这个问题的备忘录。"这个证据表明，备忘录是在3月8日到10日之间整理完毕的，因为3月7日的信（《马克斯·韦伯传》，第572页）对此还只字未提。最有可能是在9到10日之间的那个夜晚。本书第二版沿用了前面的说法，作为对原始资料进行有效历史解释的范例，尽管此后还有可能发现马克斯·韦伯附在这份备忘录后面致外交部的信，那里记载的日期是1916年3月10日，波恩，外交部政治档案，Weltkrieg Nr. 18, geh., Bd. 9，由此便确凿证明了这份关于无限潜艇战的备忘录写作日期。

155　见《政治著作选》，第146页及以下。马克斯·韦伯亲笔修订的原件当时发给了柏林的伊格纳茨·雅斯特罗（Ignaz Jastrow）教授，现存英国政治经济学图书馆（伦敦政治经济学院）。当时计划在此基础上修订后由玛丽安妮·韦伯发表的文本，被收入《政治著作选》第三版，第146页及以下。现已收入《韦伯全集》，I/15，第115—125页。

3月10日，韦伯将这份备忘录连同一封态度很克制的信递交给了外交国务秘书，他在信中解释说，有时候对政府的批评语气是备忘录的目的所致，而这个目的就是"纯粹为了平衡所谓'公众舆论'（亦即某些国会成员和其他圈子的看法）的压力，这种舆论在某些情况下已经到了歇斯底里的程度"[156]。主管此事的副国务秘书齐默尔曼十分钦佩，并建议韦伯把这份备忘录转给"尽可能多的煽风点火者，特别是爱德华·迈尔教授，他们正在竭力煽动公众舆论反对我们的立场！"贝特曼·霍尔韦格与马克西米利安·蒙特格拉斯（Maximilian Montgelas）伯爵也读到了该备忘录。[157] 3月12日，韦伯把它发给了一些政党领导人和大批有影响的人物。很典型的是，他向他们保证，备忘录并不是在外交部的鼓动下写的，散发给大家乃是"完全出于诚意，……外交部根本没有插手"[158]。备忘录并没有对政府决策产生直接影响，大概原本就无此意图。[159] 早在3月4日于普莱斯举行的一次御前会议——蒂尔皮茨没有受邀——就已决定暂时放弃无限潜艇战的计划，甚至逐步缩减目前的潜艇行动。黑尔费里希和贝特曼·霍尔韦格战胜了蒂尔皮茨，几天之后，蒂尔皮茨被爱德华·冯·卡佩勒（Eduard von Capelle）上将取代。然而，韦伯的备忘录还是产生了可观的影响。他曾预计，备忘录会让"煽动者的怒火发泄到他头上"并给他带来"胆怯的懦夫"名声。[160] 这份备忘录在首相与蒂尔皮茨和那些继续要求有限潜艇战的右

156　1916年3月10日致外交国务秘书的信，波恩，外交部政治档案，Weltkrieg Nr. 18, geh., Bd.9。

157　3月11日，雅戈（Jagow）在韦伯来信上做了签名旁注，贝特曼·霍尔韦格与蒙特格拉斯的签名旁注分别是1916年3月13日和14日。同上信。

158　1916年3月11日致雅戈的信，类似的还有3月13日致雅戈的信，见1916年3月10日致外交国务秘书的信。

159　同上信，第575页。

160　同上信，第574页。

第七章　第一次世界大战：德意志帝国有无大国资格的实验场

翼政治家与新闻界的较量中助了一臂之力。时为民族自由党领袖巴塞尔曼政治助手的古斯塔夫·施特雷泽曼（Gustav Stresemann），在一份详尽的备忘录中回应了韦伯反对无限潜艇战的论点，毫不犹豫地指责韦伯进行"可悲的煽动"以及他对"王朝的未来那种伪善关切"。[161] 韦伯本人3月14日致信奥伊伦堡说："谢天谢地，强化潜艇战的胡说八道总算消停了，与美国决裂也不大可能了。"[162]

显然，马克斯·韦伯只是在完成了自己的备忘录之后才看到了官方就潜艇战问题形成的备忘录。[163] 虽然海军部的备忘录早已在柏林学术圈流传，但他并没见到过。他只是稍后才觉察出蒂尔皮茨的计划并发出了严厉抨击："蒂尔皮茨正在玩一场不负责任的游戏，他应该知道，如果英国采取我们对人口的生活供应标准和我们的配给措施的话，他就不可能在一年时间内用鱼雷击沉大量轮船从而实际上'困死'英国。这只是胡话而已。然而现在，蒂尔皮茨还在下注，就像一个绝望的赌徒，他宣布，只要允许他用鱼雷攻击所有驶向英国的轮船，包括斯堪的纳维亚、西班牙的轮船，他就'保证'能取得胜利，这就是他的如意算盘。"[164] 但这些分析并不十分恰当，因为蒂尔皮茨早在1915年底就

161　施特雷泽曼回应韦伯的备忘录，外交部政治档案，Nl. Stresemann, Bd.155, H 129515-526。

162　抄自韦伯遗稿（那里的日期错误标注为7月）。请比较1916年3月15日致玛丽安妮·韦伯的信："战争的危险在周五和周六（3月11—12日）之间达到顶点，现在过去了。"见《马克斯·韦伯传》，第574页。

163　参阅1916年10月2日致舒尔策－加弗尔尼茨的信，《政治著作选》，1，第464页及以下："我看到备忘录的时候，那些计划尚未制定，而这些备忘录同样一塌糊涂——包括黑尔费里希年初的那份备忘录。"另见1916年3月14日致玛丽安妮·韦伯的信，《马克斯·韦伯传》，第574页："据说，我们已经建造了10艘新潜艇用来封锁英国！我的同事莱维（Levy）现在已经成了海军上将的皮提亚之神！这个人竟然对粮食供应问题做出了根本不着边际的错误估计，……这令我惊骇不已，真不知这些人还能否做出点可靠的计算。"

164　1916年3月15日的信。

干劲十足地准备无限潜艇战行动了。[165]

尽管如此,韦伯仍然对蒂尔皮茨被解职感到痛惜。他担心这在德国国内外造成的影响之严重程度将会不亚于"输掉了一场战役"[166]。韦伯当时并不了解这位海军上将去职的政治背景。[167]围绕潜艇战问题的争吵并非这位海军上将免职的唯一原因。激怒了贝特曼的是蒂尔皮茨支持——起码是纵容——新闻界在潜艇战问题上与首相对着干。于是在为做出关键决策举行的会议上,蒂尔皮茨被排除在外,这使他深感冒犯,因而认为有必要提出请求解除自己的职务。[168]

韦伯继续把美国问题视为悬在德国头顶的达摩克利斯之剑。当"苏塞克斯"号被鱼雷击沉导致了新的德美关系危机时,韦伯基本上陷入了绝望之中。"和平妥协看来非常不可能了,最多就是推迟冲突的爆发。"[169]不过,对于完全回到传统的巡洋舰作战以解决冲突且由于海军司令部的阻挠而使潜艇战几乎中止了半年时间,韦伯还是感到大大松了一口气。同时他很不满德国提出的附加条件,即最近的未来一旦必须就可能恢复无限潜艇战。"每个人都知道,随着时间消逝,我们越来越不可能冒险(与美国)开战。"[170]他再次要求有条件投降,不应费心思"挽回脸面"。与美国决裂的后果将十分严重,他相信必须尽一切可能做出让步。[171]

因此,韦伯反对正在中央党那里重新煽动起来的无限潜艇战喧嚣。

---

165 请比较施平德勒前引书,第3卷,第73页及以下。
166 1916年3月17日致玛丽安妮·韦伯的信,《马克斯·韦伯传》,第575页及以下。
167 后来他公开谴责了蒂尔皮茨对新闻界的煽动做法。
168 请比较施平德勒前引书,第3卷,第103页及以下;冯·蒂尔皮茨:《回忆录》(Erinnerungen),第365页及以下,《政治档案》(*Politische Dokumente*, Berlin, 1926),第2卷,第485页及以下。在这里,冯·蒂尔皮茨试图撇清自己对审查失灵和新闻界的煽风点火应承担的责任。
169 1916年4月17日致海伦妮·韦伯的信,《马克斯·韦伯传》,第581页。
170 1916年5月7日致玛丽安妮·韦伯的信,《马克斯·韦伯传》,第578页。
171 参阅1916年4月5日、5月2日和10日致玛丽安妮·韦伯的信,《马克斯·韦伯传》,第577页及以下。

第七章　第一次世界大战：德意志帝国有无大国资格的实验场

这种蛊惑煽动只能促使英国人为他们可能面临的困难和补给需求预做准备。[172] 韦伯断定，潜艇战喧嚣的背后，并不是基于对局势的无知及不计后果的单纯的民族情感，而是一种虚弱感，是把歇斯底里地鼓吹无限潜艇战当作一个不会失灵的手段。"藏身在无限潜艇战蛊惑煽动背后的，并不是富有勇气并且神经强大的人们，而是些色厉内荏、无力承担战争重负的家伙。如果再容忍这么干下去，结果必将是歇斯底里大发作，而战争将不得不继续打上几年。"[173] 在他看来，煽动潜艇战的真实原因，至少一定程度上是在于国内的政治投机。他尖刻地评论道，手榴弹生产商

172　请比较 1916 年 9 月 18 日致瑙曼的信；另见 1916 年 10 月 2 日致舒尔策－加弗尔尼茨的信（《政治著作选》，1，第 463 页及以下）："那些潜艇狂不会坚持下去的。"

173　1916 年 10 月 27 日的慕尼黑演讲，载《德国的世界政策状况》。在《欧洲强国环伺中的德国》这个文本中（见《政治著作选》，第 157 页及以下），韦伯激烈反对潜艇战蛊惑煽动的内容被省略了，参阅 1916 年 11 月 9 日的《援助》。1916 年 11 月 11 日韦伯致信赫克纳，建议用《援助》特刊号形式发表这个演讲："讲稿必须做点形式上的改动（删除《慕尼黑新消息报》发表时那些断章取义的非常尖锐的内容）。" 1916 年 10 月 28 日《慕尼黑新消息报》晚版报道的相关段落应读如下：

多年来我们听到的都是君主统治、它的力量和它的果决之恩泽。但在任何一个议会统治的国家，我们都听不到这种每当最优秀的德国士兵开赴我军海上和陆上最前线时都会出现的昧着良心容许在军事事务上进行的蛊惑煽动。用这种聒噪的蛊惑煽动给敌人报警以使他们提早防备潜艇战的严重危险，难道不是一种犯罪吗？

这种蛊惑煽动是在海军部知会了现有 200 名议员中的相关人士之后从德国国会委员会那里开始的。很快就有数千人知道了，几个星期之后敌人可能也知道了。出现这种情况真是令人愤慨。党团领袖们在一次秘密会议上也已经被告知同样的事情。尽管如此，我们却不得不忍受这个事件。我们置身前线的人要是在新闻中、在通信中、在其他所有可能的渠道中得知备忘录内容，然后认为有了一种可以在几个月内结束战争的手段，这将产生什么样的影响？那些人有没有想过，我们的人能够长期承受这种心理负担吗？柏林的审查员们居然能够容许这种针对帝国首相的蛊惑煽动，简直不可思议。这在一个议会统治的国家里是根本不可能的。藏身在无限潜艇战蛊惑煽动背后的，并不是富有勇气并且神经强大的人们，而是些色厉内荏、无力承担战争重负的家伙。如果再容忍这么干下去，结果必将是歇斯底里大发作。但是战争肯定将继续打下去，大概会持续几年。煽动潜艇战的真实原因，至少一定程度上是在于国内政治。

这一段已被收入《政治著作选》，第三版，第 563 页及以下。另见 1916 年 4 月 1 日的信，《马克斯·韦伯传》，第 576 页。

和地主们都在效力于无限潜艇战,因为战争拖得越久,他们就赚得越多。[174] 他还指出,煽动潜艇战的许多支持者与支持兼并的那些人抱有同样的动机,他们同样"恐惧和平",恐惧那种未能实现被大肆吹嘘的目标因而不得不为国内的政治让步付出代价的和平。[175]

右翼合力围攻在国内维护"城堡和平"、在海外追求温和目标的首相贝特曼·霍尔韦格,这让韦伯很愤怒。首相不得不担心右翼势力会继续谴责他的软弱,而这些势力对于支撑他的政治地位的皇帝和最高统帅部都有极大影响。韦伯认为首相的地位已经岌岌可危了,由于首相在德国国会并没有一个稳定的多数可以依靠,这种可能性就更加势在必然。因此,韦伯公正地指出,在议会制条件下就不会出现这种局面。他认为,贝特曼·霍尔韦格1916年4月5日在德国国会的演说,就是这种可悲事态的例证,那个演说向泛日耳曼主义的要求做出了重大让步。"首相不得不装出自己是个跟蒂尔皮茨一样'强'的'强人',否则他就会被保守派阵线赶下台。保守派和实业界巨头们的政策很简单:战争拖得越久,社会民主党人就会变得越'左',而这对我们、对王朝、对圣坛(altar)都有好处。我们要的是不妥协就实现和平,因为到那时,让步就必须成为一个靠投票解决的问题。"[176] 令韦伯恼火的是,贝特曼·霍尔韦格无力运用他掌握的权力制止右翼势力的蛊惑煽动。他抱怨说,首相根本没有能力对付"国内政敌,那些人绝对地不择手段"[177]。

1915年底,韦伯曾不得不承认:"我们缺少一个强大的'政治家',皇帝则是一筹莫展。"[178] 对于贝特曼·霍尔韦格的"无力决断"韦

---

174 1916年3月7日致玛丽安妮·韦伯的信,《马克斯·韦伯传》,第576页。
175 参阅上文第220页及以下。
176 1916年4月7日致玛丽安妮·韦伯的信,《马克斯·韦伯传》,第567页。
177 1916年5月7日致玛丽安妮·韦伯的信,《马克斯·韦伯传》,第578页。
178 1915年11月25日致玛丽安妮·韦伯的信(抄自韦伯遗稿)。

第七章 第一次世界大战：德意志帝国有无大国资格的实验场

伯极为惋惜。然而，尽管他对首相疑虑重重，还是认为支持他反对保守派阵线乃是义不容辞。在这个问题上，韦伯毫不犹豫地认为，温和路线将会与贝特曼·霍尔韦格共进退，因为他可能被远更不堪的什么人所取代。特别是中央党在潜艇战问题上倒向最高统帅部以后，他就不再指望德国国会的多数还能采取明智行动了。韦伯同情并支持贝特曼·霍尔韦格，主要原因就在于这位首相成了保守派阵线的攻击目标，而保守派则是决意要破坏一切国内改革，尤其是破坏普鲁士三级选举权的改革。韦伯越来越强调胜利的和平（Siegfrieden）与保持国内政治现状有关。他站在贝特曼一边，一定程度上是因为鼓吹以胜利求和平的泛日耳曼主义者把首相视为他们后方目标的主要障碍。而韦伯也非常明白，贝特曼是无限潜艇战的坚定反对者。[179]

当一个柏林的教授团体指责贝特曼·霍尔韦格对夺取战争胜利的支持软弱无力时，韦伯在1916年7月发表了一份支持首相的公开声明："除了军事领导层之外，在每一个战壕里都值得受到信赖的还有现任首相。人人皆知，这次战争并不是为了追求轻率的目标，而只是因为（并且仅仅是由于）我们的生存所必需。"[180]

出于类似的原因，马克斯·韦伯向"德意志民族委员会"伸出了援手，这是一个表面上中立但事实上与政府关系密切的宣传组织。该委员会的目标是动员力量支持比较温和的战争目标政策路线，从而为

---

179 另见《马克斯·韦伯传》，第634页。一个少时的朋友曾在信中说，韦伯这是"在为贝特曼热情斡旋"。
180 以来信形式发表于1916年7月27日的《法兰克福报》，出于策略考虑，当时没有署名（重印于《政治著作选》，见第155页及以下），信中并没有特别提及冯·祁克、卡尔（Kahl）、爱德华·迈尔、迪特里希·舍费尔、阿道夫·瓦格纳和冯·维拉莫维茨-默伦多夫（von Wilamowitz-Möllendorff）等教授在1916年7月26日提出的要求（发表于1916年7月27日《法兰克福报》晨报版第2版），而只是不经意一样公布了一下，因此，它被认为没有任何政治分量。

德国的和平攻势舆论创造政治基础。埃茨贝格尔早先就曾建议成立一个全国性的宣传组织以争取对政府决策的广泛支持。它的任务是"在战争目标的讨论中充当政府的卫士"。它争取的对象不仅包括"尽可能多的新闻媒体",还有公共生活中的知名人物,"他们的地位会反过来影响某些法人、社团、高等院校、职业组织等,能够发布公开决定或者利用其他手段公开发表意见"[181]。采取一种民间委员会的表面形式作为政府的辅助组织,一开始并没有败坏这个任务的名声。帝国首相的助手们,特别是副国务秘书阿诺尔德·冯·万沙费(Arnold von Wahnschaffe)、库尔特·里茨勒以及乌尔里希·劳舍尔(Ulrich Rauscher),帮助接洽了大批政界和社交界的头面人物以及重要的实业家并恳请他们予以合作。1916年6月7日委员会在韦德尔亲王(Fursten Wedel)主持下举行了正式的成立仪式,还计划1916年8月1日在50个德国大城市发起大规模的集会游行[182],并为这些集会聘请了众多演讲人,他们主要来自学术共同体,其中包括阿道夫·冯·哈纳克、格哈特·冯·舒尔策－加弗尔尼茨、卢卓·布伦塔诺与赫尔曼·翁肯,马克斯·韦伯受邀在纽伦堡发表演说。[183]

---

181 关于"德意志民族委员会"(Deutsche National-Ausschn),见迪尔克·施特格曼:《俾斯麦的遗产》(Dirk Stegmann, *Die Erben Bismarcks*, Köln, 1970),此书(第472页)也像克劳斯·施瓦贝的《学术与战争伦理》(Klaus Schwabe, *Wissenschaft und Kriegsmoral: Die deutschen Hochschullehrer und die politischen Grundfragen des Ersten Weltkrieges*, Göttingen, 1969)一样(第117页及以下),错误地认为这个委员会是接续了"自由爱国者联合会"(Freie Vaterländische Vereinigung)。另见我对雷蒙·阿隆文章的评述,载《马克斯·韦伯与当代社会学》(*Max Weber und die Soziologie heute*, Tübingen, 1965),第133页及以下,以及波茨坦 Rk 2448, DZA Ⅰ中的资料。同时由贝特曼、雅戈与齐默尔曼签名的埃茨贝格尔1916年4月11日的备忘录,见《马克斯·韦伯与当代社会学》。

182 施特格曼在前引书中把韦伯列为"德意志民族委员会"的成员,这是错误的。

183 请比较劳舍尔1916年6月的备忘录,见 Rk 2448,第8页及以下。建议安排韦伯演说的可能是库尔特·里茨勒,他是通过康拉德·豪斯曼了解到韦伯的政治立场的。

第七章 第一次世界大战：德意志帝国有无大国资格的实验场

韦伯是如何被选中承担这个任务的，我们不得而知。但他的名字出现在了民族委员会成立的第一份备忘录中，该备忘录大概出自劳舍尔之手，那里面就已经把韦伯列为可能的演讲人了。尽管韦伯已经超过 15 年没有发表公开演讲，他还是打算全力以赴为有关战争目标的理性政策争取公众支持，而民族委员会显然也抱着同样的目的。不过，吸引他作为委员会演讲活动的组成部分出头露面的实际条件，却大大扫了他的兴。讨论战争目标的禁令并没有因为 8 月 1 日的安排而解除，相反，乌尔里希·劳舍尔这样的民族委员会灵魂人物表示，政府决意将讨论限制在极有限的范围内。[184] 在万沙费鼓励下，演讲者们要求只在非常一般的意义上涉及战争目标问题。"发给演讲者的一份通知"规定了演讲的总体指导方针，韦伯肯定也收到了通知。它强调了战争最重要的目标在于维护国民团结，这需要把整个对和平的讨论置于一个更健康的框架中，全力捍卫祖国以抗击优势强敌。帝国领导层表达的目标就是一番和平套话，诸如保障"帝国安全，避免妄自尊大"云云。[185] 他们希望民族委员会向公众推销这种被消极定义的纲领，还要带有某些含糊其词的积极旨意，替政府大力宣传而又不至于违禁公开讨论战争目标。这使韦伯大为不快，而且，临近演讲的几天前，他和其他演讲人被告知，"他们无论如何都不得发表和平言论"[186]，想必他感到更加烦乱。在纽伦堡演讲几个小时之前，他写信向米娜·托布勒吐诉了内心的冲突："如果我感到整个事情比较称心，我会讲得充分一些。但我们被要求不能冒犯其他观点，而且不能说得太明白——这可不是我的

---

184 德意志民族委员会 1916 年 7 月 14 日致信贝特曼·霍尔韦格，7 月 18 日贝特曼·霍尔韦格回信，否决了"（8 月 1 日）那天特许讨论和平目标"。

185 日期不详，但应该是 1916 年 7 月以后，见 Rk 2448。

186 帝国内阁副国务秘书万沙费 1916 年 7 月 25 日致"德意志民族委员会"的一封电报称："帝国首相希望，无论如何都不要发表和平言论。" Rk 2448。

做派。"[187]

马克斯·韦伯确信,形势要求他支持首相对付极端兼并主义势力的攻击。但是,如此操纵演讲人令他非常恼怒,而按照德意志民族委员会的公告,这些演讲人都是"完全独立的、不属于任何党派的爱国者"[188]。这大概就是 8 月 1 日在纽伦堡工业与文化联合会演讲一开始他就强调他不属于德意志民族委员会并打算作为一个独立人士自由发表意见的原因。[189] 对于这种手法,他已经毫不怀疑这个集会纯粹就是政府的计谋了:"我并不直接或间接认识帝国首相,也不认识任何一位国务秘书或外交部的其他什么人。我不从国库领钱,也不是个党派政客。我不为任何人说话,也不接受任何人的指令,仅仅按照自己的信念发声。"[190] 这种生硬的拒斥态度,从集会的框架安排角度来说,不可能为"德意志民族委员会"喜闻乐见。

韦伯在演说中着重谈到了一种可能会带来消极和平的政策。但他也警告说,在这个问题上不应抱有乐观情绪。"和平仍然遥不可及,因为联合起来对付我们的各国领袖,正在努力挣脱套在他们脖子上的绳索。"[191] 他们不可能实现他们想要的那种和平,由此他们将失去本国国内的支持。相反,德国政府却能够实现一种"既能保住我们的荣誉又不会威胁任何人"的和平。除此之外,韦伯集中论说的是国内形势的发展。他坚决与"1914 年观念"——没有人知道这些观念究竟想干什

187　自纽伦堡致米娜·托布勒的信,大概是 1916 年 8 月 1 日,鲍姆加滕档案,Ⅱ,第 17 页。
188　见成立公告,Rk 2448,第 69—71 页。
189　据《法兰克福信使报》1916 年 8 月 2 日晚报版题为《战争即将进入第三年》("An der Schwelle des dritten Kriegsjahres")的报道。另见《纽伦堡日报》以及《法兰克福每日邮报》1916 年 8 月 2 日的报道,最后还有帝国总理府档案中有关韦伯演讲的官方报告,Rk 2448。
190　逐字引用的《纽伦堡日报》1916 年 8 月 2 日报道。
191　此处和以下引语,除非另有说明,均系引自《法兰克福信使报》1916 年 8 月 2 日的报道。

么——划清了界限,并强调说,问题并不在于生产为战争提供正当理由的观念,而是承担必需的义务和责任。他就此为贝特曼·霍尔韦格进行了辩护。"我并不完全同意他说的一切,但是战壕里的士兵们看到了他是这样一个人:他向他们保证,战争不会比我们的继续生存所绝对需要的时间长一个小时。"韦伯就是根据这个有利的观点激烈抨击了无限潜艇战运动。

韦伯应该是从战争中看到了三个主要教训。首先可以证明的是,经济利益集团并不是引爆战争的主要角色,而且,战争还产生了新的经济利益集团,它们迫切要求战争继续打下去。韦伯比较详细地谈到了协约国的这些经济利益集团,当然,他意在间接暗示隐藏在德国极端兼并主义战争目标蛊惑煽动背后的就是一些唯利是图的利益集团。"我们的战争目标是德国的生存,而不是利润。"由于集会的性质所在,韦伯感到他不应说得更多了。这次战争的第二个重大教训就是工商业对于战争努力的不可或缺性。正是出于这个原因,就理应彻底结束对资本和资产阶级的攻击。第三个教训涉及国家的角色。"据说,国家乃是世间最高的、终极的原则,如果能恰当理解的话,此说可谓完全正确。国家是最高的世俗组织,它有权力生杀予夺。……相应的错误则在于,这种讨论排他性地曲解了国家,将民族置之度外了。"韦伯以奥匈帝国为例,阐明"民族是按照语言和文化定义的,而国家与民族之间的恰当关系"对于国家的权力地位至关重要。因此,企图兼并拥有雄厚民族文化的伟大民族是愚蠢的。我们在这里看到,韦伯修正了他对民族性质的理解,除了与一个民族在历史上形成的制度化权力体系结合在一起的特殊情感以外,更多地看重一种共同文化的要素。

韦伯强调指出,德国将不得不把战争打下去以赢得公认的同盟国地位。"一个 7000 万人的民族必须在历史面前承担责任,捍卫它的荣誉,保护它的子孙后代摆脱政治奴役的锁链和臣属地位。"这也能够为中欧各小民族的生存提供保障。任何一个公民都不会对德意志帝国的地位无动于衷,因为每个人的福祉都与德国的实力息息相关。"决定我们的贸易和工业之命运的,是德国的权力。"一切都取决于德国能否赢得这场战争的胜利。"我们的后人将会世世代代铭记这场生死攸关的可怕战争使德国蒙受的苦难,铭记它在为何而战,以及它有何斩获。"[192]

韦伯演说的直接影响肯定非同小可,因为演说特别强调了以强大意志坚持下去[193],尽管绝不是所有听众都赞同他的观点。但是韦伯本人并不满意[194],认为"这个'民族委员会'很难给人以鼓舞。它被折磨致残了,凡事都需要找借口。我不想隐瞒一个事实,就是说,我认为我的敌手全都是蠢驴,这也惹恼了激进的社会民主党人和某些泛日耳曼主义者"[195]。尽管"德意志民族委员会"做了宣传,但韦伯的演讲并没有产生广泛冲击。[196]"德意志民族委员会"的整个活动也是如此,因为它的有限政治机动余地、它的多样化成员构成,尤其是它的

---

192 据帝国总理府档案的官方报告,Rk 2448。《法兰克福信使报》则是这样报道的:"我们的后人将会世世代代铭记我们在这场战争中的成就,而这样的成就迄今为止乃世所未见。"《法兰克福每日邮报》的报道是:"他们世世代代都会记住德国为它的生存与未来所蒙受的苦难和从事的斗争。"

193 请比较《法兰克福每日邮报》1916年8月2日的报道:"来自海德堡的马克斯·韦伯教授,无疑是个非常坚定且一以贯之的人物,他的雄辩方式、演讲结构、犀利措辞以及他提出的观点和希望无不直接证明了这一点。强硬气质和十分优雅的才智在他身上融为一体,论说严肃有力。他的嗓音铿锵响亮,毫不费力就控制了大厅里的气氛,充满自信的论辩风度证明了他是一位经验丰富的老练教师。演讲的总体设计和许多具体内容都展示了行家里手的干净利索。这个魁梧的男人面色紧张,透着高强度思考导致的疲惫,突出反映了他所讨论的主题带来的压力。他以有力但谨慎的手势特别加强了那些令人印象深刻的地方。这位演讲人留下的个人印象,无疑要比演讲留下的客观印象强烈得多。"

194 1916年8月3日致米娜·托布勒的信,鲍姆加藤档案,Ⅱ,第50页:"总的来说:准备工作很蹩脚。——听众数量:一般或许更少。——现场的实际满意度不足挂齿。"

195 同上注。

196 传播这次演讲报道的还有接近政府的沃尔夫电报局(Wolffsche Telegraphenbüro),但我们没有找到文本。

官方－官僚性质，使它无法博取任何对公众舆论的重大影响。委员会无助于政府在战争目标问题的公共讨论中获得支配性发言权，反而刺激极右势力强化了反政府立场并组建了一个唱对台戏的组织，"支持德国和平独立委员会"[197]。

韦伯比较用心地注视着这些发展。他在纽伦堡时曾回避了对泛日耳曼主义者的严厉批判。他的演讲接受了"德意志民族委员会"的策略，即团结一切党派集团之外的"明达之士"，只要能有效保持"城堡和平"，就应避免与左右两翼的激烈冲突。韦伯不想再犯这种错误了。现在看来，果断回击极右势力不负责任的蛊惑煽动是绝对必要的。1916年8月中旬，他给《法兰克福报》撰文抨击保守派和泛日耳曼主义的蛊惑煽动，其严厉程度甚至令该报不敢发表。[198]

实际上，马克斯·韦伯这时还属于贝特曼·霍尔韦格的政治阵营，但由于首相对战争目标的公共辩论日益失控，他对首相的看法也越来越恶劣。韦伯对贝特曼的外交失败也是忧心忡忡。他在1916年8月底写道："普遍都认为，贝特曼不应留任了，因为他导致了与俄国和谈的失败，并在与奥地利人处理波兰问题的时候一塌糊涂，因而根本就不具备决策能力。[199]看来事实确实如此。这个可怜的家伙（！）比小毛奇更像个战略家，但也根本不是'政治家'。不过要是他离职了，那就只剩下兴登堡能把全国团结在一起。我觉得，没有人比他更能实现和

---

[197] 参阅施特格曼前引书第465页。

[198] 参阅1916年8月20日致《法兰克福报》编辑的信，《政治著作选》，1，第463页。这篇文章没有保存下来。编辑西蒙博士先前已有生动讨论。这个事实表明，《法兰克福报》并不像韦伯在文中认为的那样是贝特曼·霍尔韦格的无条件支持者。请参阅1916年8月22日致玛丽安妮·韦伯的信（抄自韦伯遗稿）："今晚见了《法兰克福报》的一位编辑，我给了他一篇回击泛日耳曼主义的文章，但他们不想接受。罢了，随他们去吧。"

[199] 请参阅上文第227页注释73。

平了,但他也不是'政治家'。"[200]

韦伯看不到摆脱致命的帝国领导权危机的出路。到 1916 年秋,潜艇战的蛊惑煽动以更强硬的姿态再次出现,并且显然是直接针对首相而来,对此首相已经无力阻止。韦伯致信瑙曼说:"我再也无法理解首相了。看来他不可能做到他认为是正确的事情了。如果确实如此,那么他就应该辞职。"[201] 此后不久,他告诉《法兰克福报》编辑、政治信念与他接近的海因里希·西蒙博士说,"贝特曼是我们的一个沉重负担!我一直就是这个看法,仅仅是因为这种潜艇战的歇斯底里——他们实在是歇斯底里!——我才被迫支持他,这是完全必要的。到哪里能找到接替他的人?"[202] 就是出于这些原因,他才继续尽可能公开支持贝特曼·霍尔韦格。他参加了海德堡公民在 1916 年 11 月 25 日《海德堡日报》上发表的公开宣言,抗议再次"直接针对负责任的德国决策者"出现的"客观上毫无道理且经常是恶意的人身攻击。首相的公告给我们的印象是,他将继续坚定地指引人民的命运,既不优柔寡断,也不鲁莽冲动,而是深刻意识到了他的职责所在。我们期望他确保实

---

200 1916 年 8 月 22 日致玛丽安妮·韦伯的信,抄自韦伯遗稿;请参阅《马克斯·韦伯传》,第 584 页。另见 1916 年 8 月底致米娜·托布勒的信,鲍姆知滕档案,Ⅱ,第 23 页:"兴登堡……我主要是出于政治原因去看待对他的任命:由他参与实现的和平,每个德国人都会接受,无论那是什么内容的和平。这很重要。"参阅前引致《法兰克福报》编辑的信。

201 1916 年 9 月 18 日的信,《政治著作选》,1,第 465 页。类似的还有不久后(1916 年 10 月 2 日)致舒尔策-加弗尔尼茨的信:"贝特曼要么强行禁止一切直接间接对军事事务的公开讨论,要么他就辞职。"同前。参阅韦伯的慕尼黑演讲(上文第 252 页注释 173);另见《德国的世界政策状况》草稿;最后还有 1916 年 10 月 21 日致舒尔策-加弗尔尼茨的信:"另外,我认为,他们一定会采取措施从上面用棍棒对付潜艇战的蛊惑宣传——否则我不知道我们还有什么理由自称'君主制'。"《政治著作选》,1,第 465 页。

202 他接着说:"雅戈(外交事务国务秘书)这个无足轻重的蠢货真是我们的晦气。他也应该辞职。"1916 年 10 月 27 日的信,韦伯遗稿,另见 1916 年 10 月 21 日致舒尔策-加弗尔尼茨的信,《政治著作选》,1,第 465 页。

现符合民族心愿并值得为这场战争做出牺牲的和平"。[203]

与这个宣言相比,韦伯本人对贝特曼·霍尔韦格的能力无疑抱有更为明确和严厉的批评态度。但在当时的政治局面下,还是需要支持首相,而更换政府则恐有不测。韦伯反对让比洛卷土重来。[204]唯一可供选择的办法是由兴登堡实行类似于直接诉诸民意的统治。按照韦伯本人的政治理论,他一度比较谨慎地考虑过这个可能性:由兴登堡缔造的和平也许是整个民族都可以接受的。[205]但韦伯很快就意识到,兴登堡原来是兼并主义阵营中人,因此无疑不是弥合胜利的和平鼓吹者与非兼并主义左翼,特别是工人之间深刻裂痕的合适人选。这使韦伯认为,继续支持首相、大力帮助他对付右翼乃是仅有的积极策略。罗马尼亚参战并迅速战败后,韦伯仍然在期待以谈判实现和平,同时谴责协约国拒不开始和谈。1916年12月12日德国开出的和平条件被拒绝,

---

[203] 关于这份宣言的背景情况,我们所知不多,宣言有海德堡市的190位知名公民联署,包括冯·安许茨、格泰因和翁肯;文本本身大概并非出自马克斯·韦伯之手,但可能受到了他的很大影响。全文如下:"我们,在此签名的海德堡公民,支持所有在这样的严峻时刻公开反对一种动态的政治党派,这种动态就是最近一再出现的、针对负责任的德国决策者发起的各观上毫无道理且经常是恶意的人身攻击。

"我们并不怀疑,许多参与攻击的人坚信自己是在采取爱国主义行动。我们也并不认为,在我们有望以自由言论帮助祖国的时候却保持沉默是一个公民的义务。

"但是,当批评的权利被滥用,对帝国领导权的信任由于持续不断的虚幻主张和毫无根据的怀疑而受到破坏时,我们就不能不感到悲痛并予以谴责。这种破坏正在严重威胁今天所必需的团结。

"帝国首相的公开声明给我们的印象是,他在尽责而稳妥地指导着帝国的政策。因此,我们希望,首相将继续坚定地引领人民的命运,既不优柔寡断,也不鲁莽冲动,而是深刻意识到他的职责所在。我们期望他确保实现符合民族心愿并值得为这场战争做出牺牲的和平。"

抄自马克斯·韦伯档案,慕尼黑。

[204] 致舒尔策-加弗尔尼茨的信,《政治著作选》,1,第465页。

[205] 1916年8月20日致《法兰克福报》编辑部的信,同上书,第463页;参阅1916年9月8日致海伦妮·韦伯的信,部分内容见《马克斯·韦伯传》第585页:"只是当王朝已经深陷困境之时才想到找兴登堡,实在可叹!但他达成的和平,不管是什么样的,国民都会接受。这就是此事的意义。"

韦伯平静地接受了这个失败。他在 1917 年 1 月 2 日写道:"协约国的照会不出我们所料。……秋天之前我们不可能指望和平了。其他人还希望再努力一次并期盼美国人出手相助。但是我相信,我们应当保持强大、明智和冷静。这样我们就不会有什么事了。"[206]

此时也正是需要做出生死攸关的决策之际。因为打破西线军事僵局看来仍然无望,政府本身的政治进取也已失败,贝特曼·霍尔韦格政府可能承受不住海军部要求无限制使用潜艇的压力了,而这被普遍认为是通往和平之路。兴登堡和鲁登道夫现在也加入了潜艇战支持者行列:甚至在完成与威尔逊的关于和平倡议的关键性谈判之前,1 月 9 日,就做出决定,1917 年 2 月 1 日开始无限制潜艇战。韦伯现在只好听天由命了。但韦伯反对用德国照会的形式宣布无限潜艇战。在他看来,只要交战双方在一致同意的平等基础上进行谈判,就应立即停止这种行动,忽略做出这一承诺是个巨大错误。[207]

现在,与美国的决裂恐怕是不可阻挡了,马克斯·韦伯"强迫"自己采取了一种比较乐观的立场,他希望美国的和平主义力量壮大起来。韦伯的某个学生,和他一样认为美国参战意味着德国必败无疑,他给这位学生的信中既表达了悲观情绪又表明了坚持到底的意志:"我还是愿意庆幸生在德国而不是其他任何地方,哪怕事态越来越险恶——但这不大可能。最糟糕的情况就是战争拖延下去,结果大概就是这样,但我们必须挺住,不光在国外,国内也是同样。"[208]

---

206 1917 年 1 月 2 日致米娜·托布勒的信,鲍姆加滕档案,Ⅱ,第 26 页。

207 1917 年 2 月 3 日致瑙曼的信,《政治著作选》,1,第 466 页;同样,德恩堡(Dernburg)当时在一份致帝国首相的请愿书中也坚决认为,首相至少应当宣布无限潜艇战"一旦遭到反对就立即停止",按照"他们一方"的要求停止攻击。DZA Ⅰ, Reichskanzleramt Ⅱ, Kriegsakten 1, Bd.11,(2398/10), S.466ff。

208 1917 年 2 月 10 日致勒文施泰因的信,《政治著作选》,1,第 466 页及以下。

第七章 第一次世界大战：德意志帝国有无大国资格的实验场

马克斯·韦伯继续支持贝特曼·霍尔韦格。他极力反对施特雷泽曼领导的右翼排挤贝特曼·霍尔韦格的努力，而这种努力在1917年2月25日柏林阿德隆旅馆的所谓"倒阁会议"上就完全公开化了。[209]韦伯继续期待着贝特曼·霍尔韦格能在普鲁士三级选举权改革问题上获得成功，这项改革遭到的抵制就足以成为韦伯继续支持首相的理由，尽管是有保留地支持。此外，他和许多明智的德国人一样相信，如果右翼势力成功赶走了贝特曼·霍尔韦格，那时，即便最微弱的和谈机会也将荡然无存。

导致贝特曼·霍尔韦格1917年7月下台的那些事件激怒了韦伯，各政党的暧昧角色和兴登堡与鲁登道夫的直接干预——两人以辞职要挟皇帝——尤其使韦伯怒不可遏。[210]"如果这场战争不是民族战争而是为我们的政府形式，或者如果是为保留这种不称职的王朝及没有政治才能的官僚机构而战，那我，绝不会射出一颗子弹或是购买一芬尼的战时公债。""要把这些人从当权位置上'赶走'，除了实行议会制，我看不到其他办法。"[211]贝特曼·霍尔韦格被（鲁登道夫）推翻的这种方式，以及皇帝无法约束最高统帅部或者迫使他们在宪法范围内承担责任，使韦伯确信"目前这种政府决策方式和政治操作方式"，"必定使德国的任何政策以失败告终，不论这些政策的目标何在"。[212]

---

209 参阅马克斯·韦伯在《论帝国选举权紧急法令》（"Ein Wahlrechtsnotgesetz des Reiches"）一文中的提示，载《法兰克福报》1917年3月28日；《阿德隆旅馆事件……》，现已收入《政治著作选》，第194页。另见豪斯曼遗稿，第87页。

210 关于这些事件的详情，见我的《1917年7月的德国公众舆论和贝特曼·霍尔韦格政府的垮台》（"Die deutsche öffentlich Meinung und der Zusammenbruch des Regierungssystems Bethmann-Hollweg im Juli 1917", in: GWU, Jg.1968, S.656ff.）。

211 1917年7月16日致H.埃伦贝格（H. Ehrenberg）的信，《政治著作选》，1，第470页及以下。迈内克已经指出，那里标示的日期不确。

212 《政治著作选》，第309页。

第四节　巩固后方必须实行宪制改革

马克斯·韦伯更清晰地看到，不负责任的战争目标煽动主要是国内政治的考虑所致，而且，胜利的和平支持者们在议会之外——亦即通过皇帝的扈从们，特别是通过最高统帅部——发挥影响并如愿以偿，这使他确信必须进行宪制改革。左右两翼被1914年的民族激情弥合起来的裂痕，如今再次出现了。激进左翼对这种局面并没有什么责任，韦伯主要是谴责普鲁士保守派，他们把厌倦了战争重负的大众的情感置之脑后，企图强化自己的特权地位并使之安然无虞。韦伯把创制一部新的《限嗣继承法案》视为对"城堡和平"的最后一击，认为它是以牺牲广大自由农民的利益为代价保护易北河东岸地主们正在土崩瓦解的社会地位，显然不是民族利益所在。[213]

在这一点上，韦伯对保守派的攻击不再有任何克制。现在他更是措辞强硬地公开反对使保守派在普鲁士政治舞台上占据了优势地位的普鲁士三级选举权。韦伯认为三级选举权与普鲁士在帝国中的霸权地位互不兼容，因此这是一个超出了普鲁士下院能力的问题。韦伯指出，"只有普鲁士放弃根据《帝国宪法》第5和第37条以及军事惯例享有的特权，普鲁士的选举权才是'普鲁士'的事务"[214]。普鲁士大臣应在帝国政治中发挥主要功能，帝国高级官员应作为联邦参议院的普鲁士代表，按照帝国法律规定的资格指导普鲁士的命运。这样，他们才能直接或间接地既对德国国会也对普鲁士下院负责。因此，普鲁士下院

213　见韦伯的文章《发战争财的贵族阶层》（"Die Nobilitierung der Kriegsgewinne"），载《法兰克福报》1917年3月1日，《政治著作选》，第183页及以下；另见1917年2月3日致瑙曼的信，《政治著作选》，第407页及以下。

214　1917年4月20日致翁肯的信，据韦伯遗稿抄件。参阅《政治著作选》，第407页及以下的说明。

第七章　第一次世界大战：德意志帝国有无大国资格的实验场

的构成对于德国国会来说并不是件无关紧要的事情。韦伯相信德国国会完全有理由关切普鲁士选举权问题，这是规避普鲁士议会顽固抵制的权宜之计。帝国可以做出示范以规制三级选举权，不必正式攻击它或者干预各邦的宪法权利。在他看来，采取"帝国选举权紧急法令"的形式是可行的，它可以永久授予每一个前线归来的士兵在他所属的联邦成员邦头等选举权[215]，并从内部瓦解三级选举权。这一措施对于大批提名新贵也有同样效果，最终将促使普鲁士下院废除三级选举权。

马克斯·韦伯认为，帝国进行这样的干预"绝对是民族的需要"，也是对前线士兵负责，因为不可能指望普鲁士保守派带来这种改革，那里仍然看不到别的出路。把改革拖到战后是完全不负责任的。等到战后再终结普鲁士三级选举权也是"不可能的"，即便其他许多人建议等到那时。韦伯看到的是一幅暗淡前景——战后构成普鲁士下院的大概是在财阀控制的三级选举权基础上当选的那些人，在第一和第二等级占支配地位的将是那些"从战争中（合法地或者通过战时的投机活动）大发横财的人"，和那些一直待在国内，从而改善了经济处境的人，而第三等级选出的占压倒多数的复员士兵将被判定为政治上无能。[216]

由于贝特曼·霍尔韦格的强烈要求以及公众的越来越不耐烦，威廉二世终于在1917年4月7日的《复活节公报》中承诺，要改革三级选举权。但是，他避而不谈平等选举权，从而引起了对这个帝国公报含义的争论。保守派试图把公报解释为一个温和改革的步骤而不是放弃选举权的财阀性质。事实很快证明，普鲁士保守派不可能放弃他们的传统立场，而且很大一部分中产阶级也担忧平等选举权带来不良后果。马克斯·韦伯对于选举权问题的悬而不决大失所望，将其主要

---

215 《法兰克福报》1917年3月28日晨报版第1版。现已收入《政治著作选》，第192页及以下。
216 同上书，第193、247页。

归咎于普鲁士下院,尽管普鲁士政府中的改革之敌,尤其是内政部长冯·勒贝尔(von Loebell)仍然占据优势。他给翁肯写信说,如果普鲁士下院继续妨碍选举权改革,"我们就不能再对普鲁士特权阶层俯首帖耳了"[217]。

在1917年4月26日《法兰克福报》的文章中,韦伯再次卷入了普鲁士三级选举权改革的争论。[218]他抨击这种选举权是因为他相信,大众越来越憎恶保守派"阵线",他们的大资产阶级帮凶已经变得极端危险。韦伯力陈帝国的所有政治群体应享有统一、平等的选举权,这是德意志民族在为生存进行的艰苦斗争中实现内部统一的基本前提。普鲁士贵族在普鲁士三级选举权产生的邦议会中居于支配地位,这种地位保护下的隐性霸权必须彻底终结。韦伯希望消除接近宫廷的保守派圈子对德国政策的影响力。"即使在最为重要的帝国政府决策中,也能看到一个普鲁士特权阶层的选举特权及其国内政治利益的影响,优柔寡断,反复无常,浑浑噩噩",从而使"战前和战争期间帝国政府许多最重要的行动显得那么轻率浅薄",因此,"设法结束这种局面是绝对必要的"。[219]韦伯毫不留情地指出,普鲁士保守派反对平等选举权是出于自私,而许多中产阶级支持保守派的立场,则是因为"可怜巴巴地不敢面对民主政治",这种怯懦背后是"担心财产合法性以及现有的社会特权地位遭到威胁"。[220]但是,举凡期待德国能在未来扮演世界大国角色的人,都必须接受不可避免的民主政治结局。如果目前德国宪

---

217 1917年4月20日致翁肯的信,抄自韦伯遗稿。
218 1917年4月26日的文章;大部分内容现已收入《政治著作选》,第406页及以下。
219 同上。这一节没有收入《政治著作选》,它是原稿的一部分,在发表单行本时被略去,本来位于第413页第一段之末。
220 这个引文最早无疑是出自1917年12月。《政治著作选》,第252页。

第七章　第一次世界大战：德意志帝国有无大国资格的实验场

政结构的民主化受阻，为此"付出的代价将是德国的全部未来"[221]。

马克斯·韦伯绝不是那种基于自然法或某种普世原则思考问题的教条主义普选权支持者。在他还是一个大学生的时候，像鲍姆加滕和父亲一样，他也把德国的普选权视为"俾斯麦式恺撒制的危险礼物"[222]，因为它产生了反社会党人法这样的可疑后果。[223] 无疑，俾斯麦引进普选权，是因为他毕生都信任大众的保守主义本能。[224] 到 1917 年，韦伯则提出了有限的渐进选举权对于比 1867 年更成熟的民族来说是否还适用的问题。[225] 他已经看到，俄国地方自治会自由主义的悲剧就在于，尽管一种渐进的选举权也许和当时俄罗斯人民的成熟程度比较匹配，而且暂时能够确保资产阶级有力量推进实质性改革，但出于善良意愿支持它已经不可能了。他把这一点归因于"携带着塑造阶级之力的资本主义"大发展导致的社会结构的原则性变化："经济上的利益冲突和无产阶级的阶级性质，始终都在特别败坏资产阶级改革的名声。在这里也像在别处一样，这就是他们行动的命运。"[226] 现代大众社会已不再为一种有限的或者将选民分类投票的选举权以及维护这种选举权的手段提供基础了。

韦伯在战争期间始终坚持的一个观点是，只有普遍、平等、直接的选举权，才能结束这种"令人厌恶的选举权争论"[227]。他尤其拒斥任

221　《政治著作选》，第 291、295 页。
222　"危险礼物"（Danaergeschenk）多指特洛伊木马之类的礼物。——译者注
223　参阅本书第 8 页。
224　例见《政治著作选》，第 394 页。
225　同上书，第 245、313 页。
226　《形势》，第 22 页及以下，第 25 页及以下。
227　1917 年 4 月 20 日致翁肯的信；1917 年 4 月 26 日《法兰克福报》的文章（并非后来的文本，已收入《政治著作选》，见第 412 页）："单是德国国会的选举权，就可以"在政治上绝对必然地结束选举权之争"。

何以普遍、直接但多元渐进选举权取代普鲁士三级选举权的企图,他认为,《复活节公报》显然排除了这种解释,因为,尽管它并未提到"平等"一词,但它使用了"准确的帝国宪法措辞"并语涉现存的德国国会选举权。今天,除了根据《德国国会选举法》,不可能在任何其他意义上解释"普选权"这个用语了。[228] 韦伯嘲笑了当时一切机巧谋划多元选举制的讨论。"儿童特权?无产者和波兰人拥有最多的儿童!考试特权?文人墨客是所有阶级中政治发育最不成熟的!中产阶级特权?这将给中央党和最反动的平民助上一臂之力(看看奥地利吧)。"[229] 韦伯尤其反对给予任何特定人群优惠待遇,认为这种待遇将扩大那些富有食利者头脑,从而支持一种静态经济的社会阶层的政治影响。韦伯担心,这将在许多年间危害德国的经济未来。[230]

对于那些主张在职业社团基础上分配选举权以便"有机地"代表所有利益集团的人,韦伯抨击他们是"本意良好但蹩脚的音乐家"。在他看来,这种"儿童文学式的肥皂泡"忽略了一个事实,即在不断变化中的现代工业社会条件下,比以往任何时候都更不可能按照职业状况划出清晰的界线。[231] 职业社团选举权制度,还会把太多的权力集中到经济利益集团手中,同时权力的运行也会越来越脱离公众舆论的监督,并且有助于加速韦伯认为在现代社会的所有社会关系中越来越强固的官僚化进程。如果相信这种代表制度能够稀释党派之争,那也是

---

228 《法兰克福报》1917 年 4 月 26 日;参阅前引致翁肯的信:"《复活节公报》逐字复述了《帝国宪法》第 20 条,而《帝国宪法》第 20 条就意味着德国国会选举权,尽管它回避了'平等'一词。"
229 1917 年 4 月 20 日致翁肯的信;类似的还有 1917 年 12 月一篇文章中比较温和的说法,见《政治著作选》,第 247 页及以下。
230 同上书,第 248 页及以下;参阅上文第 105 页及以下,这里谈到了从中扮演一个角色的帝国主义历史因素。
231 《政治著作选》,第 252 页,第 255 页及以下。

大谬不然，无论政党还是经济联合体，都会在这种职业群体基础上的代表制度表象背后继续活动——但政治生活本身则会陷入僵化。[232] 在韦伯眼中，这将给未来的压迫铺平道路，也正是他认为用公办法人团体或者——更确切地说——用国营辛迪加之类取代政治权力斗争中和经济竞争中的志愿原则之所以极端危险的理由。他预言说，伴随社会秩序僵化而来的经济停滞时期，职业代表制度可能会比较有吸引力[233]，而这使他更加有理由坚决反对这种观念。马克斯·韦伯毫不含糊地反对一切令人联想到古代公益性派捐[234]或者中世纪行会统治的任何社会秩序类型，他的理想是不受物质利益束缚的志愿性法人组织的政治生活，这样才有可能使一种卡里斯玛人物脱颖而出，以创造性进取心行使权力，并为整个社会确立道德理想。只有这样，经济压力集团的支配地位才会受到消费者利益集团的政治组织的有效牵制。在现代资本主义社会，只有以普选权确保消费者利益集团的高度政治影响力，民主政治才是可以想象的。[235]

马克斯·韦伯认为，之所以必须废除普鲁士三级选举权，还有一个非常特殊的理由：只有顺从这个变革，"才能为梦寐以求的把阿尔萨斯并入普鲁士奠定基础，否则就毫无可能"[236]。韦伯一直渴望不仅在国内政治，而且尤其在国际政治范围令人满意地解决阿尔萨斯-洛林问题。这在他看来很清楚，阿尔萨斯严重妨碍了法德之间达成谅解。因

---

232 《政治著作选》，第 256 页及以下，第 267 页及以下。

233 《经济与社会》，第 176 页："'职业'代表制的可能性并非无足轻重。在技术与经济保持稳定发展的时代，这种可能性非常大。但在这种局面下，'政党生活'将会彻底瓦解。"

234 公益性派捐（Leiturgiewesen），由希腊文 leitourgia 衍化而来，系指公元前 5 到 4 世纪雅典的一种公共服务，强制性要求富人和享有部分公民权的外侨承担相当可观的公共开支。——译者注

235 《政治著作选》，第 268 页。

236 1917 年 4 月 20 日致翁肯的信："这话不能公开说。"

此,给予这个直辖领地一个能够最终完整加入帝国的地位,从而打消英美在这个问题上的一切疑虑就是绝对必要的,而它们的首脑都已承诺了一种建立在民族自决原则基础上的永久世界和平。同盟国也越来越主张在阿尔萨斯－洛林问题上谋求妥协,这是考虑到不如此就不可能在已经开始的和谈中有所收获。韦伯始终无条件反对这种观点,认为阿尔萨斯－洛林与帝国的联合是不容谈判的。[237] 他在纽伦堡决绝地声明了这一点:"关于阿尔萨斯－洛林问题,不管担任帝国首相的是谁,如果他去参加一个将这一'问题'作为讨论主题的会议,也许就不可能活着回来了。"[238] 他愤怒地驳斥了罗伯特·米歇尔斯就这个法德之争的核心问题进行公民投票的建议。[239] 菲利普·沙伊德曼(Philipp Scheidemann)1917年4月发表声明说兼并阿尔萨斯－洛林是个"错误",这也使韦伯怒不可遏。[240] 当务之急仍然是坚决修补帝国在阿尔萨斯－洛林的行政过失和疏漏。

多年前还在斯特拉斯堡时,韦伯就曾直接观察到了德国在这个直辖领地的重大失策。管理这个帝国直辖领地的帝国官僚独断专行,毫不顾及阿尔萨斯人的民主精神,加之军事上多余的粗鲁表现,这些都助长了那里人们的亲法态度。身在帝国的阿尔萨斯人却几十年间完全得不到平等地位,其版图甚至在获得1911年宪法承认之后仍然处于一

237　参阅1917年12月10日致翁肯的信(抄自韦伯遗稿):"甚至弗里德永(Friedjung)也在一个比较大的德国奥地利人圈子里问我,事实上有没有提出关于洛林的安排的建议,我认为直截了当否定这一点是合适的。"

238　《法兰克福信使报》1916年8月2日,参阅上文第257页及以下。

239　1915年6月20日致米歇尔斯的信,据韦伯遗稿抄件:"就阿尔萨斯－洛林举行公民投票,这种政治幼儿园的'拙劣作品',依我之见,还是秘不示人为好。放任自流的公民投票在罗马可以导致教皇统治,而放任自流的公民投票在西西里则会使皮埃蒙特人得益。无论如何,我要自告奋勇采取必要措施制止这种安排。"

240　参阅1917年4月12日致瑙曼的信,《政治著作选》,1,第468页。

种特殊的政治地位，统治着那里的是一个代表皇帝的总督，必要时可以行使广泛的特别权力。阿尔萨斯-洛林的议会机构对于这个直辖领地在联邦参议院的投票毫无影响。既然夺回阿尔萨斯-洛林成了协约国的宣战目标，韦伯相信，这道"伤口"进行最后康复就至关重要。[241] 尤其是，他希望消除皇帝的总督这个异常现象，这是对直辖领地进行专断统治的突出象征。此外，他还希望看到帝国提供慷慨的财政帮助发展这个直辖领地的经济，他认为它的版图太小，经济上不足以自立，因此这也是把它并入帝国的一个理由，如此即可确保必需的经济支持。他反对当时巴伐利亚各界主张的把它并入巴伐利亚的打算，甚至不赞成在几个竞争者之间瓜分的计划。[242]

然而，只要统治普鲁士的还是那个财阀选举权产生的议会，阿尔萨斯-洛林并入普鲁士就不可能。因此，1917年之后韦伯改变了立场，建议阿尔萨斯-洛林成为一个独立的联邦成员邦。同时，他否定了应该强加给一直处在法国共和主义影响下的阿尔萨斯一个王朝的建议。韦伯致信康拉德·豪斯曼说："阿尔萨斯议会应当获准在德国诸亲王中选择一个终身总督。""如果他们想要一个世袭总督（荷兰奥伦治家族拥有了200年的那种头衔），那当然很好，如果他们日后决定给他一个'大公'头衔，那也很好。"但是眼下，如果总督是选举产生，而不是由皇帝任命，他的部长们对阿尔萨斯-洛林议会负责并且通过议会制定法律，那就足够了。"这样一来，阿尔萨斯-洛林就成了一个'联邦成员邦'，我们将会有一个在阿尔萨斯人民'自决'基础上产生的

---

241 《政治著作选》，第492页。
242 同上书，第165、234页。对那个背景的全面叙述，见卡尔-海因茨·扬森：《1914—1918年德国联邦的战争目标政策：权力与失算》（Karl-Heinz Janßen, *Macht und Verblendung: Kriegszielpolitik der deutschen Bundesstaaten 1914—1918*, Göttingen, 1963），第21页及以下，第130页及以下，第156页及以下。

'大公治下的共和国'——这在政治上（而且对于和平）将是大有益处的。"²⁴³ 韦伯认为，既然普鲁士三级选举权的议会构成使得阿尔萨斯不可能并入普鲁士，那么这就是阿尔萨斯－洛林问题最令人满意的解决办法，国内外都可以接受。²⁴⁴ 我们在讨论帝国总统时会回到这个"当选"君主的概念。它已经远离了君主制正当性的概念。正是出于这个原因，它在 1917 年那个时候就不可能获得德国各邦国王朝的同意，尽管它比较简单易行。²⁴⁵

随着战争的继续，左翼政党越来越把普鲁士三级选举权的改革视为保守的右翼有无善意的一个试金石。马克斯·韦伯非常怀疑改革的前景，断定最有可能的无非就是"躲在浴血战斗的军队背后"来一场伪改革。²⁴⁶ 使他忧心忡忡的事实在于，保守派在这个问题上冥顽不化，加之泛日耳曼主义者完全不负责任的蛊惑煽动，正在日益加深工人与激进右翼的裂痕。他极为怀疑右翼正在利用工人阶级的激进化进行投机。"连农民都知道，即使我们战败了，我们也得买面包吃。工业和船运业将被摧毁，就是说，这些权力竞争者将被淘汰出局。如果大地主仍然权力在握，工人阶级的心灰意冷和革命性

---

243 1917 年 7 月 29 日致豪斯曼的信，促使他写这封信的原因是多数党在阿尔萨斯－洛林问题上抨击米夏埃利斯（豪斯曼遗稿）；最初韦伯是想提交给豪斯曼一份《关于阿尔萨斯问题的意见书》，但还是改用写信的方式提出了自己的建议。韦伯希望看到如下具体变化："1. 未来的总督应当选举产生而不是由皇帝任命；2. 他应当享有一个联邦诸侯的豁免权和头衔；3. 与他的部长们向阿尔萨斯－洛林议会负责相一致，他应当向联邦参议院的阿尔萨斯－洛林代表发出投票指令；4. 应当由他（而不是皇帝）与阿尔萨斯－洛林议会制定法律（邦国法律）。"

244 参阅《政治著作选》，第 234 页（1917 年 10 月）；韦伯首选的办法是将这个联邦成员邦整合进普鲁士，"如果平等选举权可以排除那个主要障碍的话"。

245 韦伯本人为他的建议补充辩护说，这是最简单的解决办法，因为它不必调整现存的军事领导权和军事惯例，这是一个略嫌无关紧要的论点。1917 年 7 月 29 日致豪斯曼的信。

246 参阅《论帝国选举权紧急法令》（"Ein Wahlrechtsnotgesetz des Reiches"），载《法兰克福报》，1917 年 3 月 28 日。另见《政治著作选》，第 194 页。

第七章　第一次世界大战：德意志帝国有无大国资格的实验场

绝望就势在必然，那时君主将落入他们手中。因此这就是'全部赌注'。"[247]

但是，工人阶级激进化的危险并不那么容易消除。韦伯有充分理由担心，德国工人阶级很可能会被驱赶到俄国二月革命的方向上去。1917年4月的军工工人罢工就是一个不祥的征兆。尽管罢工的直接借口是灾难性的食品供应局面，但政治要求也已浮出水面。虽然没有提出社会主义要求，当下和未来的要求都没有，但莱比锡工人提出必须进行和平谈判，并在所有各邦实现普遍、平等、直接、秘密选举权。韦伯并没有谴责这些罢工，但深为忧虑。当时他曾致信赫尔曼·翁肯说："我担心，柏林的这些事件——这是名副其实的匮乏所致——与朔尔勒莫-利泽尔（Schorlemer-Lieser）以及其他普鲁士大臣们的所作所为，只是未来困局的一个序曲，我们会再次看到我们错失良机，犹如和谈开价、《复活节公报》以及种种其他关头那样。"[248] 从民族利益的角度来说，他不赞同工人的立场，但他完全理解他们的困苦，并且一再论及工商业巨头们提供巨额资金，支持为胜利的和平进行不负责任的蛊惑宣传。[249] 因此，如果我们发现，在他的战时文章中对工商业巨头的尖锐抨击，可能会被认为来自一个社会民主党人而不是马克斯·韦伯那样的资产阶级政治家，也就完全不足为奇了。

第二国际召开了一次交战各国所有社会党参加的国际会议，试图寻求一条实现和平之路，而这时，各国政府显然已不可能结束战争了，

---

[247] 1916年3月5日致玛丽安妮·韦伯的信，《马克斯·韦伯传》中稍有曲解，见第572页。这里据韦伯遗稿抄件。

[248] 1917年4月20日的信，据韦伯遗稿抄件。

[249] 或见《政治著作选》，第343页。

韦伯对此做出了很矛盾的反应。[250]一方面，对于旨在更接近和平的进取努力，他只能表示欢迎，但另一方面，他不相信德国社会民主党参加斯德哥尔摩会议对于德国的军事和政治局势能有什么影响。诚然，他并不怀疑德国社会民主党代表团，尤其是菲利普·沙伊德曼的民族忠诚，不过，他希望能直接给他们大力支持。他认为社会民主党人必须事先确定一个牢固立场，就是不能激起外国人特别是俄国人的期待，好像德国正在接近崩溃。韦伯十分看重这个问题，准备提供资助委派一位俄国流亡者作为沙伊德曼的联系人和翻译。这位老相识在德意志帝国的民族需求问题上和他抱有共同见解。韦伯请弗里德里希·瑙曼向沙伊德曼转达了这个建议："亲爱的朋友，假如去参加那个会议的德国国会议员沙伊德曼先生的哥本哈根（或者斯德哥尔摩）之行需要一位俄国人，而且（1）能流利讲德语和俄语，（2）是个俄国社会民主党人，（3）是个可靠的亲德人士（与和平主义者）——你恐怕极难在任何一个俄国政党那里找到亲德人士——那么我会尽力说服目前正在这里的医生古特曼（Gutmann）先生（俄国犹太人）陪同前往，他已在德国生活多年，曾被拘押在拉佩瑙（Rappeneau），现已被释放并和这里的一位同事编辑报纸。……他可以为也将与会的俄国人担任翻译和消息人士，他们将会断定他是'完全'可信的。他可以让他们了解我们的军事实力和我们坚持到底的意志，还可以告诉他们这一事实：如果德国社会民主党人缔结了一种恶劣的和平，我们将会面临泛日耳曼主义在战后的反动，那时他们将丧失一切影响。他非常了解这一点（他是我们圈子里的常客），可以向柴泽（Tscheidse）——或者与会的无论

---

[250] 参阅希尔德·玛丽·梅内尔：《1917年斯德哥尔摩会议》，载《社会史国际评论》（Hilde Marie Meynell, "The Stockholm-Conference of 1917," *International Review of Social History*），1960年第5期，第2页及以下。

第七章 第一次世界大战：德意志帝国有无大国资格的实验场

什么人——做出充分说明。他的'和平主义'意向并不碍事。"[251] 当然，这个多少有点拐弯抹角的建议没有得到响应。不过它仍然证明了韦伯对斯德哥尔摩会议结果的强烈关注，同时也表明了他的担忧——如果德国代表团导致外界怀疑德国人民坚持到底的意志，德国的地位将被严重削弱。

1917年4月26日，马克斯·韦伯在《援助》上撰文评论"俄国向冒牌民主制过渡"[252]，也是因为担心"德国社会民主党受到诱惑而参与俄国杜马财阀统治的骗局，并从道德上偷袭……德国军队"[253]。这样来看，韦伯对俄国二月革命的分析显然是抱有偏见的，为了公平起见，理解这一点很有必要。[254] 这首先是要警告德国社会民主党人不要按照假想的俄国模式采取激进路线。

韦伯试图证明的是，目前并不存在与莫斯科的新统治者和平解决问题的机会。[255] 他力求解释这场起义并不是一次"革命"，而是"简单'淘汰'了一个无能的统治者"，根本没有实质性变化。俄国统治阶级对德国的仇恨以及他们的帝国主义倾向丝毫也没有减弱。当权的统治

251　1917年4月14日致瑙曼的信，抄自瑙曼遗稿，44。他接着写道："我保证他会回来，他有急迫的原因留在这里。可以绝对保密（为了外交部）。我将为古特曼先生的旅行支付最多1000马克费用。（顺便一说，他绝非身无分文。）尤其是，沙伊德曼先生是否认为有可能让这位完全可靠的人士参与其事，或者是否认为此事可取和必要——这些我都一无所知。非常重要的是应当给与会的俄国人留下准确印象：我们决不会乞求和平。这里的泛日耳曼主义影响正在高涨。"

252　此文节录现已收入《政治著作选》，第172—215页。

253　同上书，第215页。

254　皮佩斯忽略了这一点，见前引书第636页及以下，尽管他对韦伯论俄国的文章提出了才华横溢的强烈批评，使我讨论这个主题时受益匪浅。

255　追溯既往，意味深长的是，他是以完全不同的方式判断这个问题的。他在1918年10月时说："我们在否定克伦斯基的（和平）动机时，就是在冒不必要的风险。克伦斯基似乎有雄心也有善意为世界和平做出贡献。目前情况仍然不明，但是德国吞并所谓保护层——德波边界的狭长地带——的努力则使和谈从一开始就成了不可能的事情。"1918年10月的演讲，参阅下文第297页注释318。

者需要战争以使大量农民远离故土,从而阻止他们实际达到他们的激进政治目标。由于这个政权的信贷需求不允许将"唯一有信誉的资产阶级"排除在政权之外,社会主义能否战胜资产阶级也就难以预料。

韦伯大大高估了资产阶级在革命事件中的实际作用,因为他确信资产阶级是绝对不可或缺的,我们会再次遇到这个观点。他认为,经验已经证明:"今天,一场经久不衰的革命,既不可能单靠资产阶级和资产阶级知识分子,也不可能单靠无产阶级大众和无产阶级知识分子来完成。"[256] 这里韦伯忽视了一个事实:俄国资产阶级在革命之初是袖手旁观的,只是到了后来才卷入其中,而且,在工人阶级和农民的崛起面前,他们的影响力已经大为衰减。为了向德国工人阐明为什么俄国社会主义者能够在政府中居于主导地位并继续推行帝国主义路线,马克斯·韦伯过于强调了这样一个理论,即那是因为农民与工人阶级之间存在根本对立,为了让农民待在战壕里,军事工业中待遇优厚的工人愿意战争旷日持久地打下去。在这种情况下,俄国社会民主党的领袖们就别无选择,只能参与这种"可鄙的游戏",否则就可能丧失一切影响,或者最终发现自己被社会上、经济上和政治上全面反动的俄国农民大众击垮。"革命"的深化是不可能的,而"军事独裁"的发展将不可避免。

这种诊断存在诸多疑点,当然可以归因于它是有意为了进行论辩,但无论如何也必须指出,其中有不少错误判断。马克斯·韦伯对威廉二世"个人统治"的过分夸大,也体现在他对二月革命的分析中。他过度强调了沙皇"独裁统治"的作用,事后来看,韦伯能把二月革命仅仅说成淘汰了一个无能的统治者,显然是近乎荒诞不经了。当然,

---

[256] 《政治著作选》,第 198 页及以下,另见第 204 页。

第七章　第一次世界大战：德意志帝国有无大国资格的实验场

他没有避而不谈德国的形势。韦伯所谓"俄国杜马财阀统治的骗局"，主要是个论战性的说法，因为，如果他客观叙事，就无法直截了当地否定俄国的财阀统治选举权。韦伯有意描绘了一幅黑白分明的画面，从而肯定了他的一个观点，即政治上使用煽动技巧是合理的。这也是间接抨击普鲁士的三级选举权。让他耿耿于怀的还有德俄关系的未来。他不想撇开"俄国的大众帝国主义"这个原理，这实际上就是他针对俄国的战争目标规划。尽管俄国正在发生变革，但他仍然一如既往地主张，德国应当间接扩大对中东欧的控制，尤其是应当建立一个与德意志帝国休戚与共的独立波兰国家，实际上，他一直在严词强调波兰东部边界应当按照波兰人的意愿固定下来。[257] 无疑，这些要求非常符合德国的利益，但无助于同俄国单独媾和。[258]

马克斯·韦伯不相信克伦斯基政权不要兼并也愿意媾和，同时对于俄国这个样板的吸引力及俄国人的宣传对左翼的影响也非常忧虑。鉴于奥匈帝国的气氛和德国工人的态度，他对瑙曼强调说，德国必须毫不含糊地向俄国提出"无兼并、无赔款"基础上的和谈条件，对西方大国也是如此。[259] 事后来看，韦伯本人的设想显然超出了现实的可能性。例如，他仍然支持"保护佛兰德人的权利"，要求得到未来不对

---

257 《政治著作选》，第 212 页。

258 虽然俄国资产阶级力量的影响日益衰减，但韦伯继续坚持了他对二月革命的片面解释。参阅 1917 年 5 月 8 日致哈特曼的信（抄自韦伯遗稿），他在信中表示反对社会民主党维也纳《工人日报》对待俄国问题的那种方式："《工人日报》这是活见鬼了吗？可以容忍的政治愚蠢是有最大限度的。俄国的'自由'意味着什么？杜马和格尔契科夫（Gortschkow）、拉德杨科（Radjenko）……[一个难以辨认的名字]、米留可夫（Miljukow）这些先生都是最凶恶的好战分子和帝国主义者——连 V. 阿德勒（V. Adler）都知道这一点。"7 月底韦伯再次致信哈特曼："在俄国问题上我一直都是完全正确的。这个文人民主制太需要英国的金钱以维持它在国内讲和的权力，而且，只要它的权力还不安全，它就不会让农民从战壕里回来。"1917 年 7 月 24 日的信，原件在韦伯遗稿中。韦伯在 1918 年 2 月又谈到了同样的问题（还是出于策略上的考虑），见《政治著作选》，第 293 页。

259 1917 年 5 月 8 日的信；参阅 1917 年 4 月 12 日的信，《政治著作选》，1，第 468 页及以下。

德国进行海上封锁的国际保证,以及"划分非洲未开化地区的殖民利益范围"。他乐见给予俄国在达达尼尔海峡的自由通行权。[260] 他继续支持恢复一个"自由波兰"并准备满足于保证它的中立,但他早先的要求是在波兰东北边界沿线构筑防御工事。无论如何,韦伯认为这样一份宣言会产生什么样的国际效果只是个次要问题。他不相信和谈的可能性。至关重要的是,这样的尝试可以对抗右翼不负责任的蛊惑煽动,工人阶级对于德国和平意图含混不清感到的愤怒会冷却下来。韦伯很实际地评估了可能的结局:"如果明年我们仍然处于和今天同样的外交境地,如果食品和煤炭供应情况恶化,我们就只能坦率承认战败了,因为:(1)后方给养已再无可能;(2)财政破产将不可避免。后者意味着,即便得到了最有利的和平环境,我们今后的若干代人也无力追求世界政策与殖民政策了(!),我们将成为一个没有财力的同盟……"[261]

韦伯清楚地看到了一种危险,即由于右翼的战争目标煽动和最高统帅部的所作所为,国内政治局势将会过度紧张。因此,他开始强烈要求,不仅要在战时废除三级选举权,而且要立即实行德意志国家的议会化。[262] 他还希望——这几乎与他最杰出的本能背道而驰——尽早出现交战各国进行和谈的基础。但他并没有逃避这一事实,即战争很可能继续打下去,直到双方完全筋疲力尽。战争的复仇狂热已经挣脱了政治领导的缰绳,激烈厮杀已经失控。在马克斯·韦伯看来,战争似乎完全失去了意义,变成了一种纯粹的破坏性现象。"只要我们能看到结束这场现在已经漫无目的的战争就好!如果战争成了我们里里外

---

260 另见上文第 228 页。
261 1917 年 5 月 8 日致瑙曼的信。
262 韦伯在这方面的活动已如前述,见第六章。

第七章 第一次世界大战：德意志帝国有无大国资格的实验场

外的'日常'生活，那真是太恐怖了。"263

就是出于这些原因，我们可以设想，马克斯·韦伯只能欢迎中央党议员埃茨贝格尔在德国国会预算委员会的倡议，由社会民主党、进步党和中央党的国会多数共同提出和平方案。这个方案与韦伯1917年4月和5月给瑙曼写信表明的立场几乎完全吻合。后来他曾骄傲地指出，他在《法兰克福报》上的文章对于"七月危机"的走向并不是毫无影响。264 促使埃茨贝格尔采取这一步骤的他对奥地利局势的看法，也完全符合韦伯本人的看法。265 然而，马克斯·韦伯对于国会多数这个动议的反应却是完全负面的，尽管它是迈向议会化的重要一步，还是以惨败告终。他在写给格奥尔格·霍曼（Georg Hohmann）的信中有些冲动地说："埃茨贝格尔是头蠢驴。"266

我们这里可以看到马克斯·韦伯政治立场的某种"无理性"，这在一定程度上要归因于一个事实，即他本人无缘投入能动的政治参与。必须根据当下政治局面进行操作的党派政治家，会发现这种突如其来的变化不可理解，也令人毛骨悚然。267 在那决定性的几个星期中，韦伯都待在他妻子的威斯特伐利亚故乡小城，远离一切政治的奥灵豪森，

---

263 致奥伊伦堡的信（抄自韦伯遗稿），1917年6月23日；参阅1917年6月16日致E.莱塞（E. Lesser）的信，《政治著作选》，1，第474页："没有人知道如何结束一场很久之前就该结束（！）的战争，简直岂有此理。虽说就人的判断力而言，要是不存在意外情况，还是可以看到出路的。"

264 致霍曼（Hohmann）的信，1917年9月，具体日期不详（韦伯遗稿）："一如豪斯曼给我的信中所说，此文对于7月和8月的危机也产生了重要影响。"参阅上文第171页注释81。

265 参阅1917年6月27日致《法兰克福报》的信；另见上文第172页注释83。

266 致霍曼的信；韦伯1917年9月7日致信豪斯曼说："这个埃茨贝格尔真是头蠢驴。这种'和平'宣传的手法毫无益处，而且危害民主。民主化肯定必需，也肯定会不断挺进。但如果与'和平'混为一谈，这个事业就会受损。如果实现了民主化却没有带来'和平'，民主化就会名声扫地。"

267 一般的党派政治家往往会发现，马克斯·韦伯的政治立场"难以捉摸"，比如他曾突然支持蒂尔皮茨或者后来支持鲁登道夫，以及支持政府官员反对人民法庭吸收犹太人成员的可能性。感谢鲍姆加滕教授允许我使用了涉及这个问题的文献手稿。

没有料到德国国会的那些事件。他被激怒了:"国会议员埃茨贝格尔的做法简直就是犯罪。先是在德国国会耸人听闻,然后又提出口号,说议会化将带来和平!——实在令人愤慨,试问谁能有这个把握?"[268] 国会党团的表现完全不能接受。"德国国会的那种讨论方式仍在继续,先是这种愚蠢的'恐慌',接着是如此的混乱","极为讨厌",这就是"它给人留下的主要印象"。[269] 由此,党团领袖们表现出的漫无目的和优柔寡断也为贝特曼·霍尔韦格的垮台出了力,对于选择他的继任者几乎没有产生任何积极影响,令人悲叹。此外,韦伯也不赞同多数党在和谈方案问题上的战略:"我对这种拼凑和谈方案的方式不感兴趣,尤其是考虑到现存政党格局的性质。"[270]

特别是有一个问题,促使韦伯非常坚定地拒斥埃茨贝格尔的倡议,那就是对协约国的影响。"国外会猜测这种民主自白是由于虚弱,而且他们还有更进一步的期待:革命——这将延长战争。"[271] 正是对未来的悲观情绪,使得韦伯想要敌人明白,德意志民族不乏将这场存亡攸关的斗争进行到底的意志,直到实现一种体面的和平。他的民族主义观念使他不可能接受埃茨贝格尔从德国的不确定性局面中获利的企图,并希望尽可能让外界保持一种对这个民族团结战斗的意志和同盟国军事实力的幻觉。德国绝不能对外界丧失脸面,它作为一个主要民族的声

268　1917 年 7 月 13 日致玛丽安妮·韦伯的信(据韦伯遗稿抄件)。第二句话在《马克斯·韦伯传》第 601 页上被编入了另一封信中,日期也被错误标注为 7 月 21 日,准确日期应为 7 月 19 日——此信的其他内容也被做了一些改动。

269　1917 年 7 月 18 日致米娜·托布勒的信,鲍姆加滕档案,Ⅱ,第 33 页。

270　同上注。

271　1917 年 7 月 19 日的信,抄自韦伯遗稿,《马克斯·韦伯传》引用有曲解,且日期错误标注为 7 月 21 日;参阅 1917 年 7 月 13 日的信:"外界会得出这样的印象:我们已经山穷水尽了。"类似的还有 1917 年 7 月 18 日致米娜·托布勒的信,鲍姆加滕档案,Ⅱ,第 33 页:"外界正在期待发生'革命',那将是和平的巨大障碍。"

第七章　第一次世界大战：德意志帝国有无大国资格的实验场

望及其政治制度必须得到捍卫。韦伯对于外交角力中声望因素的极度重视非常引人注目，但对它的估价可能有点过高了。就国内而言，韦伯支持民主化是为了巩固后方。但是，在国会多数明确表示一致赞成和平时，他认为这是德国对外示弱的表现。结果是，韦伯在这里陷入了自相矛盾。

韦伯激烈拒斥这个和平方案，还有一个原因就是，它把民主化与和平希望搅在了一起。韦伯认为它非常可疑，因为它将给民族对待议会制的态度带来这样的影响："未来国内的人们会说：'民主是外界强加给我们的。'那将是一笔悲惨的遗产。"[272] 韦伯渴望避免这样的危险，特别是因为，假如体面的和平被证明不可得，民主理想本身就可能名声扫地，这是根本不可容忍的。韦伯写道："我们必须采取行动阻止这种危险，否则我们将在几十年间不得不面对反动势力的谴责，说我们帮助外国强加给我们一部宪法，而它只是让这些外国称心如意。我们无法预知这将对和平时期的选民产生何种影响。假如，虽然实现了民主化但和平没有到来——暂时我认为这是可能的——那么失望大概就是必然的，而这将更有利于我们在国内的敌人。"[273]

这个批评预言了魏玛共和国将要面临的情形，因为它不得不自我辩解以防被说成纯粹是获胜的列强意志的产物。威尔逊事实上没有强行废除君主制吗？议会制不是战败的耻辱结局吗？虽然如此，但我们不免要质疑的是，像马克斯·韦伯希望的那样，德国国会多数在与最高统帅部和传统势力的搏斗中，把追求议会制的斗争与谋求和平的斗争区分开来，是不是真的有可能。埃茨贝格尔不是汇集了包括渴望和平在内的所有政治资源以诉诸大众并因而击败了对手吗？事实上，他

272　1917 年 7 月 13 日致玛丽安妮·韦伯的信（抄自韦伯遗稿）。
273　1917 年 7 月 17 日致劳工部长托马斯（Thomas）的信。

并没有用尽一切办法，剩下的事需要列宁去做了。埃茨贝格尔始终是个讲求实际的政治家，这时他必须考虑的是如何争取胜利。韦伯无疑更富有远见，但这改变了胜利的和平支持者仍然占据上风这一事实了吗？

马克斯·韦伯本人未能给和平问题与宪政问题的混乱状态导致的两难困境找到一条出路。埃德加·雅菲和格奥尔格·霍曼力劝韦伯8月初到慕尼黑的一次公共集会上与社会民主党议员沃尔夫冈·海涅一起发表演讲，主题是"以谈判的和平对强加的和平"。由于柏林事件的影响，韦伯拒绝了："只要俄国的攻势还在继续，我们就不应以这种方式呼唤和平。那看上去像害怕了。"[274] 韦伯立场的内在冲突在这里清晰可见。一方面，他迫切要求民主化和一种谈判的和平，但另一方面，他又担心公开支持这个目标在国外引起不良反应，因为在他看来，西方大国要的就是以民主化削弱德国。[275] 因此，在这个方向上采取的一切步骤，特别是在德国国会公开会议之外的步骤，都应谨慎推进以免强化协约国的获胜意志。和他的战争方案一样有所节制，他仍然感到必须有保留地采取行动，并要求帝国表现出强大和自信。韦伯始终没有放弃这样的希望，即德国的敌人最终在德国人不可征服的战斗意志面前会准备屈服。

马克斯·韦伯的这种矛盾态度，也清楚地反映在应《法兰克福

274　1917年7月17或18日致玛丽安妮·韦伯的信（抄自韦伯遗稿），类似的还有1917年7月13日致米娜·托布勒的信，鲍姆加滕档案，Ⅱ，第32页："本来下周我应该去慕尼黑演讲（和平），但我不会去了：最早也要8月1日以后才行。柏林的事件令人不快，因为他们非常紧张和恐慌。"另有1917年7月16日致慕尼黑的电报："建议入秋之前不要举行和平集会。"以及1917年7月17日致劳工部长托马斯的信："全力以赴的和平宣传本身无疑是可取的，但最好还是在俄国目前的攻势被击退或者停止之后，否则此事很容易被看作害怕的结果。"

275　同上注。

第七章　第一次世界大战：德意志帝国有无大国资格的实验场

报》之请撰写的论政府危机的文章中。[276] 在他看来，那个和平方案会给人留下示弱的印象，出于这种担忧，他认为必须向对手阐明，鉴于目前战局"甚好"（！），没有人会把它视为虚弱的征兆。此外，他还尖锐抨击了产生危机的那种方式。议会由于无力行使政治领导权，因而对一种"奴隶起义"心怀恐惧。[277] 无可否认，多数党的和平行动实际上毫无目标可言，因为他们既没有阻止贝特曼·霍尔韦格的垮台，也没有用他们的信任票选出一位新首相，而是任由最高统帅部将一位完全难以捉摸的人物——米夏埃利斯——推举为首相。韦伯在其他一些场合也公开地强烈抗议把民主化与谈判谋和平的希望捆绑在一起："没有哪个政党会抛弃德国的利益和荣耀却能保持片刻权力。"[278]

虽然韦伯对那个和平方案抱有批判态度，然而一旦它成了一个既定事实，他便出手对付来自右翼的攻击了，他们现在建立了一个新的宣传组织——"祖国党"。[279] 韦伯加入了"自由与祖国人民联盟"，并试图尽其所能抵制泛日耳曼主义的战争目标动议。[280] 他仍然认为至关

---

[276] 不足为奇，韦伯这篇文章使他极为苦恼。请比较 1917 年 8 月 1 日致玛丽安妮·韦伯的信（抄自韦伯遗稿）："我现在很好，只是精神比较低落。什么都不想了。甚至允诺给《法兰克福报》谈论危机的文章也没有完成，虽然电报催得我很紧：这样不行。"此文发表于 1917 年 9 月 7 日的《法兰克福报》，现已收入《政治著作选》，见第 216 页及以下。

[277] 另见 7 月 17 日或 18 日致玛丽安妮·韦伯的信："柏林发生的所有这些事件都会引起恐慌，从而令人痛苦，并且使敌人受到鼓舞。"还有 1917 年 7 月 24 日致哈特曼的信（韦伯遗稿）："最近这些日子里，我们自己的议会没有为民主做广告。谢天谢地！"

[278] 1917 年 12 月 12 日在《海德堡日报》发表的声明，接着又发表于 1917 年 12 月 13 日的《法兰克福报》晨报版第 1 版。声明补充道："应当尽力保证未来没有人这样说：'你们用刀剑获得的东西，可能由于你们被拖进这个机器、踏上国内政党斗争的薄冰而丧失。'一军官冒险进入他无法控制的领域，将会危害他在军队和民族那里获得的无条件服从的权威。"部分内容可见于《马克斯·韦伯传》，第 630 页；参阅《政治著作选》，第 229 页及以下。

[279] 参阅《祖国与祖国党》一文，同上书，第 229 页及以下。

[280] 《马克斯·韦伯传》，第 629 页。

重要的是如何才能强化大众坚持到底的意志，并抵消任何失败主义的苗头。不应给协约国认为德国或者奥匈帝国的战斗正在消沉的理由，也不应刺激国内尽快结束战争的期望，而这种期望即使有可能，也不会如愿以偿，最终却可能导致沮丧和绝望。这些目标都展示在韦伯 1917 年秋发表于《法兰克福报》的系列文章中：《首相危机的教训》（"Die Lehren der Kanzlerkrisis"）、《祖国与祖国党》（"Vaterland und Vaterlandspartei"）以及《论第七期德国战时公债》（"Die siebente deutsche Kriegsanleihe"）。

特别是最后这篇文章，应当理解为韦伯无论如何都要稳住后方人心所做的策略性努力。他在这篇直接涉及最高统帅部的文章中断言，"德国不可能在军事上被击败"，"最终的胜利只是个时间问题，如果敌人不打算响应德国的和平倡议的话"。同时他又指出，德国国会的和平方案"以及政府的立场、……战斗中的军队和德国人民都已保证"，"除非民族的生存……与德国的自由经济发展所必需，战争将不会多持续一天"。[281] 甚至根据韦伯当时已经掌握的信息来看，这也是一个非常可疑的断言；无论米夏埃利斯还是赫特林，都没有正式接受这个和平方案，而且方案本身可能被做出兼并主义的解释。德国外交事务国务秘书冯·屈尔曼（von Kühlmann）在继续执行其前任的"动产抵押"政策，而当他回复教皇文电对于比利时问题不再使用含糊其词的说法时，韦伯甚至在其他场合指出，这在各大国之间举行严肃的谈判之前是绝对必要的。事实上，韦伯纯粹是从有利的角度、出于谨慎的国家理由描绘这一切的，而且进行推测时犹如它们就是既成事实。他曾写道，"一个得到德国国会支持的德国政府，在国内将会足够强大到任何时候都

---

[281]《政治著作选》，第 226 页。

第七章 第一次世界大战:德意志帝国有无大国资格的实验场

可以和我们的盟友一起实现公道的和平"²⁸²,对此说法我们肯定会满腹疑团。马克斯·韦伯还试图在支持多数党改革努力的同时平息政府在战争目标问题上的方针引起的国内动荡,也是一个自相矛盾的任务。

就是这些策略性的考虑,使得韦伯几乎是平生唯一一次使用煽动性语言把和谈失败归咎于协约国的政治家们。把持了"我们某些敌国的首脑",简直就是"一些彻头彻尾的无赖和冒险家"。——如果你把他们官方声明的腔调和德国的声明比较一下,这一点就显而易见了,"他们谈论我们时不会用别的方式,只是无耻狡诈地羞辱我们,用恶毒的罪名诋毁我们,这是任何一个抱有荣誉感的民族都难以启齿的。他们谈论战争的措辞就像对待战俘,尤其是,他们强力压制了他们自己的民族、他们的盟国以及臣服于他们的民族对和平的向往。他们之所以这么干,仅仅是因为他们就战争结局做出了根本不现实的承诺(这与德国政府形成了鲜明对照),从而不得不担心他们自身在和平之后将面临最后审判,因此他们是在幻觉中拖延时间,认为德国人民的生存意志终将崩溃"²⁸³。可能是韦伯相信在这种场合不适宜讨论具体的实际

---

282 《政治著作选》,第 227 页及以下。这个说法显然与当时的帝国政府立场相矛盾;那个政府在"一战"期间从未打算以放弃重大兼并行动为基础进行和谈。

283 见《法兰克福报》,1917 年 9 月 18 日。这一段以及下面的内容在《政治著作选》中被略去,理由是它们无助于说明"任何问题"(第 227 页)。人们会问,什么问题?我们也许会很遗憾马克斯·韦伯曾写下了这些句子,哪怕认为这几乎难以置信,但拒绝正视这一点,特别是在学术版中,就没有道理可言了。马克斯·韦伯在极端情况下会毫不犹豫地使用极端手段或者极端措辞,这是他作为一个"英雄般的民族主义者"形象的一部分,对此视若无睹是不可能的。因此,我们这里逐字逐句给出相应段落如下:"不过,我们某些敌国的首脑是一些彻头彻尾的无赖和冒险家——把他们官方声明的腔调和德国的声明比较一下即可证明。他们谈论我们时不会用别的方式,只是无耻狡诈地羞辱我们,用恶毒的罪名诋毁我们,这是任何一个抱有荣誉感的民族都难以启齿的。他们谈论战争的措辞就像对待战俘,尤其是,他们强力压制了他们自己的民族、他们的盟国以及臣服于他们的民族对和平的向往。他们之所以这么干,仅仅是因为他们就战争结局做出了根本不现实的承诺(这与德国政府形成了鲜明对照),从而不得不担心他们自身在和平之后将面临最后审判,因此他们是在幻觉中拖延时间,认为德国人民的生存意志终将崩溃。只要他们还抱有这种幻觉,那就不会(转下页)

目标，在他看来，针对协约国及其战争目标进行论战就是可以允许的办法，而且他毫不吝啬地将敌人抨击为恶魔。他断言，敌人的军队主要是由野蛮人拼凑起来的，"在西线和他们并肩作战的是流离失所的非洲和亚洲野蛮人，以及世界各地的强盗和恶棍。他们已经准备就绪，只要我们停止供给我们的军队充足的武器把战争打下去，他们立刻就会把德国领土夷为废墟。"如此落入当时的战争宣传泥沼，我们也许会深感遗憾，在韦伯看来却很清楚，1917年秋季的战局似乎是一年半以来更有希望的时候，因为俄国即将退出战争，一切都取决于利用任何可以利用的手段增强人民的战斗意志。

基于同样的倾向，韦伯提到了协约国"一旦获胜就对德国劳动力进行系统掠夺和永久奴役的计划"，这是对1916年6月协约国巴黎经济会议决议做出的（当然是非常夸张的）解释。他并不支持泛日耳曼主义者那种杂交式的民族主义，但他也不能容忍他一以贯之为自己民族的生存斗争所做的努力受到挑战。他对德国的敌人说话从不讲究斯文。他对协约国的蔑视不应被认为只是煽动宣传，其中也表达了他个人对协约国的决策方向根本没有致力于和谈解决问题的失望。[284]因此，有一个危险

（接上页）存在和平。只有德国人民知道是什么样的命运在等着他们。敌人的军队加入了越来越多的野蛮人。在西线和他们并肩作战的是流离失所的非洲和亚洲野蛮人，以及世界各地的强盗与恶棍。他们已经准备就绪，只要我们停止供给我们的军队充足的武器把战争打下去，他们立刻就会把德国领土夷为废墟。俄国的乌合之众在暂时推进到他们同一种族的部分居民居住的地区时犯下的野蛮暴行，令人又想起了中世纪的蒙古人统治。敌国的部分统治阶层看来已经陷入了极为癫狂的仇恨之中。一个很有教养的大地主，俄国革命政府的前战争部长，居然公开建议对手无寸铁的战俘使用鞭刑。在法国，连学生都参与了向放下武器的敌人啐口水的行径，而这在其他地方只是针对妓女的特殊做法。所以，没有人还会怀疑，一旦德国人民的战斗准备稍有松懈，在前面等着他们的将是什么，这尤其是因为，敌人正在不容分说地公开讨论一旦获胜就对德国劳动力进行系统掠夺和永久奴役的计划。"

284 参阅1917年9月8日致米娜·托布勒的信。鲍姆加滕档案，Ⅱ, 41："但过去一年半的局势并不像此时此刻这样对我们有利，敌人提出的我们要想获得和平而必须满足的条件，都不过是愚蠢的胡说八道！更何况，为了保住他们的部长交椅而允许成千上万的人被屠杀，这简直就是犯罪。"

趋势是清晰可见的:因为1917年7月的和平方案以及议会代表入阁而出现的大有希望的德国民主化开端,从一开始就背上了外交失败的恶名,这极有可能使泛日耳曼主义的新一波反动浪潮趁机席卷德国。

因此,韦伯把兼并主义右翼的反攻和1917年9月3日"德意志祖国党"的建立看成极端危险的。他在《法兰克福报》上明确警告说,保守派和泛日耳曼主义者正在肆无忌惮地"以祖国的名义进行它们的煽动性党派经营,从而玷污了这个名义"[285]。在他看来,更恶劣的是,这些事件可能导致"关于和平的花言巧语"再度泛滥。[286] 与多数政治家,甚至与德国国会的多数党政治家——包括施特雷泽曼——不同,他担心开始于这个和平方案的政策会不了了之,和谈很快又陷于无望,他在1917年10月致信卢多·莫里茨·哈特曼(Ludo Moritz Hartmann)说:"我不相信和平会在明年初到来。……威尔逊是不想,克伦斯基是不能——他绝无可能,因为那将意味着失信于人,然后就是土崩瓦解。……举凡这种和平说辞都是不幸,而且让民主政治名声扫地,因为它同样败坏士气。"[287] 在韦伯看来,必须坚持到底,恪尽职守并寻求德国国内事务的"新方向",这并不是和平的手段,而是确保更有效地继续作战并实现最高度民族团结的实质前提。

韦伯认为奥匈帝国是同盟国的一个软肋,那里的内部形势由于严重贫困和民族关系的高度紧张而趋于恶化,因此,这个二元君主国还能否继续打上几年仗就非常可疑。韦伯注意观察了一段时间,发现奥匈帝国的失败主义态度在不断蔓延。早在1917年7月,他就对哈特曼抱怨过《维也纳工人报》的腔调,特别是有一篇文章提到"这场战争

---

285 《政治著作选》,第232页。
286 同上书,第231页。
287 1917年10月7日致卢多·莫里茨·哈特曼的信,抄自马克斯·韦伯档案,慕尼黑。

是替德国进行的野蛮征服战"。他力促奥地利社会民主党领导人正式与这篇文章表达的观点撇清瓜葛，含蓄地威胁要与哈特曼断绝个人关系。[288] 他还一再表示反对奥地利媒体采取的那种态度。[289]

1917 年 10 月，韦伯得到一个直接了解奥地利局势的意外机会。因为私人而不是政治原因，他前往维也纳待了几周。[290] 根据奥地利史学家卢多·莫里茨·哈特曼的建议，韦伯被邀请担任奥地利大学的政治经济学教职。这个机会出现之时，马克斯·韦伯已经有 20 年没踏上讲台了。最初他几乎不相信自己的运气来了："真叫人高兴，却是个幻想。"[291] 在竭尽全力到政治舞台上赢取一个负责任的职位无果而终之后，有机会重获一个适当的学术职位，对他就有了特殊的吸引力，而且，作为"七月危机"的结果，他对政治与新闻生涯的嗜好也大为疲弱。此外，到维也纳很可能有机会——尽管只是作为副业——为巩固同盟国的关系效力，因为他把奥地利的立场看作事关未来的严重问题。[292] 然而，他无法确定自己的健康状况能否经受住日常教学职责的压力，最后他决定，至少在 1918 年夏季学期尝试一下。

288　1917 年 7 月 5 日致卢多·莫里茨·哈特曼的信，抄自马克斯·韦伯档案，慕尼黑。他同时说道："到现在为止，没有任何神职人员为了一种含糊其词的和平需求，被驱使像《工人报》那样公开说出'这场战争是替德国进行的野蛮征服战'。这在俄国会产生什么影响，我认为是不言而喻的：我们可能要付出再打好多个月的仗、再牺牲数以千计生命的代价。——对于这些事件，既然你不愿表示反对，我就不得不从中得出自己的成见了。我至今还没有看到有谁为那个显然是党的喉舌发出的声音承担责任。"

289　例见 1917 年 10 月 7 日和 1918 年 2 月 25 日致哈特曼的信，抄自马克斯·韦伯档案，慕尼黑。

290　出发的时间是据 1917 年 10 月 10 日致哈特曼的信考证，信中说到了这次旅行并商议了食宿事宜。原件存于韦伯遗稿。

291　1917 年 7 月 24 日致哈特曼的信："关于你谈到的在维也纳任教一事——我不相信学校，当然还有政府会考虑用我。那里有一些非常能干的奥地利人（比如熊彼特），在德国的赫克纳（Herkner）也是奥地利人，尽管不是那么活跃。所以……"

292　1917 年 10 月 30 日致米娜·托布勒的信，鲍姆加滕档案，Ⅱ，43："我认为这在政治上对那里来说不是个无关紧要的问题。"

第七章 第一次世界大战：德意志帝国有无大国资格的实验场

在维也纳期间，他与奥地利政治家们有过多次会见，汇集起来的政治印象却使他极为沮丧。"奥地利的情况非常糟。主要是因为新皇帝和切尔宁（Czernin）这些人。奥地利铁路大臣私下里说，由于快速且难以补救地过度使用铁路物资，4月以后他就不再能保证可控的食品供应了，但是，因为现在从俄国前线可以得到列车车皮，这种局面大概不会太危险。不过很不幸的是，气氛非常紧张。……至于未来政策的考虑，决定性的事实在于，战后他们将要依赖美国的财政援助，因为我们给不了他们任何东西。"[293]

尽管韦伯作为一个局外人极少能了解实际的政治事件，但他对局势的本能判断则是完全准确的。他对切尔宁的猜疑比较过分，然而他对卡尔皇帝和宫廷圈子的看法却被证明十分恰当。皇帝已经通过他的外交大臣背后那位西克斯图斯·冯·帕尔马（Sixtus von Parma）向西方各国开出了和平条件，其中包括把阿尔萨斯-洛林让给法国。当然，韦伯高估了和平主义潮流对皇室的影响。是灾难性的经济与政治局面促使这位皇帝采取了这种不老实的绥靖政策。马克斯·韦伯意识到，奥地利极有可能退出战争。虽然德国的真正敌人——俄国——现在已经受挫，但指望那个经济和政治上都已山穷水尽的多瑙河畔君主国愿意为了德意志帝国在东西方的利益继续战斗下去，也根本不现实了。韦伯感到必须发出这样的警告："我认为有必要公开声明，如果这些白痴给人的印象是他们还会获得影响力，这个同盟就将陷入比通常认为的更加危险的境地。"[294]

293　1917 年 12 月 10 日致翁肯的信（抄自韦伯遗稿）。
294　1917 年 2 月 1 日致翁肯的信（抄自韦伯遗稿）。他接着说道："正如经常被认为的那样，由于皇帝（受到了）（包括拉马施、F.W. 福斯特等人在内）的影响，维也纳的局面实际上很不妙。我告诉维也纳的先生们说，他们不必找一个埃茨贝格尔那样'毫无主见'的政治家解释他们的处境与和平方案的背景了。"

第五节　从布列斯特-立陶夫斯克到大灾变

马克斯·韦伯在维也纳的经历，导致他修订了自己对和平方案的看法。现在他准备承认，7月德国国会公开要求尽快实现"谈判的和平"是正确的，因为奥匈帝国在这个秋天之后将无力继续作战了。显然，他在维也纳逗留期间看到过切尔宁伯爵的备忘录，这个备忘录促使埃茨贝格尔1917年7月6日在德国国会预算委员会采取了一个戏剧性步骤。他的多数党在国会的倡议，7月时还被韦伯视为纯粹是普遍恐慌的产物，现在韦伯则认为，出于外交政策的理由，它是说得过去的："对协约国的担心是7月19日国会方案的主要刺激因素。现在可以公开说说了。谈判的和平之敌都知道，德国国会多数不得不掩饰这个决定性的动机，因此，他们的攻击就越发卑鄙。"[295]当然，由于发生布尔什维克革命，同盟国的处境得到了显著改善，至少暂时就是这样。于是，他对7月方案持保留态度的理由之一也就不复存在了，他曾担心，公开要求和平可能会助长协约国认为德国将迅速崩溃的期望。

在这种情况下，韦伯转而赞同原计划1917年7月在慕尼黑举行的群众大会以支持"谈判的和平"。东线的敌人现在退出了冲突，至少是出现了一个有利的和平前景，但愿这个机会不至于因为民族主义的妄自尊大而丧失。另一方面，俄国十月革命也对德国的国内局势产生了某些冲击，加剧了工人大众对德国政府在国内改革问题上的顽固立场的不满。比以往更为重要的是从两个方面着手维护德意志民族的政治团结，一是坚决反对泛日耳曼主义者们虚夸的英雄主义，一是加快实

295　引自韦伯1917年11月5日在慕尼黑的演讲，见下一注释。

第七章 第一次世界大战：德意志帝国有无大国资格的实验场

行宪制改革。既然形势紧迫，而且第一次有了具体的可能性去谋求谈判的和平，韦伯认为加速德国的民主化就是绝对必要的，以便为卓有成效地捍卫德国作为一个主要世界大国的利益奠定国内基础。

"争取谈判的和平、抵制泛日耳曼主义危险"的群众大会于1917年11月5日在慕尼黑举行[296]，马克斯·韦伯与社会民主党议员沃尔夫冈·海涅是主要演讲人。[297] 召开这次大会的是由若干党派的成员构成的一个独立委员会，最初拟定的第一演讲人是卢卓·布伦塔诺，后来改为由慕尼黑一位银行董事提名的博姆（Bohm）做了介绍性开场白。比较有意义的是，韦伯和几位社会民主党人一起，共同利用这个讲台

---

[296] 1917年11月6日的《慕尼黑新消息报》报道了这次演讲（《韦伯全集》，I /15, S.724—727）；韦伯本人也评论说，"前一晚的场面很大，掌声雷动"，见1917年11月9日致米娜·托布勒的信，鲍姆加滕档案，II，第42页。

[297] 随后的1917年11月8日，马克斯·韦伯在慕尼黑首次发表了此后声誉日隆的演讲《以学术为业》（"Wissenschaft als Beruf"），这是自由大学生联盟巴伐利亚州协会（Landesverbandes Bayern des freistudentischen Bundes）举办的系列讲座，另外还有豪森施泰因的演讲《以艺术为业》（Hausenstein, "Kunst als Beruf"）和克申施泰纳的演讲《以教育为业》（Kerschensteiner, "Erziehung als Beruf"）。1917年11月9日的《慕尼黑新消息报》晨报版做了简要报道，扼要概括了《以学术为业》中最为重要的那些阐述。由于《以学术为业》在韦伯的著述中具有特殊意义，我们不妨将11月9日该报的报道抄录如下：

"以精神劳动为业。必须承认，讨论这个命题的价值就在于使肉体的效能获得一种特殊评价。自由大学生联盟巴伐利亚州协会计划用四场讲座来展示精神劳动与职业生涯的关系。

"大学教授马克斯·韦伯（海德堡）在施泰尼克艺术厅以阐述'以学术为业'这一命题开启了这个系列讲座。这是一场非常生动而深刻的专题讨论，自始至终都那么引人入胜，错过它则堪称一大憾事。讨论是从学术如何构成了一种外在意义上的职业开始的，这使他有机会谈到了对美国大学景观的回忆。随着演讲人深入讨论内在的学术志业，思考的范围逐渐扩展，内容远远超出了原先的预告，他阐述了自己的人生哲学。他指出，在今天，出色的成就都是专业化的成就。无条件'献身于目标'的激情是取得学术成就的先决条件。艺术家和学者有一个共性，就是擅长奇思异想，但学术要服务于进步，它的意义就在于被超越。这里提出的基本概念是'纯学术'。科学工作就是一个实现进步的过程。知识化意味着对生存状况的认识，意味着这样的信条——人都希望知道些什么也能够知道些什么，意味着世界的祛魅。学术能为生活做些什么？提供知识、思想方法和澄清。如果说科学在今天是一种职业，这是历史发展的结果，是无可逃避的逻辑。至于我们应当如何作为的问题，科学无法给我们提供答案。大批听众向这位演讲人表达了特殊的谢忱。"

公开抵制了"祖国党"的蛊惑煽动,这既表现出了马克斯·韦伯的政治宽容,也有助于他赢得后来那种广为人知的美誉。他在演讲中严厉清算了泛日耳曼主义者及其忙于"长舌妇政策"的癖好;他们的蛊惑煽动损害了1914年之前的德国外交,必须为德国的外交失败承担主要责任。泛日耳曼主义者尤其要对战前未能与英国达成谅解这一事实负责。韦伯冷嘲热讽地揭露了他们的国内政治动机:"对英国的憎恨首先是对英国宪政的憎恨。'看在上帝的分上,不要与英国结盟,那会使我们走向议会化!'"特别是,他直言不讳地斥责他们鼓吹无限潜艇战造成了致命后果,这比和平方案有过之无不及地破坏了国内的气氛。他强调指出了右翼势力的盲目无知:"泛日耳曼主义者的所作所为宛如他们在这场靠同盟进行的战争中能够推行一种与我们的盟国无关的兼并政策。"他直指泛日耳曼主义者根本没有权利谈论后方和前线的大众,甚至"祖国党"这个名称都是"一个不知羞耻的丑闻"。

韦伯欢迎赫特林伯爵被任命为首相,主要是因为赫特林在谈判的和平问题上忠于德国的利益回应了教皇的和平文告。他还表示,期望赫特林此后能与议会密切协商,"避免与7月19日方案有关的战术错误"。另外他也指出,向民主化推进是未来成功实现和谈的先决条件。"绝不能让民主因为耻辱的和平而蒙羞,否则我们的子孙后代绝不会宽恕我们。"他这样大声疾呼是为了从根本上驱散一个广为流传的看法,即民主化不利于有效捍卫德意志民族的利益。他针锋相对地预言,民主制度是强有力的世界政策的必要前提:"我们希望追求一种世界政策,这唯有对一个主宰者民族来说才是可能的,但不是泛日耳曼主义暴发户的花言巧语所描绘的那种主宰者民族,而仅仅是由人民牢牢控制着统治权的民族。泛日耳曼主义运动只能导致人民的非政治化。我们理应能够作为一个自由、成熟的民族进入世界的主宰者民族行列。"

第七章　第一次世界大战：德意志帝国有无大国资格的实验场

与此同时，韦伯再次公开呼吁进行宪制改革。当时他在《慕尼黑新消息报》发表了一篇题为《巴伐利亚和帝国的议会化》的文章，试图缓解巴伐利亚人对于帝国议会化将损害各邦国权力的担忧。[298]1917年12月他又发表了一篇重头文章《德国的选举权与民主》，是那些年间论述宪政问题的经典作品之一，在这里，韦伯再次要求改革普鲁士的三级选举权，作为政治制度向自由主义民主道路转变的决定性一步。[299]

韦伯非常痛心的是，军事当局和反动势力越来越同流合污，"祖国党"多少也是依靠最高统帅部的支持。他相信战争期间全力支持军事领导层是一个不言而喻的民族义务，但军队抱着党派之见支持右翼政党恐怕更加危险，因为这将阻滞国内温和的民主改革与对外的和平谈判。因此，韦伯尖锐抨击了军队这种"不负责任的辅助统治"[300]，并且反对一些善意的军官——他们实际参与了泛日耳曼主义者的活动——以爱国主义教育工程把军队"政治化"的打算[301]，警告这些军官他们正在"政治薄冰"上冒险，因为他们并不懂得如何在那上面溜冰，从而危及军队对他们军事统率品质的信心。在1917年12月进步人民党[302]的海德堡集会上，他十分激动地坚决要求军队置身政治党派的斗争之外，这样才不至于今后被人说："他们用刀剑得到的，又被他们用笔杆子毁掉了。"这个句子被新闻界做了多种形式的报道，成了一封致德国国会抗议电报的借口，说韦伯诋毁军事领导人。这当然远远出人意料，而韦伯的本意不过是反对政治舞台受到军事入侵。不过，他迅

298　《政治著作选》，第233页及以下。
299　同上书，第245页及以下。
300　1917年11月5日慕尼黑演讲。
301　《政治著作选》，第231、301页，第450页及以下。
302　不是玛丽安妮·韦伯在《马克斯·韦伯传》第630页所说"人民联盟"。请比较1917年12月10日的《海德堡日报》，以及1917年12月13日《法兰克福报》晨报版第1版的报道。

速抓住这个机会,再次强烈抨击了"军队的普遍政治化和最高统帅部介入政党斗争"[303]。

当然,这时所有人的目光都集中到了布列斯特-立陶夫斯克,看看与俄国单独媾和如愿以偿之后协约国会不会拒绝俄国立即开始总体和谈的建议。[304] 政治与军事领导人之间在和谈战略上的深刻分歧,并没有带来什么利好的可能性,尽管公众对于布列斯特-立陶夫斯克实际上正在发生什么几乎一无所知。谈判第一阶段到达高潮时,马克斯·韦伯去了柏林。1918 年 1 月 8 日谈判暂停,10 天后又重新开始。1 月 12 日,他在普鲁士下议院对 600 名听众发表了关于"西方资产阶级"的演讲。尽管他声称是"从纯学术角度"论述这个主题,但他还是在普遍历史的背景下进行描绘的,以此证明贵族精英阶层的支配地位宣告终结并被资产阶级取而代之的合理性。[305] 布列斯特-立陶夫斯克的谈判进程完全出乎韦伯的预期。[306] 他期望的是在与中东欧各小民族体面谈判的基础上构建一种持久和平的秩序,断然反对直接兼并。他认为,德国的安全利益应以间接方式得到保证。大俄罗斯的利益也应当尽可能不受质疑。在这个意义上说,韦伯赞同体面地接受俄国的

---

303 参阅《马克斯·韦伯传》,第 630 页;那里引用的韦伯 1917 年 12 月 10 日在《海德堡日报》上的说明,也发表在 1917 年 12 月 13 日的《法兰克福报》上,晨报版第 1 版。

304 然而,韦伯还是抱着一线希望,即协约国普遍会公开谈判意图。他对劳合·乔治 1917 年 12 月 5 日的讲话做出了这样的解释:"在我看来,劳合·乔治的讲话表明,他们正在为变得有点'更温和'而忧虑了,但和平还是遥不可及。法国已经有了基调,拂晓正在缓慢迟疑地到来。我希望意大利的政治局面尽可能糟下去。"1918 年 1 月 9 日致米娜·托布勒的信,鲍姆加滕档案,Ⅱ,第 52 页。

305 据 1918 年 1 月 10 日《柏林日报》的预告。参阅 1918 年 1 月 13 日自柏林致米娜·托布勒的信,鲍姆加滕档案,Ⅱ,第 48 页(此信可以根据个人判断确定日期)。

306 参阅沃尔夫冈·施特格里希:《1917—1918 年同盟国的和平政策》(Wolfgang Steglich, Die Friedenspolitik der Mittelmächte, 1917—18, Wiesbaden, 1964),第 1 卷,第 330 页及以下;弗里茨·费舍尔,《跻身世界强国》,第 621 页及以下;格哈德·里特尔,《治国术与战争艺术》,第 1 卷,第 109 页及以下;以及温弗里德·鲍姆加滕,《1918 年德国的东方政策》(Winfried Baumgart, Deutsche Ostpolitik 1918, München, 1966),第 13 页及以下。

第七章　第一次世界大战：德意志帝国有无大国资格的实验场

要求，即不割地、不赔款的和平。但屈尔曼1918年1月11日发表了"毫无必要那么生硬的声明"[307]，却让韦伯有些恼怒，它宣布，根据同盟国在俄国周边国家建立的代表机构的意愿，这些国家将不再属于俄罗斯帝国。（这些代表机构的成员均来自狭小的上流社会圈子，在库尔兰和立陶宛则主要是德国人，都是纯粹的傀儡。）韦伯认为，这样一来，民族自决原则基础上的自由主义解决方案根本就不再可能了。1918年1月12日，最高统帅部代表霍夫曼将军就和谈问题发表了所谓"拳击讲话"[308]，韦伯的不安迅速化作了激愤。在这里，德国的大量需求第一次被直接公开地搁置一旁。霍夫曼是在迎合屈尔曼，但在德国，像在奥匈帝国一样，这被视为最高统帅部直接干预和谈的结果，因为众所周知，最高统帅部一直支持偏激的战争目标。与德国的许多舆论反应一样，马克斯·韦伯也非常愤怒："霍夫曼事件是个丑闻。它会牺牲我们的盟国。"[309] 韦伯担心，拖延缔结和约将在奥匈帝国产生致命后果，他预言这个二元君主国不会准备为了实现德国的战争目标无限期地打下去，从而危及它作为一个国家的生存。因此，他要求德国默认俄国的方案，另外宣布德意志帝国没有奴役比利时的计划。[310]

对于这几个星期政治领导层与最高统帅部之间的严重冲突，韦伯毫不知情。[311] 他根据大部分德国舆论，也倾向于只谴责最高统帅部，

---

[307] 1918年1月13日致米娜·托布勒的信，鲍姆加滕档案，Ⅱ，第48页。另见1918年2月7日致赫尔曼·翁肯的信，部分内容可见于《马克斯·韦伯传》，第631页。

[308] 弗里茨·费舍尔把这次挑衅性的讲话与1918年11月18日的声明混淆了，见《跻身世界大国》，第684页。

[309] 1918年2月7日致赫尔曼·翁肯的信，部分内容可见《马克斯·韦伯传》，第631页。

[310] 参阅1918年2月7日致赫尔曼·翁肯的信。

[311] 这个问题请参阅里特尔前引书，特别是第122页及以下，鲍姆加滕前引书第18页及以下。弗里茨·费舍尔正确地指出，政治领导层的目标格外意味深长。但他认为帝国领导层的政治与军事代表达成了一致，"没有片刻……不和谐"出现，这就纯粹是他的个人解释了，夸张程度完全不可接受。

因为事实上,自由主义自决权基础上的谈判路线,将干脆代之以用野蛮暴力解决问题。实际上,政治领导层当时几乎没打算放弃向东扩大兼并。在执行细节上,屈尔曼自己的计划与最高统帅部也没有什么不同。这位德国外交事务国务秘书对于中东欧自决的实际益处视若无睹。按照韦伯的判断,无论如何,面对最高统帅部协同右翼势力联合行动施加的巨大压力,特别是由于皇帝也有些推波助澜的说法,赫特林-屈尔曼政府已经无力贯彻一种有节制的解决方案了,就此而论,韦伯的判断是正确的。

右翼势力无限度地煽动反对有节制的和平,使韦伯深为烦躁。"针对冯·屈尔曼的风暴是空前的,而且完全是出于国内政治原因。"[312] 局势在他看来一片黑暗,"柏林也是个政治疯人院",没什么两样:"你把握不住任何可能性,最糟糕的是军队和重工业联手卷入了这场绝对声名狼藉的运动。那帮家伙一再把鲁登道夫拖进它的落网。"[313] 这种局面下,他认为为保守派、泛日耳曼主义者、祖国党、最高统帅部的沆瀣一气就是一个彻头彻尾的丑闻。他毫不犹豫地公开呼吁,只有议会化才能把德国从深渊里救出来。1918 年 1 月 16 日,他对柏林工商业者联合会发表了《德国的贵族统治与民主化》的演讲,再次以非同寻常的尖锐态度要求废除三级选举权。这等于是把政治责任从贵族阶层那里转移到资产阶级手中。他认为这仅仅是引进议会制度迈出的第一步:"德国的议会化是在艰难时世——比如酿成了现在这场战争的环境下——避免另一场战争的唯一途径。议会化也是拯救王朝和君主的唯一途径,因为现行制度是导致了国内外大灾变的罪魁祸首。议会化就

---

312 1918 年 1 月 9 日致米娜·托布勒的信,鲍姆加滕档案,Ⅱ,第 52 页。
313 1918 年 1 月 16 日致米娜·托布勒的信,鲍姆加滕档案,Ⅱ,第 53 页;参阅 1918 年 1 月 13 日致玛丽安妮·微博的信,抄自韦伯遗稿。

第七章　第一次世界大战：德意志帝国有无大国资格的实验场

意味着由政党进行统治，这是不得已而为之。今天，像行政机构一样，政党也在日益官僚化，这意味着政党是由小集团控制的。原因就在于目前的宪制。如果政党有掌权的机会，这就为政治干才打开了上升的通道。然后，那些获得了国民信任的人就可以登上高位，他们会得到政党的支持——只要这对他们有益处，就是说，只要有助于大臣们保住人民的信任。"[314] 从这一番论述中清晰可见，韦伯不相信现存的半官僚化制度有能力结束战争，无论是在东部还是别处。他还断言，政府默许了难以容忍的蛊惑煽动，并放任"各部门在媒体上公开争斗。……如今的疯狂煽动简直匪夷所思"。他特别指出了泛日耳曼主义的蛊惑煽动与最高统帅部的政治活动在合流，谴责"一些可敬的军官由于轻信而被扯进了泛日耳曼主义蛊惑煽动的罗网，对于他们正在为什么效力却一无所知"。韦伯最后提出要求说："扑灭现在这种邪恶的蛊惑煽动，我们就必须有政党统治：议会化与民主化。达到这个目的的最重要一步就是首先废除普鲁士的三级选举权议会，它通过联邦参议院——这个联邦参议院也必须议会化——对帝国政府的影响已经成了一个沉重负担，这在实现和平之后将变得绝对无法忍受。德国不会听任自己臣服于一个由发了战争横财的人所把持的议会，他们至今还在这个三级选举权议会霸占着发言权。"

在这种情况下，马克斯·韦伯对于东线的和平机遇非常悲观。他哀叹"有头脑的人们却无权无势"，没有人知道"东线将会发生什么，也不知道屈尔曼甚至赫特林对于工业巨头和泛日耳曼主义者的阴谋还能忍受多久，那些人始终都在影响着军事领导层。鲁登道夫对于非军事问题根本就一窍不通"[315]。

314　韦伯本人准备了一个简要文本，发表于1918年1月17日的《柏林日报》晨报版。
315　1918年1月13日致玛丽安妮·韦伯的信，抄自韦伯遗稿。

俄国谈判代表1918年1月18日要求休会10天以便与他们的政府进行磋商,结果是,随着托洛茨基那个著名的声明,即宣布结束战争但不接受这种强加的和平,谈判突然中断了,正如韦伯先前已经预见到的那样,德国政府错过了实现和平解决的机会,谈判即将失败:"无论如何,假如'和平解决'改变了方向(韦伯用了引号的"和平解决"一词不无道理),一切都会更糟。至于会不会如此,没有人敢说,因为俄国人未必需要这样,而我们由于没有足够的运输工具,已经不可能往前推进了。"[316] 显然,韦伯低估了最高统帅部不顾国内的供给困局而进行大规模兼并的决心。

德国由于不愿放弃领土兼并的机会而没有与克伦斯基展开严肃的和谈,马克斯·韦伯事后认为,这是对命运的挑衅,尤其是,俄国十月革命之后,德国"权衡利弊得失的眼光已经荡然无存",在布列斯特-立陶夫斯克谈判上任由"最高统帅部从远处独断专行"。"我们在布列斯特自负地拒绝采取可能与谈判的和平相协调的行动路线,这是我们的不幸。我们本可以使我们的政策以民族自决原则[317]为基础,建立一个与德国文化和经济相适应的各自由民族的联盟,或者,我们可以把库尔兰和波兰中立化,与他们的关系一如卢森堡和我们的关系,同时俄国也可以对爱沙尼亚和库尔兰采取类似的办法。"[318] 当然,这就出现了一个问题,即便是这样极为简约的纲领,如果它仍然要求保持德国在中东欧的霸权地位,在1918年那个时候是否可行?但韦伯同样抱着一种帝国主义幻想,继续夸大德国的机会,甚至认为德国的实力

---

316 1918年1月16日致米娜·托布勒的信,鲍姆加滕档案,Ⅱ,第53页。
317 原稿中这里是"民族自决政策",无疑是错误的。
318 1918年10月底在法兰克福的演讲,由后来的厄恩斯特·弗伦克尔(Ernst Fraenkel)教授记录,他当时作为一个学生去听了这次演讲并深受感染,在给一位亲戚的信中记录了演讲内容。感谢弗伦克尔教授惠赐了这封信的复印件。本想找到媒体对这次演讲的报道,但迄今无果。

第七章　第一次世界大战：德意志帝国有无大国资格的实验场

在1918年早些时候第二次达到了巅峰。然而，与强加的布列斯特-立陶夫斯克和平相比，对于建立一个普遍性的欧洲和平秩序来说，这种纲领倒也不失为一个远更合理的起点，说它具体宣示了德国追求世界大国地位的意志，也并非不公道。

进行布列斯特-立陶夫斯克谈判的同时，最高统帅部也在准备对西线发动新一轮大规模攻势，预计在美军被运到前线之前将做出重大决定。马克斯·韦伯多少知道了这个准备："他们已经决定对西线发动大规模攻势。据估算，单是我们的损失就要伤亡60万人（！）"[319] 他认为前景非常黯淡："一切希望都寄于这次攻势的结果，但是有道理吗？"[320]

这时，弗里德里希·瑙曼和阿尔弗雷德·韦伯向鲁登道夫发出请愿，要求从国内和国外两个方面考虑，在军事攻势之前先发起政治攻势，他们建议对协约国开出一个全面详列战争目标的和平清单，因为这将对国内外的气氛产生重要影响。我们不知道马克斯·韦伯何以没有参与这个努力，因为这肯定与他本人的政治观点相吻合。大概是他相信，德国重新提出和谈倡议毫无意义，或者那是个战术错误。诚然，当时的外部环境也不容他积极参与政治活动，因为维也纳大学夏季学期一开始，就需要他投入全部时间和精力。[321]

319　致玛丽安妮的信（日期不详，大概是1918年1月13日），抄自韦伯遗稿。参阅1918年1月17日致E. 特鲁姆勒（E. Trummler）的信，《政治著作选》，1，第474页及以下，另见下面引用的信。

320　1918年1月17日致奥伊伦堡的信："关于'和平问题'：西线的攻势已成定局（估算的损失简直不可思议，令人毛骨悚然！）结果……"，抄自韦伯遗稿，部分内容可见于《马克斯·韦伯传》，第631页。1918年1月16日致米娜·托布勒的信也有类似的说法："未来西线的攻势，总参谋部的估算是伤亡60万人——如果失败或半失败了呢？"

321　参阅1918年4月11日（？）致米娜·托布勒的信，鲍姆加滕档案，Ⅱ，第57页："不管怎么样，我要在这里待一夏天。我暂时不会左顾右盼。"

甚至在西线出现了重大转折之后，马克斯·韦伯也不相信同盟国有实力靠自有资源强行决定。他越来越忧虑德国可能无法阻止这场无休止的斗争，无论在组织上、财政上或者——尤其是——精神上。他怀疑政府仍在算计一场可能会"持续若干年"的战争，这使他极度不安。[322] 他本人希望在秋天实现和平。他愤怒地驳斥了拉特瑙战争还会持续3年甚至更长的预言："这简直是精神错乱。要是没有一场革命，这就不可能。"总之，他预计国内会出现新的爆炸性局面。在柏林军工工人大罢工爆发11天之前，韦伯就断言，"如果选举权法案落空并导致一场总罢工，那就可能产生严重后果。"[323]

因此，当布列斯特-立陶夫斯克谈判失败导致1月底在维也纳，稍后几天柏林及其他大城市也爆发大罢工时，韦伯根本就没有吃惊。"霍夫曼的讲话毁掉了维也纳的一切希望，最终也会殃及柏林。左派中没有一个人相信会颁布《平等选举权法案》（瑙曼也不相信），这是一个早就得出的结论，从那时起，社会民主党人就不再能够约束工人了（他们一直这么说，结果真是不幸而言中）。他们坚持自己的立场可不是件易事，因为在发生了最近这些事件之后，人人都会偏离左翼而倒向独立派。"[324] 韦伯很满意社会民主党宣布与罢工工人团结一致，但对于社会民主党领导人来说，这只是为了维护名誉所必需。同时，这是使罢工运动脱离那些政治上危险的领导人并以和平手段约束他们的唯

322　1918年1月13日致玛丽安妮·韦伯的信："总之，他们都在谈论战争还会持续若干年，但我不相信这一点，不过至少会持续到秋天以后吧！那时将会出现一场反动。"

323　1918年1月17致奥伊伦堡的信："我打赌二赔一秋天将会实现和平，但我没有十分把握，因为我们的军队在发疯。"

324　1918年2月1日致翁肯的信，《马克斯·韦伯传》，第632页。请比较1918年2月7日致翁肯的信："很明显，柏林的这些情况下很可能会发生罢工，而工会和党反对罢工在道义上是不可想象的。"

第七章　第一次世界大战：德意志帝国有无大国资格的实验场

一机会。因此，在当局拒绝与罢工工人代表进行协商并军管了受到影响的工厂以强力扼杀罢工时，韦伯认为这是犯下了一个严重错误。他不会对罢工感到"愤怒"；他感到"令人恶心的是"，"资产阶级的怯懦和大呼小叫，……他们根本就不明白在其他国家都是寻常事件的罢工是怎么回事"。[325]

韦伯尤其憎恶"祖国党"煽动下发生的这些事件，包括德国的布列斯特-立陶夫斯克和谈代表的所作所为，"战争新闻局及其幕后的党派与国内政治支持者肆无忌惮的活动"也在推波助澜。[326] 普鲁士选举权问题得不到令人满意的解决是又一个严重因素，韦伯现在要求立即进行矫正。"这是信任的成果，端赖于此……一个'民主'国家……才会证明在决定性的外交事务上更加强大。"[327] 他就当时的和平问题撰写了一份备忘录，但此件未能保存下来，我们不知道它是否被提交给了外交部或者帝国的其他当局。[328]

尽管韦伯比较温和而公平地看待军工工人大罢工，但他还是担心这会产生严重后果。2月初，他在《法兰克福报》发表了三篇文章，试图鼓励左翼保持审慎态度。[329] 他抨击了托洛茨基的和平宣传，因为托洛茨基向左翼发出的呼吁使他相当担忧。他直言不讳地断定，布尔什

325　1918年2月1日致翁肯的信，《马克斯·韦伯传》，第632页。请比较1918年2月7日致翁肯的信："很明显，柏林的这些情况下很可能会发生罢工，而工会和党反对罢工在道义上是不可想象的。"

326　同上注："如果继续这样下去，我们就能看到极为肮脏的事情。"

327　《政治著作选》，第300页。

328　《马克斯·韦伯传》中介绍说这是因军工工人罢工而作的《第二份媾和问题备忘录》，日期是1918年2月4日（未发表）。显然，玛丽安妮·韦伯在写作《马克斯·韦伯传》时并没有得到这份备忘录；韦伯遗稿中（或者DZA Ⅱ以及鲍姆加滕教授那里）也不见踪迹。本书作者在RKA和RAd Ⅰ以及豪斯曼与瑙曼遗稿中也未能检索到。也许——尽管这不可能——玛丽安妮·韦伯把它给了未知的第三方。

329　第一篇是1月30日投给《法兰克福报》的。

维克政府并不是真的想要和平。事实上,它是"一种纯粹的独裁统治,但不是将军的独裁,而是下士的独裁",其他的一切"在客观上都是欺诈"。"布尔什维克的士兵帝国主义"现在取代了"俄国的大众帝国主义"。这对于德国来说没有什么不同,无论这种追求扩张的帝国主义者所贴的标签是沙皇支持者、士官生还是布尔什维克。[330]

从客观上说,这完全是一种误导,而且韦伯也对翁肯坦言:"我只是片面描绘了布尔什维克的形象。(我已经对社会民主党人做了说明!)另一方面,那里也有和平主义倾向。"[331]韦伯非常理解,托洛茨基拒绝签署和平协议,主要原因就在于德国谈判代表提出了无节制的要求,而且托洛茨基也在幻想"要么战争,要么和平"的口号可以动员欧洲工人阶级行动起来反对他们的政府。[332]同时,韦伯出于策略上的考虑也认为,必须在布列斯特-立陶夫斯克的谈判桌上捍卫德国的立场,他只是不满霍夫曼将军谈话的那种"腔调"。[333]

影响了韦伯对布列斯特谈判所持立场的还有这一推测:布尔什维克统治不可能持久。他相信,最多三个月以后,反动势力就会再度执政。而影响了这个推测的则是一个奥地利社会民主党人——奥托·鲍尔(Otto Bauer),他认为"革命只能持续到春天为止,那时将会出现资产阶级政变"[334]。韦伯对俄国事件的描述在某种程度上说并不准确。他

---

330 《政治著作选》,第 292 页及以下。

331 1918 年 2 月 7 日致翁肯的信。

332 同上书,那里接着说道:"没有任何一个缺少绝对实力的俄国人能把里加交给德国。任何这种情况下的和平都是绝对冒牌的和平,只要俄国人不可能扰乱它,就只能维持现状。我们不得不说,既然我们毫无可能占领那个国家的广大领土(并在那里驻军),托洛茨基自然对和平没有迫切兴趣。"

333 《政治著作选》,第 296 页:"霍夫曼将军的谈判声明也已证明是真的,而且就其内容来说,和以政治领导层名义发表的声明也不矛盾。"在这两点上韦伯都持有完全相反的看法,尽管如此,他认为出于战术原因也必须断言它们是矛盾的。

334 1917 年 12 月 10 日致翁肯的信;参阅《政治著作选》,第 292 页。

第七章　第一次世界大战：德意志帝国有无大国资格的实验场

没有合适的概念工具解释1917年的俄国革命。韦伯并不相信存在自发的大众运动，只相信存在着由大人物设定了目标与方向的政治运动，他借助一个组织良好的行政机器控制着大众。我们已经知道，在韦伯看来，一场持久的革命性变革的形成和推进，没有资产阶级的合作是不可想象的。[335] 像列宁自觉追求的那样彻底摧毁旧的国家机器，已经远远超出了韦伯的政治与社会学理论，这在现时代被认为是可能的。[336] 韦伯相信官僚机器的恒定性，他在《经济与社会》中提出，在当代世界，旧式的革命已无可能，通过政变更换领导集团以控制国家机器将成为通例。[337] 至于如何说明托洛茨基等人的成功，他也只能断言，他们的权威是依靠一种军事独裁，并利用军事机器维持他们的执政地位。[338] 但韦伯相信，即便是这样的军事组织，看来也逃不脱正在俄国出现的普遍瓦解进程，并且它也不可能提供持久统治的牢固基础，而这种统治在现代条件下只能由一个官僚行政班子予以保障。就是出于这些原因，韦伯预言了布尔什维克统治的崩溃，一个反动政权——即新的"米

335　参阅上文第235页及以下。

336　参阅皮佩斯前引书中的出色评论，第634页及以下，然而，那里犯了一个严重错误，即忽略了韦伯仅限于从战术上评论俄国革命，因而得出的结论在一定程度上是虚妄的。

337　《经济与社会》，第579页；另见作于1919年的那部分，第155页："行政班子采取主动行动推翻统治者的情形，以往曾在各种不同条件下出现过。……其前提始终是班子成员的社会化，随着环境的变化，它可能更多地具有一种有限阴谋的性质，也可能更多地具有一种普遍结义和社会化的性质。在现代官员的生存条件下，这样做会有着特殊的困难，不过正如俄国的情况所示，这种情况也并不是不可能［着重体为笔者所加］，但是一般来说，充其量也就类似于工人通过（正常的）罢工想要并可能达到的那种程度。"由此推测，韦伯曾计划阐述的革命理论会非常"保守"！

338　请比较霍伊斯：《弗里德里希·瑙曼》（Theodor Heuses, *Friedeich Naumann*, Stuttgart/Tübingen, 1949），第2版，第415页引用的韦伯致瑙曼的信（未标注日期，与其他致瑙曼的信不同，此信不见于遗稿）："军事家托洛茨基……是个士兵沙皇，而不是将军拿破仑，但又是一个私人近卫军领袖——今天，他的唯一目标就是不得不维持一个叛乱者集团作为革命的工具，哪怕其他人都被忽略不计。"另见《经济与社会》，第163页："谋求社会化目标的'无产阶级专政'，尤其需要一个得到群众服从的'独裁者'。……这种类型仅仅出现在俄国，是借助于军事力量并得到了新近获得土地所有权的农民戚与共的支持。"这个解释多少有些偏离了实际的发展。

留可夫政权"——将会迅速复辟。根据这样的预判,韦伯认为理应由德国控制被占领地区直至战争结束。[339]

韦伯对德国谈判代表在布列斯特-立陶夫斯克所持立场(与他的出色判断相反)的战术性辩护,也出现在1918年6月对奥匈帝国军官团发表的一次题为《社会主义》的演讲中。这里他更多关注的不是国内左翼的立场,而是德国代表团在布列斯特-立陶夫斯克的所作所为对奥匈帝国这个盟友可能有的危险影响。"德国方面是以极为正派(!)的方式在布列斯特-立陶夫斯克进行谈判的",韦伯认为他们已经不得不拿出了"最大的善意","希望与这些人实现真正的和平"。他们的失败只能由托洛茨基负责:"谁都无法与正在为信仰而战的人媾和。你只能设法把他们变得没什么害处,这就是布列斯特的最后通牒与强迫和平的意图。每一个社会主义者都应当认识到这一点,而且我还不知道有哪个社会主义者至少在实质上没有认识到这一点,不论他站在什么立场上。"[340]

显然,韦伯这里是在试图冲淡德国人在布列斯特-立陶夫斯克的强硬立场给人造成的反感,因为他担心这种立场不仅可能会促使奥地利人谋求单独媾和,而且会刺激工人阶级的革命行动。特别是在奥地利,工人大众总罢工的危险无论如何已经迫在眉睫了。仅仅出于这个原因,马克斯·韦伯也激烈抨击了工团主义运动、"总罢工以及革命期望之类的浪漫主义"。由此不可能产生出任何在和平时期指挥生产的力

---

339 《政治著作选》,第303页。
340 《社会学与社会政策文集》,第515页;参阅第517页:"很明显并且公认的是,托洛茨基不想要和平。我认识的社会主义者还没有谁对此有什么异议。"韦伯的真实观点可见于——例如——1918年6月(日期不详)致赫克纳的一封信中(韦伯遗稿):"由于布列斯特-立陶夫斯克和谈问题,(俄国人圈子中熟悉的)一些人已经和我断绝了关系,并且产生了疯狂的仇恨,因为所有俄国人圈子都与德国的一切格格不入。"

第七章　第一次世界大战：德意志帝国有无大国资格的实验场

量。他再次从非常负面的意义上描述了俄国的实验，他提出的理由是他看到布尔什维克在一定程度上重新雇用了资产阶级，但他坚持认为，"归根结底，国家机器和经济不可能靠这种方式运转下去"。[341] 在对这些事件的描述中，韦伯完全没有认识到布尔什维克在列宁领导下迸发出来的那种政治活力。出于短期性的政治原因，韦伯这位社会学家回避了对俄国事件的真实性质进行客观性分析。[342]

1918年2月初，韦伯彻底退出了政治活动。他几乎不再期待讨论谈判的和平了，因为他不相信最近的未来有和谈的机会。[343] 现在必须用枪炮做出决定了。他认为，在西线发动攻势期间要求和平，可能会显得很"怯懦"。大概就是这样一些动机，使他不愿再参与瑙曼和阿尔弗雷德·韦伯向最高统帅部要求和谈的努力，尽管介入其中的还有莱基恩（Legien）、博施（Bosch）以及其他一些著名人物。

4月，韦伯接受了维也纳大学政治经济学教席，准备在夏季学期试讲。他全力以赴投入了新的任务，暂时把政治彻底抛到了一边，尽管他也继续关注着各种事件："我对政治已经漠不关心了。在这里没有关心政治的可能性。这样挺好，精神很放松，因为一切都那么糟糕，令人沮丧，要是在国内，我可能不得不加入争吵。"[344] 他开了世界诸宗教社会学研究课程，以此为主题对"唯物史观进行正面批判"，他还新开了一

341　《社会学与社会政策文集》，第514页；另见《以政治为业》，载《政治著作选》，第529页；还有1918年11月4日韦伯慕尼黑演讲中的说法。

342　参阅皮佩斯前引书第639页。

343　另见1918年3月18日致弗劳·埃丁格（Frau Edinger）的信，《政治著作选》，1，第475页及以下。

344　1918年6月1日致米娜·托布勒的信，鲍姆加滕档案，II，第62页。

门新的"国家社会学"系列讲座,这是一个他无法释怀的主题。[345] 他把自己的教程排得极满,不足为奇,这使他很快又恢复了旧日的那种感觉——他难以胜任日常教学的压力。我们应当记住,这不是一个仅仅满足于传授既有知识的人,他想在每一堂课上都带来某些原创性知识。

维也纳再次对韦伯施加了魔力。他享受着这个帝国首都的名胜美景和文化活动,那里的热情好客、谦逊有礼和乐于助人使他在哪儿都感到身心愉悦,甚至在政府最高层圈子里也是如此。在维也纳这段时间大概是他一生中最快乐的时光了,那时保留下来的书信,其美好与和谐气氛,在他的通信中可谓无与伦比。甚至他的政治焦虑也似乎被冲淡了一些:"一想到我们犹能幸存,这本身差不多就是个奇迹,也就足以打消一切'悲观情绪'了。"[346]

然而,维也纳当局的所有尝试和他朋友们的恳求,都没有说服马克斯·韦伯继续留在那里。美丽的维也纳并没有让他感到多么自在,慢吞吞的奥地利式"陈规陋习"与他的清教徒天性格格不入。关键因素还在于,韦伯受不了在一个大城市里持续不断的教学与生活造成的疲劳感。此外,他也不想戒绝一切政治活动。韦伯致信皇家教育部说,"对我而言,待在维也纳就等于完全脱离了政治活动。""但在目前情况下,我很难推卸回德国充当一个哪怕很小的政治角色的职责。"然而,这与"在我们结盟的这个近邻帝国接受一个安全且明显是高薪的职位"无法兼得。[347] 于是,韦伯再次放弃了一个已经大获成功的学术职位,

---

345 参阅《马克斯·韦伯传》,第615页及以下。
346 1918年4月22日的信,《马克斯·韦伯传》,第623页。
347 1918年6月5日的信(韦伯遗稿副本)。他写道:"那时候,就是今年1月以后,我没有料到德国的国内政策就像某些问题上的外交政策那样出现了一些政治上很著名的倾向,而且在我看来是与德国的利益背道而驰的倾向,未来大概将对我们盟国的意志和实力产生不利影响,尽管表面上对于可见的未来尚无严重威胁。"

他渴望参与政治和新闻活动。当然，这样的自言自语可能是个"痛苦的忏悔"，"不，我生来就是动动笔，做做讲演，而不是上课的料"。[348]

1918年7月底，马克斯·韦伯回到了海德堡。但他不打算涉足任何政治活动了。他的神经已被维也纳的"劳累"拖垮，他要回避一切政治。[349] 此外，政治发展也使他感到悲哀，已经无话可说。国内的局面毫无起色，德国的军事失败已经不可阻挡。保加利亚在1918年9月崩溃，拉开了大灾变的序幕。马克斯·韦伯深为沮丧[350]，他的政治理想轰然倒塌，德国作为一个世界大国的未来被输光了。

---

348 《马克斯·韦伯传》，第625页。韦伯很难认识到，他不可能作为一个学院教师发挥作用，这一点可由以下事实证明：他希望再次辞去社会政策协会第二主席的职务，因为他据以接受此职的"前提"——他也许会"成为一名维也纳的教席教授（Ordinarius）"——已经失效。1918年7月初自维也纳致赫克纳的信。韦伯遗稿。

349 玛丽安妮·韦伯对海伦妮·韦伯说："他不喜欢讨论战争与政治——这对他没什么益处。"《马克斯·韦伯传》，第627页。

350 同上书，第628页。

第八章 崩溃与新开端

第一节 战败与革命：韦伯效力于德国民主党

1918年9月29日，鲁登道夫和兴登堡要求立即组建议会制政府，它应该立即根据威尔逊的14点建议向协约国提出停战要求。马克斯·冯·巴登亲王的新政府就此登台亮相。政府请求延缓几天，因为要求停战可能需要做一些外交准备。白费唇舌。由于担心西线随时都可能全面崩溃，鲁登道夫拒绝了这个请求。10月3日到4日夜间，德国请求威尔逊立即停止军事行动。德国的战败成为事实。

马克斯·韦伯几乎在一夜之间就完成了他的宪制改革方案，而且在形式上比他不久前的期待更加彻底。但那需要什么样的代价和什么样的环境条件啊！最高统帅部在大灾变之际下令推进议会化，尽管它们过去曾与它格格不入。由此，它们让新政府背上了为战败负责的可怕骂名。一个与大不列颠、俄罗斯、美国并驾齐驱的强大的德意志帝国美梦，现在已是明日黄花。德意志民族迎来了极端的屈辱和卑下。

马克斯·韦伯最初并没有完全接受大灾变的深重程度。他不愿相信鲁登道夫所说的"战局已经毫无希望"。事实上，最高统帅部对于协约国一旦发动新攻势将导致西线全面崩溃的担忧过于悲观了，因为无论如何，福煦都非常尊重德军的战斗精神并且高估了它现有的防御能力。不过，虽然马克斯·韦伯拿不准鲁登道夫的举措是否得当，但他接受了现实："还能做些什么？本来就毫无修炼的新政府现在必须背上可怕的骂名，即便鲁登道夫已经丧失了勇气——我相信——局势也并非糟透了。但这并不能改变一个事实：在一个新人（加尔维茨？）接手之前，我们不得不撤退并在（我们的边境）重新集结。这种情况下展望和平解决的前景，确实非常不堪。"[1] 韦伯把这种轻率的停战要求视为纯粹的恐慌所致，类似于他认为导致了1917年7月德国国会和平方案的那种恐慌。他在写给瑙曼的信中表示，必须提出警告，不能根据看来正在柏林到处蔓延且"不可阻挡的恐慌气氛"做出任何决定，"否则这个民族将付出惨重代价。但愿我的判断是错误的。灾难正在降临，但我绝对冷静，希望你也如此"。[2] 然而，他还是为局势的不可救药深为沮丧。他决定，既然无法获取足够的信息，就暂时原地不动为好，静观剧变。

然而，有一个事情他认为是绝对必要的：确定谁应当为提出停战请求的决定负责。首先，他仍然不能完全相信鲁登道夫对战局彻底悲观的判断是正确的。此后，因为不能进一步确定这一点，他愤怒谴责

---

[1] 1918年10月10日致一位亲戚的信，收信人身份无法进一步确认，原件存于韦伯遗稿："战局……（正如一位十分老练的议会议员柏林来信所说）"。

[2] 1918年10月11日的信，《政治著作选》，1，第476页。

了"鲁登道夫这个疯狂的赌徒"[3]。至关重要的是,韦伯希望阻止让新的民主政府承担战败责任的危险。他清楚地预见到这个政府将会面临多么可怕的清算战败责任的负担。因此,他在10月3日到4日夜间就向瑙曼建议,应当预先准备好这些事件的直接文件证据,这是个关键步骤。当然,瑙曼已经打算这样做了。[4]

韦伯坚信必须保持冷静,不能陷入歇斯底里的恐慌,要表现出应有的尊严。在他看来,战败之际的民族自我谴责是给弱者提供的廉价出路,配不上一个伟大民族的尊严。1918年10月初韦伯在法兰克福的演讲就是他当时这种心绪的突出例证。"我们不得不面对的事实是,我们不仅在世界政策上,甚至更糟的是在军事上败给了盎格鲁-撒克逊人。我们的下一个任务,就是有尊严地承受失败。"[5] 他强调的是德国"不得不"打这场战争——无论结局如何(德国战败的全局尚未显现),特别是不得不与沙皇统治作战,而且"我们赢得了那场战争"。战争期间德国经受了三次命运的考验:无限潜艇战,拒绝与克伦斯基政权真诚和谈,错失了一切兼并要求,特别是在布列斯特-立陶夫斯克媾和期间。有问题的不是战争——尽管是"根据错误的国际政治战略"参战的——而是所采取的方式、方法。就此而论,最严重的失误就是过于忽视了奥匈帝国:"一个国家,它的孩子们饿得要死,又被民族隔阂撕裂,简言之或者归根结底,不得不寻求单独媾和。"韦伯这里触到了痛处。恰巧,奥匈帝国在1918年10月28日的崩溃,使那个残存的希望——通过最后的全民动员以避免最坏的局面并接受可以容忍的条件

3　1918年11月24日致克鲁修斯(Crusius)的信,《政治著作选》,1,第482页。
4　1918年10月11日的信;参阅瑙曼的详细答复,见霍伊斯《弗里德里希·瑙曼》,第二版,第430页及以下;瑙曼在此信中否定了韦伯对柏林事态的判断。
5　据厄恩斯特·弗伦克尔的报道,见第297页注释318。

以使和平解决成为可能——化作了泡影。⁶

此时，韦伯仍然相信，无论如何都不必达成立即停战协议。后来他曾一再强调，只有革命才能使这一点无可避免。当时他还是认为，德国一方可以规定某些条件，例如仅由比利时军队而不是协约国军队占领比利时，由威尔逊仲裁阿尔萨斯－洛林的未来以及适度的战争赔款。在他看来，经济条件似乎比领土条件更重要，因为他担心，如果德国财政负担过重，它的经济就再也不可能复原了。"放弃一块日后可以重新获得的土地，也比沦为债务奴隶好得多。我们不可能给他们400亿现金……那也许会使人更加相信敌人是在为金钱而战，从而强化我们的道德反抗。但是赔款将毁了我们这个民族。"韦伯尚未放弃战胜"危机"的全部希望。他的民族激情无疑在推动他力求做到极致。眼下他还相信仍有可能继续战斗。社会民主党领袖承担了向人民和军队说明实情的任务，以鼓舞他们坚持到底。这也使他认为应当尽可能努力挽回可以挽回的一切。然而，韦伯很清楚，德国作为一个强国的角色已经终结了，等在前面的将是一个含垢忍辱的时期，每天都在推进的事态更加清楚地表明了这一点。由于从战争之初就产生的那种悲观情绪，韦伯始终只是希望德国能够保住"应有的体面"，至少能够保持领土完整。现在它必须接受命运的安排了，它必须保存内部力量。⁷

德国战败的事实全貌公之于众之前，他从海德堡写道："我们很快就会在明年获得和平了，我们的生活将会重新定向。这是一种我们无

---

6 韦伯显然认为奥匈帝国会无条件求和，这将使局面不可收拾："奥地利的退出将切断我们的石油来源，潜艇战将难以为继。"

7 参阅1918年9月29日致米娜·托布勒的信，鲍姆加滕档案，Ⅱ，第76页："我们的未来绝不像看上去的那么严重。不过现在，由于我们所担忧的事情已经开始，反倒有了一种苦苦等待了漫长的几个星期之后的轻松感，以及对其他许多人轻举妄动感到的悲哀。至少，既然结论已经放在了这里，也就有可能认识到后果了。当然，局面还没有到那一步。"

人预期过的和平，包括我自己，哪怕竭尽全部清醒头脑和怀疑态度也无法预期。……我们必须再次从头开始重建德国，这是我们就要做的事情。即便如此，做个德国人也是值得的。"[8] 然而，健康状况不允许他全力以赴投入这个任务，这使他深为苦恼。[9] 他还相信，战败也将使他的个人生活变得前景莫测："像我这样的人，从外在到内在方面都是一些'奢侈品'。……能得到报酬的工作绝对没有——可谓情理之中。这个民族现在将不得不为面包而斗争，没有多少学术空间了。不过这可真够受的。无论如何，我们的外在生活要做出调整，尽管——我认为是合理的[10]——像我们这种人的纯养老金收入要有四分之三或者更多（没有孩子的人）被简单充公。'内在生活'就更加困难了。我的内在'天职'是学术劳动和教学，而这个民族现在并不需要。这样，我就不得不设法去自我调适。但是，怎么做？做什么？我至今还一无所知。我不知道自己会不会有所成就。但尽管如此，活下去还是重要的，并将再现美好。"[11]

当然，还不到一切都显得荡然无存的程度。马克斯·韦伯完全理解拉特瑙的"总动员"（*levée en masse*）想法，就是诉诸大众，利用一切可以利用的资源和手段投入全民抵抗的斗争，像1813年那样的人民战争伟大样板，与韦伯的基本政治信念是完全吻合的。不过，在可怕的困境面前，他依然镇定自若。不仅德国各阶层大都筋疲力尽，心灰意冷，渴望不惜一切代价实现和平，而且还有全民性的"厌战"情

8　1918年10月10日的信。

9　1918年11月致玛丽安妮·韦伯的信，《马克斯·韦伯传》，第644页。

10　这基本上与他对战争的代价以及媾和之后的清算问题的看法相吻合，正如他在1916年11月11日致赫克纳的信中所说（韦伯遗稿）："这时候我根本无力处理财政问题，我不了解局势和重要数据——从情感上说我倒赞成'最大'力度的措施：将50%的财产充公，如果有必要的话……"

11　1918年10月10日的信。

绪，这都可能使帝国的统一化为乌有。[12] 当时韦伯曾在慕尼黑短暂逗留，观察到那里几乎人人都在渴望和平，即使帝国土崩瓦解也在所不惜。他以差不多一样的措辞致信德尔布吕克和翁肯说："如果要求'全民抵抗'，帝国随后就会自动失去巴伐利亚。这里没有任何人，也没有任何政党持相反的态度。皇帝也没有其他选择，如果他还想保住王座的话。"[13]

由于在巴伐利亚直接目睹了分离主义和激进和平主义趋势的不断加深，韦伯的忧虑和痛苦也与日俱增。如果出现了一场最终令人绝望的全民抵抗斗争——而他是赞成在停战条件证明不可接受的情况下动员全民抵抗的——他担心慕尼黑将发生最坏的情况。11月4日，埃斯纳（Eisner）在慕尼黑夺取权力的3天前，基尔爆发革命并迅速向全德蔓延。韦伯抱着满足威尔逊的要求以获得更好的和平条件的希望，在进步人民党巴伐利亚的一次公共集会上表明了与分离主义情感针锋相对的明确立场："号召摆脱普鲁士简直就是愚蠢的犯罪。"[14] 与当时那种普遍的和平主义和激进社会主义潮流相反，他为政治行动的实质就是权力这一观念进行了辩护。"不惜一切代价实现和平"的口号在政治上是不负责任的。[15] 他用左派的措辞回击了左派："轻率玩革命，其实是因为需要传达一套大道理，需要说空话，只好请无产阶级付费，展开

---

12 另见1918年10月18日致瑞曼的信附言，《政治著作选》，1，第480页。

13 1918年10月6日致翁肯的信，部分内容可见于《马克斯·韦伯传》第636页及以下；请比较同一天致德尔布吕克的信（德尔布吕克遗稿）："如果号召'全民抵抗'的话"，等等。

14 《马克斯·韦伯传》，第638页。

15 请比较1918年11月5日《慕尼黑新消息报》的报道："通往和平之路有两条，（第一条）就是政治家式的道路，这是这位演讲人始终在追求的道路，一种持久和平的最低要求在于当事各方都真诚接受它。第二条道路是登山宝训的方式，它根据的是不惜一切代价、不论任何条件实现和平的原则。你当然可以对提出这种要求的人表示崇高的敬意，如果他们在私生活中也能遵守登山宝训的话。"

这场快乐出游。"[16] "这种革命的结局必将是敌人入侵我们的国土,然后就是我们从未经历过的反动。无产阶级将不得不承受它的代价。"[17] 在不可忍受的停战条件下是否继续进行抵抗,必须由前线士兵做出决定,那些"待在国内的人"应当闭嘴。韦伯的这些说法受到了绝大多数激进听众的冷落,犹如两个世界在这里相遇:一个是伟大的德意志帝国时代英雄般的民族权力意识,认为理所当然应该保存民族国家以战胜如此巨大的困难,另一个是左翼社会主义运动的国际主义,它拒绝旧国家的社会结构及其片面的民族主义倾向和政治-军事强权,期待一种由于人民反抗各自政府而实现的和平。[18]

中产阶级那种相当普遍的态度甚至令韦伯更加激愤,他们希望巴伐利亚从帝国分离出去,从而获得更有力的和平条件甚至财政优势,可能的话就实现德奥合并。一回到海德堡,他就立即抱着听天由命的心情致信翁肯说,在巴伐利亚,"忠于帝国"已经成了一个有气无力的观念,尤其是在资产阶级中间:"只有左翼还'忠于帝国',但社会民主党也提出了附加条件:威廉二世必须退位,否则他们无法相信任何事情。除此之外,即使在最杰出的人们中间,普遍的情绪也是绝对支持不计任何代价实现和平——因为,任何组织抵抗的企图(韦伯显然就是这样考虑的)都只能立刻导致无政府状态——这已经足够令人绝望了。"[19] 第二天,慕尼黑的革命洪流便使韦伯的希望和担忧成为多余。

还在1918年10月初,韦伯就强烈要求威廉二世立即退位。在他

---

16 "游戏……"是后来韦伯致翁肯的信中所说,日期不详,大概是1918年11月11或12日,抄自韦伯遗稿。

17 《慕尼黑新消息报》的报道,类似的还有刚刚提到的韦伯致翁肯的信。

18 参阅《马克斯·韦伯传》,第639页。

19 1918年11月6日致翁肯的信,《马克斯·韦伯传》,第637页;那里提到了"H议员",无疑是指黑尔德(Held)。

第八章　崩溃与新开端

看来，这是个不言而喻的体面事情；君主领导他的人民走向惨败，就不能若无其事地继续待在王座上。另外，韦伯认识到，考虑到威尔逊那份虽然模棱两可但又明白无误的声明，即协约国不与旧的帝国当局、特别是威廉二世政府谈判，那么皇帝的退位也就无可避免了。与此同时，韦伯还抱有一线希望，认为皇帝立即退位将缓解帝国的绝境，威尔逊可能会做出较大的让步："通过瑞士传递过来的信息表明，他的退位将有可能改变一切。（！）"[20]12月，韦伯在《法兰克福报》发表声明说，"皇帝将背上永久的骂名，不管它有没有道理"，因为他没有在正确的时刻采取体面的退位之策，"敌人提出的条件"将使德国的日子更加艰难。[21]

马克斯·韦伯绝不是君主制本身的对头。[22] 他仍然坚称自己是"接受议会约束的君主制度的支持者"[23]。但是，他的观点并非保皇主义情感的反映，他对君主制的支持乃是出于选择最佳治国技术的功能考虑，根本不意味着情感上的忠诚。他相信，一个"强大的议会君主制"在技术上最有适应能力，从这个意义上说，归根结底它是最强大的政体。[24] 它优越于所有共和政制之处就在于，它是奠定在一个重要的形式优越性基础上的——"国家的最高职位已被永久占据"，因而对抱有个人野心的政治家的权力欲构成了健康有益的限制。[25] 这也是唯一能够抑制军

20　1918年10月6日致翁肯的信，这里的引文系根据韦伯遗稿抄件，请参阅《马克斯·韦伯传》，第363页及以下；另见1918年10月11日致德尔布吕克的信（德尔布吕克遗稿）："与王朝本身的利益相比，他继续在位这一事实将使媾和变得更加困难，而我们为苛刻的和平条件付出的代价可能就是个次要问题，尽管同样是个重要问题！——要点。"另见1918年10月11日致舒尔策-加弗尔尼茨的信，《政治著作选》，1，第477页。

21　《政治著作选》，第450页。

22　另见上文第157页。

23　1918年10月10日致德尔布吕克的信；另见1918年10月11日致舒尔策-加弗尔尼茨的信。

24　《政治著作选》，第449页；韦伯在国民议会的竞选演说中也提出了类似的观点。

25　《经济与社会》，第689页。

队从军事领域向政治领域扩张权力这种一贯欲望的制度形态。

早在1905年出席圣路易大会时，马克斯·韦伯就曾以同样的论点为德国的君主制度进行了辩护："在那些古老文明国家，比如在德国，假如必要出现一支强大的军队以维护独立，这对政治制度来说就意味着支持一个世袭王朝。民主制度的坚定支持者——比如本人——都不可能希望驱除这种一直保持不坠的王朝。因为，在那些军人国家，即便它不是得到历史认可、能够防止军事暴发户实现恺撒式支配的唯一形式，那也是最好的形式。法国就在不断受到这种支配的威胁，而王朝则会直接关注权利的保护并维持一个合法政府。如果愿意的话，人们从理论上就可以做出判断，即便一个国家被迫成了军人国家，世袭君主制也能够保障最大可能的公民自由——就像一个君主制能够保障的那样，而且，只要王朝尚未衰落，就总是能够得到多数国民的政治支持。"[26]

马克斯·韦伯对于君主制的正面态度，决定性的理由在于它可以作为正当性的一个来源发挥作用，可以唤起对现存国家与社会状况的信念。在现代大众国家，即使采取了"客观化"与制度化的世袭形式，君主的卡里斯玛也仍然是正当性的一个来源，不能轻易被其他什么东西取而代之。就是出于这个原因，"议会制君主尽管没有权力，但仍然得以保留，正是由于他的存在，同时也由于权力'以他的名义'行使，是他通过他的卡里斯玛保障了现存的社会与财产秩序的正当性，如果国王被废除，所有与这个秩序有关的人就必定都会担心对该秩序的'合法性'信仰遭到颠覆。"[27]

---

26 《德国的资本主义与乡村社会》，见汉斯·格特编译前引书第438页。

27 《经济与社会》，第689页；参阅第148页："毫无疑问，绝非无足轻重的忠诚观念，以及尤其是对世袭君主的效忠，都会受到这一考虑的强烈影响：如果人们不再相信王位遗传继承的神圣性，那么所有因继承而正当获得的财产就会统统受到威胁。因此，世袭君主制更适于有产阶层而不适于无产者，这绝非偶然。"

然而，马克斯·韦伯所说的真正的卡里斯玛权力，指的是那种天然的、源于国王般战争首领的权力的君主权力，他不认为现代君主拥有这样的权力。韦伯辛辣讽刺了他那个时代的王朝制度，说它不过是利用了"今天那种君权神授的'方便托词'，以此证明'不可测知的'神意，即'只有君主才能对神意负责'"，而真正的卡里斯玛君主则必须在追随者们看来得到了持续证明，从而限定了它的目标和边界。[28] 作为官僚化的结果，现代大众社会正在变得越来越讲究"合法性"与价值中立，但是，它还是应当保留一位君主，以使卡里斯玛正当性的来源得以存续。韦伯力主此论是因为他相信，以合法性信仰为基础的统治，其正当化要比建立在卡里斯玛或传统方式的正当性基础上的统治更脆弱，尽管他认为两者在形式上可以等量齐观。从根本上说，他只是把卡里斯玛形式当作真正的正当性的一个来源。在他看来，唯有能够确立价值观而不光是抽象规则的伟大人物，才能始终激发起对国家制度的内在支持，不论这种制度的性质如何。这种不折不扣的贵族统治观念，显然背离了韦伯的总体政治价值评估的理性化结构。

即使在德意志帝国土崩瓦解的时刻，马克斯·韦伯也仍然希望看到王朝得以保存下来。在这个非常时期，没有什么能比彻底抛弃君主制传统更不可接受的事情了。和其他许多人一样，他并不完全相信会出现一个强大的共和德国。他的政治思想中的这条保守主义脉络，在他的宪制改革计划中再次浮现出来。无疑，他正确地意识到，一个没

---

[28] 《经济与社会》，第664页，另见689页对英国的影响力王国与立宪君主的比较，它与大陆（普鲁士、俄国与奥匈）的君主制完全不是一回事："英国的'议会'君主政体很有利于限制有资格充当一个政治家的君主染指实际权力，……就此而论，它比大陆版的官职君主政体有着远更纯正的卡里斯玛，后者鼓励统治者行使权力仅仅因为那是他与生俱来的权利，不管他是个白痴还是个政治天才。"

有正当理由便抛弃了君主制度的新生民主国家,将会招致右翼的仇视,从而使它的正当性一开始就受到怀疑。因此,直到革命爆发之前他始终都在大力反对慕尼黑的共和思潮,尽管早在10月的时候他就知道自己支持君主制的态度会激起普遍的反感。无论如何,他有理由希望,甚至连社会民主党也可能不反对保留一个严格服从议会制度的君主政体。[29] 但他认为不再可能保留现任君主了,这位君主的狂妄自大要对德国遭受的重大灾难负责。早在1917年韦伯就曾私下对德尔布吕克说,"战争期间唯一彻底放弃职守的,就是这个王朝。"[30] 威廉二世根本没有履行韦伯在共和制美国逗留期间曾为之辩护的普鲁士－德国君主的功能。这位皇帝没有"阻止一望而知的军人统治"[31]。结果,至少从1917年底开始,德国便处于最高统帅部那种半平民、半威权式的独裁统治下了。

因此,马克斯·韦伯很早就认识到,君主制的未来最终要看这位皇帝是否愿意满足威尔逊那个披着薄薄面纱的要求:立即放弃他的王位。如果他拒绝这么做,德国的反君主制潮流将会越来越强劲。所以,当他闻听皇帝把他的司令部迁到温泉以回避讨论退位问题时,他被激怒了。1918年10月6日,韦伯痛心疾首地致信德尔布吕克说,威廉二世"逃离他在柏林的岗位以回避这个问题,简直骇人听闻,这只能给王朝的未来带来厄运。……被迫向一个美国教授[32]俯首帖耳之后仍然赖

---

29 《政治著作选》,第336页;参阅沙伊德曼:《社会民主党人备忘录》(Scheidemann, *Memoiren eines Sozialdemokraten*, Dresden, 1928),第2卷,第262页:"开诚布公地说,一位在政治事务上发表演讲和打个电报都要接受审查的'君王',如果受制于民主宪法无懈可击的规定——有谁能认为在德国爆发一场革命就会废除这样一位'统治者'呢?"

30 1917年6月28日的信,见上文第174页注释89。

31 《政治著作选》,第450页。

32 指威尔逊总统。——译者注

在那个御座上，无论现在还是将来，对他都是件丢人现眼的事情。"³³ 几天之后，他以类似的措辞致信瑙曼、德尔布吕克、冯·舒尔策－加弗尔尼茨说："为了帝国与王朝的利益，皇帝必须退位。"³⁴ "如果我装作对他表示同情，那我就是在撒谎。为了民族，也为了皇权的利益，我不可能巴望着皇帝的统治以丢人现眼告终，但是，如果他非要在一个小德国或者枯萎的德国扮演皇帝角色，那种前景也就不难预料了，可以说，那时他就不过是个'穷困潦倒的皇帝'。"³⁵ 在韦伯看来，保住君主制的名誉和声望，需要皇帝在迫于国内外压力下台之前自愿决定立即退位，以免不得不蒙受耻辱并接受清算，否则，一个扎根于人民之中、承担现存国家与社会秩序的正当性来源这一重要功能的君主制，由于这种国内局势，就不可能存续下来，即便是世袭性卡里斯玛，也必须进行自我证明，一旦它失去效力，一旦它在这种情况下彻底失效，它也就无济于事了，其固有的意义将荡然无存。

马克斯·韦伯试图通过德尔布吕克与瑙曼鼓动一位君主主义倾向的保守派人士向皇帝陈说他所面临的有失体面且令人绝望的处境。³⁶ 这位受托人可以是兴登堡或其他高级军官，也可以是马克斯·冯·巴登亲王或者别的什么人。但这个努力无果而终。后来韦伯谴责亲王"受制于王朝情感，对现实状况置若罔闻，任由宝贵的时间一天一天、一

---

33 自慕尼黑致德尔布吕克的信（德尔布吕克遗稿）；参阅同一天致翁肯的信，见《马克斯·韦伯传》，第636页及以下。

34 1918年10月10日致信德尔布吕克（德尔布吕克遗稿），10月11日致信舒尔策－加弗尔尼茨，10月12日致信瑙曼，后两封信见《政治著作选》，1，第477页及以下；1918年10月16日瑙曼回信，讨论了对皇帝施加影响的可能性，见霍伊斯前引书第575页。

35 1918年10月10日致德尔布吕克的信。

36 除了前引书信之外，另见1918年10月17和18日致瑙曼的信，《政治著作选》，1，第478页及以下。

周一周地白白溜走"[37]。马克斯·韦伯认为,"不惜取代现在已不称职的代表"以保住王朝,"对于民族可谓生死攸关",但他眼睁睁地看着一个君主由于不光彩地贪恋御座而赌光了一切。在这位统治者逃往荷兰之后,马克斯·韦伯继续发出了严厉抨击,说威廉二世"抛弃首都,政变流言四起",这"只能刺激革命"。[38] 1918年11月22日,威廉二世发表声明,免除了军队和公职人员的效忠誓言,韦伯认为这简直是"骇人听闻的……怯懦、欺诈和丢人现眼,直到最后都是这样"[39]。

即使在柏林的革命终于获胜并迫使皇帝退位之后,韦伯相信仍然有坚持以下主张的可能:解决"宪法的根本问题,包括王朝问题",必须"通过——自由的!——全民投票,而不是少数人的法案","因为我希望看到王朝得以保留,还因为我毫不怀疑这将是——自由——投票的结果,我会投入这样的努力。不过,从笃信合法性的观点来看,这也许是不可接受的,但这对我并没有约束力"。[40] 甚至到了1919年5月,在霍亨索伦王朝"已经完全土崩瓦解"[41]、韦伯已经声明支持共和国

---

37 马克斯·冯·巴登亲王:《回忆与文献》(Prinz Max v. Baden, *Erinnerungen und Dokumente*, 1926),第511页。

38 《政治著作选》,第450页。

39 1918年12月4日致米娜·托布勒的信,鲍姆加滕档案,Ⅱ,第79页。在人民代表的强烈要求下,该声明被一份具有同样倾向的正式声明取代。

40 此说与海德堡大学理事会(?)可能会公开发表一份反对苏维埃政权的声明有关。韦伯对此表示反对,并转而认为:"这里已经发生革命了",不能 "轻率地就去反革命,依我之见,由理事会发表徒具形式的一纸抗议,既没有任何力量,也不可能有任何力量。如果是由大学出面发表声明,'希望宪法的根本问题……经由一次——自由的!——全民投票做出决定',或许还会有些不一样的影响。……我相信,仅仅为了做出一种'姿态'而让那支唯一能够防止趁火打劫、阻止羞辱军官的力量名声扫地,这在政治上毫无意义,而且没有任何内在价值。因为皇帝不光彩的优柔寡断以及他最终竟从司令部开小差而开始转动起来的车轮,很快再次倒退回去——可能会倒退得非常远"。致翁肯的信,日期不详,大概是1918年11月11—12日,抄自韦伯遗稿。请参阅下文第326页以下。

41 参阅1919年1月5日《卡尔斯鲁厄日报》,第1版。韦伯在竞选演说中引人注目地强调了王朝问题。他宣称自己是个理智的共和主义者,因为各王朝已经全部失败。参阅下文第327页注释85。

的 6 个月以后，他在致信德尔布吕克时仍然说道，他"会继续支持一个真正议会民主制的君主政体"[42]。当然，历史的车轮不可能逆转了。

韦伯拒绝公开谈论这场德国大灾难的原因，甚至不愿去分辨罪责。他认为普遍的"纵情煽动'负罪'感"是有害和虚弱的表现。"战神眷顾了更强大的军队"：这场战争的结局根本不足以说明应该从道德上评判德国以往的政策。[43] "一次输掉的战争并不是一个神性裁决。"[44] 韦伯激烈反对在伦理基础上批判德国最近 10 年间的政策。"我们最近 20 年的政策可谓劣迹斑斑，因为它们浮夸而混乱。我们战前的政策是愚蠢，而不是道德上令人厌恶，如此指控是完全错误的。这是我的判断。"[45] 韦伯坚持认为，德国是因为下的赌注过大才输掉了这场赌局。德国向命运进行了两次挑战——发动无限潜艇战和在布列斯特－立陶夫斯克的政策，它们毁掉了普遍媾和的一切可能性，而这些错误又在重新折磨德国人了。[46] 事后聪明般地喋喋抱怨，实在是怯懦而丢人现眼。必须勇敢地默默承受这些后果。"我们输了比赛，你们赢了"[47]，韦伯不希望再多说什么。他拒绝彻底否定过去的政策并从根本上谴责它们。他的民族荣誉感使他不可能这么做。1918 年 10 月，德国新闻界对鲁登道夫发起了诽谤，韦伯认为这是可耻行径，因此决定不再保持本来自我克制的沉默。

42　1919 年 5 月 15 日的信，德尔布吕克遗稿。

43　《政治著作选》，第 488 页。

44　1918 年 10 月 21 日致勒温施坦因的信，《政治著作选》，1，第 480 页："这场战争已经打不赢了（！），这是不争的事实。不过这里还是适用普罗米修斯的说法：'你的意思是……'等等。至少我还没有绝望，仍有别的路可走。"

45　1918 年 11 月 13 日致戈德施泰因教授的信，《马克斯·韦伯传》，第 614 页及以下。

46　1918 年 12 月 6 日《威斯巴登日报》的报道，1919 年 1 月 3 日《海德堡日报》的报道（参阅上文第 307 页。关于这些新闻报道，见下文第 327 页注释 85）。

47　1919 年 2 月 29 日致翁肯的信，抄自韦伯遗稿；《马克斯·韦伯传》中误作为"你们的目的达到了"，见第 658 页。（这个直接引语原文为英文"We lost the match, you won it"，《马克斯·韦伯传》中为"We lost the match, your sake is"。——译者注）

他给《法兰克福报》投去一篇文章,要为"那个不顾后果的赌徒"鲁登道夫进行辩护:"统帅当然要赌博,统帅必须相信自己的运气。"可以理解,《法兰克福报》拒绝发表此文。[48] 即使在11月的革命狂潮中,韦伯依然站在鲁登道夫和兴登堡一边:"在我们战败之时侮辱我们的总司令,简直就是杂种。"[49] 对于韦伯来说,这是信念伦理的一种典型表现。他认为有义务支持这些成为公众蔑视目标的人物,因为荣誉感和道义感要求他这样做。在民族陷于最深重屈辱的时刻,他把捍卫民族荣誉看得比一切物质生存问题都更加重要,因为德国的重建希望端赖于此。

尽管如此,他还是憎恶有助于掩盖事实的那种虚伪情感。他曾悲哀地描述过在法兰克福目睹迎接前线士兵时的感受:"军队开到这里真是一个骇人听闻的事件——彩旗、花冠、持续了几个小时的喧闹欢呼,同时出现的则是那些钢盔下面筋疲力尽的躯壳——犹如狂欢节上检阅一队幽灵:让人惊恐……然后是军官团,内心充满了愤怒——就是说,有些人是不可救药的无聊……他们同样是些乌合之众,比柏林那些发号施令的渣滓更恶劣。我从没看到,也从未料到会有这种模样的'德国'。尽管如此,我们也必须继续工作。不管怎么样,我们的潜力还在,

---

48 此文未见保存下来。1918年10月29日韦伯致信编辑部说:"我们用这篇文章——如你们所愿——向鲁登道夫报以最诚挚的谢忱。"关于文中可能的内容,请参阅《马克斯·韦伯传》第662页及以下和下一注释。玛丽安妮·韦伯说韦伯在完成此文之前终止了写作,此说有误。

49 1918年11月韦伯在曼海姆一次集会上的辩论演讲,当时在场的鲍姆加滕教授做了记录。鲍姆加滕教授慷慨地允许我利用韦伯的这份文献。请比较头一天韦伯以《德国的重建》为题发表的竞选演说:"兴登堡胜于这一切,他已经证明了自己不仅是这个世界上最伟大的战地统帅,而且还是一个同样伟大的德国人。对这位总司令的谴责,其矛头所向并不是他,而是鲁登道夫。但是,我们也必须公开承认,鲁登道夫同样是我们这个时代最伟大的战地统帅之一,而且是坚信自身运气的伟大统帅。"另见1919年1月3日《海德堡新消息报》第2版的报道,看来可以肯定这个记述相当准确。韦伯在威斯巴也发表了类似的言论,见1918年12月6日《威斯巴登日报》。但稍后他又完全改变了看法,1919年1月14日他在菲尔特断言:"鲁登道夫这个嗜血的独裁者拿我们的民族进行了一场罪恶的赌博,他和他的所有帮凶们都应被投入监狱。"据1919年1月15日《菲尔特日报》报道。

只是被深深掩埋了起来。"[50]

马克斯·韦伯早就预见到了革命，他已经看清楚了统治阶层毫无能力遏制工人群众日甚一日的激进化。"没完没了地用承诺煽动情绪"总有一天要遭到报复。[51] 韦伯准确地看到，既然威廉二世总归要离开御座，他在恰当的时刻仍恋恋不舍就是最后的障碍。韦伯在埃斯纳夺权之前的那些日子里就力图抗击革命趋势，但他不得不面对的事实是，他的论点已经失去了说服力。他与厄恩斯特·陶勒以及其他满怀革命抱负的社会主义者都有私交，却已经无力说服他们，尽管他一向循循善诱。他们的反应是，他已经与时代脱节，依然固守过时的理想。[52]

由此，韦伯准备转而支持革命。但是，在敌人获胜之际爆发革命，还是让他痛心疾首，他的政治信念促使他采取了非常强硬和直率的反对立场，尽管他知道革命已经不可避免。他承认，多数派社会民主党人的领袖不该为这个事件受到谴责。然而，他无法再继续保持"绝对冷静的情绪"，那种热诚的民族主义情感难以扼制地爆发了。他愤怒地把这场革命称为"血腥的狂欢节，根本就不配革命这一光荣的名称"。[53] 当然，至少在经受了最初几周的刺激之后他可以冷静思考的时候，他还是愿意承认，"战后"也许会出现革命的充分根据，但在"战时"，革命就是一种"可怕的灾祸"，它对外交政策会产生什么样的灾难性影响还不可能完全预知。[54]

50　1918年12月4日致米娜·托布勒的信，鲍姆加滕档案，Ⅱ，第79页。

51　请比较1918年11月18日致海伦妮·韦伯的信，《政治著作选》，1，第481页。

52　请比较1918年11月7日或8日G. W. 克莱茵（G. W. Klein）致韦伯的信，《马克斯·韦伯传》，第640页。

53　《马克斯·韦伯传》，第642页；参阅《政治著作选》，1，第484页注释1。

54　1919年1月一次政治演说的大纲，《韦伯全集》，Ⅰ/16，第160—173页，此处援引自第167页："我本人是如何看待这场革命的？"

韦伯仍然抱有孤注一掷般的期待，即威尔逊这位已经成为总统的法学教授能够尽快认识到，他作为各大国之间调停人的地位，要依赖于是否保留德国的军事力量。一旦德国被解除武装并陷于不设防境地，法国将不再需要美国的援手也有可能把战争继续打下去，威尔逊的稳健影响力也就烟消云散了。[55] 因此，韦伯希望至少有可能保持最后拼死一搏的全民抵抗潜力，作为谈判游戏中的一张牌。革命却结束了这个可能性，因为这将直接导致德国军队瓦解，因为它要求不计代价的和平而使军事行动难以为继。韦伯在威斯巴登和柏林公开声明，革命打掉了德国手中的武器，并摧毁了威尔逊的世界和平仲裁人的地位，就此而论，革命要对德国沦入异族统治负责。[56] 事后来看，显然，韦伯完全切中了一个命题，即魏玛共和国的国内政治将毁于一旦，这非常符合后来广为流传的一个相当质朴的说法——革命从背后捅了德国一刀。[57] 当然，韦伯没有把革命归罪于社会民主党人。他对威尔逊在和谈形式上发挥的影响做出了准确判断，却未能认识到军事失败已经到了什么程度以及重新恢复战斗在军事上已毫无可能。[58]

革命在国内造成的冲击同样令韦伯忧心忡忡。他强烈反对工人与

---

55 《停战与和平》（"Waffenstillstand und Frieden"），载于1918年10月27日《法兰克福报》，另见《政治著作选》第447页。

56 见1918年12月6日《威斯巴登日报》第570期晚报版和《威斯巴登报》第621期晚报版的报道；另见1918年12月22日《福斯日报》的报道。但在法兰克福，韦伯并没有表示很明确的态度，见1918年12月1日《法兰克福报》周日号外版的特别报道，现已收入《政治著作选》，第484页。温克尔曼在此处所做的注释误人视听，注释中摘录了《法兰克福报》周一版对同一次演讲的非常简短的报道，见1918年12月2日《法兰克福报》。关于新闻报道的比较，见下文第327页注释85。

57 此说并非发端于《南德月刊》。参阅1919年1月2日《法兰克福报》一篇题为《无辜的社会民主党人》（"Die unschuldige Sozialdemokratie"）的文章："我们绝不应忘记，是社会民主党人，加上大量随声附和的社会主义者，在命运攸关的时刻从背后捅了德国人民一刀，并且把德国拱手交给了毫无慈善心肠、冷酷无情、报复成性的敌人，竟致它现在甚至无法在波兰与捷克进行自卫。"

58 瑙曼在10月就曾指出，从纯军事角度说，已经不可能看到任何出路了。参阅霍伊斯，《弗里德里希·瑙曼》，第430页及以下。

士兵委员会夺取地方权力，他们与正规的职业公务员以一种爱恨交加的关系进行行政合作，他预料到了这种巨大混乱，并且德国正在损耗尚存的经济潜力。当他被选进海德堡工人与士兵委员会时，他的看法在一定程度上有了变化，并且发现构成了委员会的并不只是革命文人，而且总的来说都是一些抱有真诚信念、决意脚踏实地建功立业的人。[59] 与此同时，他也公开谴责了革命团体在行政管理上制造的可怕混乱，因为它们没有行政能力。"局面毫无起色，由于过度愚蠢，什么都干不成，"他在 1918 年 11 月底指出，"柏林政府——更何况慕尼黑那个愚蠢可鄙、丢人现眼的政府了——正在推行一种仇恨政策，或许它不得不如此，因为它必须听从那些煽动家，而且没有可以依靠的军队。你可以和作为个体的人们共事，但作为一个群体，他们确实愚蠢，历来如此。"[60]

但是，这并没有阻止马克斯·韦伯更加接近社会民主党人。在 1918 年 12 月 1 日的法兰克福集会上，他坦承自己"非常欣赏许多接受过一定经济学训练的社会民主党领袖的观点"[61]。他一再重申，如果一个社会主义制度要想存在下去，某种宪政措施——例如一种强有力的总统制、一部一元化的宪法或者类似的制度——就是不可或缺的。肤浅的旁观者很可能会认为，实际上韦伯这是接受了一种温和的社会主义立场，他确实看好一个建立在社会主义原则基础上的新社会秩序，尽管他希望

---

59 另见 1918 年 11 月底致米娜·托布勒的信，鲍姆加滕档案，Ⅱ，第 78 页："只有脚踏实地的人，包括那些革命者——比如劳工领袖以及类似的真正的实干家——才是名副其实的有生力量。我总是对他们抱有无条件的敬意。"

60 1918 年 11 月 29 日自法兰克福致米娜·托布勒的信，鲍姆加滕档案，Ⅱ，第 30 页，《其作其人》一书发表此信时标注的日期有误。

61 《政治著作选》，第 484 页。韦伯在威斯巴登也发表过同样的说法：鉴于这种社会主义制度目前的管理混乱，他不可能加入社会民主党（！）。引自《威斯巴登报》的报道。

过渡进程应当相对缓慢一些。然而，这样说就不容易理解另一个论点：韦伯之所以反对人民代表政治，是因为他们的行动使得 100 年来的社会主义观念名声扫地。例如，韦伯曾在法兰克福大会上宣称，"迄今为止，革命成果总的来说都是消极的，而我们无保留地明确希望巩固这些成果并促进有计划的社会化"[62]，这仅仅是出于"情势变迁原则"（*rebus sic stantibus*），并非"一成不变"。[63] 他表达这种论点不过是为了给温和左翼留下印象，由此引起必需的关注以证明目前环境下的社会化纯属精神错乱，而没有资产阶级企业家们的参与，经济重建是不可想象的。

事实上，无论就最近还是遥远的未来而言，韦伯根本就不相信什么社会化，即使在他似乎热衷于使用煽动手段，用当下的社会主义搏击未来的社会主义时，也同样如此。[64] 诚然，他相信，在目前这种经济紧急状态下，经济的中央集权走向在可见的未来是必需的。他以某种宿命的态度认为，未来可能会出现官僚制的进一步扩张，从而还有更强劲的"社会化"趋势，彼时，企业家们的创造性将受到较之以往更苛刻的制约。他在这种事态中根本看不到理想之光。就其可能性而言，他一如既往地坚持忠于经济制度的志愿主义（*voluntaristischen*）组织原则。[65] 尽管那时的知识分子阶层——包括韦伯本人的"学生"熊彼特

---

[62]《政治著作选》，第 484 页。

[63] 参阅 1918 年 11 月 24 日致克鲁修斯的信，《政治著作选》，1，第 484 页。这种策略无论如何都会激起资产阶级各阶层的怨恨，使韦伯丧失了并非无足轻重的同情，损害了他当时的政治活动。

[64] 1918 年 11 月 4 日韦伯在慕尼黑断言："资产阶级社会是强韧的。不应认为它会在社会主义原则基础上走向未来。"据 1918 年 11 月 4 日《慕尼黑新消息报》报道。

[65] 参阅 1916 年 6 月 4 日韦伯回应雷德利希的说法，《政治日记》，第 120 页及以下："韦伯讨论战后的财政与经济犹如一个不可思议的问题：他说，最糟糕的就是国营垄断，必须把独立经营的工商企业及其经理阶层这些强大要素保存下来，以作为德国经济的主要载体。德国的公职人员需要与私营企业家、工程师和经理人互为补充。与社会秩序有关的'政府'与'自由'二元论，是整个德国历史的特殊之处。"另见 1919 年 10 月 4 日致巴伐利亚苏维埃共和国社会化委员会代表诺伊拉特的信，《政治著作选》，1，第 488 页。

与卢卡奇——广泛认为社会主义在未来是一种更理想的新型社会秩序,但他并不"相信"会有这种未来。[66] 如果说他曾设想过"社会主义"可能的具体形态,那也是一种由国营辛迪加和集体企业支配下的经济秩序,在那里,自由的经济竞争将日甚一日地被政府控制所取代。韦伯根本就不相信资本主义经济制度的无理性会由此烟消云散,它可能仅仅是被转移到了另一个层面。这样一种国家社会主义经济很可能具有某些政治或社会优势(韦伯推测,在可见的未来,德国可能不得不利用国家社会主义的调控手段以从战后灾难性的经济形势中谋求复兴),但最终将导致经济停滞以及所有社会关系的日益僵化。这就是韦伯深为忧虑的未来奴役状态的开端。他认为这项发展归根结底是不可避免的,仅仅是这种宿命论看法,才使韦伯不至于全盘无视社会主义观点。

他以貌似社会主义的委婉说辞对左翼采取的策略态度并没有持续多久。1918年12月初,在暂时保持了一定程度的克制之后,韦伯又开始直接抨击,而且越来越强烈,矛头所向不仅是斯巴达克集团和独立派社会民主党人的革命狂热,还有苏维埃政权,后者支持彻底解散军队,并且不是像"李卜克内西帮"那样坚决对抗,而是肆意让军官们蒙受耻辱。他们任由经济走向崩溃,还承诺了"与他们自身信念背道而驰的社会化",尽管他们足够明白"这在急需海外信贷的时候是根本不可能的"。和威廉二世一样,他们也未能理解诸如佐尔夫(Solf)——他与哈塞(Ernst Hasse)由于俄国的革命货币而彻底失和——这样的人物。至关重要的是,他们在"不管什么样的外交政策"上都完全无力承担

---

66 请比较1918年11月中旬致埃尔泽·雅菲-里希特霍芬(Else Jaffé-Richthofen)女士的信,《政治著作选》,第480页及以下。另见特奥多尔·霍伊斯:《时代中的马克斯·韦伯》(Thendor Heuß, "Max Weber in seiner Gegenwart"),见《政治著作选》,第xxviii页及以下。

责任,也根本无力实现任何外交政策。"⁶⁷"革命政府使用的宣传手法与鲁登道夫的战时宣传毫无二致。最后他们将使社会主义彻底声名狼藉",1918年12月20日的《福斯日报》扼要报道了马克斯·韦伯在柏林演讲的相关内容。⁶⁸ 在后来的几次政治演讲中,马克斯·韦伯无疑也表明了他的立场。诚然,他偶尔也会谈到,根据环境条件,一定程度

---

67 此处引文摘自1919年1月3日致奥地利共和国驻柏林外交使节卢多·莫里茨·哈特曼的信。信中的内容意在转达给奥地利外交国务秘书奥托·鲍尔(Otto Bauer)。哈特曼致鲍尔(1919年1月7日的信,维也纳国家档案馆柏林公使档案,NPA 140;伯伯的信连同一份准确的抄件也在那里。感谢施通普博士告知我这份原始资料的存在)。韦伯在信中有力地集中概括了他反对人民委员会政策的论点,兹原文抄录如下:
"亲爱的朋友,我们谴责这个苏维埃政府,因为
"1. 它确凿无疑是少数的统治,而且纯粹以暴力为后盾,与任何其他军事独裁无异;
"2. 它并不能保证自由选举。绝大多数情况下,需要这辆汽车并在骚动中利用它的是苏维埃,因此,按照我们的原则(以及旧日社会民主党的原则),'官方对选举的影响'将使投票毫无效力;
"3. 他们默许并最终鼓励用他们诟媚的预备役军官取代正规军官,士兵们则不知羞耻地且无风纪,四处劫掠,已经无力维持秩序,使得在纯粹的德国国土上抵抗波兰人都已经不再可能;
"4. 他们实在缺乏胆量面对自己的信念,以致公开与资产阶级政党合流,甚至包容了其中早就声名狼藉的那些人(哈塞、巴尔特);
"5. 他们像威廉二世一样几乎容不下特立独行的人(佐尔夫);
"6. 他们已经并且仍在任由我们的经济土崩瓦解,不顾他们自己的信念而推行'社会化',尽管他们知道在目前亟须海外信贷的时候是根本不可能的;
"7. 他们绝对没有,也不可能贯彻什么外交政策;
"8. 他们因为迁就阿道夫·霍夫曼之类的白痴和李卜克内西这样的病态人物而助长了反动,令人绝望地不仅使社会主义,而且使长期的民主政治信誉扫地;
"9. 总而言之,他们没有也不会认识到,目前不可避免地需要资产阶级的帮助,至少,他们仅仅以某种形式提出的主张,便使得一个正直的人不可能愿意为之效力。
"他们将没有能力避免内战,但是——像克伦斯基一样——他们理解这一点时将为时太晚,而且,他们将使我们沦入异族的政治与经济统治,尽管未必能到这种程度。
"在帝国宪法问题上,他们从理论上理解就是需要一种强大的行政力量,因而就是一个全民投票产生的一元化首领去追求不管什么样的社会化,但他们没有勇气得出这些推论。相反,他们犯下了老资产阶级的庸俗民主派最悠久的错误,仅仅出于怨恨而抵制一位'选举产生的君主'。他们会由于彻头彻尾的教条主义把这个问题弄得一团糟,从而葬送帝国的未来与经济的社会化。"
68 1918年12月22日第653期。参阅1918年12月6日《威斯巴登日报》晚报版对12月5日韦伯演讲的报道,这里大概略嫌错过了一个重点(社会主义信念):"目前的宣传无疑像旧政权一样低劣,它将以失败告终,对社会民主主义的信念也将随之瓦解。"

的社会化是"必要的",但同时他也反对任何充公——比如矿山——之类彻底社会化的举措,因为这只能给敌人送去"优秀人质"。毋庸赘言,他毫不含糊地认为,至少从德国经济大大依赖海外市场这个角度来说,也只有资产阶级资本主义制度才能使德国恢复经济实力。[69]

大概就是马克斯·韦伯对苏维埃政权无保留的批判态度,使他无可挽回地失去了获得一个高级职位的机会。最初,弗里德里希·艾伯特(Friedrich Ebert)曾考虑任命马克斯·韦伯而不是胡戈·普罗伊斯为内政国务秘书。但由于我们不得而知的原因,这个计划很快被放弃了。[70] 也许,一个将革命称为不负责任的"狂欢"的人,很难在一个正式由社会民主党多数和独立派社会党人组成的政府中找到位置。韦伯的好斗秉性很快就导致了他与独立派的争吵。胡戈·普罗伊斯承担了筹备起草新德国宪法的任务,他吸收韦伯参与了帝国内政部的宪法讨论,但韦伯可能一直期待的在政府中任职毫无着落。甚至还在革命之前,康拉德·豪斯曼就曾提出韦伯是驻维也纳使节的合适人选。[71] 在革命政府中获得这样一个职位,本来并不是毫无希望[72],但被韦伯的公

---

69 参阅1919年1月18日《海德堡日报》对韦伯演讲的类似报道。

70 苏维埃会议纪要,阿姆斯特丹国际社会史研究所(前德国社会民主党档案),1918年11月15日内阁会议,上午10:30:"……2.内政国务秘书补缺。是否考虑海德堡的马克斯·韦伯教授,应将普罗伊斯一并斟酌。"同日便决定提名普罗伊斯。苏维埃的任命与公告,见DZA Ⅰ,RKA 22,Nr.1609,国务秘书卷2。现已收入《1918—1919年的苏维埃政权》第一部分,见《议会制与政治党派历史资料》(*Die Regierung der Volsbeauftragten 1918/19, Erster Teil*, bear beitet von Susanne Miller unter Mitwirkung von Heinrich Potthoff, *Quellen zur Geschichte des Parlamentarismus und der politischen Parteien*, Bd.6/Ⅰ, Dusseldorf, 1969),第41页。也许,马克斯·韦伯本人从未得知他一生中这个最大的政治机遇。

71 1918年11月豪斯曼致韦伯的信(据一份豪斯曼遗稿抄件):"几周之前我就告诉内阁成员,马克斯·韦伯大概是德国驻维也纳的最佳代表。"参阅11月25日韦伯致玛丽安妮·韦伯的信,《马克斯·韦伯传》,第646页:"豪斯曼写信说,他已经提议我出任驻维也纳大使。不言而喻,最后不会有任何结果。这些人完全被和平主义说教蒙蔽了。"

72 显然,韦伯认为这一点很有可能,但他忽视了一个事实:一个新的政府已经就位。

开言论彻底葬送了。[73] 当然，韦伯也认为与苏维埃政权合作毫无意义。"参与这样的政权，甚或为它工作，几乎都是不可能的。与工会官员和艾伯特相比，这些人——例如哈塞先生及其同伙——仅仅需要马屁精，就像过去的君主一样。那帮文人墨客（埃斯纳等）也同样不可救药。"[74] 不过，韦伯能得出这种结论也殊为不易。他非常痛苦地看出："政治上我将无处可去。这个半吊子政府绝不会用我的。"[75] 因此，他彻底放弃了谋求一个政治职位以积极投入政治活动的念头，尽管这对他仍然还有吸引力。

与胡戈·普罗伊斯一样，从11月以来，马克斯·韦伯也公开有力地坚持强调，若想巩固和保存革命的成果，没有资产阶级的合作是不可想象的。这个时候推行社会化将导致彻底的经济衰竭，德国将永远屈居美国的经济霸权之下，德国工人和商人将沦为工资奴隶和美国资本的代理人。只有与经济见识广博的企业家阶层合作，德国才有可能恢复经济元气。只有资产阶级工商业者才能保证从国外的纯资产阶级政府那里获得即将到来的建设所必需的信贷资金。因此，韦伯毫不含糊地公开要求让资产阶级"平等地分享政治权力，分担经济责任"[76]。他以冷静的现实主义态度评估了左派的前景，当然，也多少带有一厢情愿的意味："社会民主党多数将随着自由选举而不复存在。"[77]

---

[73] 1918年12月26日韦伯致克鲁修斯的信中说道：他把革命称之为"血腥的狂欢"，这一事实"让我付出的'代价'就是不可能被现政府任用到重要职位上了——这仅仅证明了我言之有理（请勿对外人道！）"。据韦伯遗稿原件。

[74] 致莉莉·舍费尔（Lili Schafer）的信，日期不详，大概是1918年12月4日前后，韦伯遗稿；参阅1918年12月29日致玛丽安妮·韦伯的信，《马克斯·韦伯传》，第646页："这个政府绝不会用我的，我也绝不会为它效力。"

[75] 1918年12月2日致米娜·托布勒的信，鲍姆加滕档案，Ⅱ，第80页。

[76] 引自《法兰克福报》上的系列文章之一，见《政治著作选》，第486页。

[77] 同上书，第453页。

这些论点都反映了我们已经谈到过的韦伯的一个见解，即没有资产阶级的合作，革命就不可能成功，没有这样的合作，甚至会导致右派更强有力的反动。1919年1月初，韦伯指责苏维埃政权明知此理却不敢据此采取行动，他们"实在缺乏胆量面对自己的信念，以致公开与资产阶级政党合流，甚至包容了其中早就声名狼藉的那些人（哈塞、巴尔特）"[78]。但是，为了资产阶级共同管理这个国家之需，韦伯也提出了务实的论点——西方大国只愿意跟一个资产阶级政府，至少也是资产阶级分享权力的政府媾和，而继续推进革命将导致内战并蒙受被敌人占领的耻辱。这将不可避免地带来一场有可能持续数十年的野蛮反动。因此，他要求立即召开制宪会议，但在1918年11月那个时候，能否实现这个政治目标看上去根本就无法预料。

与此同时，马克斯·韦伯也直接向资产阶级发出了强烈呼吁，要他们果断抛弃"'偷安'精神：偷安于当局的庇护，怯于任何大胆革新，简言之，自甘无能的懦弱意志"，重整旗鼓投入自觉和负责任的行动。他已乐见王朝的正当性宣告结束，因为这让资产阶级"终于能够在政治上自立了"[79]。没有资产阶级，德国的重建就不可能成功，而资产阶级也必须鼓起勇气下决心与社会民主党忠诚合作。唯有如此，才能使工人与士兵委员会制造的"灾难性半吊子经济"恢复气力，只有资产阶级知识分子支持下行政机器忠诚合作，才有可能摆脱革命造成的大混乱。以这样坦诚的方式，无条件要求和平并且无保留走向激进的资产阶级，与社会主义民主有可能"齐心协力"共同前进几十年，尽管最终它们也许会分道扬镳。[80]

---

78 1919年1月3日致哈特曼的信，请参阅上文第322页注释67。
79 《政治著作选》，第453页及以下。
80 同上书，第487页。

1918年11月中旬，一个围绕阿尔弗雷德·韦伯、特奥多尔·沃尔夫和弗里德里希·瑙曼形成的群体汇集在柏林，打算建立一个新的德国民主党，意在为资产阶级民主派的政治活动奠定组织基础。马克斯·韦伯似乎理应参与其事。但因政治信念所致，最初他曾拒绝涉足。他婉辞了在成立宣言上署名，因为它自称支持共和政体。无论私下里还是公开场合，韦伯仍然主张保留君主制，不认为已经到了进行这种政治转向的时候，尽管政治局势似乎指出了这个方向。显然，他希望先搁置政体问题，暂不做出任何最终决定，直至有可能举行一次公民复决投票。[81] 此外，他似乎赞同建立一个能够把古斯塔夫·施特雷泽曼代表的民族自由党右翼包括进来的更大的政党，所以认为目前时机还不算成熟。但无论如何，他最后表明的态度是支持德国民主党。他临时迁居到法兰克福以便与《法兰克福报》编辑部保持即时联系，因为很快他就要为该报撰写系列文章论述"德国的未来政体"。[82] 这组文章的目标是刺激资产阶级民主派的政治动员。韦伯在向苏维埃政权发出的警告中强调："没有资产阶级的合作，政府就不会实现和平，德国迟早将被占领。"同时他也强烈呼吁资产阶级各阶层"至少能够做到政治自立"[83]。通过《法兰克福报》的编辑们，韦伯与在法兰克福的德国民主党领导人——包括埃里希·东布罗夫斯基（Erich Dombrowski）与赫尔曼·卢佩（Hermann Luppe）——建立了直接联系，甚至指望参与制定

81　韦伯在《法兰克福报》上的声明（《政治著作选》，第454页及以下）："我们将会'忠诚于立宪会议和公民表决的每一个多数决定，但会毫无保留、毫不含糊地坚持我们本身的共和立场'，在君主制问题上，韦伯最初表达的立场是有两重性的。像这样的语境中，"毫无保留、毫不含糊"恰恰应被理解为是有保留的；参阅《政治著作选》，第451页。

82　1918年11月17日自法兰克福致米娜·托布勒的信，鲍姆加滕档案，II，第77页："我很高兴在这里逗留一段时间，享受工作的乐趣，写文章……和那些确实才具出众的可敬的记者一起参加编辑部会议——只要和一群能干又客观的人相处，就总会使我有一种享受感。"

83　《政治著作选》，第454页。

该党的纲领。[84]

现在他积极投入这个坚定追求民主的资产阶级新政党的政治鼓动中。从11月底开始，他先后在威斯巴登、法兰克福、柏林、海德堡、菲尔特和卡尔斯鲁厄发表了演说，大获成功。[85]这些演讲与过去的政治制度一刀两断，并对现状发出了极为尖锐的批判。韦伯特别抨击了人民代表的优柔寡断、软弱无力，未能有效约束斯巴达克同盟的活动这个幽灵。"李卜克内西应当送进精神病院，罗莎·卢森堡应当送进动物园。"我们今天能看到的只是"肮脏、醒酲、粗鄙和混乱，此外便一无所有"[86]。但这根本无损于他对德国复兴的展望。德国曾经在外国支配下

84　参阅路德维希·卢克迈尔的哲学博士论文《1918—1919年的德国民主党大会》打字稿（Ludwig Luckemeyer, "Die Deutsche Demokratische Partei bis zur Nationalversammlung, 1918—1919", phil. Diss. Gießen 1972, Masch. Schr.），第301页及以下。另见1918年12月4日致米娜·托布勒的信，鲍姆加滕档案，II，第79页："这里无暇多说了——要写文章、开会。晚上有事跟两位编辑聚一下。周日一早我要去哈瑙；明晚在威斯巴登发表演讲——总的来说，搞得我很忙碌。我不知道这种忙碌有无成效，但人们相信有。我们一直在这里处理民主党的组织工作，我大概会参与制定党纲。"

85　玛丽安妮·韦伯在《马克斯·韦伯传》第653页说他还在哈瑙发表了演讲，不确定。原计划的集会没有举行，因为韦伯必须到柏林出席普鲁士立宪会议。法兰克福：1918年12月1日，《法兰克福报》星期日号外的特别报道，现已收入《政治著作选》，第484页及以下，另见1918年12月2日《法兰克福报》的报道；1918年12月2日致米娜·托布勒的信，鲍姆加滕档案，II，第80页，"昨晚获得了欢腾的喝彩（7000人），也有反对声，但只是很畏缩"。威斯巴登：1918年12月6日，《威斯巴登日报》第570期晚报版报道，1918年12月6日《威斯巴登报》第621期晚报版报道，另见1918年12月6日韦伯致米娜·托布勒的信，鲍姆加滕档案，II，第85页，"昨天，在威斯巴登演讲，反响比较温和，因为听众都是纯粹的资产阶级"。柏林：1918年12月20日，见1918年12月22日《福斯日报》和1918年12月22日《卡尔斯鲁厄日报》的报道。海德堡：1919年1月2日，论"德国的重建"（1919年1月3日《海德堡新消息报》第2期和《海德堡日报》）。卡尔斯鲁厄：1919年1月4日，论"德国的过去和未来"，作为巴登国民大会选举头一天的"最后呼吁"（1919年1月6日《巴登州报》第7期中午版，1919年1月5日《卡尔斯鲁厄日报》头版，1919年1月6日《巴登报》第7期中午版）。福斯：1919年1月14日，《福斯日报》1919年1月15日报道，以及同日《北巴伐利亚报》题为《公园旅馆里的斯巴达克》的报道。海德堡：1919年1月17日，《人民的国家与政党》（1919年1月18日《海德堡日报》）。韦伯似乎还到图林根做了一次竞选之旅，但我们对此知不多。

86　在卡尔斯鲁厄的演讲，那里的三家报纸都有类似报道。当然，马克斯·韦伯强烈谴责了几天后李卜克内西和罗莎·卢森堡遭到的暗杀，他那种特有的正义感就按捺不住了。"那位街头独裁者来走到了我所不愿看到的结局。"《马克斯·韦伯传》，第653页。不过，韦伯认为，从李卜（转下页）

证明了自己是主导的文明民族之一,这一次仍将会从被剥夺和被毁灭的处境中获得新生。

马克斯·韦伯看来注定要成为德国民主党在国民大会的主要代表。康拉德·豪斯曼提议他成为党的主席。[87] 事实上他是在下一年才入选中央委员会的。[88] 然而,马克斯·韦伯本人并未谋求国民大会的席位,而他获得这样的席位并不困难。他最亲密的政治盟友们,比如弗里德里希·瑙曼和康拉德·豪斯曼,都可以利用自己相当可观的政治影响力为他在这个新政党里提供帮助,但韦伯对于是否充任国民大会候选人却犹豫不决,尽管他在12月初就有了这个念头。他拿不准自己能否赢得必需的地方支持。[89] 另外,他怀疑迈出这样一步投入实际政治可能为时尚早,因为他估计,协约国占领德国的可能性将使所有这些努力化为泡影。更有甚者,他相信苏维埃政权的半吊子革命政策将招致反动势力的回击,而这种反动可能会迅速毁掉德国的民主改组。在这种局面下,也许不要过早做什么重大努力为好:"我宁愿安静地待在家里,不相信有什么令人兴奋的事情。今后人们会需要我的。"[90]

然而,韦伯也已经准备就绪,只要有外部的驱动力,他会立即身

(接上页)克内西的政治斗争手段来看,这种结局又是必然的:"李卜克内西毫无疑问是一位诚实的人,他号召去街头战斗,却被杀死在街头。"1919年1月18日《海德堡日报》。请比较维尔布兰特:《马克斯·韦伯——德国的遗产》(Wilbrandt, "Max Weber, ein deutsches Vermächtnis")一文,载《新评论》(*Die neue Rundschau*)第1卷(1928),第1册,第154页。

87 1918年11月24日豪斯曼致韦伯的信(抄自豪斯曼遗稿):"昨天我已电报通知,我们加入'民主党':马克斯·韦伯应被指定为党的主席。"

88 1919年8月4日《法兰克福报》的报道。

89 1918年12月6日致米娜·托布勒的信,鲍姆加滕档案,Ⅱ,第85页。

90 同上书。请参阅1918年12月4日致米娜·托布勒的信,鲍姆加滕档案,Ⅱ,第79页:"我对整个这件事情(即建立德国民主党)的印象是,它将一事无成,因为暴动和反动仍会到来。柏林这些人不会有任何建树,他们没有权力后盾。"另见1919年1月3日致哈特曼的信,上文第322页注释67。

体力行。在法兰克福一次拥挤喧闹的德国民主党成员会议上,韦伯被提名为德国国会黑森-拿骚选区的候选人,同时被提名的还有其他一些候选人,包括法兰克福市长卢佩,韦伯的朋友玛丽娅·鲍姆(Maria Baum,工厂巡视员)以及瓦尔特·许金,这个决定需要服从定于 1918 年 12 月 29 日召开的黑森-拿骚省代表大会最终确定的候选人名单。大会不理睬地方领导人提议的名单——除了一个例外——而有意选择了一些与法兰克福没有直接关系的知名人物。因为只有两票反对,马克斯·韦伯登上了被提名者榜首。在韦伯看来,这显然是数百名与会者的自发选择,仅仅出于这个原因,他接受了提名。[91]

不过,几乎难以理解的是,韦伯认为他的候选人资格登上 19 个德国国会选区榜首将是个确凿无疑的事实。他本人曾深入分析过现代群众性政党的官僚制权力,因此应当知道,法兰克福的临时提名并不能保证德国民主党的黑森-拿骚、韦茨拉尔和瓦尔德克候选人名单能占据有利地位。在政治盟友的帮助下,他可以轻松赢得必需的支持。但他做了什么?得到候选人资格并没有让他操心,他与黑森-拿骚党组织的领导人毫无走动,他甚至没有考虑在他的选区准备可能令人期待的竞选演说。他已经确信,自己"几乎肯定"能够当选。[92]

韦茨拉尔的代表大会并未爽快同意由公民投票方式赞成马克斯·韦伯作为法兰克福党组织推举的第一候选人,因为卡塞尔和马尔堡的党代表要求有自己的合适代表。另外,法兰克福代表们给予马克斯·韦伯支持并不是出于强烈的内在热情,而是出于义务,现在他又背上了一个负担,要在柏林从事他所说的社会主义鼓动,尽管他这样

---

91 1918 年 12 月 20 日《法兰克福报》晨报版第 2 版的报道,另见卢克迈尔前引书第 301 页及以下。

92 1918 年 12 月 25 日致普罗伊斯的信:"看来我几乎肯定能在法兰克福当选。"见下文第 397 页。

做是出于战术目的并且多有保留。换句话说,为了卡塞尔和马尔堡那些诚实的代表,他也要表现得像个左派。[93] 韦伯在政治鼓动中的策略手腕和立场的骤变,使他们困惑不已,导致他们极大误解了他的政治立场。此外,韦伯还被认为固执己见和"过于书生气"[94]。他有两个竞争对手,法兰克福市长卢佩和卡塞尔市长埃里希·科赫(Erich Koch),他们熟谙政党政治交易方式并拥有牢固的权力基础。因此,韦伯的候选人资格终于化为乌有;他在这个候选人名单上只有很脆弱的地位。当他发现韦茨拉尔代表大会把他置于德国国会黑森-拿骚选区候选人名单上一个毫无希望的位置时,他愤怒地退出了。[95] 在1919年1月3日的海德堡党代会上,韦伯就"德国的重建"问题发表了极为成功的演讲,希望由此可以在最后一刻被列入巴登州的名单,为此

---

[93] 参阅奥古斯特·韦伯的《回忆录》(August Weber, *Erinnerungen*),奥古斯特·韦伯遗稿,BAK,第308页及以下:"在共同协商一个新自由党问题的若干场合,马克斯·韦伯教授表现出了毫无克制的书生气态度,而且像特奥多尔·沃尔夫(Theodor Wolff)一样几乎不善于接受抗辩。我认为他在政治领域是个外行,这并没有贬低他作为一个学者的伟大。他离政治生活太远了,不明白应当尊重那些在建党中可以团结一切自由派的人物。"参阅卢克迈尔前引书第81页注释42。另见洛塔尔·阿尔贝廷:《魏玛共和国初期的自由主义和民主政治》(Lothar Albertin, *Liberalismus und Demokratie am Anfang der Weimarer Republik*, Düsseldorf, 1972),第252页。

[94] 参阅卢佩在其未发表的回忆录中的报道,卢佩遗稿,9,BAK,第308页及以下(此处引自卢克迈尔第303页注释156):"显然,黑森-拿骚将是我要去经营的选区,同时被考虑的还有卡塞尔市长科赫。然而,《法兰克福报》有自己的候选人,马克斯·韦伯教授,他无疑是个杰出人物,直接就加入了竞选班子,并开始发表他对德国重建的看法。候选人的遴选是在一次拥挤的成员会议上举行的,这种场合不可能有规范的投票或者任何类似程序。因此,主席允许投反对票。现场大约投给韦伯25张反对票,多数人并不了解他,我有60张反对票,许金得到的反对票超过100(原文如此)。12月底,在韦茨拉尔举行了最后的候选人遴选,结果卡塞尔和马尔堡的代表坚决否定了韦伯。在舒曼马戏场的一次集会上,韦伯非常广泛地谈到了社会化,民主党人要进行这种全国性煽动会相当困难。同时他还极具侮辱性地谈到了黄色工会联合会。协商持续了几个小时,我们法兰克福代表按照指示首先表示坚定支持韦伯,然后是我,再然后是许金,但韦伯还是落选了。我上了榜首,我后面是科赫、许金和安娜·舒尔特。此后《法兰克福报》就不再支持我,而是更加起劲地反对我。"

[95] 参阅《马克斯·韦伯传》,第655页及以下。

他还在同一天晚上向卡尔斯鲁厄派去了一个代表[96],但也无济于事。为时太晚了,名单已经敲定。韦伯本人非常愤怒地拒绝了把他列入另一份名单或者推举他为全国候选人的任何打算。他所期待的是作为自由投票当选的领袖,而不是作为一个"被庇护的委任状猎手"进入国民大会。[97]

马克斯·韦伯作为"一个政治家的天赋"没有得到用武之地,仅仅是因为不谙于庸碌的实际政治活动吗?[98] 回顾既往,这是大可争议的。他并未亲自去谋求候选人资格,而是抱着相当犹豫的态度接受了它。他没有抓住权力;他的候选人资格受到威胁时,他拒绝为之而战斗。他期待着"召唤"却毫无"斩获"。[99] 如果他想暂时脱离知识生活,全力以赴积极投入实际政治,道路很可能畅通无阻。但是从根本上说,他不想那么做。他知道,他既不可能也不打算成为往往是庸碌的政党政治游戏规则的一部分。对于政党政治家来说,韦伯那种在现实政治调适与十分缜密的伦理严苛主义之间把握动态平衡的功力,令人不寒而栗且难以捉摸。他不可能为一条规定的政党路线而奋斗。正如他曾自述的那样,毕其一生,他都是一个"政治'单身汉'"[100]。此外,他的终极政治理想,他一以贯之强调的德意志民族国家在世界上的权力地位,都与1919年的形势不合拍。因此,他试图以现实政治的精神适应

---

96 参阅1919年3月3日《海德堡新消息报》第2期。

97 《马克斯·韦伯传》,第656页。那里引用了韦伯在《法兰克福报》上发表的声明(1919年1月5日),其中说道,"为了纪律",他不允许"继续公开谈论"他失去候选人资格的问题。他不屑于向党的显贵们"做任何让步"。

98 玛丽安妮·韦伯在《马克斯·韦伯传》中所说,见第656页。

99 见维尔布兰特前引书第155页。他进而说道:"一个天生的政治家、国务活动家就是这样说话的吗?一个人被召唤来照料他的民族,如果他只是缺少适当的地位去领导他们,难道不应该去争取影响力吗?"

100 1917年5月1日致豪斯曼的信。

时局，比如他对社会民主主义的策略态度（一次荒诞地损害了他的代表地位的机动动作），他还承认，当时他的一切公开发言都仅仅是对时局做出的反应，没有长期的重要意义。

这样来看，马克斯·韦伯的政治态度就不无自相矛盾之处。1920年4月，德国民主党希望派他到所谓第一届社会化委员会担任本党代表。马克斯·韦伯几乎要发狂了。他看上去特别适合这个职位，不仅是因为他的杰出专业资质。他拒斥一切直接社会化的计划，但又从不在原则上反对社会化，相反，先前他还真诚支持过左翼的"有计划的社会化路线"[101]。韦伯感到自己陷入了困境，他曾三次解释过他的拒斥动机，它们显然各不相同。当考茨基问他是否"现在除了让施廷内斯[102]及其同党带领德国走向复兴已经别无选择"时，他理智地答道，他因为健康原因不能参与其事。[103] 在向夫人解释他的拒斥理由时，他则声称自己在慕尼黑始终"不能脱身"，因此必须"一直"待在那里[104]，这个说法清楚表明了他内心的犹疑不定。他给妹妹克拉拉的信中所说就直率得多了："民主党……竟敢让我操心'社会化'事务，我相信这在目前真是精神错乱，我不得不退出。政治家必须妥协——但一

---

101 参阅上文第320页。即使在此时，他也并未断然把未来的社会主义条件完全束之高阁，请参阅1919年10月4日致诺伊拉特博士的信："我……认为'计划经济'是一种半吊子设想，客观上说是绝对不负责任的鲁莽计划，可能使'社会主义'名声扫地100年，并把现在也许能获得的一切成果抛入愚蠢反动的深渊。"《政治著作选》，1，第488页；另见致格奥尔格·(那时仍是)冯·卢卡奇的信（1920年3月，日期不详）："杰出的朋友，我们的政治观点当然有分歧；我绝不相信，这些实验能够并且必将导致社会主义名声扫地100年。"（据韦伯遗稿抄件）

102 胡戈·施廷内斯（Hugo Stinnes，1870—1924），德国工业家，"一战"期间是德国军用物资的主要供应商，战后成名，被称为"企业大王"，抵制工业的社会化。——译者注

103 据韦伯1920年5月12日致莱德雷尔的信（韦伯遗稿），他也是以健康原因对莱德雷尔解释了他的拒斥态度。笔者检索了第一届社会化委员会的文件集（DZA Ⅰ），但没有发现与考茨基的通信，考茨基遗稿中也不见踪迹。

104 1920年4月15日的信，为鲍姆加滕教授收藏。

个学者没有理由这么干。"[105] 韦伯曾就未来的社会主义计划表达过太多的正面看法,现在,他在现实政治和原则之间踌躇不决了。最终,还是后者占了上风,尽管他不无严重忧虑。他认定党不会公正地需要他的合作,由于得出这个结论,他先是退出了党的委员会,然后又退出了德国民主党本身。[106]

在一封致德国民主党主席、议员卡尔·彼得森(Carl Petersen)的私人信件中,韦伯以大体相同的理由为这个重要举措做出了辩护。他同时也表明,这个行动意味着他完全放弃了主动的政治参与:"我不可能成为一个'多数派社会主义者',因为这个党肯定会(违背较有科学素养的成员的信念)做出同样的妥协。毫无疑问,我也不可能成为施特雷泽曼先生这种家伙的同伙,1917年在德国国会建议拍发墨西哥电报[107]之后,他在政治上就已经'死了'。我会一直支持民主政治,并且一直强调说,我认为它是今天这种统治的可怕牺牲品——你可以完全相信我的忠诚。……既然我还是一个党员,你的建议——向一个党员强加一项义务!——就是完全正当的,但我不可能也不可以接受它,因而我必须离开,并向党致以由衷的敬意和最良好的祝愿。"[108] 这样,

---

105 《马克斯·韦伯传》,第702页及以下,此处根据手稿原件做了订正。这里有个插入语:"议员彼得森真是个好小伙子。"

106 1920年5月(?)4日致克拉拉·蒙森的信,据韦伯遗稿抄件:"'社会化委员会'。我已经拒绝参与并已经退党,否则就会理直气壮地要求我参与。"

107 当指"齐默尔曼电报",时任德国外交部长的齐默尔曼发给德国驻墨西哥大使的一封电报被英国情报局截获,该电报透露了德国反对美国的计划。——译者注

108 1920年4月14日的信,彼得森遗稿,53,汉堡的埃德加·彼得森(Edgar Petersen)博士私人收藏,由布鲁斯·弗莱伊的《马克斯·韦伯的一封信》(Bruce B. Frye, "A Letter From Max Weber," *Journal of Modern History* 39, 1967)一文首次发表,但曲解原意的错讹很多,伊莉莎·德隆贝格的《马克斯·韦伯的政治思想》(Ilse Dronberger, *The Political Thought of Max Weber*, S.247)再次发表时又重复了所有错误。我们根据原件订正后将此信发表如下:

"慕尼黑,1920年4月14日

"亲爱的议员先生,我现在就要离开党的委员会,同时也必须(确定不移地)拒绝你提(转下页)

韦伯终于破釜沉舟退出了能动的政治参与，彻底回归了他的学术工作。缜密的研究是他的自选疗法。他在 1920 年 1 月坦承，"沉思冥想的生活"对他来说"再次"成了一种"生活方式"："我现在离政治比以往任何时候都远了。那里没有什么事情还能占据我的余生，这就'足够'了。"[109] 但这不是说他没有经历严重的内心斗争。"政治"——正如他在

(接上页) 出的使我备感抬爱的条件。

"我并没有与党'争吵'。但是，每一次大会，不论何处，我在私下和公开场合都将现在这种公认意义上的'社会化'称为'愚蠢'。我们需要（施廷内斯先生或者像他那样的）企业家。对于企业职工委员会法（Betriebsrätegesetz），我一直就说：'Ecrasez l'infâme'（法文，据传是伏尔泰针对天主教徒或清教徒发出的一个著名口号，意为"消灭这些卑劣小人"。——译者注），从社会主义的潜在未来这个角度说，政治家应当也必须做出妥协。但我的职业是个学者。党以值得感谢的方式帮助促成了这一事实——阻止我当时进入议会，我没有被迫进入议会；今天坐在那里既不是一种荣誉，也不是一件乐事，而是我理应在那里讨论宪法。学者不需要做什么妥协，也无须'掩饰'愚蠢。我当然拒绝这样做。持有其他看法的人，比如莱德雷尔教授和福格尔施泰因（Vogelstein）博士，就放弃了自己的责任。这于我来说是对自己职业的犯罪。

"我也不同意调查委员会的选择与行事方法：不应当指定那些和平主义的先生（他们被认为都是'犹太人'，某些情况下实在大谬不然）。我的整个圈子几乎都是犹太人，我母亲的一位堂妹就是费利克斯·门德尔松的妻子，我认为我不可能被怀疑为'反犹主义者'。在这里，我还被认为是个'犹太人'（官员们给我的信中所说！）。

"这里我与党的立场并不一致——尽管我高度评价党的领袖——党不应该掩护反动密谋。不过这大概是不可抗力吧。

"我不可能成为一个'多数派社会主义者'，因为这个党肯定会（违背具有科学素养的成员的信念）做出同样的妥协。我当然也不可能倒向施特雷泽曼先生这种家伙，1917 年在德国国会建议拍发墨西哥电报之后，他就已经'死了'。我会一直支持民主政治，并且一直强调说，我认为它是今天这种'统治'的可怕牺牲品——你可以完全相信我对民主政治的忠诚。我对你个人抱有无上敬意，由于宪法委员会，我在那里了解了你并以你为荣：这是党的一大幸事，它选择了这样的领袖。

"只要我还是一个党员，你的建议——向一个党员强加一项义务！——就是完全正当的，但我不可能也不可以服从这个义务，因而我必须离开，并向党致以由衷的敬意和最良好的祝愿。

"此信——从你的角度来看！——并非'秘密'，因此我愿意把它作为我的辞职声明。

"我不明白党为什么会忽略阿尔弗雷德·韦伯教授，他对社会化和财政问题的理解比我高明不止 10 倍，他可以控制得住黑尔费里希（Helfferich）并支持（温和的！）社会化。我没有'建议'可以提供。但我无论如何都要说到这一点，因为我弟弟和我持有非常不同的观点。当然，不一定要告诉他，否则他可能会唐突地拒绝。致以最崇高的敬礼，马克斯·韦伯教授。"

109 1920 年 1 月 3 日致米娜·托布勒的信，鲍姆加滕档案，II，第 117 页。

1919 年初说过的那样——一直并且仍将是他的"资深'秘密情人'"[110]。

第二节 《凡尔赛条约》与德国的未来

马克斯·韦伯感到,德国的凡尔赛和谈代表团配不上一个如此伟大的民族。他相信,德国一方会抱着从敌人那里争取更好的条件这种希望而陷入自轻自贱的境地,他对此深恶痛绝。他尖锐抨击了"这个无能的和谈委员会"[111],要求"德国方面表现得'更加体面'"[112]。他的民族情感被协约国骇人听闻的和平条件刺激起来了,这使他认为最黑暗的时刻已经到来。在 1918 年 12 月,他还相信德国的屈辱尚未到最低点。他预计会发生内战,国土将被协约国军队占领,如果局势真是这样,"那就越快越好,……不幸的是,我们必须历尽苦难,然后完全重新建设"[113]。他这是在做观念游戏——蒙受被外国占领的巨大耻辱几乎是值得的,因为他希望这能激起德国各阶层人民的全民抵抗情绪,一扫怯懦的和平主义。

他估计全民抵抗可能会采取革命手段。"如果现在波兰人入侵了但泽与索恩,或者捷克人涌入莱申贝格,那么德国必须做的第一件事就是'Irredenta'[114]。我本人不可能身体力行了,因为力不从心,但每个民

---

110 致米娜·托布勒的信,日期不详,大概是 1919 年 1 月 17 日,鲍姆加滕档案,Ⅱ,第 86 页。"当然,还有政治。它是我的资深'秘密情人',这些人玷污了曾经那么可爱的一切。除了政治未来一片漆黑,还要面对个人的和物质的黑暗。但是还有,一条绳索缠在脖子上,有人在慢慢地、慢慢地拧紧它,3 年了,越来越紧,不能说也不能写,不管怎么样都是这种感觉。"

111 1918 年 11 月 25 日致玛丽安妮·韦伯的信,《马克斯·韦伯传》,第 646 页。

112 1919 年 2 月 9 日致《法兰克福报》编辑部的信,《政治著作选》,1,第 486 页,其中说道:"协约国人士最近为了'重建'的利益在请求德国方面'更体面'一些。"

113 致莉莉·舍费尔的信,大概是 1918 年 12 月 4 日,韦伯遗稿。

114 原指 19 世纪意大利民族统一党主张收复的意籍居民占多数但被别国统治的邻近地区,韦伯此处指的应是"收复失地"以实现民族统一之意。——译者注

族主义者都必须这样去做，特别是大学生们。'Irredenta'就意味着：民族主义要使用革命性暴力手段。"¹¹⁵ 韦伯公开提出了这个要求，他在革命时期的演讲无一例外都极力呼吁使用革命性暴力——也许就是我们今天所说的游击战争——以反抗德国国土的沦丧。在海德堡的一次集会上，他说这是年青一代的民族重任："你们都知道，没有军事抵抗而奢谈勇敢地抵抗入侵之敌是没有意义的；……把一切交给未来吧，放弃所有的个人希望。活着的人们不过是注定了要被投进监狱或被送上临时军事法庭。"我们必须暗下决心"让第一个敢于走进但泽的波兰官员迎面碰上一颗子弹"¹¹⁶。

韦伯尤其是向学生们发出了这种民族革命的呼吁。"当波兰人统治德国东部的城市时，仍然佩戴着学生社团色标晃来晃去的人，都不过是下流坯子。收起你们的帽子和色标，抛弃这种华丽的胡闹吧，它们不再适合这个时代，对任何人都毫无用处了。"国民大会竞选期间，在海德堡、柏林、卡尔斯鲁厄以及其他地方，韦伯的演讲中都曾这样说过。¹¹⁷ "酒囊饭袋般的'Burschenherrlichkeit'¹¹⁸和醉醺醺的浅薄无聊应当彻底结束了。"¹¹⁹ 那些不愿在有待收复的德国失地上使用革命性手

115　1919年11月13日致戈德施泰因教授的信，见《马克斯·韦伯传》，第615页，玛丽安妮·韦伯在这里添写了"战争"一词。

116　据一位亲历者的记述，见《马克斯·韦伯传》，第643页。

117　《海德堡日报》的报道；《海德堡新消息报》的报道并不十分准确；请参阅《马克斯·韦伯传》，第643页。

118　字面意思是指学生社团中入社一年以上的成员那种无忧无虑的轻松状，很难简单对译，故原文照录。——译者注

119　1918年10月17日，韦伯决意退出他旧日的兄弟会，并致信阿勒曼尼亚男校友委员会主席弗里茨·凯勒（海德堡阿勒曼尼亚学生社团第12期战报，1919年2月，海德堡）：

"我谨要求你从阿勒曼尼亚校友名单中将我删除。

"我对兄弟会色标在我还是一个年轻人的时候所具有的含义心存感激之情，并且乐见你的成员——就像人们期待的那样——坚守不渝。但在我看来，战后的今天，兄弟会的生活如果不是实际上已经结束，也是应该结束了。现在的条件已经不适于旧日那种兄弟会学生'酒囊饭袋'，（转下页）

段并有可能被送上绞刑架和投入监狱的人，来日将不配叫作民族主义者。[120]

马克斯·韦伯希望这样讨论德国大规模收复失地运动的必然兴起，能够警告协约国，使其在东部做出重大让步。他在《法兰克福报》连续撰文，蓄意发出威胁说，德国民族主义的兴起有可能使用革命性手段以谋求民族自决。如果全德（包括奥地利）的统一受到阻碍，如果德国被迫在西方放弃阿尔萨斯或者更多领地，甚至（！）放弃东部领土，如果德国背上了向比利时赔款的重负，那么"和平主义时期终于筋疲力尽之后，甚至连最后感知到这一点的工人都会变成沙文主义者"[121]！那时接踵而至并且不难预料的，将是德国诉诸暴力手段追求民

（接上页）培养刚毅之气无疑是兄弟会的天然功能，但必须通过其他手段和方式了。我不相信现存兄弟会的'改革'，其中的阻碍在于我内心一直反对的那种不适于大学生的房东制（Hausbesitz），它导致了对老男人（Alte Herren）的钱袋子，从而还有对他们的'传统'的依赖。我尤其不相信多年来日益狭隘的精神、近亲繁殖以及随之日益狭隘的个人关系会消失。我并不认为这种排他性完全就是一种罪恶，而是认为兄弟会——在德国的未来任务面前——仍然以这种方式自我表现是不可接受的。

"这些看法使我与那些代表人物格格不入，他们会认为我由衷地希望解除与兄弟会的关系是正确的。

"谨向你个人致以最良好的祝愿。

"马克斯·韦伯"（据韦伯遗稿抄件，慕尼黑，马克斯·韦伯档案）

120 《福斯日报》的报道，请参阅上文第 327 页注释 85 引用的对韦伯竞选演说的其他新闻报道。

121 《政治著作选》，第 456、490 页；参阅《福斯日报》的报道："德国的民族主义……将会发生什么样的变化？如果正在向我们逼近的是蛮横强加给我们的和平，我们将在 10 年之内统成为沙文主义者。"韦伯还建议在萨尔区被法国政治兼并或者仅仅是经济兼并的情况下"使用革命性手段实现自决权，以抗击外来势力和纳贡统治。如果德国东部或西部的兄弟们遭到政治侵犯，那么世界将会目睹德国民族统一运动的兴起，它与意大利、塞尔维亚或者爱尔兰唯一不同之处就在于它的革命性手段，背后支撑着它的将是 7000 万人以及——我想肯定会是，我要坦率地说，我期待——青年学子的意志。除此之外没有别的可能。对于一个人来说，即使可以宽恕对他利益的损害，也不会宽恕对他荣誉的损害。一个民族更甚如此"，见 1919 年 3 月 11 日韦伯在海德堡大学师生抗议集会上发表的演说，题为《法兰克王国对普法尔茨与莱茵河流域的权利，1919》，第 36 页。韦伯先前曾宣称，在萨尔区的所有权问题上，经济问题不应发挥决定性作用，因为"在这个问题上，重要的是民族荣誉"，第 30 页。这次演说有一个缩略版，韦伯某些最关键的表述被删除，参阅《政治著作选》，第 565 页及以下。

族统一：它将以不同的方式成为现实，而且比马克斯·韦伯梦寐以求的情形远更可怕。

马克斯·韦伯要求采取一切可能的手段、不惜任何代价进行抵抗，特别是在东部。不久后兴起的义勇军运动恰恰遂了他的心愿。他痛斥苏维埃政权"默许并最终鼓励用向他们谄媚的预备役军官取代正规军官，士兵们则不知羞耻地目无风纪，四处劫掠，已经无力维持秩序，使得在纯粹的德国国土上抵抗波兰人都已经不再可能"[122]。由于发生革命，现在已经不可能"哪怕派出一个师去对付波兰人"[123]。1919年5月，韦伯强烈要求"东部可以也应当拿起武器，拒绝服从德国政府，不管是什么形式的和平：除非你能迫使我们接受"[124]。今天我们也许有理由怀疑，这对于保存德国东部领土是不是一个现实主义的战略。这种不顾一切的民族英雄主义大爆发，即便达到了韦伯那种英雄般的狂热程度，即便肯定能给协约国留下深刻印象，但如此强力表达民族自决权，却未必就能改善和谈条件。它可能会招致对德国更残酷的报复。韦伯期待着一场德意志民族的游击战争能够产生实际的政治影响。事实上，这可能仅仅是绝不在极端逆境中退缩、不畏最严酷惩罚的民族主义情操的一种英雄般意气用事的政治宣泄——工团主义观念的民族主义翻版。从思想的一以贯之的意义上说，这种推理路线值得称颂。但是，它能成为引领心灰意冷、筋疲力尽的人民熬过1918年那种内外大崩溃的指导原则吗？

独立派社会民主党人同意了协约国让德国单独承担战争罪行的论点，这令马克斯·韦伯痛心疾首。当协约国以德国的战争罪行名义为

---

122 1919年1月3日致哈特曼的信，见上文第322页注释67。
123 1919年1月4日在卡尔斯鲁厄，据《卡尔斯鲁厄日报》和《巴登州报》报道。
124 1919年5月13日致克拉拉·蒙森的信，韦伯遗稿。

凡尔赛"蛮横强加的和平"进行道德辩护时,韦伯1月初在《法兰克福报》撰文做出了反击。他力图依照自己先前的观点,证明唯一的战争罪责应当归于"作为一种制度的沙皇统治",尽管同盟国的许多决策也像协约国一样在客观上是错误的。[125] 为了给战争罪行议题的公开论战奠定更广泛的基础,在马克斯·冯·巴登亲王的倡议下,1919年2月初,在马克斯·韦伯的家中成立了一个"海德堡公平政策协会"。[126] 协会为自身确定的目标是尽可能广泛地集结在公共生活中众所周知的反对兼并主义战争目标(尽管韦伯本人几乎不认为这是必要条件!)的人士,以抗击虽然近乎悄无声息却是毁灭性的和平条件,以及协约国在世界舆论面前对战争罪行真相的歪曲宣传。韦伯本人希望赋予协会一种比较带有进攻性的特点,就是说,他期待协会能够"大力"抵消"正在到处蔓延的敌人的'残暴'宣传",而这些宣传"恰恰是令人信服地利用了确凿的、并非道听途说的我们自己的残暴证据",同时他也希望大力宣传"在民主基础上……重新组建军队"。[127]

众多知名人士很快就声明愿意在协会框架内进行合作。除了韦伯兄弟之外,还包括汉斯·德尔布吕克、赫尔曼·翁肯、卢卓·布伦塔诺、瓦尔特·许金、康拉德·豪斯曼、马克西米连·蒙特格拉斯伯爵和阿尔布雷希特·门德尔松巴托尔迪。1919年2月7日,协会在《法兰克福报》首次发表公告,要求设立一个无党派的中立调查委员会,以图客观澄清战争罪责问题,同时也声明说,构成了"共同罪行的是卷入战争的所有欧洲强国"。它强烈抗议西方大国试图以有权审判和惩罚德国为托词完成"帝国主义战争目标",尽管它们曾"一本正经地保

---

125 《政治著作选》,第488页及以下。
126 对此请参阅阿尔贝廷前引书第212页。
127 1919年2月9日致《法兰克福报》,见《政治著作选》,1,第468页及以下。

证"要放弃这些目标。¹²⁸

不过,这种字面上的抗议对于协约国毫不妥协的立场几乎没有触动,同时威尔逊也越来越无力发挥稳健的影响了。海德堡协会不得不与其他德国公众一起,无能为力地眼睁睁看着凡尔赛那里谈判的和平条约在图谋永久征服德国。唯一切实的成果就是在马克斯·韦伯应马克斯·冯·巴登亲王倡议发出呼吁后,海德堡协会要求公布德国档案,同时审讯那些由一个无党派中立调查委员会认定的著名人物。¹²⁹

实际上,仅仅让德国而不是协约国都公布档案,马克斯·韦伯就不是无条件支持这么做。他曾私下里说:"我有点担心我们的档案。当然,我担心的是鲁登道夫、蒂尔皮茨甚至更多其他人的这些'备忘录'太多。"¹³⁰即使他现在支持公布德国档案,那也是为了预防波恩与公布战争档案有关的8名德国代表把德国的罪行视为铁板钉钉的事情,特别是,既然英国政府拒绝了德国提出的设立一个中立的委员会以调查战争罪行问题的建议。¹³¹德国外交部已经事先了解到了这个动态,并且看来欢迎韦伯的动议。¹³²韦伯还要求调查委员会按照他严格坚持的责任伦理质询战前和战时德国政府的领导人,以确定其中的全部责任。不过,他的建议后来是以一种激起了他最强烈抗议的形式实现的。¹³³

---

128 1919年2月13日《法兰克福报》晨报版头版。
129 1919年3月20日致《法兰克福报》的信,现已收入《政治著作选》,第503页及以下。建议是马克斯·冯·巴登亲王和蒙特格拉斯伯爵提出的,但出于策略考虑,由马克斯·韦伯出面。请比较1919年3月21日致翁肯的信,抄自韦伯遗稿。因此,我们只能在有限程度上认为这是韦伯的声明。
130 1919年10月8日致德尔布吕克的信。
131 随后就有了一个著名说法:"这个问题无须作答,因为早已众所周知:德国政府要对战争爆发负责。"
132 1919年3月21日致翁肯的信,抄自韦伯遗稿
133 见下文第348页。

第八章 崩溃与新开端

海德堡协会的活动与德国凡尔赛和谈代表团主要谈判代表们的立场不谋而合,像在外交部一样,在他们那里也大受欢迎。结果,1919年3月中旬,马克斯·韦伯、马克西米连·蒙特格拉斯伯爵、汉斯·德尔布吕克以及阿尔布雷希特·门德尔松巴托尔迪被吸收进和谈委员会,参与审议工作。这是1918年11月以来在主席伯恩斯托夫(Bernstorff)伯爵领导下准备和谈条约的一个专家委员会,还要陪同和谈代表团赴巴黎。专家们被要求阐述一个针对协约国关于德国战争罪行备忘录的详细答复,该备忘录此时并未正式送交德国代表团,而是间接引起了他们的关注。

最初,韦伯曾强烈抵制以任何方式参与缔结这种"耻辱的条约",并打算拒绝政府的邀请。[134] 但最后他还是放弃了保留态度,答应合作。这并非纯粹是他3月底以来跻身其中的"委员会"未雨绸缪的结果;而是因为,他感到一些最为重要的问题由于人们偏重于技术和经济细节问题而被忽略了。就是出于这个原因,他拒绝接受其中工农商界代表人物占据主导地位的委员会所持的妥协立场。[135] 总之,他几乎看不到对代表团施加正面影响的可能性,但是代表团还是努力说服了他继续参与。[136] 最终他是抱着这样的希望同意去巴黎的:此后能够在国民大会上就"接受还是拒绝"这一决定性问题提供专家意见[137],而这只是在

---

134 参阅致伯恩斯托夫伯爵的信,日期不详,约在1919年3月20—24日之间,韦伯在信中一开始就断然拒绝了参与此事。《马克斯·韦伯传》,第660页及以下。另见1919年3月25日致翁肯的信,抄自韦伯遗稿。

135 致米娜·托布勒的信,日期不详,1919年3月底或4月初。鲍姆加滕档案,Ⅱ,第90a页。另见阿尔贝廷前引书第313页及以下。

136 请比较1919年4月2日韦伯致妻子的信,《马克斯·韦伯传》,第661页及以下。

137 同上注:"今天我跟伯恩斯托夫伯爵谈过了。……按照他的说法,我们可以认为,我们是被看作向国民大会提供权威意见的一群人,以便解决一个决定性问题:'接受还是拒绝'。整件事情只需要在巴黎待一两周。既然这样,我就同意了。"大概伯恩斯托夫当时并没指望进行严肃的谈判,而且一开始就认为,问题在于如何拒绝条约并为此奠定必要的外交基础。

第二次试图退出之后的事情了。[138] 基本上，他从一开始就认为德国的谈判立场无法给人希望，从凡尔赛的谈判和争吵中将一无所获。他毫不含糊地预言说："我越研究这个条约，就越认为整个局面将比先前设想的更可怕。这将是以往从没出现过的局面。……人人都赞成不签字。如果签了这个条约，东部地区将拿起（它所拥有的）武器，拒绝服从德国政府。这是东部地区所能做出的唯一有效的反应——还有别的可能吗？我看不到什么出路。"[139]

在巴黎，韦伯与德尔布吕克、门德尔松巴托尔迪都被认为应当负责起草战争罪行问题的德国照会，以表明德国政府希望推翻条约的理由。他对此也同样持保留态度："无论如何，只要盘算或批准任何丢脸的行为，我就不会与这个罪行照会沾边。"[140] 一张战争罪行备忘录连同德国照会于5月28日送交协约国，后来作为战争罪行的德国白皮书发表，最后，韦伯被指派撰写该备忘录的序言，但他认为这是个可憎的要求，"没有人来……商量任何事情，就是说，没有人来正式地咨询意见"[141]。显然，从一开始他就极力反对把调查战争罪行问题拿到外交谈判上去，并且回避参与，而有关战争罪行的文献后来已经到了汗牛充栋的地步，终究也未能澄清这个问题——但这不是个关键环节，因为最重要的目的是精确驳斥协约国关于德国战争责任的那个备忘录。他的政治鼓动气质与外交部专家们提出的学院式论证完全格格不入。不过，他反对这样的做法，至少应当归因于这一事实：德尔布吕克为威廉二世辩护并证明奥地利在塞尔维亚问题上的立场有理有据的初稿被

138　参阅1919年5月13日致克拉拉·蒙森的信，韦伯遗稿，部分内容可见于《马克斯·韦伯传》，第663页，下文第349页注释167的引文。

139　致米娜·托布勒的信，1919年5月12到14日之间，鲍姆加滕档案，II，第93页。

140　《马克斯·韦伯传》，第666页。

141　同上书，第667页及以下。

抛弃了。[142] 也许此时韦伯还没有被指派就序言进行最后阐述。

韦伯决定以他确信"他们不会接受"的方式去写那篇序言。[143] "就那些难以置信的罪名来说",他不认为对等反驳有多少意义,还是全盘拒绝为好。在委员会提出另一个修订版之后,总算有了一个令人满意的定稿。委员会的其他成员似乎把它调整得比较优雅和柔软了。[144] 与德尔布吕克的版本相比,它放弃了在塞尔维亚问题上为奥地利所做的辩护。它无疑也谈到了德国政策的错误,但不存在任何意义上的道德罪行问题。"德国的主要政治家们从未设想过征服计划。"[145] 回应罪行问题不能着眼于外交官的失误,而应着眼于各大国的总体政治战略,必须用这样的眼光处理"究竟是哪些政府在追求只有通过战争才能实现的政治与经济目标"这个问题。[146]

马克斯·韦伯无疑知道必须如何作答,他确信,唯一一个只有通过一场侵略战争才能实现其目标的力量,就是与俄国统治阶级的帝国主义态度融为一体的沙皇制度。沙皇统治负有真正的战争责任,而同

---

142 德尔布吕克的初稿,见德尔布吕克遗稿,27。

143 《马克斯·韦伯传》,第668页。

144 所谓《战争罪行备忘录》("Kriegsschulddenkschrift"),即《评协约国及相关政府委员会关于战争发动者责任的报告》("Bemerkungen zum Bericht der Kommission der Alliierten und Assoziierten Regierungen über die Verantwortlichkeit der Urheber des Krieges"),最终还是不顾德国内阁的建议交给了协约国及相关政府,它与布罗克多夫-兰曹(Brockdorff-Rantzau)坚决回击战争罪行问题的战略背道而驰。看来韦伯和他的三位同事不过是被当成了外交手腕的工具。该备忘录发表在《关于战争责任的德国白皮书》(*Das Deutsche Weißbuch über die Schuld am Kriege*)中,1919年第1版,第56—68页;19(？)年第2版,第63—67页。这里引自第1版。已收入《政治著作选》,第571页及以下。温克尔曼把这个"评"不容分说归到了韦伯名下,这是错误的。不应忘记,这个备忘录是在外交部提出的草案基础上定稿的,其他成员也参与了改写工作。尽管韦伯在某些方面具有支配性影响,但他完全无力使他本人的意图被充分接受。可以肯定的是,韦伯只是"回顾思考"的作者(同上书,第63页及以下;《政治著作选》,第580页及以下)。

145 《战争罪行备忘录》,第63页。

146 同上书,第64页。

盟国则是未能"以任何体面的方式避免军事冲突"。"沙皇统治……构成了各民族以往从未设想到的最可怕的奴役制度——它一直存在到这个和约出现为止。"德国人民1914年"团结起来毅然决然投入战斗","仅仅是一场抗击沙皇统治的防御战"。[147] 在此抱怨这个判断的片面性就不得要领了，它不过是与前面讨论过的韦伯的态度一脉相承而已。

韦伯在巴黎的经历更强化了他的这一看法："无论冒什么样的风险"都必须抵制这个和约。[148] 他的民族情感使他强烈反对任何"耻辱的和平"，在这个问题上，他与整个德国公众的舆论是同声相应的。他建议仿效托洛茨基拒绝批准条约，这样协约国就会采取下一步行动。他还考虑到了另一种可能性，即解散德国政府，将主权移交给国际联盟——"这样一来，采取战争行动就不再可能"。他希望，外国的占领能"唤起国内的全民抵抗"[149]。但他严重怀疑这样的壮举在柏林是不是受欢迎："我相信——担心！——谈判将继续并将签约。"从巴黎返回后他立刻说道："局势已经毫无希望，人们坚持不下去了。"[150] 但他也冷静地预见了拒绝签约的后果："如果他们把军队开进来——好！然而，他们最多也就是拿走巴登和威斯特伐利亚的工业区，对其他地区实行

---

147 《战争罪行备忘录》，第68页。

148 1919年3月25日致翁肯的信："关于和平，柏林的气氛显然是无论冒什么样的风险都会抵制的。这也是我的想法。"

149 1919年7月1日致玛丽安妮·韦伯的信。回顾既往，韦伯写道："你说，我从来没有在信中谈起过这次'和平'。哦，还在沃尔夫拉茨豪森时我就已经疲惫不堪了，而且'漠然置之'，我明白国家已经被拖垮了（！）。当然，'拒绝'签字可能不一定拒绝得了，但实际上必将导致政府崩溃，主权落入'国际联盟'之手。……至少有这种可能性。我肯定会仔细考虑这里的气氛，自然也会在事后（！）追问到底有没有机会得到更好的结果：比如唤醒（国内的）全民抵抗。"《马克斯·韦伯传》中略有改动，第669页，请参阅668页。韦伯并不认为政府完全不清楚一旦拒绝到底会发生什么。

150 1919年6月1日致米娜·托布勒的信，鲍姆加滕档案，Ⅱ，第94页。韦伯动情地记述了离开巴黎时的情形："香榭丽舍大道、林荫道、玛德莲教堂、歌剧院等，全都是我这一生最后一次看到的壮丽景象，令人难忘。"

封锁。然后——哈赛巴尔特政府——就会请求和平！巴伐利亚将分离出去。那时会得到什么？我们不得不拭目以待，但与思考我们如何才能体面幸存下来并拯救德国的生存相比，说一声'拒绝'可就容易多了，我当然也会这么说。"[151] 在以民族的理由不惜代价拒绝和平与冷静评估这种行动的后果——那必定是重蹈激进化以及德国的统一毁于一旦——之间，韦伯不得不面对一场艰难的内心冲突。有鉴于此，到6月他就不再为拒绝辩护了，尽管他个人仍然赞成拒绝。他承认自己"在政治上已经完全不知所措"，特别是因为，他担心，即便议会和政府拒绝了和约，公民投票大概也会接受它，"这甚至更糟，因为它将在精神上紧紧束缚住我们"[152]。同时他也不赞成德国民主党对待和约问题的立场，因为该党根本就没有一以贯之地决心拒绝支持签署和约。[153] 不过，一旦接受了这个条约，他认为再为其争吵就毫无意义了："现在——合约已经签了，我们必须努力争取积极的政策。"当然，他对未来依然悲观，这种和平，"灾难才刚刚开始"。他正确地预言道，法国将利用条约进行报复以把德国"弄得更糟"，大概会试图把莱茵兰从德国分离出去。[154]

苏维埃共和国的风暴刚刚扫过慕尼黑，马克斯·韦伯就在那里的大学课堂上表明了他对政治局势的看法。这大概是他第一次也是最

151　1919年5月13日致克拉拉·蒙森的信，韦伯遗稿。

152　1919年6月20日致玛丽安妮·韦伯的信，《马克斯·韦伯传》，第668页。

153　1919年6月28日致玛丽安妮·韦伯的信，据韦伯遗稿抄件："民主党的立场并非无懈可击。最后他们也全力支持签约，尽管是在悄悄地这么干，如果他们真的能坚持表面上宣称的立场，就不应出现这种情况。"《马克斯·韦伯传》引用时略去了这一段，见第669页。

154　同上注；《马克斯·韦伯传》中的文字略有曲解：不是"部分占领"，应当读作"一次"。另外，"我不得不断定，拒绝签约可能会导致社会民主党人和教士们在很短时间内通过一场革命（使巴伐利亚）分离出去。我理解这个论点。否则我还不会清楚地认识形势。和谈代表团以及所有专家，还有这里的所有人，全都一致拒绝接受。"

一次在课堂上谈论政治,因为这些言论只有在这个流动着自由的批评空气的地方才是可能的。接受《凡尔赛条约》之后出现的民族危急状态,似乎也说明这个不寻常的做法之合情合理。他充满激情地说道:"我们只有……一个共同的目标:把和平条约变成一张废纸。"反抗外来统治的革命性权利不容剥夺。[155]

韦伯的政治价值体系根本没有因为德意志帝国的土崩瓦解而动摇。相反,在他看到民族思想普遍退缩时,他的民族情感在战败时刻却迅速被激发为强烈的民族主义。他坚守自己的原则,对于指导着过去德国政策(或者说他乐于见到指导它)的权力政治原则的错误仍然视而不见。1918 到 1919 年,就在威廉时代的大国意识普遍萎缩的时候,他却大力鼓吹实力是一切政策的手段与前提,并尖锐抨击和平主义。[156] 1920 年 1 月,他向赞成刺杀埃斯纳并支持释放阿尔科伯爵的慕尼黑学生发表讲话,其中可见他在战败时刻的政治希望与目标的要旨:

---

155 《马克斯·韦伯传》,第 673 页。

156 另外可见他对慕尼黑"自由大学生联盟"发表的演讲《以政治为业》,据爱德华·鲍姆加滕考证(《〈以政治为业〉和〈以学术为业〉两次演讲的顺序和日期》,马克斯·韦伯档案,慕尼黑),发表演讲的日期是 1919 年 1 月 28 日,此前的 1919 年 1 月 16 日还发表了《以学术为业》的演讲。另请比较沃尔夫冈·施卢赫特的《价值无涉与责任伦理:马克斯·韦伯学术与政治的关系》(Wolfgang Schtuchter, *Wertfreiheit und Verantwortungsethik, Zum Verhältnis von Wissenschaft und Politik bei Max Weber*, Tübingen, 1971),第 8 页注释 2。韦伯早在 1917 年就对"自由大学生联盟"发表过题为《以学术为业》的演讲[请参阅上文第 289 页注释 297],从时间顺序上看,《以学术为业》在先,应该没有多少疑问,这次可能他只是答应做一次《以学术为业》的谈话[请参阅伊曼努尔·比恩鲍姆:《忆马克斯·韦伯》,见《纪念马克斯·韦伯》,载《科隆社会学与社会心理学杂志》(Immanuel Birnbaum, "Erinnerungen an Max Weber," in: "Max Weber zum Gedächtnis," *Kölner Zeitschrift für Soziologie und Sozialpsychologie*),1963 年,增刊第 7 期,第 19 页及以下]。一封致米娜·托布勒的信(日期大概是 1919 年 1 月 8 日或 9 日)也有一个提示:"星期六(即 1919 年 1 月 14 日)我将跟学生们有一次谈话。这与上次并无不同",定于 1919 年 1 月 14 日的演讲是第一个演讲日期,但似乎被多次推迟。由于爱德华·鲍姆加藤根据他可以得到的埃尔泽·雅菲的通信确定了发表演讲的日期,因此我认为这已经毋庸置疑了。1919 年 3 月 8 日韦伯致米娜·托布勒的信中也说到了慕尼黑的演讲——显然是短期的——被"推迟"。

"为了使德国恢复昔日的荣耀,如果我还要参与政治,我确实需要跟任何实实在在的力量结盟,甚至跟魔鬼的化身结盟,但独独不能跟愚蠢的力量结盟。"[157] 民族及其在世界上的实力地位始终是他终极性的政治价值。他力主一切共同体行动都应以此原则为取向,并且毫不动摇地相信,德国将再次从彻底的败落中崛起,德意志民族不能作为一个"贱民民族"苟活下去。

1918年11月,韦伯在《法兰克福报》上评论了伍德罗·威尔逊的计划,主张未来的德国外交政策目标应当"明确拒绝帝国主义梦想和一种纯自治主义的民族理想"[158]。韦伯这是放弃了德国作为世界大国之一扮演未来角色的希望了吗?我们所能了解到的韦伯彼时持此观点的背景,并不支持这个假设。目标毫无变化,唯一需要的是重新开始。"就像1648年和1807年那样,我们就要再次从头开始了。事实就是这么简单。只是,今天我们必须更匆忙地生活,更紧张地工作,更有创

---

157 据韦伯遗稿中的韦伯手稿原件:"1月19日的有关(据说是'政治')评论。据一位听众的笔记,韦伯当时大体上是这样表述的:"先生们,我可以这样说,如果还想恢复德国昔日的荣耀,我会宁肯与魔鬼结盟,也绝不与白痴结盟。"《马克斯·韦伯传》第684页及以下的记述对两个文本做了编辑。另见1919年1月19日韦伯致米娜·托布勒的信,鲍姆加滕档案,Ⅱ,第119页:"这是一个适当强硬的主题:政治(俾斯麦)。如今成了一个可怕的有害领域。我只是每周才仔细读一次报纸,可什么都没漏掉,相反,每当读报的时候都会陷入阴沉的悲苦,尽管我内心还是完全确信局面将会再次改善。同时,我们也在经历近在眼前的一切愚蠢。例如学生们同情阿尔科伯爵的示威抗议。当然,我赞成坚决他,尽管并且正因为他的个人行为无懈可击。最好让他成为咖啡厅名胜(因为眼下他不可能还有更多意义)并让埃斯纳得到永生。因为这是对他唯一的解决办法(假定)。可是现在,他得到了永生!但无论如何,这些示威抗议的愚蠢,连同针对德国国会的(已经公开张扬的)'阴谋',侮辱了那些抱有不同看法的人,对此,主管校长却没有加以申斥,而我认为这些侮辱者就是些下流坯子,因此:他们收回了侮辱,最后撤销了(据说)即将在我的演讲大厅里举行的示威抗议——由于德国统一受到威胁,我们正在面对引渡要求,所有这些行为都非常愚蠢幼稚,令人极度恶心。无论如何,今晚我要再次教训他们如何开始谦逊地对待对手(因为'刺客们'只是迫于压力才收回了侮辱——只要他们还像我说的那样表现出下流坯子的模样,其他人就不会与他们合作——我也同样如此)。你可以看看我们这里谈到的是些什么水平的'绅士'。"

158 《马克斯·韦伯传》,第443页。

造性地采取行动。但将要看到重建开端的,不是我们,而是下一代。当然,真诚的自律促使我们不得不说,德国的世界政策角色,终结了。盎格鲁-撒克逊人的世界支配地位已是既成事实,就像梯也尔对俾斯麦议论德国的统一时所说:'哦,这个嘛,我们已经做完了。'这令人非常不快,但我们要对付的是远更糟糕的事态:俄国人的皮鞭!这是我们的荣耀。美国人的世界支配地位犹如迦太基战争之后古罗马的地位那样无可撼动,我们所能指望的是它不要与俄国人共享地位。对我来说,这就是我们未来世界政策的目标,因为俄国的威胁只是暂时而非永久避免了。当然,此时此刻,首要的威胁仍是法国人那种歇斯底里、令人作呕的仇恨。"[159] 韦伯念念不忘的仍是德国的世界政策,它的主要矛头依然强有力地指向作为未来大国的俄国,韦伯把它视为德国的天敌。他强调说,"俄国的帝国主义威胁……卷土重来"的可能性"并没有彻底消除",使德国能够有力防备这种威胁是最为紧迫的任务。[160]

无疑,德国的首要任务在于如何克服战败在国内外带来的后果,这首先意味着要挽回德国的"颜面"。韦伯认为,由于屈辱、革命以及面对敌人时的可耻行为,德国的颜面已经丧失殆尽。沦入这样的境地,在以往的类似情形中实在闻所未闻。按照马克斯·韦伯的看法,民族的道德再生,与修复作为资产阶级经济生活之基础的责任与诚实密不可分。他力主德国采取清教徒的方式:"办法:唯有美国式的各种排他性'俱乐部',就是说,着眼于从童年和少年开始选择联合体成员,不

---

159 1918 年 11 月 24 日致克鲁修斯的信,载《政治著作选》,1,第 482 页及以下。
160 《政治著作选》,第 456 页;韦伯在若干演讲中也有同样的说法,例如在海德堡的演讲(据《海德堡日报》报道):"建设德国的内在要素就是必须恢复德国的荣耀。战争不可避免,我们必须战斗,因为德国需要这样。总有一天,历史将赞颂德国从沙皇统治下解放了世界。德国将赢得那场战争。我们最终输掉了这场战争,这一事实不能证明我们也会输掉我们的美好事业。……我无论如何都不怀疑德国的未来……"

论它的目标是什么——'自由德意志青年'最初也是这样。"[161] 他很早以前就认识到缺乏资产阶级的社会选择手段是德国资产阶级自觉意识贫弱的原因，他希望看到这种弱点最终能得到弥补。[162]

当时，马克斯·韦伯似乎迫切希望面对他所认为的和平主义者与极左派的可耻行动，为德国的重建奠定思想基础。尤其是，必须在"敌人"面前重振民族的荣誉，而韦伯追求的民族意识不可能在德国人的自卑与自责中成长起来，即使战败，也必须维护民族声望。5月初，西方大国要求德国交出所有破坏国际战争法的军事和政治领导人，把他们送上协约国法庭提起公诉，并宣布威廉二世被控"严重践踏国际道德并破坏条约的神圣性"，这引爆了韦伯的火山般的脾气。他要求主要的军事领导人和政治家——特别是要为1917年之后的德国政策独自承担责任的鲁登道夫——自愿、立即向敌人自首，他希望以这种方式让协约国的要求显得荒诞不经。至关重要的是，他期待着由此能唤起德国人民的同情心，不再猜疑自己是在为了王朝和将军们的利益拿生命去冒险，如今却要为他们蒙受苦难。"关键就在于对国内的影响，"马克斯·韦伯致信瑙曼说，"领袖们必须'交出自己的头'。唯有如此才能感动大众（走向未来，这是我所能想到的唯一的事情）。"[163] 他对德尔布吕克也表达了类似的看法："只有以这种方式，军官团和将军们才能重新赢得民心。唯有如此，才能彻底打破领袖们并不打算'交出自己的头'而'我们却为其赎罪'的空话。"尤其是鲁登道夫，作为负有最重大责任的人，应当立即自首去做美国人的囚徒："向敌人宣布是'他

---

161 致克鲁修斯的信，此处据韦伯遗稿原件。《政治著作选》中的相应段落有误，见1，第483页。
162 参阅上文第100页及以下，另见威尔布兰特前引书第454页及以下。
163 1919年5月10日的信，部分内容可见于霍伊斯：《弗里德里希·瑙曼》，第2版，见第488页。他接着说道："总参谋部和军官团应当保存下来，这一步绝对必需，却被严重忽视，绝不能再添骂名了，否则人们总是会说：'我们在替他们赎罪。'"

向皇帝提出的建议,他愿意承担责任,相信他们能以负责任的方式对待他,保证他免于乌合之众的流言和侮辱。'"[164] 贝特曼·霍尔韦格也应当去自首:"他肯定能被证明是完全清白的。这对我们反而更好。作为一个老律师,我非常高兴到敌人的'法庭'上为他'辩护'。只有这样,国内政策恢复正常才是可能的,而无须借助什么'回忆录'。"[165] 对于弗里德里希·瑙曼来说,满足韦伯把这个建议转达给第一位战时首相的要求则极为困难,他甚至不能认同这位老友英雄般的理想主义——绝不与国内与国际政治斗争的可憎现实妥协。[166]

与此同时,韦伯也建议鲁登道夫等人自愿向敌人投降,由此可以对民族做出最后的重要贡献,同时为重新激发德国人民的战斗情绪创造国内条件,人民会骄傲地铭记军官团即使在战败时也保持了英勇气概。[167] 他把自己的英雄理想主义赋予了鲁登道夫,当然,这完全是看

---

[164] 1919年5月15日的信,德尔布吕克遗稿。韦伯接着说道:"我们无力保护他们,因此,荣誉要求这样去做。此事我(目前)不会对我们的敌人抱有太多指望——但国内更不能指望。这一点至关重要。……由'最高法院'处理鲁登道夫纯粹就是个闹剧。当然,他会被宣布无罪——这个没有问题——但这对他和军官团有什么用处?左翼和大众会说这是'出于民族主义动机',他是'窃国大盗'等等,令人无奈。"韦伯对米娜·托布勒也有类似说法:"如果我们的军官——像中国人和日本人那样——不用撰写'战争回忆录'也能拥有那么多尊严,当生活谴责他输掉了一场崇高游戏时,他也许会得出一个诚实的人理应得出的结论。这样的印象会多么不同!"1920年4月22日的信,鲍姆加滕档案,II,第91页。

[165] 1919年5月10日致瑙曼的信。在致德尔布吕克的信中也提到了贝特曼·霍尔维格。

[166] 瑙曼将韦伯来信的抄件转给了霍恩芬诺夫(Hohenfinow),明确说到他本人并不同意这个想法。"这个民族越来越缺乏弹性了!只有出于这个原因我才能解释韦伯教授的来信。他本人真诚而勇敢,但他和我一样,对未来的观察一片模糊。"瑙曼和其他所有人一样几乎无法理解韦伯这个要求的实质含义。1919年5月18日瑙曼的信,见霍伊斯前引书第488页及以下。

[167] 韦伯的信大概写于12或13日,此信以及将军的消极回应,我们均未见到。参阅1919年5月13日致克拉拉·蒙森的信:"我现在正准备启程赴凡尔赛,已经有人再三催促了,为什么?我不知道,我对自己或对此行工作都不抱多大希望,但我会勉力为之。先前我已经写了封信给鲁登道夫。考虑到敌国的引渡要求,他、蒂尔皮茨、卡佩勒、贝特曼等人都必须知道他们当下应该做什么。只有他们自愿地'提着自己的头'献给敌人,军官团才能光荣地重建。我们拭目以待吧!"此信件见韦伯遗稿,参阅《马克斯·韦伯传》,第664页及以下。

错了后者的个性。鲁登道夫拒绝了这种建议,认为是毫无意义的自我牺牲。马克斯·韦伯从凡尔赛回国后,亲自找到这位军需总监再次试图说服他。从韦伯后来的记述中,我们可以了解到两位针锋相对的人物这次值得注意的对话要点。对话演绎成了一场有关德国战时政策的激烈对质,最后以鲁登道夫做出彻底拒绝的反应告终。韦伯对此极为失望,事后他才认识到,鲁登道夫不值得他在公众舆论面前为之辩护:"现在我明白了,为什么整个世界都抗拒像他这样的人骑到别人的脖子上去。"[168]

马克斯·韦伯的英雄主义要求,即领袖们应当自愿"交出他们的头",皇帝本人也不例外,他最好"去冒一下厄尔巴甚或圣赫勒拿的风险,而不是接受那种令人憎恶的结局,即成为一个畏避'惩罚'的逃亡者"[169]——人必须承受自身行为的后果,这是严格主义责任伦理的真正产物。韦伯强调这一点并非仅仅基于道德理由,也不仅仅是为了挽回民族荣誉,而且还因为这是德国"卸下重负、恢复元气的强有力行动"[170]。同时他也相信,这实质上是遵从人民大众的意识,创造条件以重建德国军队和一个更强大的德意志国家,最终让君主复位。

出于类似的原因,马克斯·韦伯撰写了一份详尽的备忘录,反对1919年8月20日国民大会任命的一个议会调查委员会,该委员会竟有三分之一以上的政客是犹太人出身,负责调查对于战争爆发、战争波及范围以及战败都产生了影响的那些疏忽与错误。[171] 韦伯这个批评的动机并非出于反犹主义,毋宁说恰恰相反,尽管他的朋友们——特

---

168 《马克斯·韦伯传》,第664页及以下。
169 1919年5月15日致德尔布吕克的信。
170 同上注。
171 参阅齐格勒:《1919—1920年的德国国民大会及其制宪工作》(Ziegler, *Die deutsche Nationalversammlung 1919/20 und ihr Verfassungswerk*, Berlin, 1932),第205页。

别是那些犹太人朋友——对此难以理解。他急于表明的是，不应让委员会中犹太人成员的反军国主义怨恨情绪影响对德国军官的调查工作（因为威廉时代的德国犹太人通常不许担任德国军官），从而防止德国军官团的形象受到损害，否则就很可能出现这种情况。他还担心，这种损害反而会间接推动反犹主义。[172]

1918 年 11 月，韦伯在《法兰克福报》上明确声言，"德国历史的军国主义纪元"已经结束了，并主张在民主基础上引进"民兵制"。[173]但这是"情势变迁原则"，并非"一劳永逸"。1919 年秋天，他主要焦虑的问题之一就是：负有盛名的德国军官团如何重获"民心"，德国总参谋部在《凡尔赛条约》处心积虑设置的困境中如何才能恢复元气。1919 年 10 月，他致信德尔布吕克说："我希望这个冬天能登门拜访，带去一个需要听取你的建议的计划，对此我已经着意很长时间了：要保存我们的军事科学教育传统，尽管这为和约所禁止。一切都必须完全重建。我只能在非常私密的条件下口头讨论这个问题。"[174]1920 年初，在慕尼黑社会学研究生班上，他的一个学生曾问他"有什么政治计划"，他的回答是："除了全神贯注于德国如何才能再次拥有一个伟大的总参谋部这一问题，我没有别的计划。"[175]

这是马克斯·韦伯退出实际政治活动之后最新的政治计划，因为

---

172 参阅《马克斯·韦伯传》，第 660 页，另见 1920 年 4 月 14 日致彼得森的信，上文第 333 页注释 108。感谢鲍姆加滕教授提供了更多信息。这份备忘录、最后的政治备忘录，连同其他一些重要文件，后来都被玛丽安妮·韦伯销毁了。另见《其作其人》，第 610 页及以下。

173 《政治著作选》，第 456 页。

174 1919 年 10 月 8 日致德尔布吕克的信，德尔布吕克遗稿，"这个"是我添加的。

175 古斯塔夫·施托尔珀：《这个寓言时代》（Gustav Stolper, *This Age of Fable*, New York, 1942），第 318 页脚注。他当时是马克斯·韦伯研究生班的学生。英文本的原话是："当被问及自己的政治计划时，韦伯……惨淡地微笑着，然后答道：'除了全神贯注于德国如何才能再次拥有一个伟大的总参谋部这一问题，我没有别的计划。'"

"从左翼到右翼的疯子"还能控制政治。[176] 他的政治心愿和努力,始终就是以强大的民族国家理想为标准。他始终是威廉时代那种类型的追求民族实力的政治家,即便在魏玛国家的条件下也依然如此。虽然他的外交政策目标一向坚持民族权利,但他实际上总是清醒而有节制地与这些目标保持距离。他的民族意识在战败时刻迸发了出来,但他还是有力地拒绝了纯粹情绪化的民族主义。在日益高涨的民族主义蛊惑煽动不仅把矛头对准极左势力,而且开始对准民主力量时,他对此给予了迎头痛击。还在1918年11月初他就拒绝了"轻率的反革命"[177],现在依然如此。他曾谴责斯巴达克斯集团和独立派社会民主党人的政策将导致野蛮的反动。这个预言被慕尼黑的一系列事件所证实。慕尼黑的苏维埃共和国垮台后,公众被裹挟进了一种极右气氛之中,甚至在学院圈子里,一种彻头彻尾的反动情绪也四处蔓延开来。马克斯·韦伯公开有力地抵制了他认为正在日益占上风的右翼激进潮流,这使他陷入了某种困境。由于果决地坚持民主观点,他在大学圈子里也遭到了孤立,慕尼黑科学院的许多成员——特别是自然科学家——激烈反对选举他为成员就是一个标志性事件,他们不希望和这位"苏维埃共和国的'养父'[178]""蛊惑人心的好事之徒""可耻报告"(即战争罪行备忘录)的作者坐在一起。[179]

慕尼黑的右翼极端分子和强烈反犹的学生团体也与韦伯势不两立。按照他的观点来看,没有理由为埃斯纳这样"成了自己煽动成就的囚徒的文人墨客"进行辩护[180],但他强烈反对饶恕刺杀埃斯纳的凶手以及

---

176 就阿尔科案件发表的声明,据《马克斯·韦伯传》第684页引用的说法。
177 参阅上文第315页注释40。
178 原文为Nahrvater,"养父"为其字面义。——译者注
179 1919年10月8日韦伯致德尔布吕克的信。
180 《经济与社会》,第140页。

借此在学生当中进行民族主义蛊惑煽动。[181] 他毫不犹豫地以相当生硬的方式表明了这个态度,这导致右翼学生群体打乱了他的授课[182],学生兄弟会则到韦伯的住宅前举行了示威抗议。[183]

为了民族的理由,马克斯·韦伯对于卡普政变也深感悲哀:"这个卡普的勾当之愚蠢简直令人毛骨悚然,我已经完全绝望了:这正中法国人的下怀。"[184] 当时他就给妻子写信痛苦地告知她这个消息:"这种荒谬绝伦的政治局面,只要一想起来或者还记得它,就能使我懊丧透了。"[185] 他担心右翼极端势力的实验可能会导致左翼极端势力同样的后果,就是帝国的土崩瓦解。这个理由就足以迫使他毫无保留地激烈抨击德国民族党(Deutschnationalen Partei)了:"如果帝国崩溃了,那一定是这些畜生干下的蠢事(卡普、吕特维茨,我不得不遗憾地说,还有鲁登道夫)。我担心暴民不会像类似局面下的任何一个工人那样被枪毙或者被投进监狱,尽管工人没受过他们那样的'教育'。"[186] 他预计钟摆将向

---

181 关于阿尔科案件的声明,《韦伯全集》,Ⅰ/16,第 140 页。

182 另见弗里德里希·J.贝尔贝与马克斯·雷姆的报道,载《纪念马克斯·韦伯》(F. J. Berber und Max Rehm, "Max Weber zum Gedachtnis"),第 23、25 页及以下。

183 请比较 1920 年 1 月 9 日韦伯致枢密官冯·卢卡奇(格奥尔格·卢卡奇之父)的信,韦伯遗稿:"这里向共产主义统治的反动,到 1919 年春天仍然非常强劲,我甚至遭到了学生的示威抗议。……学校的气氛变得十分反动,反犹主义也日益激进。"(韦伯因而无力帮助格奥尔格·卢卡奇获得慕尼黑的教职,尽管他本人愿意这样做。)另见 1920 年 2 月 17 日致奥伊伦堡的信,韦伯要安排他来慕尼黑,然而他担心最后会受阻于反犹主义(奥伊伦堡有犹太人血统)。韦伯写道:"这里的兄弟会反犹主义经常发疯。"抄自韦伯遗稿。

184 1920 年 3 月 16 日致克拉拉·蒙森的信,韦伯遗稿。

185 1920 年 4 月 20 日的信,鲍姆加滕教授收藏。

186 致克拉拉·蒙森的信,日期不详,1920 年 4 月中旬,韦伯遗稿。他接着说道:"你只有离开这个团伙〔德国民族党〕——你置身其中让我很痛心——才能看清楚他们。这个地方的总理(冯·卡尔)说过'要从德国分离出去'(因为脑满肠肥的中产阶级害怕斯巴达克分子——他们认为市民保卫团靠橡胶警棍并不够用),现在他又胆怯地否认这一点:'德意志民族'。"见《马克斯·韦伯传》,第 702 页,像常见的那样,此处也被很马虎地改写了。韦伯当时怀疑冯·卡尔公开谈论过巴伐利亚可能要脱离德国,认为必须给予最坚决的反击。此事被否认后,韦伯打算刺激那(转下页)

第八章　崩溃与新开端

右摆动，进步民主力量在可见的未来将无能为力。[187]1920年3月，他非常沮丧地致信格奥尔格·卢卡奇说，眼下的一切可能会导致几十年的反动。他决心彻底脱离政治。[188]

最后，我们需要推敲这样一个问题——在1918年那个最为艰难的时世中，韦伯是否真的能够像他海德堡朋友圈中认为的那样奉召成为"民族领袖"。[189]我相信，不可能。阻碍马克斯·韦伯在新的民主政

（接上页）位总理，针对他的一篇措辞尖锐的指控文章提起诉讼，以澄清自己是否有过这些说法。《马克斯·韦伯传》对这篇文章的记述也做了大幅改动（见第701页）；原文如下："根据一则公开报道，据说，巴伐利亚总理有一些说法，其实质可能涉嫌严重的叛国罪。这些说法已经被断然否认，于是，抱有荣誉感的人们对事实真相就无所怀疑了，总理大概也乐于抓住机会发誓确认这一点。我也应当申明，捏造了这些说法的家伙们，必将被任何正派人视为下流坯子，我相信，这个胆小鬼至少能公开站出来，走上法庭。我之所以这样说，是因为法国人肯定得到了一种错误印象，而这种印象会促使他们采取进一步的计划。必须让他们了解他们仅仅在跟一帮什么样的乌合之众打交道。"随后此事便不了了之。

187　另见1920年春天韦伯在柏林就君主制问题表达的强烈不安："现在有谁知道这个春天将怎么熬过去？首先是政治上（我不想读任何报纸了：实在太可怕了）。然后是财政上。一切都堕入了黑暗之中，如临深渊。最恼人的事情是这个'君主制'摊上了这么一个君主！（在柏林！）这些绅士理应免受伤害。但是还有什么办法？他们干下了一切丢人现眼的罪孽，让人爱莫能助。局面就是这么怪诞。"1920年2月10日致米娜·托布勒的信，鲍姆加滕档案，II，第120页。

188　参阅1919年5月14日致玛丽安妮·韦伯的信，鲍姆加滕教授收藏：韦伯希望"远离"慕尼黑有计划的左翼学生组织。他从自己的学生那里也得出了同样的结论，当时他给格奥尔格·卢卡奇写信说："你'放弃'了（指卢卡奇的共产主义活动）还是有别的打算？但是，你认为有权独自决定，这个可以理解。只不过，每当我思考最近（1918年以来）的政治动乱使我们因为不受怀疑的'价值'评估——且不论'路线'有什么区别，比如熊彼特和现在的你——付出了以及还将使我们付出多少代价时，我就只好相信，我们将一无所获——因为我们全都生活在外国的支配下！——于是我有点痛恨这种毫无意义的命数了。"韦伯当时曾设法帮助刚刚逃出匈牙利、居无定所四处漫游的卢卡奇。

189　《马克斯·韦伯传》，第663页及以下，第640页及以下，第655页："他的内心深处一直期待着……这种召唤。"关于韦伯的政治领袖角色问题的讨论，见阿图尔·利伯特（Arthur Liebert），《马克斯·韦伯》，载《普鲁士年鉴》（1927），第340页及以下；格特鲁德·鲍默，《悼念马克斯·韦伯》，载《援助》（1920），第386页；厄恩斯特·特勒尔奇，《悼念马克斯·韦伯》，载《德意志精神与西欧》，第250页；舒尔策－加弗尔尼茨，《政治经济学家与政治家马克斯·韦伯》，载《社会学的主要问题：马克斯·韦伯纪念文集》，第1卷，第xxii页。鲍默、特勒尔奇和舒尔策－加弗尔尼茨的讣告，现已收入前引《纪念马克斯·韦伯》，见第43页及以下。从一开始也有相反的观点，见雅斯贝尔斯：《悼海德堡人》（Jaspers, *Heidelberger Gedenkrede*, Tübingen, 1921），第18页，《马克斯·韦伯》（*Max Weber: Deutsches Wesen im politischen Denken, Forschen und Philosophieren*），第25页。

治秩序中登上领袖地位的,不仅有一些重要的个人原因,而且——尤其是——还有这一事实:他的基本政治理想深植于一个已经一去不返的时代。[190] 对于国内形势,他迫切要求建立一种民主社会的宪政秩序,但在他看来,民主化只是一个手段,借此产生有资格继承那位"恺撒式"政治家——俾斯麦——遗产的政治领袖,给德国带来新的荣耀。至于德国社会的新秩序应当采取什么形式,他并没有具体的规划,尽管他耗费了大量时间摆弄社会主义观念,但他从不相信这些东西。即使在当时那种情况下,他也始终把德意志民族的国际实力地位看得远比国内问题重要得多。他完全否定了 20 世纪初期那些打破帝国主义时代欧洲强权政治的恶性循环,并为各民族之间的政治关系寻找新形式的努力。轻易就能拿自己的基本政治理想适应新局面和一时之需,这为他所不齿,一如施特雷泽曼和许多其他内心毫无重大顾忌的人之所为。这不是他给自己预设的路径。相反,即使在战败和崩溃时刻,荣誉感也要求他毫不动摇地坚守自己的政治信念,而不是怯懦地屈从于环境压力。迫不得已时,他宁肯等待和保持沉默,也不会试图匆匆改弦易辙去讨好命运。[191] 就是在这个时候,韦伯重申了以往决定着他的政治活动的价值观:由强大军队支持并有果敢坚定的外交政策保障的民族国家在世界上的权力。然而,这些理想在 1918 年和 1919 年的形势中统统丧失了说服力。因此,韦伯对革命时期种种具体政治问题的立场,就反复摇摆于"现实政治"策略与他纯粹个人的政治信念这两种取向之间。就是出于这个原因,他才拒绝在 1919 年的政治舞台上扮

---

190 另见威尔布兰特前引书第 450 页:"作为一个政治家,马克斯·韦伯从来没有摆脱'德国的旧日辉煌',这就是他在大灾变之后期望重建的东西。"

191 无论如何,民族的未来才是实质问题。见 1918 年 11 月 24 日韦伯致克鲁修斯的信,载《政治著作选》,1,第 484 页:"当然,我们现在所能公开说的,是'情势变迁原则',而不是一成不变!'总在想这事(原文为法文,Toujours y penser)……'。"

演任何重要政治角色。只是在宪政对策这个领域，他的政治理念才得到了有限的贯彻机会。他以堪称重要的方式成功影响了《魏玛宪法》的结构。但除此之外，他的终极政治理想与战后岁月的趋势并不合拍。他完全明白这一点，因而遁入了"学术事业"，他相信在那里他能达到比在当代政治中更佳的境界。他试图在构建民主德国的事业中扮演领袖角色的努力无果而终，这是德国历史的权力国家和帝国主义时代宣告结束的一个象征，那个时代以俾斯麦的遗产为傲，但注定了以失败告终，因为它丧失了明确展望未来的能力，而新时代的征兆又难以确认。过去，马克斯·韦伯呼吁的国内改革以及避免追求声望的外交政策，一直就是对牛弹琴。这个民族不知道如何利用它的最伟大的人物之一，也听不进他的忠告。到了1919年，已经为时太晚了。

第九章　韦伯与魏玛制宪

第一节　1918年11月韦伯论德国未来宪制的系列文章

革命导致了俾斯麦帝国的垮台及其宪制的毁灭，这使民主力量也颇感意外，它们对于从头开始立即构建一个新的宪政秩序这一任务，绝对没有任何准备。如果没有宪政秩序，德国就很可能再次四分五裂或者沉入共产主义苏维埃统治的旋涡。《魏玛宪法》的缔造者们并没有一个广泛的民主传统可供依靠，使之在德意志帝国的宪法改革中能够发挥决定性作用。即便在帝国的最后岁月中，也只有寥寥无几的杰出人物呼吁帝国宪法的议会化。战败之际在鲁登道夫要求下建立的议会制度，某种程度上说只能是"临时"性质的，因为精神上和国内政治的先决条件十分有限。[1] 胡戈·普罗伊斯也一再表达了他的忧虑,即德国人民在政治上并未足够成熟到要求民主化国家制度的程度,而且在战败之际几乎未经抵抗就被打倒。[2]

韦伯 1917 年在他的系列文章《德国议会制的过去和未来》("Deutschlands Parlamentarismus in Vergangenheit und Zunkunft")中对公众提出的制宪理念,现在突然获得了巨大的实践效用。他提出的方案曾激起极大兴趣和大量政治活动,但并没有产生直接作用。[3] 帝国没有干预普鲁士的选举权问题,也没有授予帝国国会质询权。甚至战争结束时匆匆忙忙的议会化进程,也没有像韦伯以他固有的保守态度按照俾斯麦宪制的基本原则坚决要求的那样开放联邦参议院。到 1918 年 11 月,韦伯议会化改革计划的基本前提化为乌有,因为普鲁士的霸权地位已经土崩瓦解。尽管如此,当旧制度崩溃时,这些文章提出的论点还是引起了广泛关注并获得了支持。卡尔·施密特略带夸张但正确地评价说,韦伯的议会制概念是把政治领袖人物推上国家权力巅峰的一个手段,这是存在于 1918 年那个时候有利于议会化的"唯一强大的意识形态"[4]。一个强大的议会可以成为理想的领袖选择之地,这个命

---

1 参阅特奥多尔·艾申堡的出色研究,《魏玛共和国的临时民主》,载《历史与政治》(Theodor Eschenburg, "Die improvisierte Demokratie der Weimarer Republik," *Geschichte und Politik*, Lauphem, 1951),第 10 期;"临时"一说出自普罗伊斯,参阅其文《议会制的临时性质》,载《国家、法律与自由》(Preuss, "Die Improvisierung des Parlamentarismus," *Staat, Recht und Freihei*),1918 年 10 月,第 361 页及以下。

2 参阅普罗伊斯在国民大会制宪委员会上的演讲《国民大会第 8 次委员会会议纪要》("Protokolle des 8, Ausschusses der Deutschen Nationalversammlung"),载《德国国民大会制宪委员会报告》(*Verhandlungen der verfassungsgebenden deutschen Nationalversammlung*)第 336 册,附报告速记,第 391 号(柏林,1921),第 257 页及以下。下文引用时标注为《制宪委员会报告》。

3 只有罗伯特·冯·皮洛蒂在他的研究成果《论议会制的性质与价值》中直接采用了它。参阅上文第 193 页注释 152。

4 卡尔·施密特:《宪法学说》(Carl Schmitt, *Verfassungslehre*, München und Leipzig, 1928),第 341 页。

题现在已被新的民主秩序的自由派支持者所接受,特别是胡戈·普罗伊斯。

因此,1918年11月的最初几天中,随着共和国宣布成立,弗里德里希·艾伯特考虑将早在1917年就提出一份德国与普鲁士宪法改造方案的马克斯·韦伯安排到内政国务秘书的位置上,也就完全顺理成章了,另一个人选就是胡戈·普罗伊斯。但是,马克斯·韦伯参与负责任的政治活动的这个重大机遇还是落空了。艾伯特本人几乎是立即就决定了任用胡戈·普罗伊斯,这大概是因为那个传言,即在他抽屉里已经有了一个民主宪法的方案,不过事后来看,我们也许不得不承认,这是个明智又合乎逻辑的决定。[5] 普罗伊斯的观点代表了那条可以理解的中间路线——要融合所有政党的不同制宪主张,从当政的独立派社会民主党人到中央党。

诚然,事后来看,马克斯·韦伯如果被苏维埃政权任命为内政部长并受权筹备制定德国宪法,也是个非常引人入胜的事情。韦伯大概会拿出一个更强有力的、对不同制宪主张更少妥协的宪法。无疑,他不会遭遇普罗伊斯初稿激起的联邦各成员邦那样的强烈反对,因为普罗伊斯主张的是一种教条主义的、多少有些书生气的中央集权制。不过无可怀疑的是,韦伯那种火山秉性,要想解决党派之争和政权内部的派系冲突,肯定要比胡戈·普罗伊斯的冷静客观和坚忍不拔困难得多,后者就是能赢得本来各行其是的势力的忠诚合作。韦伯显然不可能以普罗伊斯表现出来的那种冷静与清醒投入各种谈判,为此他曾屡受责备。[6] 他的制宪努力可能会比胡戈·普罗伊斯那种冷静与清醒的方式更多地体现出一个伟大民族的新开端。

---

5 请参阅上文第324页。
6 参阅齐格勒前引书第108页及以下。

第九章 韦伯与魏玛制宪

早在1918年11月，马克斯·韦伯就在《法兰克福报》发表了一系列重要文章，试图勾勒出德国未来政体的基本轮廓，但是对于民主的制宪会议能否实际召集起来，他根本没有把握。尽管韦伯并没有提出一个坚实的规划，而只是根据形势讨论了能够设想到的可能性，尽管他最终未能获得官方地位以便能动地参与制宪过程，但这些文章是通往《魏玛宪法》的一块里程碑，马克斯·韦伯就是通过它们对《魏玛宪法》的制定发挥了重大影响的。[7]

韦伯直接从他1917年的宪制改革方案中的关键问题出发，他看到了民主化改组的症结，就是如何才能完成一部既符合严格民主又是联邦主义的宪法。尽管各王朝的不复存在原则上也消除了联邦制的必要性，但韦伯继续支持联邦制的解决方案，因此，各邦参与帝国政府的形式问题，在他1918—1919年的制宪计划中就处在了核心位置。如果他——并非没有策略原因——明确要求首选中央集权的共和国，却又一再自称是个联邦主义者，我们就不应认为他是一个中央集权帝国的观念代表，而他支持联邦主义观念仅仅是出于现实政治的考虑。[8] 尽管他经常表达一些支持中央集权的说法，但他从来就没有切断自己与南德联邦主义传统的联系。

首先，韦伯从对外政策角度认为，一部激进的中央集权宪法是不合时宜的，他担心会引起各协约国政府的猜疑，从而更有理由强加给德国更苛刻的和平条件。其次，德奥合并为帝国，即便不为其他原因，单是出于经济上的考虑，也只能在一个联邦制度中完成。另外，韦伯

---

[7] 关于这个问题，格哈德·舒尔茨的《民主与独裁之间：魏玛共和国的宪政与帝国改革》（Gerhard Schulz, *Zwischen Demokratie und Diktatur: Verfassungspolitik und Reichsreform in der Weimarer Republik*, Berlin, 1963）与这里的介绍多有吻合，见该书第1卷第114页及以下。

[8] 《政治著作选》，第465页。

不可能去设想一部中央集权的宪法，因为联邦各邦似乎已从革命中幸存下来，与帝国相比，它们并没有失去多少权力，而依赖柏林的工人与士兵委员会执委会（Vollzugsrat）运转的帝国，面对激进左翼的政变企图几乎一筹莫展，到了11、12月，看上去更是完全没有招架之力了。在他看来，联邦各邦不可能自愿放弃失而复得的权力去壮大中央政府。

关于未来的宪法，决定性的问题在于，普鲁士的版图边界是否还应原封不动，从而——甚至在它丧失了过去得到宪法保证的霸权地位之后——仍然以它庞大的版图在帝国占据规模和经济上的优势。众所周知，当时胡戈·普罗伊斯提出的要求是快刀斩乱麻，把普鲁士肢解为联邦的10个新邦。对于这种激进建议可能招致的巨大抵抗，马克斯·韦伯的眼光要比普罗伊斯现实得多，他认为普罗伊斯的方案既不可行，更是绝不可取。[9] 毫无疑问，与普罗伊斯形成鲜明对照的是，韦伯认为彻底打碎强大的普鲁士邦和普鲁士行政机器，可以肯定将导致对外交和内政元气不必要地损害。他赞成个别省份从普鲁士分离出来，但不相信真的会有这样的机会。

马克斯·韦伯的制宪思考有一个未言明的前提，就是断定普鲁士邦仍会存续下去。他追求的未来宪制，是希望普鲁士即便没有宪法特权，也可以通过宪法中适当的联邦制条款使之继续保持优势地位。在这个问题上，韦伯仍然力主以俾斯麦时代的联邦参议院为楷模。较小的联邦各邦应当通过适当增加它们在新生的联邦参议院所能支配的票数，获得稍更有力的政治地位，从而把普鲁士的优势地位限制在可以忍受的水平上。因此，韦伯赞同这样的观点，即联邦各邦必不可少的代表机构应当采取联邦议会（Staatenhaus）的形式，由各邦议会派出的

---

9 请比较1919年1月14日韦伯在福斯的声明，据1919年1月15日《福斯日报》报道："相当多的各方面人士要求肢解普鲁士，这不是个明智的做法。"

代表构成，要不然就直接恢复旧日的联邦参议院制度。[10] 他认为联邦参议院代表和联邦议会代表没什么不同，由联邦各邦的议会多数指派到联邦议会的代表，照样可以像他们各自政府派出的代表一样，按照各自政府的意愿投票。这个主张也是他早先的联邦参议院议会化方案的基础。此外，直接选举产生联邦议会可能将排除较小的各邦在代表人数的分配上获得更有利条件的可能性。

联邦各邦现在几乎完全恢复了旧日的权力地位，形势要求适当关注它们的要求，对此，马克斯·韦伯无疑要比普罗伊斯看得更清楚，但他在这个方向上走得太远了。人们很容易就能觉察到，俾斯麦时代的帝国宪法仍在继续影响着他。直到1919年1月他还在坚持一个观点，"简单接受现存的联邦参议院大概是最可靠的解决办法"[11]，这表明他非常同情巴伐利亚的极端联邦主义要求，等于是原封不动地保留旧制度。[12] 韦伯属意于联邦各邦的传统权利到了令人惊异的广泛程度，它们不仅包括财政独立和行政主权，甚至对它们的军事分遣队享有正式的军事主权，按照旧日的帝国宪法规定，唯一的例外是技术部队和海军，因为它们必须在帝国层面加以组织。诚然，这里发挥了相当大作用的是韦伯的一个关切，就是制宪结果将对协约国产生什么样的潜在影响，但是，他要求保留俾斯麦时代帝国宪法的太多成分，这在当时就受到

10　1918年12月5日韦伯在威斯巴登也表达过类似的说法："我们必须建立一个联邦国家，在这个国家中，普鲁士的支配地位将不复存在，或者更好的做法是，普鲁士将受到平衡。但是德国国会仍将保留，如果可能的话，20年没有选举权也无妨。取代联邦参议院的是一个50到60人的联邦议会，他们是各自政府的代表。大众投票就没这么便利。"据1918年12月6日《威斯巴登报》报道。

11　《政治著作选》，第466页。

12　韦伯的这个方案与巴伐利亚的自治要求到底有多么契合，大概从米林（Muhling）先生恰在1918年12月16日的《慕尼黑汇报》发表了一篇文章可见一斑。米林建议按照美国的模式保留联邦参议院，根本不需要议会制度。

了不无道理的诟病。[13]

按照韦伯的设想,一个废除了普鲁士霸权地位并且保障其他各邦对帝国政策影响力的联邦宪制,与帝国层面上的纯议会制并不协调,无论采取什么形式。[14]韦伯相信,如果将决定性的控制权赋予一个普鲁士的票数占支配地位的中央集权的帝国国会,最后结果可能就是联邦各邦成为附庸。如果帝国政府由帝国国会授权行政并且只对它负责,联邦各邦就不可能对帝国政策的形成发挥任何实质作用,即使它们按照法定程序单纯参与一个由直接选举代表或者各邦立法机构委派代表组成的上议院,也不足以防止这种情况的发生。韦伯孜孜不倦地强调说,只有一个50到60名分别代表各自政府的成员构成的联邦议会,一如过去的联邦参议院那样,才有可能保障联邦各邦去实际影响帝国的决策。[15]韦伯十分一以贯之地承认,这种情况下,假设联邦参议院能够旧态复萌,或者联邦参议院成员也像帝国议会成员那样具有民主的合法性身份,帝国国会在宪政大厦中就可能退居次要地位。从这种宪政秩序中产生的首相对帝国国会和联邦参议院的双重责任,将会迫使帝国国会与联邦参议院分享它的合宪特权,帝国政府就不得不更多地关注联邦参议院的立场,进而对各邦议会而不是对帝国国会多数负责。[16]

韦伯甚至认为,政治决策过程的焦点就在于联邦参议院与帝国国

---

13 见考夫曼:《未来帝国宪法的根本问题》(Kaufmann, *Grundfragen der künftigen Reichsverfassung*, Berlin, 1919),第37页。

14 参阅《政治著作选》,第481页及以下,第471页。这个观点在韦伯的竞选演说中比《法兰克福报》系列文章的有限阐述表达得更为清晰。参阅1918年12月6日《威斯巴登报》和《威斯巴登日报》的报道,另外还有1919年1月3日《海德堡日报》的报道:"韦伯反对帝国实行议会制并宣布支持公民表决制。"

15 见前引《威斯巴登报》的报道。

16 《政治著作选》,第481页及以下。

会享有同等的乃至更大的权利,他在1907年提出的联邦参议院议会化方案中就已经这样做了。[17] 这样一来,就只有直选的帝国总统才能与联邦参议院抗衡,首相就不得不主要与它打交道,帝国国会将保持它先前的形式,尽管将被限制在"消极"政治的水平上。韦伯强调说,既然如此,首相对帝国国会的有效责任便没有太多意义,因为所有重大政治决策都将在联邦参议院做出,而它的成员要对联邦各邦的议会负责。[18] 帝国国会的权力由此将大受限制,但它仍然有能力"监督行政机器"。我们知道,韦伯认为这是除了政治领袖的选择与熏陶之外最为重要的议会任务了。[19] 这个办法可以严格限制帝国国会的权力,使它能发挥的作用远远小于韦伯1917年制宪方案中的预期(出于类似的原因,那个方案忽略了首相对帝国国会负责的问题),因为帝国国会多数党领袖作为普鲁士的代表被派进联邦参议院的可能性已不复存在。[20] 原则上说,这等于一部以民主形式再现的新版俾斯麦宪法,因为一个直选总统将握有普鲁士的主席票。[21]

如果帝国总统由帝国国会投票选举而不是直接民选,韦伯则希望更加强化联邦各邦的权利。彼时,联邦参议院不仅应被授权发布"行政命令",而且有可能依照惯例发布"法律命令",但要保留内阁的否决权。在一个真正的议会制度下,政治权力集中于帝国国会,联邦各邦手中需要保留广泛的权力以提供强大的联邦制平衡力,与普鲁士控制的中央集权议会及其以帝国国会为后盾的行政权相抗衡。

---

17 请比较《威斯巴登报》的报道,无疑,它曲解了韦伯的观点:"行政权应当控制在联邦参议院而不是议会手中。"同日《威斯巴登日报》的报道就不是如此清晰。

18 《政治著作选》,第471页。

19 见上文第189页。

20 参阅上文第175、176页。

21 参阅下文第392页注释109。

事后来看，尽管这是个意义深远的联邦制方案，但很难理解韦伯为什么会主张尽可能支持中央集权的解决办法。韦伯相当重视旧帝国宪法规定的形式上很强大的联邦制，一定程度上可以解释他这种矛盾态度。通过联邦参议院，各邦可以正式参与帝国政府，而这种参与并不限于立法与行政。韦伯相信，联邦各邦绝不会仅仅满足于参与立法过程。他坚持认为，如果无视各邦政府的权力地位，使它们的意志和帝国政府相比没有任何影响力，那么全部制宪努力就会大打折扣，多头统治的全部弊端将开始作祟，各邦会寻找手段在宪法之外发挥影响。因此，韦伯预先就否定了一种直选人民议会[22]基础上——即由人民议会决定首相和总统的人选，代表们的权威则仅限于参与立法过程——的议会化宪制。尽管韦伯正确地指出，各邦的实际权力不应被忽视，但是很清楚，他往往高估了现存国家机器的权力。他倾向于服从"事实规范"，并进而拒绝深远的重组。他认为国家的官僚机器具有恒定性，这使他的制宪方案带上了特有的浓重保守色彩。

同时，这些制宪方案也标志着对纯议会制的态度变化。韦伯强调说，德国议会连同以往的国家权力都已名声扫地，这个看法由于他目睹以往的政党机器和"毫无使命感的职业政客"一再像不倒翁一样若无其事地招摇过市而更加牢固。[23]一时间他甚至说，跻身议会之中"在今天是个既不名誉也不愉快的事情"[24]。仅仅出于这个原因，他也不希望看到决定性的权威被托付给帝国国会。在他表示支持"最大可能的中央集权解决办法"时，尽管他的方案具有强烈的联邦主义性质，并且

22　原文为 Volkshaus，字面义为"人民议会"或"人民代表大会"。以下均译为"人民议会"。——译者注

23　《政治著作选》，第 450、455 页；尤其值得注意的是对民族自由党企图卷土重来的尖锐抨击。当时，施特雷泽曼在遭到德国民主党排斥后试图推进这个努力。

24　1920 年 4 月 14 日致彼得森的信，请参阅上文第 333 页注释 108。

一再重温联邦参议院制度的旧梦,但他还是首先赞同直选总统及其内阁,而不是帝国国会。[25] 他想当然地认为联邦参议院将以实质上的旧形式重新亮相,并断言其结果是不存在"名副其实的帝国议会制的可能性"[26]。既然如此,韦伯就不相信帝国国会有可能成为一个足够强大的中央集权力量以抗衡联邦代表机构,而必须承担这一功能的,应是直选帝国总统。[27]

由此韦伯得出了两个结论。一方面,他赞成赋予联邦各邦实际权力,另一方面则赞成帝国总统相对独立于帝国议会制。某种意义上说,这个架构类似于俾斯麦治下的局面,他被公认为帝国国会的最高主宰,尽管他在形式上仅仅是团契制联邦参议院的行政执行者,但他能够借助对联邦参议院主席票的控制去影响它的决策。然而现在,这个联邦参议院已是联邦各邦的民主代表机构,而不再是纯粹的王朝政府。韦伯的联邦参议院议会化设想,在他1918—1919年的制宪方案中成了非常活跃的思考内容,区别在于,整个宪制的枢纽人物现在是帝国总统,而不是首相了。韦伯赋予他一个伟大的恺撒式领袖的角色,认为这个角色在现代大众民主政治中不可或缺。[28]

韦伯因此而选择了一种直选领袖民主制的模式,在1917年时他还只是勾勒了这样一种可能性,当时他为未来德国宪制设计的蓝图,就

---

25 《政治著作选》,第476页。

26 同上书,第481页,《论帝国总统》也有类似说法。同上书,第500页。

27 另见1918年12月6日《威斯巴登报》对韦伯在威斯巴登演讲中相关说法的报道:"如果帝国的统一行政掌握在一位全民选举产生的总统手中,那就可以避免议会制以及和它相伴的党争。"此处,笔者接受舒尔茨前引书第121页注释44中对本书第一版提出的异议。

28 另见韦伯1919年1月17日海德堡演讲中对合议制内阁这种古典议会制政府模式的尖锐抨击:"我们支持一种民主基础上的强大国家政权,我们支持由人民直接选举总统。如果我们有一群部长,而他们之上却不存在一个总统的权力,这就很可能导致——例如——一个文化部长代表中央党,一个财政部长代表社会党,等等,等等,于是我们就会陷入无比可怜的愚蠢境地。"1919年1月18日《海德堡日报》的报道。

是由一些民主产生的伟大领袖实行直接诉诸民意的卡里斯玛支配,由一个能够监督行政机器的强大议会加以平衡。现在他主张的直选帝国总统制,提供了为这个模式奠定合宪基础的可能性。1917年时含蓄提出了限制议会权力以利于卡里斯玛领袖的统治,但尚不十分清晰,到1918—1919年时,这一点成了核心问题:帝国总统应当扮演领袖角色,他的对手是帝国国会及其提名的内阁。

这样一种宪政解决办法,其结果可能是帝国总统的权力并非源自议会,而是源自选民。1917年时,马克斯·韦伯认为"某种方式的直接民选最高权力",在原则上可以说是直接诉诸民意的大众民主条件下民主"选择领袖"的最佳形式。[29] 现在他强调的则是,帝国总统应当由人民直接选举,而非由帝国国会或者帝国国会与联邦议会联手进行选举:"一个得到革命性普选正当性支持的帝国总统,将由此以他自身的独立权利面对帝国机构,他的权威之强大将是议会选举的总统不可比拟的。"[30]

马克斯·韦伯希望赋予帝国总统的宪法地位,在许多方面都类似于美国总统的那种地位。一个像美国总统那样得到直选正当性支持的帝国总统,就理应成为行政首脑,这与法兰西共和国的情形不同,后者的国家元首仅限于纯粹的代表功能,行政权力则完全属于一个对议会负责的内阁。帝国总统理应高踞行政部门和军队等级制度之首,负责任免各部部长和帝国的所有公务员和军官。他应当拥有全部帝国官职的庇护权。看来韦伯并不是在谈论纯粹的正式职责,事实上帝国首相就可以履行这些职责,一如魏玛共和国时的情况。显然,总统要亲自行使一部分并没有更明确界定的庇护权,而且独立于首相和帝国有关部长的正式职责。韦伯认为这是帝国总统最重要的功能之一。此外,总统还理应有权

---

29 《政治著作选》,第394页;参阅上文第197页及以下。

30 《政治著作选》,第469页。

通过公民复决投票诉诸选民直接干预"帝国机器"的运转。

但是，韦伯反对以美国为例授予总统自由任命其政治助手的权力。他在这一点上始终是忠于议会制度的。帝国总统履行职责时理应得助于一个议会制内阁，它对帝国国会负责并需要得到帝国国会的信任。韦伯最初似乎曾考虑过行政权像美国那样独立于议会的可能性，但很快打消了这个念头。他认为这样严格分权的制度尚不合时宜，尤其是因为，这有可能导致行政官僚脱离议会的约束。他担心美国那种每一届新政府都要更换所有主要官员的模式将使腐败如影随形，并认为这是一个注定要失败的制度。[31] 在一个现代国家，职业官僚将变得越来越不可或缺，而对他们的有效监督，只能借助于一个强大的议会。韦伯先前曾指出，如果不存在能够监督行政机器的议会组织，即便是一个立宪君主，恐怕也无力对付他自己的执政官僚。[32] 因此，韦伯希望议会也插手帝国最高级官员的任命。一个被授予了质询权的议会，可以引起这个那个部长甚或整个内阁的垮台，这与美国的制度不同，美国的议会组织无权直接影响行政机器。如果不是这种情况，那就无法实现对行政机器的有效监督，并将大大消解一个强大的议会必须拥有的选择领袖的能力。[33]

与美国的总统制形成鲜明对照的是，帝国总统享有一种类似于立宪君主的地位，马克斯·韦伯承认这个事实。[34] 就像宪政制度中的君主

31　《政治著作选》，第469页。

32　参阅同上书，第337页及以下。

33　参阅较早版本的《政治著作选》（1917），第397页及以下。

34　《经济与社会》，第173页："只要政党内阁尚未完全占用权力，而君主（或一位直选并相当于君主的总统）又拥有——特别是任命官员、包括任命军官的——独立权力，这时存在的就是宪政。凡是存在着形式上三权分立的地方，都有可能看到这种情形。一种特殊情况是与代议制议会结合在一起的直选总统制：一个直选-代议制政府。"最后那个类型的范例可能是指魏玛宪制。

那样，帝国总统也不得不借助他的"内阁外套"采取政治行动。马克斯·韦伯的帝国总统在另一个领域也有一种拟君主的作用：他取代了君主成为国家元首。现在占据了世袭卡里斯玛君主位置的是一个"当选君主"，支持他的并非王朝的正当性，而是直接民选这种"革命正当性"。[35] 韦伯赋予这种直选总统制的正当性功能极大的重要意义。在现代大众社会的条件下，信仰依照契约性规定（宪法）进行合法统治的正当性，能否获得足够的力量使新型政府和社会秩序在大多数人民心目中合法化，他对此抱有疑虑。霍亨索伦王朝垮台留下的真空，应当由帝国总统的卡里斯玛正当性来填充，即通过直接民选"拥戴"他为国民领袖和大众代言人。[36]

显而易见，帝国总统在所有领域都享有恺撒式权利，包括正面和负面权利，这一事实也显示了恺撒制基础上由议会选举产生君主的政体概念具有重要的连续性。为了确保他超然于议会权力之上并处于能够承担领袖角色的地位，韦伯希望赋予他古典的立宪君主权利：分享官职庇护权，部长任免权，中止否决权[37]，尤其是有权解散帝国国会或者采取替代办法——以公民复决投票呼吁人民决定解散帝国国会的可能性。[38] 在联邦各邦议会否决帝国国会通过的法案时，帝国总统也可以利用全民公决的武器对付各邦议会。

马克斯·韦伯相信，授予总统如此程度的宪法权力，足以使他成为一个选民的信任基础上的领袖角色，尽管他的行动仍然会受到依靠

---

35 参阅致哈特曼的信，见上文第322页注释67。
36 另见《经济与社会》，第552页。
37 suspensives Veto，与"绝对否决权"相比而言，"中止否决权"是个有限的权力，它可以推迟执行一项决策，但如果同一项决策以不变的形式第二次提出，这个否决权就不能再次适用。——译者注
38 《政治著作选》，第469页。

议会信任的帝国内阁的束缚。即使"直选总统对部长的选择权受制于议会的信任,他作为千百万人的代表仍然对暂居多数的政党拥有优势,总统任期越长,这种优势也就越大"[39]。韦伯坚持主张,要占据这种优势,就需要帝国总统"尽可能长时间"任职,最好是7年一届(《魏玛宪法》后来就是这样规定的)。为了对此加以平衡,他希望帝国国会有可能在它与帝国总统发生冲突时以适当多数要求取消公民复决投票。当然,这是一件非常软弱的武器,因为所有的公民复决都有保守倾向,这就注定了结果总是有利于总统。只是在帝国总统极为惊人地滥用权力的情况下,这种公民复决投票才有成功机会。这项权利由《魏玛宪法》第43条给予了保障,但事实上,魏玛共和国由始至终从未行使过这项权利。

马克斯·韦伯希望,借助帝国总统制,能使那些称职的政治家——即便是政党机器之外的政治家——登上权力舞台,为他们提供足够的机动空间以实现他们最重要的政治目标,哪怕这些目标与当下议会多数的意志相抵触。韦伯赋予总统一职的宪法地位,确保了一个富有韦伯所期待的那种政治能动性、权力抱负与天赋的帝国总统享有关键性的决策权威——直接诉诸民意的大众独裁者。他将对帝国国会以及——当然是在较小程度上——各邦民意机构拥有相当大的控制权。他对付顽抗的议会多数的武器就是有效的中止否决权、公民复决投票或者解散帝国国会,就是说,诉诸人民以对付帝国国会的多数。我们只需回想一下解散权这个武器在俾斯麦手中被运用得多么娴熟就够了。他用这个办法踢开了他遭遇的所有多数,向他挑战的政党都在可能是

---

[39] 《政治著作选》,第470页;韦伯的这个句子在德文原文中有语法瑕疵,略嫌疏忽所致。他建议立法者在宪法中规定帝国总统可长期任职。参阅1918年12月6日《威斯巴登报》的报道:"总统可以比首相更强大,后者只有议会多数的支持。"

最不利的时候被抛进了选战。不妨再想一下英国的范例。英国首相同样有把握在最有利的时候解散议会，从而比反对派占据了更大的优势。

这种帝国总统的设计，大胆合成了一些异质的立宪观念，充满了无法消解的矛盾。一方面，帝国总统被赋予了君主的性质，受议会约束，通过他的部长们进行统治；另一方面，他又被预想为一个伟大的恺撒式政治家，使向帝国国会负责的首相成了附庸并可能根据总统特权成为首相的对头。这样一种"公决－代议"宪制的意图，就是避免真正的议会制度而又不放弃议会化的长处（对领袖人物的选择、对行政机器的监督）。它既保留了德国的教条式传统国家学说中一般君主制行政的独立性[40]，又保持了一种高度的权力分立。韦伯煞费苦心地把一种革命性观念——在大众民主中选择恺撒式领袖——和古典自由主义的权力平衡观念结合在了一起，这里的权力平衡就是行政权（帝国总统对帝国首相）内部与行政权和立法权（帝国总统对帝国国会）之间的平衡。由于帝国总统的强势地位，这种宪法框架内的高度联邦制看来是无害的。

还在1917年时，马克斯·韦伯就表明了这样一个观点：如果说伟大的政治家能层出不穷，那么恺撒式的统治方式就最适于德国。[41] 直选帝国总统制现在看来势在必行了，这就意味着理应制定新的帝国宪法，以使在议会制框架内一个伟大领袖的直选卡里斯玛支配成为可能，与此同时，议会的运行机制也能出面弥补领袖的错谬和游移，如果他的卡里斯玛失灵还会把他淘汰出局。俾斯麦作为一个超然于帝国国会和联邦参议院之上进行统治的"恺撒式"政治家的样板，无疑给韦伯

---

[40] 也许可参阅拉班德：《德意志帝国国家法》（Laband, *Deutsches Reichsstaatsrecht*, Tübingen, 1912），第17、56页；另见卡尔·施密特：《宪法学说》，第53页及以下。

[41] 见上文第202页及以下。

这些制宪方案提供了灵感。韦伯希望在宪法中融入公决要素，为那些——可以说兼有格拉德斯通和俾斯麦品质的——伟大的民主政治家铺平权力之路。

到1919年2月，马克斯·韦伯在《柏林交易所报》（*Berliner Börsenzeitung*）发表了《论帝国总统》一文[42]，略为软化了他的方案在总统制问题上的强硬立场。这主要是因为当时的公众舆论似乎是抵制总统直选的。但在韦伯看来，直选是最重要的因素，所以他试图尽可能减轻人们对一个直选总统可能会滥用权力的担忧。通常情况下，帝国总统只应在危机时刻干预帝国的决策过程，然而，总统必须拥有接管领袖职责的合宪权力，如果已不再可能获得议会多数的支持，就任命一个纯官僚内阁以保证帝国政策的连续性。当然，总的来说，他的决策影响力应当仅限于选择一个适当的首相，在一定程度上履行庇护人之责，办法可能是利用中止否决权，偶尔要求举行公民复决投票，仅在最极端情况下要求解散议会。[43]

然而，韦伯制宪方案的基本原则并没有变化。他再次强调说，"被大量讨论的群众'独裁'……需要一个'独裁者'"，需要"一个由群众选举的代言人，只要他还享有群众的信赖，他们就会服从他"。[44] 帝国总统——而不是无力对付各邦议会的帝国首相——应当以他源自大众信任的职务权威完成确保强有力的帝国政策这一任务，如果有必要，就通过直接诉诸人民以对付某些联邦成员邦的局部既得利益。这就要求他使用他的整合性卡里斯玛权力以对付议会制度内部和外部的不同政治力量和经济既得利益集团。

---

42 《政治著作选》，第498页及以下。
43 同上书，第498页及以下；参阅下文第397页及以下。
44 《政治著作选》，第499页。

第二节　共和宪法的难题与德国的公众舆论

　　革命出乎意料地向德国的国家学说提出了一个问题：一旦形式上的君主制要素在实质上被摒弃，议会民主制应当是一种什么面貌。在德国外部的压力下，1918年10月以英国为样板引进了议会化。现在，随着霍亨索伦王朝的垮台，英国模式也不再有效了。但是，面对新的局势，却没有唾手可得的理论武器。即使少数意志坚定的议会制支持者，包括最出类拔萃的胡戈·普罗伊斯，也从来没有从理论上思考过议会君主制以外的任何可能性，因此，他们在解决如何才能在民主基础上确立共和宪制这个问题上，最初都是完全束手无策的。正是出于这个原因，马克斯·韦伯将帝国总统视为帝国议会支持下的行政首脑和帝国统一的担保人的观念，就引起了极大的重视和关切。

　　关于德国如何才能构建一个议会民主制的共和国，就连政治家们也并没有具体的主张。多数派社会民主党人一以贯之地主张一个"自由的人民国家"（Freien Volksstaat），却从来没有详细设计过应该怎么安排这个国家，现在也不得不把设计一部新的帝国宪法的任务托付给一位资产阶级国家法专家。但这是一个值得敬重的决定。社会民主党人意识到了自身的局限性，并且非常清楚他们有责任接受这个逻辑结果以免徒劳无功。社会民主党人倾向于一种纯粹的议会制，由一个合议制内阁承担行政职能，这就只能依靠人民代表的意志。他们在国家元首问题上并没有一致意见，许多人赞同瑞士的制度，但又并不排斥单一总统的设置。当时从策略上考虑，国家元首的地位须尽可能与君主有别，以防备复辟君主制的企图。这个观点兼有一个虽然感觉比较模糊但坚定不移的要求，即元首如果确实与内阁分立的话，他的地位应当尽可能处于弱势，并且只许承担纯粹的代表功能。

相反，独立派社会民主党人从一开始就坚持要求保留他们加入革命政府时胁迫多数派社会民主党人接受的那种行政制度。尽管他们原则上并不反对议会制，但最初曾希望革命继续下去，只要能确保工人与士兵委员会在更大程度上分享帝国新的民主制度就行。独立派社会民主党人明确无误、一以贯之地坚持他们的立场，却毫无成功的希望，而多数派社会民主党人直到最后时刻仍在总统制问题上游移不定，因此事实证明，他们对帝国总统制的形式所能施加的正面影响非常有限。

中产阶级当中的民主力量一般都倾向于直选国家元首拥有强大权力，这主要是出于韦伯提出的同一理由——对"议会专制主义"的深刻怀疑。不仅右翼政治家如此，自由派同样如此，他们是伴随德国君主立宪制的现实一起走过来的，对议会制统治心怀忧惧。他们不是一再被告知"议会制的喧嚣吵闹"[45]和派系阴谋已经把议会折磨得筋疲力尽吗？不是无可奈何地承认过去的议会辩论都是在很低劣的思想水准上进行的吗？在君主制统治时期，帝国国会一直小心翼翼地约束自己的政治追求，不去扩张它的议会影响力，基本上从来就没有质疑过君主的强大地位：他们既没有勇气，也没有自信在一个共和政体的国家中追求真正的议会制度。

对于在真正的议会制度中实行排他性的无限制人民统治的设想，自由派的主要保留态度就是那个悠久的自由主义观念：公民自由只能由国家权力的相互制衡加以保障——特别是在社会党多数有可能进入帝国议会的情况下。就是出于这些原因，德国中产阶级的某些主要代表人物大力主张仿效美国的总统制。弗里德里希·迈内克、沃尔特·西蒙、库尔特·里茨勒，最初甚至还有弗里德里希·瑙曼，都支持类似

---

45 尤见1878年5月25日俾斯麦致霍布雷希特的信，载《全集》，第6卷，c，第110页，以及1884年5月5日他在帝国国会的演讲，载科尔:《俾斯麦演讲集》，第10卷，第130页。

于美国模式的总统制结构。⁴⁶ 不过，许多人也对美国总统制结构中的分赃制忧心忡忡，认为那是它的实质机能，但他们往往夸大了它的影响。美国的制度实在太容易被人视同贪污腐败，而在德国，普鲁士－德国公务员的廉洁与崇高道德风尚有口皆碑，不会轻易泯灭。另外，因为意识形态取向的政党五花八门，德国的政党制度几乎不可能为在德国照搬美国总统制结构提供基础。

结果，自由派很容易就理解了直选帝国总统的概念，现在他所处的地位就等于立宪制度中的君主，总体上这就需要依赖一个自由主义的立法机构。这个解决办法似乎在议会制共和国条件下提供了一种真正三权分立的可能性。当时在"法律与经济"协会（Verein "Recht und Wirtschaft"）起草宪法草案时发挥了主要作用的埃里希·考夫曼，很典型地概括了资产阶级自由派的这个倾向："如果我们希望为一个健康的议会制奠定基础，那就必须注意，我们的帝国总统可以扮演类似于英国国王的角色。"⁴⁷

德国资产阶级在1918年晚些时候到1919年初那种局面下的宪政思考，很大程度上可以归因于罗伯特·雷德斯洛布的议会政制理论，尽管它在革命之前就已面世。雷德斯洛布的著作当然还是与宪制国家理论的观念密不可分，视共和国为多样性议会统治的一个反常类型。⁴⁸由于雷德斯洛布的命题对《魏玛宪法》制定者们的影响非同小可，这

---

46 参阅古斯塔夫·施密特：《德国的历史主义以及向议会民主制的过渡：迈内克、特勒尔奇、韦伯政治思想研究》（Gustav Schmidt, *Deutscher Historismus und der Übergang zur parlamentarischen Demokratie, Untersuchungen zu den politischen Gedanken von Meinecke, Troeltsch, Weber*, Lübeck, Hamburg, 1964），第117页及以下，另见其他各处。

47 《未来帝国宪法的基本问题》（*Grundfragen der künftigen Reichsverfassung*, Berlin, 1919），第21页。

48 见雷德斯洛布：《议会政制的真伪形式》（Robert Redslob, *Die parlamentarische Regierung in ihrer wahren und in ihrer unechten Form*, Tübingen, 1918）。

里必须稍做细致考察。雷德斯洛布把他的议会政制理论奠基于呆板的权力平衡这样一个自由主义原则,同时他又强调了一个公理,即只有行政权与立法权之间存在完全平衡的情况下,才会出现真正的议会制度。如果所有权力都集中在议会手中,行政权要从它那里派生,这就不是议会制,而是议会专制。立法权与行政权的平衡,其发展的前提就是各自都有自身的来源。国家元首的地位不应以任何形式寄托在议会的投票上,他的权力要么是基于君主制的正当性,要么——如果在共和国——就是基于直接民选。

雷德斯洛布力陈,议会不应将它的意志强加给政府,它仅仅应当拥有"批评权"。[49]另一方面,政府也不应对抗议会的明确意志,因此,由国家元首提名的部长们应当依靠议会的信任票。以这种方式运行的权力平衡,才能体现出名副其实的议会制的实质。国家元首的主要功能就是维护这个制度。他有权解散议会,同时也有权根据议会多数的意志选择解散内阁,这个手段就是为了防止议会超越自身法律地位并监督行政权。这种解散权关系到内阁的责任,实际上还意味着诉诸人民这个唯一的主权载体。[50]只有这样一种"二元制"才能"使人民得享主权,从而使人民成为势均力敌的诸权力的仲裁者,在分权的情况下使它们彼此保持中立,使人民有机会支持代表他们真实意志的一方。反过来说,如果只存在一个单独的或支配性的权力,人民就没有机会向竞争性权力求助,从而无法表达自己的意志"[51]。在这种制度下,国家元首的角色就是充当权力平衡"机制中的创造性力量"[52]。

---

49 《议会政制的真伪形式》,第 2 页。
50 同上书,第 6 页。
51 同上书,第 180 页。
52 同上书,第 4 页。

雷德斯洛布相信，在立宪君主制中可以完美实现行政权和立法权的平等地位。从原则上说，君主因其世袭权利而摆脱了议会权力的监督，而共和国总统的地位总是不那么稳定，因为说到底，它可能随时都会因为宪制改革而受到干扰。[53]雷德斯洛布根据这个观点认为，英国，特别是比利时的宪政关系才是最佳楷模。他全盘否定了法国的宪制，因为选择了法国总统的不是人民，而是两个议院，立法机构明显处于至高无上的地位："总统无法与两院相比。他不可能向它们挑衅。他要仰赖它们鼻息。"[54]他没有控制那个决定性的行政武器——解散议会——的使用权，因为要做到这一步，他需要内阁联署尤其是参议院的批准。即使做到了这一步，总统也无力保证这两大权力部门的平衡，因为他自身的权力来自议会，天然就处于劣势。因此，法国的议会制度是掺假的制度，甚至更糟，只是"一种让人怀旧的议会制度，……它根本就没有生命。它的灵魂已经死了"[55]。

尽管雷德斯洛布由于承认人民主权而迈出了关键一步，超越了传统的立宪主义国家理论，但一定程度上他典型地以这个理论画地为牢了。显然，他在原则上肯定君主制，是因为它具有确保权力平衡的长处，而共和国则倾向于确立一种单方面的统治。这里最为重要的是把国家元首与整个行政权完全一体化，犹如君主与他的大臣们的那种关系。不过难以理解的是，为什么解散议会的权力不能由实际的行政首脑——作为决策负责人的首相——有效行使，而是原则上必须保留给独立于人民代表的君主，或者保留给直选总统。国家元首——某些迫在眉睫的情况下还有行政首脑——必须保留独立决策的可能性，这种

---

53 《议会政制的真伪形式》，第116页及以下。
54 同上书，第119页。
55 同上书，第179页。

观念乃是源于宪政制度的实践。诚然，雷德斯洛布辩称解散议会的权力"并不是一件攻击性武器"[56]，话虽如此，但它不是立宪君主与顽抗的议会进行斗争的主要武器吗？雷德斯洛布倾向于拒绝对君主特权施加任何意义深远的限制，这非常符合鲁道夫·冯·格奈斯特（Rudolf von Gneist）的传统。在雷德斯洛布看来，确定真正的议会制度是否存在所需要的决定性评价标准不是人民代表机构拥有什么程度的权力，而是行政和立法机构的权力平衡程度，因此，在他的理论中，立宪制和议会制的界线是变动不居的。[57]的确，雷德斯洛布"真正的议会制政府"理论并没有提供一个圆满结论，它事实上超出了自由主义的权力平衡观，越过了自由主义的"法制国家"（Gesetzgebungsstaates）边界，因为它赋予了人民代表机构向政府委托权力的权利，远不再是一个单纯的立法机构。

雷德斯洛布的权力平衡理论，不管有没有——或许正因为——包裹在立宪主义的外壳中，都对《魏玛宪法》的作者们产生了巨大影响，也是德国没有仿效法国模式并由帝国国会选举总统或由帝国国会和帝国参议院共同选举总统的主要原因。[58]这倒符合一个普遍愿望，即避免议会万能的趋势，用一个"当选议会制君主"平衡议会。胡戈·普罗伊斯，《魏玛宪法》之父，他创建"两个势均力敌的最高国家机关"，就是特别受到了雷德斯洛布的影响，在它们之间的议会制政府则能充

---

56 《议会政制的真伪形式》，第131页。普罗伊斯后来根据这个提示在《魏玛宪法》中嵌入了这一规定：在同样的问题上，帝国国会只能解散一次。

57 例如，雷德斯洛布把瑞士称为"议会制的简单变体"，尽管那里并不存在一个向帝国国会负责的内阁。

58 另见卡尔·施密特：《宪法学说》，第304页，以及卡尔·弗里德里希：《现代宪政国家》（Carl J. Friedrich, *Der Verfassungsstaat der Neuzeit*, Berlin, 1953），第433页。

当一个动态"环节"。[59]早在1918年12月9—12日内政部举行的讨论中,普罗伊斯就用雷德斯洛布式的语言抨击法国模式是一种"掺假的议会制……不符合议会选举总统的逻辑"[60]。总的来说,雷德斯洛布阐明的这种权力平衡观念正合普罗伊斯之意,尽管他并没有全盘照搬。他希望由一个直选帝国总统拥有议会君主制的君主那样的权力以抵消"议会专制"[61],以防止"议会借民主之名行镇压之实"[62]。然而,普罗伊斯坚决反对授予帝国总统不经责任内阁联署即可行使的更大权力。[63]

59 胡戈·普罗伊斯代表帝国内政部编写的未来帝国宪法草案附有一个说明性备忘录,柏林,1919,第24页。该备忘录完全反映了普罗伊斯本人的原则。他也看到了自由主义宪政国家的精髓就在于权力平衡。早在1891年时他就反对社会民主党人的中央集权倾向:"只有分散权力,自由释放出所有力量,从而确立多中心的权力格局,真正的政治自由才是可能的。政治生活存在于权力的表现形式之中,而政治自由只能存在于诸权力要素之间进行正当斗争的可能性之中,因此它意味着这些要素的多样性。"见《国家、法律与自由》,第168页。

60 提交给德国制宪国民大会的1918年12月9—12日帝国内政部关于宪法草案基本特征的讨论记录,存于波茨坦前帝国档案馆,现 DZA Ⅰ,帝国内政部Ⅲ,第40号,第1卷(可惜是个大为缩略的版本)。

61 《国家、法律与自由》,第426页。

62 《关于未来帝国宪法草案的备忘录》,第24页。

63 普罗伊斯一再求助于雷德斯洛布的理论,当然,并没有提到他的名字。特别是,雷德斯洛布的命题对于法律与经济协会的草案也具有根本意义。在向国民大会说明宪法草案的依据而发表的演讲中,普罗伊斯一开始就说道,他认为必须"对经由纯粹民主投票直接选举产生的议会加以平衡,这需要一种根据同一民主原则选举产生的强大的总统权力。我还相信,议会制……需要并理应确立这样的权力平衡(!)。从这个宪法观点来看,法国的议会制只能叫作掺假的议会制,因为它实际上是一种议会专制"。见《制宪国民大会会议纪要》(*Protokolle der Verhandlungen der verfassungsgebenden Deutschen Nationalversammlung*,以下引用时标注为《会议纪要》)第326卷,第291页;另见《国家、法律与自由》,第417页;参阅上书,第426页,以及《关于……草案的备忘录》第24页,"我们的任务不可能是借民主之名行镇压之实,而是发展和巩固议会制民主。然而,像法国那样由议会选举总统,却不可能推进这个任务。正相反,我们所能给予法国那种制度的恰当命名就是:一种掺假的议会制。纯粹的议会制要以存在着两个实质上势均力敌的最高国家机关为前提。……在议会民主中,所有的政治权力都来自人民的意志,只有当总统是人民直接选举产生时,他才能处在与人民直接选举产生的议会机构平起平坐的地位上"。这里对"议会专制"和"议会民主"的比较,就是典型地借用自雷德斯洛布。

雷德斯洛布对《魏玛宪法》的作者们,尤其是对普罗伊斯的影响,另见厄恩斯特·弗伦克尔《民主宪政国家中的代议和公决》,载《历史和现实中的法律与国家》(Emst Fraenkel, "Die (转下页)

有鉴于此，我们在一定程度上就必须否定一个广为流传的看法，即胡戈·普罗伊斯主要是受马克斯·韦伯的影响而主张直接民选帝国总统。[64] 最后一任帝国首相，马克斯·冯·巴登亲王那个广为流传的说法也是完全没有道理的："我们应当感谢马克斯·韦伯在革命后做出的最伟大的政治业绩：他与西蒙斯（Simons）合力战胜了法国制度的拥戴者，帝国总统由人民而不是由帝国国会选举产生。"[65] 在这一点上，韦伯的帝国总统卡里斯玛领袖地位的概念，倒是恰好可与源自传统的立宪主义国家理论、以革命前的立宪国家模式为取向的权力平衡概念相提并论，韦伯的概念仅在这个方面是有影响的。卡尔·施密特后来指出，

（接上页）repräsentative und die plebiszitäre Komponente im demokratischen Verfassungsstaat," *Recht und Staat in Geschichte und Gegenwart*, Tübingen, 1958），第 219/220 条，尤见第 48 页及以下。然而，弗伦克尔并没有充分厘清雷德斯洛布与普罗伊斯之间的观点分歧。在主张全民公决制宪以对抗代议倾向这个问题上，普罗伊斯看来是一位比人们通常有理由认为的更强有力的代表人物和开路先锋。对于普罗伊斯来说，权力平衡观念在他的两个最高国家机关——议会与总统——的宪政结构中至关紧要，而雷德斯洛布则认为行政权必须在民意和议会的意志之间保持和谐。普罗伊斯也绝不会像雷德斯洛布一样走那么远。在我们看来，一个人不可能说以《魏玛宪法》为基础的"第一个共和国的政制中公决成分过度肥大"（弗伦克尔：同上书，第 55 页）。与雷德斯洛布的激进方案相比，国民大会在帝国总统制问题上半途而废，规定总统在履行职务，尤其是解散帝国国会问题上要有帝国首相的同意，这遂了胡戈·普罗伊斯的心愿。如果说公决因素在后来的《魏玛宪法》框架中占了支配地位，那也是对《魏玛宪法》做了更多解释所致，而不是根据宪法的实际文本。除了这些限制和改造之外，我自己的看法也合乎弗伦克尔批评的把公决与代议成分混合在一起是受了"威权概念"的影响（同上书，第 53 页），并且同意他对雷德斯洛布宪法理论的评价。另见最近舒尔茨《民主与独裁之间》（Schulz, *Zwischen Demokratie and Diktatur*）的论述，第 126 页，难以理解的是，那里仅仅附带提到了雷德斯洛布的作用。

64 见维利巴尔德·阿佩尔特《〈魏玛宪法〉史》（Willibald Apelt, *Geschichte der Weimarer Verfassung*, München, 1946），第 57 页：韦伯成功地"说服了最初倾向于由人民代表机构选举总统的普罗伊斯支持公决投票选举总统"。温克尔曼在《马克斯·韦伯理解社会学中的社会与国家》（Winckelmarw, *Gesellschaft und Staat in der verstehenden Soziologie Max Webers*, Berlin, 1957）中也接受了这个说法，见第 43 页。另见马克斯·韦伯《社会学、世界史分析与政治》（Max Weber, *Soziologie, Weltgeschichtliche Analysen, Politik*），第 488 页："实现了……帝国总统直选。"我们说，谈不上实现了！另见鲍姆加滕，同上书，第 XXV 页，以及霍伊斯在《政治著作选》第 2 版序言中的解释，第 XXV 页。

65 马克斯·冯·巴登亲王：《回忆与文献》，第 128 页。

资产阶级宪政国家的一个普遍特性,就是它的混合基础[66],《魏玛宪法》很明确就是这样的类型。实际上,对魏玛自由主义宪法的作者们产生了吸引力的,就是建立一个"民主主义法治国"[67]的观念,把一个权力平衡制度纳入代议-共和的结构之中。他们希望由此以一种"宪政民主制"取代实质上发展了自由主义法制国家的立宪君主制。[68]

马克斯·韦伯直选帝国总统的概念,包含着自由主义权力平衡观的实质成分,帝国总统同时还应是一个恺撒式领袖。雷德斯洛布对照法国宪政模式阐发来的机械论权力平衡理论,相比马克斯·韦伯对于现代大众民主中政治领袖之本质的观点,完全就是一种时代错置。卡里斯玛政治家利用恺撒式手段进行统治,因而要在议会和欢呼的大众当中招募追随者,只要他获得成功,他们就不得不无条件跟从;事实上,议会并不是作为行政权的机械平衡力量运转的,它的主要目的是让他始终记住他的责任,如果他失职,就把他淘汰出局。马克斯·韦伯在希望看到帝国总统——即便在与内阁首脑的关系中——的独立地位时,并没有考虑如何确立法治国的保障。相反,为了选择真正的政治领袖,总统职位应当是一个阀门,如果必须,就应当允许它的占有人追求个人决策,哪怕和现在议会多数党的意志背道而驰。

因此,马克斯·韦伯已经远远超越了胡戈·普罗伊斯,他认为,帝国总统的"领袖素质"仅仅体现在选择一个合适的帝国首相上。[69]总

---

66 《宪法学说》,第 200 页。

67 胡戈·普罗伊斯:《国家、法律与自由》中的概念。

68 卡尔·施密特前引书第 200 页;另见莱布霍尔茨:《自由主义民主在德国的消解与威权国家形象》(Leibholz, *Die Auflösung der liberalen Demokratie in Deutschland und das autoritäre Staatsbild*, München, 1933),第 28 页及以下;马克斯·韦伯:《经济与社会》,第 173 页,以及上文第 366 页注释 34 中的引文,但没有提出法治国的理由。

69 《未来帝国宪法草案的备忘录》,第 25 页。

统应当与首相完全协调一致采取施政行动。实际上，普罗伊斯强调的权力平衡显然是有利于议会的[70]，这个倾向最终还是占了上风。他只是在很少几个方面接受了韦伯使帝国总统比议会更强大这一强烈要求。后面我们将会比较详细地谈到这个问题。总之，对此我们至少应当指出，韦伯不可能说服普罗伊斯接受他的这些建议，尽管它们无疑给普罗伊斯留下了极为深刻的印象。

虽然普罗伊斯和韦伯对于总统如何保持独立的领袖地位问题各执己见，但在拒斥美国模式的纯粹直选总统制问题上，他们却是同声相应。胡戈·普罗伊斯接受了韦伯的这一论点：如果议会对政府与行政缺乏任何直接影响，它将沦入极为低劣的思想洼地，那时它将毫无能力承担"选择政治领袖"之责。[71] 和韦伯一样，胡戈·普罗伊斯反美国的分赃制并强烈要求保存职业公务员制度。[72] 早在1917年时，普罗伊斯就要求帝国国会拥有质询权，以使它能够有效监督官僚机器。[73] 韦伯的

---

[70] 因此，瓦尔特·西蒙斯后来才指责普罗伊斯将"法国－大陆的议会制形式吸收进了宪政结构"，对比例代表制造成了破坏性后果，见瓦尔特·西蒙斯《胡戈·普罗伊斯》一文（Walter Simons, "Hugo Preuß", *Meister des Rechts*, Bd.6, Berlin, 1930, S.118）。

[71] 《国民大会会议纪要》（*Verhandlungen der Nationalversammlung*），第326卷，或见《国家、法律与自由》，第419页，尤见《未来帝国宪法草案的备忘录》，第23页，那里直接引用了马克斯·韦伯对帝国宪制的评论：人们已经熟知了那种二元性的纯粹权力分立制度，因为"就帝国与个别邦——也就是普鲁士——长期的基本经验而言，我们已不可能指望它改变方式恢复活力了。既然独立于议会的行政权在这里无法定期变更，行政官员对行政权的绝对依赖，就使他们成了单边政治倾向的永久战利品。另一方面，从二元角度来看，议会则局限于抽象立法，局限于批评和否定，面对事实上决定着实际事务的行政机关却无权无势。议会外在的政治无权随后便导致了内在的政治无能，形成了支离破碎的纯教条主义派系格局，以及我们旧日环境中大量众所周知、令人痛心疾首的罪恶。甚至在革命之前，我们就已经在努力通过议会化来挽救危局，这当然是一条正道。但在旧势力统治下，不可能有足够果断的行动，也不可能有足够明确的目标。革命终于扫清了道路；如果旧势力闯入这个领域并试图仅仅在顶层稍做变动以恢复旧日的二元制，它们就能摧毁这个重大成就"。

[72] 韦伯关于保存职业公务员制的论述，见《政治著作选》，第478页及以下；另见普罗伊斯《国家、法律与自由》，第427页。

[73] 参阅《国家、法律与自由》，第320页，第27a节。

方案则包括一个伴之以帝国责任内阁的直选总统,以及一个被授予重大责任特别是监督行政之责的议会,凡此种种,在很大程度上都与普罗伊斯本人的观念不谋而合。但是,韦伯强调的是帝国总统的领袖地位,他的文章几乎没有谈到过内阁或它对民选议会的责任,这并非偶然。无论如何,对于胡戈·普罗伊斯来说,尽管需要直选总统制,但议会制度是核心。韦伯在1917年时提出的论点集中于德国的宪政问题,达到顶点时便出现了这样一问:"我们如何才能使议会拥有实权?"[74]这可能大大鼓舞了普罗伊斯,但他不可能被说服同意马克斯·韦伯的"领袖民主制"模式,因为它在逻辑上有可能导致削弱人民代表机构的权力,有利于强化基于人民直接信任的帝国总统的权力。

第三节　1918年12月9—12日帝国内政部的宪法审议与胡戈·普罗伊斯的宪法草案

尽管普罗伊斯和韦伯之间存在重大分歧,但韦伯的宪政论文还是打动了普罗伊斯,他邀请韦伯参与审议即将提交给国民大会的宪法草案纲要。审议于1918年12月9—12日在帝国内政部举行,由于同样受邀的海德堡大学宪法学教授格哈德·安许茨(Gerhard Anschütz)并未出席,韦伯便成了13名参与者当中唯一没有官方身份的人。这是他的巅峰时刻,现在他终于能够直接影响,而不是只能通过在媒体上发言来影响帝国新宪法的设计了。普鲁士宪法委员会是《魏玛宪法》的产房,尽管它没有官方性质,但也被要求严格保密,而且不允许投票表决;它的决议确定了《魏玛宪法》的基本框架,后来的所有有关讨

---

74 《政治著作选》,第363页,请比较上文第186页。

论都是以此为核心进行的。[75]

委员会成员在情感上占压性倒多数的是中央集权论者，里面没有各邦的代表，几乎都是帝国高级官员。内政部的两名社会党代表马克斯·夸尔克（Max Quarck）与约瑟夫·赫茨菲尔德（Josef Herzfeld）更是主张一种极端中央集权的解决办法。韦伯从一开始就发现自己处在光谱的另一端，支持他的只有外交部代表里茨勒（Riezler）、帝国内政部副部长莱瓦尔德（Lewald），某种程度上还有来自汉堡的参议员彼得森（Petersen）。里茨勒指出，预计南德诸邦会极端反对一部中央集权的宪法。

普罗伊斯提出了是要中央集权国家还是联邦制国家这个关键问题，并宣布保留过去那种形式的普鲁士已不再可能，这时韦伯立即发起了猛烈攻击。他的论点与普罗伊斯针锋相对：新宪法的结构应当"尽可能少从法律角度，尽可能多从实际角度考虑"，这就触及了法律和宪法理论上坚定的中央集权论者略嫌教条主义要求的解决方案的根本问题。据报道，韦伯认为"客观事实将要求具有深远意义的联邦制，无论中央集权制可能多么优越。问题在于，我们是否应当就宪法第49条或第67条的概念表明立场。如果按人口比例分配权力，那么帝国的4000万普鲁士居民将会变得过于强大"。他不相信普鲁士能被肢解。[76]因此，与普罗伊斯不同，韦伯的出发点是，在既定的形势下，单是从外交政策角度考虑，也只有联邦制才是可行的。原则上他希望保留现存的联邦参议院制度，相对增加非普鲁士各邦的票数以抵消普鲁士的优势，因为他并不期望普鲁士被肢解（也不认为那是可取的）。如果现在他支

75　参阅舒尔茨前引书第129页及以下。
76　此处及以下所有引语，除非另有说明，否则均出自1918年12月9—12日帝国内政部的讨论"记录"。

持建立法兰克福宪法明确说明的那样一种联邦议会结构的话,这反而更接近普罗伊斯历来坚持的否定联邦参议院的态度。法兰克福宪法规定了一半代表由各邦议会委派,一半代表由各邦政府委派,并给予非普鲁士各邦高于人口比例的席位。[77] 我们知道,在韦伯看来,联邦议会和一个类似于联邦参议院的机构之间,并没有特别重要的区别,因为,联邦议会代表即使在没有得到指令的情况下,通常也会按照各自政府的意愿投票——两者都是出自同一个多数党。

韦伯的提案遭到了相当普遍的反对。马克斯·夸克尔和——尤其是——约瑟夫·赫茨菲尔德,另外还有作为奥地利谈判代表参加的卢多·莫里茨·哈特曼,全都强烈主张中央集权宪法。夸克尔仅仅愿意同意由联邦各邦委派代表,在提交某个有可能对他们产生影响的议案之前,有时应当听取他们的意见,或者充其量设立一个作为顾问角色的帝国参议会(Reichsrat)。哈特曼也持同样的观点。枢密官、帝国内政部首席行政顾问 A. 舒尔茨则建议帝国参议会仅具咨询功能,这要有一个投票规则,需要把太大的邦强制划分为一些小邦。普罗伊斯采纳了这个想法,如此,南德各邦就可以保持现状不变,而普鲁士则只由它的各省派出代表。

马克斯·韦伯强烈反对这种教条主义的中央集权方案。他认为这种安排的理论思考无视了一个基本事实:帝国的权力已经土崩瓦解,各邦重新获得了它们的权力,旧有的、高度训练有素的官僚机器正在有效行使那种权力。制定新宪法的过程如果无视各邦现有的权力,可能会铸成大错。韦伯极为反感用一个国务委员会(Staatsrat)来搪塞它们的主意。国务委员会必将无权无势。"这样一个机构只能是官僚化的技术性机构,

---

77 参阅法兰克福宪法第四部分第二条第 87 款,附录。

根本不会容许各邦参与行使中央政府的权力。"韦伯本人曾在 1917 年主张过这样一个国务委员会，以便让南德各邦代表比在联邦参议院获得更显著的地位，而普鲁士实际上还是处于霸主地位，但他主要是把这一设想作为一种权宜之计，而且不至于削弱联邦参议院议会化的必要性。他还认为，委派各邦代表进入内阁也是可取的，但绝不是取代一个联邦代表机构的适当办法。[78] 不过最终，韦伯还是对委员会的中央集权倾向做出了重大让步，他不再坚持保留联邦参议院或者类似于法兰克福宪法中的那种混合制度，而是同意建立一个名副其实的联邦议会。"这是必须提供给各邦的最起码的东西，也是比联邦参议院弊端更少的东西。如果我们走得太远，南德各邦——特别是巴伐利亚——就会彻底转向独立。"毕竟，联邦制解决方案不可避免地需要顾及现存权力的分配格局。他不认为联邦制国家与议会制是"不可调和的"。

胡戈·普罗伊斯无法拒绝这个携带着巨大力量和信念的论点。联邦各邦有一个代表机构乃是势在必然。最后，普罗伊斯又回到了联邦各邦议会委派代表组成联邦议会的设想，他在 1917 年的宪法草案中曾以相当模棱两可的方式表达过这一设想。[79] 他不打算再往前多走一步。他的主张与韦伯相反，认为复活根据指令进行团体投票的联邦参议院实际上大谬不然。普罗伊斯在 12 月 9—12 日讨论基础上准备的帝国宪法第一稿中，设计了一个最好由各邦政府委派而不是由人民直接选举产生的代表组成的联邦议会。[80] 韦伯适当增加非普鲁士各邦代表的要求

---

78 这个建议倒是符合普罗伊斯草案的第 15 条："有必要时，应在帝国所有部门设立各自由邦代表构成的帝国参议会，向帝国国会提交法案之前以及一般政令必须成为帝国法律之前，向他们征询意见。"

79 《国家、法律与自由》，第 305 页。

80 1919 年 1 月 3 日的普罗伊斯初稿（第 1 稿），见海因里希·特里佩尔：《德意志帝国国家法汇编》(Heinrich Triepel, *Quellensammlung zum Deutschen Reichsstaatsrecht*, 4. Aufl., Tübingen, 1926)，第 7 页，第 26 条，在 1919 年 1 月 20 日发布（第 2 稿）时为第 32 条。

也被考虑在内，尽管只是被间接考虑。此稿第 33 条还包括了一个规定，即代表德国自由邦的代表人数不得超过 1/3。[81] 此时，普罗伊斯仍然希望把普鲁士划分为 10 个小邦。[82]

韦伯在 12 月 9—12 日的宪法审议中指出，既定条件下看来只有一条路可走："我们必须尽可能把中央集权要素整合到联邦主义宪法中去。"就此而论，韦伯大力支持了普罗伊斯的努力，即强化帝国对各邦行政现实影响。这种影响在俾斯麦时代非常有限，因而成了不断产生摩擦的根源。最后，韦伯希望在行政程序问题上把"接受帝国宪法的规范性约束"这一基本原则包括进来，并认为帝国行政法院（Reichsverwaltungsgericht）应当承担监督其正确实施之责。但这样一来，韦伯就犯下了一个用法律手段解决政治问题的错误。监督各邦行政活动无疑将使帝国行政法院不堪重负，而这些活动不可避免地都会具有政治性质。不过，对于韦伯来说，任何与官僚野心进行斗争的手段都是可取的。此外，正如我们已经看到的那样，只要有可能，他一直乐于使用司法手段解决政治问题。胡戈·普罗伊斯采取了一个比较妥当的办法，就是在宪法中规定，帝国有权指令并监督各邦的行政。[83] 然而，韦伯并不正确地认为，这个办法无法保护各邦的抵抗能力。[84] 尽管在这个问题上存在严重冲突，但普罗伊斯实际上还是成功地确立了帝国对于一切行政事务的指令和监督权。[85]

韦伯也支持普罗伊斯允许帝国有权建立新邦的努力，尽管他并不希望普鲁士邦被肢解。因为他原则上赞同联邦宪制，故认为值得彻底

---

81 第 1 稿，第 27 条，第 2 节，第 2 稿为第 33 条，第 2 节。
82 见第 1 稿，第 29 条。不过帝国政府还是直接删除了草案设计的分割普鲁士这一点。
83 第 1 和第 2 稿，第 8 条。
84 1918 年 12 月 25 日致普罗伊斯的信。
85 《魏玛宪法》第 15 条，参阅下文第 395 页。

修改德国版图,借此消除那些侏儒邦,把某些版图剥离开普鲁士这个巨人邦。普罗伊斯草案著名的重组条款很大程度上是依照韦伯的建议表述的,但激起了各邦的强烈抵制,令人进退维谷,普罗伊斯对各邦政府的反应大为吃惊,面对抗议几乎束手无策。[86] 但韦伯坚持认为,在帝国的间接参与下,按照人口自我组织的民主原则建立新的自由邦是可以实现的。这些地区的人口达到可观的比例[87],就应有权要求对建立新邦或并入旧邦问题举行公民复决投票。这时帝国应当接手这个问题,

---

86 见 H. 佩茨克:《马克斯·韦伯及其对帝国宪法的影响》,法学博士论文,打印稿(H. Petzke, "Max Weber und sein Einfluß auf die Reichsverfassung" jur. Diss., Leipzig, 1925, Maschinenschrift)中的记述:"依照普罗伊斯博士的个人陈述,马克斯·韦伯亲自拟定了草案第 1 稿第 11 条,普罗伊斯博士在他的草案中原文采用。"(第 125 页)这一点完全不可能,甚至在文体上都大相径庭。韦伯并不希望像第 11 条规定的那样由相关地方团体发起,而是由人民主动发起公民投票。韦伯向内政部提交了他自己的草案,

"关于:接受新建各邦('分割普鲁士'):

"现有自由邦之一的任何行政区划之内,如据最新人口普查拥有至少 300 万居民,10 万选举权人通过书面声明建议,即可举行旨在组成一个单独的自由邦的公民投票。如果发生这种情况,在咨询有关自由邦的中央当局以及该行政区的最高长官并征询职业社团的意见之后,帝国应能在此条件下达成临时统一。彼时拟制独立于这些谈判结果的帝国法律,以决定脱离的方式与条件,在公布预备性谈判结果与咨询综述的同时举行公民投票。如果公民投票支持脱离并根据要求确定了有组织的代表,帝国总statutes即应承认新邦为帝国成员。"(帝国内政部档案,Ⅲ,宪法与行政,第 40 号,第 1 卷,16807,存于前帝国档案馆、现 DZA Ⅰ,波茨坦);参阅 1918 年 12 月 25 日韦伯致普罗伊斯的信:"枢密官舒尔茨先生有两个奇思妙想,……2. 单独建立新邦('分割普鲁士'——简直难以置信)。"(同上)

第 1 稿第 11 条与上述建议大为不同。普罗伊斯不仅将所需的人口减少至 200 万——这是他的草案表明的总体倾向(见第 1 稿第 29 条这个著名的重组条款),而且明确谈到了若干成员邦的统一问题。尤其是,他没有采纳人民的立法提案权,因为他并不多么看重这一点,尽管它很有利于现存各邦,而且,他还避而不谈总统的参与。事后来看,或许普罗伊斯在试图把这个将会招致各邦激烈反对的第 11 条原创权归到马克斯·韦伯名下,以免自己单独为骂名承担责任?

佩茨克的研究试图套用安许茨评论帝国宪法时的中央集权术语解释马克斯·韦伯,这导致其歪曲和误解并忽略了马克斯·韦伯宪政思考的精髓。佩茨克努力要塑造一个希望"正式和完全消除各邦自治"(第 2 页)的中央集权论者马克斯·韦伯形象。由于这与韦伯的实际立场直接矛盾,佩茨克只好独出心裁地构想了"帝国国家观基本原理的表现形式"在韦伯著作中有革命前与革命后的区别。因此,佩茨克陷入重重矛盾也就不足为奇了,它们有时似乎使他本人都心有不安。

87 据《政治著作选》,第 462 页脚注:这需要 1/5 的人口,按照上述第 11 条的说法,300 万居民中需有 10 万选举权人。

适当立法以决定永久脱离的条件，并安排公决投票。马克斯·韦伯就第11条的问题向帝国内政部提交了一份草案，表明了这些基本原则。[88]于是，第11条就有了一个非常不同的形式。取代了人民投票立法权的，是该条款要求由地方政府就有关地区问题进行投票。另外，普罗伊斯还把建立新邦所需的最低人口规模从韦伯考虑的300万降至200万。[89]当然，所有这一切都成了一纸空文，重组条款成了《魏玛宪法》迄今最受争议的条款，初稿中只有帝国的间接干预原则保留了下来。[90]

关于帝国有权影响联邦各邦宪政秩序的问题，马克斯·韦伯认为，如果必要的话，就应是民主意义上的干预，这比帝国参与各邦任何可能的版图重组远更重要。因此，他要求帝国宪法做出规范性规定，各邦有义务确立一种共和政体，保证按照民主原则建构邦和地方政府。帝国宪法应当规定，行政首脑在任何情况下都必须获得普遍、平等、无记名、直接投票选出的代表机构的信任。这既适用于邦政府，也适用于地方政府。此建议获得了普遍支持，并被吸收进普罗伊斯宪法草案的第12条，措辞方式完全符合韦伯提交给稍后在柏林举行的帝国内政部讨论会的提案草案。[91]韦伯还建议，一旦这些规范性规定有可能遭

---

88 见第384页注释86。
89 见第1稿第11条，第2稿亦为第11条。
90 参阅《魏玛宪法》第18条。
91 "草案——关于：各自由邦与社区的宪法保障。

"1. 帝国保障各邦的共和宪制，其负责任的行政首脑必须获得普遍、平等、无记名、直接投票基础上选出的人民代表机构的信任。

"2. 帝国进一步保障任何少数选民——人民代表机构的至少1/5成员——有权要求设立能够成比例代表少数的调查委员会，有权在对行政的合法性或诚实性产生怀疑时质询证人和专家。调查备忘录应予完整公布。

"3. 帝国保障社区的宪制，但社区的首脑或者——假如业已存在——团契式行政机构，应根据普遍、平等、直接、无记名投票结果直选产生，或者由根据上述投票结果产生的代表机构选举产生。

"4. 帝国还保障社区的行政独立，仅保留对立法的控制权，并确保财政管理的真实性与稳定性。帝国保障城镇市民的任何至少1/2的少数选民或社区代表机构的至少1/3成员有权要求成立与该（转下页）

到破坏，比如有 1/10 选民或者邦代表机构 1/5 成员要求，就可以向帝国提起上诉，然而，审议者们否决了这个建议。韦伯力求赋予最高法院裁决这种问题的权力，同时希望帝国总统在必要时能采取必要的调整措施。普罗伊斯无可非议地否决了让最高法院背上这个重负的提议。他也不是人民立法提案权之友，他很明白这会牵扯到直选帝国总统的问题，这与韦伯形成了鲜明对照，值得注意的是，韦伯希望由人民直接选举总统。

是普鲁士选举权问题的苦涩经验最终产生了对这种规范性规定的需求。应当采取一切手段防止类似情形的再现。因此，未来帝国必须拥有宪法权利以对妨害国体问题进行干预。有的邦还存在君主制复辟的危险，这必然会危及帝国的统一。然而，这些规定还能很快获得相反方向上的重要性，即有助于抵制共产党在个别邦实行少数独裁的企图。对于马克斯·韦伯来说，另外一个因素也同样重要：他希望通过这样的宪法规定，确保各邦与社区设立调查委员会的权利。考虑到质询权在韦伯心目中举足轻重的分量，这要求并不令人惊讶。在他看来，这不仅关系到内阁责任，而且还有更重要的影响。在前述马克斯·韦伯论及帝国保障各邦与社区宪制的草案中，少数的质询权对于迫使行政首脑向代表机构负责具有同样的重大意义。韦伯甚至希望帝国能保障社区代表机构有权根据 1/10 选民的动议任命一个调查委员会。[92]

（接上页）邦享有同一权利的调查委员会。

"5. 投票权人的 1/10 或者当选代表机构成员的 1/5，有权在声明他们受到保障的权利被侵犯之后向帝国提起上诉。对上诉的裁决将由最高法院做出。必要时同一少数派可向帝国总统上诉，要求执行裁决。如果相应的少数派对执行有关措施的合法性提出质疑，由最高法院予以裁定。"

见上文第 384 页注释 86。——如果说马克斯·韦伯这里是在选择一种宪法保障的形式，那么他考虑的可能是不至于因为宪法规定的义务而损害各邦的自信。然而，对于韦伯来说，至关重要的大概是，各行政区平民由此可以在必要时迫使帝国进行干预。

92　请参阅本书第 386 页注释 91。

除了这个的确走得太远的最终建议之外,普罗伊斯的草案几乎逐字采纳了韦伯的提案。[93] 但是,在临时联邦委员会(vorläufigen Staaenausschusses)的第一次会议上就出现了尖锐抵抗,代表们反对授予帝国政府如此广泛的权限。巴伐利亚代表康拉德·冯·普雷格(Conrad von Preger)反对把质询权作为各邦的事务。由于巴伐利亚和普鲁士联合抵制,关于质询权和社区宪制安排的规范性规定受到了挫折。[94] 随后,国民大会便恢复了由帝国保障各邦与社区代表大会民主宪制程序的规定,质询权则引人注目地落空了。[95]

然而,马克斯·韦伯所要求的德国国会质询权,毕竟得到了宪法确认,尽管不能错误地认为这纯粹是韦伯的首创。普罗伊斯早在1917年初就提出了质询权问题。但韦伯促成了一个宪法保障,即少数派也有权进入调查委员会。普罗伊斯初稿的第52条可以直接追溯到韦伯的提案,即"如果对帝国政府或其行政措施的合法性或诚实性存有疑问",只要德国国会1/5的成员提出要求,就必须任命一个委员会"调查事实真相"。[96]

韦伯希望按照英国模式规定"调查行动全部公开进行",以使质询权更加锋利。[97] 另外,议会的豁免权不应被解释为议会成员可以拒绝在调查委员会面前作证。这对于"少数派的调查……至关重要,而且可

---

93 第1稿第12条。

94 帝国内政部召集的各邦代表会议记录,此处据普鲁士内政部文件,前普鲁士国家机密档案馆,现 DZA II 帝国新宪法案卷;请比较1919年2月17日帝国宪法草案第3稿第16条,见特里佩尔前引书第17页及以下。

95 参阅《制宪委员会报告》,第437页及以下。

96 第1稿,第52条;请比较韦伯的草案第12条对质询权的表述,见上文第386页注释91,那里的措辞尤其差不多如出一辙:"行政的合法性或诚实性产生怀疑时。"另见韦伯1908年对宪法保障质询权的建议,见本书第163页及以下。

97 参阅韦伯草案第12条第2款。

以确定是否有可能抨击议会的腐败。如果人民议会成员甚至在他们卷入其中的选举阴谋问题上也享有无条件拒绝作证权利，那就是议会腐败"。这个表述澄清了韦伯相信借助调查委员会可以实现的两个具体目标：1. 监督行政，由于韦伯极力反对官僚入侵决策事务，故认为借助此调查委员会监督行政极端重要；2. 抗衡那些毫无使命感的职业政客形成的议会小圈子以及它们操纵的投票——就是说，在议会框架内监督政党官僚与国家官僚是可能的。

尽管做了某些重要变动和增补，但质询权实质上是以马克斯·韦伯期望的形式入宪的，特别是，联邦委员会剔除了韦伯以及随后胡戈·普罗伊斯多少有些无意地表述的"调查事实真相"[98]和"如果对帝国政府或其行政措施的合法性或诚实性存有疑问"[99]这样的句子[100]，从而消除了第 52 条对行政监督权的限制。这就更清楚地体现了马克斯·韦伯为质询权规定的有限目标。此外，宪法委员会也接受了秘密委员会听证的可能性，条件是 2/3 多数提出要求，这与韦伯保护少数的意图几乎不可调和。[101] 不过总的来说，韦伯所希望的立即创造一种监督行政并保护少数的手段，还是得到了广泛支持。[102] 当然，人们对质询权寄予了过高的期望，大概也要归因于韦伯对它的过高评价。应当指出，议会调查委员会并没有经受住现实的考验，它对实际行政只能发挥很

98　此句出自普罗伊斯，请比较《国家、法律与自由》，第 32 页；在这个问题上，普罗伊斯坚定站在了宪法委员会一边，《报告》，第 265 页。

99　此句非常接近韦伯的表述。

100　参阅第 3 稿第 55 条；另见 H. H. 拉莫斯：《议会调查委员会》，载《德国宪法手册》（H. H. Lammers, "Parlamentarische Untersuchungsausschüsse", *Handbuch des deutschen Staatsrechts*），第 2 卷，第 457 页及以下。

101　《制宪委员会报告》，第 264 页及以下，第 455 页。参阅最终版本：《魏玛宪法》第 34 条。

102　另见普罗伊斯在宪法委员会（《报告》，第 265 页）的说明，他明确表示支持将质询权与保护少数结合起来，认为这对议会制度的运转极为重要。

有限的影响。[103]

当然，马克斯·韦伯的核心愿望仍是直选帝国总统的产生，作为行政首脑和选民的直接代表，与政党机器和毫无使命感的职业政客构成的政府与议会那种次要的派生权力相反，总统是帝国政策的实际载体。他在帝国内政部的制宪讨论中就曾以同样激昂的雄辩和深思熟虑的论证表达了这个观点，并以此成功争取到了他自己的追随者。他的论证分量之重，甚至对左翼议员也不乏影响，因为他知道如何巧妙地迎合他们的立场。韦伯抨击了独立派社会民主党人提议的那种集体领导，因为任何团契式决策都可能导致有害的分歧，从而无人承担一切责任。"一个总统是必需的，这样，一个普选产生的头面人物就可以处在行政首脑的地位。总统必须成为官僚和军官们的最高上司。"韦伯试图说服社会民主党人接受直选帝国总统制，向他们指出"如果没有帝国首脑偶尔的个人干预，德国的社会化是不可能的"。

瓦尔特·西蒙斯的建议比韦伯走得更远。他赞同一种美国式的总统制。"把某个部置于帝国政府的顶端是不可能的。我们在马克斯·冯·巴登亲王执政期间做过这种尝试，但彻底失败了（！），德国政党的分化太大，不适于这种政府模式。"当然，胡戈·普罗伊斯还是坚决否定了美国的制度。他不赞成美国那种行政与立法的刻板分离，而是比较认同法国的制度。美国的制度也是一种矛盾的制度，"德国必须选择一条中间路线"。他主张一种与充分发展的议会制度并行的直选帝国总统制，并按照英国模式构建责任内阁，这很符合雷德斯洛布的权力平衡理论。多数派社会党人夸尔克甚至连这种程度的权力也不同意赋予总统，他建议仿效瑞士那样的总统模式，总统从议会和内阁中

---

103 参阅阿佩尔特前引书第98页。

有机产生。

马克斯·韦伯的迫切要求不止于此。他不满意赋予帝国总统一种纯粹的代表角色,而普罗伊斯的提案就是这个意思,尽管总统是由普选产生。韦伯不希望一个总统依赖于议会和议会党团,而希望他是一个从政党机器之外登台掌权的独立的领袖。他相信,如果遵循夸尔克的路线,结果大概就是很有可能支配未来德国政治的四大政党讨价还价之后,"一个具有丰富议会经验的折中的候选人当选"。"(因此,)这位总统究竟是在**统治**[104]还是寄人篱下,也就大可怀疑了。"对于韦伯来说,重要的是帝国总统要充当实际的行政首脑,而不仅是一个形式上的国家元首,尽管他一般要通过一个向德国国会负责的内阁进行统治。他以急转直下的反议会态度表明了自己的立场:"他也并不希望只有国会议员才有机会领导德国。即使权力的分立并不完全可行(韦伯这是与美国式总统制拉开了距离),他也仍然认为在宪法中保留它的某些部分是有益的。议会今天已经遭到了严厉批判。把全部权力托付给议会是相当成问题的。他希望能有一种抗衡议会的力量,比如由人民选举产生的总统。"韦伯的设想很清楚:在帝国内阁和一位直选"独裁者"[105]之间实现行政权的真正分立,前者始终对德国国会负责,后者则享有大众的信任。因此,韦伯要求有一种与公民投票相当的办法解除帝国首相的职务,那就是议会的不信任投票。帝国总统必须有被人民(大约选民的1/10)主动发起公民复决投票、无须说明任何理由将其罢免的可能性,以此确保他承担自己的责任。在韦伯看来,这是帝国总统直选权威的实质所在。非如此,就不会有必需的平衡力量迫使他"证

---

104 着重体为笔者所加。
105 无论如何,这个说法只是后来在1919年2月的《论帝国总统》一文中才被韦伯使用的,见《政治著作选》,第499页。这里我们理解的是:大众"独裁"需要"独裁者"。

明"他的领袖资格。不妨重复一下我们已经说过的意思:只要他是成功的,大众就理应追随这位恺撒式领袖。如果他失败了:"就让他滚蛋。"

韦伯的方案赋予帝国总统如此强大的地位,特别是,在一定程度上等于直接对抗议会的权力,这激起了——尤其是来自左翼的——强烈抗议。赫茨菲尔德使用了一个贯穿于整个宪制争论中的论点反对韦伯,认为"这样的总统制太像君主制"。当然,这并不是个理由充分的异议,因为韦伯想要的根本不是一个由议会选出来的君主,而是一个无可比拟的现代现象,"帝国最高级官员"的直选领袖地位。[106] 普罗伊斯接过了左翼对总统强大地位的抨击,即"如果帝国总统的地位类似于一个受到议会约束的君主[107],那就不必担心他有太大的权力",从而有效打断了韦伯已经走得很远的含蓄要求。尽管帝国总统由直选产生,但其仅限于一种代表功能,只有帝国首相才是负责任的决策领袖。关于帝国总统的责任问题,委员会的多数都接受了普罗伊斯的路线,他们决定,"他的地位应当类似于议会统治的国家中的君主"。

韦伯显然做出了妥协,同意了这个构想。[108] 诚然,他是把希望寄托在这一事实上的:基于人民信任的总统权威,其影响即使没有明确的制度认可也能自行其是。不过事实上,这对于他最初的构想是一个致命打击。即使像爱德华七世那样的议会制君主,也未必就能"抗衡"得了职业国会议员的统治。一个按照这种模式设计的帝国总统,同样不可能成为有效的抗衡力量。

---

106 无论如何,这个说法只是后来在1919年2月的《论帝国总统》一文中才被韦伯使用的,见《政治著作选》,第499页。这里我们理解的是:大众"独裁"需要"独裁者"。

107 着重体为笔者所加。

108 备忘录中的相关内容为:"他同意他认为的必要多数的意见,即总统应当处于议会制国家君主的地位。"这就可以断定,与左翼反对派相反,直选帝国总统制的支持者全都同意了普罗伊斯建议的这种妥协。

因此，韦伯充满激情地投入又一场斗争，力求确保帝国总统在某种程度上参与立法过程。[109] "我们……不应当走得太远以致拒绝总统发挥任何立法影响。这是一条虚假的民主之路。名副其实的民主，不可能否定总统作为当选民意代表越过议会诉诸人民的权利，而行使这种权利的最佳手段，就是公民复决投票。他行使这种权利的能力，必须摆脱内阁副署的要求。"[110] 立足于充分的决策自由但只对人民负责的帝国总统，应能通过公民复决投票将德国国会否决的法案交付人民裁决。

韦伯首先看重的是借助过公民复决投票解散德国国会，因为他相信，在相持不下的问题上直接诉诸人民，通过公民复决投票表明对帝国总统的信任程度，是判断民意的更直接手段，同时这也是一个有益的战术动作，因为总统的公民复决投票倡议，对于一个强有力的帝国总统的支持者们和左翼的代表们来说，都是富有吸引力的。公民复决投票在表面上的激进民主性质能够争取到左翼，从而使帝国总统获得额外的力量。还有一个原因就是，富有战术敏感的韦伯也注意到了一个事实：以公民复决投票行使人民立法提案权，虽然不得不承认其至关重要，但实际上并不多么可行，因为它"必须依赖大规模公民的意思表达才能做到"，因此很可能成本过于高昂。

帝国总统有权发起公民复决投票之议，获得了全体一致的支持，但韦伯希望总统摆脱帝国首相副署的要求落空了。普罗伊斯坚持自己

---

109 备忘录内容如下："长期以来，普鲁士一直——尽管不是法定的，但实际上——能够阻挠任何它所不喜欢的立法。这种情况应当结束了。但不必走得太远……"等。这就可以断定，韦伯在某种程度上把帝国总统看作以往联邦参议院主席团的继承人。显然，他希望赋予总统类似于一直由帝国首相作为联邦参议院主席票化身，尽管现在是以弱化了的形式所能享有的那种领袖地位。这极为显著地证明了马克斯·韦伯的框架设计之连贯性，虽然新的宪政制度已经有了完全不同的形式。

110 着重体为笔者所加。

的路线。鉴于这种态势,韦伯显然决定不再要求帝国总统无须副署也有权解散国会,尽管对此他肯定不情愿。由于左翼根本拒绝总统的这个权利,此议也就没有可能被接受了。在韦伯看来,总统有权发起公民复决投票,就足以替代解散议会的权利了。[111]

看上去胡戈·普罗伊斯的路线在讨论中占了上风,而韦伯在关键时刻受到了挫折。但他在给妻子的信中对委员会的讨论结果表示满意:"好了,帝国宪法大体上完成了,非常接近我的提案。"[112]胡戈·普罗伊斯确实吸收了马克斯·韦伯的若干实质性建议,随即就在帝国内政部准备了草案,然后在1919年1月初提交给了帝国内阁,慎重撰写的第11和12条就是利用了韦伯的草案。第12条的第1—4款与韦伯的提议特别接近。另外,与质询权有关的内容都采纳了韦伯的提议。第1条的措辞也是源自韦伯:"德意志帝国由现有各成员邦以及其人口愿意在自决权基础上被接纳入帝国并被帝国法律所承认的地区构成。"[113]另一方面,普罗伊斯的愿望与韦伯背道而驰,他想赋予草案一种强硬的中央集权形式。更重要的是,他以所有民政和军政命令均需负责任的帝国部长副署的办法约束帝国总统,从而使总统的地位仅仅具有一种代表性质。不过普罗伊斯也接受了韦伯的某些核心观念。最初他也同意了帝国总统的中止否决权,但帝国内阁从草案中剔除了这一规

---

111 参阅《政治著作选》,第469页:"考虑到我们的政党格局,削弱他(帝国总统)的解散议会权——可与之等量齐观的大概就是发起公民复决投票的权利——并不是个良策。"

112 1918年12月13日的信。韦伯非常惬意地谈到这场讨论说:"一整天都跟这些非常聪明的人一起紧张讨论,真是愉快。"见《马克斯·韦伯传》,第651页,参阅那里引用的1918年12月10日的信:"所以昨天的会议……"

113 《制宪委员会报告》,第46页:"韦伯教授建议规定:'帝国版图由前德国联邦各邦地区、连同宣布在自决权基础上加入的那些地区构成'。"普罗伊斯草案稍做调整采纳了这个表述,只是加了一个句子"被帝国法律所承认"。《魏玛宪法》的定稿第2条甚至更接近韦伯的表述。

定。[114] 普罗伊斯开始时显然还希望赋予帝国总统发起公民复决投票的权利，这完全合乎委员会中韦伯提案支持者的要求，但这个建议还是在最后一刻落空了。[115] 作为替代办法，普罗伊斯接受了韦伯的建议，即在人民议会和联邦议会就一项法案出现僵局时，总统可以发起公民复决投票由人民予以裁决。[116] 另外，按照韦伯的建议，他构想了德国国会的足够多数即可要求举行罢免总统的公民投票，不过，鉴于帝国总统的权威受到了严格限制，这项权利实际上是悬在空中的，从而使这种行动的机会和重要性几乎荡然无存，但因为左翼不信任任何可能特立独行的直选总统，这一条在宪法的最终文本中保留了下来。[117]

稍后，马克斯·韦伯致信普罗伊斯，赞扬了谈判的组织方式："虽然按照您自己所说，面对极为多样化的建议，您本人毫无'创始人的乐趣'，但我可以毫无'恭维'之嫌地说，其精确度与客观性令人赞叹。结果总的来说——就像绝大多数'委员会'那样——是议会与民意之间、联邦参议院性质与人民议会性质的构思之间妥协的产物。我确信，您对此并不十分满意。在与那些卓越的南德意志人对话之后，我还确信，联邦参议院无论如何都会以某种方式再现，您本人将转而支持它。联邦各邦政府绝不会容忍自己在行政领域分享的决策权遭到挤压，因此它们必须被中和，而只有一个'联邦参议院'才能做到这一步，尽管这是个有巨大瑕疵的办法。然而，假如帝国中央拥有对各邦行政机

---

114 第1稿第55条，第2节："他有权将德国国会同意的法案发还德国国会再次讨论，并在这一规定时间（一个月）内做出决定。如在进一步讨论后德国国会维持决定，总统必须宣布其为帝国法律。"参阅《宪法草案的备忘录》，第26页。

115 1919年1月3日《宪法草案的备忘录》就预设了这样一条，同上书，第26页。

116 第1稿，第55条，第3节，即第2稿的第60条第2节，参阅上文第364页。

117 第1稿，第67条，第2节，内容与《魏玛宪法》第43条第2节相同。普罗伊斯甚至赞同帝国总统一届任期10年，按照韦伯的提议，只要有可能，就应如此。见第1稿第67条第1节，即《魏玛宪法》第43条第1节。

构发布命令的权威,特别是有一个直选总统和一个负责任的帝国首相,那么,联邦参议院就完全不是个棘手问题。我们不能制定一部形式上更'中央集权'的宪法,因为那将刺激协约国的强烈猜疑,我们将有可能支付 200 到 300 亿赔款并抵押、丧失领土。这就是核心麻烦!"[118]

如果说,在韦伯看来,普罗伊斯的宪法初稿是议会与民意、联邦制框架与中央集权框架的妥协产物,那么显而易见的表面原因之一就是,韦伯希望通过强化帝国总统的地位使民意因素变得更为强大。现在,韦伯甚至试图说服普罗伊斯回到联邦参议院制度。他悲观地预言,各邦绝不会同意普罗伊斯的草案,结果不幸而言中。在 1919 年 1 月临时联邦委员会的讨论中,普罗伊斯遭到了暴风雨般的反对,最终迫使他否定了自己的初衷:"我从未赞成过肢解普鲁士。"[119] 不过,尽管各邦强烈抵制,普罗伊斯和帝国政府还是比韦伯预想的远更富有成效地实现了一部中央集权宪法。诚然,设立了帝国参议会作为各邦的代表机构,其组成方式看上去类似于联邦参议院,但它的权能甚至更加有限。帝国参议会并没有韦伯期待的无限制投票权,只是保留了在政府所有议案提交给德国国会之前表明立场的权利,以及不赞成德国国会的决议时予以反对的可能性。但在这种情况下,德国国会的 2/3 多数票即可把帝国参议会的异议打发掉。因此,韦伯预期的联邦参议院制度旧态复萌并未成真。如果说,韦伯到了 1919 年 2 月还相信一种由联邦参议院和帝国总统构成的二元制度仍有可能,后者在面对议会机构时既是仲裁者又是维护统一的力量,即使与德国国会和国会选出的内阁相

---

[118] 1918 年 12 月 25 日的信;此外,韦伯强烈建议将纽伦堡作为国民大会集会地。然后就可能产生一部名副其实的中央集权宪法。

[119] 1919 年 2 月 5—8 日魏玛联邦委员会讨论记录,普罗伊斯。内政部,帝国新宪法档案,现为 DZA II。

比也拥有决定性权力，那么他确实就是与制宪政策的主流不合拍了。[120]

第四节　韦伯的宪法提案在随后立法过程中的命运

马克斯·韦伯希望，帝国内政部召集的非官方性质宪法审议结束之后，他能继续参与制宪进程。1918年12月底，他询问普罗伊斯是否能让他承担一个很可能是有益的任务——"为从正面意义上具有'煽动性'地表述帝国宪法准备若干提案"。最后他要求把"目前已经完成的那部分定稿"快递给他："我多少知道怎么把'老生常谈'表述得具有'煽动性'。"[121] 大概韦伯可以给出一部相比胡戈·普罗伊斯那种平淡无奇的法律气质更不抽象、更不形式主义的宪法文本。但他的某种忧虑也体现在这个念头中：按照煽动技巧的原理尽可能通俗"时髦"地表述条文，这种形式的宪法有意义吗？显然，马克斯·韦伯认为宪法就是一种功能性手段。相比之下，普罗伊斯对于使用具有煽动效果的语言表述帝国宪法这个主意却几乎没有兴趣，在他看来，它就是长期追求民主"Rechtsstaates"（法治国）的有形标志。韦伯的建议不可能被采纳，还有其他一些外部原因。他要求直接吸收联邦各邦参与帝国内政部的内部讨论，但由于普罗伊斯对它们的不信任，在极为严格的保密状态下仅限于内政部和内阁的小圈子参与制宪筹备。[122]

韦伯当时力图在竞选演说中为他的制宪规划争取公众支持。他积极倡导一种帝国内阁与强大的中央权力并存的联邦制帝国框架，并坚

120　《论帝国总统》，载《政治著作选》，第498页；另见《以政治为业》，同上书，第544页。
121　1918年12月25日的信。
122　韦伯是否推动了璐曼众所周知的努力，在一些基本法中使用"文化的"而不是正式的法律措辞，值得存疑。无论如何，当时他与璐曼的直接联系非常有限，甚至没有联系。

决主张只能通过一个"享有尽可能广泛权力的"直选帝国总统确立这样的中央权力。[123] 总统必须有权要求举行普遍的公民复决投票,即便这与议会的意志不兼容。[124] 他反复强调,即便普鲁士的霸权被消除,普鲁士过去拥有的票数大为削减,摒弃联邦参议院也是不可能的。[125] 韦伯此时有可能在法兰克福当选,并希望由此与普罗伊斯恢复关系,进而继续参与制宪。[126] 他期待国民大会给他提供在讨论中发挥主导作用的可能性,以使他的宪政观念获得比迄今为止更大可能的关注。[127] 落选使他深为失望,因为这个打击毁掉了他的所有计划。他的制宪努力首次给他提供的发挥能动性政治影响的机会,出人意料地夭折了,而这一直是他感到游刃有余的领域。

1919年2月25日,在向国民大会提交帝国宪法草案之际,韦伯在帝国宪法的形式问题上再次陷入了矛盾。他在《柏林交易所报》发表文章,强烈要求直选帝国总统,同时他也发出了如此尖锐的抨击:"今天的局面是,所有的宪法提案都要屈服于对议会多数——而不是对人民多数——的绝对可靠性和全知全能性的粗糙盲目信仰。"他的制宪设想一直就倾向于把德国国会的影响力降到最低限度,现在则以更加清晰的方式直言不讳地表达了出来。他本人在黑森德国民主党官僚机器中的不快经验,可能对此也有刺激作用。只有一位直选帝国总统才

---

123 见1919年1月15日《菲尔特日报》,参阅同日的《北巴伐利亚报》以及1918年12月22日《福斯日报》。

124 1919年1月6日《巴登州报》。

125 据1919年1月3日《海德堡日报》;请比较1919年1月15日《菲尔特日报》的报道:"保留联邦参议院制度也许是可取的,因为仿效瑞士或美国模式的政府形式,将会把各邦政府排斥在外,这在德国根本就不现实。"

126 参阅上文第329页。

127 请比较1920年4月14日致彼得森的信,见上文第333页注释108:"议会……的现状使我感觉不到非要成为一个议员不可,今天坐在那里既不是一种荣誉,也不是一件乐事,但也许我理应在那里讨论宪法。"

能为选择不同凡响的政治领袖，而不是与人民意志对立的旧式职业官僚打开阀门，因为后者成功地编织起了自己的传统网络并排斥一切真正能干的领袖人物。比例代表制则会灾难性地加剧这种趋势。结果将是，未来各种职业社团和利益集团的代表在议会中定调子："他们是一些把民族政治看作'赫卡柏'[128]的人，他们的行动实际上是服从经济既得利益集团的绝对命令"，最终，这个人民代表机构将退化成一个"市侩的议会"，而且"不可能成为一个选择政治领袖的地方"[129]。

韦伯向那些承认直选总统必要性的国会议员发出了强烈呼吁。只有这样一位总统，才能在议会的危急时刻进行有效干预，而鉴于德国政党生活的格局，这种危机是极有可能出现的。也只有这样一位在大众信任的支持下当选的总统，才能确保民族的统一。"像那些不仅极为高贵，而且极为明智，会在恰当时刻约束自己的权力、支持议会代表团体的统治者一样，议会必定会慷慨承认民主的《大宪章》：直接选举领袖的权利。"[130] 这就是马克斯·韦伯在制宪问题上持之以恒的公开立场，其论据可与他的《以政治为业》[131]演讲相媲美。他只是在国民大会审议期间拜访弗里德里希·艾伯特时涉足过一次总统制的讨论。艾伯

---

128 赫卡柏（Hecuba），希腊神话特洛伊王普利阿莫斯（Priam）之妻，可参见《哈姆雷特》第二幕第二场：

赫卡柏与他有什么相干，

他与赫卡柏又有什么相干，

他却要为她哭泣？

——译者注

129 《政治著作选》，第 498 页；克诺尔的前引书第 166 页则提出了相反的说法，即韦伯认为比例代表制是民主的、稳定的。这是对韦伯的曲解。他讨论了韦伯的"前后矛盾"，尽管他指出了唯一谈到比例的地方，但那是说的政府构成问题，而不是选举程序。至于克诺尔所谓在韦伯看来上议院具有的矫正功能极为重要，同样经不住推敲，参阅《政治著作选》，第 165 页及以下。

130 《政治著作选》，第 501 页。

131 同上书，第 544 页，另见上文第 345 页注释 156。

特希望直接听取韦伯对直选帝国总统的看法。按照唯一报道过这次会见的库尔特·里茨勒的记述，艾伯特决定根据韦伯的意见支持仿效美国的制度，尽管韦伯对此持有保留态度。但是，当艾伯特提出分赃制的腐败是否会损害这个解决方案的问题时，据说，马克斯·韦伯用一个小时的时间描述了美国的腐败根源。于是，争取艾伯特支持直选总统制这个会谈目标就此落空。里茨勒指责说，是由于帝国总统的直接质问，韦伯才不得不放弃了这个战术计划，对此韦伯回应说，自己不过是诚实作答，并无政治心机。[132] 总之，这次会谈无疑没有产生更多结果。

虽然马克斯·韦伯本人对于后来的宪法审议未能发挥进一步的影响，但德国民主党的主要代表人物——布鲁诺·阿布拉斯（Bruno Ablaß）、埃里希·科赫-韦泽（Erich Koch-Weser）和弗里德里希·瑙曼——都接过韦伯观念的重要成分并将之有力引进了国民大会的讨论中，尤其重要的是，在国民大会的激烈辩论中，关于直选帝国总统制的"所有要点……均与第一稿无异"，而在帝国与各邦关系的问题上就大不相同，联邦委员会就此进行的谈判最终接受了普罗伊斯初稿中的重大改动。[133]

德国民主党的代表们按照马克斯·韦伯的路线，要求设立一个强大的总统职位。埃里希·科赫-韦泽就此问题宣示了本党的目标：总

---

[132] 见勒内·柯尼希：《马克斯·韦伯》，载《伟大的德国人》（Rene König, "Max Weber, " Die großen Deutschen），第4卷，第408页及以下。柯尼希教授友好地告诉笔者，这个记述是基于后来里茨勒对一个学生圈子所做的报告，他当时也在场。就我们做能确定的范围来说，没有发现提到这次与艾伯特会谈的信件。是否有过所描述的这种形式，至今也难以确定，因为韦伯完全不可能深思熟虑地赞同纯粹的美国总统制。里茨勒时任帝国总统办公厅临时负责人，卡尔·迪特里希·埃德曼（编）：《库尔特·里茨勒：日记、文章与文件》（Karl Dietrich Erdmann, Hrsg., Tagebücher, Aufsätze, Dokumente, Göttingen 1972），第172页并没有记述这次会见。

[133] 据普罗伊斯的证词，见《制宪委员会报告》，第235页。

统不能仅仅是一个"代表形象",而必须是帝国的首脑,理应在危急关头赋予他必要的最高权力,并干预舆论斗争。[134] 鉴于纯代表制遭到的广泛不信任,这样一个由全国选举产生、拥有广泛权力的帝国代表就是不可或缺的。[135] 这就是德国民主党一再明确表达的目标。针对议会权力,总统应当发挥平衡作用,以便在议会制度内部确立一种权力平衡。[136] 阿布拉斯代表该党在制宪委员会宣布:"我是一种绝对不受制约的议会多数之敌。"[137]

民主党的这些努力得到了右翼各政党的大力支持,因为它们从一种比较强有力的权威性帝国宪法的意义上认为,这样建构的总统权力是可取的。事实上,帝国总统的这些特性对于它们来说还远远不够,它们希望的是让总统成为一个纯粹的立宪君主。

另一方面,多数派社会民主党人要求尽可能削弱总统的权力,独立派社会民主党人则干脆全盘拒绝了总统制。总统普选在多数派社会民主党人看来显然是个民主路径,而且他们希望第一任总统能够从他们的人当中产生,因此表示了特别支持。但他们强烈反对普罗伊斯和民主党代表应由帝国总统抗衡议会权力这一观点。[138] 除去总统普选之

---

134 《国民大会会议纪要》,第326卷,第393页。

135 同上书,第327卷,1346—1356页。

136 在制宪委员会一读(《报告》,第232页)时,阿布拉斯发言说:"关于我们的宪法,我的观点是,我们应当坚定地在议会制框架中为帝国总统提供强大权力。"法国那样的议会万能是失败的。"议会不可能拥有全权时,亦即服从一种也必须是由民主权力行使的反控制,真正的议会制才能存在,而这里的民主权力,就是帝国总统。"他(在第23页)明确提到了雷德斯洛布。国民大会二读时他又强化了这一点(《纪要》,第327卷,1309页)。议会制必须受到"以平行方式组织起来的另一机构强大权力"的钳制。帝国总统就是以这种方式发挥功能的。"民主制也迫切需要并要求人们——强有力的人们——采取民主行动以实现自由权。"议员科赫在国民大会上也强调了这一点。见《国民大会会议纪要》。

137 《制宪委员会报告》,第460页。

138 尤见议员费舍尔在制宪委员会一读时的演说(《报告》,第274页及以下)。

外，他们也赞成通过公民复决投票这一显而易见的民主制度扩张一种真正的议会制。他们对一个强大总统的不信任一直持续到最后一刻。唯其如此，才能解释他们为什么在三读时突然要求由德国国会和帝国参议院联合选举，而不是由全体人民选举总统，"这样，波拿巴主义平民政治的可能性"就不至于再现。[139] 这个提议随后便不了了之。

部分是因为担心君主制复辟，部分是因为激进左翼根本就不想要帝国总统这种宪政安排，在他们的煽动性压力下，社会民主党人反对一个强大的帝国总统的态度一直比较混乱，韦伯早就对此进行了批评。1919 年 1 月初，在一封致社会民主党人卢多·莫里茨·哈特曼并被转交给奥地利外交事务国务秘书奥托·鲍尔的信中，韦伯指责德国社会民主党人，既然认识到任何社会化政策都需要一个"直选、统一"的国家元首，却又不敢得出这个结论。因此，他们犯下了"最陈腐的旧式资产阶级市侩民主的错误"，而且"仅仅是出于怨恨才反对一个'当选君主'"。他相信，有必要预言，他们在帝国总统问题上的笨拙表现，将会因为他们的"教条主义而登峰造极，……从而贻误帝国与经济社会化的未来"[140]。但最后证明，社会民主党人乐于做出的妥协还是大大超出了韦伯的预期。不过，他们终于阻止了合乎韦伯心愿的关于帝国总统强大地位的条款。

解散议会的权利、要求公民复决投票，以及帝国行政权（连同紧急命令法）等帝国总统特权，都是激烈的议会斗争主题。得到右翼各政党支持的德国民族党，根据普罗伊斯提案的路线，要求帝国总统应能提议解散德国国会、任免帝国首相、无须任何责任内阁成员副署即可要求举行公民复决投票。这里，他们触及了要害问题，因为，尽管

---

139 《国民大会会议纪要》，第 328 卷，第 2076 页。
140 1919 年 1 月 3 日的信，请参阅上文第 322 页注释 67。

帝国总统是由普选产生，但如果不摆脱副署制约，就仍然是一个纯粹的代表形象，而帝国首相随后就会承担全部施政责任，包括帝国总统的责任。[141] 这就是马克斯·韦伯的看法。此外，瑙曼作为马克斯·韦伯的辩论代言人也指出，与联合内阁的快速变动形成对照的是，我们"需要一个有大视野的人物"。尤其在危机形势下，如果不存在议会多数，帝国总统必须能够独立组织一个政府。[142] 在讨论中，瑙曼也是韦伯对比例投票权那种严厉批评的唯一支持者：比例代表制"仅适用于有限的情况——不适于在非常状态下确定政治领袖"，但是，瑙曼没有获得支持。[143]

左翼则极端反对总统特权超越议会制边界的任何扩张，因此反对总统在特殊情况下无须帝国首相副署也能采取行动。普罗伊斯的态度与他们完全一致。他对"帝国总统"就解散德国国会而论"在一定程度上是通过他的文职内阁执政吗"这一问题根本就置之不理。普罗伊斯强调说，如果一个帝国总统希望违背首相的意志解散德国国会，或者将一项法案提交给人民投票，他就必须找到一个准备接管他的责任的内阁，结果将是，他需要通过解散德国国会为这个少数内阁建立一个多数。[144] 因此，帝国总统成为一个独立的领袖角色这一可能性也就受到了极大限制。

然而，社会民主党人在个别环节上阻止了帝国总统特权的扩张。

---

141 《制宪委员会报告》，第 233 卷，第 290 页；许多非官方的未来帝国宪法草案中也提出了这个要求，例如法律与经济协会的草案；见考夫曼：《未来帝国宪法的根本问题》(Kaufmann, *Grundfragen der künftigen Reichsverfassung*, Berlin, 1919)，第 21 页及以下。这里明显涉及了雷德斯洛布的概念；韦伯的要求只是产生了次要作用。另见德尔布吕克在国民大会上的委员会报告，《会议纪要》，第 327 卷，第 1302 页。

142 《制宪委员会报告》，第 278 页。

143 同上书，第 243 页，与他早先的看法形成了鲜明对照。

144 同上书，第 236 页。

他们反对引进公民投票，右翼则抓住机会利用这一点强化了总统地位。在德国民主党的鼓动下，国民大会罕见地一致同意赋予帝国总统不仅在帝国国会和帝国参议会之间形成了僵局的那些法律上，而且在任何全国性法律问题上诉诸公民复决投票的权利。[145] 这是先前韦伯在帝国内政部的讨论会上所提建议的反映，普罗伊斯最初吸收进了他的草案，但后来遭受挫折。[146] 当然，在这种情况下，副署要求被保留下来，韦伯要从事实上而不仅是形式上强化帝国总统权力的愿望也就落空了。

事实证明，公民复决投票并不具有马克斯·韦伯以及《魏玛宪法》缔造者们所期望的任何政治影响力。它还证明很难并且不适于用来矫正和弥补议会立法之不足。艾伯特与兴登堡都没有行使这个权利将任何法案诉诸公民复决投票。

帝国有权根据紧急命令条款采取行动，这个宪法中的唯一条款，也引起了激烈争论，它实际上就是允许帝国总统有权独立于议会进行决策，当然，后来它成了非法扩大总统影响力的依据。普罗伊斯为这个主张做出了有力辩护，认为帝国总统在使用紧急状态权力时不应受到过多限制，在这个问题上他得到了民主党和整个右翼的大力支持。相反，社会民主党人则强烈要求得到更大保障，并成功悖逆普罗伊斯的意志将一项帝国法律的规定留待未来通过。[147] 然而，就我们的目的来说，第48条的发展史并无太重要的意义，因为马克斯·韦伯对它并

---

145 《魏玛宪法》第73条第1节。

146 普罗伊斯在制宪委员会回应民主党关于引进帝国总统发起公民复决投票的提案时说："我最初是从阿布拉斯博士的提案中了解到一个要点的，总的来说，就是赋予帝国总统诉诸公民复决投票的权利。"《制宪委员会报告》，第309页；参阅上文第392页及以下。

147 参阅《制宪委员会报告》，第288页及以下。《国民大会会议记录》，第327卷，第1332页及以下；第328卷，第2111页及以下。

无兴趣。[148] 此外，后来在第48条基础上的统治现实，也绝不符合《魏玛宪法》作者们的意图，他们只是认为可以用它替代旧帝国宪法关于戒严法的第68条。

总的来说，国民大会赋予了帝国总统由胡戈·普罗伊斯在第一稿中设计的所有权力和权威。总统有责任在海外代表帝国，担任军队最高统帅，任命文官和军官。他无须德国国会多数的正式建议即可任免帝国首相。他有权决定司法行政和紧急措施，有权不顾帝国国会和帝国参议会决议发起公民复决投票，这提高了他作为行政首脑的宪法地位。但是，这真的能为帝国总统创造一种独立的权力地位吗？如果在一个宪政制度中，帝国首相承担了除他本身职务的任命之外帝国总统的一切施政责任，那么，按照《魏玛宪法》的精神，就是帝国首相而非帝国总统才是正式的合宪政治领袖。[149] 帝国总统唯一真正独立的权力就是选择一个胜任的首相，但又必须获得帝国国会的信任。领袖地位与政治责任是相互依存的，而这样一位帝国总统只是承担非常有限的政治责任，根据帝国国会足够多数的动议，一次公民复决投票即可罢免他，就像业已证明的那样，这是一个几乎毫无意义的规定。当时韦伯曾一以贯之地强调，总统的罢免应当由人民投票决定，这关系到帝国总统不受议会直接控制的独立领袖地位。[150]

事实上，正如社会民主党人里夏德·费舍尔（Richard Fischer）在委员会讨论中所说，直选帝国总统制度，就其代表一种议会权力的独立平衡力量而言，不过是个"政治上的空中楼阁"。尽管如此，普罗伊

---

148 这与鲍姆加滕的看法不同，他在马克斯·韦伯《社会学、世界史分析与政治》一书的导论中（第xxv页）也把第48条归因于韦伯的影响。

149 另见卡尔·施密特:《宪法学说》，第346页。

150 参阅上文第391页。

斯和民主党人——更不用说右翼了——在辩论中仍然忠于这个观念。[151] 被排挤的独立派社会民主党人则希望把发起公民投票的权力转移到帝国内阁，他们基本上是正确的。议员奥斯卡·科恩（Oskar Cohn）向国民大会的多数派社会民主党人指出："恰恰是从你们的观点来看，既然帝国内阁被视同议会的责任信托委员会，那就必须委托它承担发起人民投票的任务，在此情况下，这个信托委员会将会自信比给予它信任的议会更为明智，更有远见。因此，一个帝国总统就毫无必要。"[152] 事后来看，我们无法不同意这个说法。

这样，韦伯赋予帝国总统名副其实的领袖地位的理想，至少在文本形式的宪法意义上说，就此落空了。帝国总统作为一个独立政治力量的概念倒是保留了下来，但那只是一个用作托词的门面。在随后的那个时期，这种含糊其词却也有助于扩大帝国总统的权威，因为帝国总统被看作一个共和主义者，或者像韦伯期待的那样，一个"选举产生的"君主，因为，只要宪法尚未明确排除这一点，以往由皇帝行使的那些特权，一定程度上都将归到他的名下。[153] 例如，绝大多数《魏玛宪法》的研究者都认为，帝国总统拥有组织权力。[154] 尽管根据宪法文本来说，这充其量在非常有限的程度上是有道理的，但舆论普遍认为，帝国总统的宪政功能无法与帝国国会相提并论。即便是胡戈·普罗伊斯，从他去世后公布的对《魏玛宪法》的评论片段来看，也拒绝承认帝国国会是合宪组织起来的人民的唯一代表，并强调说"最初并没有讨论帝国国会的'权限设计'"和损害帝国总统，即便在人民自组

151　《制宪委员会报告》，第 274 页。
152　《国民大会会议纪要》，第 327 卷，第 1357 页。
153　参阅上文第 401 页，另见卡尔·施密特：《宪法学说》，第 290 页及以下。
154　参阅阿佩尔特前引书第 205 页及以下。

织的各个最高附属机构中间处于核心地位的是帝国国会。[155]

《魏玛宪法》兼顾总统制和议会制的折中性质，绝不意味着它具有了缔造者们预期的那种特殊弹性，相反，它导致了危险的责任混乱。总统的这种地位削弱了他的领袖地位，从而削弱了帝国首相在公众和议会心目中的权威。这就使一个想法浮出了水面：必要时可能只有依靠总统的权威了。以帝国总统及其权力的形式——特别是第48条——作为一个安全阀，这种设想将使"议会的责任自觉"意识进入休眠状态，并将制造"一种和议会制度完全背道而驰的局面，即在议会对民族承担的责任之外还有一种最后的责任手段"[156]。这样一来，帝国总统作为一种推定的独立权力的理论，一定程度上就可以归因于魏玛共和国议会制的衰落。

当然，也不妨（像马克斯·韦伯那样）反过来看。魏玛共和国统治权威的慢性萎缩，以及令人惊异地缺少政治干才，是否证明了各政党激烈混战，最终将不再能从事建设性政治而作为议会与政党之外一个"选择领袖的阀门"的直选帝国总统制大有必要？就此而论，还有更多话可说。第一任总统候选人兴登堡的情况就特别有助于做出这样的解释。这是依靠一个得到民意普遍支持的无党派人物压制党争的一次尝试。然而，归根结底，选择一位第一次世界大战期间的民族英雄作为总统，也表明了议会民主制力量的破产。此外，兴登堡毕竟不是个无党派人物。尽管他真诚主张宪政，但他始终由衷地同情保守派的复辟政策，这在希特勒夺取政权之前的危急时期大概发挥了非同小可

155　胡戈·普罗伊斯：《帝国与各邦：德意志帝国宪法评论片段》(*Reich und Länder: Bruchstücke eines Kommentars zur Verfassung des Deutschen Reiches*, hrsg. H. Anschütz, Berlin, 1928)，第238页。

156　里夏德·格劳：《帝国总统的独裁权力》，载《德国宪法手册》，第2卷，第292页。

的作用。很难说他的当选真的是一次选择领袖的行动。不管其个人品质如何，兴登堡无疑不是个政治家。威廉·马克斯[157]在多大程度上是个政治家，也一直莫衷一是。事实证明，直接民选比议会选举更难保证产生一位真正具有政治家素养的人物担任国家元首。

至关重要的是，政治家必须坐到首相职位上而不是总统的交椅上。在当时的宪制局面下，魏玛共和国后来岁月中的保守派右翼各政党无不支持兴登堡，但丝毫不愿忍受他的历任首相和议会制度，结果是削弱了议会制的形象和首相的权威。30年代总统内阁制产生的帝国总统和议会之间的裂缝，是《魏玛宪法》框架中与生俱来的隐患，即便在对它进行解释的时候也是如此。只是因为帝国国会的失灵，总统内阁制为纳粹党人半合法地夺取政权扫清道路才成为可能，这是毫无疑问的。但是，如果不存在一个想象中只对人民负责的总统制，这样一种可疑的途径就能摆脱议会危机的局面吗？各民主党派不是一直在谋求团结一致、为挽救共和国拼力奋战，而不是袖手旁观，希望通过容忍帝国总统的威权主义统治避免纳粹独裁这杯毒酒吗？也许，我们不得不说，希特勒无论如何都会上台执政的，德国的议会制和德国各民主党派却可能有个多少体面一些的结局。

必须进一步证明的是，希特勒如此轻易得手，是因为他的任职是受惠于总统的决定，而总统自己的任职则是受惠于议会投票而不是国民大众的情感吗？一个通过议会爬上德意志共和国最高层的老练的议会政治家，不可能那么容易地完全屈从于一个弗朗兹·冯·巴本的可疑操纵，也不可能那么容易地抱有暧昧希望，以为希特勒起码可以大体上被约束在宪法框架之内。

157　威廉·马克斯（Wilhelm Marx, 1863—1946），律师，天主教中央党的核心成员，曾两次担任魏玛共和国总理。——译者注

魏玛共和国的命运清楚地说明了直选总统的宪法规定所涉及的难题。因此，1948年的国会委员会采取了不同的路径以解决国家元首的地位问题。

第五节　韦伯视帝国总统为政治领袖的理论之影响

马克斯·韦伯视帝国总统为直接受人民委托、被召唤来在议会权力之侧与之外行使独立决策权的政治领袖，这个理论的重要性绝非仅限于塑造魏玛共和国的合宪总统制。在这个方面，他的建议只是部分如愿以偿，但赋予帝国总统一定程度的独立庇护权的愿望却没有被认真考虑。《魏玛宪法》中的帝国总统制，实质上是自由主义权力平衡理论的产物，这与韦伯"帝国最高级官员"的恺撒式直选领袖地位的理论相去甚远。然而，韦伯的理论产生了极大影响。魏玛时期以牺牲帝国国会的权利与责任为代价确立总统权力的努力，很大程度上就是依赖于韦伯直选－卡里斯玛支配的理论。在19世纪20年代，这个理论对于总统内阁制的理论合法化更是发挥了有力的影响和推动作用。[158]

马克斯·韦伯并没有明确强调帝国总统的具体宪法责任，因为他相信，平民大众的拥戴将赋予一个处在总统职位上的强大政治家足够的政治分量，这将超越宪法对其职务的形式限制，使人们在宪法之外也能感受到他的影响。即使在形式上的代议制－公民投票制的宪法框架内，也没有什么能阻挡一个公民投票产生的"选战独裁者"的

---

[158] 我们不可能在此具体追溯这些努力，但可以给出一个无疑并不完整的概述，仅仅是为了便于读者注意马克斯·韦伯帝国总统制理论的含义，从而有可能对它做出某种历史—政治评价。

统治。[159] 马克斯·韦伯忠实的学生卡尔·施密特[160]利用了以直选帝国总统作为政治领袖的概念,通过彻底压制韦伯囊括进来的全部宪政要素,把这个概念发挥到了可能的极致,以迫使总统永葆其卡里斯玛领袖禀赋。[161] 他的理论把帝国总统的直选权威视为代表了人民的总体政

---

159 《政治著作选》,第 535 页。

160 卡尔·施密特在许多方面都深受韦伯影响,例如,他的著名命题——谁能决定实行紧急状态,谁就是主权者,在韦伯的著作中就已经隐约可见了。参阅《经济与社会》,第 166 页:"立宪制的权力分立是一种特别不稳定的结构。如果要问立宪制条件下——例如在预算问题上——没有达成必需的妥协将会发生什么样的情况,那就要看是什么样的因素在规定着实际的权力结构。如今,一个没有预算而又试图进行统治的英国国王,其王位大概就会危在旦夕,而在革命前的德国,一个普鲁士国王却不会受到这种威胁,因为在德意志帝国(原文如此!)王朝的权力是支配性的。"另见卡尔·施密特对本书第一版的评论,当然,里面并没有提及韦伯对他的影响,见《历史-政治评论》,第 8 发行年度 (1960),第 6 期。

161 用这段引文证明马克斯·韦伯与卡尔·施密特宪政理论的传承性,特别招致激烈反对。卡尔·勒文施泰因完全是情绪化地抗议把马克斯·韦伯说成卡尔·施密特这位"前希特勒时代的靡菲斯特"的."思想前驱"(《直选领袖制国家的"先驱"马克斯·韦伯》,载《科隆社会学与社会心理学杂志》,1961 年第 13 期,第 287 页及以下)。另见阿道夫·阿恩特(Adolf Arndt)针对雷蒙·阿隆在海德堡社会学家大会上的演讲《马克斯·韦伯与权力政治》所做的严肃评论,载《马克斯·韦伯与当代社会学》(Max Weber und die Soziologie heute, hrsg. v. Otto Stammer, Tübingen, 1965),第 152 页。当时我只是指出了一个事实,即卡尔·施密特与韦伯一脉相承是毋庸置疑的,我们所能追问的最多就是如此阐发韦伯的思想在客观上是否可能,以及它们在多大程度上是源自"直选领袖民主制"的概念框架。第一点毋庸置疑,这无论如何都是可以肯定的,不管卡尔·施密特的理论有没有折中性质。勒文施泰因除了表达义愤之外,并没有否认马克斯·韦伯与卡尔·施密特之间存在着意味深长的关系这一事实,他本人就曾写道——当然并未提及卡尔·施密特的名字——他从未解决"出自韦伯的合法性与正当性这一对概念矛盾,这个矛盾演变到后来,成了很有助于一般地反对西方民主,特别是反对魏玛制度的攻城锤(Sturmbock)"(同上书,第 205 页)。事实上,不管我们再怎么争辩卡尔·施密特是合理还是不合理地继承了马克斯·韦伯,或者是不是像于尔根·哈贝马斯所说那样是韦伯的"私生子"(参阅哈贝马斯 1964 年在海德堡发表的评论《马克斯·韦伯与当代社会学》,第 80 页及以下),两者的连续性都是存在的。针对我的私人辩论——很遗憾勒文施泰因教授也参与其中——并不会改变这个事实(请参阅我的"直选领袖民主制"综述,第 311 页及以下和注释 40、62、85,以及《新发现的马克斯·韦伯文献》,载《历史杂志》第 211 期,1970 年,第 624 页及以下)。能够提出的问题充其量也就是,在对马克斯·韦伯的政治观念做出进一步阐发——这当然就不能由韦伯本人负责了——的基础上进行的分析,能否作为评价其政治著述的依据。依我之见,大概与重视理论的固有操作方法的宪政理论家不同,史学家有进行这种分析的责任。我也承认,马克斯·韦伯的"直选帝国总统"理论的影响,应当比这里所述的情形更加广泛,而且上述解释也多有可以指摘之处。批评家们当然应该做出具体的批评,而不是绞尽脑汁情绪化地非要(转下页)

治意志——这与政党多元化格格不入，虽然是片面的，但在概念上顺理成章地扩展了韦伯本人的设想。在韦伯的著作中，帝国总统也被设想为极不活跃的无领袖议会的一种抗衡力量，一个在官僚制社会的无领袖趋势中让领袖人物脱颖而出的阀门。诚然，施密特赋予直选总统的形式一种与代议制原则直接对立的性质。在他的理论中，直选帝国总统的权威是人民共同意志的代表，这与任何性质的政党多元化都背道而驰：帝国总统"实质上被想象为这样一个人物：他越过政党组织和官僚机器的界线与框架统合了全体人民的信任，他不是某个党的人，而是享有全体人民信任的人。真正合乎宪法规定之本义的帝国总统选举，比一个民主国家的任何频繁选举都重要得多。这将是德国人民的有力拥戴，这样的拥戴是不可抗拒的。以这种方式确立帝国总统的地位，还有选择政治领袖以外的目的和意义吗？如果全体人民乐于把他们的信任给予这样一个人物，他就不可能还是一个政治上无足轻重，只是发表冠冕堂皇的演讲然后在别人的决定上签名的人物"[162]。由是，卡尔·施密特便给帝国总统的领袖地位观念牵强附会上了一种反议会的偏见，把议会之所以丧失了真正的意义归因于政党的多元化和物质利益集团占据了支配地位。这个分析方法在某种程度上已经隐约可见于韦伯的支配理论，尽管韦伯确实从未打算质疑政党制度本身。他认为，战后德国议会中那些"没有使命感的政客"一事无成，恰好说明了直选帝国总统的必要性。[163] 在卡尔·施密特看来，帝国总统应当立即成为一个政治领袖和议会之上的一种"*pouvoir neutre*"（中立权力）——因为议会处于排他性党派利益集团的支配之下。人民的政治

（接上页）把马克斯·韦伯与德国的"靡菲斯特"卡尔·施密特相提并论。

162　《宪法学说》，第 350 页。

163　参阅上文第 363 页及以下。

统一这个任务从议会转给了总统，议会"本来是在自由谈判中达成共识、把党派利益转变为超党派意志的独立人民代表的活动舞台，现在却变成了有组织的社会力量多元化分配权力的舞台"[164]。总统应当成为"宪法的守护者"以对付各政党的排他性利己主义，就是说，魏玛宪制不是宪法法律意义上的宪制，而是"德意志民族的合宪统一与完整"[165]。随着大联盟在1930年的土崩瓦解，当魏玛国家进入最后的危机时期之后，卡尔·施密特的这些理论便获得了更广泛的支持。[166] 知名政治家和公众人物都要求大力扩张总统权威，至少也要使用《魏玛宪法》已经正式赋予的所有权威，希望以此治疗德国的政治创伤。这些努力都是基于马克斯·韦伯1918到1919年间一再力倡并坚信不疑的帝国总统制理论，强调总统相对于帝国国会的独立领袖地位，并限制副署的必要性，尽管议会制度现在受到的威胁日趋严重。早在1926年，马克斯·冯·巴登亲王就赞扬韦伯支持直选帝国总统是一项伟大业绩，特别是因为它提供了一条摆脱魏玛共和国支离破碎的政党政治的出路。这个理论为首相在帝国总统支持下诉诸人民提供了可能性。"只有这样，就像宪法中明确规定的那样，才完全有可能让一个领袖去创建一个新党以替代那些毫无生气的过时小集团。"[167]

把政治决策的支点从已经被极端主义政党折磨得无能为力的帝国国会转移给帝国总统，也得到了德国复兴联盟的特别赞同，构成该联盟的有包括民主党左翼在内的众多显赫人物。[168] 他们支持尽可能扩充

---

164 《宪法的守护者》(*Der Hüter der Verfassung*, Tübingen, 1931)，第89页。

165 同上书，第159页。

166 参阅卡尔·迪特里希·布拉赫尔：《魏玛共和国的瓦解》(Karl Dietrich Bracher, *Die Auflösung der Weimarer Republik*, Viilingen, 1956)，第37页及以下。

167 《回忆与文献》，第128页，参阅上文第377页。

168 见德国复兴联盟：《德意志帝国总统的宪法权利》(Bund zur Erneuerung des Reiches:（转下页）

帝国总统特权，但在形式上不能危害现行宪法框架。他们直接根据卡尔·施密特的理论为总统内阁制的统治进行辩护，认为这无须帝国国会信任票的支持，至少在帝国国会正式举行不信任投票之前不需要这种支持。[169] 这些论点无不有助于根据宪法第 48 条为总统的统治进行辩护，尽管这个宪法条款绝非核心依据。像施密特一样，他们也把帝国总统视为真正的帝国"宪法的守护者"，但他们指的并非是 1919 年 8 月 11 日的那个文本，而是德国人民的"真正"宪法，德意志民族"生存在其他对立的——即便那是和平竞争的——民族虎视眈眈之下，它要依靠自身的生命力，作为一个独立自足的民族共同体生存下去，不应因为本身的自相矛盾而瓦解，而应竭尽全力使本民族达到最高的发展水平"。这就是"帝国总统的领袖职责——投入他的全部个人和政治力量，献身于统一德意志民族的目标，使之成为民族之林中的一员"[170]。

卡尔·施密特本人也沿着这个方向前进了一步，直接抵达了威权主义领袖国家的边界并最终越过了这个边界。韦伯的"直选领袖民主制"原则，其具体应用就体现在他将帝国总统视为普选产生的君主这一概念中，却被卡尔·施密特以韦伯绝对想象不到的方式推到了极端，终至于变得面目全非。韦伯希望的是把民主制的魏玛国家建立在由宪法调整议会立法国家的合法性与普选帝国总统作为卡里斯玛领袖的"革命正当性"这两个互补的正当性原则基础上。卡尔·施密特无

（接上页）*Die Rechte des deuschen Reichspräsidenten nach der Reichsverfassung*, Berlin, 1933）。特别是，签名者当中还包括冯·伯恩斯托夫（von Bernstorff）伯爵、帝国前战争部长格斯勒（Geßler）、前帝国首相路德（Luther）、雅雷斯（Jarres）博士、勒德恩（Roedern）伯爵，还有许多贵族和高级文职官员以及商界——尤其是金融界——大亨。

169　直接引用卡尔·施密特，《帝国总统应为政治领袖》，同上书，第 11 页："因为帝国总统……由人民直接选举产生，他们希望授予总统在宪法范围内的领袖权利。"

170　《德意志帝国总统的宪法权利》，第 79 页。

视第一个正当性形式，仅仅接受了直选－民主的正当性作为有效的正当性形式。由于传统议会立法国家的社会前提已经不复存在，以合法性原则作为特殊的支配正当性形式也就无能为力了。议会制立宪国家的合法性原则所依赖的根本性价值基础也被抛弃，合法性仅仅被附带理解为具有一种形式主义的意义。一项法律或者任何施政行为，如果以形式上合宪的方式开始存在，它就是合法的，即便宪制由此受到实质性抨击，也同样合法。《魏玛宪法》在其本身的基本价值观上保持中立，就是这种退化为纯形式主义和功能主义的合法性观念的典型后果，因而丧失了它的全部合法性力量。[171] 此外，自由主义立宪国家的法制体系因为使用紧急状态法而遭到破坏，确立规范的普通法与贯彻普通法的措施之间界限模糊，结果是法律观的大倒退。这就很难再返回传统的议会立法国家形态了。[172] 这两个不同的正当性原则在《魏玛宪法》中彼此竞争，随着自由主义议会立法国家的基础遭到破坏，只有直选的正当性得以存续，成为唯一公认的"可以提供正当性理由的制度"[173]。

兼顾形式上的法定合法性与直选－民主的正当性这"两种法律表现形式"[174]作为正当性原则的理论，从根本上发展了马克斯·韦伯未言明的理性合法性与卡里斯玛－直选正当性的二元论。卡尔·施密特正确地指出，在马克斯·韦伯看来，合法性已经降格为合乎一般规范的纯粹形式上的法条正确性，适于成为一种信仰或习惯（或者同时成为两

---

171 《合法性与正当性》(*Legalität und Legitimität*, Berlin, 1932)，第14页及以下。
172 同上书，第89页。
173 同上书，第93页。
174 同上书，第69页："这两种立法和立法者模式的二元性，乃是两种可以提供正当性理由的制度——即议会立法统治的正当性与直选－民主的正当性——的二元性；两种可能的竞争者不仅是竞争权力，也是两种法律表现形式的斗争。"

者)。[175] 这就是韦伯试图通过保留君主制或者如无可能就通过帝国总统的直选－卡里斯玛正当性而另外赋予魏玛国家正当性的原因。就此而论，这只是马克斯·韦伯直选领袖概念的一个逻辑结果，至少这并没有被他的概念表述所排除，因为卡尔·施密特认为，和议会立法国家那种无权无势、单纯功能性产生的正当性不同，帝国总统的直选－民主正当性就必须成为一种新的"得到根本保证的秩序"的结晶核[176]，《魏玛宪法》第二部分的规定可以为此提供支持，从而能够克服社会与经济权力集团对民族统一构成的威胁。[177] 在他看来，做到这一步所需的手段就在于"行政国家"（Verwaltungsstaates），它已经被广泛使用于紧急状态的立法实践中。[178] 当然，卡尔·施密特回避了对这种新秩序的性状的更确切的解释。不过，要想认识这种威权主义领袖国家的轮廓并不困难，因为不久之后它就会把《魏玛宪法》的宪政民主原则一扫而空。

从逻辑上说，卡尔·施密特抛弃了议会制度本身，因为面对政党和小集团的多元化局面，它已经不再能够完成民族政治统一的任务了。马克斯·韦伯的设计是把监督行政和选择领袖的任务交给议会，与之并驾齐驱的则是恺撒式"选战独裁者"。卡尔·施密特清楚地知道，将议会视作抵御行政国家的技术－理性官僚制的第一道防线的观念是源

---

175 《合法性与正当性》，第 14 页；另见下文第 428 页及以下，以及第 478 页温克尔曼的解释。
176 《合法性与正当性》，第 98 页。
177 参阅《宪法的守护者》，第 159 页："事实上，它使帝国总统成为直选制度的核心以及政党政治中的中立机构与权力，现行宪法确立了一种针对社会与经济权力集团多元化的平衡力量，并保证了作为一个政治整体的民族的统一，这恰恰就是基于民主的原则。"另见同上书，第 156 页。
178 参阅《合法性与正当性》，第 17 页。按照卡尔·施密特的理论，帝国总统有权根据第 48 条——除非第 48 条明确提及的基本法失效——以不受限制的权力采取措施，但无权发布具有法律效力的法规，这实际上就意味着对紧急状态权力的重大限制，即便在实践中两者的区别并非一成不变。然而，当时德国法学界讨论的所谓支配理论，在这个问题上完全符合已经在宪法审议中获得认可的倾向。参阅普鲁士内政部长海涅（Heine）的演讲，他坚决要求加上"和命令"一词，因为不这样就不可能发布经济指令，例如实施价格管制。《国民大会会议记录》，第 327 卷，第 1336 页。

于战前德国,因此,他不可能再像一代人之前的马克斯·韦伯那样给予这些要素以同样的重要性。[179] 他特别抛弃了议会作为一种"领袖选择"手段的功能理论,如果在比例选举权的条件下,甚至马克斯·韦伯本人也不再可能为这个理论辩护:"选择政治领袖的观念并不证明值得为几百个党务官员组成的议会进行辩护,而是要寻求大众直接拥戴基础上的政治领袖和指引。如果成功确立了这种领袖地位,一个新的强有力代表也就触手可及了。但这是一个反议会的代表,世代相传的代表功能就此宣告结束。"[180] 因此,韦伯特别关注的议会制选择领袖和恺撒式选择领袖之间的竞争,最终后一种选择形式占了上风。这个理论的最终结果,无疑就是证明威权主义领袖国家的威权主义群众性政党理所当然可以借助蛊惑煽动和警察国家手段真正实现大众直选基础上的专制统治,这实际上就等于释放出了"不可抗拒"的邪恶力量。

无疑,马克斯·韦伯本人从来没有使用直选领袖概念对抗政党国家(Parteienstaat),更没有把它用来为希特勒那样的卡里斯玛政治家和纳粹党的极权主义统治辩护[181],他甚至没有预料到在可见的未来会出现如此局面。这样的前景已经超出了他的视野之外,而且他也绝不可能欢迎这种局面。他仅仅是希望为国家与政党注入卡里斯玛领袖观,以

---

179 参阅《合法性与正当性》,第 16 页;在马克斯·韦伯看来,"'官僚制'一词……的核心用意,就是在表面上的'价值无涉'范畴凸显官僚机器那种主要关心顺利发挥工具作用的技术-理性主义-价值中立的机制"。当然,从战前的德国政局来看,这个观点是大可质疑的,而且它在相当"去政治化和技术化"的德国职业公务员与韦伯认为的作为选择政治领袖和训练精英之手段的议会之间做出了一种错误的比较。

180 《宪法学说》,第 314 页及以下。

181 见韦伯在《经济与社会》中的政治评论,第 168 页:"一旦某个政党成了一个根据规章被吸收进行党班子的封闭性联合体——比如 13 世纪佛罗伦萨法规授予'归尔甫派'的地位就是如此——这时它就不再是个'政党'了,而是一个政治联合体的一部分。"像纳粹党(NSDAP)、德国共产党(KPD)或者德国社会主义统一党(SED)等,就不再是马克斯·韦伯的志愿性政党意义上的"政党"了。

阻止那些鼠目寸光、"毫无使命感的政客"飞黄腾达,从而在德国政治舞台上汇集新的有生力量,这样才有可能重塑德国在世界上的实力和声望,而帝国总统制特别有助于实现这个目标。但是,政治观念有其自身的动力。它们时常会摆脱初始的特定意义范畴自行其是,甚至与其创造者的动机完全背道而驰。[182] 事实证明,马克斯·韦伯不遗余力要贯彻进《魏玛宪法》的宪政理想,并没有幸免于反民主意义上的扭曲,这表明了它的内在矛盾性质。考察一番那些理想的民主实质,就是本书的最后一个任务。

---

182 某些批评家不同意我所证明的卡尔·施密特与马克斯·韦伯的"直选领袖民主制"理论可能具有连续性,认为他并未准确把握住韦伯的意图。他们显然忽略了这个非常突出的限度,否则,批评就不至于采取——尤其像勒文施泰因和鲍姆加滕当时陷入的那种——情绪化的方式,甚至进行个人诽谤。韦伯的普选总统概念作为在议会之外直接选择领袖的手段,显然可以在反议会制,甚至极权主义方向上加以重新解释,对这个客观问题简单地视而不见是不可能的。相反,我们应当追问的是,究竟为什么会这样。请比较我的文章《直选领袖民主制》,前引书第311页及以下。

第十章　从自由主义宪政国家到直选领袖的民主制

我们对马克斯·韦伯与德国政治的研究，至此来到一个节点，这需要回顾一下他的全部政治意图。

马克斯·韦伯初涉政治的时候，被他视为一笔遗产和个人信念的德国自由主义已经进入衰落期。开始于19世纪80年代的资本主义高速发展和强劲的经济增长，削弱了德国资产阶级的政治能动性。他们开始把维持经济与社会现状作为进步自由主义政策的目标了。为扩大议会权利和建立一个负责任的帝国政府而奋斗暂时被推迟。现存的不完全宪制看来并没有束缚市民对经济繁荣的追求和经济上的自由流动。实际上，它好像还足以防止工人阶级的革命图谋，并保障了高度的法律安全与秩序，这使资产阶级资本主义可以不受干扰地运转下去。因此，自由主义的资产阶级很满足于1867年从俾斯麦那里争取来的政治权利尺度，他们的主要努力方向就是在政治与行政上进一步发展和保

第十章 从自由主义宪政国家到直选领袖的民主制

持形式上的法治国。另外，他们的政治活力在文化斗争中的矛头所向则是所谓的天主教专制倾向。鲁道夫·冯·格奈斯特的政治活动，特别是俾斯麦时代民族自由党的政治活动，就是这种立场的典型表现。鉴于资产阶级自身在宪政目标上的分歧，以及左翼的压力不断高涨，俾斯麦本人则力求促使他们与现存秩序妥协。他熟知如何利用"红色幽灵"恐吓与分裂自由主义运动。资产阶级一方面追求自由主义的宪政目标，另一方面渴望保持自身社会与经济地位的稳定，而他们相信这种地位受到了严重威胁，这使俾斯麦能够一再成功地在他们中间制造冲突。

资产阶级上层尤其厌倦了遵循资产阶级自由主义宪政理想改造德国的观念，而这些理想曾促使他们支持过反抗王朝统治的1848年革命。他们越来越倾向于同现存社会制度和解，并力求跻身于统治的封建各阶层之中。外在与内在的封建化在德国资产阶级上层大行其道，甚至受过教育的各知识阶层也同样如此，他们无不希望至少适度地分享王朝和军官团的荣耀与声望。

针对这种局面，马克斯·韦伯强烈呼吁德国资产阶级重温自己的文化与政治理想，回归自身的阶级意识，而不是沉溺于最可鄙的变节行径。韦伯的名著《新教伦理与资本主义精神》，也可以看作复兴资产阶级清教徒阶级意识的一次尝试。韦伯告诫资产阶级不要向普鲁士贵族特权阶级投怀送抱，一如米克尔（Miquel）庇护下普鲁士实际发生的那种情况。他们应当怀着坚定的阶级意识投入反对贵族的斗争，后者的领导资格已经因为经济发展而过时。韦伯希望实行布伦塔诺式的（Brentanoist）社会自由主义而不是自由放任主义的社会政策，以此赢得工人阶级的支持进行反对保守主义的斗争，他坚定并且正确地相信，资产阶级和无产阶级在未来几十年间将能够勠力同心。

韦伯力求为资产阶级提供一个新的建设性目标、一种德国的自由主义世界强国政策，以打消他们的自卑情结和苟安心态。保守派自称他们是俾斯麦遗产的真正捍卫者，韦伯对他们断言，只有一种得到德国社会各经济统治阶层支持的民族帝国主义政策，才算真正追随俾斯麦的伟大民族成就，才能把德意志帝国建成一个强国。他希望借助俾斯麦以领导这场对抗假冒的俾斯麦追随者的斗争，这些人在1890年以机会主义的怯懦方式转而效忠了"新太阳"。在韦伯看来，普鲁士的保守主义不仅是国内反动派的庇护所，而且是德国崛起为世界经济与政治强国的主要障碍。

因此，时至1895年，韦伯相信，鉴于当时国家事务的控制权从俾斯麦手中转移到了保守派官僚集团之手，对于德国来说，最为关键且生死攸关的问题，就是德国资产阶级能否最终成熟起来并决心承担民族的政治领导之责，德国的经济发展水平似乎也提出了这个要求。韦伯从他父母那里直接观察到了民族自由主义的停滞不前，这引起了他的蔑视。他要求实现的积极政治目标是德国宪制的议会化，尤其是要废除普鲁士的三级选举权，在宪政堡垒中，只许普鲁士贵族保留他们的特权地位和对德国政策的间接影响。韦伯力图给自由主义融入一种与权力和伟大政治领袖的建设性关系，自由派应当彻底抛弃他们对国家的消极态度。

韦伯力倡德意志帝国实行议会化和民主化，以此把封建保守阶层赶下统治地位。他的具体民主理想就是赋予议会制宪政国家正当性和更大的尊严，其他政体都不过是等而下之的角色。诚然，他要求的是一种自由主义宪政，置身其中的国民都有机会参与所有政治事务，但这只是广义的文化原因。德国缺乏完整的公民自由权，损害了德国在世界上的形象，特别是在那些很久以前就实现了相当高度的个人自由权的地方。韦伯强调说，只有"主宰者民族"（Herrenvölker），就是说，只有人民能在自由权基础上决定国内事务的民族，才有内在的正当权利提出伟大的世界政策。尽管主权民族的独立自决原则仍是一个特定的价值理想，但越来越多地淡入幕后。"世界的除魅"这一普遍进程并没有因为自由主义民主理论而止步不前。

马克斯·韦伯认为，以自然法为民主制和自由主义法治国辩护已经过时，作为现代国家理论的基础也是不充分的。"人权"是宗教教派的产物，实质上还是一种"极端理性化的狂热"[1]。但他问道，今天还有谁能够"自行成为一个'教派'人呢？"[2]无疑，他强调的是，如果没有各教派"激进理想主义"创造的"人权时代"成就以及高度的"'个人'流动自由"，"今天"就没有人还能生活下去。[3]不过他相信，在资本主义高度发达的条件下，自然法的原理已经不再能够为一种正义的社会秩序提供清晰的方向了。[4]他还认为，在现代工业社会条件下，"'不可让渡的'人权这一旧日的个人主义原则"已经丧失了相当多的说服力[5]，有时他会毫不犹豫地把它们束之高阁。[6]

马克斯·韦伯抱着幻灭的态度毫不留情地批判了自由主义的"法治国"理论。他否定了它的自然法基础："自然法原理已经丧失了提供

---

[1]《经济与社会》，第2页。
[2] 1906年2月5日致哈纳克的信。
[3]《政治著作选》，第333页，类似的还有1905年1月12日致哈纳克的信："我们，绝不应忘记，我们受惠于教派的一些事情，是我们今天的每一个人都不可或缺的：良心自由和那些最基本的'人权'，这在今天都是不言而喻的财富。只有激进理想主义才能有此成就。"另见《经济与社会》，第732页及以下。
[4]《形势》，第118页："这些'自然法'原理几乎不可能为一个社会与经济纲领提供什么清晰的方向，正如它们根本不会清晰地产生于任何——至少是'现代'——单独的经济条件之下。"
[5] 同上注。
[6] 见上文第30页注释26。

法律依据的能力。"[7] 他认为，纯法律实证主义的发展是不可抗拒的："越来越广泛的评价是，现行有效的法律是纯粹的理性法律，故而可以按照目的理性的计算不受约束地加以重构，因为它们就像缺乏任何内在神圣性的技术装置"，这是不可避免的命运。[8] 支持法律秩序正当性的，已不再是根据自然法的命令对具有根本性"卓越效力的"规范的正面信仰了。此外，形式自然法与实质自然法之间存在的尖锐反差，也动摇了自然法理论的效力。[9] 韦伯指出，古典自由主义的法治国理论，乃是一种普遍有效的形式规范体系，也是最适于资产阶级资本主义的特殊法律形式。"契约自由"，亦即"自由竞争原则"，就是自然法的基本原理之一。法律的形式合理性是资产阶级资本主义计算的一般前提，因此也是资产阶级获利的一般前提。这些原理产生的作用"总是会有利于经济上强有力的任何人，他们关心的就是自由开发本身的自利能量"[10]，同时，它们也会由于抽象与形式特性而经常侵犯"实质正义的理想"。一个无产阶级社会就不会直接关心这种形式理性的法律秩序，而是——假如有机会的话——偏爱实质合理性原则，例如"工作的权利"和"充分就业的权利"。这样一个社会，一旦有可能，还会用卡迪司法取代形式主义法律裁判，按照实质正义观进行裁决。[11]

因此，正如刚刚指出的那样，马克斯·韦伯从不在积极意义上使用19世纪资产阶级自由主义政治军火库里的主要武器之一——"法治

---

[7] 《经济与社会》，第502页。这里看来几乎是连根拔除了"未言明的自然法原理对法律实践的潜在影响"！

[8] 同上书，第513页。

[9] 同上书，第501页及以下。

[10] 同上书，第470页，更犀利的评论见第455页。

[11] 同上书，第470、500页。布莱希特在《高加索灰阑记》(Brecht, *Kaukasischen Kreidekreis*) 中就非常敏锐地展示了"资产阶级"形式法律裁决与"无产阶级""正义"法律裁决之间的这种冲突，可以看作对德意志民主共和国"司法"实践的嘲弄。

国"概念，而是代之以合法性概念，这并非偶然；俾斯麦冷嘲热讽地说"法治国"是"罗伯特·冯·莫尔发明的人造景观"，同样并非偶然。[12] 在韦伯看来，法治国概念由于它的阶级局限性以及它所立足的自然法信仰烟消云散，已经丧失了值得尊重的效力。

　　古典的人民主权民主理论也遭受了同样的命运。韦伯认为，这种理论无视了一个基本事实：不管什么性质和具体形式的统治，都需要一个由领袖构成的寡头组织去操作；不同类型的统治，区别仅仅在于选择领袖的方式不同。韦伯相信，人民自治仅仅在直接民主的形式下才是可能的，而且仅仅可能出现在很小的政治单元中。[13] 他也不赞同那些与人民主权有关的特定理想，比如："最低限度的统治"，以对物的管理取代"人对人的统治"，等等。在他看来，它们既不可行也不可取。他的民主国家观乃是维系于国家的对外实力尽可能强大这一希望，因此他也欢迎内在国力的不断巩固。他强调指出，大国的政策从来不是煞费苦心于对物的管理，它必须进行"统治"，民族的权力政治和单纯的管理是不可调和的矛盾。[14] "消除人对人的统治……的任何想法，哪怕是最精致的'民主'形式"，也都是"乌托邦"。[15] 民主化即便有什么准确含义的话，大概也只有一个，就是把统治班子——"'职业公务员'的统治权力压缩到最低限度以利于'民'实行最大可能的'直接统治'，这实际上就意味着后者的政党领袖直接统治"[16]。作为无差别的

12　见温克尔曼：《马克斯·韦伯解释性社会学中的社会与国家》(*Gesellschaft und Staat in der verstehenden Soziologie Max Weber*, Duncker und Humblot, Berlin, 1957)，第 35 页及以下，但他无论如何都没有道尽这一事实的重大意义。

13　《经济与社会》，第 169 页及以下。

14　《政治著作选》，第 289 页。

15　1908 年 8 月 4 日致米凯尔斯的信，据韦伯遗稿抄件。

16　《经济与社会》，第 576 页。

大众,"民"从来就不是独自统治,而是被统治,有变化的只是处于行政班子顶端的领袖,而且只能通过各政党领袖之间的竞争。罗伯特·米凯尔斯不懈努力,要解决人民主权这个伦理－政治要求与全新的寡头政治在无情崛起这个现实调和起来的问题,对此,马克斯·韦伯发出了严厉批评:"但是——啊!你还得经历多少失望啊!在我看来,'人民的意志'、真正的人民意志之类的概念,很多年以前就不复存在了,那都是虚构的东西,犹如我们在谈论鞋匠应当使用什么样的技术(!)必须由买鞋的顾客来决定!当然,顾客会知道鞋子哪里不舒服,但他绝不会知道如何才能让它舒服起来。"[17] 在现代大众民主的条件下,韦伯甚至不打算保留古典民主理论的理想内核。他用形式上自由选择领袖的原则取代了人民独立自决的假定,自卢梭以降,这个假定就赋予了民主观念一种特殊的尊荣。在创造政治共同体的生活中,普通公民不再被认为是作为负责任的个人积极参与其中了,他们要做的是欢呼领袖接受了他们对领袖品质的信任。因此,民主被设想为一种功能主义制度,它不过是给了人民一个保证,即国家事务的方向会始终掌握在——至少形式上——具备最佳素质承担这项任务的领袖手中。无疑,人民将不再以任何形式能动地参与实质性表达共同体所追求的政治目标,这将是政治领袖独力承担的责任,他们借助自己的煽动力创造必需的信众以实现自己的目标。民主的宪政国家本质上就是一个为了训练政治领袖以使他们能够获得权力、进行统治的技术组织。[18]

因此,马克斯·韦伯支持德国成为一个议会制宪政国家,主要不

---

[17] 1908 年 8 月 4 日致米凯尔斯的信。

[18] 请比较威廉·亨尼斯对韦伯这种技术观的尖锐批评:《德国国家观问题》,载《当代史季刊》(Wilhelm Hennis, "Zum Problem der deutschen Staatsanschauung," *Vierteljahreshefte für Zeitgeschichte*),第 7 发行年度(1959),第 1 期,第 19 页及以下。

第十章　从自由主义宪政国家到直选领袖的民主制

是因为他期待这样一个国家能确保公民最大限度的独立自决，或者期待一种类似于"法治国"的宪政秩序，至关重要的是，他是出于民族政治的考虑。他希望德意志民族各上升阶级从内部支撑起一个强大的民族国家，从而能够追求伟大的外交政策成就。卢卡奇敏锐地评价道，对于韦伯而言，民主化只是一个"有助于帝国主义功能达到更佳状态的技术手段"，此说确实难以否认。[19] 韦伯本人就一再强调说，对他而言，议会化和民主化主要是为德国的世界政策创造国内政治前提的一个手段。他坦率承认，"依我之见，政体就是像任何其他机器一样的一套技法"[20]。1913年他在社会政策协会就价值判断问题进行陈述时说："以'民族的'权力利益为'终极'目标者，在给定的形势下，就理应把一部专制主义宪法和一部激进民主宪法同样作为（相对而言的）最佳'手段'，如果认为一个人在这些治国技术（！）问题上的观点变化是他的'终极'观点发生了变化，那就太可笑了。"[21] 这就是最典型的韦伯观点。在他心目中，民主宪政理想一以贯之地从属于民族的权力利益。韦伯毫不犹豫地认为，德国的权力利益高于任何政体问题。就此而论，与韦伯对民族权力的坚定信念相应的则是他并不看重民主观念的内在价值，而是为一种纯功能性的民主统治观扫清了道路。民主不再是一种具有特殊尊荣的政体，它的主要优势体现在对外政策领域中的更高"效率"，充其量就是能够保证在现代群众社会中——特别是在危机时刻——获得最低限度的国民支持以推行一项否则就不可能推行的强有力政策。

19　《理性的毁灭》(*Die Zerstörung der Vernunft*, Berlin, 1954)，第488页。

20　1917年7月16日致爱伦堡的信，《政治著作选》，1，第469页及以下："在我看来，只要是政治家而不是威廉二世之类的半吊子纨绔子弟统治这个国家，政体是什么样就无所谓了。"

21　现已收入《其作其人》，见第122页。参阅《学术论文集》，第512页，那里用"国家的"权力利益代替了"民族的"权力利益，"看作手段"当中插入了"技术"一词。

在韦伯看来，议会民主制的意义和使命实质上可以简化为两个功能：选择政治领袖和监督并不承担领袖职责的纯技术行政官僚。因此，韦伯的具体结论就体现在他对当代德国政策的分析中。他把德国的世界政策一败涂地主要归因于俾斯麦垮台后德国的领导权落入了纯粹的官僚手中。此外，由于俾斯麦的反议会煽动宣传和帝国国会越来越无权无势，政治领导权陷入了一种彻底的真空状态。他认为英国的议会统治局面就别有洞天。那些使 1/3 个世界——且往往还是自愿地——承认英国王室宗主权的政治家，难道不是产生于英国议会吗？必须置身国家顶端的是政治家，而不是官僚，这需要通过议会化来实现。只有经历过议会的工作，经历过为获得承认和分享权力而进行的不断斗争，才能训练出政治领袖所必需的素质，只有一个强大的议会才能选择出能干的领袖。

然而，韦伯绝不同意议会应当作为一个独立决策机构为政府开处方，尽管原则上执行委员会是产生于议会。我们已经知道，韦伯的政治领袖概念与这种观点是直接对立的。在他看来，居于主导地位的政治家不应成为议会多数意志的执行者，而是有质的不同：他是一个领袖，就是说，他必须运用自己的影响力和令人信服的煽动力去创造并清晰表达议会的意志，而不必受制于一个狭窄的结构。他必须在议会中赢得对他个人目标的支持，如果他做不到，他就应当辞职。因此，原则上说，议会在很大程度上是个被动角色。伟大政治家必须向议会证明自己的领袖素质，而议会则必须让他记住自己的特殊责任。议会名副其实独自履行的功能只有一个，就是监督行政权。我们已经看到，韦伯对此给予了非同寻常的重视，他对质询权大失理智的支持就是典型表现。

韦伯认为，随着官僚化的推进和所有社会关系趋于整齐划一，社会结构将会日益僵化,这个理论的辩证对立面,就是把议会民主制的使命限定为选择领袖和监督行政。民主统治乃是官僚统治的天敌,因而也是控制"未来农奴制铁笼"扩张的一个手段。韦伯在这里为民主制奠定新的理想基础找到了一个出发点,彻底抛弃了古典自然法理论,赋予主导性的政治家以直选卡里斯玛领袖地位。

韦伯承认了一个令人信服的事实,即普遍的官僚化进程导致了议会民主制决策方式的根本变化。尤其是,奥斯特罗果尔斯基和布赖斯描述了现代官僚制政党机器的崛起,就现代政党国家大众民主的实质得出了意义深远的结论。马克斯·韦伯接受了这些研究成果,并试图把它们应用于德国的制宪进程。组织严密的政党机器的出现和纯物质利益集团的崛起,动摇了自由主义宪政国家的理想主义基础,韦伯是最早观察到这种趋势的人之一。议会不再是进行自由理性辩论和审议的地方,而是成了各政党公开进行权力斗争的战场。议会成员已经丧失了独立自由当选的个人这种性质,取而代之的是党务官员以及各种利益集团的代表。公民大众则分化为政治上能动的少数和被动的压倒性多数,而按照自由主义民主理论,他们原则上是应当平等参与表达民族的政治意志的。[22] 群众组织之外的个体公民,如果既没有不可忽视的财政手段,也没有人脉关系网络,那就不可能产生任何实际影响。他参与政治进程仅限于定期根据这个或那个政党的竞选承诺投出他的选票。[23] 此即事实上的公民投票决策,如果比例选举取代了多数选举,情况更其如此:今天只能在各个不同的政党机器之间进行选择了。政治决策不是在议会而是在政党内部做出。政党机器的领袖根据大众的

---

22 《政治著作选》,第 401 页。
23 同上书,第 529 页。

反应决定政策的方向。党的机构关心的是确保人民说出必需的"是"。[24]

韦伯从对现代大众民主的诊断中得出了一些激进的结论,它们远远偏离了奥斯特罗果尔斯基的古典民主理论命题。他坚持认为,在这些既定条件下,只有真正具备领袖素质、能够为官僚统治机器确定目标的独立个人,才会受到召唤成为政治领袖。因此,他特别突出了他的民主制领袖统治理论中一种明确的个人-直选方向。具有卡里斯玛素质的领袖应当利用大众煽动手段争取大众支持和拥戴,以这种方式登上政党机器顶端。政党机器并不是目标,而是伟大政治家为自己的政治目标争取人民支持的一个工具。韦伯很清楚官僚制政党机器产生的政治家会面临"卡里斯玛被阉割"的危险,[25]但他仍然相信,一个政党越是组织得像一部机器,它就越是需要一个伟大领袖,并且越是愿意支持他。只有一个强大的领袖,才能凭借个人的卡里斯玛在选举中赢得大众拥戴。在马克斯·韦伯看来,一个卡里斯玛领袖依靠一部官僚制政党机器进行统治,是现代大众民主发展的定论。他把格拉德斯通在1886年地方自治选举中获得重大个人胜利,视为现代大众民主发展史上公民投票选择领袖的首要范例。[26]未来似乎属于"选战独裁者的统治"[27]。因此,他完全是自觉地主张一种直选领袖民主制。

另一个重要考虑也推动韦伯得出了这些激进结论。他看到了物质利益集团在政治领域的不断挺进。但他还是引人注目地坚持了自己的

---

24 参阅格哈德·莱布霍尔茨:《自由主义民主的瓦解》,载《德国与独裁国家形象》(Gerhard Leibholz, "Die Auflösung der liberalen Demokratie," *Deutschland und das autoritäre Staatsbild*, München, 1933),第51页及以下,及其《现代民主的结构变化》(*Der Strukturwandel der modernen Demokratie*, Karlsruhe, 1952)。莱布霍尔茨特别强调了现代民主制的直选特性。

25 参阅《经济与社会》,第677页;《政治著作选》,第401页及以下。

26 《政治著作选》,第534页及以下;《经济与社会》,第677页及以下。

27 这个说法在《政治著作选》中是指的格拉德斯通,见第535页。

理想，即只有经济上独立、"能够脱身"的个人，为政治而不是靠政治生活，才应当受到召唤成为政治领袖。[28] 他一再强调，政治是一项"既得利益者的事业"，但他补充说，这里的"所谓'既得利益者'，指的并非在任何国家形态中都会对政治产生不同程度影响的物质意义上的既得利益者，而是指的那些政治上的既得利益者，他们追求的是政治权力和责任以实现特殊的政治观念"。[29] 真正的政治家可能像韦伯期待的那样会借助自身的——正面意义上的——煽动天赋赢得大众的支持和拥戴，从而避开物质利益集团的相互作用。相反，一个由既得利益集团代表构成的议会，往往就是个"无领袖"的议会，这些利益集团的代表是把"民族政治看作赫卡柏的人"。

按照韦伯的看法，政治有一种根本上说是自愿的性质，不同于按照严格的规则和权限操作的行政事务。他认为，政治领袖们为权力和责任进行——原则上说——不受约束的竞争，是任何真正负责任的决策的前提。身为领袖便意味着独自承担责任：按照定义，政治或社会联合体的官员或代表都不是政治领袖。根据韦伯的严苛理论，凡是遵照指令采取的行动，无论它们的实质内容是什么，基本上都与政治家的责任不可调和。甚至在对政党概念的定义中，他也坚持了自愿原则，这并非偶然。虽然他自己曾论证说，现代群众性政党以它们几乎不可摧毁的机制粉碎了旧日塑造政治意志的窠臼，但他还是指出，这些政党就是"指（形式上）自由招募成员的社会组织"[30]。

但是，他也深知，一切政治与社会联合体日甚一日的官僚化和"机械化"，可能会逐渐窒息政治的自愿性，僵硬的利益联合体和职业代

---

28 《政治著作选》，第389页。
29 同上书，第401、528页；另见《经济与社会》，第167、175页。
30 《经济与社会》，第167页。

表群体的交易将会取代寻求公众支持的各政党的自由竞争,他对此极为关切。在隐约可见的未来,他看到了正在浮现出一种全面僵化的社会秩序,它最终将窒息一切自由的创造力和个人的自由流动,在政治领域也不例外。韦伯担心的是出现那种后来汉斯·弗赖尔所描述的把现代人功能化和碎片化的"次级制度"(sekundären Systeme)。[31] 他眼中的未来甚至更为阴郁,它似乎保证要返回到古代的公益性派捐国家(Liturgiestaat[32])。尽管这个预测从普遍历史角度来看也确有道理,但韦伯还是大大高估了他那个时代的官僚化趋势。他所预计的最近未来的社会关系凝固程度,远远超过了实际出现的状态。

在马克斯·韦伯看来,由于一切政治联合体都在趋于官僚化,有组织的物质利益集团在政治领域不断扩张,只有个人-直选领袖以及利用大众煽动手段的影响力,才有可能继续为人们提供自由和负责任的政治领袖。1919年2月他在《以政治为业》的著名演讲中宣称:"我们只能在这两者之间做一选择:或者是挟'机器'而治的领袖民主制,或者是无领袖的民主制,即'职业政客'的统治,他们没有使命感,没有造就领袖人物的内在超凡魅力素质。"[33] 他的解决办法是由那些伟大的煽动家凭借个人素质的实力进行统治,他希望一个由政党机器、联合体官僚和利益集团支配的社会能够允许那些独立不羁的天才领袖人物脱颖而出。考虑到现代工业化大众社会条件下民主的含义所受到的

---

31 汉斯·弗赖尔:《现时代的理论》(Hans Freyer, *Theorie des gegenwärtigen Zeitalters*, Stuttgart, 1955),尤见第103页及以下。

32 Liturgie 源自希腊文 leitourgia,此为公元前5到前4世纪雅典实行的一种制度,强制要求富裕公民和享有部分公民权的外侨为公益事业分摊巨额费用。"公益性派捐国家"是韦伯著述中频繁使用的术语,作为支配类型的行动取向概念之一,因中文没有对应概念,故酌译为"公益性派捐"。——译者注

33 《政治著作选》,第544页。

第十章　从自由主义宪政国家到直选领袖的民主制

限制，马克斯·韦伯认为，这就是遏制普遍的官僚化进程和保障最低限度个人流动自由——就这个词的普遍意义（不仅仅是政治意义）而言——的唯一手段。

因此，韦伯毫不犹豫地把直选领袖概念推到了极致。他没有止步于这一命题，即大众是"政治上被动的"，应当由政治家规定目标然后利用煽动手段争取追随者的拥戴以实现目标，他还进而把大众的政治参与缩减到了最低限度，就是欢呼领袖接受了他们对他形式上的领袖品质的信任。人民追随领袖是因为他的卡里斯玛素质，而他追求某些符合人民愿望——或者更确切地说，是他相信符合人民愿望——的客观目标，只是次要的原因。马克斯·韦伯并不认为"直选领袖民主制"属于"法律支配"（legalen Herrschaft）的正当性类型，而是把它作为对"卡里斯玛支配"进行的反威权主义重新解释。[34]

按照韦伯的理论，卡里斯玛支配的本质特性是需要不断接受"检验"的。卡里斯玛领袖一旦失败，他的卡里斯玛就"很可能会荡然无存"[35]。结果是他将失去追随者。反过来说，人民则理应承认并支持那些具有卡里斯玛素质的人。[36] 韦伯的结论是，民主政治家是借助他的"巨大煽动力"——就这个词的古代意义而言——进行统治，"只要"他"获得成功"，他的支持者就必须"盲从"。[37] 只要他还在统治，人民就不应当干扰他，只有在他去职之后才能"评判"："领袖犯了错误——那就

---

34 请比较《经济与社会》，第155页及以下。关于直选领袖民主制在韦伯"三种纯粹类型正当性支配"的类型学中的地位问题，我在《官僚制时代》中有系统讨论，见第72页及以下。

35 《经济与社会》，第140页。

36 同上书，第140、156页。

37 《政治著作选》，第348页，见上文201页引文。这个说法最初是指英国的党鞭技术，但在韦伯的著作中，它比单纯的议会技术具有了远更广泛的含义。

把他送上绞刑架！"[38] 政党机器尤其如此："由直选领袖领导的政党，就意味着追随者的'非人化'（Entseelung），或者不妨说，精神上的无产阶级化。为了成为领袖得心应手的工具，他们必须盲从于美国意义上的政党机器，而不为显贵们自身的虚妄观点所动。……这就是领袖的领导必须付出的代价。"[39]

韦伯是从技术意义上对此表示赞同的，而且相信存在着真正的政党国家民主制的可能性，但我们对这些观点必须有所保留，因为我们经历过完全满足了这些条件的威权主义政党统治。这些观点似乎带来了从直选－民主统治转向卡里斯玛威权统治的现实危险，但它们也十分清晰地表明了马克斯·韦伯的意图所在。如今在一个由强大的官僚组织支配的社会中，直选领袖民主制看来是能够为具备领袖天赋的新型精英掌握权力提供最大可能性的途径。这种新型精英有能力接管一直由保守派贵族扮演的角色，后者由于丧失了"牢不可破的生存保障"，如今已不再具有领导资格了。新型精英是一个抱有内在使命感的"职业政治家"阶层，他们借助自身的卡里斯玛素质而跃身于被动的公民大众之上。[40] 韦伯提出的这个精英民主论，显然非常接近于帕累托的领导精英持续循环理论。

马克斯·韦伯本人十分清楚，直选领袖民主制可能会超越传统议会立法制度的基础，尽管形式上利用了它的机构和制度。按照一个代表人民意志的机构的立法决定，在规范性理想支持下的宪政秩序范围内实行合法的民主统治，这一原则将被直选卡里斯玛领袖观念取而代

---

38 出自韦伯与鲁登道夫1919年5月那次著名谈话，《马克斯·韦伯传》，第665页。
39 《政治著作选》，第544页。
40 另见卡罗·安东尼：《从历史主义到社会学》（Carlo Antoni, *Vom Historismus zur Soziologie*, Stuttgart, 1950），第178页及以下。

第十章 从自由主义宪政国家到直选领袖的民主制

之:"'直选民主制'——领袖民主制的最重要类型——可谓真正意义上的卡里斯玛支配,其正当性在形式上产生于被统治者的意志。领袖(煽动家)凭借其政治追随者对他本人的支持和信赖而统治。"[41]直选卡里斯玛的正当性取代了议会制宪政国家的理性正当性。后者成了确保卡里斯玛精英持续支配的一种技术手段。

我们已经就韦伯直选帝国总统的强烈要求讨论过议会民主制宪政国家的正当性来源问题。显然,他希望在魏玛国家引进卡里斯玛正当性形式,因为他并不看重现代大众民主条件下纯粹理性立法的正当性权力。如果我们还记得,韦伯认为民主政体首先是用来产生领袖人物的一种技术手段,并且认为原初的自然法基础对于确立规范已不再具有任何支撑力量,那么单凭合法性信仰支持的正当性——纯议会制宪政国家正当性的典型形式——具有了一种纯形式的实证主义性质,也就不足为奇了。"今天最常见的正当性形式就是对合法性的信仰:以及服从形式上正确并按照惯常方式制定的法规。"[42]统治与施政的这个不以实质价值秩序为取向的纯形式面貌,是现代的"根据法规进行合法统治"的主要特征:"其基本观念是:任何(!)法制,均可根据任意的法规创造或改变,假如这些法规的制定在形式上是正确的(!)。"[43]因此,现代宪政国家已经失去了在民主-法治国规范体系基础上获得的那种特殊尊荣;纯粹从事实上说,宪法已被简化为一个实用性"游戏

---

[41] 《经济与社会》,第156页。不清楚韦伯心目中何为其他类型的领袖民主制。另见我对"直选领袖民主制"的讨论,前引书第308页及以下。

[42] 《经济与社会》,第19页。

[43] 《正当性的三种纯粹类型》,见《经济与社会》,第551页。

规则"⁴⁴系统,所有的"内在神圣性"均已荡然无存。⁴⁵韦伯强调说,这种纯粹目的理性的取向,对于一个具有形式特性的规范体系来说,并不足以为真正的正当性共识提供基础;但也不得不相信,它既可以由得到当事各方授权的合法机构制定⁴⁶,也可以由被认为具有正当性的统治者所强加。⁴⁷不过,所有的内在价值都退到了幕后,宪法变成了一套具有形式特性且目的性高度成熟的规则系统,职业政治家就在这个系统内利用煽动手段为赢得民意和统治权彼此斗争。

这是为根据法规进行的合法统治提供依据的纯粹目的理性的类型,然而,与此并驾齐驱的是,马克斯·韦伯还提出了一个以价值理性性质的规范系统为基础的类型。旧时以自然法为基础的民主制就是这种类型的主要范例。⁴⁸但是,韦伯本人并不再相信这种类型的民主法治⁴⁹。随着普遍理性化进程的不断推进,所有被假定可以作为这种制度之基础的客观价值似乎都在消失。马克斯·韦伯真诚地相信,以新的假定取代旧的自然法假定已无可能。原则上说,经验与价值的适用范畴已经判然有别,后者说到底作为一个私人领域,会拒绝承认以某种形式从经验-规范上确定的宪法原则对全体国民具有同等约束力。韦伯相信,"形式主义的司法理性主义"在欧洲大陆将不可抗拒,"支配的正

---

44 "游戏规则"概念出自《学术论文集》,见第 377 页及以下。这里请比较卡尔·施密特的《宪法学说》第 370 页:在韦伯看来,议会制就是一套"实用性'游戏规则'"。弗赖尔的《现时代的理论》第 93 页及以下也谈到"游戏规则"一词,把它作为描述"次级制度"的一个基本概念。

45 《内在神圣性》,见《经济与社会》,第 513 页。

46 同上书,第 19 页,第 7 节,d(1)。

47 同上书,第 19 页,第 7 节,d(2)。

48 同上书:"最纯粹的价值理性类型就是'自然法'。然而,它那些经过逻辑演绎的主张对实际行为的影响,总是远远落后于它的理想要求,尽管我们无法否认,这些理想要求也发挥了一定的影响。自然法的命题必须同神启的、制定的和传统的法律的命题区别开来。"

49 "民主法治"的原文是 demokratischer Satzungsherrschaft,意为民主制度下"依照法规进行的合法统治"(legalen Herrschaft kraft Satzung),并非通常所说的法治。——译者注

第十章 从自由主义宪政国家到直选领袖的民主制

当性"将被"有目的（！）设计的、形式上正确的、经立法或公告产生的一般规则的合法性"取代。[50] 在他看来，现代的合宪支配结构只有在目的理性的基础上才是可以想象的。一部宪法具有规范性质，并不是因为明确包含在文本中的价值规范，而是因为实在法的法规被认为具有正当性。他对国家、地方政府和私人资本主义企业合法支配形式之间的明确比较就足以说明这一点[51]；就此而论，将官僚制对工人的支配合法化，其内在的理性价值何在？

韦伯之所以认为官僚制支配是"合法支配的最纯粹类型"[52]，只是因为他的关切在于法规的形式适用性，以及根据这些法规施政的形式正确性。这里只是说，官僚制支配优于其他任何形式的支配，就在于按照规定的形式规则完成行政任务。相反，基于价值理性的法治（Satzungsherrschaft）则必须保证官僚制从实质上而不仅从形式上按照它所依据的价值规范去管理和统治。技术上越不发达的行政，越会满足于从实质上而不是从高度专业化的角度认可价值规范。[53] 民主制与官僚制的这种冲突，本来就是因为形式律法主义（formellem Legalismus）和实质价值实现（materialer Wertverwirklichung）的二元论所致。韦伯本人一再强调，官僚制必定永远是民主制的死敌。然而，在他看来，表面上起着支配作用的则是领袖制问题。他的主要关切在于，官僚制如何才能既完成领袖规定的目标，又不至于贬损领袖的价值重估卡里斯玛效力。

就是出于这个原因，卡尔·施密特才认为有可能利用韦伯为他的

---

50 《宗教社会学文集》，第1卷，第237页及以下。

51 《经济与社会》，第552页。

52 《正当性支配的三种纯粹类型》，同上书，第551页。

53 韦伯甚至附带提到一个事实，说美国的公民宁愿忍受一种腐败的分赃制度，也不愿要一个专业官僚，因为他们不希望被后者统治。

命题背书,即议会立法国家对合法性的信仰会越来越固化为单纯的形式主义。[54] 在一个假定具有纯形式的游戏规则性质的宪政制度中,不存在价值性质的"正当性的内在局限"[55]。无疑,对于韦伯来说,民主制就是一个目的性的技术装置,这意味着它保证了当代选择领袖的最佳形式,并规定了官僚制的边界。[56] 总之,只要还能产生形式上合格的领袖,就没有什么内在的价值规范可以阻挡向其他典型的领袖选择方式的切换。因此,韦伯毫无保留地用恺撒选择方式取代了议会制方式。

韦伯不仅相信他所认为的现代理性支配的纯形式律法主义不可避免,同时他也看到了与其他正当性来源相比它在赋予权力正当性方面的不足。他指出,任何合法支配通常都需要传统要素和卡里斯玛要素的补充。"合法支配关系的存在,就正当性信仰对其稳定性所发挥的作用而言,要取决于若干混合前提。传统习惯和'声望'(卡里斯玛)兼有——也是习惯——对形式合法性重要意义的信仰。这些前提若是有一个遭到动摇,比如违背传统向被统治者提出要求,那就会造成特别的灾难,瓦解声望,损害惯常的形式正确性,并在同样程度上破坏正当性信仰。"[57] 统治者的卡里斯玛,"事实上的规范性",也需要传统以

---

54 温克尔曼的《马克斯·韦伯支配社会学中的正当性与合法性》(*Legitimität und Legalität in Max Webers Herrschaftssoziologie*, Tübingen, 1952)则提出了相反的证明,但我们认为是失败的。在我们看来,说韦伯仅仅把正当性权力归结为价值理性基础上的合法性,这是毫无道理的。请参阅下文第478页及以下。韦伯认为:"任何(着重体系笔者所加)法律均可在目的理性或价值理性(或两者兼备)的基础上,经协商或强制而制定。"(《经济与社会》,第125页)施密特正确地指出,在价值理性的原则基础上不可能以形式上正确的方式制定出任何法律,但只有这种法律在实质上才不违背基本的价值规范。在实证主义和形式主义的律法主义中体现出来的、相对于固有的基本价值而言的价值中立,同样并不意味着议会立法国家正当性体系的瓦解。见《合法性与正当性》,第14页及以下。

55 温克尔曼假定这种"正当性的内在局限"是韦伯的第三个正当性类型,但并无充分依据。见下文第482页及以下。

56 另请比较威廉·亨尼斯的评论,前引书第20页及以下。

57 《经济与社会》,第556页。

及很大程度上根据形式合法性的信仰对正当性的默认。实质性价值秩序的观念，意味着在始终是价值理性的基本原则和基本权利的意义上，能够在民主宪政国家的框架中自行将正当性赋予支配，这与韦伯认为的业已除魅的现代大众社会条件下可以实现的设想格格不入。因此，他试图把议会制宪政国家的变体——大众民主制——的价值中立功能主义与直选领袖民主制的价值偏好卡里斯玛结合起来。一个领袖的直选－卡里斯玛正当性，如果"形式上假定"获得了大众无保留信任的支持，就可以在合法性信仰基础上扩展其正当性。[58]然而，如果领袖蓄意使用无理性诉诸民意的手段，议会制宪政国家的理性合法性将会进一步遭到瓦解。实质上是从情感上相信任何统治者的领袖资格，这种正当性力量与理性的依法支配是根本矛盾的。

在这里，我们遇到了马克斯·韦伯的民主意识形态难题。它像同一列宏伟的火车打算奔向两个相反的极端，借助高度发达的官僚制行政机器的理性合法支配，具有伟大卡里斯玛领袖人格的人物即可凭借个人素质在恺撒式直选基础上进行统治。这是那个时代的德国没有产生任何政治领袖人格留下的痛苦经验，随着对政治与社会共同体日益官僚化的认识，他终于设法锁定了"领袖民主制"这一概念。民主被简化为领袖统治，领袖在形式上是自由选择产生的，但实际上是基于领袖的个人煽动力素质而当选。议会民主的宪制虽然不见得合适，但与它原先被理解的那种意义不同，他认为它是为领袖带来权力的技术装置，并且只要领袖获得成功，就会成为他得心应手的统治机器。平等主义民主中全体公民一律平等的理性主义观念被抛弃，取而代之的是因卡里斯玛而崛起的领袖理论，主权人民自决与自组织的自由权观

---

58 《经济与社会》，第156页。

念则被置之度外。实际上,他主张的是:在一个形式上的民主宪制框架内,一个具有卡里斯玛素质的寡头领袖进行统治。

在熊彼特的民主就是"竞争政治领导权"[59]这一著名理论中,马克斯·韦伯观点的影响可谓引人注目。尽管熊彼特从未引用过韦伯,但他无疑采纳了韦伯著作中的实质论点。[60]熊彼特也看到了选民的真实功能就是"识别领袖"[61]。和韦伯一样,他也把格拉德斯通视为在政党机器和议会之外亲自诉诸选民以谋求权力的伟大煽动家的经典范例。[62]他也赞同把职业政治家看作为争取人民的政治支持而彼此竞争的典型人物,而马克斯·韦伯很可能会使用与熊彼特同样的措辞以"领袖"这个术语来定义民主的本质:"民主就是政治家的统治"[63]。在熊彼特看来,对这种制度唯一的无条件要求,就是领袖们的自由竞争,换句话说,诚实遵守民主的"游戏规则"。

尽管如此,这两种理论之间仍然存在实质性的分歧。熊彼特认为,政治家是在现有条件下向选民承诺要成功实现独特的政治规划,他们首先应该是些统治技术专家。就此而论,他们在借助所能控制的公共资源推销自己的计划时,就要对不定型的选民意志进行调制和阐述。韦伯所说的领袖素质则完全不同,他们是按照自己的内在信念阐明他们的规划,然后借助自己纯形式的领袖资格去争取大众的支持与认同。熊彼特的理论则导致了一个问题——如果没有对自然法基础上的价值

---

59 见约瑟夫·熊彼特:《资本主义、社会主义与民主》(Joseph A. Schumpeter, *Kapitalismus, Sozialismus und Demokratie*, Bern, 1946),第 427 页。

60 另见霍伊斯:《时代中的马克斯·韦伯》,载《政治著作选》,第 xxxi 页及以下。熊彼特在谈到马克斯·韦伯突然去世的影响时说:"从此以后,任何进入他影响力范围的人,都将受到他更清晰、更强有力的影响。"

61 熊彼特前引书第 433 页。

62 同上书,第 440 页。

63 同上书,第 452 页。

观的内在尊重以支持民主制度和民主作为，政治家在多大程度上能够因为诚实和宽容而尊重"游戏规则"，就始终是不确定的。如果公民的自由自决调节原则——不论它实际上多么不可能实现——被这样的主张取而代之，即唯一真实的客观目标就是把形式上合格的政治家送到权力高峰，借助煽动手段为自己的政策争取人民拥戴，那就很难想象民主怎么还能继续运转。这将为那些具有最杰出的大众煽动天赋的领袖扫清道路，然后他们就可以利用必要程度的打动人心的大众宣传经营自己的政策，即便那是客观上反民主的政策。这种民主会迅速趋于寡头统治，并且始终处于转向威权主义统治的危险。这一点也特别适用于韦伯的民主精英理论。

多亏了韦伯，伟大的民主煽动家形象在德国的专制国家传统中才恢复了名誉，也多亏了他的努力，煽动概念才恢复了它在古代的正面意义。但是，他忽略了使用大众煽动手段的原则限度问题。他的价值无涉社会学，至少就其本意而言，是把"卡里斯玛"概念一视同仁地应用于善恶两种煽动家的。按照这个理论，大众只需根据形式上的领袖资格拥戴他们的领袖，原则上说，韦伯就为政治的主观化打开了方便之门，无论这与他本人的观点多么抵触。他力陈，领袖民主制"一般就是以饱含情感地服从并信赖领袖、渴望追随一个不同凡响的领袖为特征，他几乎会做出任何承诺，他知道如何赢得追随者"[64]。因此，令人吃惊的是，他从未更进一步研究一个问题，即伟大的煽动家——像他主张的那样——成为直选-卡里斯玛领袖是否会导致政治生活主观化和情绪化，并最终导致卡里斯玛独裁统治。[65]

---

64 《经济与社会》，第157页："这也表明了此种行政类型在现时代所能达到的理性水平之限度。"
65 偶尔似乎他也会触及这个问题，例如《政治著作选》，第403页："大众民主使国家政策面临的危险首先在于这样的可能性：政治会受到情感因素的强烈支配。"

在这里，直选领袖民主制中具有卡里斯玛资格的领袖角色被推上了绝对地位，随之，人民的意志被降到了鼓掌欢呼的水平，民主宪政国家的正当性制度也被简化为形式上的合法性，这就播下了转向卡里斯玛独裁的种子。只要卡里斯玛保持成功，对它的支持就成了一项义务。在这个原则基础上，就没有什么约束条件能够阻止"选战独裁者"的直选－民主统治变成极权主义独裁者的直选统治了。韦伯的概念体系由于规定了一种彻底的价值不可知论，因此只是在一个形式框架中思考政治现象，并没有对名副其实的民主卡里斯玛和虚假的卡里斯玛加以区分，而前者专注的是正面实现全民族的价值目标，后者则是利用大众的庸俗本能和情感动力、腐蚀人民的意志以建立独裁统治。[66]

当然，马克斯·韦伯并不担心领袖民主制转变为一种卡里斯玛独裁统治，尽管他认为这种可能性在理论上是存在的。[67] 他预计会出现的是相反的情形，即自愿的政治行动日益僵化的官僚制趋势使得卡里斯玛领袖越来越难以脱颖而出。[68] 他相信，理性组织起来的官僚制群众政党，可以有效矫正政治斗争的过度情绪化。[69] 在他看来，卡里斯玛这种典型的"非凡"力量，正在平稳进入常规化和制度化状态。不可避免的压倒性官僚化趋势似乎始终在力图制服它，并越来越限制卡里斯玛力量的机动余地："随着政治和经济上满足需求的理性化"，"纪律将到

---

66 参阅阿诺尔德·贝格施特雷策：《马克斯·韦伯的就职演说》，前引书第217页及以下。关于最近对"卡里斯玛"概念讨论情况的概述，见我的《官僚制时代》，第91页及以下。

67 《经济与社会》，第154页："难以救药的显著失败"必定会"导致任何政府走向溃烂，摧毁它的声望并为卡里斯玛革命提供良机"。

68 关于这方面的系统讨论，可见笔者文章《马克斯·韦伯的普遍历史观与政治观》，载《历史杂志》第201期（1965），第557—612页，现已收入迪尔克·克斯勒（编）：《马克斯·韦伯的著作和影响》[Dirk Käsler, (Hg.), *Max Weber, sein Werk und seine Wirkung*, Münich, 1972]，第246页及以下。

69 《政治著作选》，第404页。

第十章　从自由主义宪政国家到直选领袖的民主制

处都会作为一种普遍现象取得进展，并且越来越"限制"卡里斯玛和一切具有个体差异的活动的重要性"。[70] 因此，韦伯对卡里斯玛的限度和被滥用的问题便忽略不计了。我们在法西斯极权主义统治下活过来的人，却认为这是一个极为严重的问题，在韦伯本人的术语学意义上说，这种统治当然应被看作一种卡里斯玛现象。[71] 韦伯看到了现代大众社会官僚制的僵化带来的普遍威胁，因而毫不犹豫地支持伟大煽动家的直选－卡里斯玛支配，以此作为逃避"未来农奴制铁笼"的现成手段。

就在创造力大迸发时期，恶性肺炎在1920年6月突然夺去了韦伯的生命。他生前未能看到，直选－卡里斯玛领袖支配所采取的形式并不是一种强大的民主制，而是极权主义的法西斯独裁。他对这种卡里斯玛支配形式会抱什么态度，应该是毋庸置疑的。他会厌恶利用最低级的大众本能与民族主义情感的政策。他的责任伦理观要求政治家为他们的根本动机做出理性解释，这与残忍褊狭的法西斯主义统治是直接对立的。

然而，他的直选领袖民主制理论，还是很容易从威权主义意义上被重新解释。克尔罗伊特把马克斯·韦伯与奥斯瓦尔德·斯宾格勒视为同一政治阵营中人，他无疑是看错了。[72] 不过，进行这样的比较也是有启发意义的。马克斯·韦伯的设想是把议会转变成一个"政治家训

---

[70] 《经济与社会》，第695页，另见第669、677、688、690页。

[71] 温克尔曼的反命题在韦伯的论述中找不到支持。温克尔曼对此很清楚，他写道："自雅各布·布克哈特以来，还没有谁（像韦伯那样）听到了历史在地下轰鸣的咆哮声，他认为这等于是宣布了资产阶级理性主义时代正在过去，无理性的煽动主义恺撒制新纪元正在到来，因为卡里斯玛支配形式的经验重要性占了上风。"《马克斯·韦伯支配社会学中的正当性与合法性》，第64页。实际上，韦伯期待的是一个更加理性主义的时代，并且看到了卡里斯玛中唯一的阻碍因素，就来自官僚制人生理想的全面支配。他并不认为平衡可能会有利于卡里斯玛，更不用说以我们经验过的那种方式了。如果温克尔曼的观点是切题的话，韦伯恐怕就只能被认为是法西斯主义的直接先驱了。

[72] 《马克斯·韦伯与奥斯瓦尔德·斯宾格勒的国家政治观》（"Die staatepolitischen Anschauungen Max Webers und Oswald Spenglers"），前引书第481页及以下。

练营"和单纯的行政监督机构,同时由伟大的煽动家凭借自身卡里斯玛禀赋的力量进行统治[73],而纯粹的公民投票制与此倒是相去并不太远。卡尔·施密特依靠韦伯的理论是自觉的选择,而施密特的任务更是特别容易,因为马克斯·韦伯已经把一个强大民族的权力利益作为一种特定的民主价值观了。韦伯的精英民主理论完全适合继续发展为这样的理论,即"抛弃政党国家"并"完善平等主义民主,将其改造为领袖寡头制",以此作为摆脱魏玛国家大众民主现实的一条出路,但这几乎与韦伯的意图无关。[74] 到1933年,"挟机器而治"的卡里斯玛-直选领袖制以根本不同于韦伯所想象的方式登台亮相了。然而,我们不得不承认,韦伯的卡里斯玛领袖理论与彻底形式化的民主制含义结合在一起,很有助于——尽管只是微不足道地——促使德国人民去拥戴一个领袖,甚至拥戴阿道夫·希特勒。[75]

今天,我们再次面临着创建一种民主秩序的任务,使它不至于

---

73 《政治著作选》,第537页,参阅卡罗·安东尼前引书第177页及以下。

74 海因里希·特里佩尔的《国家宪法与政治党派》(Heinrich Triepel, *Die Staatsverfassung und die politischen Parteien*, Berlin, 1928)的目的就是对此进行评价。引语见第28页及以下。

75 笔者很高兴地接受了厄恩斯特·诺尔特(Ernst Nolte)的建议,调整了本书第一版的如下表述:"使德国人民由衷地愿意欢呼阿道夫·希特勒登上了领袖地位"——这样就有了上面的说法,意在压缩被曲解的余地[参阅厄恩斯特·诺尔特:《法西斯主义之前的马克斯·韦伯》,载《国家》(Ernst Nolte, "Max Weber vor dem Faschismus," *Der Staat* 2, 1963),第11页注释33]。但同时也应当指出,这个表述很接近卡尔·洛维特的说法,对此很难把它归因于对马克斯·韦伯的恶意解释。洛维特在1939年写道:"总的来说,他通过积极倡导无理性'卡里斯玛'领袖制和'领袖挟机器而治',通过消极表达不自然的虚无主义,通过表明他的政治精神气质,为一种威权主义独裁领袖制国家铺平了道路,其最终根源只是在于坚决选择了一套不同的价值规定,这岂是无关宏旨!"[《大众与价值》(Karl Löwith, *Maß und Wert*, 3 Jg., Heft 1, 1939, S.171)]另外,本书第一版已经明确指出,没有人能够直接甚至间接地把马克斯·韦伯与国家社会主义或者法西斯主义倾向相提并论。韦伯本人认为自由秩序面临的危险是受到了来自相反方向的威胁,即难以抗拒的官僚制的威胁。但这并不意味着我们不需要按照韦伯本人的思想原则,以及对国家社会主义或者其他法西斯主义制度的经验,去坦率评估马克斯·韦伯的宪政观。我在这里和别处都已经说过,马克斯·韦伯本人会不遗余力地同国家社会主义进行斗争。

第十章　从自由主义宪政国家到直选领袖的民主制

陷入无领袖状态，不至于缺少真正的权威，同时又能在一个被各种官僚制组织和利益集团支配的社会中保住自由自决的基本价值。这项任务的重大意义现在变得更加清晰，因为现代工业化大众社会很容易受到或多或少具有民主外观的威权主义支配方式的吸引，这一点如今再次变得引人注目了。威权主义－卡里斯玛与宪政国家的混合支配形式，不仅在新兴国家中已很常见，即使在议会民主制源远流长的地方也不算罕见了。法兰西第四共和国的命运就清楚地证明了这一点。戴高乐主义的崛起证实了马克斯·韦伯的命题——议会民主制如果不想被冻结为一种僵硬的政党制度和不同经济与社会利益集团的身份保护制度，就需要称职的领袖与强大权威。兼顾了议会制与总统制原则的第五共和国议会制结构，就非常接近马克斯·韦伯主张的魏玛宪制。[76]至少，戴高乐（de Gaulle）必须被归类为恺撒式大众领袖类型的政治家，他依靠卡里斯玛声望能够确保在政党和议会之外获得大众支持。在第五共和国的宪制中，法国总统的直选领袖地位，许多方面都类似于马克斯·韦伯在1918—1919年间主张赋予帝国总统的那种地位。法国总统借助一个内阁进行统治，内阁部长们需要获得议会信任以保持

---

[76] 1959年春，我曾根据当时正在形成的戴高乐体制的尚不充分的信息提议将马克斯·韦伯1918—1919年的宪政观和戴高乐第五共和国进行比较，卡尔·勒文施泰因对此进行了尖锐批评。他指责我对宪法史的了解极为贫乏（《马克斯·韦伯：直选领袖制国家的"鼻祖"》，前引书第279、286页）。然而，第五共和国的制度无疑是兼具议会制和总统制性质的最重要现代范例，可与韦伯当时的构想同日而语则是无法否认的。勒文施泰因彼时曾断言，"由保守派－大土地所有者选举团单方面构成的总统投票"不可能有其他结果，无疑就是韦伯术语意义上的纯粹直选戴高乐。单是历史的发展就证明了"见多识广的宪法法律人"的"信息"是错误的。众所周知，1962年11月6日的法律改动了1958年9月28日法国宪法的第6条，设立了构成成分复杂的选举团，原本就是为了必须选举总统。这个变化引进了总统直接普选，因此，事后来看，它消除了韦伯以总统为顶点的直选领袖民主制构想与戴高乐主义宪制的唯一分歧点（我在那时就已经明确谈到过，请参阅我的《直选领袖民主制》，第318页注释40）。故而，韦伯的宪制结构就应当按照法兰西第五共和国以来的经验予以批评检验，而不应盲目耽于反戴高乐主义。

任职，实际上他们也同样需要依靠总统的信任。法国总统也有权通过解散议会并要求举行新的选举或要求发起人民复决投票，由人民直接裁决来处理某些重大政治问题。不仅是戴高乐，还有他的继任者蓬皮杜（Pompidou），都曾一再利用了这些可能性。一种新的选举制度取代了比例选举权，它不同于英国的选举制度，而是允许第二轮投票，因此不会在同等程度上加强多数。这很类似于韦伯提议的多数选举法以取代比例代表制，后者带来了政党官僚权力令人难以忍受的膨胀，受害的则是每一个议会成员。韦伯以总统为首脑的直选领袖民主制，和戴高乐大胆尝试的借助直选统治技术以稳定法国民主制，两者之间还有更多的相似之处。戴高乐自觉利用了法兰西民族的伟大过去以追求权力，我们已经看到，马克斯·韦伯也非常赞同这种战略。韦伯认为，帝国总统之职理应给予伟大的卡里斯玛政治家机会以再现俾斯麦辉煌的民族成就，而这些成就已经毁在了他那些侏儒般的继承人手里了。

但是，将马克斯·韦伯的宪政构想与第五共和国的宪制过度类比也是错误的。两者之间也存在许多方面的差异。在第五共和国的宪制下，议会机构的活动与影响受到了一系列限制，其权力远远弱于韦伯认为的理想程度。[77]这一点特别表现在戴高乐为了限制议会影响力而提出禁止政府官员同时兼任立法机构成员。我们知道，马克斯·韦伯强烈反对俾斯麦的帝国宪法中规定的类似约束条件，希望允许政党领袖能够上升到政府的最高地位而又不至于丧失本党或党团的追随者。第五共和国的经验似乎表明，不得同时在政府和议会任职的原则，事实上强有力限制了议会政治家上升的可能性，从而为上层官僚打开了晋

---

[77] 请比较多萝西·皮克尔斯：《法兰西第五共和国》（Dorothy Pickcles, *The Fifth French Republic*, New York, 1960），第 126 页及以下；莫里斯·德维尔热：《政治制度与宪法权利》（Maurice Duverger, *Institutions politiques et droit constitutionnel*, Paris, 1970），第 683 页及以下。

第十章 从自由主义宪政国家到直选领袖的民主制

身之路,而韦伯对这个群体一直抱有严重的不信任。此外,可以说,在缺乏其前任那种直选-卡里斯玛形象的蓬皮杜统治下,第五共和国的制度回到了更平和的路线,议会这个立法机构则重新获得了某些权力。

这里并不合适对韦伯1918—1919年的宪政构想与第五共和国的宪制进行系统比较或者据此评估他的构想。无论如何,这样的比较可以证明,韦伯以总统为首脑的"直选领袖民主制"概念,并不是一个单纯的理论建构。即便是戴高乐主义制度在法国的相对成功,也无法驱散一个潜在的问题:这样一种公民投票制度能否提供一条有承载力的道路,以摆脱现代工业社会中的民主制所面临的那些难题。显然,这要大大取决于出现合适的领袖以利用这种制度的个人直选可能性。戴高乐主义的范例也并没有明白无误地打消一个根本异议——这样的结构可能会更容易转向一种威权主义甚或极权主义的支配形式。

可能会有人认为,如果《魏玛宪法》类似于法国现在的宪法,德国人民也许会逃过1933年那一劫。从我们对马克斯·韦伯的帝国总统制构想所做分析的来龙去脉而言,我们的看法恰恰相反。韦伯的制宪规划尽管从根本上说具有民主性质,但不可否认也洋溢着威权主义气息,而且无法阻止人们对其进行极权主义的重新解释。政治卡里斯玛本身由于缺乏内在的价值规定,不可能为建立一种稳定的民主秩序提供必需的牢固基础。

因此,我们今天需要在一些实质问题上与韦伯分道扬镳。有鉴于政党机器越来越重要,以及政治上的物质利益集团越来越占据优势,诉诸卡里斯玛和政治领袖的强大煽动力,已不再是民主理想摆脱两难困境的有效出路了。我们必须为政治共同体生活寻求价值理性的新形式,以有效钳制现代社会的官僚制趋势和政治利益集团的影响。与马克斯·韦伯可能或必定认为的相比，宪法保障的公民权利和法治国家原则，在我们的民主支配理论中必须重获更为核心的地位。民族国家不能再成为我们政治活动的唯一且不容分说的规范；我们必须坚决克服把我们自己民族国家的权力视为终极理想的冲动。但是，马克斯·韦伯的知识态度，他对"知识诚实"的不懈追求，他从不满足于迁就意识形态样板，这些必定仍是我们有义务遵守的原则。

后记：马克斯·韦伯新解

再次提交给学术界的这部关于马克斯·韦伯的政治作为和政治思考的专著，第一次出版时曾遭到了尖锐抨击，尽管它也得到了普遍的好评。[1] 围绕马克斯·韦伯的政治立场及其给他的社会学工作带来的后

---

[1] 下面是本书第一次出版后对本书的评论概况，但远不能说是全貌：

Boesch-Jung, in: *Schweizersche Zeitschrift für Geschickte*, Jg.10（1960）: S.488; Bernhard Knauss, "Max Webers Hinterlassenschaft," in: *Süddeutsche Zeitung*, v.15/16/17. 6. 1960; Wolfgang Schwarz, in: *Politische Studien*, Jg.11, Nr 121（1960）; Carl Schmitt, in: *Das Historisch- Politische Buch*, Jg.8（1960）; Emst Johann, "Entzauberung der Welt," in: *Frankfurter Allgemeine Zeitung*, v.6.8. 1960; Helmut Seifert, in: *Bücherei und Bildung*, Nr.148 von Juni（1960）; ders., in: *Bücherei und Bildung*, Jg.12（1960）, S.451; E. M., "Max Weber und die deutsche Politik," in: *Das Parlament*, Nr.14 v.6.4. 1960; Emst Forsthoff, "Ein politischer Mensch-kein Politiker," in: Christ und Welt, Nr.40, v.29.9. 1960; N.N., "Begegnung mit Max Weber, ein Nationalliberaler mit einem Schußins Romantische," in: *Schwäbische Zeitung*, Nr.231, v.6.10. 1960; Klaus Epstein, in: *American Historical Review*, Bd.66（1960）: S.155 f.; Kurt Sontheimer, "Weber als Politiker," in: Neue Politische Literatur, Jg.5（1960）: S.278 ff.; L., in: *De Standaard*, Nr.214（1960）; Rudolf von Albertini, "Max Weberund und die deutsche Politik 1890—1920," in: *Neue Zürcher Zeitung*, Nr.2279（64）v.3.7. 1960; N.N., in: *Der Pfälzer*, Jg.10（1960）, Nr.24; Carl Rainer, "Max（转下页）

果展开的争论,相当热烈和激切。一定程度上说,争论缘起于本书问世时的特定历史局面。20世纪50年代德意志联邦共和国的政治与思想气候,受到了魏玛时期思想政治传统复兴的广泛影响。因此,被公认为威廉时代制度缺陷的严厉批判者的马克斯·韦伯,自然也被认为是可供利用来为刚刚恢复的德国民主制度进行辩护并有助于促使其政治自觉不断成熟的少数权威人物之一。在这种形势下,许多人在以往的研究中都倾向于忽略对马克斯·韦伯的政治立场进行批判评价,或者把这项工作视为无关宏旨。就此而论,特奥多尔·霍伊斯1958年为新版马克斯·韦伯《政治著作选》撰写的慎重而富有洞见的导论,则是一个值得信赖的例外。[2] 在这种形势下,全面分析马克斯·韦伯的政治著述,把他一以贯之的——虽然也是现实主义的——民族主义和帝

(接上页)Weben-Ein Wegbereiter Hitlers?", in: *Berliner Tagesspiegely*, v.22 11. 1961; Wolfram Fischer, in: *Blätter für deutsche Landesgeschichte*, Jg.97(1961):S.285; Norman Birnbaum, "Demon of the Concrete: A Note on Max Weber and Contemporary Sociology," in: *New Left Review*, Nr.8, 3/4(1961):S.35 ff.; Reinhard Bendix, "Einige Bemerkungen zu einem Buch von Wolfgang Mommsen," in: *Kölner Zeitschrift für Soziologie und Sozialpsychologie*, Jg.13(1961):S.258 ff.: Paul Honigsheim, "Max Weber und die deutsche Politik," ebda., S.263 ff.; Karl Loewenstein, "Max Weber als 'Ahnherr' des plebiszitären Führerstaats," ebda., S.275 ff.; N.N., in: *Revue Française de Science Politique*, Jg.11(1961); Victor Leemans, in: *Tijdschrift voor Filosofte*, Jg.24(1962):S.740; Eberhard Kessel, "Zur inneren Entwicklung Deutschlands unter Wilhelm Ⅱ, und in der Weimarer Republik. Ein Literaturbericht," in: *Archiv für Kulturgeschichte*, Bd.40(1962):S.262 ff.; Heinrich Muth, "Innenpolitik 1918—1945(Literaturbericht)," in: *Geschichte in Wissenschaft und Unterricht*, Heft 5(1962):S.312 f.; Joachim H.Knoll, in: *Zeitschrift für Religions-und Geistesgeschichte*, Jg.14(1962):S.303 ff.; Rudolf Vierhaus, in: *Vierteljahrsschrift für Sozial-und Wirtschaftsgeschichte*, Jg.50(1963):S.273 ff.: Annette Kuhn, in: *Zeitschrift für Politik*, Jg.10, Nr.2 vom Juli 1963; Emst Fraenkel, in: *Historische Zeitschrift*, Bd.196(1963):S.418 ff.; Eric C.Kollman, *Journal of Central European Affairs*, Jg.23(1963):S.231 f,; Georges Castellan, "Histoire de l'Allemagne depuis 1914," in: *Revue Historique*, Juni 1964, S.431 f.: Eugene Fleischmann, "Métamorphoses Wébériennes," in: *Archives européenn, es de sociologte*, Jg.5(1964):S.126 ff.; N.N., "Tradicni koncepce?", in: *Host do durnu*, Jg.14(1967):S.50 ff.(*Ein Gast ins Haus*. Monatsschrift fur kunst, Literatur und Kritik. Herausgegeben vom Tschechoslowqkischen Schriftstellerverband, Prag); Wolfram Fischer, *Zeitschrift für die gesamte Staatswissenschaft*, Bd.121, 1965, S.368 f.

2《时代中的马克斯·韦伯》,载《政治著作选》,第 vii 页及以下,尤见第 x、xvii 页。

后记：马克斯·韦伯新解

国主义立场称为他的基本政治立场，必定会产生令人恼怒的影响，而证明马克斯·韦伯支持议会民主秩序是为了服务于德意志民族国家的权力，这尤其会令人激愤，因为，一如雷蒙·阿隆所说，那将使"新生的德国民主失去一位'创始人'、一位显赫的鼻祖、一位天才的发言人"[3]。

单是出于这些原因，激烈的争论就会不可避免。马克斯·韦伯以前在海德堡时的圈子成员这个群体受其影响极大，他们在20年代营造了一个神话，就是韦伯作为一个天然领袖被极度冷落了。但他们描绘的这幅伟人肖像根本是不恰当的。事实上，韦伯去世后30年间出现的不过是一套井井有条的陈词滥调，且已被证明是不真实的。当时人们普遍忽略了事实，我的解释是大不同于那些陈旧解释的，特别是不同于克里斯托夫·施特丁或者雅各布·彼得·迈耶的解释，前者按照愚蠢的法西斯主义观点把韦伯描绘成必定会走向灭亡的资产阶级的对头[4]，后者则不容分说地给韦伯贴上了一个"钢铁时代的马基雅维利主义者"标签，并且认定韦伯继承了俾斯麦以后破坏性的德国现实政治传统。我的目标是根据对原始资料的谨慎分析刻画韦伯的政治人格，这不是一种片面的意识形态解释，而是力求描绘出韦伯的全部复杂性，包括他的内在矛盾与模棱两可。埃里克·科尔曼当时曾评论说："这不是一部揭短的书。"我很乐于接受这个说法，因为我的意图根本不是对马克

---

[3] 《社会学主要思潮》(*Main Currents in Sociological Thought*, New York, 1967)，第2卷，第248页。

[4] 克里斯托夫·施特丁：《马克斯·韦伯的政治与学术》(Christoph Steding, *Politik und Wissenschaft bei Max Weber*, Breslau, 1932)。另请比较施特丁的新著《帝国与欧洲文化弊病》(Steding, *Das Reich und die Krankheit der europäischen Kulture*, Schriften des Reichsinstituts für die Geschichte des neuen Deutschland, Bd.19, Hamburg, 1938)。

斯·韦伯进行诋毁性的批评。⁵

时至今日，这个再版的研究成果得出的结论，就其基本路径来说，几乎不再是争论的目标了，尽管对某些解释以及对马克斯·韦伯政治著述的重大意义的讨论总的来说绝不会停止。在1964年为纪念马克斯·韦伯召开的海德堡社会学家大会上，雷蒙·阿隆以《马克斯·韦伯与强权政治》为题的宏大演说——虽然是从一个不同的着力点——重新挑起了这个话题。阿隆强调了韦伯思想中权力与文化的密切关系，并坚称这足以看作他的民族权力欲的辩护理由。"权力确实是个目标，但也是增强文化影响力的先决条件。"⁶同时阿隆还强调说，韦伯始终支持"把德意志民族的权力利益作为终极目标"，这个命题实际上已经超出了本书提出的观点。⁷引人注目的是，阿隆的说法在海德堡基本上没有引起争议。当时我还试图与阿隆一起指出促使韦伯支持一种不动感情的伟大权力政治——其中特别突出的是他对一种动态经济与社会秩序的未来所抱有的关切——的普遍原因，但几乎没有得到理解；回顾性的争论也没有出现。赫伯特·马尔库塞论马克斯·韦伯著作中的"工业化和资本主义"问题的争议性演讲，对马克斯·韦伯政治著述的解释，已经到了远比我更激进的新水平——对此应当给予客观评价——并且证明了已不再可能回避对马克斯·韦伯做出冷静分析：尽管他是他那个时代登峰造极的人物，但毕竟还是属于威廉时代。

本书第一次出版后，关于对马克斯·韦伯政治著述的解释，出现了若干主要批评意见，首先是认为这些解释太多地集中于个人，有些批评家认为，应当更多地突出这个人生活于其中的思想史与当代史背

---

5 《中欧事务杂志》(*Journal of Central European Affairs*, Jg.23, 1963, S.231 f.)。
6 《马克斯·韦伯与当代社会学》(*Max Weber und die Soziologie heute*)，第107页。
7 同上书，第119页。

后记：马克斯·韦伯新解

景。第二种批评认为，马克斯·韦伯的理论与他的实际政策主张经常被混为一谈。第三种指责却正好相反，认为对作为政治家的马克斯·韦伯的描绘，没有充分考虑到他的学术与理论工作。

第一个异议在某种程度上说是无法否认的。但是应当指出，我的首要责任是必须准确记述马克斯·韦伯在他那个时代的政治角色，而解释那个角色可能需要进入一个更大的背景。那时，必要的类似研究并不可得，或者至今仍然稀缺。詹姆士·希恩（James Sheehan）论卢卓·布伦塔诺、迪特尔·迪丁（Dieter Duding）论弗里德里希·瑙曼、迪特尔·林登劳布（Dieter Lindenlaub）论社会政策协会的专著出版以后，已经填补了一些重要空白，但实际上并没有为在德国知识分子这个群体的历史背景下权威性地描绘马克斯·韦伯的政治立场提供充分的依据。斯图亚特·休斯（Stuart Hughes）与弗里茨·林格尔（Fritz K. Ringer）为此目的所做的努力也非常一般[8]；克劳斯·施瓦贝（Klaus Schwabe）对"一战"期间德国教授群体政治立场的概述，在这方面无疑同样没有太大帮助。当然，应当提到的还有古斯塔夫·施密特（Gustav Schmidt）的迈内克、特勒尔奇、韦伯研究。[9] 但这项研究乃是基于大有争议的解释方法，并不完全令人满意。施密特试图把马克斯·韦伯的政治立场追溯到晚期德国历史主义的思想传统那里，同时

---

8 斯图亚特·休斯：《意识与社会：欧洲社会思想的重新取向，1890—1930》（H. Stuart Hughes, *Consciousness and Society: The Reorientation of European Social Thought, 1890—1930*, New York, 1961）；弗里茨·林格：《德国知识名流的衰落：1890—1933 年的德国学术共同体》（Fritz K. Ringe, *The Decline of the German Mandarins: The German Academic Community, 1890—1933*, Cambridge, 1969）。

9 《德国的历史主义以及向议会民主制的过渡：迈内克、特勒尔奇、韦伯政治思想研究》（*Deutscher Historismus und der Übergang zur parlamentarischen Demokratie. Untersuchungen zu den politischen Gedanken von Meinecke-Troeltsch-Max Weber*, Lübeck 1964），尤见第 47 页及以下和 226 页及以下。

又特别扯上了英国的样板,这本身就自相矛盾,而且英国样板对于韦伯政治思考的重要性被强调得太过分了,因此难以服人。

第二个异议特别来自卡尔·勒文施泰因和京特·罗特(Guenther Roth),同样没什么根据。[10] 细察之下,这个异议不过是一种策略,旨在防范马克斯·韦伯的社会学工作受到任何基于政治方面考虑的批评。坚持马克斯·韦伯对价值判断保持克制的原则,不应导致在韦伯的政治观点和他的社会学－理论著述之间挖出一条鸿沟。它们都源自一个共同的基础,即在一个被管制的世界上,人格的自我设计和自我实现的先决条件是遵循理性的责任伦理原则。除此之外就必须允许利用马克斯·韦伯社会学的概念工具解释他本人的政治观点。如果我们赞同按照韦伯的政治与社会观点把他的社会学截然两分,那就是一种极大的曲解。恰恰相反,任何细致的分析都可以证明,他的社会学工作都依赖于特定的知识与社会立场,而且它们也有一种政治角度。韦伯本人就一再宣称,研究者的个人价值立场具有指导判断力和规定整个学术研究之方向的功能,同样会富有成果。

布鲁恩(Bruun)最近论证说,马克斯·韦伯坚持进行价值无涉的判断表现在两个方面:一是防范那些表面上客观但实际上是强加的主观价值以保护学术,二是反对那些戴着伪客观面具的学术侵犯价值领域。[11] 在韦伯的思想中,价值与学术是相互依存的。从政治学观点来看,

---

10 卡尔·勒文施泰因《马克斯·韦伯:直选领袖制国家的"鼻祖"》,前引书第277页:"在我看来,传记作者恰如其分地把学者韦伯与政治思想家或政治家韦伯划出了彼此的界限。"按照勒文泰因的说法,"例如《经济与社会》中的学术著证"就没有《政治著作选》中的证据"那样的实际价值"。同样,京特·罗特也天真地假定,韦伯著述中的学术与政治是可以分而论之的。请比较京特·罗特《对马克斯·韦伯的政治评论》,载莱因哈德·本迪克斯与京特·罗特:《学识与党见:马克斯·韦伯文集》,第55页及以下。

11 H. H. 布鲁恩《马克斯·韦伯方法论中的学术、价值与政治》(H. H. Brunn, Science, Values and Politics in Max Weber's Methodology, Copenhagen, 1972),第16页及以下。

后记：马克斯·韦伯新解

把科学家马克斯·韦伯与政治家马克斯·韦伯截然两分，也许可以作为权宜之计，但这是个不可能完成的任务。如果执意这么做，那将导致对他的社会学著述与政治理论的解释毫无结果，普遍历史和人作为目的的重大意义将被扭曲。马克斯·韦伯的学术始终是脱离日常政治的，同时他也很清楚，学术无疑能够影响社会意识的长期变化，因为它所研究和阐明的是与影响着人们的重大进程息息相关的社会现实。

因此，认为马克斯·韦伯的著述可以截然两分为学术与政治的论点必须被摒弃。笔者当然也不能接受这样的批评——本书与韦伯的理论见解并没有充分的关联。应该坦率承认，这里并未过多关注把韦伯的学术工作与政治观点联系起来的可能性。他的学术理论立场完全是在解释个别问题时才被考虑到。前面已经一再强调过，马克斯·韦伯政治传播学的核心概念，比如政治家与官员的二分法，或者突出政治领袖的选择问题，在他的政治社会学中也都能看到。然而，也可以说，马克斯·韦伯的整个社会学工作都是依赖于一种仅仅在一定程度上得到明确阐述的普遍历史观，这与他的政治信念密切相关。我已经试图在别处弥补本书的不足，并专门讨论了韦伯的忧虑——全能的官僚制无情的膨胀对西方自由主义社会秩序的致命威胁——和他的政治见解的关系。[12]

这里再次呈现的对马克斯·韦伯宪政立场的描述，一直就是特别激烈争论的主题。诚然，对于某些核心论点，几乎不存在任何争议，且无人否认这一事实：领袖人物的选择问题是韦伯民主概念的核心问题，韦伯把他的民主概念主要立足于实用主义范畴，而不是自然法。不过，除此之外，就没有其他共识了。依我之见，韦伯那种借助卡里斯玛能量为自己的政策争取大众支持的民主制大众领袖概念，可以追

---

12 请参阅我的《普遍历史与政治观》，前引书第557页及以下，另见《官僚制时代》，第95页及以下。

溯到贵族政治的个人主义,其中兼有自由主义观念和尼采的价值重估式人物。卡里斯玛领袖凭借个人直选技巧赢得必需的大众支持,理应给官僚制统治机器指示目标和方向。韦伯认为,议会最重要的功能就在于抗衡因大众直选而获得正当性的领袖,其主要责任是确保领袖一旦失灵就可以按照规则将其淘汰出局。

当然,对这个民主模型,可以因为角度不同而突出不同的解释重点,也可以因为立场不同而给予不同的评价。即使韦伯的同时代人,对于他的宪政主张是否在所有方面都明智这个问题,也绝没有形成一致看法。法西斯体制确立的"挟机器而治的领袖支配"与韦伯的本意完全背道而驰,但是按照对这种体制的经验,我相信,有必要批判审视一下他的宪政结构,不管它们的初衷如何。在这个过程中,我感到我与韦伯本人是一致的,韦伯曾致信弗里德里希·冯·戈特尔-奥特里伦菲尔德(Friedrich von Gottl-Ottlilienfeld)说:"凡有分歧处,我都希望听到尽可能尖锐的辩驳。"我曾把这个说法作为写作本书的座右铭。我并没有简单地做一番综述,面面俱到地展示马克斯·韦伯立场的敏锐之处却回避它们的特征以及张力和矛盾。这尤其使我与莱因哈德·本迪克斯(Reingard Bendix)不同,他在《马克斯·韦伯著作的阐释、分析与结果》中,以适合当代社会科学需要的和谐与精致的方式刻画了社会科学家和政治家马克斯·韦伯的形象,却无视了合乎尼采要求的那种从不满足于迁就妥协、总是追求极致的火山般个性。[13]

我相信,我们无法对马克斯·韦伯在1918年之后转而要求到议会

---

13 参阅《马克斯·韦伯思想肖像》(*Max Weber: An Intellectual Portrait*, Garden City, N.Y., 1960),德文版《马克斯·韦伯著作的阐释、分析与结果》(*Max Weber—Das Werk: Darstellung, Analyse, Ergebnisse*, München, 1964),相当于英文版第二版。另请参阅我的评论《新发现的马克斯·韦伯文献》,载《社会与经济史季刊》("Neue Max-Weber-literatur," *Vierteljahrsschrift für Sozial-und Wirtschaftsgeschichte* 53, 1966),第94页及以下。

后记：马克斯·韦伯新解

之外选择领袖视而不见，也无法在谈论民主的实质时不去检验他的"直选领袖民主制"概念。我还相信，像京特·阿布拉莫夫斯基（Gunter Abramowski）那样的解释是根本错误的，他把1917年那个阶段的直选民主制概念视为全部，没有谨慎区分这个概念在不同阶段的含义。[14] 我从不怀疑韦伯的"直选领袖民主制"本意就是民主制，至于它作为一种反威权主义的卡里斯玛支配版本，在多大程度上越过了对民主的传统理解的边界并容易在反民主的意义上被重新解释，这是大为不同的另一个问题了。此外，还应当提到一个事实，即阿布拉莫夫斯基把韦伯卡里斯玛支配理论的早期阶段绝对化了，他认为卡里斯玛对于韦伯来说"重要性不断衰减"，因而不应对他的支配社会学的这个成分给予太高评价。[15] 毫无疑问，韦伯观察到了所有生活关系的理性化这一普遍趋势，但他并不打算对这种趋势俯首帖耳。恰恰相反，正是因为这些前提，他认为摆脱困境的唯一出路就是恢复卡里斯玛的革命性力量。在他后来的作品中，卡里斯玛不再只是一种古代现象了，而被视为一切负责任的个体创造性行动的源泉，特别是在政治领域，卡里斯玛被认为是名副其实的政治领袖对抗统治着世界的无领袖官僚机器的立足之本，即使它本身并不纯粹，它也必须从上面或者从外部为这个世界规定目标。

就此而论，我们不可能忽略这个政治领袖概念在韦伯议会民主制模型框架中的重大意义。韦伯从不认为议会制度遭到破坏会有利于直选领袖的支配，指出这个显而易见的事实会带来一些难题，而回避这些难题在思想上是不诚实的。我已经说得非常清楚，马克斯·韦伯从

---

14 《马克思·韦伯的历史观》（*Das Geschichtsbild Max Webers: Univeralagechichte am Leitfaden des okzidentalen Rationalisierungsprozesses*, Stuttgart, 1996）。另见我的《新发现的马克斯·韦伯文献》,《历史杂志》第211期，第618页及以下。

15 阿布拉莫夫斯基前引书，第158页。

未预料到一种极权主义性质的新型卡里斯玛支配的发展。他远更担心的是官僚化进程产生的危险。就我们对他个人的全部了解而言，他无疑是法西斯主义的死敌。1919年之后他不断猛烈抨击反动右翼的罪恶活动（他恰好在卡普政变达到高潮时亲眼看见）无疑就证明了这一点。但是，这并不等于允许我们回避他这种偏重领袖的民主观所具有的教条化历史意义问题。在这方面，勒文施泰因对本书的情绪化驳斥显然没有击中要害。他试图用"直选领袖制国家的'鼻祖'马克斯·韦伯"这个说法抨击我的论题，但他跑题了。[16]

在我们看来，古斯塔夫·施密特对这个问题的解释也是以似是而非的结论告终的。试图把韦伯"直选领袖民主制"概念的思想根源追溯到盎格鲁–撒克逊传统那里，这是非常可疑的。韦伯在议会制框架内赋予"直选–卡里斯玛领袖"的功能，可能仅仅在形式上而非实质上与盎格鲁–撒克逊传统的实用主义民主概念有关，与英国的首相内阁制本身毫无关系。[17] 把议会民主制彻底贬低为政府手中的一个单纯的工具，确实可以追根溯源到清教传统，但韦伯赋予它一种更彻底的形式，在盎格鲁–撒克逊的政治传统中并无同类。我们熟知的盎格鲁–撒克逊传统中反对滥用权力的途径，是在多元化的政治机构之间实现权力分立，韦伯给出的途径则是政治领袖同议会及其他政治机构的二

---

[16] 《科隆社会学与社会心理学杂志》，第13期，1961，第275页及以下（请参阅我当时的回应，《马克斯·韦伯的"直选领袖民主制"概念》，同上书，第15期，1963）。另见勒文施泰因《在当代视野中看马克斯·韦伯国家理论的贡献》，载卡尔·恩吉施、伯恩哈德·普菲斯特与约翰内斯·温克尔曼合编：《马克斯·韦伯百年诞辰纪念文集》（"Max Weber Beitrag zur Staatslehre in der Sicht unserer Zeit," in: Karl Engisch, Bernhard Pfister, Johannes Winckelmann, Hrsg., *Max Weber: Gedächtnisschrift der Ludwig-Maximilians-Universität München zur 100 jährigen Wiederkehr seines Geburtstages 1964*, Berlin, 1966），第142页及以下，以及勒文施泰因：《当代视野中的马克斯·韦伯国家政治观》（*Max Webers staatspolitische Auffassungen in der Sicht unserer Zeit*, Bonn, 1965），第70页及以下，尤见注释16。另见我的《新发现的马克斯·韦伯文献》，前引书第625页及以下。

[17] 施密特前引书第291页及以下。

后记：马克斯·韦伯新解

分法。只要领袖还能保持大众对他的信赖，他就可以要求支持者绝对服从纪律并独断式命令官僚制权力机器去完成他的目标。盎格鲁－撒克逊政治思想对此根本就闻所未闻。即便在韦伯特别论及英国样板的地方，他也往往是过分强调某些方面，比如他在把格拉德斯通描述为"选战独裁者"时就是这样，这个解释与格拉德斯通的实际角色并不相符，而且夸大了直选因素。[18]

人们很难彻底回避韦伯的政治领袖观，原因就在于这一事实：领袖一旦在形式上的自由选举中当选，他就要凭自身权利独自负责，而不是听从选民们公开表达的或者可疑的意志。他被期待的是按照自己的个人信念独自采取行动。这样突出领袖的个人－直选一面，并不是源自西欧的宪政思想，且与议会制度的基本原则难以调和。这其中隐含着一个精英主义贵族政治的因素，令人能够联想到尼采的超人理论，这种超人在最强大的个人责任意识驱策下为人类规定新的目标，以此防止人类堕落为"相同者"汇集而成的无领袖的平庸"羊群"。我也不会像施密特那样坚持认为，领袖与煽动家的概念相去甚远，因为无可争辩的事实是，韦伯把煽动家天赋视为政治领袖的基本素质之一。[19]

如果我们这样提出问题，追求和谐的尝试就是徒劳的。因此，我们已经不可能避而不谈如何从形式上——韦伯确实有意排除了从内容上——区别法西斯主义的领袖观。对此应当指出，不仅卡尔·约阿希姆·弗里德里希（Carl Joachim Friedrich）[20]，连卡尔·勒文施泰因也不顾他已经提到的针对经历过希特勒时期那一代学者的"追溯设计"

18 另见卡尔·勒文施泰因：《马克斯·韦伯的国家政治观》，第71页注释17。
19 参阅施密特前引书第291页，另见《政治著作选》，第525页。
20 卡尔·约阿希姆·弗里德里希：《政治领袖与卡里斯玛权力问题》，载《政治学杂志》（Carl Joachim Friedrich, "Political Leadership and the Problem of Charismatic Power," *Journal of Politics*），第23期，1961，第16页及以下。

（Ruckprojektionen）的激烈争论，认为将卡里斯玛概念用于描述现代民主制的领袖角色是不祥的，也是不合时宜的。[21] 韦伯意义上的卡里斯玛概念缺少内容，这使它有可能被用于劳合·乔治（Lloyd George）这种类型的直选领袖，也同样可以用于卡尔·李卜克内西、贝尼托·墨索里尼或者阿道夫·希特勒，这在实践中就产生了如何鉴别的难题。

既然把恺撒制条件下当选的卡里斯玛大众领袖淘汰出局在形式上要受持续存在的议会机构的调整，看来我们——在这个问题上我同意勒文施泰因的看法——就难以打消对这种结构的矛盾态度。如果出现了议会和政党沦为一个大众领袖的单纯追随者这样的局面，在发生冲突的情况下，它们就不可能有效对抗一个仍然执政但已经失去大众信任的大众领袖的操纵。不仅从宪政技术意义上说，而且特别是从原则上说，问题在于韦伯尤其突出领袖的功能，是否意味着几乎完全把民主程序简化为选择领袖了。在韦伯的影响下，特奥多尔·霍伊斯1920年时提出，必须看到，德国民主制的未来只有两个选择："决定这个民族之未来的问题"就在于"民主制中的领袖。人民是坐待自己的未来屈从于一个篡夺者的个人权力意志还是净化自己的本能，认识到自我的伟大，作为自发的追随者去决定自身的命运？"[22] 韦伯强调的是伟大政治家的个人责任地位，他应当采取的行动是抗衡官僚机器的匿名统治和没有使命感的职业政客的平庸，他的矛头所向是资产阶级自由主义的结构性缺陷，就是说，他倾向于个人向大众提出直选诉求，以弥补个人自治在工业化大众社会中遭到的破坏。

在这个问题上也应该提到厄恩斯特·诺尔特的研究，即《法西斯

---

21 参阅卡尔·勒文施泰因：《马克斯·韦伯的国家政治观》，第74页及以下。引语出自《直选领袖制国家的鼻祖马克斯·韦伯》，前引书第280页。

22 《政治著作选》，第xxxi页。

后记：马克斯·韦伯新解

主义之前的马克斯·韦伯》（"Max Weber vor dem Faschismus"），它从比较晚近的学术文献出发，开门见山地论述这个题目给出的难题，而不是像迄今提到的绝大多数作者那样用安抚性的说辞回避之。[23] 诺尔特毫不犹豫地认为，马克斯·韦伯政治思想的那些要素在一定程度上包含着前法西斯主义的成分。另一方面，他也提出了准确的评价标准，说明为什么马克斯·韦伯无论如何都是国家社会主义的劲敌，尽管在某种意义上说他的思想属于"法西斯主义之前"的时期。诺尔特正确地指出，法西斯主义有一个韦伯政治思想中并不存在的绝对典型的要素，即好战的反马克思主义。韦伯始终呼吁资产阶级结成"统一战线"以对抗传统的特权贵族领导阶层。为国家社会主义登台亮相提供了机会的社会格局，即小资产阶级与传统封建精英的联盟，与韦伯的命题——社会民主党人必须和资产阶级民主派进行政治合作——大相径庭。另一方面，我们也不能忽略这一事实：马克斯·韦伯对待所有生活关系中的理性化和官僚化普遍进程的矛盾态度，加之他认为个人正在不断"异化"，从形式上看，与反现代的意识形态——这是法西斯主义运动的突出特征——是有某种亲缘关系的。韦伯无条件信奉合理性使他本人对这种诱惑具有完全的免疫力，众所周知，他拒绝了斯特凡·格奥尔格或奥斯瓦尔德·斯宾格勒的道路，并且期盼出现新的先知或恺撒。

结论基本上清晰可见了。然而，这也意味着，我们不可能直截了地像诺尔特认为的那样把韦伯归入一个与法西斯主义不同的欧洲人联盟，即"从保守派亲改革的一翼直到社会民主党人"的联盟。[24] 事实上，给韦伯贴上任何一个精确的派别标签都是不可能的。诺尔特也指出，即使不考虑韦伯在原则上与法西斯主义方案是针锋相对的，他的立场

---

23 《论国家》（*Der Staat*），第 2 卷，第 1 页及以下。
24 同上书，第 10 页。

也显示了一系列与法西斯主义意识形态诉求有关的弱点。[25]其中,除了一定程度上赞同社会达尔文主义学说、把斗争视为政治的根本要素之外,还包括临时主张收复失地策略以对抗《凡尔赛条约》,倾向于把议会制度贬低为保证政治领袖有机会脱颖而出的技术安排,仅仅规定这种领袖要依靠形式上的自由选举。在韦伯的支配社会学背景中,这种结构必须被理解为一种寻求出路以摆脱工业化大众社会条件下的两难困境的尝试,这样才能确保具有领袖天赋的大人物的个人统治,从而间接阐明了后资产阶级世界(nachbürgerlichen Welt)自由主义的一个核心问题。这就难免令人怀疑,资产阶级各阶层对法西斯主义的花言巧语缺乏免疫力,在一定程度上就是与这种观念有关。希特勒在对德国西部的实业家们发表的演说中,一再以特别温暖人心的说辞竭力指出,必须再次为个人在经济与社会领域自由的创造性活动开辟道路。想象中或实际上缺乏合格的领袖,已经成了对魏玛共和国漠然视之的那些资产阶级群体的主要论点之一,而马克斯·韦伯事实上就可以被利用来为这个论点作证,尽管绝大多数情况下利用韦伯立场的那些人根本不明白其中的深奥和复杂。

尽管如此,关于今天是否能够或者应该从遵循某些基本政治原则的角度去批评韦伯对民主的理解,无疑还会众说纷纭。不过,即使为现代"宪政民主"提供最终的价值理性根据已无可能,社会科学也仍然有一个义不容辞的任务,即根据目前的社会条件,从最大限度的个人自由是否以及能在多大程度上与所有人的最大化自决结合起来这个

---

25 诺尔特认为,马克斯·韦伯对救赎宗教的尼采式评论以及把理性化进程视为无可逃避的命运,都是削弱了他针对法西斯主义采取的立场的因素。然而,我们无法同意这一点。这里的关键在于诺尔特本人的法西斯主义概念,它把法西斯主义看作一种对超验性的反叛。在我们看来,这种观点大大低估了法西斯主义的社会性。

后记：马克斯·韦伯新解

角度，去分析政治制度的多元可能性。在这方面，本书所记述的韦伯的立场，无论他的主观意图如何，在我看来都是无可指摘的。也许会出现必须求助于直选－卡里斯玛形式的政治领袖的局面，例如西方类型的工业社会之僵化程度实际上到了韦伯所担心的那种危急阶段。但是，诉诸这样的政治技术，似乎已经不适于当代的情况了。与那些吸引大众并为他们提供目标的伟大领袖相比，我们远更需要的是有能力在不同政治信念之间进行整合与妥协的政治家，他们具有阐明他们所代表的社会群体的利益和目标并将其贯彻进政治行动的意志。就此而论，韦伯的"直选领袖民主制"概念也应当接受实用主义观点的评判。

上面最后这句话似乎也没有涉及现代社会的正当性问题。20世纪50年代期间，政治支配的正当性问题似乎已经从技术意义上被简化为有效供给人的生存和持续改善大众福利，今天，这个问题又整个摆上了桌面。我们再次面临着"形式合法性"或"技术合理性"最终能否足以为西方类型的现代社会提供稳定的基础，能否形成政治与社会共识依据的问题。[26] 也可能，只要认为现代工业社会的政治进程几乎只能决定于经济进步的科技与物质条件，"技术合理性"就可以假冒为一种正当性形式。

幸有马克斯·韦伯进行了大量这样的思考，尽管在已经变化了的政治与社会条件下，他的解决方案未必能被完全接受。无论我们认为它们有多大的实际可行性，一旦它们遭遇一种显然是客观性的新实证主义立场，其可行性就难以令人满意了，而新实证主义立场是要简化

---

[26] 尤见 J. 哈贝马斯：《作为"意识形态"的技术与科学》（Jürgen Habermas, *Technik und Wissenschaft als "Ideologie"*, Frankfurt, 1968），第 78 页及以下，以及他的《晚期资本主义的正当性问题》（*Legitimitätsprobleme im Spätkapitalismus*, Frankfurt, 1973）。

价值疑难问题以寻求解脱，这无论如何都是与马克斯·韦伯的基本立场——即一切问题最终都涉及个人的根本观点——直接对立的。看来，把我自己对马克斯·韦伯政治思想的解释，一种源自一以贯之的自由主义立场的解释，和许多完全不同的解释混为一谈，是毫无用处的。一系列亲近新实证主义社会科学的作者，把我对政治家马克斯·韦伯的解释与克里斯托夫·施特丁的法西斯主义描述和列奥·施特劳斯及埃里希·弗格林的天主教正统主义批评完全混为一谈，同时却坚持自称具有客观性，[27] 我承认，这使我极为恼火。引人注目的是，这些作者引用马克斯·韦伯是为自己辩护，尽管韦伯一再明言，一种采取中间路线的解释丝毫也不比坚持极端立场的解释更真实。[28] 韦伯本人毕生都在根据一种几乎是自我毁灭式的严苛主义把全部赌注都押在了从自己的立场推出根本结论上，而不是静止地满足于中间道路的迁就妥协办法，尽管他在重重矛盾和无解的种种难题中结束了一生。他曾这样说道："对某种异己的意志进行任何有意义的估价，只能从一个人自己的'世界观'这个有利角度去评说。反对某种异己理想的斗争，也必定是在自己的理想这个基础上进行。"[29] 最为误人视听的，莫过于试图用一种经验社会科学的方式自以为是地理解马克斯·韦伯，这种方式并不考虑本身的科学学前提（metawissenschaftlichen Prämissen），对于它所提出的问题与解决问题的方法之间的联系，以及它们在当代社会状况中的根源，要么毫无意识，要么认识不足。我相信，本书按照一个明确

27　例如格哈德·胡夫纳格尔：《以批判为业：马克斯·韦伯著作中的批判内涵》（Gerhard Hufnagel, *Kritik als Beruf, Der kritische Gehalt im Werk Max Webers*, Frankfurt, 1971），第 191 页及以下。以及京特·罗特：《马克斯·韦伯的政治批判》（"Political Critics of Max Weber"），载莱因哈德·本迪克斯与京特·罗特前引书第 55 页及以下。

28　《学术论文集》，第 499 页。

29　同上书，第 157 页。

后记：马克斯·韦伯新解

观点对马克斯·韦伯政治著述进行批判分析的方法，比那些脱离韦伯的政治意志与社会地位的背景去抽象化其学术与思想成就并试图以价值无涉形式加以解释的作者更接近他本人的立场。

根据上述观点我们就可以看出，格哈德·胡夫纳格尔对马克斯·韦伯的最新解释，当然完全没有达到他希望达到的目标。[30] 胡夫纳格尔试图把韦伯简化为一个绝对不受约束的"批判家"角色，以此来解决对他的政治与社会学著述进行综合解释的问题，认为他是在自己的即时假设基础上分析一切事物的。按照胡夫纳格尔的说法，"批判家"韦伯从未宣布任何新的价值观，他的任务仅仅是不断解剖现状。胡夫纳格尔的思考有一个实证主义基础，就是一视同仁地教条式拒绝一切价值理性的立场而不论它们的性质如何，从而融入了汉斯·阿尔贝特（Hans Albert）的"批判理性主义"和类似于厄恩斯特·托皮奇（Ernst Topisch）那样的反意识形态，并且引人注目地与浪漫主义反威权的新马克思主义结合在一起，似乎很看好对一切现存统治制度、价值立场和见解的系统批判。诚然，胡夫纳格尔也承认——用勒内·柯尼希（Rene König）的话说——"批判……当然总是"需要"从某个观点出发进行批判"[31]，尽管他试图用力突破对马克斯·韦伯立场的封闭阐释，但他并没有成功逃脱一个工艺性假说：马克斯·韦伯是个没有任何终极位置且"毫无根据的反叛者"。相反，他兴奋地发现，韦伯"到处都无家可归"[32]——这种解释倒是很引人注目地接近于列奥·施特劳斯那个极有争议的看法，众所周知，施特劳斯曾指责韦伯走向了虚无主义。此外，读者还可以看到一个同样适用却并不准确的新观察，即韦伯思

---

30 见本书第 455 页注释 27。
31 胡夫纳格尔前引书，第 264 页。
32 同上书，第 355 页。

想及其目标的核心在于"求真的意志"[33],这是一个他理应给予详细论述的形式主义见解。

胡夫纳格尔的研究特别从消极意义上详尽讨论了韦伯著作的政治面貌,确切地说,是叙述马克斯·韦伯与极为多样的政治现象和趋势的冲突,例如,他抗拒"适应'现实政治'",批判"非客观动机",否认马克思主义是一种特殊的客观规律信仰,等等。胡夫纳格尔并没有追问为什么韦伯选择了这些而不是其他社会现实问题作为批判对象。他的解释目的并非确定马克斯·韦伯政治著述的社会背景或要旨。他本人就说:"描述这位政治批判家(指马克斯·韦伯——笔者注)的破坏性努力,不是为了井井有条地勾勒出一种政治行动理论或者一套政治哲学,而是把批判和被批判的观点、论据和态度镶嵌在一起。"[34] 事实上,胡夫纳格尔连这一点都没做到,他只是给了我们一堆散乱的马赛克。零星的石块绝无可能拼成一幅令人信服的全景画面。

依我之见,胡夫纳格尔这样的做法对韦伯是不公平的,他自己就曾一再强调,一切政治行动,最后还有一切学术研究,唯有以个人负责的终极性价值信念为取向,才能是富有成果的。对于马克斯·韦伯来说,个人所据以安身立命的,就是一以贯之坚持终极性价值理想,根据这些理想将自身行动充分理性化并且不断检验之。韦伯还有贵族式的、与尼采的思考相通的个人主义与"理性"民族主义的一面,从来没有从自己的终极性民族主义结论退缩,而胡夫纳格尔从自己的基本立场出发,对此却视而不见,把韦伯抽象为一个仿佛到了极致的无根之木般的知识分子,全然不顾韦伯不懈追求的"知识诚实"。作为一个政治上能动的公民学者和政治思想家,马克斯·韦伯的非凡见识远

---

33 胡夫纳格尔前引书,第341页。
34 同上书,第109页。

后记：马克斯·韦伯新解

在他那个时代普遍水准之上，无论有多么严重的内在紧张，他的毕生工作都展示了一种内在的统一和力量，至今还在打动着真诚看待他的工作的人们。因此，胡夫纳格尔抨击那些正视韦伯、力求根据他和他们自己的背景阐述与解释韦伯并拒绝放弃自己立场的作者，是既不恰当也难以服人的，无论他表现得多么自信。

阿图尔·米茨曼则采取了在许多方面与胡夫纳格尔相反的方法。[35] 他是使用弗洛伊德精神分析范畴分析马克斯·韦伯著作及其政治信念的第一人。像派生自埃里克森（Erikson）精神分析历史编纂学的历史学派一样，米茨曼研究了马克斯·韦伯本人个性发展中的冲突与困境，并试图以此为据解释韦伯的政治作为与学术著述。他的出发点就是马克斯·韦伯与父亲的冲突，原因在于，韦伯在情感上是偏向母亲的，这导致了父亲去世几周前他与父亲的公开决裂。由此产生的负罪情结则是导致他精神分裂的真正原因，同时也是他毫不含糊坚决反对威廉时代威权主义政治秩序及其自鸣得意的民族主义的根源。另外，米茨曼还力求广泛联系当时的资产阶级上流社会背景及其普遍的性压抑和情感需求叙述马克斯·韦伯的思想发展，以这种方式断言它的普遍意义。这种分析方法很有独创性和刺激性，但在很大程度上似乎是依赖于解释的任意性。例如，它说不清楚为什么马克斯·韦伯把普鲁士容克与他父亲这个人相提并论，以说明他与他们格格不入。老马克斯·韦伯是俾斯麦时代墨守成规、内在僵化的民族自由主义的典型代表，但即使在他的晚年岁月，他也绝不是一个像米茨曼的分析所设想的那种反动派。青年韦伯对普鲁士容克的批判，符合他对进步资产阶级自由主义的偏爱，就是在个人自由与民族强大这两个实质条件下追求一种

---

35 《铁笼：马克斯·韦伯的历史解释》(Arthur Mitzman, *The Iron Cage: An Historical Interpretation of Max Weber*, New York, 1970)。

资本主义类型的动态经济与社会。这与个人的心理因素充其量也就是有点间接联系。支持米茨曼观点的可能还有一个因素，就是韦伯极为赞同清教徒的个人与社会伦理观，这有他个人的心理根源，并且与他的个人经验密切相关。然而，总的来说，在韦伯个人的精神维度和他的政治观点之间搭建的这座桥梁，基础并不充分。

米茨曼对韦伯思想发展的叙述大概也是如此。他把这项发展描述为一个不断更新的、要摆脱理性禁欲主义"铁笼"——韦伯发现他在世纪之交被囚禁在了这个铁笼之中——的努力过程，或者像他在别处说过的那样，是一个逐步摆脱韦伯自身禁欲主义清教背景的反叛过程。米茨曼认为，这个决定性的变化发生在1911—1914年间，与韦伯发现卡里斯玛有关，他借用尼采的说法称之为"狄俄尼索斯类型"的卡里斯玛。与此同时，韦伯还对贵族生活理想进行了价值重估，尽管并非仅限于政治意义上的价值重估。米茨曼认为，这项发展是因为韦伯要逐步化解一个与玛丽安妮不成功的婚姻使他陷身其中的无解性爱难题。

大体上说，这个分析也不无可取之处，尽管不能不加批判地接受它的先入之见。然而，我们怀疑韦伯的思想发展是否真的能被清晰划分为一个"清教主义"阶段和一个"狄俄尼索斯"阶段。即使从表面上看，这样划分也是错误的。瑞士钢琴家米娜·托布勒在战争期间与韦伯保持着非常密切的柏拉图式私人关系，韦伯在写给托布勒的一系列信中曾坦率承认，他不得不怀着内在的绝望感去抗击一种无名力量的支配。甚至到了1919年，韦伯仍然说，他的喉咙周围被套上了一条绳索，有人正在绞缠它，"很多年了，慢慢地，慢慢地，越绞越紧，越绞越紧"³⁶。韦伯终生都未能克服他对持续不断的教学生涯的恐惧。应邀赴维也纳、波恩、慕尼黑和后来未能实现的赴法兰克福新建的歌德学院任教，以及接受巴伐利亚科学院的职位（他发现该院的会议令人十分厌烦），似乎都使韦伯非常兴奋，说明1918年之后他仍被公认为一个称职的教授，但他从未摆脱对学术生活的内在恐惧。

他个人世界观的发展同样如此。在后期的生活中，马克斯·韦伯远不像米茨曼描绘的那样从根本上脱离了严苛主义的清教观念。卡里斯玛作为革命性力量的形式，这一深入人心的概念可以更容易地在《新教伦理与资本主义精神》基础上解释为来世价值观概念作为社会变革刺激力量的重要意义之扩展，只不过现在更加有力强调的是伟大人物。³⁷ 因此，卡里斯玛的革命性入世力量，并不是原先理想主义社会变革模式——就像他在《新教伦理与资本主义精神》和其他地方阐述的那种模式——的替代选择，而是对那种模式进行调整以适应被管制的世界的条件，在这种条件下，只有借助于"追随者"，不怕利用官僚制统治技术手段改造现实，才能为所有形式的个人活动提供机会。卡里斯玛与理性化和官僚化的冲突，在马克斯·韦伯社会学中是个恒定的主题，尽管在他的晚期著作中已经不再是个直接的核心命题。因此，卡里斯玛类型更是晚期的发展产物，其性质就在于突破了"狄俄尼索斯生活方式"。在狭义的政治问题上也同样如此。晚期岁月的韦伯自认为是自由主义资产阶级的党人，并且认同它的政治价值观。但在这些晚期岁月中，韦伯思想的贵族政治面貌也愈益突出，

---

36 致米娜·托布勒的信，日期不详，大概是1919年春，鲍姆加滕档案，Ⅱ，第86页。1917年他也有过类似的说法：政治局面就像"拉紧了的铁环，令人感到胸腔、头颅和脖子都那么压抑"。1917年11月23日致米娜·托布勒的信，鲍姆加滕档案，Ⅱ，第45页。

37 关于这个问题的详细说明，见我的研究《普遍历史与政治思考》，第578页及以下。

这尤其表现在他不断强调他的民主模式是一种直选大众领袖的支配方式。

米茨曼很滑稽地开辟了一条研究马克斯·韦伯政治思想的新途径。无疑,整整一代人遭遇的难题,在韦伯的个人生活中得到了集中反映。他那一代人对于威廉社会那种僵化的威权主义结构感觉很不自在,但又看不到摆脱它的可能性。然而,我们恐怕很难在个体的私人生活经历中找到解决问题的办法,这种解释路径悍然无视历史学家理应凭借专业方法从历史维度进行研究的社会现实,从而有可能使他的激进批评归于无效。这位作者认为他的学术任务是在另一种意义上研究社会关系,为此他也承认,历史编纂学一直并且仍将具有一种批评功能。[38] 就是出于这个原因,我一直试图研究马克斯·韦伯的政治立场——不仅从它们彼此没有内在矛盾的角度,而且从后来经验到的它们的历史承载力角度。事实证明,马克斯·韦伯理应被视为后发古典自由主义思想的代表,而且他的政治思想以典型方式反映了自由主义的危机。

对马克斯·韦伯的这个评判,也不同于最近那些出于马克思主义立场的解释。约阿希姆·施特莱桑德 1965 年出版的《马克斯·韦伯:社会学、政治学与历史著述》(*Max Weber: Politik, Soziologie und Geschichtsschreibung*)显然更谈不上具有研究性。他只是满足于像格奥尔格·卢卡奇已经做过的那样,把马克斯·韦伯描绘成德国资产阶级帝国主义的代表人物,但根本没有真诚考虑韦伯的全部论点,特别是涉及官僚支配制度的那些见解,其出色的例证均可见于当代社会主

---

[38] 请参阅我的研究《超然于历史主义之上的历史学》(*Die Geschichtswissenschaft jenseits des Historismus*, Düsseldorf, 1972),第 2 版,第 33 页及以下。

义国家。³⁹ 施特莱桑德略嫌草率地将韦伯的认识论立场贬低成为资产阶级资本主义制度下整个生产的无政府状态进行的理论辩护,而没有认识到他自己那种观点的基础和他教条式断言马克思列宁主义立场是唯一完全理性的立场恰恰是无理性的。⁴⁰

相比之下,赫伯特·马尔库塞 1964 年在海德堡社会学家大会上的演讲《马克斯·韦伯著作中的工业化和资本主义》,当时被草率视为一个深奥的局外人之作,此后却对研究工作,特别是对新马克思主义阵营产生了很大影响。与某些作者的看法相反,马尔库塞的解释触及了马克斯·韦伯社会学理论的真问题,甚至大大超出了马尔库塞本人所认识到的程度。⁴¹ 在马克斯·韦伯的民主模式中,议会制度本身成了卡里斯玛领袖借助个人 – 直选武器从事权力斗争的纯技术性工具,并且把它扩展到了资本主义结构的经济秩序之中,我们对此是存有异议的,而在某种意义上说,马尔库塞把我们的异议激进化了。他认为,马克斯·韦伯的"形式合理性"概念虽然本意是保持价值中立,但他在批判社会主义的同时把资本主义制度视为唯一合理的经济秩序,尤其是,韦伯认为资本主义是形式合理性塑造出来的一种社会秩序,把资本主义制度的形式可计算性直接等同于合理性。"形式合

---

39 约阿希姆·施特莱桑德(编):《德国历史学研究》,第 2 卷《从国家统一到德国从法西斯主义统治下获得解放期间的德国资产阶级史学》[Joachim Streisand(Hg.), *Studien über die deutsche Geschichtswissenschaft*, Bd. Ⅱ: *Die bürgerliche deutsche Geschichtsschreibung von der Reichseinigung bis zur Befreiung Deutschlands vom Faschismus*, Berlin, 1965],第 179 页及以下。

40 同上书,第 188 页。

41 例见本雅明·内尔松对 1964 年海德堡社会学家大会的评论,载《马克斯·韦伯与当代社会学》,第 192 页及以下。内尔松认为,必须注意到,"很少有人——几乎从来没人——像他那样在自己熟悉的领域内批评韦伯"(第 197 页)。但我的解释表明,马尔库塞的情况恰相反,他远远没有如其所愿地超越韦伯的"领域"。另见汉斯·阿尔贝特:《为批判理性主义辩护》(Hans Albert, *Plädoyer für kritischen Rationalismus*, München, 1971),第 104 页及以下,他比自己的目标多走了一小步,把马尔库塞描绘成了"马克斯·韦伯理论的天敌"。

理性"（Formale Rationalität），或者用马尔库塞的话说，"技术合理性"（technische Rationalität），就这样"完全不知不觉地"被置换成了"理性"（Vernunft）[42]；这实质上就是在为资本主义辩护并支持一种维护资本主义所必需的支配制度。"形式合理性"原则也适用于这种支配制度，但由于官僚机器的合理性有其限度，它要服从于官僚制之上和之外的力量，相比之下，这些力量是无理性的。马尔库塞概括道，"韦伯意义上的理性概念"走到最后就是"无理性的卡里斯玛"。[43] 由于"把技术理性和资产阶级资本主义理性等量齐观"[44]，韦伯本人认识不到资本主义的无理性就在于这一事实：技术条件支持下的物的统治是绝对的。[45]

这个论点指出了马克斯·韦伯事实上是把资本主义"市场经济"看作形式上最理性的现代经济形态，并在这一点上认为它是具有最大产能的经济形态，就此而论，马尔库塞是正确的。尽管韦伯非常小心地避免在这方面谈论效率最大化问题，但他的论证能得出这个结论。他确信，市场上的自由竞争结合完全的契约自由，便有可能实现经济制度的高度形式合理性（从而达到高度的技术能力），这事实上就是他的核心立场。韦伯还确信，任何经济形态，只要不同于完全建立于各种经济力量在市场上自由竞争和完全契约自由基础上的纯市场经济类

---

42 《（马克斯·韦伯著作中的）工业化与资本主义》，载《马克斯·韦伯与当代社会学》，第161页及以下，以及赫伯特·马尔库塞：《文化与社会》（Herbert Marcuse, *Kultur und Gesellschaft*, Frankfurt, 1965），第107页及以下。下面的引语出自后者第118页及以下。

43 同上书，第121、125页。

44 同上书，第127页。

45 这里请参阅沃尔夫冈·施卢赫特的杰出分析，《如何从官僚制支配角度解释发达工业社会》（Wolfgang Schluchter, *Aspekte bürokratischer Herrschaft. Studien zur Interpretation der fortschreitenden Industriegesellschaft*, München, 1972），第256页及以下，其中有许多论点与我们后面的说明是一致的。施卢赫特的看法是，马尔库塞"第一次正确地描绘出了韦伯的面貌"（第267页）。这与我们到目前为止的解释是一致的，我们已经看到，马尔库塞对资本主义"形式合理性"这一命题的批评，其决定性的出发点基本上已被韦伯本人所阐明。

型，它就要为这种不同付出代价，它的形式无理性形态必然会束缚制度的经济与经济能力。这尤其——但绝非仅仅——适用于各种可以想象到的社会主义经济制度，韦伯在《经济与社会》中以理想类型的分析对此做了系统阐释。[46] 此外，在目前的社会情况下，韦伯认为资本主义类型的"市场经济"制度最为可取，因为它能够在经济和政治领域释放出最大的动力。

韦伯始终从政治实践角度明确捍卫资本主义制度，抵制来自各个阵营的社会主义者以及知识界的批判，尽管他有时也在口头上对社会主义表示让步。然而，他从来无意颂扬形式上并非最理性形态的资本主义。韦伯在《经济与社会》中描绘的形式理性市场经济的理想类型画面，是一种冷峻推理并多少有些惊悚效果的范例，绝无可能被解释为资本主义的辩护词。相反，也像马尔库塞正确指出的那样，韦伯确信，资本主义制度的"形式合理性"必定与"实质无理性"密切相关。[47] 因此，更重要的是，原则上说，从价值理性观点来看，它必然会被视为"无理性的"。例如，韦伯明确指出，"劳动者服从于经营者支配"就是现代资本主义制度"特有的实质无理性"表现之一。[48]

因此必须指出，马克斯·韦伯绝没有像新马克思主义批评者坚持认为的那样把资本主义制度认定为一种纯粹的制度，而且从未放弃按照实质性价值理想的观点对资本主义制度进行矫正的可能性，韦伯本人甚至在实践中身体力行，比如强烈要求借助国家的社会政策恢复雇主与劳动者之间的力量平衡，而"巨型康采恩"的崛起一直在破坏这种平衡。尽管韦伯大力强调"形式合理性"是现代工业经济的前提条

---

46 《经济与社会》，第59页及以下。请参阅《官僚制时代》，第64页及以下。
47 《工业化与资本主义》，前引书第116页及以下。
48 《经济与社会》，第78页。

件,但他的目的在于说明,贯彻实质性价值理想不可能没有社会"代价",无论这些理想具有什么性质。在他看来,与其说这是为资本主义制度辩护,不如说更多的是为了澄清关于资本主义的争论背后那些不同的价值立场。因此,像马尔库塞对韦伯资本主义概念的那种批评一样,韦伯已经预料到了是一种可能的替代立场,尽管我们不得不承认对于《经济与社会》中的相关内容往往容易有各种误解。

马尔库塞的替代建议,超越了资本主义制度的"技术合理性",或者更确切地说,重新退回到它的背后,呈现为一种乌托邦形式,几乎不考虑现代工业文明(无论它在政治和社会上如何加以组织)的技术前提,并且相信不管一个社会如何建构,"技术合理性"始终都会唾手可得。相反,韦伯早就指出,实现社会主义而又无须支配,即便这是完全可能的,也只能发生在根本缺失技术和文明的情况下(想必这还不是最终表明的愿望)。另一方面,马克斯·韦伯的命题也有可能遭到这样的质疑:既然市场力量的竞争性质或多或少都有一种自然而然的理性化效力,那就无须讨论经济组织的"形式合理性"这一基本原理了。但这样的批评,必定会引出这样的论点,即反对通过官僚制政府机构调节经济过程。

如果不考虑韦伯指出的社会主义这种替代选择的缺陷,单是就他对资本主义的分析来说,批判韦伯将会在多大程度上面临以乌托邦告终的危险,沃尔夫冈·勒费弗尔的研究《论资产阶级社会学方法的历史性质和历史功能》即可证明。[49] 勒费弗尔试图以韦伯为例,说明资产阶级社会科学的形式主义认识论方法的实际目标,就是保护资本主

---

49 沃尔夫冈·勒费弗尔:《论资产阶级社会学方法的历史性质和历史功能:马克斯·韦伯著作研究》(Wolfgang Lefevre, *Zum historischen Charakter und zur historischen Funktion der Methode bürgerlicher Soziologie. Untersuchung am Werk Max Webers*, Frankfurt, 1971)。

义制度免于一切批判。这是对赫伯特·马尔库塞命题的激进延伸，认为马克斯·韦伯借助概念方法在屏蔽"理所当然的学术批判"。勒费弗尔急于证明韦伯的"方法之不足"："它看到了什么与支配性条件相匹配，但没看到什么与那些条件相冲突。"[50] 当然，说说勒费弗尔的"方法之不足"也是饶有趣味的，尽管意义不是太大，因为他自己的命题就是完全受到《新教伦理与资本主义精神》的启发，而与后来的一些著作——特别是《经济与社会》——充其量只能看到泛泛的形式关联（更不用说他那种明显有意识马马虎虎的引用方式，这当然是在表示一种对资产阶级社会科学的鄙视态度——连马克思和列宁都从未有过这种做法）。就《新教伦理与资本主义精神》而言，它只是指出了无限多样的历史现实中一个重大发展线索，勒费弗尔的批评则放大了这个线索。这部著作实际上同样没有考察资本主义现象，工人阶级始终完全隐身于幕后，尽管形式上它被包括在主题当中。勒费弗尔坚称，《新教伦理与资本主义精神》"用一片亲善的乌云"掩盖了"生产的阶级性质"。[51] 在某种程度上说，我们倒是可以接受他这个观点，但不能说马克斯·韦伯的全部著述都是如此，我们仅举一例即可，《经济与社会》描述工人的阶级状况时，措辞之持重和有时的冷峻程度，就远非卡尔·马克思所能及。

我们批评了韦伯对现代资本主义制度，特别是对"宪政民主"的激进形式主义解释，我们的观点是，原则上说，这种解释"有益于"或者能以功能主义方式被用于极为不同的立场。某种程度上说，韦伯描绘的具有最大合理性的资本主义市场经济这一理想类型模式，也同

---

50 沃尔夫冈·勒费弗尔：《论资产阶级社会学方法的历史性质和历史功能：马克斯·韦伯著作研究》，第29页。

51 同上书，第72页及以下。

样如此；这个模式既可以用来为雇主的无限制支配进行辩护，也可以证明追求特定的实质理想的国家计划——例如进步的社会政策，特别是服务于制度维护——是有根有据的。马尔库塞则坚持认为，资本主义的"形式合理性"没有明确承认，它背后是资产阶级阶级统治的实质合理性，勒费弗尔更是如此认为。相反，我们必须指出，韦伯采取的是一种多元化原则，或者也可以说，一种自由主义原则，它基本上会坦然面对不同选择，并且依赖于形式上根据价值理性做出的优选决定。韦伯从不争论各种社会主义取代资本主义的可能性问题，他认为这些替代选择的支持者并不畏惧它所伴随的后果。

这样来看，披着形式主义语言面纱的教条主义指控，就像一个飞去来器一样又回到了勒费弗尔本人那里。勒费弗尔希望能成为历史现实的，是他说的另一种真理概念，作为那些值得有分寸追求的社会理想的替代物，也就是马克思主义的路径，从中也可以清楚地看到一种寻求"现实内容中的合理性"的朴素黑格尔主义[52]，尽管他本人没有能力阐明这一点。完全可以夸张地说，勒费弗尔的研究策略是："它看到了什么与支配性环境相冲突，但没看到什么与这些环境相匹配。"否则就不可能理解勒费弗尔接着批评韦伯国家观的功能主义性质，结果竟是推断说，它往前走的还远远不够，甚至更有必要在废除资本主义生产体系的同时，让社会的"政治本质"摆脱"与社会相隔阂的权力"，就是说，"废除国家"。[53] 完全是对现实的极端无知，才会导致对韦伯在这方面的分析抱有如此固执的理解，认为在技术高度发达和广泛的劳动分工为特征的现代工业社会，对生产资料占有方式进行变革就可以

---

[52] 沃尔夫冈·勒费弗尔：《论资产阶级社会学方法的历史性质和历史功能：马克斯·韦伯著作研究》，第56页。

[53] 同上书，第87页及以下。

废弃政治支配,而不是追问在当代环境中如何才能以某种最佳方式实现对这种支配的民主控制,特别是对那些利益受到直接影响的人来说。从他描绘的这种乌托邦前景来看,我们这些仍然迷恋多元化自由社会和在社会组织形式上坚持多样化原则的人,事实上就可能被视为"'积极价值'的推销员"和"中世纪代表"[54]而被淘汰。但作为一种替代选择的免于支配的共产主义社会,即便是完全可以实现的,那也是极为遥远的未来之事。我们同意马克斯·韦伯的看法,即社会的自我统治是不可能的。[55] 因此,问题在于如何就现存的实际社会条件找到某些政治组织形式,可以兼顾共同体(Allgemeinheit)的高度自决和最大值的个人自由。

我们分析赫伯特·马尔库塞时已经证明,马克斯·韦伯的命题就意味着,资本主义制度因为在整体运转中能够达到高度的形式理性化,从而优于一切现存的或者可以设想的替代性经济制度,这个命题不可能被看作为后期资本主义进行的意识形态辩护,因为他也为根据任何价值理性的理论观点批判资本主义确立了出发点。韦伯从普遍历史和文化社会学的角度,描绘了资本主义将产生空前庞大的官僚机器,将编织出一张越来越紧密的网络对社会进行目的理性的调整这一趋势,认为这对终究具有自由的个人价值观取向的人类构成了一种致命威胁,沃尔夫冈·施卢赫特最近就指出了这个事实。[56] 韦伯的立场很难迎合像勒费弗尔心向往之的那种新马克思主义的未来乌托邦计划。

哈贝马斯更有成效地扩展了马尔库塞提出的问题。[57] 哈贝马斯集中

---

54 这无疑是该作者硬造出来的词语,勒费弗尔前引书,第92页。

55 参阅上书,第65页。

56 《官僚制支配》,第266页。

57 《作为"意识形态"的技术与科学》,载《作为"意识形态"的技术与科学》第2版(*Technik und Wissenschaft als "Ideologie"*, 2 Aufl., Frankfurt, 1968),第48页及以下。

关注了韦伯的理性化概念与形式合理性基础上的正当性概念,并试图在一个变动了的关系体系框架内进一步阐述之,同时拒绝马尔库塞的解释中那些反现代的乌托邦成分。哈贝马斯接受了韦伯理论的多元化倾向,因为他把所谓"制度框架"(除了支配体系本身之外还包括传统价值立场、规范与文化产物的整个综合体)看作"目的理性行动的子系统",是理性化进程的真正载体。当然,资本主义经济制度也必须被视为一个这样的子系统。哈贝马斯进一步提出,资本主义子系统,至少目前来看,作为晚期资本主义的一个典型阶段,具有为政治制度的合法化背书的功能:"资本主义生产方式相比之前各种生产方式的优越性就在于,它植根于一种经济机制的建构中,这种建构在不断拓展目的理性行动的子系统,它还植根于一种经济合法化的创造中,这种创造使得支配体系能够适应先进的子系统提出的新的合理性要求。"[58] 按照哈贝马斯的说法,作为这个进程的结果,传统的支配合法化被新的合法化取代,它需要诉诸现代学术,并由意识形态批判予以强化,尽管这种批判本身就是意识形态。

哈贝马斯把这些实质内容视为马克斯·韦伯所说的"理性化"。然而,这并不完全符合韦伯对自己所处实际状况的诊断。韦伯认为,即使在理性化条件下,面对根据目的理性组织起来的子系统,政治领域——哈贝马斯使用的是比较限制性的短语"制度框架"——也具有独立地位。克里斯蒂安·冯·费贝尔(Christian von Ferber)最近扼要阐明了个中实情:"政治行动就意味着不受目的理性行动控制的社会领导力量登上舞台,它是机械性常规行动的扩展,但同时又具有绝对不同的性质。"[59] 至少在他那个时代,韦伯坚持认为政治支配秩序和资本主

---

58 《作为"意识形态"的技术与科学》,载《作为"意识形态"的技术与科学》第 2 版,第 70 页。
59 《政治中的暴力》(Christian von Ferber, *Die Gewalt in der Politik*, Stuttgart, 1970),第 70 页。

后记：马克斯·韦伯新解

义子系统存在根本对立，尽管必须承认，他的社会学从未厘清过两者之间的关系。[60] 因此，韦伯并不认为资本主义秩序以毫不含糊的方式决定了政治结构。早在1905年初他就曾警告说，绝不能假定资本主义制度无论如何都必定与自由主义，甚或与民主秩序联系在一起，在他看来，它所指示的往往会是全然相反的方向。[61] 在韦伯探究的这个关系体系中，正当性问题主要是出现在政治支配领域，我们已经看到，韦伯在某些真空地带嵌入了个人权威基础上的卡里斯玛正当性。我们有充分理由认为，哈贝马斯的解释超出了韦伯的解释范围，就政治制度获得独立基础的可能性而言，或者一如他本人所说，就"制度的框架条件"而言，在晚期资本主义的条件下，他的解释是值得怀疑的。

另一方面，哈贝马斯是从描述他所看到的现状和马克斯·韦伯看到的未来巨大风险开始着手的，即政治制度的自治正在遭受目的理性的子系统的瓦解。按照普遍历史的有利观点，韦伯看到了西方自由主义制度遭受极大威胁的可能性，目的理性的官僚制结构很可能会导致政治制度的政治意志逐渐萎缩，最终归于死寂，那也许就等于永久确立了"新的未来农奴制"。作为政治思想家和社会学家的韦伯就是在致力于构筑一道阻挡这个趋势的防护墙，他把这个趋势看作晚期资本主义时代的支配性特征。因此，韦伯绝不可能认为，资本主义制度本身有力量赋予支配体系正当性，尽管他建构的形式合法的正当性类型和他不断提到的资本主义制度的"形式合理性"似乎在指示那个方向。恰恰相反，他希望借助一切可以利用的手段强化政治领域的内在动力。他认为"直选领袖民主制"就可以作为一个适当根据，以抵消现代官

---

60 另见费贝尔前引书第68页及以下。
61 《政治著作选》，第63页及以下。

僚制社会的僵化趋势。

出于同样的原因，马克斯·韦伯也完全不相信学术在社会领域中能够发挥正当性功能，而哈贝马斯则认为这是晚期资本主义社会的一个特征。如果更恰当理解的话，韦伯的整个学术理论工作都可以看作努力反对滥用学术手段为价值理想或支配体系提供冒牌的正当性。早在弗莱堡就职演说中他就采取了这样的立场，并且一直为社会科学的价值无涉进行激烈斗争以服务于同一目标。韦伯始终坚持认为，学术不可能做出任何规范性陈述，它能提供的是用于实现不同目标的手段信息，还可以告诉我们哪些目标根据我们的基本价值信念是值得追求的，它有助于我们最终为"行动的根本依据"进行辩护。但是，它不可能教给我们应该做什么，或者用韦伯的新康德主义语言来说，不可能确立任何价值。相信学术作为一种纯建设性的社会技术理论或者一种服务于反意识形态的意识形态批判，可以像哈贝马斯阐述的那样发挥一种为形式合法类型的支配体系进行辩护的作用，这在韦伯的著作中是找不到踪影的。

因此，试图求助理性的学术，以"实践立场的可检验性"为名限定韦伯政治观的基本上是唯意志论的性质[62]——我们已经知道这正是韦伯政治思想之核——就是很令人惊讶的做法。汉斯·阿尔贝特曾断言，韦伯根据他终极立场无可指摘的命题远远走到了一个原教旨主义层面，这根本不符合他本人的学术观。毋宁说，从责任伦理的要求，即政治家必须始终对自己行动的后果进行理性辩护，可以得出这一结论："与客观性质或者价值支撑性质的决定相应的信念"，在学术理解

---

62 见莫里斯·维姆贝格的研究《马克斯·韦伯的理性唯意志论》(Maurice Weyembergh, "Le volontarisme rationnel de Max Weber," Académie Royale de Belgique, Mémoires de la classe des lettres, Collection in 8-2e série, T. LXI—Fascicule 1, Brüssels, 1972)。

的基础上是"可以矫正的","因此,目标与手段的选择,归根结底要服从于对后果的审慎研究和评估。"[63] 然而,这样一种解释很不容易同韦伯的观点相调和。在韦伯看来,相应的信念——至少是那些"价值支撑性质"的信念——根本不是通过学术批判就"可以矫正的",而完全是个人决定的问题。学术只是有助于在做出决定时自觉进行有利的价值优选,从而促进可能与目标有关的最理性选择。学术甚至很难做到压缩"目标"本身的选择,它只能提供辅助知识以促进负责任的行动。如果说它对终极目标的选择具有实质影响,那也是发挥一种直接或间接方式的正当性功能,但韦伯的学术理论并不承认存在这种可能性。

由于这些基本信念的作用,韦伯也不承认学者在政治决策领域可以扮演独立角色,而是认为两者必须界限分明。他有个很典型的说法:"政治家必须做出妥协,但学者没有理由那么干。"[64] 同样,韦伯也支持在制度层面将学术与政治严格加以分离。虽然韦伯承认学术也扮演政治角色,但显然是一种服务功能,正如费贝尔所说,学术或多或少都是限于允当"政治的仆人"[65]。政治舞台上的决定性力量是政治家和官僚,前者规定目标并大规模培育或创造追随者,后者则拥有必需的专业技能,以此提供官僚制支配手段。就此而论,哈贝马斯贴切地指出,在韦伯那里可以看到"官僚支配与政治领袖"冲突的显著形式,即"专家与政治家的功能"严格分离。[66]

今天,一般都认为学术是一种自治的生产力,以此来看,韦伯这

---

[63] 《辩护》,第100页。
[64] 见上文第333页注释108:"政治家应当也必须做出妥协。但我的职业是个学者。"
[65] 《辩护》,第45页及以下。
[66] 《非学术化的政策和舆论》,载《作为"意识形态"的技术与科学》,第121页。

样的立场，在某种意义上说是难以令人满意的。因此，沃尔夫冈·施卢赫特最近试图通过对《以学术为业》和《以政治为业》两篇演讲的全面研究，以确定马克斯·韦伯究竟如何看待学术在政治决策过程中的作用，他还力求超越韦伯，更准确地确定学术在政治领域中的地位。然而，我们很难无视这一事实：韦伯从根本上坚持的是一种判决主义（dezisionistischen）的政治行动模式。处于主导地位的政治家专有一种"独自承担的责任"，一如沃尔夫冈·施卢赫特所说，要为政治制度规定目标并借助他的卡里斯玛争取足够的支持。在这方面，学者的专门知识，不管是经由官员或专家委员会还是通过舆论媒介得到了证明，都丝毫不可能减少政治家的责任，就是说，一切通过理性的学术至少在一定程度上限制政治家判决主义决策选择范围的企图，都不可能在韦伯的著作框架中找到支持。

当然，这并不意味着学术在决策领域无论如何都没有作用。恰恰相反，按照责任伦理原则采取行动的政治家，都不得不事先尽可能周到地考虑行动的后果，就此而论，他不可避免地要转而依赖学术对现代社会状况的复杂性进行分析。但是，像施卢赫特与阿尔贝特最近尝试的那样借助学术批判规定决策范围的限度，肯定是徒劳的。在这个问题上，对于韦伯个人来说，责任伦理而非信念伦理，才是特定的政治伦理，它不是一个可供类比的出发点。[67] 不过，他本人还是一再澄清说，从这一事实不可能得出什么实质性结论，而责任伦理并非必然优于信念伦理。当然，他曾不断指出，按照信念伦理原则采取行动的人，未必会考虑其行动的可能后果，因而不会借助学术把他的决策以及指导决策的价值观理性化。尽管如此，原则上说，只要他还打算竭

---

[67] 另请参阅布鲁恩前引书中谨慎克制的评论，第 269 页及以下。

尽全力——必要的话则以身家性命为代价——对自己的理想有个交代，他就必须遵循同样的理据采取行动，犹如他的行动符合信念伦理的标准。[68] 韦伯对无政府主义者的同情及其在1920年对厄恩斯特·陶勒的支持，即可证实这个解释。在那些危急关头，韦伯本人的政治作为，也同样合乎信念伦理，而不光是责任伦理的规范。然而，可以说，就规范性伦理的发展而言，责任伦理概念足以成为一个出发点，不过显然，韦伯从未解决这个问题。[69]

此外，责任伦理的模式也允许通常可能被认为是无理性的极端立场的选择，这完全符合对极端立场的可能后果进行理性斟酌的要求。韦伯认为，一个人或一个群体将自身行为严格理性化以效力于"终极立场"或者"来世"理想，这是意义最为重大的社会变革手段，等于由内而外地规划生活，例如清教徒或者犹太先知那样的情况。但是，阿尔贝特与施卢赫特建议的那种"可行性"准则，却无论如何也不可能把负责任的决策——这涉及利用学术手段理性控制目标和指导这些目标的终极价值——与终极价值信念基础上做出的决策贯通起来。[70] 当然，政治是必定要追求成功的，但马克斯·韦伯并没有多费口舌反驳这样的格言，即政治目标理应调整得适于当下可行。伟大的政治恰恰不会迎合时宜，它的目标就是超尘拔俗。只有这样，才能突破政治结构的坚硬外壳并指引新的航路。[71] 消除不切实际的政治立场，应当是政

68　例见《政治著作选》，第546页。

69　在这方面，沃尔夫冈·施卢赫特试图（在他的专著《价值无涉与责任伦理》中）证明，韦伯对责任伦理的评价，原则上说是高于信念伦理的。但这并不完全令人信服。请参阅我在《历史杂志》第215期（1972）的评论。

70　参阅：施卢赫特，《价值无涉与责任伦理》，第51页及以下；阿尔贝特，《辩护》，第98页及以下。

71　参阅《学术论文集》，第514页："正确理解的话，应该说，成功的政策始终都是'可能的艺术'。但同样正确的是，要想实现可能之事，往往只能到似乎不可能之事那里去把握。"

治竞争,而不是学术批判的结果。加入一个"学术过滤器"有可能严重削弱世界观与各种政治立场之间原则上说是必需的斗争动力。[72]

问题依然是:学术不应越过可能的边界,而是帮助政治家根据他的终极价值理想不断从各种替代方案中做出选择。正如布鲁恩令人信服地指出的那样,韦伯要求节制价值判断具有双重目的,一个是防止政治由于把"最后"决策交给学术而沦为附庸,一个是保护学术免受政治家的直接影响,从而防止学者由于混淆价值和事实而制造冒牌的规范性假设。[73] 当然,学术理应仅仅根据当下的社会背景,提供有可能在不同目标之间进行理性选择的信息、准则与技术,提高目标的贯彻效率。

总起来说,韦伯认为学术与政治的功能是互补的,它们并非直接串联在一起,而是彼此相关。它们从同一个来源获得动力,那就是按照个人相信必须无条件服从的终极价值理想去塑造一个理性世界的意志。唯有坚持禁欲主义精神,唯有节制直接的政治参与,以及尽可能摆脱日常的政治压力,学术才有望令人满意地履行其社会功能。马克斯·韦伯始终都在大力捍卫资产阶级自由主义制度留给学术的相对自由。他是对威廉德国的学术自由限度从不抱幻想的人之一。终其一生,他都在不懈反对把社会民主党人排斥在学术界之外,以及时有所见的歧视犹太人、不许他们获得大学任教资格的现实。他还反对以宗教理由限制教授职位的授予,反对由文化部操纵大学的人事任免。同时,他又是学术体制内自由竞争原则的坚定捍卫者,在这方面,美国的大

---

[72] 另见费贝尔《政治中的暴力》,第74页:"对他(指马克斯·韦伯——笔者注)来说,政治就意味着社会中原初的自由领域,要在不断的冲突与斗争中求胜和存活。这是一种在势均力敌的竞争中求生的自由。最强者的法则决定着谁在斗争中胜出。"

[73] 前引书第17页及以下。

后记：马克斯·韦伯新解

学似乎远比德国优越。[74]韦伯担忧大学的日益官僚化将带来不祥的后果，这促使他认为还是不给年轻的大学讲师提供物质保障为好："这一点必须铭刻在每一个编外讲师的灵魂上：他在任何情况下都绝无可能享有任何实际权利、获得任何供养。必须抛弃任何能让我们联想到官僚制或者小官吏、小军士等的职业规划或平等权利之类的观点，简言之，必须抛弃任何性质的官僚制观点。"[75] 韦伯把我们在经济与社会领域，甚至在政治领域迎头相遇的无情竞争模式也应用到了学术领域。这样，焦点在于精神控制权的斗争及其成就的证明，就要由职业性学术共同体和学术公开性加以评判。

这里可以看到政治与学术的实质相似性，正如施卢赫特也正确指出的那样[76]，政治家和学者的相互关联性就在于，他们都要"独自负责"为自己的"事业"采取行动。[77] 两种行为类型都植根于严格的个人价值信念，这给他们提供了行动目标和方向，无论他们的目的多么不同。如果政治家缺乏对自己事业的"信念"，"即使表面看来最杰出的政治成就，也免不了为万物皆空的神咒所吞噬"[78]。同样，一切创造性的学术活动，归根结底都依赖于"对终极价值观的超验重要性的信念，我们的生存意义就是奠基于此"[79]。政治家与学者以各自的方式致力于社会现实的具体化，致力于改造人类行动的异化结果，这意味着不断为

---

74 参阅马克斯·韦伯在1911年第四次德国高等院校教师大会上的演讲，其中直接提到了富勒顿教授（纽约）的文章《德国与美国高等教育机构的差异》（Fullerton, "Die von den deutschen abweichenden Einrichtungen an den amerikanischen Hochschulen"），载1911年10月12到13日的《第四次德国高等院校教师大会管理委员会报告》（莱比锡，1912），第70页。

75 《1909年10月12—13日莱比锡德国高等院校第三次教授大会纪要》（内务管理委员会批准的报告），莱比锡，1910年，第47页。

76 《价值无涉与责任伦理》，第43页及以下。

77 他的解说源自韦伯的论述，见《政治著作选》，第335页。

78 《政治著作选》，第548页。

79 《学术论文集》，第213页。

人——创造性的、负责任的人——的世界翻新这些结果。

在马克斯·韦伯思想的基本结构中,可以看到激发政治家和学者创造力的共同条件,事实上,就是他们各自都有一条腿站在绝对不可调和的价值冲突这一靠学术方法不可能绕过去的"价值论"范畴之中。[80] 正如布鲁恩所说,这在政治领域的平行表现,就是不同政党、阵营、民族等之间永恒的观念斗争。[81] 因此,政治家的核心任务就是规定社会目标。[82] 布鲁恩也把政治就是"实现超个人的目标"这一定义归到了马克斯·韦伯名下,当然,我们不可能赞同这种说法。这与韦伯赋予政治领袖的特殊功能不符,我们已经说明,政治领袖采取行动承担的是"个人责任",而不是代表某个集团的平均看法。韦伯著作中的"支配"理想类型模式被简化为"命令"与"服从"的人际关系,这并非偶然。不过,按照尼克拉斯·卢曼(Niklas Luhmann)的解释,这种命令模式中的支配关系理性化,乃是立足于"个体参与者——奠基者、经营者、统治者——的观点"[83]。

具有卡里斯玛资格的伟大政治家根据个人信念确立的个性化特定目标,当然需要贯彻到社会领域。因此,这通常就需要找到一批"追随者",换言之,需要建立一种对一个小圈子支持者的权威关系,这完全就是韦伯意义上的权力行使方式,亦即"精神控制权"。无论如何,政治家的特殊工具就是权力,因此他可以声称,他的意志也能施加于那些并不直接追随其主张的人。一般来说,在支配体系中发现命令得

---

80 参阅维姆贝格前引书,第378页及以下。
81 参阅布鲁恩前引书第241页,与我所见甚为接近。
82 同上书,第242页及以下。
83 《意图、支配、制度》,载尼克拉斯·卢曼:《政治规划:政策与管理社会学文集》(Niklas Luhmann, "Zweck, Herrschaft, System," in: *Politische Planung: Aufsatze zur Soziologie von Politik und Verwaltung*, Opladen, 1971),第97页。

后记：马克斯·韦伯新解

到服从的制度化机会，这时的权力就已经具体化了，只有在极端情况下它才表现为使用"物理暴力"。但这种情况也就表明了它在现实中的极限，因此，韦伯把政治权力视同准备就绪、随时可以投入使用的"物理暴力"，这个事实是无可回避的。[84] 布鲁恩认为诉诸"物理暴力"几乎专属于外交政策领域，韦伯让暴力退出了国内政策。但这丝毫没有削弱韦伯政治理论特别强调的权力的这一支配性特征。[85] 诚然，外交政策领域尤其常见使用"物理暴力"，因为它并不受各种制度系统的同等约束。韦伯本人就说，在内政领域使用"物理暴力"已经成为例外，比如执行死刑，或者以间接形式使用暴力，比如要求一个人必须冒生命危险为国参战。但众所周知，例外也会决定规则。而且，将马克斯·韦伯对内政和外交政策的思考划出一道截然分明的界线是错误的，几乎没有人像韦伯那样清楚地认识到或者一再强调过，强有力的外交政策，决定因素是内政。

马克斯·韦伯的政治著述构成了一个完整性令人难忘的框架设计，找不到内在的矛盾予以反驳。只要一进入韦伯的前提，就很容易被它们牢牢拴住。[86] 我一直在力图避免这种两难困境又不至于专横歪曲马克斯·韦伯的思想。我的叙事基础是根据他所处的时代背景谨慎梳理和评估所有可得的素材，以这种方法入手，开始对马克斯·韦伯的著述进行内在解释，并试图澄清他的立场的裂痕与矛盾，同时确认其内在的一以贯之性，不管他生前的那些戏剧性政治事件产生的大量具体问题导致他的态度发生过什么变化。此外，我还有一个意图，就是从马

84　参阅费贝尔前引书，第54页及以下。
85　布鲁恩对我的解释提出的异议，超出了这些解释的目标，因为我从不认为马克斯·韦伯赞同把权力政治视为目标本身，亦即纯粹以权力本身为目的。见他的前引书第251页注释15和第253页注释23。布鲁恩用来反对我的"激进解释"的那些《经济与社会》引文，在我的著作中已有详论。
86　这里我借用了卢曼在略有不同的语境中的说法，见其前引书第52页。

克斯·韦伯在许多方面都与之非常接近的激进自由主义观点去探究他的政治立场和政治思考。因此，我实际上只是把马克斯·韦伯看作一个狭义的"政治家"。如果我不得不重写此书的话，我会像布鲁恩和维姆贝格最近所做的那样，也对他的理论工作予以平衡考虑。[87] 不过，我们还是希望，我们的叙事能够继续经受得住评头论足，尽管它的主要目的是根据马克斯·韦伯那个时代的德国政治背景准确描绘出他的政治角色与政治思想。

---

[87] 很遗憾，我未及研究戴维·比瑟姆的《马克斯·韦伯与现代政治理论》(David Beetham, *Max Weber and the Theory of Modern Politics*, London, 1974)，因为它出版于本书完稿之后。

题外话:马克斯·韦伯看支配的形式合法性与理性正当性之间的关系问题

卡尔·施密特大概是最早批评马克斯·韦伯三种正当性支配类型的人,原因在于它们纯粹的形式主义功能性质。按照马克斯·韦伯的定义,"今天最常见的正当性形式就是对合法性的信仰,以及服从形式上正确并按照惯常方式制定的法规"[1]。单是这个意义上的形式合法性,绝无可能产生对当代统治权的内在理据的真诚信仰,因此也绝无可能构成正当性的有效基础。只有具备价值内涵的法规,才能创造必需的正当性权力。纯功能主义的宪政理论忽视了宪政民主国家的价值基础,仅仅根据立法程序的形式正确性奠定一种法规有效性的标准,它的出现是这些价值基础丧失了其正当性力量的标志。[2]

约翰内斯·温克尔曼则试图证明,马克斯·韦伯并没有追求把正

---

[1]《经济与社会》,第19页。
[2]《合法性与正当性》,第140页。

当性支配的三种纯粹类型建立在纯形式合法性的概念基础上。[3] 但实际上恰恰相反，马克斯·韦伯的正当性与合法性作为一个正当性原则的观点，就隐含着卡尔·施密特对合法性概念的评论，这一点也确实可以预料到。施密特未能认识到这一点，是因为他的法律-规范方法与经验-社会学方法大相径庭。当时，温克尔曼赞同卡尔·施密特的论点，反对魏玛国家合法性概念的纯形式基础，因为它最终导致了纳粹党半合法地夺取了政权，但温克尔曼试图证明，这与马克斯·韦伯的观点并不矛盾。[4]

我们已经讨论过韦伯对卡尔·施密特议会合法性与直选正当性冲突理论的影响。在某种程度上说，卡尔·施密特其实仅仅是根据韦伯已在正当性理论中概括出的前提得出了激进的结论而已。当然，按照他的解释，理性合法性与直选正当性之间是绝对矛盾的关系，这相比韦伯已经走得太远了。但我认为，他在这里是可以利用韦伯的，因为韦伯也认识到了直选领袖与按照形式上的民主程序提名政治领袖之间是有冲突的。[5] 如果说这种冲突在韦伯的著作中并无直接表现，那也是因为他相信，公认的合法性基础上的正当性，在现代宪政国家都具有形式主义性质。因此，我们只能部分同意温克尔曼的命题。

和韦伯一样，温克尔曼也在两种正当性效果之间做出了区分，一

---

[3] 《马克斯·韦伯支配社会学中的正当性与合法性》（*Legitimität und Legalität in Max Weber herrschaftssoziologie*, Tübingen, 1952），第71页（以下引用时标注为《正当性与合法性》）；另见《政治社会学中的支配类型与民主的正当性》，载《法律与社会哲学文献》（"Die Herrschaftskategorien der politischen Soziologie und die Legitimität der Demokratie," *Archiv fur Rechts-und Sozialphilosophie*)，第42卷（1952），第383页及以下。

[4] 参阅阿尔弗雷德·卡斯滕：《马克斯·韦伯理性支配理想类型中的正当性问题》（Alfred Karsten, *Das Problem der Legitimität in Max Weber Idealtypus der rationalen Herrschaft*, Hamburg, 1960）。

[5] 参阅《经济与社会》，第562页及以下。

种是基于价值理性取向的合法性信仰,一种是基于目的理性取向的合法性信仰。他想当然地认为,可以断定马克斯·韦伯并没有考虑过目的理性取向的合法性具有任何真正意义上的正当性效应。他辩称:"从原则上说,马克斯·韦伯的'合法支配'概念,依靠的是理性的且无疑是价值理性取向的法治[6],只要它被贬低并以退化了的形式出现时,它就会成为一种价值中立的、纯目的理性的形式主义合法性支配。"[7] 换言之,从原则上说,韦伯绝不会支持一种纯形式的功能主义现代民主宪政国家的观点,这种观点会抛弃宪法与法律的一切价值理性基础。然而,在韦伯价值无涉的经验社会学框架中,他也不得不认可那种掺了水分的正当性形式,它的基础是对形式上以正确方式通过的法律的习惯性信仰,因为从经验意义上说,这些法律可能具有正当性效应。按照价值无涉的经验社会学观点,他不得不同等看待正确的和"虚假"的意识。

我们基本上不可能同意这种解释。无可否认,从经验社会学意义上说,韦伯不得不把纯形式的合法性视为一种正当性形式,这是正确的,尽管从规范性观点来看它并不具有正当性效应。然而,用温克尔曼本人的术语来说,韦伯有一种"虚假"意识,他不再相信纯粹意义上的价值理性民主秩序的可能性。在他看来,一切现代宪政支配都是典型的形式律法主义,在这方面,民主宪政国家与其他国家并无不同。

温克尔曼本人也不得不承认,韦伯"在讨论'三种纯粹类型'时,经常强调的是理性(因而不是传统或卡里斯玛)支配,在他看来,那时最为常见也最成问题的,是纯形式上合法的支配类型,而不是第三

---

[6] 这里的"法治"原文是 Satzungsherrschaft,即依照法律规章进行的统治。——译者注
[7] 《正当性与合法性》,第 72 页及以下。

种正当性类型,即他在原则上设想的'理性支配'。"[8]事实上,能够支持温克尔曼论点的只有两个地方,那里对价值理性和目的理性做出了明确区分:《经济与社会》第36页和第217页。[9]但在这里也一样,价值理性取向的合法性信仰也退而采取了目的理性合法性的形式(尤可见于《经济与社会》,第36页第7项)。在这里,价值理性类型是被单独论述的,而不是归在理性制定的法律之下,这正是我们不得不面对的现代合法支配的情况。韦伯在这里指出,成文法就是纯粹目的理性的。马克斯·韦伯认为,自然法是具有价值理性效力的最纯粹类型,他对价值理性的正当性信仰类型的特别论述就是专门针对这一点,并且持有明确的保留态度,认为它在今天只有很微弱的重要性。第二处是说,"任何法律"都可以"经协商或强加被制定,它既能是价值理性的也能是目的理性的(或者两者兼具)"[10]。这与先前的引文是矛盾的,那里认为"成文"法在某些情况下具有一种价值理性的取向。这就绝对排除了下面的意义解释,即马克斯·韦伯原则上认为只有价值理性取向的合法性才具有正当性效力。就此而论,倒是恰好暗合了卡尔·施密特的异议:任何法律都不可能在价值理性基础上被制定。

温克尔曼为他的论点进一步辩解道:"(客观上说)纯粹的目的理性秩序本身,不可能宣称具有这种正当性效力,纯粹目的理性的动机取向,也不可能就实际现存秩序的正当性达成一致。否则就难以区分正当性秩序和根据纯粹目的理性确立的非正当性秩序。"[11]有一点可

---

8 《正当性与合法性》,第64页。
9 温克尔曼提到的引文(同上注释16)出自《宗教社会学》,第1卷,I,也没有为这种论点提供任何依据。第273页的阐述者证了目的理性基础上的合法性,第267页的阐述则毫不相干,因为在韦伯看来,宪法的制定既可以是价值理性的,也可以是目的理性的。
10 《经济与社会》,第125页。
11 《正当性与合法性》,第95页及以下。

题外话：马克斯·韦伯看支配的形式合法性与理性正当性之间的关系问题

以肯定，即真正的正当性只能建立在价值理性的原则基础上，不过温克尔曼没有试图得出结论说，这也是韦伯的观点。韦伯认为，纯粹目的理性的法定秩序，只有在被统治者承认具有正当性时才是可以想象的。韦伯始终指的就是这种情况，而基于"实质价值秩序"的支配类型，在他个人看来并无重要意义，因此，在《经济与社会》的社会学决疑术中仅仅扮演了一个纯粹次要的角色。他在国家层面和私人资本主义企业层面的合法支配状况之间所做的比较，并没有给其他任何解释留出余地。[12] 雇主与雇工之间的关系完全是依赖于一种纯粹目的理性的秩序，这在形式上是由他们或他们的代表之间缔结契约获得正当性的。按照马克斯·韦伯的观点，法定秩序是经由公认的正当性机构通过的实在法而获得尊严和规范性的，不是因为任何价值规范，无论这些规范是隐性的还是显性的，也无论它们是否具有"内在的神圣性"。实在法获得通过，要么是以现存秩序中的"利益集团"一致同意的形式，要么就是——实践中远更常见的——由具备合法效力的统治者所强加。[13]

温克尔曼把这样一个信条归到了马克斯·韦伯名下，说他认为，民主秩序只有"以价值理性基础上的实质正当性原则为取向"，并得到一种正当性信仰的支持，"它作为一种支配形式才属于正当的理性支配范畴"[14]。但这是站不住脚的。韦伯相信，任何现代的合法支配，只有在目的理性的基础上才是可能的。正如他本人所说，西方模式的理性化演进过程中，"支配的正当性逐渐发展为有目的设计、以正确形式制

---

12 参阅《经济与社会》，第551页。
13 同上书，第19页。
14 同上书，第48页。

定并予以公布的普遍规则的合法性"[15]。温克尔曼按照韦伯的思路描绘了这个普遍的除魅过程[16]，却忘了韦伯本人得出的结论。总体比较温克尔曼的观点所产生的结论，韦伯从没有认为价值理性基础上的支配正当性类型是真正的正当性来源。在他看来，议会民主制就是一种有目的选择领袖人物的制度，舍此无他。因此，他从不重视任何"实质正当性原则"的测评，而是着重于纯粹的形式合法性。只有在这个背景下，我们才能理解，根据情势变迁原则，民主是遏制官僚化进程的最佳手段。但是，韦伯从未自觉踏上重新为民主制度建立价值理性基础的道路。温克尔曼指称韦伯民主支配理论中的价值含量导致了所谓"正当性的内在限度"，这种解释不言而喻是错误的。温克尔曼显然认为，那些准自然法性质的实质价值规范（例如良心自由），在韦伯的功能主义民主支配理论中已不再发挥作用。[17]

温克尔曼尽力使理性正当性类型摆脱形式主义特征并将其应用于现代政治理论，我认为这确实意味深长，值得赞誉。然而，他不应当以事后聪明的方式把他的新自然法解释，甚至一些毫不相干的解释归到韦伯名下。认为韦伯也会在这种新自然法意义上解释过去，实在是大谬不然。韦伯的"领袖民主制"并不意味着肯定某种基本价值秩序甚或"支配的最小化"，恰恰相反，是为了不断提高民族国家的实力地位，以及在一个越来越固化于赤裸裸的律法主义的社会中释放领袖人物的卡里斯玛天赋。对于韦伯来说，制度化意义上的民主，不过就

---

15 《宗教社会学》，第 1 卷，第 273 页。

16 《合法性与正当性》，第 66 页及以下。

17 温克尔曼在前引书第 41 页注释 43 中特别提到了《经济与社会》整个都与权力行使的机械极限有关，它决定于权力的分立，但作为普遍规则，权力的分立在原则上说并不是依赖于价值观，而是完全出于自身的积极建构。

是温克尔曼很有道理地予以拒斥的"纯粹目的理性"的制度。[18]尽管温克尔曼指出,韦伯认为"国家的技术形式"问题从属于可实现的价值观[19],但无疑,我们不应在一种基于终极价值或者诸如此类价值理性的秩序中寻找这些价值观。在韦伯看来,价值观只能由个体去实现,在现代大众民主中,这个任务交给了卡里斯玛领袖。国家组织,连同构成其基础的法律秩序,都不过是功能主义的"游戏规则"体系,而且可以随时理性重构。这里面并不存在固有的"正当性限度"。步卡尔·施密特的观念之后尘,温克尔曼最近也尝试指出了现代法律意识的二元性质,即纯形式的"成文法合法性"与"合法建构的社会中在理想的、普遍持有的法律信念意义上的更高法律的正当性"之并存状态。他不应求助马克斯·韦伯为这种观点辩护,后者认为,纯粹的法律实证主义趋势是不可阻挡的。[20]

---

18 温克尔曼:《国家与社会》,第37页。
19 《正当性与合法性》,第45页注释58a。
20 请比较温克尔曼:《宪法的正当性与合法性辨析》,载《普通政治学杂志》("Die verfassungsrechtliche Unterscheidung von Legitimität and Legalität", *Zeitschrift für die gesamte Staatswissensckaft*),第112期,1956,第173页。

参考文献

1. 遗稿与档案材料

Nachlaß Max Weber:
　Teil I: Ehem. Preußisches Geheimes Staatsarchiv, jetzt Deutsches Zentralarchiv II, Merseburg, Rep. 92.
　Teil II: Im Besitz von Prof. Dr. Baumgarten, Mannheim = Archiv Ebnet (A. E.)
　Einzelne Materialien: Max Weber Archiv, München
Nachlaß Eduard Bernstein
　Institut für Sozialgeschichte, Amsterdam
Nachlaß Lujo Brentano; Korrespondenz:
　Bundesarchiv Koblenz
Nachlaß Hans Delbrück:
　Teil I: Deutsche Staatsbibliothek Berlin
　Teil II: Bundesarchiv Koblenz
　Deutsche Staatsbibliothek Berlin
Nachlaß Adolf v. Harnack: Korrespondenz:
　Deutsche Staatsbibliothek Berlin
Nachlaß Conrad Haußmann:
　Hauptstaatsarchiv Stuttgart (HStA Stgt.)
Nachlaß Wolfgang Heine:
　Archiv für die Soziale Demokratie, Bonn-Bad Godesberg
Nachlaß Georg Gothein: Korrespondenz 1913–1916, Fasz. 14:
　Bundesarchiv Koblenz
Nachlaß Georg Jellinek:
　Bundesarchiv Koblenz
Nachlaß Friedrich Naumann:
　Deutsches Zentral-Archiv I Potsdam
Nachlaß Schiffer:
　Hauptstaatsarchiv Berlin-Dahlem
Nachlaß Gustav v. Schmoller:
　Ehem. Preußisches Geheimes Staatsarchiv, jetzt Deutsches Zentralarchiv II, Merseburg
Nachlaß Gustav Stresemann:
　Bundesarchiv Koblenz

Akten des Reichsamts des Innern
Deutsches Zentral-Archiv I, 19487, 19523
Akten des Reichsamts des Innern III, Verfassung und Verwaltung, Nr. 40 betr. die Verfassung des Deutschen Reiches Bd. 1–9 (16807–815)
Akten des Reichskanzleramts
  I Gr. 34, Reichsbehörden, 2²a:
    Staatssekretäre im Reichsamt des Innern
  II Kriegsakten
    1, Bd. 11 und 12 vom 2. 1. 1917 bis 28. 7. 1918 (2398/10 u. 11)
    5¹, U-Boot-Krieg (2410)
    15, Vorschläge zu Friedensverhandlungen, 17 Bde., umfassend den Zeitraum vom 14. 9. 1914 bis 5. 11. 1918 (2442/10–2447/2)
    15 geh., Deutscher National-Ausschuß, Bd. 1, 2 (2248)
  IV Revolutionsakten
    3¹, Geschäftsgang: 12. 5. 1918 bis 6. 2. 1919
    38, Reichsverfassung, 13. 12. 1918 bis 6. 2. 1919
Akten der Sozialisierungskommission:
  Bd. III (3107).
Alle angeführten Reichsakten befinden sich im ehem. Reichsarchiv, jetzt Deutsches Zentralarchiv I, Potsdam
Preußisches Ministerium des Innern:
  Akta betr. die neue Verfassung des Reiches 1918/19
  Befindlich im ehem. Preußischen Geheimen Staatsarchiv, jetzt Deutsches Zentralarchiv II, Merseburg
Protokolle der ersten beiden Sitzungen des Arbeitsausschusses Mitteleuropa, vom 22. 2. und 28. 2. 1916. Nachlaß Baernreither. Österreichisches Haus-, Hof- und Staatsarchiv Wien. (Ich danke die Beschaffung dieser Materialien Herrn cand. phil. Dieter Flamm)

2. 马克斯·韦伯手稿

Gesammelte Politische Schriften, 1. Aufl., München 1921
Gesammelte Politische Schriften, 2. Aufl., herausgegeben von J. F. Winckelmann, Tübingen 1958
Gesammelte Politische Schriften, 3., erneut vermehrte Auflage, herausgegeben von J. F. Winckelmann, Tübingen 1971
Gesammelte Aufsätze zur Religionssoziologie, 3 Bde., Tübingen 1920/21
Gesammelte Aufsätze zur Soziologie und Sozialpolitik, Tübingen 1924
Gesammelte Aufsätze zur Sozial- und Wirtschaftsgeschichte, Tübingen 1924
Gesammelte Aufsätze zur Wissenschaftslehre, 1. Aufl., Tübingen 1922, 3. Auflage, hg. von Johannes Winckelmann, Tübingen 1968
Grundriß der Sozialökonomik, Bd. 1, Wirtschaft und Gesellschaft, 1. Aufl., Tübingen 1920

Wirtschaft und Gesellschaft. Grundriß der verstehenden Soziologie, 4. Aufl., hg. von Johannes Winckelmann, 2 Halbbde., Tübingen 1956
Die protestantische Ethik I. Eine Aufsatzsammlung. Hg. von Johannes Winckelmann, 3. Aufl., München, Hamburg 1973
Die protestantische Ethik II. Kritiken und Antikritiken. Hg. von Johannes Winckelmann, 2. Aufl., München, Hamburg 1972
Rechtssoziologie. Aus dem Manuskript herausgegeben und eingeleitet von Johannes Winckelmann, 2. Auflage, Neuwied 1967
Economy and Society. An Outline of Interpretive Sociology, ed. by Guenther Roth and Claus Wittich, New York 1968
From Max Weber: Essays in Sociology, tranls., edited and with an introduction by Hans H. Gerth and C. Wright Mills, Oxford 1946
Die drei reinen Typen der legitimen Herrschaft, Preußische Jahrbücher Bd. 187, 1921, S. 1–12
Wirtschaftsgeschichte. Aus den nachgelassenen Vorlesungen herausgegeben von S. Hellmann und Dr. M. Palyi, München, Leipzig 1923
Max Weber: Soziologie, Weltgeschichtliche Analysen, Politik, herausgegeben von J. F. Winckelmann (Auswahlausgabe mit nahezu erschöpfender Bibliographie der Schriften Max Webers) Stuttgart 1956
Jugendbriefe, Tübingen o. J. (1936)
Die Verhältnisse der Landarbeiter im ostelbischen Deutschland. Auf Grund der Erhebungen des Vereins für Sozialpolitik, Schriften des Vereins für Sozialpolitik Bd. 55, Teil 3, Leipzig 1892
Entwicklungstendenzen in der Lage der ostelbischen Landarbeiter, Archiv für soziale Gesetzgebung und Statistik Bd. 7, 1894
Entwicklungstendenzen in der Lage der ostelbischen Landarbeiter, Preußische Jahrbücher Bd. 77, 1894 (jetzt in den Gesammelten Aufsätzen zur Soziologie und Sozialpolitik)
Privatenquêten über die Lage der Landarbeiter, Mitteilungen des evangelisch-sozialen Kongresses, April, Juni, Juli 1892
Zur Rechtfertigung Göhres, Christliche Welt, 6. Jahrg., 1892, Sp. 1104–1109
Die Erhebung des evangelisch-sozialen Kongresses über die Verhältnisse der Landarbeiter Deutschlands, Christliche Welt, 7. Jahrg. 1893, Sp. 535–40
Die Erhebung des Vereins für Sozialpolitik über die Lage der Landarbeiter. In 6 Teilen. Das Land, 1. Jahrg., 1893, S. 8 f., 24 ff., 43 ff., 58 f., 129 f., 147 f.
Besprechung von Theodor Frh. v. d. Goltz, Die ländliche Arbeiterklasse und der preußische Staat, und Max Sering, Die innere Kolonisation im östlichen Deutschland. Das Land, 1. Jahrg., 1893, S. 231 f.
Was heißt Christlich-Sozial? Christliche Welt, 8. Jahrg., 1894, Sp. 472–77
Die Verhandlungen auf der preußischen Agrarkonferenz, Sozialpolitisches Zentralblatt Bd. 3, 1894, S. 533–537

Die Kampfesweise des Freiherrn v. Stumm, Neue Preußische Zeitung (Kreuzzeitung) vom 26. 2. 1895; nebst einem Eingesandt vom 12. 3. 1895

Der preußische Gesetzentwurf über das Anerbenrecht bei Rentengütern, Soziale Praxis, 4. Jahrg., 1895, S. 956–960

Besprechung von Vallentin, Westpreußen in den ersten Jahrzehnten dieses Jahrhunderts, Historische Zeitschrift Bd. 76, 1896, S. 308 f.

Berichte der Frankfurter Zeitung, Nr. 48 vom 17. 2. 1896 und Nr. 75 vom 15. 3. 1896, 3. Morgenblatt über Max Webers Vorlesungen über Agrarpolitik am Freien Deutschen Hochstift

Bericht des Frankfurter Volksboten vom 14. 3. 1896 über Max Webers Vortrag am Freien Deutschen Hochstift über «Agrarschutz und positive Agrarpolitik» vom 13. 3. 1896

Bericht der Frankfurter Zeitung vom 8. 3. 1896 über eine Rede Max Webers im Frankfurter Christlich-Sozialen Verein über «die zukünftige Bodenverteilung in Deutschland»

Die Ergebnisse der deutschen Börsenenquête, Zeitschrift für das gesamte Handelsrecht, Bde. 43, 44, 45, 1895/96

Die technische Funktion des Terminhandels, Deutsche Juristenzeitung Jahrg. 1, Nr. 11 vom 1. Juni 1896, S. 207 ff., und Nr. 13 vom 1. Juli 1896, S. 248 ff.

Artikel Börsenwesen im Handwörterbuch der Staatswissenschaften, 1. Aufl. 1. Supplementband, Jena 1895

Artikel Börsengesetz im Handwörterbuch der Staatswissenschaften, 1. Aufl. 2. Supplementband, Jena 1897

Diskussionsrede auf der Gründungsversammlung des National-Sozialen-Vereins vom 23. bis 25. November 1896, Protokoll über die Vertreterversammlung aller National-Sozialen in Erfurt vom 23. bis 25. Nov. 1896, Berlin 1896

Bericht der Badischen Landeszeitung Nr. 294, 2. Blatt vom 16. 12. 1897 über einen Vortrag Max Webers in Mannheim über die geschichtliche Stellung des modernen Kapitalismus

Stellungnahme zur Flottenumfrage der Münchener Allgemeinen Zeitung. Außerordentliche Beilage, Nr. 3 zu Nr. 46 vom 13. Januar 1898, S. 4 f.

Die Landarbeiter in den evangelischen Gebieten Norddeutschlands. In Einzeldarstellungen nach den Erhebungen des evangelisch-sozialen Kongresses. Herausgegeben von Max Weber, Tübingen 1899. Mit einer Vorbemerkung Max Webers

Herr v. Miquel und die Landarbeiterenquête des Vereins für Sozialpolitik, Soziale Praxis, 8. Jahrg., 1899, Sp. 640–42

The Relations of the Rural Community to other Branches of Social Science (Translated by Professor Charles W. Seidenadel, Ph. D., University of Chicago), in: Congress of Arts and Science, Universal Exposition, St. Louis, 1904, hg. von Howard J. Rogers, Bd. 7, Boston 1906

489 Kapitalismus und Agrarverfassung. Vortrag in St. Louis 1904. Rückübersetzung von Prof. H. Gerth. Zeitschrift für die gesamte Staatswissenschaft Bd. 108, 1952
Zur Beurteilung der gegenwärtigen politischen Entwicklung Rußlands. Zusammen mit S. J. Giwago. Archiv für Sozialwissenschaft und Sozialpolitik Bd. 22, 1906, Beilage
Rußlands Übergang zum Scheinkonstitutionalismus. Archiv für Sozialwissenschaft und Sozialpolitik Bd. 23, 1906, Beilage
Zuschrift betr. die badische Fabrikinspektion. Frankfurter Zeitung Nr. 24 vom 24. 1. 1907, 1. Morgenblatt
Der Fall Bernhard. Zuschrift an die Frankfurter Zeitung. Nr. 168, 1. Morgenblatt vom 18. 6. 1908
Die Kredit- und Agrarpolitik der preußischen Landschaften. Bankarchiv Bd. 8, 1908, S. 87–91
Der «Fall Bernhard» und Professor Delbrück. Frankfurter Zeitung vom 10. 7. 1908, Nr. 190, 4. Morgenblatt
Die sogenannte «Lehrfreiheit» an den deutschen Universitäten. Frankfurter Zeitung vom 20. September 1908, 3. Morgenblatt
Bericht des Heidelberger Tagblatts über einen Vortrag Georg Jellineks über «Kaiser und Reichsverfassung» nebst der sich daran anschließenden Diskussion. Nr. 282 vom 2. 12. 1908, S. 4
Die Lehrfreiheit der Universitäten 1909. Wiederabgedruckt in: Süddeutsche Zeitung. 3. 11. 1973
Rede auf dem 3. Deutschen Hochschullehrertag. Verhandlungen des 3. Hochschullehrertages zu Leipzig am 12. und 13. 10. 1909. Bericht erstattet vom engeren geschäftsführenden Ausschuß, Leipzig 1910
Stellungnahme zum Fall Althoff. Tägliche Rundschau Nr. 497 vom 22. Oktober 1911, 2. Beilage
Die Handelshochschulen. Eine Entgegnung. Berliner Tageblatt Nr. 548 vom 27. 10. 1911
Denkschrift an die Handelshochschulen vom 7. 11. 1911, in: Werk und Person
Rede auf dem 4. Deutschen Hochschullehrertag. Verhandlungen des 4. Deutschen Hochschullehrertages. Bericht, erstattet vom engeren geschäftsführenden Ausschuß, Leipzig 1912, S. 66 ff.
Gutachten über die Werturteilsfrage. In: Äußerungen zur Werturteilsdiskussion im Ausschuß des Vereins für Sozialpolitik. Als Manuskript gedruckt 1913
An der Schwelle des dritten Kriegsjahres, Rede für den «Deutschen National-Ausschuß» am 1. 8. 1916; Bericht des Fränkischen Kuriers, 84. Jg., Abendausgabe vom 2. 8. 1916
Bericht der Fränkischen Tagespost vom 2. 8. 1916 über dieselbe Rede
Bericht der Nürnberger Zeitung vom 2. 8. 1916 über dieselbe Rede

Bericht über Max Webers Vortrag in München vom 22. Oktober 1916 über «Deutschlands weltpolitische Lage». Münchener Neueste Nachrichten Nr. 551 vom 28. 10. 1916, Abendausgabe

Ein Wahlrechtsnotgesetz des Reichs. Das Recht der heimkehrenden Krieger. Frankfurter Zeitung vom 28. 3. 1917, 1. Morgenblatt. Jetzt Pol. Schr., 3. Auflage, S. 192 ff.

Parlamentarisierung und Föderalismus. Frankfurter Zeitung vom 26. 4. 1917. (Etwas verändert in den Pol. Schr., 3. Auflage, S. 406 ff. abgedruckt)

Eine katholische Universität in Salzburg. Frankfurter Zeitung vom 10. 5. 1917, 1. Morgenblatt

Die Abänderung des Artikels 9 der Reichsverfassung. Erschienen als Leitartikel der Frankfurter Zeitung vom 8. 9. 1917. (Nachdruck in der 1. Auflage dieses Buches. Jetzt Pol. Schr. S. 192 ff.)

Die siebente deutsche Kriegsanleihe, Frankfurter Zeitung, 1. Morgenblatt, vom 18. 9. 1917 (mit Kürzungen abgedruckt in Pol. Schr. S. 226 ff.)

Für den Verständigungsfrieden gegen die alldeutsche Gefahr, Rede auf einer Massenkundgebung in München am 5. 11. 1917, Bericht der Münchener Neuesten Nachrichten, Jg. 70, Nr. 662, vom 6. 11. 1917

Schwert und Parteienkampf, Frankfurter Zeitung, 1. Morgenblatt, vom 13. 12. 1917

Aristokratie und Demokratisierung in Deutschland, Berliner Tageblatt, 47. Jg., Nr. 30, vom 17. 1. 1918, Morgenausgabe

Bericht der Münchener Neueste Nachrichten über eine Rede Max Webers auf einer Versammlung der Fortschrittlichen Volkspartei in München vom 4. 11. 1918 über Deutschlands politische Neuordnung. Nr. 559 vom 5. 11. 1918

Bericht der Wiesbadener Zeitung über eine Rede Max Webers für die Deutsche Demokratische Partei in Wiesbaden vom 5. 12. 1918. Nr. 621, Abendausgabe vom 6. 12. 1918

Bericht des Wiesbadener Tagblatts über dieselbe Rede. Nr. 570, Abendausgabe vom 6. 12. 1918

Bericht der Vossischen Zeitung über eine Rede Max Webers für die Deutsche Demokratische Partei im ersten Berliner Reichstagswahlkreis vom 20. 12. 1918, Nr. 653 vom 22. 12. 1918, S. 2

Bericht des Berliner Tageblatts über dieselbe Rede. Nr. 651 vom 21. 12.

Bericht der Heidelberger Neuesten Nachrichten über Max Webers Wahlrede für die Deutsche Demokratische Partei am 2. Januar 1919 in Heidelberg

Bericht des Heidelberger Tagblatts über dieselbe Rede, «Deutschlands Wiederaufrichtung», Nr. 2 vom 3. 1. 1919

Bericht der Badischen Presse über Webers Wahlrede für die Deutsche Demokratische Partei in Karlsruhe am 4. Januar 1919 über «Deutschlands Vergangenheit und Zukunft». Nr. 7, Mittagsblatt vom 6. 1. 1919, S. 2

Bericht der Badischen Landeszeitung Nr. 7, Mittagsblatt, vom 6. 1. 1919 über dieselbe Rede
Bericht des Karlsruher Tagblatts, 1. Blatt vom 5. 1. 1919 über dieselbe Rede
Bericht der Fürther Zeitung über Webers Wahlrede für die Deutsche Demokratische Partei am 14. Januar in Fürth vom 15. 1. 1919
Bericht der Nordbayrischen Zeitung vom 15. 1. 1919 über dieselbe Rede
Bericht des Heidelberger Tageblatts vom 18. 1. 1919 über Webers Rede vom 17. 1. 1919: «Der Volksstaat und die Parteien»
Gegen Frankreichs Anspruch auf Pfalz und Rheinbecken. Protestkundgebung von Lehrkörper und Studentenschaft der Ruprecht-Karls-Universität Heidelberg vom 1. März 1919. Ansprachen von Rektor Prof. Dr. Chr. Bartholomae, Oncken, Wolfgang Windelband, stud. phil. et nat. Thiel, Max Weber. Heidelberg 1919
Bemerkungen zum Bericht der Kommission der alliierten und assoziierten Regierungen über die Verantwortlichkeit der Urheber des Krieges. Nebst einer Vorbemerkung zu den Anlagen der Denkschrift. Vom 27. Mai 1919 (sogenannte Viererdenkschrift). In: Das deutsche Weißbuch über die Schuld am Kriege. Mit der Denkschrift der deutschen Viererkommission zum Schuldbericht der Alliierten und Assoziierten Mächte. 1. Aufl., Berlin 1919

3. 期刊

Frankfurter Zeitung, Jahrg. 1896–1919
Die Hilfe, Selbsthilfe, Bruderhilfe, Staatshilfe. Eine Wochenschrift. Herausgegeben von Friedrich Naumann, Jahrg. 1, 1894/95 bis Jahrg. 26, 1920
Die Verhandlungen des evangelisch-sozialen Kongresses. Nach den stenographischen Protokollen. 1.–8. Kongreß, 1890–1897
Verhandlungen der Generalversammlung des Vereins für Sozialpolitik zu Berlin, 1893. Auf Grund der stenographischen Niederschrift herausgegeben vom ständigen Ausschuß. Schriften des Vereins für Sozialpolitik Bd. 58, 1893
Verhandlungen der Generalversammlung des Vereins für Sozialpolitik zu Mannheim 1905. Auf Grund der stenographischen Niederschrift herausgegeben vom ständigen Ausschuß. Schriften des Vereins für Sozialpolitik Bd. 116, 1905
Verhandlungen der verfassungsgebenden Deutschen Nationalversammlung zu Weimar. Stenographische Berichte Bd. 326, 327, 328, 1919
Verhandlungen der verfassungsgebenden Deutschen Nationalversammlung Bd. 336. Anlagen zu den stenographischen Berichten Nr. 391: Bericht und Protokolle des 8. Ausschusses der deutschen Nationalversammlung über den Entwurf einer Verfassung des Deutschen Reiches. Berlin 1920

Heidelberger Neueste Nachrichten, Jahrg. 1917-1919
Statistisches Jahrbuch der Stadt Berlin, Jg. 1 (1889/90)

4. 一般文献

Abramowski, Günter:
  Das Geschichtsbild Max Webers. Universalgeschichte am Leitfaden des okzidentalen Rationalisierungsprozesses, Stuttgart 1966
Agulla, Juan Carlos:
  Max Weber und die Theorie des sozialen Handelns, phil. Diss. München, Cordoba, Argentinien 1964
Albert, Hans:
  Plädoyer für kritischen Rationalismus, München 1971
  - Traktat über kritische Vernunft, Tübingen ²1969
  - Konstruktion und Kritik. Aufsätze zur Philosophie des kritischen Rationalismus, Hamburg 1972
Albertin, Lothar:
  Liberalismus und Demokratie am Anfang der Weimarer Republik, Düsseldorf 1972
Andrewski, Stanislav:
  Method and Substantive Theory in Max Weber. The British Journal of Sociology, Bd. 15, 1964
Annäherung:
  Die wirtschaftliche Annäherung zwischen dem Deutschen Reiche und seinen Verbündeten. Hrsg. im Auftrage des Vereins für Sozialpolitik von Heinrich Herkner. Schriften des Vereins für Sozialpolitik Bd. 155. Teil 1 und 3. Berlin 1916
Anschütz, Gerhard:
  Die Verfassung des Deutschen Reichs. Ein Kommentar für Wissenschaft und Praxis, 5. Aufl., Berlin 1926
Antoni, Carlo:
  Vom Historismus zur Soziologie. Übersetzt von Walter Goetz, Stuttgart 1950
Apelt, Willibald:
  Geschichte der Weimarer Verfassung, München 1946
Aron, Raymond:
  Max Weber und die Machtpolitik. Zeitschrift für Politik, Bd. 11, 1964
  - Main Currents in Sociological Thought, Bd. 2, New York 1967
Baden, Prinz Max v.:
  Erinnerungen und Dokumente, Berlin 1927
Barkin, Kenneth D.:
  The Controversy over German Industrialization 1890-1902, Chicago 1970

Barth, Theodor, und Naumann, Friedrich:
Die Erneuerung des Liberalismus, Berlin 1906
Basler, Werner:
Deutschlands Annexionspolitik in Polen und im Baltikum 1914-1918, Berlin 1962
Baumgart, Winfried:
Deutsche Ostpolitik 1918, Wien und München 1966
Baumgarten, Eduard:
Die Bedeutung Max Webers für die Gegenwart. Die Sammlung, 5. Jahrg., 1950, S. 385–401
- Max Weber. Werk und Person, Tübingen 1964
Baumgarten, Hermann:
Der deutsche Liberalismus. Eine Selbstkritik. Preußische Jahrbücher Bd. 18, 1866, S. 455 ff., 575 ff.
- Historische und politische Aufsätze und Reden. Mit einer biographischen Einleitung von Erich Marcks. Straßburg 1894
- Treitschkes Deutsche Geschichte, 3. Aufl., Straßburg 1883
Baumgarten, Otto:
Meine Lebensgeschichte, Tübingen 1929
Beetham, David:
Max Weber and the Theory of Modern Politics, London 1974
Bendix, Reinhard:
Max Weber. Das Werk Darstellung, Ergebnisse, Analyse München 1964
- Max Weber. An Intellectual Portrait, New York 1960
- Einige Bemerkungen zu einem Buch von Wolfgang Mommsen. Kölner Zeitschrift für Soziologie und Sozialpsychologie 13, 1961
Bendix, Reinhard/Roth, Guenther:
Scholarship and Partisanship. Essays on Max Weber, London 1971
Bergstraesser, Arnold:
Max Webers Antrittsvorlesung in zeitgeschichtlicher Perspektive. Vierteljahrshefte für Zeitgeschichte, 5. Jahrg., 1957, S. 209 ff.
Bergstraesser, Ludwig:
Geschichte der politischen Parteien in Deutschland, 7. Aufl., München 1952
Bierstedt, Robert:
The Problem of Authority, in: M. Berger, Th. Abel, Ch. H. Page, Freedom in Modern Society, New York 1954
Birnbaum, Norman:
Conflicting Interpretations of the Rise of Capitalism. The British Journal of Sociology, Bd. 4, 1953
Bismarck, Otto v.:
Gesammelte Werke, Friedrichsruher Ausgabe, Berlin 1926–1935
- Gedanken und Erinnerungen. Bd. 1 und 2, Stuttgart 1898, Bd. 3, Stuttgart und Berlin 1919

Bonhard, Otto:
Geschichte des Alldeutschen Verbandes, Berlin 1920
Born, Karl Erich:
Staat und Sozialpolitik seit Bismarcks Sturz, Wiesbaden 1957
Boese, Franz:
Geschichte des Vereins für Sozialpolitik 1872–1932, Berlin 1939
Bracher, Karl Dietrich:
Die Auflösung der Weimarer Republik, 1. Aufl., Stuttgart 1956, 2. Aufl., Stuttgart 1957, mit umfassendem Literaturverzeichnis
Brecht, Arnold:
Politische Theorie, Tübingen 1961
Bruun, H. H.:
Science, Values, and Politics in Max Weber's Methodology, Copenhagen 1972
Bund zur Erneuerung des Reiches:
Die Rechte des Reichspräsidenten nach der Reichsverfassung, Berlin 1933
Burckhardt, Jakob:
Weltgeschichtliche Betrachtungen, Krönerausgabe, 7. Aufl., Stuttgart 1949
Burián, Stefan Graf:
Drei Jahre, Berlin 1923
Burin, Frederic S.:
Bureaucracy and National Socialism: A Reconsideration of Weberian Theory, in: Robert K. Merton u. a., Reader in Bureaucracy, Glencoe/Ill. 1952, S. 33 ff.
Bussmann, Walter:
Treitschke als Politiker. Historische Zeitschrift Bd. 177, 1954, S. 249 ff.
Cerny, H.:
Storm over Max Weber, The Encounter, Bd. 23.2, 1964
Chickering, Roger:
A Voice of Moderation in Imperial Germany. Journal of Contemporary History, Bd. 8, 1973
Conrad, Else:
Der Verein für Sozialpolitik und seine Wirksamkeit auf dem Gebiet der gewerblichen Arbeiterfrage, Jena 1906
Conze, Werner:
Friedrich Naumann. Grundlagen und Ansatz seiner Politik in der national-sozialen Zeit (1895–1903) in: Schicksalswege deutscher Vergangenheit (Festschrift Kaehler), Düsseldorf 1952
– Die Wirkungen der liberalen Agrarreform auf die Volksordnung in Mitteleuropa im 19. Jahrhundert. Vierteljahrshefte für Sozial- und Wirtschaftsgeschichte Bd. 38, 1949
– Polnische Nation und deutsche Politik im ersten Weltkrieg, Köln/Graz 1958

495 — Nationalstaat oder Mitteleuropa? Die Deutschen des Reichs und die Nationalitätenfragen Ostmitteleuropas im ersten Weltkrieg. In: Deutschland und Europa, Festschrift für Hans Rothfels, 1951
Dehio, Ludwig:
Ranke und der deutsche Imperialismus. Historische Zeitschrift, Bd. 170, 1950
— Gedanken über die deutsche Sendung 1900–1918. Historische Zeitschrift, Bd. 174, 1952
Dibble, Vernon:
Social Science and Politcal Committments in the Young Max Weber, Archives Européennes de Sociologie, Bd. 9, 1968
Dieckmann, Johann:
Max Webers Begriff des „modernen okzidentalen Rationalismus", Köln (phil. Diss.) 1961
Drahomanov, Mykhaylo:
A Symposium and Selected Writings. The Annals of the Ukrainian Academy of Arts and Sciences in the U. S., vol. II, Nr. 1, New York 1952
Dronberger, Ilse:
The Political Thought of Max Weber. In Quest of Statesmanship, New York 1971
Düding, Dieter:
Der National-Soziale Verein 1896–1903. Der gescheiterte Versuch einer parteipolitischen Synthese von Nationalismus, Sozialismus und Liberalismus, München 1972
Duverger, Maurice:
Institutions Politiques et droit constitutionnel, Paris ¹¹1970
— Die politischen Parteien, Tübingen 1959
— La IVème République et le Régime présidentiel, Paris 1961
Eisenstadt, S. N.:
The Protestant Ethic and Modernization, New York 1968
Eisermann, Gotfried:
Max Weber und Amerika. Cahiers Wilfrido Pareto, Bd. 4, Genève 1964
Emmet, Dorothy:
Function, Purpose, and Power, London 1958
Engisch, Karl, Pfister, Bernhard und Winckelmann, Johannes: Max Weber. Gedächtnisschrift der Ludwig-Maximilian-Universität München zur 100. Wiederkehr seines Geburtstages, Berlin 1966
Ensor, R. C. K.:
England 1890–1914. Oxford Modern History of England, vol. 4, Oxford 1936
Entwurf, Reichsverfassung:
Entwurf der künftigen Reichsverfassung (allgemeiner Teil). Herausgege-

ben im Auftrage des Reichsamts des Innern, Berlin 1919 (enthält die Denkschrift zum 1. Entwurf von Hugo Preuß)

Eschenburg, Theodor:
Die improvisierte Demokratie der Weimarer Republik. In: Geschichte und Politik, Heft 10, Laupheim 1954
- Das Kaiserreich am Scheidewege, Berlin 1929

Eyck, Erich:
Das persönliche Regiment Wilhelms II., Zürich 1948

Falk, Werner:
Democracy and Capitalism in Max Weber's Sociology. Sociological Review, Vol. XXVII, London 1935

Ferber, Christian von:
Die Gewalt in der Politik, Stuttgart 1970

Fischer, Fritz:
Griff nach der Weltmacht. Die Kriegszielpolitik des kaiserlichen Deutschland 1914–1918, 3. Aufl., Düsseldorf 1964

Fleischmann, Eugène:
De Weber à Nietzsche, Archives Européennes de Sociologie, Vol. 5, 1964

Frank, Walter:
Hofprediger Adolf Stoecker und die christlich-soziale Bewegung, 2. Aufl., Hamburg 1935

Fraenkel, Ernst:
Die repräsentative und die plebiszitäre Komponente im demokratischen Verfassungsstaat. In: Recht und Staat in Geschichte und Gegenwart, Heft 219/220, Tübingen 1958

Frantz, Constantin:
Bismarckismus und Fridericianismus. O. O., 1873

Freund, Julien:
The Sociology of Max Weber, London 1968

Freyer, Hans:
Soziologie als Wirklichkeitswissenschaft, Leipzig, Berlin, 1930
- Theorie des gegenwärtigen Zeitalters, Stuttgart 1955

Friedensburg, Ferdinand:
Die Weimarer Republik, Berlin 1946

Friedrich, Carl J.:
Der Verfassungsstaat der Neuzeit, Berlin, Göttingen, Heidelberg, 1953
- Political Leadership and the Problem of the Charismatic Power, in: Journal of Politics, Febr. 1961
- Die Legitimität in politischer Perspektive, in: Politische Vierteljahresschrift, Jg. 1 (1960), S. 119 ff.
- Politische Autorität und Demokratie, in: Zeitschrift für Politik, N. F. Jg. 7 (1960), S. 1 ff.
- Authority, Reason and Discretion, in: Nomos, Bd. 1 (hg. v. C. J. Fried-

rich für The American Society of Political and Legal Philosophy), Harvard University Press 1958, S. 28 ff.
- Some Observations on Weber's Analysis of Bureaucracy, in: Robert K. Merton u. a., Reader in Bureaucracy, Glencoe/Ill., 1952, S. 27 ff.

Frye, Bruce B.:
A Letter from Max Weber. Journal of Modern History, Vol. 39, 1967

Gatzke, Hans W.:
Germany's Drive to the West. A Study of Germany's Western War Aims during the First World War, Baltimore 1950

Gegenadresse gegen die Seebergadresse:
mitgeteilt von Delbrück in den Preußischen Jahrbüchern Bd. 169, S. 306 f. (1917). Die Liste der Unterzeichner abgedruckt in den Preußischen Jahrbüchern Bd. 162, 1915, S. 169 f.

Genarotti, Franco:
Max Weber e il destino della ragione, Bari 1965

Gerth, Hans:
in: Gerth/Mills, From Max Weber, Essays in Sociology, New York 1958

Giddens, Anthony:
Capitalism and Modern Social Theory. An analysis of the writings of Marx, Durkheim and Max Weber, Cambridge 1971
- Politics and Sociology in the Thought of Max Weber, London 1972

Gneist, Rudolf v.:
Zur Verwaltungsreform und Verwaltungsrechtspflege in Preußen, Leipzig 1880

Grab, H. J.:
Der Begriff des Rationalen in der Soziologie Max Webers, Karlsruhe 1927

Grau, Richard:
Die Diktaturgewalt des Reichspräsidenten. In: Handbuch des deutschen Staatsrechts, Bd. 2, 1930–32, S. 274 ff.

Green, Robert W.:
Protestantism and Capitalism. The Weber Thesis and its critics, New York 1959

Grell, H.:
Der Alldeutsche Verband. Seine Geschichte, seine Bestrebungen und Erfolge, München 1898

Grosser, Dieter:
Vom monarchischen Konstitutionalismus zur parlamentarischen Demokratie, Den Haag 1970

Habermas, Jürgen:
Technik und Wissenschaft als „Ideologie", 2. Aufl., Frankfurt 1968
- Legitimitätsprobleme im Spätkapitaliusmus, Frankfurt 1973

Habermas, Jürgen/Luhmann, Niklas:
Theorie der Gesellschaft oder Sozialtechnologie – was leistet die Systemforschung?, Frankfurt 1971

Hallgarten, George F. W.:
Imperialismus vor 1914. 2 Bde., München 1951
Hättich, Manfred:
Der Begriff des Politischen bei Max Weber, Politische Vierteljahresschrift, Bd. 8, 1967
Hauptprobleme:
Hauptprobleme der Soziologie. Erinnerungsgabe für Max Weber. 2 Bde., München 1923
Haußmann, Conrad:
Schlaglichter, Reichstagsbriefe und Aufzeichnungen, Frankfurt 1924
Haußner, Arthur:
Die Polenpolitik der Mittelmächte und die österreichisch-ungarische Militärverwaltung in Polen während des Weltkrieges, Wien 1935
Heffter, Heinrich:
Die deutsche Selbstverwaltung im 19. Jahrhundert, Stuttgart 1950
Heieck, Ludwig (Hg.):
Staat, Gesellschaft, Wirtschaft. Quellentexte zur politischen Bildung aus Max Webers gesammelten Werken, Heidelberg 1967
Helfferich, Karl:
Der Weltkrieg. 3 Bde., Berlin 1919
Hellmann, G.:
Max Weber. Deutsche Akademische Rundschau, 6. u. 7. Jahrg. 12. Semesterfolge, 1925
Hennis, Wilhelm:
Zum Problem der deutschen Staatsanschauung. Vierteljahrshefte für Zeitgeschichte, 7. Jahrg., 1959, Heft 1
Henrich, Dieter:
Die Einheit der Wissenschaftslehre Max Webers. Heidelberger phil. Diss. 1949, Tübingen 1952
Herzfeld, Hans:
Die moderne Welt 1789–1945. Teil II, Braunschweig 1957
Heuß, Alfred:
Theodor Mommsen und das 19. Jahrhundert, Kiel 1956
– Max Weber und das Problem der Universalgeschichte, in: Zur Theorie der Weltgeschichte, Berlin 1968
– Max Webers Bedeutung für die Geschichte des griechisch-römischen Altertums. Historische Zeitschrift, Bd. 201, 1965
Heuß, Theodor:
Friedrich Naumann. Der Mann, das Werk, die Zeit, 1. Aufl., Berlin 1937, 2. Aufl., Stuttgart, Tübingen 1949
– Deutsche Gestalten, Stuttgart 1947
– Max Weber in seiner Gegenwart. In: Max Weber, Gesammelte Politische Schriften, 2. Aufl., Tübingen 1958

Hintze, Otto:
　Wirtschaft und Politik im Zeitalter des modernen Kapitalismus. Zeitschrift für die gesamte Staatswissenschaft Bd. 87, 1929

Honigsheim, Paul:
　Max Weber als Soziologe. Kölner Vierteljahreshefte für Sozialwissenschaft, Jahrg. 1/2, 1921/22
　– Max Webers geistesgeschichtliche Stellung. Die Volkswirte, 29. Jahrg. Heft 13/16, 1930
　– Der Max-Weber-Kreis in Heidelberg. Kölner Vierteljahreshefte für Soziologie, Jahrg. 5, Heft 3, 1926
　– On Max Weber. Collected Essays, New York 1968

Hufnagel, Gerhard:
　Kritik als Beruf. Der kritische Gehalt im Werk Max Webers, Frankfurt 1971

Hughes, Stuart H.:
　Consciousness and Society. The Reorientation of European Social Thought 1890–1930, London 1959

Huizinga, Johan:
　Geschichte und Kultur, Stuttgart 1954

Janoska-Bendl, Judith:
　Methodologische Aspekte des Idealtypus. Max Weber und die Soziologie der Geschichte, Berlin 1965

Janssen, Karl-Heinz:
　Die Kriegsziele der deutschen Bundesstaaten 1914–1918, Göttingen 1973

Jaspers, Karl:
　Three Essays: Leonardo, Descartes, Max Weber, New York 1964
　– Bemerkungen zu Max Webers politischem Denken, in: Antidoron, Festschrift für Edgar Salin, Tübingen 1962
　– Max Weber. Eine Gedenkrede, Tübingen 1920
　– Max Weber. Deutsches Wesen im politischen Denken, im Forschen und Philosophieren, Oldenburg 1932
　2. Aufl., Bremen, 1946 unter dem Titel: Max Weber. Politiker, Forscher, Philosoph

Karsten, Alfred:
　Das Problem der Legitimität in Max Webers Idealtypus der rationalen Herrschaft, Hamburg 1960

Käsler, Dirk (Hg.):
　Max Weber. Sein Werk und seine Wirkung, München 1972

Kaufmann, Erich:
　Grundfragen der künftigen Reichsverfassung, Berlin 1919
　– Bismarcks Erbe in der Reichsverfassung, Berlin 1917

Kehr, Eckart:
Schlachtflottenbau und Parteipolitik 1894–1901, Historische Studien 197, Berlin 1930
Kelsen, Hans:
Der juristische und der soziologische Staatsbegriff, Tübingen 1928
Knoll, Joachim H.:
Führungsauslese in Liberalismus und Demokratie, Stuttgart 1957
Kocka, Jürgen:
Karl Marx und Max Weber. Ein methodologischer Vergleich. Zeitschrift für die gesamte Staatswissenschaft, Bd. 122, 1966. Neudruck in: Hans-Ulrich Wehler (Hg.), Geschichte und Ökonomie, Neue wissenschaftliche Bibliothek 58, Köln 1973
Köhler, Walther:
Ernst Troeltsch, Tübingen 1941
Kolko, Gabriel:
A Critique of Max Weber's Philosophy of History, in: Ethics, Vol. 70, 1959
– Max Weber on America. Theory and Evidence, in: History and Theory, Vol. 1, 1961
Kollmann, Eric C.:
Eine Diagnose der Weimarer Republik. Ernst Troeltschs politische Anschauungen. Historische Zeitschrift Bd. 182, 1956, S. 291 ff.
Koellreutter, Otto:
Die staatspolitischen Anschauungen Max Webers und Oswald Spenglers. Zeitschrift für Politik, Jahrgang XIV, 1925
König, René:
Max Weber. In: Die Großen Deutschen, Bd. 4, 1957, S. 408 ff.
– Einige Überlegungen zur Frage der 'Werturteilsfreiheit' bei Max Weber, in: Kölner Zeitschrift für Soziologie und Sozialpsychologie, Jg. 16 (1964)
– Zur Soziologie der zwanziger Jahre, in: Die Zeit ohne Eigenschaften. Eine Bilanz der zwanziger Jahre, Stuttgart 1961
Kruck, Alfred:
Geschichte des Alldeutschen Verbandes 1890–1939, Wiesbaden 1954
Kühlmann, Richard v.:
Erinnerungen, Heidelberg 1948
Laband, Paul:
Deutsches Reichsstaatsrecht, 6. Aufl., Tübingen 1912
Lachmann, Ludwig M.:
The Legacy of Max Weber: Three Essays, London 1970
Lammers, H. H.:
Parlamentarische Untersuchungsausschüsse. Handbuch des deutschen Staatsrechts, Bd. 2, Tübingen 1930–32

Landshut, Siegfried:
Max Webers geistesgeschichtliche Bedeutung. Jahrbuch für Wissenschaft und Jugendbildung, Heft 6, 1931
Langer, William J.:
The Diplomacy of Imperialism 1890–1902, 2. Aufl., New York 1951
Laubert, Martin:
Die preußische Polenpolitik von 1772–1914, 3. Aufl., Berlin 1944
Lazarsfeld, Paul/Oberschall, Anthony:
Max Weber and Empirical Social Research. The American Sociological Review, Vol. 30,2, 1965
Lefèvre, Wolfgang:
Zum historischen Charakter und zur historischen Funktion der Methode bürgerlicher Soziologie. Untersuchung am Werk Max Webers. Frankfurt 1972
Leibholz, Gerhard:
Die Auflösung der liberalen Demokratie in Deutschland und das autoritäre Staatsbild, München 1933
– Der Strukturwandel der modernen Demokratie, Karlsruhe 1952
Lenk, Kurt:
Ideologie, 2. Aufl. Neuwied 1964
Lenk, Kurt, unter Mitwirkung von Hočevar, Rolf K.:
Max Weber. In: Hans Maier, Heinz Rausch, Horst Denzer, Klassiker des politischen Denkens, Bd. 2, München 1968
Lewinskij, Vladimir:
Volk, Nation und Nationalität. Abhandlungen des Ukrainischen Wissenschaftlichen Institutes in Berlin, Bd. 2, 1929
Liebert, Arthur:
Max Weber, Preußische Jahrbücher, Bd. 210, 1927
Lindenlaub, Dieter:
Richtungskämpfe im Verein für Sozialpolitik. Wissenschaft und Sozialpolitik im Kaiserreich, vornehmlich vom Beginn des 'Neuen Kurses' bis zum Ausbruch des Ersten Weltkrieges, 1890–1914. Vierteljahresschrift für Sozial- und Wirtschaftsgeschichte, Beiheft 52/3, Wiesbaden 1967
Loewenstein, Karl:
Max Webers staatspolitische Auffassungen in der Sicht unserer Zeit, Frankfurt 1965
– Max Weber als 'Ahnherr' des plebiszitären Führerstaats. Kölner Zeitschrift für Soziologie und Sozialpsychologie, Bd. 13, 1961
Löwith, Karl:
Max Weber und Karl Marx, Archiv für Sozialwissenschaft und Sozialpolitik, Bd. 67, 1927; Neudruck in: Gesammelte Abhandlungen. Zur Kritik der geschichtlichen Existenz, 1. Aufl. Stuttgart 1960; 2. Aufl. Stuttgart/Köln/Berlin/Mainz 1969

- Max Weber und seine Nachfolger. Maß und Wert, 3. Jahrg., Heft 1, 1939, S. 166–176
- Die Entzauberung der Welt durch Wissenschaft. Merkur, Bd. 18, 1964

Luckemeyer, Ludwig:
Die Deutsche Demokratische Partei bis zur Nationalversammlung 1918 bis 1919, Gießen (phil. Diss., MS.) 1972

Luhmann, Niklas:
Zweck – Herrschaft – System. Grundbegriffe und Prämissen Max Webers, Der Staat, Bd. 3, 1964
- Politische Planung. Aufsätze zur Soziologie von Politik und Verwaltung, Opladen 1971

Lukács, Georg:
Die Zerstörung der Vernunft, Berlin 1954

Lukes, Steven:
Methodological Individualism Reconsidered. The British Journal of Sociology, Vol. 19, 1968
- Emile Durkheim. His Life and Work. A historical and critical study, New York 1972

Lüthy, Herbert:
Once Again: Calvinism and Capitalism. The Encounter, Vol. 22,1, 1964

Maier, Hans:
Max Weber und die deutsche Politische Wissenschaft, in: H. Maier, Politische Wissenschaft in Deutschland, München 1969

Marcuse, Herbert:
Der Kampf gegen den Liberalismus in der totalitären Staatsauffassung, in: Kultur und Gesellschaft 1, Frankfurt 1965. Erstdruck in Zeitschrift für Sozialforschung, Bd. 3, Paris 1934
- Industrialisierung und Kapitalismus, in: Max Weber und die Soziologie heute. Verhandlungen des 15. Deutschen Soziologentages, Tübingen 1965. Abgedruckt unter dem Titel «Industrialisierung und Kapitalismus im Werk Max Webers» auch in: Herbert Marcuse, Kultur und Gesellschaft 2, Frankfurt 1965

Mayer, Jacob P.:
Max Weber in German Politics, 1. Aufl., London 1944
2. Aufl., London 1956

McCormack, Th.:
The Protestant Ethic and the Spirit of Capitalism, British Journal of Sociology, Vol. 20, 1969

Meinecke, Friedrich:
Staat und Persönlichkeit, Berlin 1933
- Drei Generationen deutscher Gelehrtenpolitik. Historische Zeitschrift, Bd. 125, 1922, S. 248 ff.

Meyer, Henry Cord:
Mitteleuropa in German Thought and Action, Den Haag 1955
Meynell, Hilde:
The Stockholm-Conference of 1917, International Review of Social History, Bd. 5, 1960
Michels, Robert:
Zur Soziologie des Parteiwesens in der modernen Demokratie. Untersuchungen über die oligarchischen Tendenzen des Gruppenlebens. Neudruck der 2. Auflage. Herausgegeben und mit einem Nachwort versehen von Werner Conze, Stuttgart 1957
— Bedeutende Männer, Charakterologische Studien, Leipzig 1927
Mill, John Stuart:
Principles of Political Economy, ed. Ashley, London 1909
Miller, S. M.:
Max Weber. New York 1968
Miller, Susanne/Potthoff, Heinrich (Hgg.):
Die Regierung der Volksbeauftragten 1918/1919, Teil I, Düsseldorf 1969
Mitzman, Arthur:
The Iron Cage. An Historical Interpretation of Max Weber, New York 1970
Mommsen, Wolfgang J.:
Zum Begriff der 'plebiszitären Führerdemokratie' bei Max Weber. Kölner Zeitschrift für Soziologie und Sozialpsychologie, Vol. 15, 1963
— Max Weber's Political Sociology and his Philosophy of World History, International Social Science Journal, Vol. 17, 1965
— Universalgeschichtliches und politisches Denken bei Max Weber. Historische Zeitschrift, Vol. 201, 1965
— Die Vereinigten Staaten von Amerika im politischen Denken Max Webers. Historische Zeitschrift, Vol. 213, 1971
— Neue Max Weber-Literatur. Vierteljahrsschrift für Sozial- und Wirtschaftsgeschichte, Bd. 53, 1966
— Neue Max Weber-Literatur, Historische Zeitschrift, Bd..211, 1970
— Die deutsche öffentliche Meinung und der Zusammenbruch des Regierungssystems Bethmann Hollweg im Juli 1917. Geschichte in Wissenschaft und Unterricht, Jg. 19, 1968
— Die Regierung Bethmann Hollweg und die öffentliche Meinung, Vierteljahreshefte für Zeitgeschichte, Bd. 17, 1969
— The Age of Bureaucracy. Perspectives on the Political Sociology of Max Weber, Oxford 1974
— Einleitung zu Friedrich Naumann, Verfassungspolitische Schriften, Werke, Bd. 2, Opladen 1964
— Max Weber [als Historiker], in: Deutsche Historiker, hg. v. Hans-Ulrich Wehler, III Göttingen 1972

Muncy, Lysbeth W.:
The Junker in the Prussian Administration under William II, 1888-1914. Brown University Studies, Vol. IX, Providence, Rhode Island 1944

Naumann, Friedrich:
Werke. Politische Schriften (Hg. Theodor Schieder). Zweiter bis Vierter Band, Opladen 1964
- Demokratie und Kaisertum, 1. Aufl., Berlin 1900, 4. Aufl., Berlin 1905
- Klassenpolitik des Liberalismus. Die Hilfe, 10. Jahrg., 1904, Nr. 2
- Freiheitskämpfe, Berlin 1911
- Kann man Liberale organisieren? Die Hilfe, 19. Jahrg., 1913, Nr. 8
- Mitteleuropa, Berlin 1915
- Was wird aus Polen? Berlin 1917

Nawiaski, Hans:
Staatstypen der Gegenwart, St. Gallen 1934

Nipperdey, Thomas:
Die Organisation der deutschen Parteien vor 1918, Düsseldorf 1961

Nisbet, Robert A.:
The Sociological Tradition, New York 1966

Nolte, Ernst:
Max Weber vor dem Faschismus, Der Staat, Bd. 2, 1963

Oberschall, Anthony:
Empirical Social Research in Germany 1848-1914, Paris, Den Haag 1965

Oncken, Dirk:
Das Problem des Lebensraums in der deutschen Politik vor 1914. Freiburg (phil. Diss. Maschinenschrift) 1948

Oncken, Hermann:
Das Deutsche Reich und die Vorgeschichte des Weltkrieges, Bd. 2, Leipzig 1933

Ostrogorski, M.:
La Démocratie et l'organisation des parties politiques. 2 vols., Paris 1903

Parisius, Ludolf:
Deutschlands politische Parteien und das Ministerium Bismarck, Berlin 1878

Parsons, Talcot:
The Structure of Social Action, Vol. 2, Reprint d. 2. Auflage, New York 1968

Petzke, Hans:
Max Weber und sein Einfluß auf die Reichsverfassung. Leipzig (jur. Diss., Maschinenschrift) Leipzig 1925

Pickles, Dorothy:
The Fifth French Republic, New York 1960

Piloty, Robert v.:
Das parlamentarische System, eine Untersuchung seines Wesens und Wertes, 2. Aufl., Berlin 1917
Pipes, Richard:
Max Weber und Rußland. Außenpolitik, 6. Jahrg., Heft 10, 1955
Prades, J. A.:
La Sociologie de la religion chez Max Weber, Essai d'analyse et de critique de la méthode, Louvain-Paris 1966
Preuß, Hugo:
Staat, Recht und Freiheit, Tübingen 1926
– Reich und Länder. Bruchstücke eines Kommentars zur Verfassung des Deutschen Reiches. Herausgegeben von H. Anschütz, Berlin 1928
Ranke, Leopold v.:
Die großen Mächte. Politisches Gespräch. Neu herausgegeben von Theodor Schieder, Göttingen 1955
Rassow, Peter:
Schlieffen und Holstein. Historische Zeitschrift, Bd. 173, 1952, S. 297 ff.
Rauch, Georg v.:
Rußland. Staatliche Einheit und nationale Vielfalt, München 1953
Recke, Walter:
Die polnische Frage als Problem der europäischen Politik, Berlin 1927
Redlich, Joseph:
Das Politische Tagebuch, Bd. 2, 1915-1919, herausgegeben von Fritz Fellner, Köln, Graz 1954
Redslob, Erwin:
Die parlamentarische Regierung in ihrer wahren und in ihrer unechten Form, Tübingen 1918
Rex, John:
Key Problems of Sociological Theory. London 1961
– Max Weber, in: Timothy Raison (Hrsg.), The Founding Fathers of Social Science, Harmondsworth 1969
– Typology and Objectivity: a Comment on Weber's four Sociological Methods in: Arun Sahay, Max Weber and Modern Sociology, London 1971
Ringer, Fritz K.:
The Decline of the German Mandarins: The German Academic Community 1890-1933, Cambridge 1969
Ritter, Gerhard:
Staatskunst und Kriegshandwerk. Das Problem des «Militarismus» in Deutschland, Bd. 2, 3 und 4, München 1960/1964/1968
Robertson, H. M.:
Aspects of the Rise of Economic Individualism. A Criticism of Max Weber and his School, Cambridge 1933

Rogers, Rolf E.:
  Max Weber's Ideal Type Theory, New York 1969
Rosenberg, Arthur:
  Die Entstehung der deutschen Republik, Berlin 1928
  – Entstehung und Geschichte der Weimarer Republik. Neu herausgegeben von Kurt Kersten, Frankfurt 1955
Roth, Guenther:
  s. Bendix, Reinhard u. G. Roth
Rothfels, Hans:
  Bismarck und der Osten, Leipzig 1934
  – Zeitgeschichtliche Betrachtungen. Vorträge und Aufsätze, Göttingen 1959
Runciman, Walter G.:
  A Critique of Max Weber's Philosophy of Science, Cambridge 1972
  – Social Science and Political Theory, Cambridge 1965
Sachse, Arnold:
  Althoff und sein Werk, Berlin 1928
Salomon, Albert:
  Max Weber. Die Gesellschaft Bd. 3, 1, 1926, S. 131 ff.
Salz, Arthur:
  Das Wesen des Imperialismus, Leipzig, Berlin 1931
Samuelsson, Kurt:
  Religion und Economic Action, hg. v. D. C. Coleman, Stockholm 1961
Schaaf, Julius Jakob:
  Geschichte und Begriff. Eine kritische Studie zur Geschichtsmethodologie von Ernst Troeltsch und Max Weber, Tübingen 1946
Schäfers, Bernhard (Hg.):
  Ein Rundschreiben Max Webers zur Sozialpolitik, in: Soziale Welt, Jg. 18, 1967
Scheidemann, Phillip:
  Memoiren eines Sozialdemokraten. 2 Bde., Dresden 1928
Schelting, Alexander von:
  Max Weber's Wissenschaftslehre. Das logische Problem der historischen Kulturerkenntnis. Die Grenzen der Soziologie des Wissens, Tübingen 1934
Schérer, André und Grunewald, Jacques (Hg.):
  L'Allemagne et les problèmes de la paix pendant la première guerre mondiale, 2 Bde., Paris 1962, 1966
Schieder, Theodor:
  Die Theorie der Partei im älteren deutschen Liberalismus. In: Aus Geschichte und Politik. Festschrift für Ludwig Bergstraesser, Düsseldorf 1954
  – Das Reich unter der Führung Bismarcks. In: Deutsche Geschichte im Überblick. Herausgegeben von Peter Rassow, Stuttgart 1953
  – Staat und Gesellschaft im Wandel unserer Zeit, München 1958 (enthält die meisten der von uns separat zitierten Aufsätze)
  – Das Verhältnis von politischer und gesellschaftlicher Verfassung und die Krise des bürgerlichen Liberalismus. Historische Zeitschrift, Bd. 177, 1954

507
– Der Liberalismus und die Strukturwandlungen der modernen Gesellschaft vom 19. zum 20. Jahrhundert. Relazioni del X Congresso Internazionale di Scienze Storiche, Vol. 5, Storia Contemporanea, Rom 1955
– Idee und Gestalt des übernationalen Staates seit dem 19. Jahrhundert. Historische Zeitschrift, Bd. 184, 1957, S. 336 ff.

Schieder, Wolfgang (Hg.):
Erster Weltkrieg. Ursachen, Entstehung und Kriegsziele, Köln 1969 (Neue Wissenschaftliche Bibliothek)

Schlesinger, Arthur jr.:
Demokratie und heldisches Führertum, Referat auf dem Kongreß für kulturelle Freiheit, Berlin 1960, in: Die Bewährung der Demokratie im zwanzigsten Jahrhundert, Zürich 1961

Schluchter, Wolfgang:
Wertfreiheit und Verantwortungsethik. Zum Verhältnis von Wissenschaft und Politik bei Max Weber, Tübingen 1971
– Aspekte bürokratischer Herrschaft. Studien zur Interpretation der fortschreitenden Industriegesellschaft, München 1972

Schmidt, Gustav:
Deutscher Historismus und der Übergang zur parlamentarischen Demokratie. Untersuchungen zu den politischen Gedanken von Meinecke, Troeltsch, Max Weber, Lübeck 1964

Schmitt, Carl:
Die geistesgeschichtliche Lage des heutigen Parlamentarismus, München, Leipzig 1923
– Verfassungslehre, München, Leipzig 1928
– Die Diktatur, 2. Aufl., München 1928
– Hugo Preuß. Sein Staatsbegriff und seine Stellung in der deutschen Staatslehre, Tübingen 1930
– Der Hüter der Verfassung, Tübingen 1931
– Der Begriff des Politischen, München 1932
– Legalität und Legitimität, München, Leipzig 1932
– Staat, Bewegung, Volk, Hamburg 1933
– Staatsgefüge und Zusammenbruch des zweiten Reiches, Hamburg 1934
– Positionen und Begriffe im Kampf mit Weimar, Genf, Versailles 1923 bis 1939, Hamburg 1940

Schmölz, Franz Martin:
Das Dilemma der politischen Ethik bei Max Weber, in: Festschrift Voegelin, München 1962

Schumacher, Hermann:
Artikel Max Weber in: Deutsches Biographisches Jahrbuch, Jena 1920

Schulz, Gerhard:
Zwischen Demokratie und Diktatur. Verfassungspolitik und Reichsreform in der Weimarer Republik, Bd. 1, Berlin 1963

- Geschichtliche Theorie und politisches Denken bei Max Weber, Vierteljahreshefte für Zeitgeschichte, Bd. 12, 1964

Schulze-Gävernitz, G. v.:
Britischer Imperialismus und englischer Freihandel, Leipzig 1906
- Max Weber als Nationalökonom und Politiker. In: Hauptprobleme der Soziologie. Erinnerungsgabe für Max Weber. 2 Bde., München 1923

Schumpeter, Joseph A.:
Soziologie der Imperialismen. Archiv für Sozialwissenschaft und Sozialpolitik Bd. 46, 1918/19
- Kapitalismus, Sozialismus und Demokratie, Bern 1946

Schwabe, Klaus:
Wissenschaft und Kriegsmoral. Die deutschen Hochschullehrer und die politischen Grundfragen des ersten Weltkrieges, Göttingen u. a. 1969
- Zur politischen Haltung der deutschen Professoren im Ersten Weltkrieg, in: Historische Zeitschrift, Bd. 193, 1961

Schweitzer, Arthur:
Typological Method in Economics. Max Weber's Contribution, in: History of Political Economy, April 1970
- The Method of Social Economics. A Study of Max Weber. Bloomington 1961

Sell, Friedrich:
Die Tragödie des deutschen Liberalismus, Stuttgart 1953

Sering, Max:
Westrußland in seiner Bedeutung für die Entwicklung Mitteleuropas, Leipzig 1917

Seyfarth, Constans und Sprondel, Walter M.:
Seminar: Religion und gesellschaftliche Entwicklung, Studien zur Protestantismus-Kapitalismus-These Max Webers, Frankfurt 1973

Sheehan, James J.:
The Career of Lujo Brentano. A Study of Liberalism and Social Reform in Imperial Germany, Chicago 1966

Simey, T. S.:
Max Weber: Man of Affairs or Theoretical Sociologist? Sociological Review, Vol. 14, 1966
- Weber's Sociological Theory of Value: An Appraisal in Mid-Century, Sociological Review, Vol. 13, 1965

Simons, Walter:
Hugo Preuß. Meister des Rechts, Bd. 6, Berlin 1930

Slarosolskij:
Bogdan Kistiakowskij und das russische soziologische Denken. Abhandlungen des Ukrainischen Wissenschaftlichen Institutes in Berlin Bd. 2, 1929, S. 117 ff.

Smend, Rudolf:
Verfassung und Verfassungsrecht, München, Leipzig 1928; neuerdings in: Staatsrechtliche Abhandlungen, 2. Aufl., Berlin 1968
Sombart, Werner:
Die deutsche Volkswirtschaft im 19. Jahrhundert und im Anfang des 20. Jahrhunderts, 4. Aufl., Berlin 1919
Spencer, Martin E.:
Weber on Legitimate Norms and Authority, British Journal of Sociology, Vol. 21, 1970
Spindler, Arno:
Der Handelskrieg mit U-Booten, Bd. 3, In: Der Krieg zur See 1914–18, herausgegeben vom Reichsmarinearchiv, Berlin 1934
Stadelmann, Rudolf:
Friedensversuche im ersten Jahre des Weltkriegs. Historische Zeitschrift, Bd. 156, 1937, S. 485 ff.
Steding, Christoph:
Politik und Wissenschaft bei Max Weber. Marburg (phil. Diss.) 1932. Breslau 1932
Das Reich und die Krankheit der europäischen Kultur (=Schriften des Reichsinstituts für die Geschichte des neuen Deutschland, Bd. 19), Hamburg 1938
Steger, H. A.:
Deutsche Weltpolitik bei Hans Delbrück, Marburg (phil. Diss.) 1955, Maschinenschrift
Steglich, Wolfgang:
Die Friedenspolitik der Mittelmächte 1917–1918, Bd. I, Wiesbaden 1964
Stegmann, Dirk:
Die Erben Bismarcks, Köln 1970
Stier-Somlo, Fritz:
Die Verfassungsurkunde der Vereinigten Staaten von Deutschland. Ein Entwurf mit Begründung, Tübingen 1919
– Die Verfassung des Deutschen Reiches vom 11. August 1919, Bonn 1925
Stolper, Gustav:
This Age of Fable, New York 1942
Strauß, Leo:
Natural Right and History, Chicago 1953
Streisand, Joachim:
Max Weber: Soziologie, Politik und Geschichtsschreibung von der Reichseinigung von oben bis zur Befreiung Deutschlands vom Faschismus, Berlin 1965
– (Hg.), Studien über die deutsche Geschichtswissenschaft, Bd. II: Die bürgerliche deutsche Geschichtsschreibung von der Reichseinigung bis zur Befreiung Deutschlands vom Faschismus, Berlin 1965

Tawney, Richard H.:
Religion and the Rise of Capitalism, Harmondsworth 1964
Tenbruck, Friedrich H.:
Die Genesis der Methodologie Max Webers. Kölner Zeitschrift für Soziologie und Sozialpsychologie, Bd. 11, 1959
— «Science as a Vocation» — Revisited, in: Festschrift für Arnold Gehlen, 1974
Thimme, Annelise:
Hans Delbrück als Kritiker der Wilhelminischen Epoche, Düsseldorf 1955
Tirpitz, Alfred v.:
Erinnerungen, Leipzig 1919
— Politische Dokumente. 2 Bde., Stuttgart 1924/26
Topitsch, Ernst:
Max Webers Geschichtsauffassung, Wissenschaft und Weltbild, Bd. 3, 1950
Treitschke, Heinrich v.:
Politik, Vorlesungen. Herausgegeben von Max Cornicelius, 2 Bde., Leipzig 1897
Triepel, Heinrich:
Die Staatsverfassung und die politischen Parteien, Berlin 1928
— Quellensammlung zum Deutschen Reichsstaatsrecht, 4. Aufl., Tübingen 1926
Troeltsch, Ernst:
Deutscher Geist und Westeuropa, Berlin 1925
— Imperialismus. Die neue Rundschau, Januar 1915, S. 1–14
Truman, David B.:
The Governmental Process, New York 1955
Tucker, R. C.:
The Theory of Charismatic Leadership, in: Daedalus 97, 1968, S. 731 ff.
Voegelin, Erich:
Max Weber. Deutsche Vierteljahrsschrift für Literatur und Geistesgeschichte, Jahrg. III, 2, 1925
— Max Weber. Eine Rede. Kölner Vierteljahreshefte für Soziologie, Jahrg. 9, Heft 1/2, 1930
— The New Science of Politics, Chicago 1952
Weber, Marianne:
Max Weber. Ein Lebensbild, 1. Aufl., Tübingen 1926
2. Aufl., Heidelberg 1950[1]
— Lebenserinnerungen, Bremen 1948

---

[1] Da es sich bei der 2. Auflage nur um einen Nachdruck handelt, ist durchweg nach der 1. Auflage zitiert.

Max Weber zum Gedächtnis:
Hg. von René König und Johannes Winckelmann, Sonderheft 7 der Kölner Zeitschrift für Soziologie und Sozialpsychologie, Köln 1963
Max Weber and Modern Sociology
hg. von Arun Sahay, London 1971
Max Weber und die Soziologie heute
Verhandlungen des 15. Deutschen Soziologentages, hg. von Otto Stammer, Tübingen 1965
Wegener, Walther:
Die Quellen der Wissenschaftsauffassung Max Webers und die Problematik der Werturteilsfreiheit in der Sozialökonomie. Ein wissenssoziologischer Beitrag, Berlin 1962
Wehler, Hans-Ulrich:
Bismarck und der Imperialismus, Köln 1969
- Die Polenpolitik im Deutschen Kaiserreich 1871–1918, in: Politische Ideologien und nationalstaatliche Ordnung. Festschrift für Theodor Schieder, hg. von Kurt Kluxen und Wolfgang J. Mommsen, München 1968
Wenck, Martin:
Die Geschichte der Nationalsozialen 1895–1903, Berlin 1905
Werner, Lothar:
Der Alldeutsche Verband 1890–1918. Historische Studien Bd. 278, Berlin 1935
Wertheimer, Mildred S.:
The Pan-German League 1890–1914, New York 1924
Weyembergh, Maurice:
Le volontarisme rationnel de Max Weber, Brüssel 1972
Wheeler-Bennet, John W.:
Brest Litovsk. The Forgotten Peace, London 1938
Wiegand, G.:
Artikel Hermann Baumgarten in der Allgemeinen Deutschen Biographie, Nachträge, Bd. 55
Wilbrandt, Robert:
Max Weber. Ein deutsches Vermächtnis. Die neue Rundschau, Jahrg. 39, Mai 1928
Winckelmann, Johannes F.:
Legitimität und Legalität in Max Webers Herrschaftssoziologie, Tübingen 1952
- Max Webers opus posthumum. Zeitschrift für die gesamte Staatswissenschaft, Bd. 105, 1948/49, S. 368 ff.
- Max Webers große Soziologie. Archiv für Rechts- und Sozialphilosophie, Bd. 43, 1957, S. 117–124
- Die Herrschaftskategorien der politischen Soziologie und die Legitimität

der Demokratie. Archiv für Rechts- und Sozialphilosophie, Bd. 42, 1956, S. 383 ff.
- Die verfassungsrechtliche Unterscheidung von Legitimität und Legalität. Zeitschrift für die gesamte Staatswissenschaft, Bd. 112, 1956, S. 164 ff.
- Gesellschaft und Staat in der verstehenden Soziologie Max Webers, Berlin 1957

Wrong, Dennis (Hg.):
Makers of Modern Social Science: Max Weber, Englewood Cliffs, New Jersey 1970

Ziegler, Wilhelm:
Die deutsche Nationalversammlung 1919-20 und ihr Verfassungswerk, Berlin 1932

人名索引

（以下页码为原书页码，即本书页边码）

A

Ablaß, Bruno 阿布拉斯，布鲁诺 165, 399 f., 402
Abramowski, Günter 阿布拉莫夫斯基，京特 449
Adler, Max 阿德勒，马克斯 531
Adler, Victor 阿德勒，维克多 276
Aegidi, Ludwig Karl 艾吉迪，路德维希·卡尔 1, 11
Albert, Hans 阿尔伯特，汉斯 456, 461, 469—472
Albertin, Lothar 阿尔贝廷，洛塔尔 198 f., 204, 330, 338
Albertini, Rudolf von 阿尔贝蒂尼，鲁道夫·冯 442
Althoff, Friedrich 阿尔特霍夫，弗里德里希 3
Anschütz, Gerhard 安许茨，格哈德 XVII, 195, 261, 380, 385, 405
Antoni, Carlo 安东尼，卡罗 428, 437
Apelt, willibald 阿佩尔特，威利巴尔德 377, 389, 404
Arco, Georg Graf von 阿尔科，格奥尔格·格拉夫·冯 67, 345 f., 351
Arndt, Adolf 阿恩特，阿道夫 408
Aron, Raymond 阿隆，雷蒙 255, 408, 443 f.

B

Baden, Prinz Max von 巴登亲王，马克斯·冯 176, 196, 305, 315, 338 f., 377, 390, 410
Barkin, Kenneth B. 巴尔金，肯尼思·B. 139
Barth, Emil 巴尔特，埃米尔 323, 325, 343
Barth, Theodor 巴尔特，特奥多尔 144
Basler, Werner 巴斯勒，维尔纳 211
Bassermann, Ernst 巴塞尔曼，厄恩斯特 119, 142, 215, 250

人名索引

Bauer, MaxHermann 鲍尔, 马克斯·赫尔曼 533
Bauer, Otto 鲍尔, 奥托 300, 322, 401
Bauer, Stephan 鲍尔, 斯特凡 131
Baum, Maria 鲍姆, 玛利亚 329
Bäumer, Gertrud 博伊默, 格特鲁德 49, 131, 354
Baumgart, Winfried 鲍姆加特, 温弗里德 293 f.
Baumgarten, Eduard 鲍姆加滕, 爱德华 XIV, XVII, XX, 1, 28, 43, 101, 279, 299, 317, 333, 345, 350, 353 f., 377, 403, 415
Baumgarten, Emmy 鲍姆加滕, 埃米 37
Baumgarten, F. 鲍姆加滕, F. 18
Baumgarten, Hermann 鲍姆加滕, 赫尔曼 2, 4 ff., 12 f., 15 ff., 19, 52, 68, 92, 122, 267
Baumgarten, Otto 鲍姆加滕, 奥托 4 f., 20 f., 126, 135
Bebel, August 倍倍尔, 奥古斯特 115, 119, 142, 215
Beetham, David 比瑟姆, 戴维 477
Bekker, Immanuel 贝克尔, 伊曼纽尔 4
Bendix, Reinhard 本迪克斯, 莱因哈德 442, 446, 448, 455
Bennigsen, Rudolf von 本尼希森, 鲁道夫·冯 1 f., 15, 178, 190
Berber, Friedrich 贝尔贝, 弗里德里希 352
Bergstraesser, Arnold 贝格施特雷策, 阿诺尔德 38, 59, 66, 435
Bernhard, Georg 伯恩哈德, 格奥尔格 214
Bernstein, Eduard 伯恩斯坦, 爱德华 120
Bernstorff, Johann-Heinrich Graf von 伯恩斯托夫, 约翰-海因里希·格拉夫·冯 340 f., 410
Beseler, Georg 贝泽勒, 格奥尔格 11, 213
Bethman Hollweg, Moritz August von 贝特曼·霍尔韦格, 莫里茨·奥古斯特·冯 2
Bethman Hollweg, Theobald von 贝特曼·霍尔韦格, 特奥巴尔德·冯 XIII, 51, 102, 170, 211, 213 f., 242—246, 250 f., 253—258, 260—264, 279, 349
Bilinski, Leon Ritter von 比林斯基, 莱昂·里特尔·冯 233
Birnbaum, Immanuel 比恩鲍姆, 伊曼纽尔 345
Birnbaum, Norman 比恩鲍姆, 诺曼 442
Bismarck, Otto von 俾斯麦, 奥托·冯 XVII, 2 f., 5 ff., 1 f., 44 f., 52 f., 56,, 6, 74, 91—94, 108 f., 122, 147—151, 159 f., 199, 203 ff., 220 ff., 235, 267, 346 f., 354 ff., 359—362, 368 f., 371, 417, 420, 423, 439, 444, 458

561

Bissing, Moritz Ferdinand Frhr. von 比辛，莫里茨·费迪南·冯 215 f., 218 f.
Boesch-Jung, Joseph 博施-容，约瑟夫 442
Boese, Franz 博泽，弗朗兹 141 f.
Bonhard, Otto 伯恩哈德，奥托 58
Born, Karl Erich 伯恩，卡尔·埃里希 122
Borsig, Ernst von 博尔西希，厄恩斯特·冯 217
Bosch, Robert 伯施，罗伯特 303
Bracher, Karl Dietrich 布拉赫尔，卡尔·迪特里希 410
Brecht, Bertolt 布雷希特，贝托尔特 420
Brentano, Lujo 布伦塔诺，卢卓 XVII, 26, 32, 99, 122 ff., 127 ff., 131, 142 f., 255, 290, 339, 417, 445
Brunner, Heinrich 布伦纳，海因里希 11
Bruun, H. H. 布鲁恩，H. H. 446, 471, 473, 475 ff.
Bryce, James 布莱斯，詹姆士 117, 424
Bücher, Karl 比歇尔，卡尔 131
Bülow, Bernhard von 比洛，伯恩哈德·冯 63, 81, 143, 153, 155 f., 158 ff., 176, 262
Burckhardt, Jacob 布克哈特，雅各布 50, 69 f.
Burián von Rajecz, Stephan Frhr. von 布里安·冯·拉耶齐男爵，斯特凡 231 f., 234
Bußmann, Walter 布斯曼，瓦尔特 10

C

Cahn, Ernst 卡恩，厄恩斯特 131
Calwer, Richard 卡尔维尔，里夏德 131
Capelle, Eduard von 卡佩勒，爱德华·冯 250, 349
Caprivi, Leo Graf von 卡普里维，莱昂·格拉夫·冯 41, 77, 98 f., 106, 152, 192
Castellan, Georges 卡斯特兰，乔治斯 443
Chamberlain, Joseph 张伯伦，约瑟夫 153
Chickering, Roger 奇克林，罗格 168
Claß, Heinrich 克拉斯，海因里希 58, 213
Cohen, Hermann 科恩，赫尔曼 115
Cohn, Oskar 科恩，奥斯卡 404

Cohnstaedt, Wilhelm J. 科恩施塔特，威廉·J 131
Conze, Werner 康策，维尔纳 34, 75, 118, 135, 145 f., 227, 231 ff., 242
Cornicelius, Max 科尔尼塞留斯，马克斯 10
Curtius, Ernst Robert 库尔提乌斯，厄恩斯特·罗伯特 XVII
Czernin, Ottokar Graf von 切尔宁，奥托卡·格拉夫·冯 175, 287 f.

D

Darwin, Charles 达尔文，查尔斯 43
David, Eduard 达维德，爱德华 215
Dehio, Ludwig 德西奥，路德维希 57, 73, 84, 86, 90, 224
Deimling, Berthold von 戴姆林，贝特霍尔德·冯 166
Delbrück, Hans 德尔布吕克，汉斯 41, 76, 83, 159, 173, 214 f., 223, 309, 314 ff., 339—342, 348, 351, 401
Dernburg, Bernhard 德恩堡，伯恩哈德 214, 239, 263
Diederichs, Eugen 迪德里希斯，欧根 50
Dilthey, Wilhelm 狄尔泰，威廉 1
Dmowski, Roman 德莫夫斯基，罗曼 62
Dombrowski, Erich 东布罗夫斯基，埃里希 327
Dragomanov, Mykhaylo 德拉孔曼诺夫，米哈伊洛 61 f.
Drill, Robert 德里尔，罗伯特 128, 131
Dronberger, Ilse 德龙贝格，伊莉莎 333
Droysen, Gustav 德罗伊森，古斯塔夫 65
Düding, Dieter 迪丁，迪特尔 126, 134, 137, 445
Duverger, Maurice 德维尔热，莫里斯 440

E

Ebert, Friedrich 艾伯特，弗里德里希 324 f., 357, 398 f., 403
Edward VII, König von England 爱德华七世，英格兰国王 157, 392
Ehrenberg, Herbert 艾伦贝格，赫伯特 264, 422
Eisner, Kurt 艾斯纳，库尔特 309, 318, 325, 345 f., 352
Engisch, Karl 恩吉施，卡尔 450
Ensor, R. C. K. 恩索尔，R. C. K. 157
Epstein, Klaus 爱泼斯坦，克劳斯 442
Erdmann, Karl-Dietrich 埃德曼，卡尔-迪特里希 399

Erdmannsdörffer, Otto Heinrich　埃德曼施道夫，奥托·海因里希　4
Erikson, Erik　埃里克森，埃里克　458
Ernst, Johann　厄恩斯特，约翰　442
Erzberger, Matthias　埃茨贝格尔，马蒂亚斯　213, 255, 278 ff., 288
Eschenburg, Theodor　艾申堡，特奥多尔　143, 160, 356
Eulenburg, Franz XVII　奥伊伦堡，弗朗兹　XVII, 131, 237 f., 241, 244, 246, 250, 252
Ewert　艾韦特　18

F

Fabricius, Ernst　法布里丘斯，厄恩斯特　71
Falk, Werner　法尔克，维尔纳　51
Falkenhayn, Erich von　法尔肯海因，埃里希·冯　232, 236
Fellner, Fritz　费尔纳，弗里茨　234
Ferber, Christian von　费倍尔，克里斯蒂安·冯　44, 468, 470, 473, 476
Fischer, Fritz XIII　费舍尔，弗里茨　XIII, 211, 213, 227, 293 f.
Fischer, Kuno　费舍尔，库诺　4
Fischer, Richard　费舍尔，里夏德　400, 404
Fischer, Wolfram　费舍尔，沃尔夫拉姆　442 f.
Fleischmann, Eugène　弗莱施曼，欧根妮　443
Flesch, Karl　弗莱施，卡尔　131
Foch, Ferdinand　福赫，费迪南　305
Förster, FriedrichWilhelm　弗尔斯特，弗里德里希·威廉　288
Forsthoff, Ernst　福斯特霍夫，厄恩斯特　442
Frank, Walther　弗兰克，瓦尔特　34
Fraenkel, Ernst　弗伦克尔，厄恩斯特　297, 307, 376 f., 400, 442
Freud, Sigmund　弗洛伊德，西格蒙德　458
Freyer, Hans　弗莱尔，汉斯　426, 429
Friedjung, Heinrich　弗里德永，海因里希　270
Friedrich v. Preußen, Kronprinz　弗里德里希·v.普罗伊森，克隆普林兹　15
Friedrich Wilhelm IV　弗里德里希·威廉四世　7
Friedrich, Carl J.　弗里德里希，卡尔·J.　375, 451
Frye, Bruce B.　弗莱，布鲁斯·B.　333
Fuß　福斯　248

G

Gagel, Walter 加格尔，瓦尔特 6
Gallwitz, Max C. W. von 加尔维茨，马克斯·C. W. 冯 306
Gatzke, Hans W. 加茨克，汉斯·W. 213 f.
Gaulle, Charles de 戴高乐，438 ff.
George, Stefan 格奥尔格，斯特凡 453
Gerlach, Heinrich von 格拉赫，海因里希·冯 58
Gerth, Hans 格特，汉斯 85, 89, 312
Geßler, Otto 格斯勒，奥托 410
Gierke, Otto von 祁克，奥托·冯 11, 254
Gladstone, William E. 格拉德斯通，威廉·E. 205, 369, 425, 433, 450 f.
Gneist, Rudolf von 格奈斯特，鲁道夫·冯 11 f., 375
Göhre, Paul 格尔，保罗 20 f., 28, 33 ff., 109, 132, 135
Goldschmidt, Lewin 戈德施密特，莱温 11
Goltz, Theodor Frhr. von der 戈尔茨男爵，特奥多尔·冯 31
Goluchowski, Agenor Graf 戈武霍夫斯基伯爵，安格诺尔 175
Gortschkow, A. J. 格尔契科夫，A. J. 276
Gothein, Eberhard 格特恩，艾伯哈特 160
Gothein, Georg 格特恩，格奥尔格 233 f., 244, 261
Gottl-Ottlilienfeld, Friedrich von 戈特尔－奥特里伦菲尔德，弗里德里希·冯 VI, XVII, 448
Gratz, Gustav 格拉茨，古斯塔夫 232
Grau, Richard 格劳，里夏德 405
Grell, Hugo 格雷尔，胡戈 74
Grosser, Dieter 格罗塞尔，迪特尔 166
Grunewald, Jacques 格伦瓦尔德，雅克斯 227, 231 f.
Gutmann 古特曼 274

H

Haase, Hugo 哈泽，胡戈 322 f., 325, 343
Habermas, Jürgen 哈贝马斯，于尔根 408, 454 f., 467 ff., 471
Hammerstein, Wilhelm von 哈默施泰因，威廉·冯 106
Harnack, Adolf von 哈纳克，阿道夫·冯 20, 100, 181, 255
Hartmann, Ludo Moritz 哈特曼，卢多·莫里茨 286 f., 322, 381 f., 401

Hartmann, Nicolai 哈特曼，尼古拉 66

Hausenstein, Wilhelm 豪森施泰因，威廉 289

Hausrath, Adolf 豪斯拉特，阿道夫 135

Haußmann, Conrad 豪斯曼，康拉德 XIII, XVI f., XX, 170, 173 ff., 183, 190—195, 214 f., 256, 264, 271, 278, 299, 324, 328, 339

Haußmann, Robert 豪斯曼，罗伯特 XX

Heffter, Heinrich 黑夫特尔，海因里希 12

Hegel, Georg Wilhelm Friedrich 黑格尔，格奥尔格·威廉·弗里德里希 40, 52, 466

Heine, Wolfgang 海涅，沃尔夫冈 215, 281, 289, 413

Held, Heinrich 黑尔德，海因里希 310

Helfferich, Karl 黑尔费里希，卡尔 248, 250, 334

Hellpach, Willy 黑尔巴赫，威利 XVII

Hennis, Wilhelm 亨尼斯，威廉 44, 421, 431

Henrich, Dieter 亨利希，迪特尔 52

Herder, Johann Gottfried von 赫德，约翰·格特弗里德·冯 54

Herkner, Heinrich 赫克纳，海因里希 XVII, 131, 287

Hertling, Georg Frhr. von 赫特林男爵，格奥尔格·冯 175, 190, 198, 283, 291, 294, 295

Herzfeld, Hans 赫茨菲尔德，汉斯 176

Herzfeld, Joseph 赫茨菲尔德，约瑟夫 380 f., 391

Heuß, Alfred 霍伊斯，阿尔弗雷德 12

Heuß, Theodor 霍伊斯，特奥多尔 35, 40, 75, 131, 134, 159, 301, 306, 314, 319, 321, 348 f., 377, 433, 443, 452

Heyde, Ludwig 海德，路德维希 131

Hindenburg, Paul von 兴登堡，保罗·冯 246, 260—264, 305, 315, 317, 403, 405 f.

Hitler, Adoft 希特勒，阿道夫 85, 406, 414, 437, 451, 453

Hobbes, Thomas 霍布斯，托马斯 51

Hobrecht, Arthur 霍布里希特，阿图尔 1

Hoffmann, Adolf 霍夫曼，阿道夫 322

Hoffmann, Max 霍夫曼，马克斯 294, 298, 300

Hohenlohe-Schillingsfürst, Chlodwig Fürst zu 霍恩洛厄-席林斯菲尔斯特亲王，克洛德维希·楚 104, 120

Hohmann, Georg 霍曼，格奥尔格 225, 278, 281

Holstein, Friedrich von 霍尔施泰因，弗里德里希·冯 157, 176

Honigsheim, Paul 霍尼希斯海姆，保罗 442
Hufnagel, Gerhard 胡夫纳格尔，格哈德 455 ff.
Hugenberg, Alfred 胡根贝格，阿尔弗雷德 59
Hughes, Stuart 胡戈西斯，斯图尔特 445

I

Ihering, Rudolf von 伊赫林，鲁道夫·冯 4

J

Jäckh, Ernst 耶克，厄恩斯特 238
Jaffé, Edgar 雅菲，埃德加 140, 216 f., 281
Jaffé-Richthofen, Else 雅菲-里希特霍芬，艾尔泽 43, 321, 345
Jagow, Gottlieb von 雅戈，戈特利布·冯 XIII, 232, 249 f., 255, 261
Jameson, Leander Starr 詹姆森，莱安德·斯塔尔 151
Janßen, Karl-Heinz 扬森，卡尔-海因茨 271
Jarres, Karl 雅雷斯，卡尔 411
Jaspers, Karl 雅斯贝尔斯，卡尔 141, 354
Jastrow, Ignaz 雅斯特罗，伊格纳茨 131
Jellinek, Georg 耶利内克，格奥尔格 51, 160, 162 f., 168

K

Kahl, Wilhelm 卡尔，威廉 254
Kahr, Gustav von 卡尔，古斯塔夫·冯 353
Kanitz, Hans Wilhelm Alexander Graf von 卡尼茨，汉斯·威廉·亚历山大·格拉夫·冯 23, 32, 98
Kant, Immanuel 康德，伊曼纽尔 66
Kantorowicz, Alfred 坎特罗维奇，阿尔弗雷德 XVII
Kapp, Friedrich 卡普，弗里德里希 1
Kapp, Wolfgang 卡普，沃尔夫冈 352f., 450
Karl, Kaiser von Österreich-Ungarn 卡尔，凯泽·冯·厄斯特莱希-翁加恩 288
Karsten, Alfred 卡斯滕，阿尔弗雷德 479
Käsler, Dirk 克斯勒，迪尔克 435
Kaufmann, Erich 考夫曼，埃里希 195, 361, 372, 401
Kauffmann, Hans 考夫曼，汉斯 XX

Kautsky, Karl 考茨基，卡尔 332
Kehr, Eckart 克尔，埃卡特 51, 82
Keller, Fritz 科勒，弗里茨 336
Kerensky, Alexander Fjodorowitsch 克伦斯基，亚历山大·弗多洛维奇 277, 286, 296, 307, 323
Kerschensteiner, Georg 克申施泰纳，格奥尔格 289
Kessel, Eberhard 克赛尔，埃伯哈德 442
Kistjakovski, Bogdan 基斯蒂亚科夫司基，波格丹 60 f.
Klein, G. W. 克莱因，G. W. 318
Kluxen, Kurt 克卢克森，库尔特 22
Knapp, Georg Friedrich 克纳普，格奥尔格·弗里德里希 23
Knauss, Bernhard 克瑙斯，伯恩哈德 442
Knies, Karl 克尼斯，卡尔 4
Knoll, Joachim H. 克诺尔，约阿希姆·H. 11, 143, 398, 442
Koch-Weser, Erich 科赫-韦泽，埃里希 330 f., 399 f.
Kocka, Jürgen 科卡，于尔根 111
Koellreutter, Otto 克尔罗伊特，奥托 60, 436
Kohl, Horst 科尔，霍斯特 371
Köhler, Walther 克勒，瓦尔特 140
Kollman, Eric C. 克尔曼，埃里克·C. 443 f.
Kolyschko, Joseph von 克里施科，约瑟夫·冯 227
König, René 科尼希，勒内 399, 456
Kruck, Alfred 克鲁克，阿尔弗雷德 58
Krüger, Paulus 克吕格尔，保卢斯 153 f., 235
Kühlmann, Richard von 屈尔曼，里夏德·冯 283, 293 ff., 296
Kuhn, Annette 库恩，安内特 442

L

Laband, Paul 拉班德，保罗 369
Lammarsch, Heinrich 拉马施，海因里希 288
Lammers, Heinrich H. 拉莫斯，海因里希·H. 389
Lansing, Robert 兰辛，罗伯特 247 f.
Laübert, Martin 劳贝特，马丁 22
Lederer, Emil 雷德勒，埃米尔 XVII, 131, 334

人名索引

Leemans, Victor 莱曼斯, 维克多 442
Lefère, Wolfgang 勒菲弗尔, 沃尔夫冈 464—467
Legien, Carl 莱基恩, 卡尔 115, 303
Leibholz, Gerhard 莱布霍尔茨, 格哈德 201, 378, 424
Lenin, Wladimir I. 列宁, 弗拉基米尔·伊里奇 280, 300 ff., 465
Leonhard 莱昂哈德 131
Lepsius, Carl Richard Reinhold 莱普修斯, 卡尔·里夏德·莱茵霍尔德 217
Lesser, Edmund J. 莱塞, 埃德蒙·J. 93
Levinskij, Vladimir 莱文斯基, 弗拉基米尔 62
Levy, Hermann 莱维, 赫尔曼 131, 251
Lewald, Theodor 莱瓦尔德, 特奥多尔 381
Lexis, Wilhelm 莱克西斯, 威廉 81
Liebert, Arthur 利伯特, 阿图尔 354
Liebknecht, Karl 李卜克内西, 卡尔 322 f., 328, 451
Lindenlaub, Dieter 林登劳布, 迪特尔 141, 153, 445
Lloyd George, David 劳合·乔治, 戴维 292 f., 451
Loebell, Friedrich Wilhelm von 勒贝尔, 弗里德里希·威廉·冯 266
Lotz, Walther 洛茨, 瓦尔特 XVII, 17, 122, 128, 131
Löwenstein, Karl 勒文施泰因, 卡尔 XII, XV, 408 f., 415, 438, 442, 446, 450 f.
Löwith, Karl 洛维特, 卡尔 65, 105, 110, 437
Luckemeyer, Ludwig 卢克迈尔, 路德维希 327, 329 f.
Ludendorff, Erith 鲁登道夫, 埃里希 XVII, 199, 246, 263 f., 279, 295 ff., 305 f., 316 f., 323, 340, 348 f., 353, 356, 427
Luhmann, Niklas 卢曼, 尼克拉斯 475 f.
Lukács, Georg von [Vater] 卢卡奇, 格奥尔格·冯（父） 352
Lukács, Georg von [Sohn] 卢卡奇, 格奥尔格·冯（子） XVII, 89, 321, 332, 354, 422, 461
Luppe, Hermann 卢佩, 赫尔曼 327, 329 f.
Luther, Hans 路德, 汉斯 410
Luther, Martin 路德, 马丁 92, 181
Lüttwitz, Walter Frhr. von 吕特维茨男爵, 瓦尔特·冯 353
Luxemburg, Rosa 卢森堡, 罗莎 328

M

Machiavelli, Niccolò 马基雅维利, 尼科洛 48, 68

Mangoldt, Karl E. von 曼格尔特，卡尔·E. 冯 122, 131
Marcks, Erich 马克斯，艾利希 5 ff.
Marcuse, Herbert 马尔库塞，赫伯特 111, 445, 461—467
Marx, Karl 马克思，卡尔 103, 105, 110 f., 141, 456
Marx, Wilhelm 马克斯，威廉 406
Mayer, Jakob Peter 迈耶，雅各布·彼特 XIV, 44 f., 48, 444
Mayers, Howard J. 迈尔斯，霍华德·J. 84
Meinecke, Friedrich 迈内克，弗里德里希 71, 264, 372, 445
Meitzen, August 迈岑，奥古斯特 11, 22
Mendelssohn-Bartholdy, Felix 门德尔松－巴托尔迪，费利克斯 334
Mendelssohn-Bartholdy, Albrecht 门德尔松－巴托尔迪，阿尔布雷希特 339 ff.
Meyer, Eduard 迈耶，爱德华 248, 250, 254
Meyer, Henry Cord 迈耶，亨利·科德 235 f., 240
Meynell, Hilde Marie 梅内尔，希尔德·玛丽 273
Michaelis, Georg 米夏埃利斯，格奥尔格 271, 282 f.
Michels, Robert 米歇尔斯，罗伯特 XVII, 102, 111, 114—118, 120 f., 144 f., 270, 421
Miljukow, Paul 米留可夫，保罗 276, 301
Mill, John Stuart 穆勒，约翰·斯图亚特 88
Miller, Susanne 米勒，苏珊 324
Miquel, Johannes von 米克尔，约翰内斯·冯 1, 37, 132, 190, 417
Mitzman, Arthur 米茨曼，阿图尔 1, 4, 458—461
Mohl, Robert von 莫尔，罗伯特·冯 420
Moltke, Helmuth von 毛奇，赫尔穆特·冯 260
Mombert, Paul 毛贝特，保罗 131
Mommsen, Clara, geb. Weber 蒙森，克拉拉（娘家姓，韦伯）333
Mommsen, Hans 蒙森，汉斯 XX
Mommsen, Theodor 蒙森，特奥多尔 1, 6, 12, 22, 92, 122
Montgelas, Maximilian Graf von 蒙特格拉斯，马克西米利安·格拉夫·冯 250, 339 f.
Müller-Meiningen, Ernst 米勒－迈宁根，厄恩斯特 162 f., 165
Muncy, Lysbeth Walker 芒西，里斯贝兹·沃克 98
Mussolini, Benito 墨索里尼，贝尼托 451
Muth, Heinrich 穆特，海因里希 442

N

Napoleon I., Bonaparte 拿破仑一世，波拿巴 301
Natorp, Paul 纳托尔普，保罗 122
Naumann, Friedrich 瑙曼，弗里德里希 XIII, 20 f., 35, 43, 63, 74 ff., 78, 96, 119, 126, 128, 131—146, 150, 155 ff., 159, 161 f., 165, 168, 181, 183, 215, 219, 230, 235—240, 242—244, 247, 261, 273, 277 f., 297, 299, 303, 306, 314 f., 319 f., 326, 328, 348 f., 372, 396, 399, 401, 445
Nelson, Benjamin 内尔松，本雅明 461
Neurath, Otto 诺伊拉特，奥托 321
Nietzsche, Friedrich 尼采，弗里德里希 39 f., 51, 71, 108, 136, 448, 451, 453, 457, 459
Nikolaus I, Zar 沙皇尼古拉一世 154, 276
Nipperdey, Thomas 尼佩代，托马斯 2, 145
Nippold, Otfried 尼波尔德，奥特弗里德 51, 168
Nollau 诺劳 22
Nolte, Ernst 诺尔特，厄恩斯特 437, 452 f.
Nürnberger, Richard 尼恩贝格，里夏德 75

O

Oldenberg, Karl 奥尔登贝格，卡尔 77, 97
Oncken, Dirk 翁肯，迪尔克 76, 95
Oncken, Hermann 翁肯，赫尔曼 XVII, 255, 261, 266, 273, 300, 309 f., 339
Oppenheimer, Franz 奥本海默，弗朗兹 43, 131
Ostrogorski, Maurice 奥斯特罗果尔斯基，莫里斯 161 f., 424

P

Papen, Franz von 巴本，弗朗兹·冯 406
Pareto, Vilfredo 帕累托，维弗雷多 428
Parisius, Ludolf 帕里修斯，鲁道夫 2
Parma, Sixtus von 帕尔马，西克斯图斯·冯 288
Payer, Friedrich von 派尔，弗里德里希·冯 171, 195
Pehle, Walter 佩勒，瓦尔特 XV
Perikles 伯里克利 203
Petersen, Carl 彼得森，卡尔 333 f., 350, 381

Petersen, Edgar 彼得森，埃德加 333
Petzke, Hans 佩茨克，汉斯 XIV, 384 f.
Pfister, Bernhard 普菲斯特，伯恩哈德 450
Philippowich von Philippsberg, Eugen 菲利波维希·冯·菲利普斯贝格，欧根 233
Pickles, Dorothy 皮克尔斯，多萝西 440
Piloty, Robert von 皮洛蒂，罗伯特·冯 193, 357
Pilsudski, Josef 毕苏斯基，约瑟夫 62
Pipes, Richard 皮佩斯，里夏德 89, 154, 274, 300, 302
Plenge, Johann 普伦格，约翰 128, 131
Plinius 普林尼 23
Ploetz, Alfred Julius 普勒茨，阿尔弗雷德·尤里乌斯 43
Poensgen, Carl Rudolf 彭思根，卡尔·鲁道夫 217
Pompidou, Georges 蓬皮杜，乔治 439 f.
Posadowsky-Wehner, Arthur Frhr. von 波萨多夫斯基-魏纳，阿图尔·冯 122
Potthoff, Heinrich 波特霍夫，海因里希 324
Potthoff, Heinz 波特霍夫，海因茨 131
Preger, Conrad Ritter von 普雷格，康拉德·里特尔·冯 387
Preuß, Hugo 普罗伊斯，胡戈 11, 102, 185, 196, 324 f., 356—360, 370, 387—397, 400—405
Puttkamer, Robert von 普特卡默，罗伯特·冯 98

Q

Quarck, Max 夸尔克，马克斯 57, 121, 380 f., 390
Quenzer 昆策尔 161

R

Radbruch, Gustav 拉德布鲁赫，古斯塔夫 131
Rade, Paul Martin 拉德，保罗·马丁 35, 131
Radjenko, S. I. 拉德杨科，S. I. 276
Rainer, Carl 莱纳，卡尔 442
Ranke, Leopold von 兰克，利奥波德·冯 4, 85 f.
Rassow, Peter 拉索夫，彼得 71
Rathenau, Walther 拉特瑙，瓦尔特 185, 298, 309
Ratzel, Friedrich 拉策尔，弗里德里希 76

Rauscher, Ulrich 劳舍尔，乌尔里希 255 f.
Rechenberg, Albert Frhr. von 雷兴贝格男爵，阿尔贝特·冯 241
Recke, Walter 雷克，瓦尔特 231, 233
Redlich, Joseph 雷德利希，约瑟夫 234, 245, 321
Redslob, Robert 雷德斯洛布，罗伯特 372—377, 390, 400 f.
Rehm, Max 雷姆，马克斯 352
Renan, Ernest 勒南，厄内斯特 54
Richter, Eugen 里希特，欧根 14, 237, 241
Richthofen, Ferdinand Frhr. von 里希特霍芬男爵，费迪南·冯 76
Rickert, Heinrich 里克特，海因里希 XVII, 2
Riedl, Richard von 里德尔，里夏德·冯 233
Riezler, Kurt 里茨勒，库尔特 170, 219, 223, 236, 255 f., 372, 380, 398 f.
Ringer, Karl W. 林格，卡尔·W. 445
Rinkel, Herrmann 林克尔，赫尔曼 217
Ritter, Gerhard 里特尔，格哈德 227, 231 f., 242, 293 f.
Roedern, Siegfried F. W. E. Graf von 勒德恩伯爵，西格弗里德·F. W. E. 冯 411
Rohrbach, Paul 罗尔巴赫，保罗 76, 223
Roscher, Wilhelm 罗舍尔，威廉 11
Rosenberg, Alfred 罗森贝格，阿尔弗雷德 186
Roth, Guenther 罗特，京特 XX, 110, 446, 455
Rothfels, Hans 罗特菲尔斯，汉斯 22, 50, 68
Rousseau, Jean Jacques 卢梭，让·雅克 421
Rudnytsky, J. L. 鲁德尼茨基，J. L. 62

S

Sachse, Arnold 萨克斯，阿诺尔德 4
Salomon, Albert 萨洛蒙，阿尔贝特 105
Salomonsohn, Arthur 萨洛蒙佐恩，阿图尔 213
Salz, Arthur 札尔茨，阿图尔 131
Savigny, Carl von 萨维尼，卡尔·冯 4
Schacht, Hjalmar 沙赫特，赫雅玛尔 217
Schäfer, Dietrich 舍费尔，迪特里希 213 f., 221, 254
Schäfers, Bernhard 舍费尔斯，伯恩哈德 60, 127 f., 129
Scheidemann, Philipp 沙伊德曼，菲利普 215, 270, 273 f., 313

Scheler, Max 舍勒, 马克斯 66
Schérer, André 谢雷, 安德烈 227, 231 f.
Schieder, Theodor 席德尔, 特奥多尔 XX, 22, 46, 71, 85, 181, 201
Schieder, Wolfgang 席德尔, 沃尔夫冈 145, 211
Schinckel, Max von 申克尔, 马克斯·冯 213
Schluchter, Wolfgang 施卢赫特, 沃尔夫冈 345, 462, 467, 471 f., 474
Schmid, F. 施密德, F. 67
Schmidt, Gustav 施密特, 古斯塔夫 372, 445 f., 450 f.
Schmitt, Carl 施密特, 卡尔 198, 357, 369, 375, 377 f., 403 f., 407—413, 415, 429, 431, 437, 442, 478 ff., 483
Schmoller, Gustav von 施莫勒, 古斯塔夫·冯 4, 17, 141 f., 152, 180
Schönebeck, von 舍内贝克, 冯 242
Schorlemer-Lieser, Clemens Frhr. von 朔尔勒莫-利泽尔男爵, 克莱门斯·冯 273
Schott, Friedrich Otto 肖特, 弗里德里希·奥托 217
Schüching, Levin 许金, 莱温 131
Schücking, Walther 许金, 瓦尔特 168, 329 ff., 339
Schüller, Richard 许勒尔, 里夏德 232
Schulte, Anna 舒尔特, 安娜 331
Schulz, Gerhard 舒尔茨, 格哈德 358, 364, 377, 380
Schulze, A. 舒尔策, A. 382, 384
Schulze-Gävernitz, Gerhart von 舒尔策-加弗尔尼茨, 格哈特·冯 34, 83, 99, 131, 135, 251, 255, 314, 354
Schumacher, Hermann 舒马赫, 赫尔曼 37
Schumpeter, Joseph A. 熊彼特, 约瑟夫·A. 86, 287, 321, 354, 433 f.
Schuwalow, Paul Graf 舒瓦洛伯爵, 保罗 153
Schwabe, Klaus 施瓦贝, 克劳斯 213, 255, 445
Seeberg, Reinhold 泽贝格, 莱因霍尔德 213 f.
Seiffert, Helmut 赛费特, 黑尔穆特 442
Sell, Friedrich 泽尔, 弗里德里希 3, 140
Sering, Max 泽林, 马克斯 18, 222
Sheehan, James J. 希恩, 詹姆士·J. 123 f., 129, 445
Siebeck, Hans-Georg 西贝克, 汉斯-格奥尔格 XX
Siemens, Georg von 西蒙斯, 格奥尔格·冯 122
Simon, Heinrich 西蒙, 海因里希 168, 216, 261
Simons, Walter 西蒙斯, 瓦尔特 372, 377 f., 390

Sinzheimer, Hugo 辛茨海默，胡戈 131
Slarosolskij, Vladimir 斯拉罗索尔斯基，弗拉基米尔 60
Sohm, Rudolf 佐姆，鲁道夫 75, 137
Solf, Wilhelm 佐尔夫，威廉 322 f.
Somary, Felix 索马里，菲利克斯 231, 238, 241, 244, 249
Sombart, Werner 松巴特，维尔纳 80, 140
Sontheimer, Kurt 松特海默尔，库尔特 442
Spahn, Peter 施潘，彼得 190
Spengler, Oswald 斯宾格勒，奥斯瓦尔德 60, 437, 455
Spindler, Arno 斯宾德勒，阿尔诺 247 f., 251
Stammer, Otto 斯塔莫，奥拓 408
Steding, Christoph 斯特丁，克里斯托弗 52, 44, 455
Steger, Hans Alfred 施特格，汉斯·阿尔弗雷德 76
Steglich, Wolfgang 施特格里希，沃尔夫冈 293
Stegmann, Dirk 施特格曼，迪尔克 255, 260
Stein, August 施泰因，奥古斯特 214
Stein, Hermann 施泰因，赫尔曼 173
Stinnes, Hugo 施廷内斯，胡戈 227, 32 f.
Stöcker, Adolf 施特克尔，阿道夫 20 f., 34 f.
Stolper, Gustav 施托尔珀，古斯塔夫 351
Strauß, David Friedrich 施特劳斯，达维德·弗里德里希 71
Strauss, Leo 施特劳斯，列奥 455 f.
Streisand, Joachim 施特莱桑德，约阿希姆 461
Stresemann, Gustav 施特雷泽曼，古斯塔夫 XV, 250, 264, 286, 333 f., 355, 363
Stumm-Halberg, Karl Ferdinand von 施图姆-哈尔贝格，卡尔·弗里德里希·冯 20, 106 f.
Stump, Wolfgang 施通普，沃尔夫冈 322
Stürgkh, Karl Graf 施蒂尔克伯爵，卡尔 322
Sybel, Heinrich von 西贝尔，海因里希·冯 1, 7

T

Thiers, Adolphe 梯也尔，阿道夫 347
Thimme, Anneliese 蒂梅，安内利泽 159
Thomas 托马斯 280 f.

Tirpitz, Alfred von 蒂尔皮茨，阿尔弗雷德·冯 147, 149 f., 170, 247, 250 f., 253, 279, 340, 349
Tisza, Stephan Graf von 蒂萨伯爵，斯特凡·冯 245
Tobler, Mina 托布勒，米娜 XIV, 207, 256, 459
Toennies, Ferdinand 滕尼斯，费迪南 131, 137
Toller, Ernst 陶勒，厄恩斯特 50, 318, 472
Tolstoi, Alexej Konstantinowitsch Graf 托尔斯泰伯爵，阿列克塞·康斯坦丁诺维奇 49, 111
Topitsch, Ernst 托皮奇，厄恩斯特 456
Treitschke, Heinrich von 特赖奇克，海因里希·冯 1, 7 ff., 39, 52, 188, 196
Triepel, Heinrich 特里佩尔，海因里希 383, 387, 437
Troeltsch, Ernst 特勒尔奇，厄恩斯特 85, 140, 146, 168, 354, 372, 445
Trotzki, Leo 托洛茨基，列昂 296, 299 ff., 343
Tscheïdse, Nikolai 柴泽，尼古拉 274
Tschirschky und Bögendorff, Heinrich von 契尔施基与博根道夫，海因里希·冯 232 f.

U

Uphoff, Klaus 乌普霍夫，克劳斯 50

V

Vierhaus, Rudolf 韦尔豪斯，鲁道夫 442
Vincke, Georg Frhr. von 温克男爵，格奥尔格·冯 15
Virchow, Rudolf 菲尔绍，鲁道夫 92
Voegelin, Erich 弗格林，艾利希 33, 455
Vogelstein, Theodor 弗格尔施泰因，特奥多尔 128, 131, 334
Vopelius, Richard von 福佩利乌斯，里夏德·冯 217

W

Wagner, Adolf 瓦格纳，阿道夫 11, 20, 34, 106 f., 254
Wahnschaffe, Arnold von 万沙费，阿诺尔德·冯 255 f.
Waldersee, Alfred Graf von 瓦德西伯爵，阿尔弗雷德·冯 153
Warburg, Max 瓦尔堡，马克斯 213
Weber, Alfred 韦伯，阿尔弗雷德 17, 39, 43, 83, 128, 131, 135, 140, 189, 303, 326, 334, 339

Weber, August 韦伯, 奥古斯特 330

Weber, Helene 韦伯, 海伦妮 20, 135, 140, 207, 212, 458

Weber, Marianne 韦伯, 玛丽安妮 XII, XVII, XIX, 1, 3, 18, 107, 140, 176, 207, 241, 249, 279, 292, 299, 304, 317, 327, 335, 350, 393, 459

Weber, Max, sen 韦伯, 马克斯（老） 1 ff., 14 f., 17, 267, 458

Wedel, Carl J. L. Fürst 韦德尔亲王, 卡尔·J. L. 255

Wehler, Hans-Ulrich 韦勒, 汉斯-乌尔里希 22, 74, 111, 148, 167

Wenck, Martin 温克, 马丁 35, 75, 126, 134, 139

Werner, Lothar 维尔纳, 洛塔尔 59

Wettstein-Wettersheim, Richard von 韦特施泰因-韦特施海姆, 里夏德·冯 233

Weyembergh, Maurice 维姆贝格, 莫里斯 469, 475, 477

Wilamowitz-Möllendorff, Ulrich von 维拉莫维茨-默伦多夫, 乌尔里希·冯 254

Wilbrandt, Robert 威尔布兰特, 罗伯特 XVII, 128, 167, 328, 331, 347, 354

Wilhelm I, Deutscher Kaiser 威廉一世, 德国皇帝 2

Wilhelm II, Deutscher Kaiser 威廉二世, 德国皇帝 7, 107, 109, 136, 143, 147, 150—155, 158, 161, 169 f., 175 f., 314 f., 318, 322 f., 342, 422

Wilson, Woodrow 威尔逊, 伍德罗 175, 248, 280, 286, 305, 307, 309, 311, 314, 318 f., 339, 346

Winckelmann, Johannes F. 温克尔曼, 约翰内斯·F. XII, XIX f., 10, 139, 193, 196, 284, 319, 342, 377, 412, 431, 436, 450, 478—483

Wolff, Theodor 沃尔夫, 特奥多尔 214, 259, 326, 330

Z

Ziegler, Wilhelm 齐格勒, 威廉 350, 358

Zimmermann, Arthur 齐默尔曼, 阿图尔 227, 250, 255

Zwiedenick-Südenhorst, Otto von 茨维迪内克-祖登豪斯特, 奥托·冯 131

主题索引

（以下页码为原书页码，即本书页边码）

A

Abdankung Wilhelms II. s. Thronver-zicht　废黜威廉二世，见退位
Adel, allgemein　贵族，泛指　12，99，102 f.，132，428
–, ostelbischer　易北河以东地区贵族　26 ff.，32，35，94
–, polnischer　波兰贵族
–, preußischer　普鲁士贵族　28，99，139，148，267，417 ff.
　　s. auch Aristokratie　另见贵族统治
　　s. auch Junker　另见容克
Adlon-Konferenz s. «Bethmannsturz-konferenz»　阿德隆会议，见"倒阁会议"
Admiralstab, deutscher　德意志帝国海军人员　247f.，263
Afrika　非洲　149，151，215，277，284
Agrargesellschaft, feudale　农业社会，封建的
　　s. Feudalismus　见封建制度
Agrarkonferenz (1894), preußisch　农业大会 (1894)，普鲁士　36
Agrarverfassung des ostelbischen Deutschland　易北河以东地区德国农业状况　24 ff.
Ägypten　埃及　180
Akklamation　拥戴，欢呼　202，367，378，407，409，414，421，425，427，434 f.，437
Alldeutscher Verband (ADV)　泛日耳曼同盟 (ADV)　XIV，49，58 f.，74，76，148，150，208，213 f.，247，253，259 f.，272，274，282，285 f.，289—292，295 f.
Amerika　美国　10，89，91，100，116 f.，156，169 f.，210，246—252，263，270，288，305，314，318，325，347，398
Ämterpatronage　官职庇护权　152，156，182，365，407
Anarchismus　无政府主义　49，115 f.，310，472
Annexionen, allgemein　兼并，泛指　211，214，219，228 f.，293

578

- im Westen 在西方的兼并 210, 212—216, 218, 221, 224
- im Osten 在东方的兼并 210, 213, 222, 275, 294, 296, 307

annexionistische Agitation der Rechten 右翼的兼并主义煽动 213 ff., 219 f., 257 f., 264, 286, 291, 338

anti-annexionistische Linke 反兼并主义的左翼 262

Ansiedlungskommission, preußische 拓殖委员会, 普鲁士 22, 29, 36, 59

Ansiedlungspolitik 拓殖政策 22, 29 ff., 33, 36, 41, 58 ff., 63, 68, 73, 103, 139, 222, 230

Antimarxismus, militanter 反马克思主义, 好战的 452

«antiparlamentarische Wende» "反议会制的转折" 201, 363, 390, 397, 409, 448, 459

s. «cäsaristische Wende zur Führer-auslese» 见"领袖选择方式向恺撒制转变"

Antisemitismus 反犹主义 8, 16 f., 20, 59, 334, 350, 352

Antrag Kanitz 《卡尼茨提案》 23, 32, 98

Arbeiterbewegung 工人运动 94, 108, 114, 119, 121, 123, 131, 134 f., 137

«Arbeiterpartei, nationale» "工人政党, 民族的" 138

Arbeiterschaft 工人阶级 24 f., 57, 82 f., 90 f., 96, 103, 108 ff., 114, 122—126, 129, 134, 141, 180, 262, 272 f., 275, 277, 298—300, 302, 318, 325, 416 f., 430, 463, 465, 481

s. auch Klasse, Arbeiter. 另见阶级, 工人

s. auch Landarbeiter 另见农业工人

Arbeiter- und Soldatenräte 工人与士兵委员会 319 f, 322, 359, 371

Arbeitervertretung, gesetzliche 工人代表, 法定的 123—126

Arbeitsausschuß für Mitteleuropa 中欧工作委员会 236 f., 239 ff., 242, 244, 246

Arbeitskampf s. Streik 工人斗争, 见罢工

Arbeitsnachweis, amtlicher 职业介绍所, 官办的 83

«Arbeitsparlament» "有效议会" 199

Arbeitsverfassung in der Großindustrie 大工业中的劳工状况 16, 126

-, Koalitionsrecht 结社 125, 127

Aristokratie 贵族统治 XIII, XV, 100, 102 f., 108, 293, 295, 452

s. auch Adel 另见贵族

Askese (Asketizismus) 禁欲 (禁欲主义) 65, 100, 459, 473

Aufruf Berliner Professoren (Juli 1916) 柏林教授的呼吁 (1916年7月) 254

Auslese, allgemein 选择, 泛指 42 f., 100, 123, 202 f., 347

s. Beamtenauslese 另见选择官员

579

s. Führerauslese 另见选择领袖

Auslieferungsforderung, alliierte 引渡要求，同盟国 348 f.

Ausnahmezustand 紧急状态 408

Ausschuß für die Friedensverhandlun-gen 和谈委员会 340 f.

Ausschuß der deutschen Nationalver-sammlung über den Entwurf einer Verfassung des Deutschen Reiches 德国国民大会德意志帝国宪法草案委员会 380, 387, 400, 402, 404

Autarkie, agrarische 农业自给 97

B

Balkan 巴尔干半岛 228

Bauernbefreiung 农民解放 126

Bayern, Königreich 巴伐利亚，王国 190, 195, 271, 309, 320, 344, 352 f., 360, 382, 387

–, Räterepublik 苏维埃共和国 318, 344, 352

s. auch Separatismus, bayrischer 另见分离主义，巴伐利亚人的

Beamte 官僚 48, 182, 193, 200, 204, 301, 423, 447, 449, 470

Beamtentum, deutsches 公务员，德国的 8, 17, 98 ff., 130, 179, 181—184, 191, 264, 270, 315, 321, 372, 389 f., 403, 413, 470

–, russisches 俄国的 155

–Berufsbeamtentum 职业公务员 204, 319, 366, 372, 379, 414, 421

–Beamtenauslese 选择公务员 182

–Beamtenherrschaft 官僚统治 180 ff., 185, 187, 421, 471

– «Beamtenkreaturen», konservative "傀儡官僚"，保守派的 178

– Beamtennaturen, konservative 官僚秉性，保守派的 178 f., 184, 199, 417, 423

Beamtenverwaltung, rationale 官僚行政，理性的 180 f.

Belgien 比利时 160, 212 f., 215—218, 221 f., 224 ff., 228 f., 283, 294, 307, 337

s. flämische Frage 见佛兰德问题

Berufsmenschentum 职业人 65, 71

s. auch Fachmenschentum 另见专业人

Berufspolitiker 职业政治家 13, 27, 46, 48, 91, 114, 179, 181 f., 185, 193, 201—205, 333 f., 405 ff., 414, 418, 421—428, 430, 433 f., 436 f., 447, 449 f., 452, 470 f., 473—476

Berufspolitiker «ohne Beruf» "毫无使命感"的职业政客 200 f., 363, 388 f, 397, 409, 414, 426, 452

«Bethmannsturzkonferenz» "倒阁会议"（1917年2月25日） 264, 279

Betriebsrätegesetz (18.1.1920) 企业职工委员会法（1920年1月18日） 334

Beutekapitalismus 掠夺性资本主义 86

Bewegungsfreiheit, «individualistische» 流动自由,"个人的" 180, 418, 426 f., 436, 454, 466

   s. auch Bürokratie 另见官僚制

   s. auch Individuum 另见个人主义

−, ökonomische 经济上的行动自由 88, 321

«Bismarckismus» (naive B.-Verehrung) "俾斯麦主义"（幼稚的俾斯麦崇拜） 6, 8, 45, 91, 151, 159, 177

Bolschewismus 布尔什维克 229—302

Börsenenquêtekommission (1892) 证券交易调查委员会（1892年） 78 ff.

Börsengesetz (gebung) 证券交易法（立法） 78 ff., 81, 98, 134, 143

bosnische Krise 波斯尼亚危机 158

Bulgarien 保加利亚 304

Bund der Landwirte 农民联盟 145, 217

Bund zur Erneuerung des Reiches 德国复兴联盟 410

Bundesrat 联邦参议院 81, 160, 162—165, 187—199, 265, 271, 296, 359, 364, 369, 381 ff., 392, 394—397

   Anfechtung von-sbeschlüssen 对决议的争议 164 f.

   Parlamentarisierung des- 议会化 188—193, 196—198, 200, 296, 357, 360 f., 364, 382

− sausschuß für auswärtige Angelegenheiten 联邦参议院外交事务委员会 175

− sbevollmächtigte 联邦参议院的授权 189 f., 193—199, 200, 265, 360 ff.

Bundesrepublik Deutschland 德意志联邦共和国 XI, 443

Burenpolitik (1896) 布尔政策（1896年） 151, 153 f., 176

Bürgerkrieg 布尔战争 326, 335

Bürgertum, Allgemeines 资产阶级，泛指 16, 44, 310, 444, 458

   Großbürgertum 大资产阶级 97, 99, 102 f., 107, 131, 266, 416

−, unpolitische Vergangenheit des –s 资产阶级的去政治陋习 12, 28, 91 ff., 416

−, «feiger Wille zur Ohnmacht» des –s 资产阶级"无权无势的胆怯欲望" 131, 267

−, mangelnder politischer Führungswille des –s 资产阶级缺乏政治领袖意志 27 f., 91, 93 ff., 347, 416, 454

-, wirtschaftlicher Aufstieg des –s　资产阶级的经济崛起　35，78，90，93，258，293，295，416

-, pseudo-aristokratische Ideale　资产阶级的冒牌贵族理想　100 ff.，103，417

-, Kampf gegen den Konservatismus　资产阶级反对保守主义的斗争　99，102 ff.，138 f.，142 f.，152，266 f.，417，452

-, antisozialistische Haltung des –s　资产阶级的反社会主义立场　119 ff.，131 f.，299，453

-,《Angst vor dem roten Gespenst》　资产阶级"对红色幽灵的恐惧"　92，104，114，416

-, Notwendigkeit der Zusammenarbeit des –s mit der SPD　资产阶级与社会民主党合作的必要性　325 ff.

-, Kreditfähigkeit des –s　资产阶级的信贷能力　258，323

-, imperialistische Politik des –s　资产阶级的帝国主义政策　76，96，417

-, Neigung des –s zu plebiszitärer Reichs-spitze　资产阶级倾向于直选帝国首脑　371 f.，460

-, mangelnde Immunität des –s gegen Faschismus　资产阶级对法西斯主义缺乏免疫力　453 f.

-, russisches (Februarrevolution)　俄国（二月革命）　275，300，302

《bürgerlicher Marx》　"资产阶级的马克思"　105，146

Burgfrieden　城堡和平　104，173，211，220，253，260，265

Bürokratie, allgemein　官僚制，泛指　105，130，180 ff.，183，204，321，423，425，428，431 ff.，447 ff.，468

　　Parteibürokratie　政党官僚制　180，329，363，388，397，409，424—427，435，439

　　Staatsbürokratie　国家官僚制　99，112，179—184，204，300 ff.，321，326，363，379，382 f.，388，422，431

　　Wirtschaftsbürokratie　经济官僚制　112 f.，180，321

Bürokratisierung(-sprozeß), allgemein　官僚化（进程），泛指　65，130，180，182，269，313，423 f.，426 f.，433，435 f.，449，453，460，467，481 f.

－ in Parteien　政党的官僚化　116 ff.，180，203，295

－ des Staatsapparates　国家机器的官僚化　183，295

－ des Wirtschaftsprozesses　学术领域的官僚化　87 ff.

－ im Bereich der Wissenschaft　科学领域的官僚化，474

C

Cäsarismus 恺撒制 8, 131, 177, 202 f., 267, 312, 369

Caucus-System 考克斯制 10 f.

Charisma 卡里斯玛 65, 201, 203, 269, 312 f., 369 f., 425, 427, 431—436, 441, 449, 451, 459 f., 462, 471

—, demokratisches 民主卡里斯玛 435

 Erbcharisma 世袭卡里斯玛 312, 315, 366

Chauvinismus 沙文主义 7, 57, 59, 337

China 中国 153, 180

Christentum 基督教 47 f.

Christlichsoziale Partei 基督教社会党 20 f., 34, 106, 132, 134 ff.

D

Daily-Telegraph-Affäre (1908) 《每日电讯报》事件 (1908 年) 95, 158 ff.

Darwinismus 达尔文主义 43, 453

Delbrücksche Adresse (1914) 德尔布吕克请愿书 (1914 年) 214

Demagogie 鼓惑煽动 202, 295 f., 396, 421, 423, 426 ff., 430, 432, 437, 441, 451

—, cäsaristische 恺撒式煽动 6 f., 177, 202, 423, 433

 Massendemagogeie 大众煽动 201 f., 426, 432

Demokratie, allgemein 民主, 泛指 89, 112, 117, 161, 199, 204, 269, 278 f., 286, 299, 392, 400, 409, 420, 427, 429, 431, 433f., 447—482

 Massendemokratie 大众民主 182, 201 f., 364, 369, 378, 421, 424 f., 427, 429, 435, 482

—, amerikanische 美国的民主 204

—, bürgerliche 资产阶级民主 51, 326

—, deutsche (Weimar) 德国的民主（魏玛） 51, 139, 157, 278 ff., 282, 286, 291, 305 f., 323, 354, 356, 376, 392, 400, 412, 421 ff.

—, konstitutionelle 宪政民主制 378, 454, 465

—, naturrechtliche 自然法基础上的民主 430

—, parlamentarische 议会民主制 376, 422 ff., 428, 433, 438, 449, 453, 481

—, plebiszitäre 直接诉诸民意的民主 200 f., 365

—, rechtsstaatliche 法治国家的民主 66, 436

—, sozialistische 社会主义民主 326

583

—, unmittelbare 直接民主 205, 420

—, westliche 西方民主 179

Demokratisierung 民主化 XIII f., 114, 142, 204 f., 220, 267, 278, 280 ff., 285, 289, 291, 295 f., 354, 418, 420 ff.

Denationalisierung 去民族性 30, 41, 57

Denkschrift des Admiralstabes 海军部的备忘录（1916 年 2 月 12 日） 248, 251

Denkschrift des Alldeutschen Verbandes (1914) 泛日耳曼同盟的备忘录（1914） 213

Denkschrift Bissing (April 1915) 比辛备忘录（1915 年 4 月） 216

Denkschrift Erzberger (September 1914) 埃茨贝格尔备忘录（1914 年 9 月） 213

Denkschrift Helfferich 黑尔费里希备忘录 251

Denkschrift Eduard Meyer (16.3.1916) 爱德华·迈尔备忘录（1916 年 3 月 16 日） 248

Denkschrift Hugo Preuß (1919) 胡戈·普罗伊斯备忘录（1919 年） 375 f.

Denkschrift Max Webers zu Frage des Friedenschließens (Januar 1916) 马克斯·韦伯关于媾和问题的备忘录（1916 年 1 月） 219 f.

Denkschrift Max Webers «Der verschärfte U-Bootkrieg» (10.3.1916) 马克斯·韦伯对于"扩大潜艇战"的备忘录（1916 年 3 月 10 日） XIII, XV, 249 ff.

Denkschrift Max Webers zur Frage des Friedenschließens (4.2.1918) 马克斯·韦伯关于媾和问题的备忘录（1918 年 2 月 4 日） XVI f., 299

Denkschrift Max Webers zur Berufung jüdischer Mitglieder in den Untersuchungsausschuß (20.8.1919) 马克斯·韦伯关于调查委员会任命犹太人成员的备忘录（1919 年 8 月 20 日） 350

Denkschrift der sechs Wirtschaftsverbände (20.5.1914) 第六次经济学联合会会议备忘录（1914 年 5 月 20 日） 213

Deutsche Demokratische Partei 德国民主党 XV, 305, 326—330, 332 f., 344, 363, 397, 399—402

Deutsche Vaterlandspartei 德意志祖国党 XIV, 282, 286, 290 f., 295, 299

Deutscher National-Ausschuß für einen ehrenvollen Frieden (1916) 谋求体面和平的德意志民族委员会（1916） XIII, 224, 255—260

Deutscher Zollverband 关税同盟 216

Deutschers Reich (1871-1918) 德意志帝国（1871—1918） XIII f., 28, 32 f., 39, 44, 56, 67, 71, 76, 81, 85, 92, 95, 126, 134, 144, 147 f., 155, 166 f., 182, 209, 246 ff., 270, 294, 312, 318, 356, 408

— (nach einem künftigen FriedensSchluß, d.i 1918/19) （未来媾和之后、亦即 1918/1919 年的）德意志帝国 209, 214, 216, 219, 222—228, 244, 270, 291

Deutsches Reich (nach 1918) s. Weima-rer Republik 德意志帝国（1918年之后），见魏玛共和国

Deutsches Weißbuch über die Schuld am Kriege (28.5.1919) 关于战争罪行的德国白皮书（1919年5月28日）341 f.

Deutschnationale Volkspartei 德国民族党 353

Deutsch-Österreich 德国东部 310, 337, 359

Diktator, allgemein 独裁者，泛指 301, 317, 328

－, plebiszitärer 直接诉诸民意的独裁者 368, 370, 391

－ «des Wahlschlachtfeldes» "选战独裁者" 407, 413, 425, 435, 450

－, totalitärer 极权主义的独裁者 453

Diktatur, charismatische 独裁，卡里斯玛的 435

－ der Obersten Heeresleitung 最高统帅部的独裁 296, 314, 317

　　s. auch Militärdiktatur 另见军事独裁

－ des Proletariats 无产阶级独裁 301

Direktorialsystem, sozialistisches 行政制度，社会主义的 371, 389

Dolchstoßlegende 背后一刀 319

Dreibund 三国同盟 147, 157 f., 220

Dreiklassenwahlrecht, preußisches 三级选举权，普鲁士的 28, 188 f., 220, 265—269, 272, 276 f., 291, 295, 298, 418

　　s. auch Wahlrechtsreform (in preußen) 另见选举权改革（普鲁士）

Duma 杜马 62, 274, 276

Dynastie (frage) 王朝（问题） 174, 311—316, 326, 358, 367, 370

E

efficiency 效率 105, 179, 181, 422, 462

Elite 精英 28, 145, 199, 201, 293, 414, 428 f., 434, 437

Elsaß-Lothringen 阿尔萨斯-洛林 6, 54, 67 f., 210, 222, 269—272, 288, 307, 337

　　Reichsstatthalter in 阿尔萨斯-洛林地区帝国总督 270 f.

England 英国 10, 77, 85, 91 f., 94, 108, 116, 150 ff., 153, 155, 157, 159 ff., 187, 208 ff., 220 f., 225., 228., 248., 251., 270, 290., 305, 347

Enquêterecht, allgemein 质询权，泛指 387

－ des Einzelstaaten und Gemeinden 各邦与社区的质询权 387 f.

－ des Reichstages XIII 德国国会的质询权 XIII, 163 f., 174, 183, 191 f., 357, 366, 379, 387 ff., 393

Enteignungsgesetz (1908) 征用法（1908 年） 63
Entzauberung der Welt 世界的除魅 66，418，432，481
Epigonentum 因循守旧的后裔 33，38，73，91，417，439
Estland 爱沙尼亚 228，297
evangelisch-soziale Vereinigung 福音派社会联合会 133
Evangelisch-sozialer Kongreß 福音派社会代表大会 27 f.，33 ff.，38，77，83，108

F

Fabrikverfassung, russische 俄国的工厂制 89
Fachmenschentum 专业人，48，132，154
«Fach.» und «Dienstwissen» "专业知识"与"公务知识" 182 f.，185，470
Faschismus 法西斯主义 66 f.，118，436 ff.，444，448 f.，451 ff.
    s. Nationalsozialismus, s. Herrschaft, totalitäre, s. Führer.staat, autoritärer 见国家社会主义、见支配、极权主义、见领袖国家、威权主义
«Faustschlag-Rede»(12.1.1918) "拳击讲话"（1918 年 1 月 12 日） 293 f.，298，300
Feudalisierung (des Bürgertums) （资产阶级的）封建化 101 f.，106 f.，152，417
    s. auch Großbürgertum, s. auch Nobilitierung 另见大资产阶级，另见贵族阶层
Feudalismus 封建主义 32，91，97 ff.，102，138 f.，336
Fideikommiß (institut) 限嗣继承（制度） 102 ff.
-Vorlage(1904) 《限嗣继承法案》（1904 年） 99，103 f.
-Vorlage(1917) 《限嗣继承法案》（1917 年） 104，265
flämische Frage 佛兰德问题 215，222，226，277
    s. auch Belgien 另见比利时
Flottenpolitik 海军政策 75，147—149 ff.，157
Flottenpropaganda 海军宣传 150，1
Flottenvorlage (1897) 《第一海军法案》（1897） 82，149
Föderalismus 联邦主义 XIV，165，188—191，196，358，360，362 ff.，369，381—384，396
Fortschrittliche Fraktionsgemeinschaft 进步党议会党团 162
Fortschrittliche Volkspartei 进步人民党 15，162，173 f.，191 f.，225，278，292，309
Frankreich 法国 81，105，210，215，221 f.，229，270，284，288，293，344，347，438 f.
  - IV. Französische Republik 法兰西第四共和国 438
  - V. Französische Republik 法兰西第五共和国 438 f.

Freideutsche Jugend 自由德意志青年 347

Freie Vaterländische Vereinigung 自由爱国者联合会 255

Freihandel 自由贸易 30，32，99，127 f.

Freiheit 自由 11，25，89，119，139，186，372，375

    s. auch Bewegungsfreiheit, individualistische 另见行动自由，个人主义的

Freiheit der Wissenschaft und Lehre 学术自由与原则 3，120 f.，132，473 f.

Freikonservative Partei 自由保守党 18

Freisinnige Vereinigung 自由联盟 14 ff.，18 f.，139，143，165

Freisinnige Volkspartei 自由人民党 143 f.，155

Freistudentischer Bund, Landesverband Bayern 自由大学生联盟，巴伐利亚协会 289，345

Friede von Brest-Litowsk (3.3.1918) 《布列斯特-立陶夫斯克和约》(1918 年 3 月 3 日) 293，296 f.，302，307，316，343

Friede von San Stefano 《圣斯特凡诺条约》 228

Friedensangebot, deutsches (12.12.1916) 和平建议，德国的 (1916 年 12 月 12 日) 263

    Österreich-Ungarns 奥匈帝国的和平建议 (1918 年 9 月 14 日) 288

Friedensbedingungen, alliierte 和平条件，协约国的 249，285，309 f.，335，338 f.，359

Friedensinitiative, russische (Kerernsky) 和平倡议，俄国的 (克伦斯基) 275，277，292，307

Friedensresolution des Reichstages (19.7.1917) 德国国会的和平方案 (1917 年 7 月 19 日) 278—283，285 f.，288 f.，291，305

Friedensverhandlungen (1918/19) 和谈 (1918/19) 212，226，256，263，270，278，283，286，291，303，319，335，340 f.，347

    – mit Rußland 与俄国的和谈 227，260，277，283，292—302

Friedensvermittlung, päpstliche (1.8.1917) 和平调停，教皇的 (1917 年 8 月 1 日) 283

Führer, cäsaristischer 恺撒式领袖 364，378，391，439

–, charismatischer 卡里斯玛领袖 66，364，377，411，414，418，421，435，441，448，450 ff.，482

Führerauslese 选择领袖 50，185，187，199 f.，202 f.，357，362，365 f.，369，378 f.，397 f.，405 f.，409，413 ff.，420 ff.，423，426，431 f.，447，482

–, cäsaristische Wende zur. 领袖选择方式向恺撒式转变 202

    s. auch antiparlamenttarische Wende 另见反议会倾向

Führerbegabung 领袖禀赋 27, 178, 185, 205, 331, 408, 421, 423, 427 f., 432 ff.
Führerdemokratie, plebiszitäre 直选领袖民主制 XIV f., 201 f., 205, 364, 380, 408, 411, 415 f., 423, 425, 427 f., 432 ff., 435 f., 438 ff., 449 f., 454, 469, 482
Führerherrschaft 领袖统治 202 f., 364, 424, 436, 479
– mit Maschine 挟机器而治 425 f., 437, 448
–, personalplebiszitäre 个人直选 425, 428
Führeroligarchie 寡头领袖 433, 437
Führerpersönlichkeit 领袖人格 XIV, 12, 178, 182, 185, 197—204, 269, 282, 348 ff., 357, 364, 390, 423 ff., 426, 432 f., 453 ff., 482
– Max Webers 马克斯·韦伯 351, 354 f.
s. Staatsmann 见政治家
Führerschaft, plebiszitäre 直选领袖 XIV, 198 f., 412, 414, 435, 448 f., 453
Führerstaat, autoritärer 领袖国家，威权主义的 411, 413 f., 428, 436 f.
–, plebiszitärer 直选 450
–, totalitärer s. auch Totalitarismus 极权主义的 202 另见极权主义
Führerwahl 选举领袖 334, 398, 421, 425, 433, 451, 453, 479
–, spontane 自发的 329, 331
Füheung, kollegiale 团契制领导 364

G

Gaullismus 戴高乐主义 438 ff.
Gefolgschaft 追随者 118, 182, 198 f., 202, 295, 312, 378, 423, 425, 427, 434 f., 439, 448, 450 f., 460, 470, 475
Gehorsam, blinder 服从，盲目的 198, 427 f., 475
s. auch Akklamation 另见拥戴，欢呼
«Gehäuse der Hörigkeit der Zukunft» "未来的农奴制之壳" 71, 89, 113, 180, 322, 423, 436, 468
Geheimdiplomatie 秘密外交 184
Gemeindeverfassungen 社区居民大会 385 ff.
Generalstab, Wiedererrichtung des deutschen 总参谋部，德国调整方向 348, 351
«Germanisierung» "德国化" 41, 58 f., 222
Geschichtsauffassung, materialistische 唯物主义历史观 110, 303
Gesellschaftsordnung s. Wirtschaftssystem 社会秩序，见经济制度

Gesetz zum Schutze der Arbeitswilligen（1898） 不参加罢工者保护法（1898 年） 122

Gesinnungsethik s. auch Verantwortungsethik 信念伦理 46—50，109，111，115，184，211，317 f.，332，471 f. 见责任伦理

Gesinnungspolitik 信念政治 48，67，115，318，326，355

Getreideterminhandel 农产品期货贸易 23，78 ff.

Getreidezölle 农产品关税 24，32，128

Gewaltenbalancetheorie（Redslob） 权力平衡理论（雷德斯洛布） 372 bis 378，390，399f.，405，407

   «System der Dualität» "二元制" 373，379

Gewaltenteilung 权力分配 369，372，378，408

Gewaltherrschaft, charismatische 卡里斯玛权力统治 435

Gewaltsamkeit [als Mittel der Politik] （作为政治手段的）暴力 44，47，476

   s. auch Krieg 另见战争

Gewerkschaften, freie 工会，自由的 109，115，117，122 ff.，125 ff.，129 f.

-, gelbe 黄色工会 123，331

Gewerkvereine 工会联合会 94，123，331

Gottesgnadentum 君权神授 312

Griechenland 希腊 226

Großbetrieb, kapitalistischer 大企业，资本主义的 32，35，129，180

Großbürgertum s. Bürgertum 大资产阶级，见资产阶级

Große Koalition（1930） 大联盟（1930 年） 410

Großgrundbesitz 大地产 19，22 ff.，25 f.，28 ff.，32 ff.，36，41，73，80，97，102 ff.，128，137，139，265，284

Großmachtpolitik, deutsche 大国权力政治，德国的 XIV，68，77，147，209，267，308，417

   s. Weltmachtpolitik 见世界权力政治

H

Haager Abrüstungskonferenz（1910） 海牙裁军会议（1910 年） 51

Handelshochschulen 商学院 101

Handelsvertragspolitik（Caprivi） 贸易政策（卡普里维） 77，99

Heeresverfassung, demokratische 军队状况，民主条件下的 339

Hegemonie, preußische 霸权，普鲁士的 187 ff.，191 f.，195 f.，198，265，357，359 ff.，381 f.，384，297

«Heidelberger Vereinigung für eine Politik des Rechts»（Februar 1919） "海德堡公平政策

协会"（1919 年 2 月） 338 f., 354
Herrenschicht 主宰 27, 86
«Herrenvolk» "主宰者民族" 146, 185 f., 291, 418
Herrschaft, allgemein 支配，泛指 65, 109, 113, 133, 138, 205, 420 f., 430
—, autoritäre 威权主义的支配 428, 434
—, bürokratische 官僚支配 180, ff., 204, 421, 424, 430, 448
—, demokratische 民主支配 200, 428, 441
—, legale (kraft Satzung) 合法支配（有效法令） 327—430, 432, 479 ff.
   s. auch Satzungsherrschaft 另见法治
—, plebiszitär-charismatische 直选 – 卡里斯玛支配 202 ff., 364, 369, 407, 427 ff., 436, 449, 460
—, rationale 理性支配 480
   s. auch Herrschaft, bürokratische 另见统治，官僚
—, totale 总体支配 414
—, totalitäre 极权主义支配 436, 440, 449
   s. auch Totalitarismus 另见极权主义
—, unpersönliche 非个人统治 133
«Die Hilfe» (1894) 《援助》(1894 年) 134
Historiographie, kritische 历史编纂学，批判性的 460
—, psychoanalytische 精神分析 458
Historische Schule der Nationalökonomie 国民经济学历史学派 4
Hochschullehrertag, Deutscher 高等院校教授大会
   Deutscher Hochschullehrertag (1909) 第三次德国高等院校教授大会（1909 年） 121, 474
   Deutscher Hochschullehrertag (1911) 德国高等院校教授大会（1911 年） 474
Hofpartei 宫廷圈子 288
Hohenzollerndynastie 霍亨索伦王朝 159, 316, 370
Holland 荷兰 215
home rule-Wahlen (1886) 地方自治选举（1886 年） 425
Honoratiorenschicht 显贵圈子 202
Humanismus 人道主义 65

I

Idealtypus 理想类型 65 f., 113
Ideologiekritik 意识形态批判 467, 469

imperatives Mandat 强制委任 195

Imperialismus 帝国主义 10, 51, 55, 57 f., 62, 64, 72—78, 83—90, 95 ff., 132, 134, 136, 147—150, 168 f., 185, 187, 205, 209, 221, 223, 268, 275, 297, 342, 346 f., 355, 417, 422, 443

Individualismus, aristokratischer 个人主义，贵族政治的 448, 451, 457, 460

Individuum 个体 41, 65, 88, 452 f., 482

Industrialisierung, Konsequenzen der. 工业化的结果 200

Industrialismus 工业化主义, 144ff.

Industrie s. Unternehmer (tum) 工业，见企业家（界）

    Großindustrie 大工业 99, 253, 273

    Schwerindustrie 重工业 87, 129, 171, 255, 295 f.

Industiebeamte 实业管理人 130

Industriegesellschaft 工业社会 21, 91, 97, 269, 419, 440

Industriestaat 工业化国家 97

Interalliierte Wirtschaftskonferenz, Paris (Juni 1916) 协约国巴黎经济会议（1916年6月） 285

Internationalismus 国际主义 310

Irrationalismus 非理性主义 48, 66, 202, 231, 432, 434

Irredenta, deutsche 收复失地运动，德国的 52, 335 ff.

Italien 意大利 147, 156, 169, 207, 219, 221, 293

J

Jameson-Raid (1896) 詹姆森袭击事件（1896年） 151

Japan 日本 158, 516

«Junker», preußische s. Adel "容克"，普鲁士的 23, 26, 34, 44, 102, 458 见贵族

K

Kampf, allgemein 斗争，泛指 9, 65 f., 123, 182

– als Grundkategorie des menschlichen Daseins 人类生存的基本范畴 43, 50 f., 78, 453, 473

– im Parlament 议会斗争 182, 423

–, politischer 政治斗争 41 f., 77, 82 f., 107, 206, 310, 328, 475

–, wirtschaftlicher 经济斗争 42 f., 50, 77 ff.

– um (letzte) Wertordnungen 价值秩序的斗争 47

s. auch Machtkampf　另见权力斗争

Kanalvorlage　运河法案　98

Kapitalismus　资本主义　24，27，41，43，71，73，82 ff.，86 ff.，89 f.，97，99 f.，105，110 ff.，113 f.，141，169，180，268 f.，323，416 f.，419，458，461 ff.，467 f.

　　Hochkapitalismus　发达资本主义　89，419

Kapp-Putsch　卡普政变（1920年3月13日）　352 f.，450

Kartellisierung　卡特尔化　87，126，129 f.

Kathederdemagogie　讲坛上的蛊惑煽动　9，39

Kathederprophetie　讲坛先知　9，39

Kathedersozialismus　讲坛社会主义　16 f.，40，106 f.，122，141

Katholizismus　天主教　14，39，132，157，416

«Kingdom of influence»　"影响力王国"　156，313

«Kingdom of prerogative»　"特权王国"　156

Klasse, allgenmein　阶级，泛指　91，103，111

–, Arbeiter.　工人阶级　21，44，91，99，111 ff.，115，126，131 f.，138 f.，268，465

–, der Besitzenden　有产阶级　133，266，312

–, bürgerliche　资产阶级　96，99，102 f.，116，417，419

–, großgrundbesitzende　大土地所有者阶级　103，145

–, herrschende　统治阶级　38，96

Klassenbewußtsein　阶级意识　121，417

Klasseneinteilung, marxistische　阶级分析，马克思主义的　103

Klassengegensätze　阶级对立　123，126

Klasseninteresse　阶级利益　111

Klassenkampf　阶级斗争　27，105，109，122，145

Kleinstaaterei　小国　10，69，209，384

Kolonialpolitik, deutsche　德国的殖民政策　14，85，147 ff.，150，156，277

Kommunismus　共产主义　90，109，118，356，387，466

Kommunistische Partei (en)　共产党　414

Kompromiß　妥协，折中　46 f.，333 f.，392，394，405，448，455，470

Kompromißfriede　折中的和平　220，254

Konflikt zwischen politischen u. ethischen Werten　政治价值观与伦理价值观的冲突　47 f.，68

Kongreßpolen　大波兰　230 f.，233 f.，238，240

Konjunkturschwankungen　经济动荡　31，127

Konkurrenz (-kampf) 竞争（经济斗争） 43, 65, 81 f., 87, 108, 110, 113, 123, 269, 321, 425, 433, 462 f., 473 f.
Konservative Partei 保守党 18
Konservativismus 保守主义 19 f., 23, 27, 29, 34 f., 38, 59, 78, 81, 97 ff., 102, 106, 114, 132, 139, 142—145, 148, 157, 166, 188, 253 f., 260, 265 ff., 272, 295, 313, 317, 453
«Konstitutionelle Partei» "立宪党" 2
Kontinentalpolitik (Bismarcks) 大陆政策（俾斯麦的） 147
Korruption 腐败 152, 174, 372, 398
«Kreuzzeitung» 《十字架报》 26 f., 106
Krieg [als Mittel der Politik] （作为政治手段的）战争 84, 87, 166 f., 206 f.
 s. auch Gewaltsamkeit 另见暴力
Kriegsanleihen 战时公债 210, 264, 282, 294, 517
Kriegsausbruch (1914) 战争爆发（1914年） 206, 211, 257, 264, 308, 339, 343
 Aufbruchstimmung 舆论准备 206, 211, 257 f.
Kriegsausschuß der deutschen Industrie 战时德国工业委员会 217
Kriegspresseamt 战争新闻局 299
Kriegsschuld 战争罪行 150, 258, 338 ff., 341 f.
 Aktenpublikation über die- 公布战争罪行档案 339 f.
Kriegszielagitation 关于战争目标的鼓噪 212, 219 f., 229, 257, 260, 264, 277, 282, 294 ff.
Kriegszieldenkschriften 战争目标备忘录 211, 213, 219
Kriegsziele M.Webers （马克斯·韦伯设想的）战争目标 68, 149, 166, 208 ff., 214, 220—228, 257—260, 271, 276 f., 279 ff., 293, 296 f.
Kriegszielerörterung, öffentliche 公众对战争目标的讨论 211, 242, 255 f., 260
Kriegszielpolitik, deutsche 德国的战争目标政策 236, 255 f., 283, 293 ff.
Krüger-Depesche (1896) 克吕格尔电报（1896年） 151, 153 f., 235
Kultur 文化 6, 8, 22, 39, 43, 50, 69 ff., 84, 90, 110, 129, 150, 186 ff., 207, 209, 225, 258, 297, 328, 418, 444
Kulturkampf 文化斗争 6, 11, 13, 15, 22, 132, 416
Kulturkampfgesetze 文化斗争的法律 13
Kulturnation 文明民族 56, 77, 258
Kundgebung Heidelberger Bürger 海德堡市民集会（1916年11月25日） 261 f.
Kurland 库尔兰 213, 222, 231, 293, 297

L

Landarbeiter (-frage) 农业工人（问题） 23—27, 29 f., 35, 38, 41 f., 57, 59, 103

Landarbeiterenquête 农业工人状况调查
- des Vereins für Sozialpolitik (1890) 社会政策协会的（1890年） 23, 28
- des evangelisch-sozialen Kongresses (1892) 福音派社会代表大会的（1892年） 28 f., 33 f.
- der preußischen Regierung (v. Miquel) 普鲁士政府的（冯·米克尔） 37

Lebensraum 生存空间 78, 98, 205, 224

Legalität, allgemein 合法性，泛指 420
–, formelle 形式合法性 412 f., 431 f., 435, 454, 478 f., 482
–, parlamentarische 议会制的合法性 479
–, rationale 理性的合法性 313, 412, 432, 479
–, verfassungsmäßige 宪制合法性 313, 411

Legalitätsglaube 合法性信仰 412, 429, 431 f., 478 ff.

Legalitätsprinzip 合法性原则 411

Legitimität, allgemein 正当性，泛指 XI, 267, 312, 408, 419, 468
- auf Grund formeller Legalität 形式合法性基础上的正当性 467, 469
–, charismatische 卡里斯玛正当性 313, 367, 412, 429, 432, 468
–, kraft geglaubter Legalität 合法性信仰的力量所支持的正当性 313, 367, 428 ff., 432, 478 f.
–, monarchische 君主制的正当性 93, 177, 183, 272, 312 ff., 366, 373, 412
–, plebiszitäre 直选的正当性 365, 411 f., 428, 479
–, rationale 理性的正当性 428 f., 432, 478, 482
–, revolutionäre 革命的正当性 365 f., 411
–, traditionale 传统的正当性 313, 326, 432

Legitimitätsglaube 正当性信仰 432, 480

Legitimitätsschranken 正当性的界限 482

Lettland 拉脱维亚 222 f., 227

Liberalismus, deutscher 自由主义，德国的 1 f., 5 ff., 12 ff., 15 ff., 19, 44, 46, 62, 67, 81, 84, 90, 92 f., 94 f., 98, 123, 128 ff., 132, 140, 142 ff., 145, 149, 157, 164, 175, 177, 187, 196, 199, 201 f., 205, 223 f., 293 f., 369, 371 f., 375, 416, 418, 420, 452 f., 458, 461
–, russischer 俄国的自由主义 60 f., 63 f

s. auch Semstwoliberalismus 另见自治会自由主义
Linksliberalismus 左翼自由主义 3, 14, 165, 215
Linksradikalismus 左翼激进主义 109, 352, 401
Litauen 立陶宛 222 f., 227, 293
Lohnkampf s. Streik 工资斗争，见罢工
Luthertum 路德教 92, 181
Luxemburg 卢森堡 215, 222, 226, 297

M

Macht (gedanke) 权力（观） 10, 42 ff., 44, 47 f, 50 f, 55 f., 68 ff., 71 f., 76, 82, 141, 153, 159, 165, 169, 186, 203, 205, 259, 279, 309 f., 345, 355, 380, 418, 422, 426, 444, 475 f.
Machtapparat, staatlicher 国家机器 87, 205, 300 f., 449 f.
   s. Staatsbürokratie 见国家机构
Machtausdehnung 权力的扩张 148, 167, 214, 228, 420, 443, 482
Machtinstinkt 权力本能 27, 43 f., 94, 114, 185
Machtinteresse 权力利益
   – der Bürokratie 官僚的权力利益 183
   – des Reiches 帝国的权力利益 19, 153, 156
   – der Nation 民族的权力利益 79, 81, 87, 94, 139, 167, 422, 437, 444
Machtkampf [als Wesen der Politik] 权力斗争（政治的实质） 42, 138
   – über Budgetfragen 预算问题上的权力斗争 14, 177
   – zwischen Nationen 民族之间的权力利益 51, 58, 78, 82, 269
Machtpolitik 权力政治 45, 48 f., 51, 55 f., 69 ff., 83, 89, 95, 147, 154, 167 ff., 205, 289, 351, 355, 420, 444, 476
Machtstaat, nationaler 民族的权力国家 21, 37, 48, 56, 64, 69, 74 f., 81, 135 f., 208, 221, 258, 346, 351, 355, 422
Machtstellung des Reiches (i.d.Welt) 德国（在世界上）的权力地位 14, 80, 82, 85 f., 90, 96, 143, 147, 155 f., 179, 205 f., 211, 219, 259, 310, 332, 346, 354, 414, 419, 441
Machtwillen 权力意志 27, 43 f., 93, 141, 179, 186, 202, 444
Mächtegleichgewicht 力量平衡 148, 157
Marokkopolitik (1906) 摩洛哥政策（1906年） 95, 154 f., 166, 176
Marxismus 马克思主义 27, 89, 109 ff., 112, 115, 119, 457
Max-Weber-Kreis (Heidelberg) 马克斯·韦伯的圈子（海德堡） 443

Memorandum Stresemanns zu M. Webers Denkschrift über den verschärften U-Boot-Krieg
针对韦伯反对强化潜艇战的备忘录的施特雷泽曼备忘录　XV, 250
Menschenrechte, unveräußerliche　人权，不可让渡的　418 f.
Mexiko-Depesche (1917)　"墨西哥电报"（1917 年）　333 f.
Militärdiktatur　军事独裁　276, 299, 301 f., 322
Milizsystem　民兵制　351
Ministerverantwortlichkeit, allgemein　大臣的责任，泛指　156, 163, 166, 188, 373, 387
Mißtrauensvotum　不信任投票　162 f., 175, 199, 391
　　Entlassung des Reichskanzlers　帝国首相的罢免，泛指　162 f., 175, 197 ff.
　　Verantwortlichkeit des Reichskanzlers, allgemein　帝国首相的责任，泛指　162 f., 165, 192, 197, 362
-, juristische　法律责任　156, 158, 160, 165, 175, 197 ff.
-, formelle　形式责任　156, 165, 175, 187, 197
Mitteleuropapolitik (der Reichsregierung)　（德国政府的）中欧政策　234 ff., 237, 243 ff.
mitteleuropäischer Block (Falkenhayn)　中欧集团（法尔肯海因）　236
mitteleuropäischer Staatenverband　中欧国家联盟　225, 232
mitteleuropäischer Zollverband　中欧关税同盟　245 f.
mitteleuropäischer Zoll-und Wirt-schaftsverband　中欧关税与经济同盟　223
Mittelstand　中产阶级　108, 267
Monarchie　君主　156 f., 161, 170, 311—314, 325, 370, 374, 391, 398
　　Erbmonarchie　世袭君主　203, 312
-, konstitutionelle　立宪君主　261, 313, 366 f., 371 f., 374, 378, 400
-, parlamentarische　议会制君主　156, 159 ff., 295, 311ff., 316, 326, 350, 370, 376, 391 f., 400
Monarchismus　君主制　154, 353
Monopole, wirtschaftliche　垄断，经济的　87, 321

N

Nation, belgische　民族，比利时　55
-, deutsche　德意志　5f., 8, 27, 30, 32 f., 35, 37 f., 40, 48, 51, 69, 75, 82, 85, 91 ff., 95, 98, 100, 107, 156, 159, 169, 176, 185, 205 f., 258, 260, 265, 267, 279 f., 285 f., 289, 305—308, 314—317, 335, 346, 355, 411, 413, 458

—, französische 法兰西 54, 67, 270
—, österreichisch-ungarische 奥匈 258
—, schweizer 瑞士 54 ff.
Nationalbewußtsein 民族意识 7, 53 ff., 56, 60, 343, 348
Nationalegoismus 民族利己主义 40 f.
Nationalinteresse 民族利益 40, 291, 413
Nationalismus 民族主义 XIII, 40, 52, 58, 67, 70, 211, 285, 335, 337 f., 345, 351, 436, 443 f., 457 f.
Nationalität, allgemein 民族性, 泛指 41 f., 54, 57, 64, 346
—, belgische 比利时 216
—, deutsche 德意志 26, 29, 31, 39, 41 f., 54, 67, 78, 230
—, polnische 波兰 22, 25, 41, 67, 223, 230
—, schweizer 瑞士 54 ff.
Nationalitätenföderation 多民族联邦 53, 61 f.
Nationalitätenprinzip 民族性原则 222, 224, 270, 297
Nationalliberale Partei 民族自由党 1, 13, 15 f., 18, 160, 178, 192, 363
Nationalliberalismus 民族自由主义 1 ff., 5, 14—17, 19, 22, 95, 132, 158, 166, 178, 203, 416, 418, 458
National.sozialer Verein (1896) 民族社会主义联盟（1896年） 43, 58, 75, 134 f., 137 ff., 140, 145
Nationalsozialismus 国家社会主义 XI, 199, 406, 413 f., 437 f., 440, 452, 478
Nationalsozialistische Deutsche Arbeiter-partei (NSDAP) 德国国家社会主义工人党 (NSDAP) 414
Nationalstaat, deutscher 民族国家, 德国的 5, 10, 18 f., 25, 29, 42, 44, 52 f., 55 f., 64, 68, 70, 74 f., 77, 93, 214, 310, 332, 351, 441, 443
—, kleinrussischer 小俄罗斯的 222, 227
—, litauischer 立陶宛的 222, 227
—, polnischer 波兰的 222—225, 227 f., 242 f., 246
Nationalversammlung (1848) 国民大会（1848年） 56
Nationalversammlung (1919) 国民大会（1919年） XIV, 311, 326, 328 f., 331, 336, 341, 350, 358, 376 f., 387, 395, 397, 399 f., 403 f.
s. Konstituante 见制宪会议
Nationsbegriff M.Webers 马克斯·韦伯的民族观 54—57, 60, 64, 67, 258
Naturrecht 自然法 11, 267, 418—421, 423, 430, 434, 448
Noemarxismus 新马克思主义 456, 463, 467

Neugliederung des Reiches　帝国的新格局　384 ff.

Neuorientierung　新方向　171，286

Neutralität　中立　10

Nihilismus　虚无主义　456

«Nobilitierung» von Kapital　资本的"贵族化"　103

　　«von Kriegsgewinnen»　"战争财的贵族化"　104，265

Norddeutscher Bund (1867)　北德意志联盟（1867年）　199，381

Notverordnungsrecht　《紧急命令法》　401，403

O

Oberste Heeresleitung　最高统帅部　171，175，192，233，245，254，264，277，280，282 f.，292，294—297，305，314，348

Objektivität, wissenschaftliche　客观性，学术的　9，11，26 ff.，43，140

Obrigkeitsgesinnung　官方的态度　20，92，181，377，434

öffentliche Meinung　公众舆论　213，229，250，260，294，343

Öffentlichkeit　公众　158，184，201，229，269，308，343，370，389

Offizierskorps　军官团　100 ff.，107，270，282，292，296，301，317，322，337，348—351，390，403，417

Osterbotschaft Wilhelms II (7.4.1917)　威廉二世的复活节公告（1917年4月7日）　266，268，273

Österreich-Ungarn　奥匈帝国　6，44，53，171 f.，221，223 f.，227 f.，231—239，242—246，258，260，268，277 f.，282，286 ff.，294，302，307，313，342

Ostmitteleuropa　中东欧地区　222—225，227 f.，243，270，293，297

P

Parlament　议会，国会　178 f.，182 f.，185 ff.，198—204，282，296，357，362 f.，365 f.，371，373 ff.，378 ff.，389 ff.，397 ff.，405，407，409 f.，413 f.，423 f.，437，439，448，451

　　«Banausenparlament»　"市侩议会"　398

　　s. auch Reichstag　另见德国国会

Parlamentarischer Rat (1948)　国会委员会（1948年）　407

Parlamentarisierung　议会化　XIII f.，28，156 ff.，160 f.，165，185—191 ff.，205，264，277 f.，280，291，295 f.，305，357，370，418，422 f.

Parlamentarismus　议会制　XIX，92，152，155，157 f.，160 f.，170，174，189，

193, 204, 279 f., 291, 356 f., 363, 368, 372 f., 376, 400, 405 f., 409
Parlamentsabsolutismus 议会专制主义 371, 373, 376, 378
Partei, allgemein 政党, 泛指 116 f., 138, 199, 201 ff., 390, 405 f., 414, 425—427
    Gefolgschaftspartei 信徒党 118, 414
    Honoratiorenpartei 显贵政党 145, 201
    Interessenpartei 利益政党 145, 201
    Kaderpartei 干部党 118
    Klassenpartei 阶级政党 116, 138
    Massenpartei 群众政党 116, 118, 329, 426
    Patronagepartei 庇护人政党 117
    Weltanschauungspartei 世界观政党 117 f.
«Parteibanausentum» "头脑偏狭的党人" 114, 117
Parteibürokratie s. Bürokratie 政党官僚, 见官僚
Parteienkampf 党派斗争 14, 201, 269, 282, 292, 405, 424, 426
Parteienpluralismus 政党多元化 408 f., 413
Parteienstaat 政党国家 409, 414, 424, 428, 437
Parteiführer 政党领袖 178, 189 ff., 194, 196 ff., 199, 279, 421
Parteiherrschaft 政党统治 103, 152 f., 199, 295 f.
Parteiinteressen 政党利益 121, 145, 410
«Parteimaschine» "政党机器" 116 ff., 145, 201 f., 368, 389 f., 424—428
Parteizersplitterung 政党分化 390, 410
Partisanenkrieg 游击战 336, 338, 341
Patriarchalismus 家长制 22, 24 ff., 28 f., 94, 108, 129, 131, 133 f.
Patriotismus 爱国主义 4, 115
Pazifismus 和平主义 49 f., 84, 168, 263, 274, 288, 300, 309, 334 f., 345, 348
«persönliches Regimen» (Wilhelms II.) "个人统治"（威廉二世的） 75, 149, 151—159, 161, 166 f., 169 f., 176 f., 187, 189, 192, 197 f., 276, 313
- des verantwortlichen Politikers 负责任的政治家 189, 203
Persönlichkeit 人格, 个性 28, 66, 118 f., 133, 177 f., 185, 197, 201, 269, 300, 313, 440
Persönlichkeitskult 个人崇拜 167
Pflicht 义务 32, 48, 69, 74, 78, 85, 133, 147, 152, 194, 427, 435
Planwirtschaft 计划经济 113

s. Wirtschaftssystem, sozialistisches 见社会主义经济制度
Polen, galizische 波兰人，加利西亚的 224
—, preußische 普鲁士的 58，63，224，230 f.，268，337 f.
Polen, Königreich 波兰，王国 63，231，246，297
—, Schutzstaat der Mittelmächte 中欧列强的保护国 225，227 f.，239，276
—, austro-polnische Lösung 奥属波兰方案 231—236，238，242—245
Polenfrage 波兰问题 25，41，43，57—63，103，137，143，145，207，213，221，223 f.，227—235，238—246，260，276，323
Polenprogramm des ADV（1894） 波兰计划（1894 年），58
Politik（allgemein） 政治（泛指） 43，45，47 ff.，51138，179，183，309，333，345，425 f.，434，449，453，470 ff.，473
Politik als Beruf 以政治为业 27，47，345，398，426，471
Politiker «ohne Beruf» "无使命感"的政治家 201
 s. Berufs-politiker ohne Beruf 见无使命感的职业政客
«Polonisierung» "波兰化" 25，29，53，230
Präsidialkabinett 总统制内阁 406 f.，411
Prestige（-politik） 声望（政治） 56 f.，86，95，100 f.，104，109，151，153 f.，157，161，167，176，247，280，348，355，432，435，439
 Kulturprestige 文化声望 71 f.
 Machtprestige 权力声望 44，56 f.，71，86
Preußen 普鲁士 7，27 f.，81，99，101，103，187 f.，195，198，224，239，271 f.，309，313，359 ff.，379，381—384，387，395，408，417
Preußisches Abgeordnetenhaus 普鲁士下议院 1，104，143 f.，164，189，192，198，265 ff.，272，293，296
Preußisches Staatsministerium 普鲁士政府 266
Primat der Außenpolitik 外交政策的头等重要性 85，95，205，476
Primat der Macht vor den ethischen Werten 权力在伦理价值观问题上的首要地位 48
Primat des nationalen Gedankens gegenüber den Verfassungsfragen 民族观优先于宪制问题 95
Primat des Politischen gegenüber dem Ökonomischen 政治优先于经济 87，95
Privateigentum 私人所有制 112
Produktivgenossenschaften 生产合作社 112
Proletariat 无产阶级 16，24，28 f.，91，94 f.，111，133，137 f.，268，275，310，312，417
 s. auch Klasse, Arbeiter-, s. auch Landarbeiter 另见工人阶级，另见农业工人

Prophetie, jüdische 犹太先知 472
Protestantismus 新教 6, 32
Puritanismus 清教 48, 99 f., 105, 119, 181, 417, 450, 458 f., 472

R

Rasse 种族 43
Räterepublik s. Bayern 苏维埃共和国，见巴伐利亚
Rationalisierungsprozeß 理性化进程 66, 467 ff.
  s. auch Bürokratisierungsprozeß 另见官僚化进程
Rationalität, formale 形式理性 111, 113, 462 ff., 465, 469
-, technische 技术理性 454 f., 462, 464
Realpolitik 现实政治 9, 13, 44 ff., 48, 85, 91, 115, 121, 138, 161, 166, 179, 211, 222, 332, 444, 457
Rechtspositivismus 法律实证主义 411 f., 419, 483
Rechtsradikalismus 极右势力 352 f.
  s. auch Kapp-Putsch 另见卡普政变
Rechtsstaat, demokratischer 法治国，民主的 378, 397, 418—421, 429, 441
Referendum 全民投票 365, 367, 370, 391—394, 397, 400 ff., 439
  s. auch Volksabstim-mung 另见全民公决
Regierung der Volksbeauftragten 人民代表的统治 315, 320, 322—329, 337, 357
Reichsamt des Innern 帝国内政部 375, 380, 393, 396, 402
Reichsexekutive 帝国行政权 401, 403
Reichsgericht 帝国法院 164 f.
Reichsgründung (1871) 帝国的创立（1871） 2, 5 ff., 37, 44, 52 f., 69, 74 f., 93, 147, 178, 209, 214, 417, 439
Reichskanzler 帝国首相 188, 192, 197 f., 361 f., 364, 369 f., 377 f., 391, 401 ff., 405 f.
  s. auch Ministerverantwortlichkeit 另见大臣的责任
Reichskolonialamt 帝国殖民事务部 156
Reichskronrat 御前会议，枢密院 174 f., 192
Reichsparlamentarismus 帝国的议会化 189, 194, 361, 364
Reichspräsident (enproblem) 帝国总统（的问题） 272, 320, 362—372, 375—379, 390, 398—403, 405 ff., 410 ff., 439
-, plebiszitärer 直选帝国总统 354 f., 367, 369 f., 372, 376—380, 387, 389—392, 394—399, 404, 407—411, 414 f., 429, 438 ff.

- als gewählter Monarch 作为更强大的君主 271 f., 323, 366 f., 372, 375, 378, 391, 401, 404, 411

Amtsperiode des-en 任期 367 f.

«höchster Reichsfunktionär» "帝国最高级官员" 391, 407

Reichsrat 帝国参议会 382, 395, 400, 402 f.

Reichstag 德国国会 132, 158, 160, 162—165, 171, 173, 178, 183, 187 f., 191 ff., 265, 278—282, 293, 360—365, 367 ff., 374, 377, 388, 395 ff., 400, 402—407

-, Verfassungsausschuß (1917) 宪法委员会（1917年） 171, 174, 191 f., 197, 356 f.

Reichstagskandidatur M. Webers 德国国会候选人马克斯·韦伯 XIV, 136, 329, 397 ff.

Reichstagswahl (20.2.1890) 帝国国会的选举（1890年2月20日） 18

- (25.1.1901) （1907年1月25日） 142, 155 f.

Reichstagswahlrecht 德国国会选举法 268

Reichsverfassung (1849) 帝国宪法（1849年） 2, 381 f.

- 1867 （1867年） 191, 381

- 1871 （1871年） 166, 177, 188, 190, 193 f., 198, 268, 356 f., 403

Reform der- (1871) 宪法改革（1871年） XIII, XV, 158 ff., 166, 174, 188, 191 ff., 264, 289, 291, 313, 323, 358, 360 ff., 416 f.

- (1919) （1919年） 324, 356, 358, 365 f., 368 f., 373—377, 380, 385 f., 388, 393 f., 402—402, 410—413, 429, 438, 440

Beratung der- (1919) 宪法改革咨询 XIV, 334, 355, bis 358, 362, 370, 375—378, 380ff., 394, 396f., 404

Formulierung der- (1919) 宪法文本（1919年） 396

Reichsverwaltungsgericht 帝国行政法院 383

Religion 宗教 47, 164

Rentenkapitalismus 食利者资本主义 105, 210

Rentier(Rentner) 食利者（靠剪息票生活的人） 105, 113, 129, 266, 268

- sexistenzen 食利者的生活方式 104

- sgesinnung 食利者心态 105, 210

«Geist der Sekurität» "偷安精神" 97, 104 f., 326, 417

Reserveoffizier 预备役军官 100 f., 322, 337

Revisionismus 修正主义 115, 117 f.

Revolution, allgemein 革命，泛指 275, 300 ff., 325

-, charismatische 卡里斯玛革命 435

–, deutsche (1848) 德国革命（1848 年） 5, 44, 93, 417
– (1918/19) 德国革命（1918/19 年） XIV, 298, 305, 307, 309 f., 313, 315, 317—320, 324 ff., 335, 338, 347, 356, 359, 370 f., 377, 379
–, Französische (1789) 法国革命（1789 年） 94
–, russische (1905) 俄国革命（1905 年） 60 f., 154, 223, 227, 244
–, - (Februar 1917) 俄国革命（1917 年 2 月） 272, 274 ff., 284 f., 300, 302
–, - (Oktober 1917) 俄国革命（1917 年 10 月） 289, 296, 300 ff.
–, sozialistische (allgemein) 社会主义革命（泛指） 109, 111 f., 302, 321
Rigorismus (bei M.Weber) 严苛主义（就马克斯·韦伯而言） 46, 49, 332, 338, 340, 350, 455
Rom, spätantikes 罗马帝国，晚期的 180, 347
Rumänien 罗马尼亚 208, 221, 225, 262
Rußland 俄国 10, 60 ff., 64, 85, 89, 154 f., 157, 161, 169, 179, 209, 221—229, 231, 239, 273—277, 284 f., 287 f., 293, 297, 301, 305, 313, 342, 347
Rüstungsinteressenten 军火供应商 87, 220, 253, 266
Rüstungspolitik 军备政策 73, 84, 166 ff., 220, 253

S

Saargebiet 萨尔区 129, 337
«Sachsengänger» "萨克森行路人" 25, 29, 42, 57 f.
Satzungsherrschaft, demokratische 法治，民主的 430 ff., 479 f.
–, legale 合法的 329 f., 432, 480
Scheinkonstitutionalismus 冒牌的立宪制 60, 152, 156
Schutzzölle s. auch Getreidezölle 保护性关税 98 f. 另见农产品关税
Schweden 瑞典人 175, 375
Schweiz 瑞士 10, 54 ff., 77, 97, 149, 207 ff., 311
Seeberg-Adresse (Juli 1914) 《泽贝请愿书》（1914 年 7 月） 213 f.
Selbstbestimmungsrecht 自决原则 293 f., 337 f., 385 ff., 393, 418, 421, 433 f., 438, 446, 454, 466
Selbstherrschaft des Volkes 人民的统治 420 f., 433
　s. Volkssouveränität 见人民主权
Selbstverwaltung (sKörperschaften) 自治（体） 12, 118 f., 216, 230, 285 ff
Semstwoliberalismus 自治会自由主义 60 ff., 223, 267
　s. Liberalismus, russischer 另见俄国的自由主义
Separatfriede mit Rußland 与俄国单独媾和 225 ff., 276 f., 292

Separatismus, bayrischer 见分离主义，巴伐利亚的 309 f., 320, 344, 353
—, rheinischer 莱茵地区的 344
«Septemberprogramm» (8.9.1914) "9月纲领"（1914年9月8日） 236
Serbien 塞尔维亚 227, 342
Siegfrieden 胜利的和平 254, 262, 264, 273, 280 f.
«Soldatenimperialismus», bolschewisti-scher "帝国主义"，布尔什维克的 299
Sollensethik, normative 义务伦理，规范性的 47
 s. auch Wertethik, politische 另见价值伦理，政治的
Souveränität 主权 408
Sowjetunion s. Rußland 苏联，见俄国
Sozialdemokratie 社会民主党 6, 13, 18 f., 94, 96, 106, 114—123, 128, 131, 135, 137 f., 142, 145, 166, 215, 253, 259, 273 ff., 278, 286, 289 f., 298, 300, 308, 310, 313, 318 ff., 322—326, 332 ff., 370 f., 375, 390, 400—405, 453, 473
 Mannheimer Parteitag (1906) 曼海姆党代会纪念章（1906） 114ff.
soziale Frage 社会问题 16 f., 106, 221
soziales Königtum (Kaisertum) 社会化君权（帝国）40, 109, 144
Sozialgesetigebung 社会立法 17, 20, 108 f., 129, 216
Sozialisierung 社会化 130, 301, 320—323, 325, 330—334, 390, 401
 — skommission, erste (1920) 社会化委员会，第一届（1920年） 332 f.
Sozialismus 社会主义 74 f., 106, 109—114, 133, 301, 320—323, 334, 372, 462 ff., 466
—, nationaler 民族社会主义者 134 f., 137
Sozialistengesetz 反社会党人法 13, 109, 120, 267
Sozialistische Einheitspartei Deutschlands (SED) 德国社会主义统一党（SED） 414
Sozialkonservativismus 社会保守主义 20, 132
Sozialliberalismus 社会自由主义 123 ff., 417
Sozialpolitik 社会政策 21, 40, 94, 99, 107 ff., 113 f., 125—131, 136, 152, 417, 463, 465
Sozialpolitische Erlasse Wilhelms II (1890) 威廉二世的社会政策（1890年） 20, 109
«Sozialpolitische Vereinigung» (1912) "社会政策协会"（1912年） 127—131
Sozialreformismus 社会改革 123 f., 128, 130, 134
Sozialversicherung 社会保险 105
Soziologentag 社会学家大会
 1. Deutscher- 第一届德国社会学家大会 43

2. Deutscher- 第二届德国社会学家大会 54，65

15. Deutscher- 第十五届德国社会学家大会 444，461

Spartakisten 斯巴达克集团 322，328，352 f.

Späthistorismus 晚期历史主义 446

spoils system 分赃制 10，119，204，366，372，279，398

Sprachenpolitik 语言政策 63，143

Sprachnation 民族的语言特征 53 f.

Staatenhaus 联邦议会 190，197，260 f.，365，381 ff.，394，399

Staatsform 政体 204，264，311，326f.，356，358，422，428

Staatsgerichtshof 最高法院 157，164 f.，175，387

Staatsinteresse 国家利益 25，80 f.，86

Staatsintervention 国家干预 16，129 f.，465

Staatsmann 政治家 12，93，155，178 f.，181，184，254，260 f.，313，331，368 f.，378，406，427，439，454

   s. auch Führerpersönlichkeit 另见领袖人格

Staatsnation 国家的民族性 54，60，64

Staatsraison 国家的理由 XIII，29，45，283

Staatsrat 国务委员会 194 f.，382

   s. auch Reichsrat 另见帝国参议会

Staatssozialismus 国家社会主义 4，321 f.

Staatsstreich 政变 301，315

Staatswissenschaftliche Gesellschaft 政治科学学会 18

Stockholmer Konferenz (1917) 斯德哥尔摩会议（1917 年） 273 f.

Streik 罢工 122，124，129，273，299，301

   s. cuch Lohnkampf 另见工资斗争

— recht 罢工权利 123—125

— der Hamburger Hafenarbeiter 汉堡码头工人罢工（1898 年） 126

— der Bergarbeiter im Ruhrgebiet 鲁尔区矿工大罢工（1905 年） 126

— der Rüstungsarbeiter in Berlin und Leipzig 柏林与莱比锡军工工人罢工（1917 年） 272 f.，298 f.

   Generalstreik 总罢工 50，298，302

   Massenstreik 大罢工 114，119，298

Studentenschaft 大学生 70

   s. auch Verbindungs-studententum 另见大学生社团

Sub-System, zweckrationales 子系统，目的理性的 467 f.

Syndikalismus 工团主义 115 f., 130, 269, 302, 321, 338
«System Althoff» "阿尔特霍夫体制" 3 f.

T

Thronverzicht Wilhelms II. 威廉二世退位 280, 310 f., 314 f., 318, 367, 370
«Toleranzantrag» "宗教宽容法草案" 163 f.
Totalitarismus 极权主义 203
totalitäre Gewaltherrschaft 绝对的独裁统治 435 f.
   s. auch Führerstaat, totalitärer 另见领袖统治，极权主义的
Türkei 土耳其 81, 228, 243

U

«U-Boot-Demagogie» "潜艇宣传战" 246, 248, 251—254, 261
U-Boot-Krieg, unbeschränkter 无限潜艇战 169, 220, 225, 247—252, 254, 258, 263, 291, 307, 316
—, verschärfter 强化无限潜艇战 XIII, XV, 247—250
Umsturzvorlage (1894) 《反颠覆法案》(1894年) 121 f.
Unabhängige Sozialdemokratische Partei Deutschlands 德国社会民主党独立派 298, 322, 324, 338, 348, 352, 257, 371, 389, 401, 404
Unabhängiger Ausschuß für einen deutschen Frieden 支持德国和平独立委员会 260
Ungarn 匈牙利人 245
Unitarismus 中央集权制 189, 196, 358 f., 361—364, 375, 380—383, 393, 395
Unternehmer (tum) 企业家（企业主） 87 f., 108, 111ff., 123 f., 125 f., 129, 133, 258, 321, 325, 333, 341, 430, 463, 465
Untersuchungsausschüsse, parlamentarische 议会调查委员会 183, 388 f.
   s. auch Enquêterecht 另见质询权
Untersuchungsausschuß 调查委员会 2
   parlamentarischer-der Deutschen Nationalversammlung zur Untersuchung der Ursachen des Weltkrieges 议会调查委员会——德国国民大会对世界大战之原因的调查 334, 350

V

Vaterlandspartei s. Deutsche Vaterlandspartei 祖国党, 见德国祖国党
Verantwortungsethik 责任伦理 46, 49, 176, 340, 350, 436, 446, 471 f.

s. Gesinnungsethik 见信念伦理
Verband für internationale Verständigung (1911) 国际谅解联盟（1911 年） 168
Verbindungsstudententum 大学生社团 4，70，101 f.，336 f.，352
s. Studentenschaft 见大学生
Verein Berliner Kaufleute und Industrieller 柏林工商业者联合会 295
Verein für «Recht und Wirtschaft» "法律与经济"协会 372，376，401
Verein für Sozialpolitik 社会政策协会 17，23，28 f.，38，47，57，65，116 ff.，122，124，127，141 f.，152，167，180，236，238，240，243 f.，304，445
Vereinigte Staaten von Amerika s. Amerika 美利坚合众国，见美国
Vereinsgesetz 结社法 81，143
Verfassung, allgemein 宪法，泛指 429 f.，433
–, amerikanische (Präsidial-) 美国宪法（总统制的） 204，265 f.，372，379，390，397 f.
–, belgische 比利时的 160 f.，374
–, deutsche s. Reichsverfassung 德国的，见帝国宪法
–, elsässische (1911) 阿尔萨斯的（1911 年） 270 ff.
–, englische 英国的 156 f.，159 ff.，164 f.，183，187，198，290 f.，313，370，372，374，388，390，392，408，423，439，446，450
–, französische 法国的（1875 年） 312，365，374—378，390，400
–, -(1946) 法国的（1946 年） 458
–, -(1958) 法国的（1958 年） 438 ff.
–, schweizer 瑞士的 371，390，397
Verfassungsausschuß s. Ausschuß der deutschen Nationalversammlung über den Entwurf einer Verfassung des Deutschen Reiches 宪法委员会，见德国国民大会德意志帝国宪法草案委员会
Verfassungskonflikt (1862) 宪法冲突时期（1862 年） 2，12
Verfassungsreform s. Reichsverfassungsreform 宪法改革，见帝国宪法改革
Verfassungsstaat, parlamentarischer 立宪国家，议会制 411 f.，428，432，435，478 ff.
s. auch Demokratie, parlamentarische 另见议会民主
Vergesellschaftung s. auch Sozialisierung 实行社会化 119，301 另见社会化
Verhandlungsfriede (Verständigungsfriede) 谈判的和平（协商和平） XIV，208，257，262，264，273，381 f.，285，288 f.，291 f.，296，302
Verkehrswirtschaft, marktorientierte 货物交易，市场取向的 111，113，463，465
Vernunftrepublikaner 理智的共和主义者 316
«Verösterreicherung» "奥地利化" 105

österreichischer «Schlendrian»　奥地利式 "陈规陋习"　303

Versailler Vertrag（28.6.1919）《凡尔赛条约》（1919 年 6 月 28 日）　335，338，340，343 ff.，351，453

Verstaatlichung　实行国有化　130

Verständigungsfriede s. Verhandlungsfriede　协商和平，见谈判的和平

Vertrag von Björkoe（1905）《比约克条约》（1905 年）　153

Verwaltungskontrolle（des Reichstages）（德国国会的）行政控制权　183，204，362，364，366，369，379 f.，383 f.，388 f.，413，422 f.，431，437

Verzweifelungskrieg, nationaler　全民性的厌战　309，319

Vierbund　四国同盟　147

Völkerbund　国际联盟　51，343

Volksabstimmung s. auch Referendum　全民公决　270，315，326，364，368 f.，384 f.，394，397，401，403 f.，523

Volksbund für Freiheit und Vaterland　另见全民投票

Volksentscheid　自由与祖国人民联盟　282

Volksgerichtshof　全民公决　367，402，404

Volkshaus　人民法庭　279

«Volksimperialismus», russischer　"大众帝国主义"，俄国的　221，227，276，299，347，315

Volkssouveränität　人民主权　374，420 f.

Volkswirtschaftspolitik　国民经济政策　37 f.，40，42，77 ff.，90，127，130，325

Volkswirtschaftsrat　国民经济学　183

W

Wahlrecht, allgemeines, gleiches, und direktes　选举权，泛指，平等与直接的　3，6，8，188，266—269，273，298，360，362，365，373，376，386

-, begrenztes　有限选举权　267 f.

-, berufsständisches　职业等级选举权　268 f.

-, plutokratisches　财阀统治选举权　276

　Mehrheitswahlrecht　多数票选举权　439

　　Verhältniswahlrecht　比例选举权　378，398，401，414，424，439

Wahlrechtsnotgesetz des Reiches　帝国选举权紧急法令　265

Wahlrechtsreform（i.Preußen）　选举权改革（普鲁士的）　143 f.，254，264 ff.，271，299，357，387

s. auch Dreiklassenwahlrecht　另见三级选举权

Wehrmacht　德国军队　365，403

Weimarer Republik　魏玛共和国　280，305 f.，313，319，351，354，357，405—408，410 ff.，429，437，443，454，479

 s. Reichsverfassung（1919）　见帝国宪法（1919 年）

Weltherrschaftsgelüste　统治世界的欲望　208

Weltkrieg, Erster　第一次世界大战　XIII f.，51，68，83，90，95，132，150，167，169，172，206—210，350

Weltkrieg, Zweiter　第二次世界大战　337

Weltmachtpolitik　世界权力政治　10，73 f.，76，94，148，297，417，507

 s. auch Großmachtpolitik　另见大国权力政治

Weltpolitik　世界政策　57，68，75 f.，81，85，90，95 f.，107，134，147—150，159，169，185 f.，209 f.，221，224，228，235，249，277，291，304—307，347，422 f.

Wertethik, politische　价值伦理，政治的　47

 s. Sollensethik, normative　见义务伦理，规范的

Werturteil（sfrage）　价值（问题）　39 f.，47，64—67，167，446，469 f.，473

Wertfreiheit　价值无涉　39，42

Wettbewerb, ökonomischer　经济竞争　82

 s. auch Konkurrenz（-kampf）　另见竞争（经济斗争）

whip-Technik　鞭策技术　427

Wille des Volkes　人民的愿望　204，421，435

Willensbildung, politische　政治意志的形成　200，202 ff.，264，423 f.，427，449

Wirtschaftsgesinnung, dynamische　经济心态，动态的　105，110，181

—, puritanische　清教徒的　105，347

—, statische　静态的　87 ff.，105，268

Wirtschaftskrieg　经济战　517

Wirtschaftssystem, kapitalistisches　经济制度，资本主义的　41 f.，111，113 f.，321，323，347，461—464，466 f.

 s. auch Kapitalismus　另见资本主义

—, sozialistisches　社会主义的　112 f.，321，463，466

 s. auch Revolution, sozialistische　另见社会主义革命

—, stationäres, bürokratisch verfestigtes　官僚制的僵化状态　87 f.，180

 s. auch Rentiersgesinnung, Bürokratisierung der Wirtschaft　另见食利者心态，经济的官僚化

Wirtschafts- und Gesellschaftssysteme, Erstarrung der. 经济与社会制度的停滞 89, 180, 268 f., 426, 454, 469

Wissenschaft 学术 39, 64, 66, 88, 120, 161, 446 f., 467—475

-, politisierende 与政治的关系 11, 470

-, «Luxusexistenzen» "奢侈品" 308

Wissenschaft als Beruf 以学术为业 289 ff., 345, 471

Wochenblattpartei 周刊党 2

Wohlfahrt 福利 109

-, seinrichtungen 存在趋势 89, 126, 129

Z

Zarismus 沙皇 60, 150, 154, 223 f., 230, 244, 299, 307, 338, 342 f., 347

    Selbstherrschaft des Zaren 沙皇统治 154, 276

    Die Zeit-Organ für nationalen Sozialismus auf christlicher Grundlage 《时代》——坚持基督教原则的民族社会党机关报 58, 135

Zensur 书报审查 171 ff., 219 f., 251, 253, 313

Zentrumspartei 天主教中央党 16, 93, 128, 132, 142, 145, 156 f., 163 f., 252, 254, 268, 278, 357, 364

Zollunion mit Österreich-Ungarn 与奥匈的关税同盟 232, 235 f., 238, 240, 243 ff.

Zollverband, mitteleuropäischer 中欧关税同盟 245, 504

«Zuchthausvorlage» (1898) "监狱法"（1898 年） 122

Zunftherrschaft 行会统治 269, 295

Zweibund 两国同盟 176, 302

Zweite Sozialistische Internationale 第二国际 273